唐山玉清观道学文化丛书

参同集注

——万古丹经王《周易参同契》注解集成

董沛文/主编

东汉 魏伯阳◎等著

周全彬 盛克琦◎编校

【第三册】

宗教文化出版社

目 录

第二十卷　周易参同契脉望 ················· 清·陶素耜(1051)

　　点校说明 ································ (1051)

　　《道言五种》批注叙 ············ 民国·玉溪子(1052)

　　《参同》《悟真》注序 ············ 清·仇兆鳌(1052)

　　《参同》《悟真》注自序 ·················· (1053)

　　读《参同契》杂义 ······················ (1055)

　　上卷 ································· (1061)

　　上篇 ································· (1061)

　　中卷 ································· (1088)

　　中篇 ································· (1088)

　　下卷 ································· (1110)

　　下篇 ································· (1110)

　　鼎器歌 ································ (1115)

　　参同契金丹图说 ························ (1120)

　　河图作丹图说 ·························· (1120)

　　洛书作丹图说 ·························· (1121)

　　先天八卦图说 ·························· (1122)

　　后天八卦图说 ·························· (1123)

　　呕轮吐萌图说 ·························· (1124)

　　含元播精图说 ·························· (1125)

　　十二卦律图说 ·························· (1126)

　　六十卦用图说 ·························· (1126)

　　药火万殊一本图说 ······················ (1127)

斗建子午将指图说 ………………………………………… (1128)
静照图说 …………………………………………………… (1129)
附录：
陶式玉传 ……………………………… 清·《绍兴府志》(1130)

第二十一卷　古本周易参同契集注 ………… 清·仇兆鳌(1131)

点校说明 …………………………………………………… (1131)
集注姓氏 …………………………………………………… (1136)
陆长庚《参同》、《悟真》总论 ……………………… 明·陆西星(1137)
彭氏《周易参同契通真义》序 ………………… 五代·彭晓(1137)
《周易参同契集注》序 …………………………………… (1139)
《周易参同契集注》例言二十一条 ……………………… (1140)
《古本周易参同契集注》卷上 …………………………… (1145)
四言经文 …………………………………………………… (1145)
魏真人自序 ………………………………………………… (1146)
乾坤坎离章 ………………………………………………… (1148)
君臣御政章 ………………………………………………… (1151)
发号施令章 ………………………………………………… (1153)
坎离戊己章 ………………………………………………… (1156)
晦朔合符章 ………………………………………………… (1159)
卦律终始章 ………………………………………………… (1162)
性命根宗章 ………………………………………………… (1170)
养己守母章 ………………………………………………… (1175)
日月含吐章 ………………………………………………… (1180)
流珠金华章 ………………………………………………… (1182)
三五至精章 ………………………………………………… (1183)
四象归土章 ………………………………………………… (1185)
阴阳反覆章 ………………………………………………… (1186)
以类相况章 ………………………………………………… (1188)
父母滋禀章 ………………………………………………… (1189)
姹女黄芽章 ………………………………………………… (1190)

牝牡相须章 …………………………………… (1192)

后序孔窍章 …………………………………… (1193)

《古本周易参同契集注》下卷 ………………… (1195)

　五言传文 …………………………………… (1195)

　徐从事《传》文序 …………………………… (1196)

　牝牡四卦章 ………………………………… (1197)

　乾坤二用章 ………………………………… (1201)

　日月神化章 ………………………………… (1202)

　发号顺时章 ………………………………… (1204)

　朔受震符章 ………………………………… (1205)

　药生象月章 ………………………………… (1209)

　八卦列曜章 ………………………………… (1212)

　上下有无章 ………………………………… (1213)

　二八弦气章 ………………………………… (1216)

　金火含受章 ………………………………… (1217)

　三性会合章 ………………………………… (1218)

　金水铢两章 ………………………………… (1220)

　水火情性章 ………………………………… (1224)

　二气感化章 ………………………………… (1226)

　关键三宝章 ………………………………… (1227)

　同类伏食章 ………………………………… (1230)

　背道迷真章 ………………………………… (1232)

　三圣制作章 ………………………………… (1234)

　三相类序 …………………………………… (1236)

　大丹赋 ……………………………………… (1237)

　鼎器歌 ……………………………………… (1243)

《参同契》附录：

张紫阳真人《读参同契》文 ………… 宋·张伯端(1247)

萧元瑞《读〈参同契〉作》 …………… 元·萧廷芝(1248)

《参同契集注》后跋 …………………… 清·洪熙揆(1250)

玄妙观碑记 ·· (1251)

附：观中题咏 ·· (1251)

附：轶事二条 ·· (1252)

周身六关三脉图 ·· (1253)

十二雷门测候图 ·· (1254)

河图三五之数 ·· (1255)

洛书四象之图 ·· (1255)

先天八卦对待图 ·· (1256)

后天八卦流行图 ·· (1257)

一月六候图 ·· (1258)

六候纳甲图 ·· (1259)

十二月卦律图 ·· (1260)

六十卦火候图 ·· (1261)

淳于氏《三相类》图 ·· (1262)

《三相类·图说》辨疑 ·· (1263)

太极顺生图 ·· (1265)

丹道逆生图 ·· (1265)

二十八宿玄沟图 ·· (1266)

斗建月将天罡图 ·· (1267)

附录：

一、《古本周易参同契》三卷················· 清·龚易图(1269)

二、《古本周易参同契集注》 ········ 《续修四库全书总目》(1270)

三、石印本《参同契集注》序·················· 缪咏仁(1271)

四、仇兆鳌先生年表·························· 周全彬(1272)

第二十二卷 参同契章句 ················ 清·李光地(1286)

点校说明 ·· (1286)

《参同契章句》引 ·· (1288)

《参同契》上 ·· (1288)

《参同契》中 ·· (1291)

《参同契》下 ·· (1293)

《参同契》后语 …………………………………………（1295）

炉火说 ……………………………………………………（1296）

炉火后语 …………………………………………………（1297）

参同契序 …………………………………………………（1297）

《三相类》上 ……………………………………………（1298）

《三相类》中 ……………………………………………（1300）

《三相类》下 ……………………………………………（1302）

《三相类》后语 …………………………………………（1305）

炉火说 ……………………………………………………（1307）

炉火后语 …………………………………………………（1308）

三相类叙 …………………………………………………（1308）

附录：

一、《参同契注》旧序 …………………………………（1309）

二、鼎符 …………………………………………………（1310）

　上篇 ……………………………………………………（1310）

　中篇 ……………………………………………………（1311）

　下篇 ……………………………………………………（1311）

　后语 ……………………………………………………（1312）

　炉火 ……………………………………………………（1313）

　炉火后语 ………………………………………………（1313）

三、《参同契章句》一卷 …………… 清·《四库全书总目》（1313）

四、《参同契章句》一卷 ………………………… 清·周中孚（1314）

第二十三卷　古文周易参同契注 ……………… 清·袁仁林（1315）

点校说明 …………………………………………………（1315）

《古文周易参同契注》自序 ……………………………（1316）

朱子《考异·前序》 ………………………………… 宋·朱熹（1316）

《考异·后序》 ………………………………………… 朱熹（1316）

明杨升庵慎《古文参同契·序》 …………………… 明·杨慎（1317）

《古文周易参同契注》卷一 ………………… 东汉·魏伯阳（1318）

　上篇 ……………………………………………………（1318）

《古文周易参同契注》卷二 …………………………………… (1346)
  中篇 …………………………………………………………… (1346)
《古文周易参同契注》卷三 …………………………………… (1366)
  下篇 …………………………………………………………… (1366)
  后序 ……………………………………………… 魏伯阳(1380)
《古文周易参同契注》卷四 …………………………………… (1383)
  《笺注》上篇 ………………………………… 东汉·徐景休(1383)
《古文周易参同契注》卷五 …………………………………… (1396)
  《笺注》中篇 ………………………………………………… (1396)
《古文周易参同契注》卷六 …………………………………… (1401)
  《笺注》下篇 ………………………………………………… (1401)
  后序 ……………………………………………… 徐景休(1413)
《古文周易参同契注》卷七 …………………………………… (1413)
  三相类上篇 ………………………………… 东汉·淳于叔通(1413)
《古文周易参同契注》卷八 …………………………………… (1418)
  三相类下篇 …………………………………………………… (1418)
  鼎器歌 ………………………………………………………… (1418)
  后序 …………………………………………… 淳于叔通(1422)
《古文周易参同契注》跋 ………………………… 清·王德修(1423)
附录：
  一、袁仁林传 ………………………………… 清·《三原县志》(1424)
  二、古文周易参同契注八卷 ………… 清·《四库全书总目》(1424)

第二十四卷　读《参同契》 ………………………… 清·汪绂(1425)

  点校说明 ……………………………………………………… (1425)
  序 ……………………………………………………… 清·陈璘(1426)
  读《参同契》卷之一 …………………………………………… (1426)
  读《参同契》卷之二 …………………………………………… (1439)
  三相类 ………………………………………………………… (1443)
  读《参同契》卷之三 …………………………………………… (1450)
  序 ……………………………………………………………… (1459)

附录：

汪绂传 ································《清史稿》(1461)

第二十五卷　周易参同契正义 ········ 清·董德宁(1463)

点校说明 ····································· (1463)

《周易参同契正义》序 ············ 清·徐立纯(1464)

序 ·································· 清·平圣台(1465)

《周易参同契正义》自序 ····················· (1465)

《周易参同契正义》凡例 ····················· (1467)

《周易参同契正义》卷上 ····················· (1469)

上篇 ··· (1469)

乾坤者易之门户第一章 ······················· (1469)

天地设位第二章 ····························· (1473)

易者象也第三章 ····························· (1475)

圣人不虚生第四章 ··························· (1477)

八卦布列曜第五章 ··························· (1481)

内以养己第六章 ····························· (1487)

知白守黑第七章 ····························· (1490)

是非历脏法第八章 ··························· (1495)

《火记》不虚作第九章 ······················· (1496)

金入于猛火第十章 ··························· (1498)

子午数合三第十一章 ························· (1501)

胡粉投火中第十二章 ························· (1504)

世间多学士第十三章 ························· (1505)

若夫至圣第十四章 ··························· (1506)

以金为隄防第十五章 ························· (1509)

推演五行数第十六章 ························· (1512)

《周易参同契正义》卷中 ····················· (1515)

中篇 ··· (1515)

乾刚坤柔第一章 ····························· (1515)

君子居其室第二章 ··························· (1518)

晦朔之间第三章 …………………………………………………（1523）

朔旦为复第四章 …………………………………………………（1527）

将欲养性第五章 …………………………………………………（1532）

阳燧以取火第六章 ………………………………………………（1536）

太阳流珠第七章 …………………………………………………（1540）

不得其理第八章 …………………………………………………（1543）

河上姹女第九章 …………………………………………………（1544）

坎男为月第十章 …………………………………………………（1546）

丹砂木精第十一章 ………………………………………………（1548）

关关雎鸠第十二章 ………………………………………………（1551）

《周易参同契正义》卷下 ………………………………………（1552）

下篇 ………………………………………………………………（1552）

惟昔圣贤第一章 …………………………………………………（1552）

法象莫大乎天地第二章 …………………………………………（1553）

升熬于甑山第三章 ………………………………………………（1555）

自然之所为第四章 ………………………………………………（1558）

圆三五第五章 ……………………………………………………（1559）

参同契章第六章 …………………………………………………（1562）

会稽鄙夫第七章 …………………………………………………（1564）

辞隐而道大第八章 ………………………………………………（1567）

第二十卷

周易参同契脉望

清 会稽陶素耜存存子 述

点校说明

1.《周易参同契脉望》三卷，清陶素耜注。陶素耜（1645—1722），原名式玉，字尚白，号存斋，又号存存子、玄真子、通微道人等。陶氏《参同契脉望》一书，系集诸家之注解，钩玄提要，熔以师传口诀于注中，铸成本篇，文笔隽永，迥异常流，故式玉亦自云："观余注，则还丹可求而服也。"

2.式玉丹法虽主人元阴阳，但颇重视清修玄关之功，与其所承受的《金丹真传》一派稍见异同。其丹法理论受陈上阳、陆潜虚影响最大，同时明代李文烛《参同契句解》乾鼎代坤母之秘言，也为《脉望》所重视。

3.本篇以《藏外道书》第10册影印清道光二十七年丁未（1847）刊本为底本，校本有二：一、有嘉庆庚申年（1810）瀛经堂镌，题名甬上仇沧柱辑《道言内外五种秘录》本，简称"瀛经堂本"。底本原批脱落处，均据校本补入。二、民国十九年（1930）翼化堂重刊玉溪子《增批道言五种》，简称玉溪本。玉溪子之增批文字，一并录入，简称"顶批"。《脉望》图说部分据校本移置于卷末。后附《绍兴府志》之"陶式玉传"一篇，可略见式玉之事迹。

周易参同契脉望

会稽陶素耜存存子述
古汉初玉溪子加批

《道言五种》批注叙

《道言五种》，首《参同》而次《悟真》者何？以《参同》为丹经之祖，《悟真》发《参同》之义也。《参同》、《悟真》理已备矣，而又次乎《大要》、《就正篇》者何？以《参同》奥雅，《悟真》约微，故取《大要》之简明、《就正》之直捷也。而篇终又次以《承志录》者何？以内药还同外药，内通外亦须通。若只知内而不知外，将何以了易而成己济世、济世而成物乎？此则存存子所必注集五种之意也。夫内外之丹本仙道，魏翁作《契》而曰《周易参同》者何？盖《大易》作之于伏羲，画八卦而重为八八，为内外大丹之鼻祖，有黄帝演之曰《金碧》，太上演之曰《道德》，文、周、孔子演之曰《周易》。而独与三圣之易同契者，以《周易》之言炼己筑基、进火退符、合丹温养，事至详且悉，循序可行，故曰同契也。魏、张仙翁只就卦象以立言，陶氏注则集众论以作解，而于《周易》经文则不可同契者。盖易道时未当兴，故只识其表而达其里，道其粗而未道其精也。

鄙人幼承庭训，长读父书，颇知易道即丹道，真有若合符节者，不过命词有异耳。故敬为批揭于其上，原与志参观焉。若欲得其所以同契之详实，须参看《周易辨真自训详解》而后可。

岂岁在旃蒙单阏月在圉阳上澣穀旦古汉初玉溪子叙于果山之隐仙洞。

《参同》《悟真》注序

自昔童穉时，雅志玄门之学，既而咿唔咕哗，驰骤名场者，忽数十年。初愿未酬,每访方外人,大抵导引规中诸法耳。作辍行之,讫无成效。乙丑后,匏系金台,广搜秘要,始读《参同》、《悟真》,乃知返魂延命,果有别传心法,而不独在闭目枯坐,作槁木死灰状也。乙亥归里,重晤陶存存先生,证以心得,先生亦悔①往时蒲团静摄,不足了生死大事,爰取《道德》、《南华》及《参》、《悟》诸书,闭门讨论。复虚心延访,得孙教鸾真人嫡派,遂注《参同》、《悟真》,博采诸家,而折衷己意,晦者阐之使明,缺者补之使完,凡药物火候、结丹脱胎,口所不能尽吐者,皆隐跃逗露于行墨之间,俾潜心好道之士,流览玩索,知真诠毕萃于斯编矣。昔朱子学贯天人,而于《参同》一书,尚未多解,盖不得其密谛心传,而概求之儒理,亦焉能启钥而抽关耶?

余交存存于越水吴山、燕台凤阙间,已三十余载。及近来还甬,而先生亦笑傲林泉,有超然世外之想。每著书立说,思嘉惠后人。其最有关于性命精微者,内外丹法,各有成书。余粗心浮慕,岂能尽窥此中堂奥?倘得结庐静地,晨夕从游,终期策励竿头,一遂人元素志耳。昔春秋陆通住世七百余年,西汉孔安国长生四百余岁,皆儒门而通于道术者,凿然可据也。然则此书垂世悠远,夫岂同于燕齐迂外之说乎哉?

康熙四十年腊月望日甬江年家同学弟仇兆鳌顿首拜题

仇知几先生兆鳌,字沧柱,鄞人也。少从黄宗羲讲切性命之学,为诸生,有盛名,官吏部右侍郎,即引疾归,与会稽陶存存研穷修养秘旨。久之,松颜鹤貌,照耀山林。盖浩然有得者也。所著有《四书说约》、《杜诗详解》及黄、老诸书行世。②

《参同》《悟真》注自序

柱史之《道德》,漆园之《南华》,金丹之祖也。卷舒变化,云龙天鬼,属辞比事,兼综条贯。曲士之守边见者,法眼不具,鲜不谓侮圣而畔

---

① 悔,玉溪本作"云"。按:虽玉溪本一字之变动,但文义也随之变动,读者须于此处留意。

② 按:此段仇兆鳌略传据玉溪本录入。按:此段仇传,亦出于清李涵虚编订之《张三丰先生全集》一书。

道矣。东汉魏伯阳,祖述《周易》,作《参同契》三篇,鼎器、药物、火候,悉取卦象为证,发明妙徼重玄①,缘督守中之秘,而《道德》、《南华》之旨,乃大显于世。万古丹经王,非虚语也。宋张伯端感青城丈人授诀,歌咏金丹药物火候、交会吉凶之理,凡九十九首,名《悟真篇》,而《参同》推情合性之旨益畅。千载而后,幸有同心。是《参同》、《悟真》者,《道德》之微言,《南华》之谛义,性命之极致,三教之真诠也。《道德》、《南华》,其说以无为常,以自然为应,以天行为动,绝圣弃智,归于婴儿,忘言绝虑,和以天倪,读者尚未知其为金丹之书也。自有《参同》、《悟真》,而金丹之道乃大著。气精交感,道归自然,魂魄相拘,行分前后,慎御政之首,转生杀之机,为之而主之以无为,有作而还归于无作。《参》、《悟》二书,固即老庄食母、守母,有情、有信之旨也。注《参同》者,始于彭晓、朱晦翁,而集成于俞琰,皆互有短长,惟陈致虚、陆西星、李文烛为最;《悟真》则翁、陆、陈三注外,亦互有瑕瑜,惟陆西星为醇耳。

余童年即爱读二②书,义理幽深,未得旨趣。今者感师面命,事理豁然,而知有情、有信二语,足以尽《参》、《悟》之蕴矣。情者,静之动也;信者,动之符也。信之一字,千圣万真,同此一诀。余注《参同》并集注《悟真》,非欲与前贤参订异同,正以义理遥深,思补前贤所未发,以微窥作者之意,或不至侮圣而畔道也。

已夫,以道之浩博,而不可终穷也。坐一室而睹容光,与登日而眺沧溟,其耳目之所届,瞻听之所及,远近大小,必有殊矣。又况有绝云气,御飞龙,骑日月以出六极之外,而游无何有之乡者,其相去何如耶?余特睹容光者耳,见眺沧溟者而窅然丧矣。夫安知不有负青天、挟倒景而神游于无穷者之至吾前也。尧舜陶铸于糠秕,孔子复往于兀驼,余其敢以小知自安乎?倘有见《参同》、《悟真》,而谓非性命之极致、三教之

---

① 重玄,瀛经堂本作"同玄",玉溪本作"同位",考《道德经》"常无欲以观其妙,常有欲以观其徼,此两者同出而异名,同谓之玄"之意,当从瀛经堂本之"同玄"。

② 二,玉溪本作"三",按:陶自序乃指《参同契》、《悟真篇》而言,故当为二书,非三书,玉溪本误。

真诠,不足发明《道德》、《南华》之蕴,则真侮圣而畔道。其无与乎文章之观,无以与乎钟鼓之声也,犹之形骸之聋瞽矣。

康熙庚辰中秋日清净心居士陶素耜题于妙莲斋

陶存存先生素耜,原名式玉,会稽人也,游越水吴山,燕台金阙①,其才华益盛,登康熙近上②即退处山林,往来霍僮洞天,遇方外至人,传以修养秘法,遂焚时艺之文,作此《道言五种》集注,及丹家杂义,招后学。仇知几称其笑傲林泉,乐天达命,洵知言也。自号清净心居士,又曰通微道人。③

读《参同契》杂义

一、《参同》一书,辞韵奥雅,根据古书,皆内景法象隐语,非世儒章句之学也。以卦象言,则曰乾坤,曰坎离,曰震兑,曰复姤;以天道言,则曰天地,曰日月,曰春秋,曰寒暑;以地道言,则曰铅汞,曰河海,曰山泽,曰金砂;以人事言,则曰夫妇,曰男女,曰父母,曰主客;以物理言,则曰龙虎,曰金木,曰水火,曰雌雄。皆喻言也,不过发明一阴一阳之道尔,读者慎勿执着。

顶批云:《契》中一切异名,固是明阴阳,即《周易》之易,亦是发明阴阳,故历书说日月为易象阴阳也。而《周易》中之取象更难枚举,读《周易实事》自知。

二、冠以《周易》者何?是书从河洛先后天卦图及文王大圆图而出者也,其详具《图说》内。先天乾南坤北,后天代以离坎,为乾坤之二用。二用无爻位,故六十卦张布为舆,以运周天火候。以乾坤象鼎器,坎离象药物,不在运毂之内也。六十卦用,喻阳火阴符,初一始于屯蒙,三十日终于既未,取《杂卦传》卦画,一正一反,以象火符一阳一阴之义,此即文王序卦意也,故云《周易》。参者,三也;同者,合也;契者,符

---

① 金阙,《张三丰全集·隐鉴》作"金阙"。
② 近上,《张三丰全集·隐鉴》作"进士","近上"疑误。
③ 按:此段陶存存略传据玉溪本录入。

也。《参同》发明天地媾精、日月撢（音贪）持妙理，后序歌叙大易一条，正作《契》之本旨。推而广之，养性服食，罗列三条，而异名同出，故曰《三相类》。《参同》实包举三元大道也。有谓《契》与大易、黄老为三相类者，愚未敢以为然。夫三元皆黄老之道，大易一条，正指人元之道；三条当以养性为言，不宜摘黄老二字作主；三条配以地元服食，而三元乃全。皆从真阴真阳，二气感应而得。其精实切近，而与吾人最亲者，莫要于人元。

顶批云：日月为易，日月即坎离，坎离交则为乾坤。此乾坤坎离，药物鼎器之喻。〇六十卦象喻火符者，此魏翁借以明一月中阴阳之义。若文王之序卦，乃行功之次序也。读者勿执《契》言疑之，知《易》时，自了然矣。

三、是书流传既久，缮写讹错，简编不无重复淆乱之弊。明嘉靖时，杨升庵、杜一诚二本，直分四言为经，五言为景休笺注，杂言为叔通补遗。王九灵遂将五言分隶四言之下，以上篇为御政，中篇为养性，下篇为服食，更属牵强。《列仙传》谓魏伯阳作《参同契》三卷，不言景休、叔通共作。稚川仙翁历年未远，必非谬语。况后序一云：今更撰录，补塞遗脱。一云：故复作此，名《三相类》。其为魏公自撰，明甚。余注悉遵旧文，不敢更置。

四、注《参同契》者甚多，辨论精详，校正明确，莫如俞琰《发挥》一书。但俞不知金丹大药，一切讲归清静，外此皆斥为旁门。小知自恃，误人亦正不浅。自上阳泄漏于前，潜虚详阐于后，深造实诣，二注并传，庶几暗室之巨灯，迷津之宝筏。此外李晦卿亦大有发明处。只是药物虽陈，火候未讲，大旨已备，关渡未明，后学无从下手。余不自揣，辄将师授，悉心吐露。非敢炫奇于古人，聊述所闻待来者。

顶批云：上阳、潜虚之注，亦多发明，当与此注参看更佳。

五、魏公祖述《周易》作《契》，借易卦以发明丹道，点破重玄，见金丹与易道有合，非谓金丹必藉于卦爻也。若执易象以求丹，则丹道反晦。其中细微节次，炼己则内以养己、性主处内章发之，沐浴则于二月榆落、八月麦生章发之，温养则于春夏据内体、君子居其室章发之。

至于六门大药，则上篇三日出为爽一章，中篇始于东北一章，并发明太阴、少阴五日一候相合之妙。三篇专论金丹大道，并未讲及地元。真一子专论神丹，彭好古杂讲外事，理虽可通，均非的脉，与俞琰专言玉液者，正复相等。

顶批云：魏公作《契》，深知易道即丹道，故名为《周易参同契》，非借卦以发明之也。

六、上篇历叙阴阳造化炼成大丹之旨，中篇细陈金汞还返温养防危之用，下篇备显成丹法象之微，真是次第条列，一步紧一步，意旨原无重复。惟因真铅难得，反反覆覆，拟诸形容，正欲学人洞晓先天一炁也。独火候诀法，不肯明著于文。始于东北一章，略述六门之用，而一月温养之朔弦望晦准之；朔旦为复一章，申明半刻之功，而一年温养之始复终坤准之。要之月即是年，日即是月，年月日时，皆是比喻。虽火候乃上天所秘，非师勿传，余注颇为包括，幸览者细心玩之。

七、仇氏知几子《集注》，事理贯通，深达道妙，而且音韵详确，美不胜举。序文、例言，最得丹道肯綮，余摘取三条，入诸《杂义》中，以公同好。序云：古之真人，知神由中主，而气自外来，故必以神驭气，而保厥长生。夫人之一身，常以元神为主宰，而取坎填离，气始复焉。坎中之水，即阳气也，乘其爻动，而以意招之；离中之火，即阴精也，静极能应，而以意运之。此意从静极而生，即真土也。气精交感，皆是真意所摄。意不专一，其神散而不凝，神不凝聚，则大用现前而失之俄顷。是故安静虚无以养其神也，万乘之主以尊其神也，辰极处正以用其神也，闭塞三宝以敛其神也。神灵则气应，始可从事伏食，而行还返之道。故神为丹君，气为丹母，诚用功纲要也。此论最合紫阳祖神为君，心为主之旨。

八、知几子云：《契》中言金水者，有两种：先天之金水，五千四十八日，金气足而水潮生，所谓天应星，地应潮是也；后天之金水，一月六候，前三候震、兑、乾属金，后三候巽、艮、坤属水，从日光之明晦分出阴阳也。先天之金水，取为丹母，还丹用之；后天之金水，资为炉药，炼己养丹用之。五分水有余，直指先天大药；晦朔合符，专论六候之象，非两弦震兑相当也。愚按：先天大药，李晦卿指晦前朔后，每月之首尾，为铅汞二药,确有至理。但种铅得铅,种汞得汞,巧处全在丁壬先后之间。此种天机,知者甚鲜。

顶批云:先天之金,即是先天鼎中之先天;后天之金水,即后天鼎中之先天。在《易》即兑、坎二卦。

九、又云:《契》中言火候者,亦有数种:有铅中之火,白虎初弦之气也;有汞中之火,青龙初弦之气也;有二七之火,白虎首经是也;有周天之火,十月抽添是也;有首尾之武火,炼己温养用之,后天阴火是也;有中间之文火,一符得丹用之,先天阳火是也;有外火,三日出庚,震来受符,天地之和气是也;有内火,缓处空房,平调胜负,一身之元气是也;有丁壬妙合之火,以汞投铅,前二候炼药用之;有举水灭火之火,迎铅制汞,余四候得药用之;有未济之火,火上而水下,顺行之常道,求药用之;有既济之火,水上而火下,逆行之丹法,合丹用之。

顶批云:仇注一切之火,总不外进火退符、和丹温养中一点心龙之弦气与已规中之灵光而已。

十、药物火候,仇氏言之详矣,而鼎器未及,余为补之。鼎器者,空虚之物也。乾坤为天地之体,天地为乾坤之象,人身一小天地,故以乾坤当之。老子曰:当其无,有器之用。《契》曰:器用者空。天地间,实者不能容物,而虚者能容受之。坤器中本来无物,二七之期,感触乾父精光,而阳气始动;乾鼎中亦本来无物,采取之时,吸受坤母阳铅,而金丹始凝。皆是无中生,劈空造作出来。曰鼎器者,不过借之以作盛物之器也。辟之外丹,始而寄气于铅,而铅不用;继而寄气于银,而银不用。银铅本无先天之气,只是假此作鼎器,以招摄先天一炁耳。人元金丹,亦犹是也。

顶批云:鼎器虽分阴阳,若乾宫不虚,不能吸受坤气;坤宫不虚,何以容纳乾元?天地与乾坤,有同理者也。

十一、鼎器、药物、火候,有元神为主以运之。而关渡不明,鹊桥难驾,元窍药生,何以招之入路?醍醐灌顶,何以送之归壶?古仙云:修真若不明关渡,采药归来迷道路。关渡其可不知耶?近来固陵一派,得钱贾真人指授,而牛女之路通。天律甚严,余亦不敢细述。南派仙师,于成丹火候,配以十二辰,将此二着称为卯酉沐浴,义理甚精。余于渐历大壮节注内吐其端,复于《静照图》详示其窍,俟明者自得之。

顶批云:元窍、蓬壶,须要着眼。

十二、《契》中言玄关者,亦有数处:曰内照形躯,曰方圆径寸,曰运移不失中,曰浮游守规中,皆是。古仙云:学人不晓内玄关,采得药来无处安。则玄关其最要也。但此玄关,上不在天,下不在地,中不在人,非有非无,非内非外,上通绛宫而透泥丸,下接丹田而达涌泉,虽有此窍,却无形体。下手立基之始,离诸妄想,物我俱忘,专气致柔,回光返照。静定习久,如止水无波,如太虚无云,凡息一停,真息自动,但觉一念从规中起,混混续续,兀兀腾腾,静极欲动,自然见玄关一窍,其大无外,其小无内,《悟真》所谓土釜、家园、黄金室等名,皆是此窍。此谓真胎息、真炉鼎、真精神,乃种金谷之玉田也。

顶批云:玄关即内黄庭,又既薪传之中也。

十三、修真成道法门,大略有四种:上德无为,不以察求,清净之功也,谓之天元;下德为之,其用不休,返还之事也,谓之人元;九池九鼎,药化功灵,服食之道也,谓之地元;静则金丹,动则霹雳,符箓之法也,传授真,行持力,亦成南宫列仙。四者之外,皆旁门外道矣。后世方技之流,以盲引盲,不可胜纪。有历藏思神者,有食气导引者,有餐霞吸云者,有枯坐炼魔者,有数息闭息者,皆清净之弊也;有九一采战者,有悬胎接气者,有出胎吸气者,有红铅秋石者,有婴脐梅子者,有离形感气者,皆人元之弊也;有烧炼三黄者,有草木灰霜者,有煮硫干汞者,有金石炼食者,皆地元之弊也;有履斗瞻星者,有日时干支者,有立坛祭祀者,有结想见形者,有诈称仙佛者,皆符箓之弊也。夫三元大道,都是同类施功,无质生质,凡有作有为,渣质浊秽,与行符箓而缺内功者,尽属邪魔外道。《参同》所以连篇诰诫也,学道者其知之。

顶批云:一切旁门当知得,自不为他所迷。

十四、俞琰《释疑》一书,辨正经文,最有见解,而中尚有偶失处,不得不为辨之。如日月炁双明,俞谓炁字乃古旡字讹,曰昱乎昼,月昱乎夜,主无双明之说。不知月望,正两相望而明。丹法亦以双明见妙,犹未免世俗文字之见。偃月作鼎炉,疑是铅月音声之讹,对下文汞日而言。岂知《悟真篇》偃月炉中玉蕊生一诗,实是此节注脚。金气亦相须,承两孔穴法而言,有无限妙处。俞本作有无亦相胥,则与上文无别,毫无意味。其三遂不入,火二与之俱,正以指明二分轻清,药物匀平之妙。俞本作其土遂不入,二者与之俱,则下文三物相含受,舍土不入,安得三物乎?首尾武,中间文,言首尾炼己、温养,皆是阴火、武火也,中间一符得药,真铅之气,乃为阳火、文火也。俞以晦朔为首尾,月望为中间,无着落处。盖俞以玉液言,当云首尾文,中间武也。

十五、是书辞协古韵,典雅多风,但义理深奥,浅学读之,妄意更改,舛误颇多。昔紫阳朱子,鸣绝学于淳熙、庆元之间,未尝诡随于异说,独爱《参同》一书,精研熟究,不忍释手。尝曰:邵子得于希夷,希夷源流自《参同契》。与蔡西山先生订正于寒泉精舍,有《注释》、《考异》二编行世。儒术谈玄,文义固精,但少教外别传耳。而俞琰《释疑》一书,多折衷于朱子,余所定经文,又多折衷于俞琰,有功《参同》,正自不少。

十六、淮海陆潜虚先生讳西星者,遇吕祖于北海草堂,亲传道妙,著述颇富。《测疏》、《口义》二注,最明晰。但火候次第,展卷尚未了了。余注多参用潜虚语,而于吃紧处,皆细细指出,畅所未言。非敢谓与是类,庶几附于好古尚论之义,以结缘丹友,实冀哲人之赐教也。

十七、佛门广大,法海无边,无论浅学凡夫,茫乎不知涯岸。即累劫修持贤圣,其于如来知见,与众生以开示悟入之处,亦未易入其室而臻其奥也。腐儒乃以邪说辟之,何异虾鰍前舞乎?惟智者大师止观之学,定慧双修,与《参同契》事或不同,而理颇同。止观以空、假、中三谛为义,通万法者莫妙乎空,立万法者莫妙乎假,妙万法者莫妙乎中。安静虚无者,止也;凝神成躯者,观也。推情合性,隔阂相连者,从空入假观也;委志虚无,无念为常者,从假入空观也;众邪辟除,正气常存者,中道正观、圆照二谛也。真空不空,妙假非假,孰谓仙佛二宗,竟不相谋哉?

顶批云:三教原本一道,深佛学、《周易》,自然首肯。

十八、近日禅学衰微,真如实相,妙悟者鲜。乃习成口角,借本来面目影子,指东话西,诃佛骂祖,竟似毗卢顶上行,寂灭海中戏者。究竟机辨虽利,说得行不得,于本分事何涉?尤可鄙者,章句庸儒,粗知传注文义,俨然以道学自任,蓬心管见,毁訾圣贤,是斥鷃鷽鸠之笑图南也。即如朱、陆异同,只是下手得力处,资禀各有所近。如曾子之真积力久,颜氏之闻一知十,殊途同归,有何轩轾,而乃等陆子于杨、墨耶?又有诌佞之徒,剏为吾儒本天,异学本心之说,以附会之,而道学乃益败坏而不可救。孔子曰先正其心,又曰操则有,舍则亡;孟子曰仁义礼智根于心,又曰尽其心者,知其性也。非尽心,安知性?非知性,安知天。为此说者,庸儒之功臣,孔孟之罪人也。儒宗若此,释教若彼,真堪与祝筵赛愿道士,鼎足而三教也。奚若《参同契》,发抒《阴符》、《道德》、《龙虎上经》微旨,可以了生达死,可以尽性至命,津梁后学,实而有据,万世可循耶!

十九、《参同》虽详说先天交会之妙,而后天筑基炼已作用,原已包括无遗。彭鹤林翁云:未说修丹便得仙,且图形固得延年。那堪或有冲升分,渺渺白鹤登青天。旨哉斯言!学道之士,只遵后天作用,进气采药,形固延年,真有立竿见影,空谷传响之应。倘因缘有值,则先天大药,亦近取诸身而易证,俟其时至而已。

二十、《藏经·三洞群仙录》云:唐末书生何讽尝读古书,卷中得发捲,规四寸,如环无端,断绝处两头滴水升余,烧之作发气。讽尝言于道者,道者曰:吁,君因俗骨,遇此不能羽化,命也。据仙经,白鱼三食神仙字,则化为此物,名曰脉望。夜以规当天中星,星使立降,可求还丹。取此水和服,即换骨上升。讽因复取古书读之,蠹漏处多神仙字,乃叹服。余据此而名《脉望》。观余注,则还丹可求而服也。徒兴羡鱼之情,未遂织网之愿,同心之言,人生固若是其芒乎?固若是其无遭乎?抑亦尚有不芒者相遭乎?

皇清康熙庚辰中秋会稽陶素耜佉真存存子识

《周易参同契脉望》上卷

会稽参学陶素耜存存子述
古汉初玉溪子加批

上　篇

乾坤者,易之门户,众卦之父母。坎离匡廓,运毂(音谷)正轴(音逐)。

　　此首言易道以准丹道也。首句从《易传》乾坤其易之门来。阖户谓坤,辟户谓乾,一阳一阴,一阖一①辟,变化不穷,故为门户;自八卦以至六十四卦,皆从乾坤生出,故为父母。坎离二卦,代乾坤而定南北之位,后天之乾坤也,丹法之药物也。乾体破而为离,坤乃实而成坎,阴阳之精,互藏于坎离之内,是即乾坤之真精也。离日以阳包阴,坎月以阴包阳,俱有轮廓,如匡廓然。运毂者,六十卦之火候也。乾、坤、坎、离,不在运毂之内。毂犹身,轴犹心也。运毂之妙,必先正其轴。修丹之士,欲运日月于乾坤鼎器之中,未有不自正心始者。若心不正,则有作有为,悉归邪妄矣。朱子曰:乾坤位乎上下,而坎离升降于其间,所谓易也。下节覆冒以下,言人心能统阴阳,运毂轴以成丹也。

　　顶批云:本孔子《易传》乾坤其易之门邪。乾,阳物也;坤,阴物也。○乾六坤则中虚成离,坤交乾则腹实为坎,故后天八卦,坎离代乾坤而定位南北也。

　　牝牡四卦,以为橐籥。覆冒阴阳之道,犹御者之执衔辔,有准绳,正规矩,随轨辙,处中以制外。

　　牝,阴也;牡,阳也;四卦,乾、坤、坎、离也;橐籥,即鞴(音伏)囊气管,乃通气往来之虚器,喻阴阳之门户也。丹法以乾坤为鼎器,乌兔为药物,皆指人身而言。乾坤之配合,坎离之往来,如冶人之鼓橐籥者然。《道德经》云:天地之间,其犹橐籥乎?盖阴阳消息,真气流通,药火妙用,升降往来,直与天地之气相通,故以四卦为橐籥,而覆冒乎阴阳之道也。然乾坤何以配合?乾乃阳鼎,坤乃阴器,天地间之道,无两不化,凡内外丹道之真铅真汞皆然。故必乾阳坤阴,两相配合,乃成真铅。犹天上之太阴,得太阳一点阴火精光,而于初三之夜,现一痕阳光于庚方也。坎离何以往来?离乃先天之乾属阳,坎乃先天之坤属阴。《契》曰:阳往则阴来。阳必有以先往,阴来有以大来。惟少阳先射一点阴火于少阴之内,少阴乃成一爻阳铅之气,复还少阳之中也。犹御者四句,喻言

---

① 一,底本脱,据校本补。

火候随心应节之意。衔辔、准绳、规矩、轨辙,皆有不易之度,正如《列子》所谓泰豆氏之御也。列子云:正度乎胸臆之中,执节乎掌握之间,内得于中心,外合于马志,故能进退履绳墨,旋曲中规矩。临驭丹炉,亦犹是矣。处中者,养性于中,身心不动也;制外者,按期采药,隔碍潜通也。真阳方动,处中之人,运己汞以迎之。外因中激而有灵,中因外触而有象,有六辔在乎,如组如舞之妙。中、外二字,分明指出丹从中结,药自外来之意。朱子云:衔辔,谓所以使阴阳;准绳、规矩,谓火候;轨辙,指其升降之所由。

数在律历纪,月节有五六,经纬奉日使。

作丹之法,虽有徽妙重玄,却有时候可定。鼎上火符,不过阴阳消息而已。合之十二管以为律,十二月以为历,皆足以纪药火之数也。故作丹之火候,升降进退,无不与天合度。一月三十日,五日为一候,六候为一月,而丹法药火自然之运用,奉之以为准。六候之为金为水,一定而不易,所谓经也;朝暮之用屯用蒙,进退而随时,所谓纬也。日使者,奇门遁甲之法,每日俱有使者值符,一经一纬,皆奉日之交会乎月,以为运用也。

顶批云:月节者,一月两节也;五六者,五日一候也,六候为一月也。

兼并为六十,刚柔有表里。朔旦屯直事,至暮蒙当受。昼夜各一卦,用之依次序。既未至昧爽,终则复更始。

奉日使之义,于何见之?以六十卦兼并于一月之中,为温养浇培之火候。朝则刚者为里,进阳火以施生育之德也;暮则柔者为表,退阴符以行调和之功也。表里,犹下文言内外,阴符包裹阳气之意。朔旦朝屯暮蒙,取卦画反对;一逆一顺,以象药火之升降。朝则自下而上,暮则自上而下,每日两卦,一刚一柔,一表一里,依次而用。自初二需、讼,以至三十日既、未,各有两卦直事。至次月之昧爽,即次月之朔,终而复始也。此节借一月设卦,以明温养火候,非真须逐日分卦,按时分爻,但举屯蒙二卦,可以该其余矣。《悟真》云:此中得意休求象,若究群爻漫役情。

顶批云:朝屯暮蒙,与《周易》之屯蒙有别,此不过一月两卦,象药火之升降耳。

日辰为期度,动静有早晚。春夏据内体,从子到辰巳。秋冬当外用,自午讫戌亥。

朱子曰:春夏谓朝,秋冬谓暮,内体谓前卦,外用谓后卦,此六十卦之凡例也。又以奉日使之义,准养丹火候于一日之中,以为期度,则两卦之动静,亦有早晚。动者,阳炁发生之候;静者,阴符起绪之初。从子至巳,宜进而动,用前一卦以应春夏,内体也;从午至亥,宜退而静,用后一卦以应秋冬,外用也。《易》曰:寒暑相推而岁成。可证也。鹤林翁亦云:至子至巳震、兑、乾,自午至亥巽、艮、坤。意相发明,悟者自知。

赏罚应春秋,昏明顺寒暑。爻辞有仁义,随时发喜怒。如是应四时,五行得其理。

此节又取天道、易道,以明丹道之进火退符,咸相吻合。赏罚者,文武加减之火,应天之春秋;昏明者,阴阳升降之则,顺时之寒暑。仁义,即甲庚。爻值而仁,是生庚也,随之以喜;爻值而义,是生甲也,随之以怒。四时之气,备于一日之中,而吾能应其机,五行之理全于进退之内,而吾能得其序,则炼丹之能事毕矣。鹤林翁云:一爻刚兮一爻柔,一候文兮一候武。正以指明炼已、养丹,火候相同也。总之,一月之火候与一年之火候无异,一日之火候与一月无异。其言刚柔表里、屯蒙既未、动静早晚、内外子午、春秋寒暑、仁义喜怒,不过象火候消息之用而已,皆喻言也,慎毋执文泥象。

顶批云:春壬生而秋杀,故《易》有锡命三褫之语;寒为阴而暑为阳,故《易》有遏恶扬善之事。喜者,同人亲之也;怒者,睽而外之。

右第一段,总叙作丹大旨。前二节言药物,然采取之时,药在外,火在中,以火而致药,药中有火焉;后四节言火候,然温养之日,药在外,归于中,得药而行火,火中有药焉。

天地设位,而易行乎其中矣。天地者,乾坤之象也;设位者,列阴阳配合之位也。易谓坎离,坎离者,乾坤二用。二用无爻位,周流行六虚。往来既不定,上下亦无常。

魏公引《易传》之文,而复逐字自解。

天地一阴阳而已,乾鼎坤器,正所以象阴阳也。乾设位乎上,坤设位乎下,一定配合,不可移易。人身一小天地,乾鼎坤器之不可移易,亦如天地设位一般。易者何?合日月而成字也。日月为天地之水火,行于天地之间,是天道之易;坎离为乾坤之水火,行乎乾坤之内,是人道之易。故乾坤大用,全在坎离。先天卦位,乾南坤北,后天卦位退居不用,而代之以离坎,则后天之用行矣。乾坤其先天之体也,坎离其后天之用也,故曰二用。行者何?天地日月,运于太虚,原无爻位,故二用亦无爻位。朱子云:六虚者,即乾坤之六爻虚位也。言二用虽无爻位,而常周流乎乾坤六爻之间。犹人之精气,上下周流乎一身而无定所也。知几子云:六爻进退,皆此二用之周流往来上下耳,丹法准此以行火候。往来者,刚柔相交,小往大来也;上下者,否泰互用,上升下降也。采药与行火,俱视坎宫之气动,而离不能以专主,所谓不定而无常也。

幽潜沦匿,变化于中。包裹万物,为道纪纲。以无制有,器用者空。故推消息,坎离没亡。

其中者,天地之中土是也。戊土司坎之门,己土司离之户。盖以坎离二用,是药是火,恍惚杳冥,互藏于阴阳之宅,不可以视视,不可以听听,难擒难伏,所谓幽潜沦匿也。及时至气化,在上半月三候则变为阳,在下半月三候则化为阴矣。坎离为造化之匡廓,自能包裹万物,代乾坤为二用,实乃大道纪纲。制者,制造也。丹法虽以二用中和之气,交结而成,坎离之中却本来并无此物。神仙以法追摄,各从虚无静定中,劈空造作出来,有证有验,确然可指之有,故曰以无制有。《道德经》云:天下之物生于有,有生于无。即此义也。旧解有无分属离坎,言擒铅制汞,俱此离无中一点真土。亦通。但下文自解,紧接器用者空,则余解较切。器用者空,言器之所以为器,中实则不能容受,中空方能容物,故乾鼎坤器,皆以空而生妙用,亦用老子之说,以喻以无制有之义,即当其无,有器之用意也。然空之与器,本不相离。关尹子云:衣摇空得风,气嘘物得水。摇空得风,则鼓物可以生气;嘘物得水,则积气可以化精。可见法身无相,终不离于色身之中矣。消息者,进火退符之候也。推其消息,以准火候。朔旦至望,则震、兑、乾为阳火;望后至晦,则巽、艮、坤为阴符。一日两卦,始自屯蒙,终于既未,皆六十卦爻之妙用,并无坎离可见。是坎离没亡也,即无爻位之证。①

言不苟造,论不虚生。引验见效,校度神明。推类结字,原理为征。坎戊月精,离己日光。日月为易,刚柔相当。土王四季,罗络始终。青赤白黑,各居一方。皆禀中宫,戊己之功。

魏公作《契》,岂肯造言虚论,诚有见于天地设位,日月交光,是②以包裹万物,为道纪纲。效验神明,莫大于此。而又推古人结字之义,原其理以为征验。如叠日月而成易,合日月而成丹,皆不外日月交光之义。坎纳六戊,月之精也;离纳六己,日之光也。古人合日月为易,有相当之义焉。当者,不轻不重,不多不少,俱要相称。一刚一柔,本不相入,全赖戊己二土,调如媒合,阴阳相济,彼此之情恋矣。二用之妙,全在乎土也。且土之为德,分王四季,造化五行,罗络一岁之终始,木、火、金、水咸赖焉。青、赤、白、黑,即木、火、金、水,各居一方。然木火又居离,金水又居坎也。四季皆禀辰戌之戊土、丑未之己土,以成岁功。其在丹道,和合四象,擒制二土,舍中宫之真土无由矣。然真土更是何物?黄婆是也,吾人之真意也。③

顶批云:日月为易,易即阴阳,孔子曰:一阴一阳之谓道。

右第二段,论乾坤二用,全在坎离,以申明上章匡廓之义,而推极于以无制有之妙也。末节功归真土,以尽二用之蕴。首句是纲,乾坤解天地,阴阳配合解设位,坎离解易,二用四句解行,下二节解其中,戊己亦是中宫所摄。

易者,象也。悬象著明,莫大乎日月。穷神以知化,阳往则阴来。辐辏而轮转,出入更卷舒。

易谓坎离者,乃药火之象也。日月为天地间水火之象,坎离为男女中水火之象,故曰:悬象著明,莫大乎日月。《易》曰:阴阳不测之谓神。张子曰:合一不测为神,推行有渐为化。是神者,乃阴阳之主宰;而化

---

① 原批云:药乃道之纲,火乃道纪,犹上章言经纬也。
② 是,玉溪本作"足"。
③ 原批云:意即土也,冲气也。四象非土不成,丹非意不就,意不在外而在内也。

者,即阴阳之迭运也。则欲穷其神,知其化,其惟阳往则阴来乎。太阴纯黑无光,若不受太阳精光,则太阴何由而有阳光之气?自出庚而弦望,自望弦而晦朔耶。而人间之少阴可知矣。亦必先受少阳一点阴火精光,乃成一爻阳铅之气,可以复还乾阳之中,故阳小往则阴乃大来也。丹经所谓返还归复者,义尽于此。自朔而晦,自晦而朔,如辐之辏毂,轮转不停者,此阴阳之来往也;日月行于黄道之上,一出一入,迭为盈亏,互为卷舒,各有次序者,亦此阴阳之来往也。日月之神化如此,则吾身之日月,日用不知者,可默识矣。故学道之士,知晦朔弦望之妙,于往来辐辏,知采药之符,是穷神也;知有动静早晚之期,于出入卷舒,识运火之候,是知化也。在学人反身而求之耳。

顶批云:孔子曰:变通莫大乎四时,悬象著明,莫大乎日月。仙翁重以明之。

右第三段,此指陈身中之阴阳,故引《易传》之文以假象寓意。

易有三百八十四爻,据爻摘符,符谓六十四卦。晦至朔旦,震来受符。当斯之时,天地媾其精,日月相撢持。雄阳播玄施,雌阴统黄化。浑沌相交接,权舆树根基。经营养鄞鄂,凝神以成躯。众夫蹈以出,蠕(音顿)动莫不由。

此节专论震符,以示大药之初候,而统论火符以发其端。全《易》一部,计三百八十四爻;大药一斤,计三百八十四铢。此丹道、易道之相同,作《契》之本旨也。爻者,六爻之位;符者,爻符,与卦合体。六十四卦,陈乾坤为鼎器,坎离为药物,余六十卦,皆火候。一时当一爻,一月当三百六十爻。据爻者,依时而合其药;摘符者,乘机而取其事。比喻鼎器、药物、火候,谓一卦有六爻,一爻有三符,阴阳相交,不用一时之久,不尽一爻之用,故一时分三符,摘用一符也。符谓六十四卦者,与卦相符合也。晦至朔旦者,子位之初,冬至之月,阳气渐生,至三日之夕,而震先来受符,非朔旦即震符也。人身中只此一日一符,为先天药生之候,正谓一阳生于二阴之下,三日出为爽,以象复卦也。复之下卦为震,一阳来复,可以求铅。当此之时,乾坤相遇,合体而媾精,乌兔合璧,交结而撢持。雄阳之虎,播其玄施,玄乃天之色,施则天施之意也;雌阴之龙，统其黄化，黄乃地之色，化则地生之意也。一施一化，丹法以之为权舆，而树立根基。权舆者，始初之义。古人作衡自权始，造车自舆始。《诗》云：不承权舆。此其证也。花之蒂曰鄞（音银）鄂（音谔），以喻金胎神室也。丹法经营以养鄞鄂，非有他道，丹结于中，用火符包裹于外，余时凝聚元神，养育于内，自然十月功圆，脱胎神化，而圣躯成就矣。此一阴一阳之道，乃生生化化之源，生人生物，莫不由之。蠕动者，动物也。①

顶批云：晦为纯阴，其卦为坤。朔旦则一阳生矣。正子时一阳初生，其卦为复之象。复之下卦为震，故曰震来受符也。自旦至上弦八日，与七日来复同义。

于是仲尼赞乾坤，鸿濛德洞虚。稽古当元皇，关雎建始初。冠婚气相纽，元年乃芽滋。

承上文朔旦震符之意，归重始初，而借圣人定六经之义以证之。讚乾坤者，大哉乾元、至哉坤元等语也；鸿濛，始初之气也；洞虚，能容之量也。此乾坤之德也。《易》首乾坤，两仪为万物之始；《书》称稽古，《尧典》为治道之始；《诗》咏关雎，夫妇人伦之始；《礼》重冠婚，男女成立之始；《春秋》书元年，人君正位之始。圣人作经，皆有所托始，炼丹而不知其始，可乎？

顶批云：乾坤二元，大哉至哉，生天、生地、生人、生仲②，何世人鸿正视之也。

故易统天心，复卦建始初。长子继父体，因母立兆基。

易，日月也；天心，天地生物之心也。《易》曰：复其见天地之心乎？复卦当子位之中，先天一气始萌，万物之数，皆从此起，乃天心建立之始初。其在丹道，他家活子时，朔旦后之震符是也。纯阴之卦，一阳下动，变而成震。震为长子，从坤母而生，此卦体之因母立兆基也。以丹法言，震为龙，龙即长子，《悟真》所言家臣也。继者，代也。长子代父之体，乘其活子时至，投入母怀，气精交感，先天真铅之兆基于此而立，即

---

① 原批云：复震二卦，一象冬至，一象出庚，相为表里，志趣不悖。
② 仲，疑为"物"之误。

太阳移在月明中意也。此二句将先天药祖,和盘托出,而注家徒以子炁、母炁等语,敷演掩饰,不几埋没魏公一片婆心耶!

圣人不虚生,上观显天符。天符有进退,诎(音屈)**信以应时。消息应钟律,升降据斗枢。**

圣人者,知震之受符者也;符,合也。月行于天,一月一度,与日交合,谓之天符。自初一以后,其光渐进,乃魂长魄消之时,火用兑、震、乾者,以阳信阴诎,应一日自子至巳之进也;十六以后,其光渐退,乃魄长魂消之时,符用巽、艮、坤者,以阴信阳诎,应一日自午至亥之退也。且钟律每月换一管,一岁换尽十二管,火候之消息应之;斗枢每时移一位,一日移遍十二辰,火候之升降据之。可见年中用月,月中用日,日中用时,各有层次也。圣人观天道,执天行,辨药物于月之盈亏,而采取知时;知火候于日之早晚,而火符应候。圣人岂虚生哉?

顶批云:就一月而言,曰火符;就药生而言,曰震符。震符即在火符之内。

右第四段,专论震符,示人以因母立基,金丹之第一义也。末节专言火候。

日含五行精,月受六律纪。五六三十度,度竟复更始。原始要终,存亡之绪。(此条旧本在御政节各典所部之下,文义不属,方壶外史移置于此,为三日出庚之发端。)

日乃太阳元精,中含五采,五行之精所化,万物得之而成五色。以丹道言,则火也。月乃太阴,体白无光,受五行精于日。晦朔弦望,皆以去日之远近为准。月晦之日,与日合璧,一年之中,与日会者十二度,圣人以六律六吕纪之。以丹道言,则药也。五六相乘,恰合三十度之数。太阴一日行十二度有奇,太阳一日行一度,行至三十度,又与太阴合璧,复转而成朔,终则复始。原其始,则月朔生庚,兑丁满甲,存之绪也;要其终,则巽辛受统,艮丙丧朋,亡之绪也。丹士所宜亟讲者在此。月到晦尽朔来,阳气初萌之际,盗此与日初媾之五行精而已。

三日出为爽,震庚受西方。八日兑受丁,上弦平如绳。十五乾体就,盛满甲东方。蟾蜍与兔魄,日月炁双明。蟾蜍视卦节,兔者吐生光。

七八道已讫,屈折低下降。

此篇与中卷晦朔之间一章,同借夕月,统论药生之象,即大药之六门也。先天真铅,含受日精,名曰阳火,生在偃月炉中。炼时谓之药,养时谓之火,不过白虎初弦之气而已。原非二事,起绪于晦朔之间,而生明于三日之候。且夫三日出庚,月哉生明,一符阳光,昏见西方庚位,象震卦之纳庚。铅生癸内,阳产铅中,药材新嫩,正一阳初动,宜进火炼药之时也。爽者,昧爽之气,阳之复也。三日,昏见之期,作为朔旦昧爽之气,过此则皆后天之用,而非先天新嫩之药矣。愚者不达为爽之意,求真水以三日为期,岂知生庚之水,即非晦朔之符。二分真水,别有单符单诀也。月至八日而上弦,其光半明,昏在南方丁位,象兑卦之纳丁,在人为阴中阳半,药味平平之时也;月至十五,与日相望,魂盛光盈,昏在东方甲位,象乾卦之纳甲,在人则为三阳盛满,金精壮盛之时也。蟾蜍,月之精;兔魄,月之体。丹光本借于日,日生于卯,故月中兔魄,是日之精,而日月之气,必至望始明。妙在一双字,惟双对乃明也。然而蟾蜍之生明,阳生有渐,每视乎六卦之节。震、兑、乾之阳渐长,则受日之光,而蟾蜍之精渐生,然后兔者吐蟾蜍之精以生光。七八,少阳少阴也。合成十五,三五德就,而阳道讫矣。阳火已极,阴符将起之时,不容不屈曲低降也。此前三门属金也,所谓阳火也。①

顶批云:此借月之盈亏,以明药生之象。月三日生明于庚方,犹真铅得数三而丽乎土也。月至十五,蟾光盛满。丹道亦然,遇此阴生,故曰七八道已讫也。〇三日出庚,又《易象》曰:雷在天上,大壮也。于此而立表测候,始得真的。易乃逆数,休猜成顺生之道去矣。〇火光以渐而长,人身阳火亦以渐而生,先天后天,各有所取。魏公单发明先天大药,当于为爽一节着眼,此正药材老嫩之分也。

十六转受统,巽辛见平明。艮直于丙南,下弦二十三。坤乙三十日,东方丧其朋。节尽相禅与,继体复生龙。壬癸配甲乙,乾坤括始终。

月至十六日,哉生魄,晨现西方辛位,明乍亏,象巽卦之纳辛,以人

---

① 原批云:月凡三变,自西而南而东,上下半月皆然。

身火候言之,则阴符继统之始也;月至二十三日,为下弦,晨现南方丙位,明半亏,象艮卦之纳丙,以人身火候言之,则阳中阴半,药味平平之时也;阴以阳为朋,月至三十日,阳消已尽,晨在东方乙位,故曰丧朋,象坤卦之纳乙,以人身火候言之,则归根复命之时也。此后三门属水也,所谓阴符也。卦节既尽,日月合朔之后,复生庚月,震来受符,重阴之下,一阳来复,非复生龙乎?乾纳甲壬,坤纳乙癸,十干始甲乙而终壬癸,故乾坤括纳甲之始终也。此药物火候进退之序,太阴少阴同一理也。

顶批云:仙乃纯阳,犹月至十六,一阴初生,不可用矣。至三十日,阳尽阴纯,晨在东艮箕水之乡,象人身癸满经行,丧损其炁,故曰丧其朋也。

右第五段,此统论药符,取象于月。每月前三候,比月中之金,所谓阳火也;后三候,比月中之水,所谓阴符也。而配卦位纳甲,以该其义。

七八数十五,九六亦相当。四者合三十,易象索灭藏。

七、八、九、六,二少二老之数,乃四象也。二少二老,数各十五,合之共得三十,应一月三十日之数。三十数终,则日月合璧,易象索然而灭藏。是以一月数足,遂成晦而气虚也。

象彼仲冬节,草木皆摧伤。佐阳诘商旅,人君深自藏。象时顺节令,闭口不用谈。天道甚浩广,太玄无形容。虚寂不可睹,匡廓以消亡。谬误失事绪,言还自败伤。另叙斯四象,以晓后生盲。(此条旧本在后序中,林屋山人移置于此。)

以一岁言之,象彼仲冬节,草木摧伤之候,阴极阳生,于卦为复,丹法每以晦朔冬至为喻。先王至日闭关,商旅不行,后不省方,安静以养微阳,正以顺节令也。闭口不谈,即希言顺鸿濛之意。然而天道甚浩广,真机在于顷刻之间;太玄无形容,妙处在于窈冥之内。窈冥真精,来自虚无,难以察睹。乘其日月合璧,匡廓消亡之际,慎密以守之,静默以求之,庶可临驭丹炉,而行一符二候之功。倘忘其缄默,三宝泄通,其不败乃事者鲜矣。四象,即七、八、九、六也。四者合成一月,皆比喻之词。魏公恐后之学者,不得其旨,妄认朔弦望晦俱为炼丹之火候,以盲引盲,非作者之意矣。故又别序斯四象，单举冬至，示后生以临炉采药之诀也。

顶批云：日月合璧，二土合一之时也。故原批云①：此日月合璧，非晦朔弦望，另有天机存焉。知教者自悟。

右第六段，密示采药之要。

八卦布列曜，运移不失中。元精眇难睹，推度效符征。

八卦布于八方，二十八宿环列于十二辰之内。四正之辰，各居三宿，余皆二宿。先后天进气采药，卦火周天，皆用之以定正时。然天道运移，不离中极，人身亦有中极，所谓玄关也。但此玄关，不属有无，不落方体，圣人只画一个中字示人。然中非四维上下之中，儒曰喜怒哀乐之未发，此中也；道曰念头不动处为玄牝，此中也；释曰不思善不思恶，正怎么时，那个是本来面目，此中也。寂然不动者，中之体；感而遂通者，中之用。苟能于举心动念处着功夫，虚极静笃之时，自然见玄关一窍，其大无外，其小无内。既见玄关，则药物火候之运移，俱由乎中而不失矣。元精者，先天真一之炁，窈冥中所生之真精，《道德经》云：其精甚真，其中有信者是也。无声无臭，虽眇而难睹，却有效验符征，可以推度。效验者，先天炁，后天气，得之者，浑似醉是也，药之已成也；符征者，天应星，地应潮，穷戊己，定庚甲是也，药之初生也。非洞晓天地之阴阳，深达人身之造化，岂能推度哉？

居则观其象，准拟其形容。立表以为范，占候定吉凶。发号顺节②令，勿失爻动时。

夫是元精，产于西南坤位，一年止有一月，一月止有一日，一日止有一时，一时分为三符，止用一符。所谓爻动之时，《悟真篇》云：若到一阳才起处，便宜进火莫迟延是也。是以作丹之时，观象以拟其形容，如辨药材之老嫩者是；立表以候其吉凶，如审火候之早晚者是。非真欲仰观③天象，外立表漏，以占候时辰也。所以如此慎密者，欲得其爻动之

---

① 原批云：月与日合璧，不受阳光，曰丧朋。终则有始，丧而不丧。
② 节，校本作"时"。据玉溪子批注云"节令"云云，似玉溪子本意也作"节令"。
③ 观，玉溪本作"明"。

时耳。爻动则气机已动,玄窍生药,便须阳炉发火以应之,勿敢差失也。《还源篇》云:万籁风初起,千山月乍圆。急须行政令,便可运周天。其发号顺时令之谓与!①

顶批云:西南坤位,非未甲之中,乃先天申位,即坎宫也。○居观其象,即《易·雷》在天上也。立表占候,立来复之表,占先后之庚也。节令,即先后之庚;爻动时,即含宏光大之时。

上察天河文,下序地形流。中稽于人情,参考合三才。动则依卦变,静则循象辞。乾坤用施行,天下然后治。

魏公上察天文,下序地理,中稽人情,参考皆合三才之道。丹士欲知爻动之时,当观天之应星,地之应潮,发号应之,以得金情之归性,则三才皆备于丹道矣。动者,虚极静笃,吾以观其复也。复卦一阳初动,从纯坤之卦变来,实胚胎于至静之中,萌蘖于阴极之会,坤之象辞不曰:至哉坤元,万物资生乎?静极而动,方可乘时采药。是丹法之动静,一准于《易》,法其自然而已。乾坤以坎离为二用,二用施行,则坎离交媾,丹道圆成,吾身之天地已治,犹之人君,刚柔互用,而天下治矣。

顶批云:上察天文,雷在天上,大壮也;下序地流,羝羊触藩,无丧于易也;中稽人情,革言三就也。○内药外药,即戊己二土。

右第七段,此篇中字、时字,乃要紧眼目。运移不失中,内药也;发号不失时,外药也。推度符征,参考三才,何患天下不治?

可不慎乎,御政之首,鼎新革故。管括微密,阎(音恺)舒布宝。要道魁柄,统化纲纽。爻象内动,吉凶外起。五纬错顺,应时感动。四七乖戾,侈(音侈,离别也。)离仰俯。文昌统录,诘责台辅。百官有司,各典所部。

可不慎乎句,直冒通章。炼丹入室之初,乃有为之事,犹人君御政之首也。鼎新,一阳初动,药苗正新也;革故,阳火忽萌,改革重阴也。管括微密者,耳目口三宝,固济勿发通,凝神以固气也。阎,欢悦也;舒,畅遂也;布宝,不吝财也。从其所好,欢悦畅遂,乃得情来归性也。二句

---

① 原批云:西南坤位,非未申之方,乃先天坤位,即坎宫也。按:玉溪本所录原批注中的"非未甲之中"疑为"原批"非未申之方"之误。

实乃临驭丹炉之要道。而要中之要，又在乎斗魁之柄。斗之所指则气动，进火退符，必用斗建之子午，斡运一身之阴阳，统摄一身之万化，犹网之有纲，衣之有纽也。爻象内动，乃爻动之时，此时下手，吉凶悔吝，起于毫发之间，可不慎乎？五纬，五行也。丹道金来伐木，举水克火，死归厚土，皆盗机逆用之事，是五纬错顺也。感动，作用也；应时，临期也；四七者，金火之数。炼丹之时，龙西虎东，柔上刚下，是四七乖戾，诐离于仰俯之度也。文昌为太微主星，《天官书》云：斗魁戴筐六星。号南极统星，为三台之领袖。台辅，即尊、帝二星，左辅右弼是也。文昌喻丹士，我皆统之也；台辅喻道侣，辅佐赖之也。天有众星分野，丹有六百火符，准则刻漏，挨排火候，皆有侣伴扶持，是百官有司，各典所部也。李晦卿注：百官有司，有内有外，各有专司。尤为精细。

顶批云：《易》曰：后以财成天地之道。又曰：王三锡命以怀万邦。即阊舒布宝之谓。

或君骄溢，亢满违道；或臣邪佞，行不顺轨。弦望盈缩，乖变凶咎。执法剌讥，诘过贻主。

乾为君，坤为臣，心也，神也；臣，身也，气也。神为君主，必须动静合宜，方不违其道。倘骄盈自满，未能国富民安，妄想不除，必致精耗气散，是炼己无功也；气为大药，必须调和驯习，乃顺行其轨。倘情性乖张，难以鼓琴敲竹；甲庚失度，安能招凤唤龟？是情不归性也，自然火候失调，临阵轻敌，而多殆辱之咎。执法者，谏诤之官，名有执法，借君臣之喻而立言。总因持心不定，动不以时，不能管括微密，阊舒布宝，致此咎征，贻君主之过也。学人可不正心诚意，慎以求丹乎？

顶批云：若固执一身，阳生不遇，不能交媾成丹耳，有何凶咎？

辰极处正，优游任下。明堂布政，国无害道。

辰极者，吾之元神，丹道之君主也。心正则不骄不亢，不违乎道。只凝神聚气，心息相依，惺惺寂寂，优之游之，任其自然，然后金来归性，而臣下亦无邪佞之患矣。君臣合德，布政于明堂之上，则大小无伤两国全，尚何害道之有？

右第八段，示人以入室之要，全在正君而国治。

内以养己,安静虚无。原本隐明,内照形躯。闭塞其兑,筑固灵株。三光陆沉,温养子珠。视之不见,近而易求。黄中渐通理,润泽达肌肤。初正则终修,干立末可持。一者以掩蔽,世人莫知之。

己者,己性,即己土也。炼丹莫先于炼己,而炼己与养己,亦自有辨。上阳云:宝精裕气,养己也;对境忘情,炼己也。自有动静之分,而炼己又莫先于养己。第法性虽一,教有顿渐。《六祖坛经》云:若起正真般若观照,一刹那间,妄念俱灭,若识自性,一悟即至佛地。顿法也。此之所论,乃渐法耳。虚靖天师云:要得心中神不出,莫向灵台留一物。盖遣欲澄心,只有正念现前,内境不出,不染一切,外境不入,如此安静,渐入大定,气质之性,无所依傍,一物不着,心如太虚,则真空实相本体,自然发现。此安静则虚无之义,而元神为丹君之说也,然非顽空也。《坛经》云:若百物不思,常令念绝,即是法缚,即名边见。诚于原本生身受炁之处,玄关一窍,收视返观,于六尘中,无染无着,回光而内照之,久久纯熟,自然万虑皆空,元神独觉,《圆觉经》之奢摩他,正是如此,乃渐法也。形躯,即凝神成躯之谓;兑为口;灵株,谓根株,即形躯也。闭口勿谈,气不上泄,神凝气和,精从内守,气从外生,自然炼精化气,灌注三宫,气满根植,下亦不漏,而灵株筑固矣。三光,耳、目、口也;陆沉,返照于内,神不外驰也;子珠,内药也,《契》云:流珠水之子,人身所有,皆后天子气,故曰子珠。夫此灵株、子珠,视之不见,然近在己身,易于寻求。苟得真铅阳火烹炼,筑基坚固,补气填精,然后可以得后天中先天之药,制伏阴精,化为真汞,皆由黄芽入我中宫而渐通理,自然润泽达于肌肤,而炼己功纯矣,是所谓初正、干立也。然后炼药求铅,以己迎之;收火入鼎,以己送之;烹炼沐浴,以己守之;温养脱胎,以己成之。则终修而末可持。故得一之事,在炼己纯熟,六根泰定之后也。何谓一?先天真一之气,雪山之醍醐,偃月之玉蕊,坎中金液,先天之乾金也。丹士得此真一而用之,则体化纯阳,形骸永固。故知金炼、玉炼,乃性命双修,而形神俱妙者矣。金丹大道,只此一,足以掩蔽无余。而无如世莫之知,拘执独修阳里阴精可以成道,岂不哀哉?①

顶批云:上阳子曰:若行其事曰炼,熟行其事曰炼。若行忍辱,度得六根大定。○上阳子曰:从自己生身处求之,则知真精真炁为我身之本原。

右第九段,备言养己筑基之事,以立还丹之基。内以养己,无为之道也;一者掩蔽,有为之术也。自无为而有为,有为而复返无为,性命之学尽矣。

上德无为,不以察求;下德为之,其用不休。上闭则称有,下闭则称无。无者以奉上,上有神德居。此两孔穴法,金气亦相须。

上德无为、下德为之二语,本《道德经》。上德者,全真之士,本体无漏,得遇明师,授以无为修摄之道,只行无为之功,使可超凡入圣,不必察察以求有为之术;下德则乾体已破,必须假有为之术,以行返还归复之道。如琴剑、鼎炉、虎龙、六候之类,所谓察求也;用之不休者,即三关三候,步步向前之意。《悟真篇》云:始于有作无人见,乃至无为众始知。察求之旨,圣人不得已而用之佳兵也。而有为之道如何?上闭、下闭是也。此上、下二字,犹云上门、下门,与上德、下德不同。上指在上者而言,阳也,坎中未扰之铅也;下指在下者而言,阴也,离中积久之汞也。闭者,隐闭勿发,有门未开之意。上闭虽隐而未见,然杳冥有精,其中有信,故称有,即老子所云观徼(音叫)也;下闭则管括微密,太虚之中,元神独运,故称无,即老子所云观妙也。存无守有,正求铅之法。奉者,小心慎密之意。以上闭称有之中,有先天真一之气,自虚无中来,乃神明之德所居。故恭己以奉之,不敢一毫谬误,庶得金情归性,以毕吾有为之事也。此两孔穴,即上闭、下闭,异名同出,少有人知,药物藏于其中,所谓玄牝之门也。玄牝之门,乃出入往来之所,阴阳交会之地,金丹化生之处。大修行人,于一穴两分中,知追摄之法,则两穴皆开;不知追摄之法,则两穴皆闭。金丹所最重者,金气耳。而金气亦相须,此追摄之法,以成造化矣。

---

① 原批云:注论养己甚备。养己乃可炼己,炼己乃可采药,养己其入室之先务乎。○知此一,则一切丹经,千名万号,皆从此出,可尽废矣。

顶批云：童身无漏，是为上德，不须筑基；有漏之体，是为下德，必须筑基，补完缺欠。○观徼，即《易》所谓观盥也；观妙，即《易》所谓观国尚宾也。上门、下门，即乾坤二门。坤门静翕，内有真一，故曰有；乾门静专，其精内隐，故曰无。

知白守黑，神明自来。白者金精，黑者水基。水者道枢，其数名一。阴阳之始，玄含黄芽。五金之主，北方河车。故铅外黑，内怀金华。被褐怀玉，外为狂夫。金为水母，母隐子胎；水为金母，子藏母胞。真人至妙，若有若无。仿佛太渊，乍沉乍浮。进退分布，各守境隅。

知白守黑，本《道德经》。白者金之色，太阴禀太阳之气而生明也；黑者水之色，太阴之本体也。《悟真篇》云：黑中有白为丹母。知此金精所以白之故，而守其水黑之基。待得时至机动，晦尽朔来，先天真一之白气，自现一痕蛾眉于昴毕之上，所谓神明自来也。神明，即上文所言神德。夫水何以能生金乎？阴阳始交，天一生水，为五行之首，是道之枢，而阴阳之始也。水一加以土五，得水之成数。一数玄，五数黄，其玄含黄芽之象乎？水中产铅，乾金初发之顷，名曰黄芽，可炼大丹。乾金是五行之主，坎水能载金上行，随天河轮转，运送入我中宫，故名北方河车。辟之外丹，黑铅属水，其体外黑，取出白金，制成戊土，即美金华也；譬之于人，又如被褐怀玉，而外为狂夫者。四语皆引喻黑中有白，以赞水之为德也。金为水母，先天乾金隐于坎位，为母隐子胎；水为金子，后天兑金能生真水，为子藏母胞。学者知金水配位于北为乾金，寄体于西为兑金，则知产药之川源矣。真人，即神明之德，乃坎中妙有，岂不至妙？但虽自坎中而来，原非坎中自有，故曰若有若无。太渊，幽深不测之所。金本重而沉，乍沉乍浮，形容其爻动之机也。采取之法，务激其浮而取之，则水源至清矣。药既归鼎，进火退符，各有境隅，守而不失可也。

顶批云：知白者，知其金之清纯，白而不污也；守黑者，守其水之发生，辨别清浊也。

采之类白，造之则朱。炼为表卫，白里真居。方圆径寸，混而相扶。先天地生，巍巍尊高。旁有垣阙，状似蓬壶。环匝关闭，四通踟蹰。守御固密，阕（音遏，止也。）绝奸邪。曲阁相连，以戒不虞。可以无思，难以愁劳。神气满室，莫之能留。守之者昌，失之者亡。动静休息，常与人俱。

炼丹采白金以制朱汞，造药则借朱火以炼白金。方得二物扭结，以成金丹。炼者，火也。金丹既成，真火周遭于外，以为表卫。金丹之藉白金而成者，方得安处于金胎神室之里。是神室也，方圆寸二，所谓玄关一窍也。丹处于中，类如鸡子，黑白相扶。此窍居天地之中，先天地生，其空如谷，为藏修之密室。鼎内有丹，永断生死，至尊至贵，所以巍巍尊高也。垣阙四通，曲阁相连，喻身中八门九窍，关闭守御，即管括微密，使奸邪不入，而白里真居者，永无虞失也。丹道始终以无念为常，无事忧愁劳苦，心静则气和，气和则宝结。真积力久，金丹太和神气，充溢金胎神室之中，子母相抱，非神火环匝之力，莫之能留。然守之则昌，失之则亡，必专心致志，夜以继日，动静休息，常守定真人，居于神室，须臾不离，自然丹熟脱胎也。

顶批云：神室即玄关，在《易》名曰丘园。

勤而行之，夙夜不休。伏食三载，轻举远游。跨火不焦，入水不濡。能存能亡，长乐无忧。道成德就，潜伏俟时。太乙乃召，移居中洲。功满上升，膺箓受图。（此段在后节之末，意义不属，方壶外史移置于此。）

昼夜勤行，不少间断，一年温养之后，更须三年伏食，方能长大成人，长乐上升也。

右第十段，发明微妙重玄，直指两窍之体，阐扬金水之德，并及神室温养，动静休息，常守不离，以勉励后生也。

是非历藏法，内视有所思。履斗步罡宿。六甲次日辰。阴道厌九一，浊乱弄元胞。食气鸣肠胃，吐正吸外邪。昼夜不卧寐，晦朔未常休。身体日疲倦，恍惚状若痴。百脉鼎沸驰，不得清澄居。累土立坛宇，朝暮敬祭祀。鬼物见形象，梦寐感慨之。心欢而意悦，自谓必延期。遽以夭命死，腐露其形骸。举措辄有违，悖道失枢机。诸术甚众多，千条有万余。前却违黄老，曲折戾九都。明者省厥旨，旷然知所由。

是金丹之道，非种种旁门也。历藏法，以五藏为五行，想五藏之气，渐入中黄也；内视有所思，存思气升降，运心想夹脊之类也；履斗步罡宿，受箓行法，符咒祭炼也；六甲次日辰，选时日以行子午也；阴道厌九一，御女之术，分上中下三峰，采人精气，托号泥水金丹也；浊乱弄元胞，吸取妊娠胞中元气，称作混元太极，以及红铅梅子、悬胎鼎、婴脐丹、乳便粉之类，浊秽非净也；食气二句，咽津纳气，导引按摩，采日月之华，服七曜之气，听灵响，视泓池等类也；不卧二句，枯坐顽空，昼夜无眠也；疲倦二句，偃仰屈伸千万状，啼哭叫唤如儿嬉也；百脉二句，肘后飞金精，守顶为泥丸，运气为先天，咽液为灵泉等类也；累土立坛宇四句，瞻星礼斗，祈祷摄召，奏名授职等也。魏公略举数条，见学人一见旁门小术，心欢意悦，谓必可以延寿命而却死期，而反夭折天年，与草木同腐者，何也？此等小术，违悖正道，不可胜纪。前却者，进退也。其进其退，背黄帝《阴符》之文，失老君《道德》之旨，皆获罪戾于九幽。唯在明者，因言得意，旷然知修炼金丹之由也。

右第十一段，指斥旁门外道。

偃月作鼎炉，白虎为熬枢。汞日为流珠，青龙与之俱。举东以合西，魂魄自相拘。上弦兑数八，下弦艮亦八。两弦合其精，乾坤体乃成。二八应一斤，易道正不倾。

《悟真篇》云：偃月炉中玉蕊生。翁注云：偃月炉，阴炉也，中有玉蕊之阳气，即白虎初弦之气也。丹法以偃月为炉，取其偃仰似月初之象。熬者，即虎铅，名为阳火也。炉中白虎初弦之气，实为真汞之枢纽，故曰熬枢。汞日为流珠，即《契》所云：太阳流珠，常欲去人者是也。木火同宫，实为青龙之弦气。东西即坎离，魂魄即日月。丹法至简至易，但举东方青龙之魂，以合西方白虎之魄，则东西既无间隔，自然魂魄相拘。鼎内龙虎之气，两相钤制而成金液，而铅汞同炉，大丹立就矣。二八两弦，只作前弦后、后弦前解，取两弦之时，药味平平之意，与六候中两弦不同。上弦兑数八，少女也；下弦艮亦八，少男也。男女媾精，配合相当，而成乾坤之体。二八一斤，分铢三百八十有四；易卦六十四，分爻三百八十有四。丹道、易道，相合如此。不倾者，服两弦之精，乃易道之

正,不虞其倾覆也

顶批云:魂魄自相拘,金木不间隔也;兑艮数各八,流戊以就己也。○二八两弦,即弦前弦后采金花之两弦也,故与六候中之两弦不同。

右第十二段,上六句指陈药物,下六句准则铢两。非真有铢两也,不过二分之水,配以二候之火,阴阳两齐,配合相当之意耳。

金入于猛火,色不夺精光。自开辟以来,日月不亏明。金不失其重,日月形如常。金本从日生,朔旦受日符。金返归其母,月晦日相包。隐藏其匡廓,沉沦于洞虚。金复其故性,威光鼎乃熺。

魏公借月受日光,以明丹道金火含受之义。金火,即铅汞也。金经火炼而愈坚,不夺其光,不失其重,不相克而反有益者,何哉?金即月,火即日,犹之月借日光之义也。自开辟以来,日月有常形,不亏其明者,何也?月光乃金气也,金本从日生故也。太阴体本纯黑,有质无光,因受日符而生光,故每以去日之远近,为月象之盈亏。朔旦之后,禀受日符,自三日生明,两弦望晦,皆自日生。归母者,归于坤也,以坤土能生金也。坎中阳爻,原是乾金,上下偶爻,仍是坤体。坤乙三十日,东方丧其朋,月晦则日月合璧,日包月上,隐藏不见匡廓。匡廓,即坎离匡廓。日中精光,沉沦于坤阴之内,谓之沉沦于洞虚。洞虚,即坤母也。迨晦尽朔来,三日生庚,而金复其故性矣。何谓故性?此金本是乾金,因交于坤而成坎。今取此生明之金,复还离宫,故曰复性。威光鼎,离也。复性,则奉神明之德,居于鼎中,填离成乾,而威光鼎乃炽盛矣。虽然此金更是何物?学道之人,鲜有知者,请略陈之。在太极未判之先,原属于乾,谓之乾金;混沌既分之后,坤为土母,寄居坤位,曰坤中金。积阴之下,一阳忽动,坤体中实而成坎,坎居北方癸水之地,金藏其中,谓之水中金。此先天之坤地也,故产药川源,属之坤位。坤乃老阴,不能自行,兑乃少女,乃坤同类,代坤行道,故又以西方兑为主,乃金之正位也。炼金丹者,不求于乾,不求于坤,不求于坎,专求于兑可也。但工夫虽是一般,而法度则有次第。关窍既开,方可筑基;筑基既毕,方可得药;内药既凝,乃可炼己;炼己既纯,乃可还丹。炼己以前,皆后天中先天之药;还丹一节,乃先天中先天之炁。炁一入舍,则如痴如醉,全仗侣伴、黄婆，助我行符运火。《入药镜》云：先天气，后天气，得之者，常似醉。茫茫宇宙，谁可与语乎？

顶批云：炼金丹者，除此兑金，余皆旁门。黄帝、老子，从古圣仙，皆用此金，方能了道。癸中壬，后天中先天之药也；铅中阳，先天中先天之气也。

右第十三段，发明金火含受之妙，示人以复性之功也。

子午数合三，戊己数居五。三五既和谐，八石正纲纪。土游于四季，守界定规矩。呼吸相含育，伫息为夫妇。黄土金之父，流珠水之子。水以土为鬼，土填水不起。朱雀为火精，执平调胜负。水盛火消灭，俱死归厚土。三性既会合，本性共宗祖。（土游二句，错简后章，依方壶外史改入。）

子，坎水也，其数一；午，离火也，其数二。合两者而成三。坎戊离己，皆土也，为铅情汞性，其数为五。一三一五，合之得八，故云八石，亦借用之词。丹道五金八石之类，皆非纲纪之正，惟赖戊己二土，为水火之媒，调和配合，使水火之两相克制者，反两相和谐，结为夫妇也。三五和合，入于元宫，则纲举目张，而药材真正。土之妙用如此，而非直此也。土之为德，四季赖之，守木则木荣，守火则火敛，守金则金生，守水则水节，皆禀中宫戊己之功也。今以之守于坤而采药，守于乾而运火，各有界限，定其规矩。呼吸者，吾人之息。今夫阳升阴降，天地之呼吸也。天地有橐籥以为运用，是以长久。人能以真息为火之橐籥，呼吸于内，神依息而凝，息恋神而住。临炉之际，呼吸调和，收取外来真一之气，入吾戊己之宫，与我久积阴精，两相含育，则真息自定，凝结于中宫，以成夫妇。丹药圆成，皆土之德也。黄土是坎中之戊，而戊土乃先天乾金，是金之父。《金谷歌》云：乾黄坤体白。故云黄土。但此乾金，仍是离火所化。流珠是离中之汞，铅水能生木汞，是水之子。西南坤位，庚金建禄，壬水长生。所以月月生水，因受乾金之气，化成戊土。则水为土所制，不能载金上升，故曰：水以土为鬼，土填水不起。试观人间少阴，一受胎孕，其经即止，是土填水不起之证也。必得朱雀之火，执其平衡，调其胜负，猛烹而极炼之，则火蒸水沸，其金自随水而上腾。及夫水沸已极其盛,入于离宫,离火反为坎水所灭,制伏拘钳,不飞不走,水逢土而掩,火得土而藏,铅汞俱死,同归厚土,非三性会合于中宫乎?三性会合,即是三五和谐。始之克水以求铅,终则归土为究竟。本性之己土,性也是他,命也是他,共一宗祖,故能同类相从也。①

顶批云:上阳子曰:八石为坤。乾坤为众卦之父母,非坤则不能得兑之纲纪。此注以八石为借之词,其理稍欠。

右第十四段,赞二土生克制化之功。仇氏曰:土为金父,真土擒真铅,以生为制也;流珠水子,真铅制真汞,以制为生也。土填水不起,土能蓄水也;执平调胜负,火能运水也。

巨胜尚延年,还丹可入口。金性不败朽,故为万物宝。术士伏食之,寿命得长久。

巨胜,草木之物,常服尚可延年,况金液还丹乎?金性坚刚,历万劫而不坏,诚为万物中至宝。以术延命之士,伏我后天己汞,食彼先天乾金,自然我命不由天,而寿与天齐也。

金砂入五内,雾散若风雨。

金砂,真铅也;五内,中宫也。汞迎铅入,渡鹊桥之东,由尾闾,导命门,过夹脊,入髓海,注双目,降金桥,渡银河,混合于中宫,冥然如烟岚之罩山,飒然如风雨之暴至,濛濛兮如昼梦之初觉,洋洋乎如澡浴之方起,此乃精神混合气归时,一身阴气除尽之真景象也,并非譬喻。邵子曰:恍惚阴阳初变化,细缊天地乍回旋。中间些子好光景,安得功夫入语言。真身造而实践者也。

薰蒸达四肢,颜色悦泽好。发白皆变黑,齿落生旧所。老翁复丁壮,耆妪成姹女。改形免世厄,号之曰真人。

得金液还丹之后,昼夜温养,无令间断,丹气薰蒸,施于四体,自然神清色润,发黑齿生,返老还童,血膏骨弱,长生不死,而位证真人也。

右第十五段,指示金丹之效。次节特以交感内景示人。伏者,伏虚无之气;食者,吞黍米之丹。若作外丹服食解,误矣。

---

① 原批云:丹乃火气所成,致中和,天地位,万物育,和之义大矣。○丹道自始至终,不离内呼吸。○平者,二八相当;调者,前龙就虎。

胡粉投火中，色坏还为铅。冰雪得温汤，解释成太玄。金以砂为主，禀和于水银。变化由其真，始终自相因。欲作服食仙，宜以同类者。植禾当以黍，覆鸡用其卵。以类辅自然，物成易陶冶。鱼目岂为珠，蓬蒿不成槚。类同者相以，事乖不成宝。燕雀不生凤，狐兔不乳马，水流不炎上，火动不润下。

此同类易施功，非类难为巧之意。胡粉，铅所造，以火烧之还为铅；冰雪，水所凝，以汤沃之解为水。同类之物，返本还元，理固如此。丹道本以金为主，而金非坤家固有之物，乃乾家火精，故以砂为主。入坤成坎，而禀和于玉池之水银，以成戊土。此土取在①吾身，擒制己汞，立变成丹。所以变化者，由同类真一之气故也。始而造铅，继而制汞，终而成丹，总是一家亲骨肉，非始终相因乎？学人欲服气食丹而为仙子，宜于真阴真阳，二气交感同类中求之，正谓人衰以类主也。植禾、覆鸡四句，见同类之易成；鱼目六句，证非类之不成；水流二句，明禀性不可移易。无甚深义。

顶批云：《悟真篇》曰：金公本是东家子，托于西邻寄体生。此解本陈注以砂为离己之朱②，必先积养以玉池之水银。此理亦通。

世间多学士，高妙负良才。邂逅不遭遇，耗火亡资财。据按依文说，妄以意为之。端绪无因缘，度量失操持。捣治羌石胆，云母及礜磁。硫黄烧豫章，泥汞相炼治。鼓铸五石铜，以之为辅枢。杂性不同类，安肯合体居。千举必万败，欲黠（音辖，慧也。）反成痴。侥幸讫不遇，圣人独知之。稚年至白首，中道生狐疑。背道守迷途，出正入邪蹊。管窥不广见，难以揆方来。

虽有良才，不遇真师，猜度丹经，误认五金八石之药，可以成仙了道，盲烧瞎炼，耗火亡财，由于不知金丹同类也，故仙翁告诫之。此节亦无深义。

右第十六段，上节言金丹必求同类，下节言欲知同类必求真师。

若夫至圣，不过伏羲，始画八卦，效法天地。文王帝之宗，循而演象

---

① 在，玉溪本作"入"。
② 朱，陈上阳《参同契分章注》作"朱砂"。

辞。夫子庶圣雄,十翼以辅之。三君天所挺,迭兴更御时。优劣有步骤,功德不相殊。制作有所踵,推度审分铢。有形易忖量,无兆难虑谋。作事令可法,为世定此书。素无前识资,因师觉悟之。皓若褰帷帐,瞋目登高台。《火记》不虚作,演《易》以明之。《火记》六百篇,所趋等不殊。文字郑重说,世人不熟思。寻度其源流,幽明本共居。窃为贤者谈,曷敢轻为书。若遂结舌瘖,绝道获罪诛。写情著竹帛,又恐泄天符。犹豫增叹息,俛仰辄思虑。陶冶①有法度,未敢悉陈敷。略述其纲纪,枝条见扶疏。(《火记》不虚二句,错简十二段内,今改入。)

羲皇画卦,法乎天地;文王作《易》,演为卦辞;夫子赞《易》,乃辅羲文。三圣上天挺生,迭兴御世,虽有步骤,并无优劣,总以发明易道,而功德无殊。魏公作《契》,必演易象者,正以踵三圣之后,有所师法,故能审其分铢而不爽也。事之有形有兆者,可以忖量虑谋,金丹大道,无形无兆,岂可忖量虑谋?欲为法于后世,乃作《参同契》之书。然非自己能前识,因禀承师旨,诀破重玄,故心目豁然明亮。褰帷帐,则一室浩然;登高台,则远近皆见。《火记》演于易卦。六百篇,十个月之候,朝屯暮蒙,一月六十卦,十月六百卦,卦卦相同,较以六百篇,篇篇相似。《参同》文字,千般比喻,何其郑重? 寻其源流,不过阴幽阳明而已。但阴阳同出异名,本一家同居,世人未之熟思耳。《参同契》为万世贤者而作,非轻易著述也。若结舌不语,又恐绝了道脉,获罪于天;竟将口诀笔之于书,又恐泄了天宝,天地见罪。所以犹豫叹息,俛仰思虑,陶冶细微之法度,尚未敢悉陈敷,只将药物火候之纲纪,散见三篇之中,有如枝条之见扶疏也。

右第十七段,自叙祖述《易经》作《参同契》之意。

以金为隄防,水入乃优游。金计有十五,水数亦如之。临炉定铢两,五分水有余。二者以为真,金重如本初。其三遂不入,火二与之俱。三物相含受,变化状若神。

此条直指入室临炉妙用,金火铢两细微,使学人有所依据。诸家笺

---

① 陶冶,玉溪本作"陶治"。

注，俱不得其旨，盖不得师传，妄猜臆度。以内养者固非，拟地元者尤谬。惟上阳吐露于前，潜虚畅发于后，无能移易一辞矣。今遵师诲，更为明悉之。以金为隄防者，西方兑金，先天未扰之铅也。欲炼金液大丹，先求兑金为离汞之隄防，汞受金制，遂不飞走。优游者，舒徐不促之意。有金以为隄防，则真水之自外而入者，乃渐渍而有余，而不至于溃决也。金必十五两重者，金体准月数，取金精壮盛之意。五千四十八日，天真之气始降也。十五两之金，能生十五分之水，上半月十五是也，故曰水数亦如之。若金数不足，则真水不生，天不应星，地不应潮，何以临炉定铢两乎？五分水有余者，自朔旦至望，共十五日，以一日半为一分，三日初庚方是二分新嫩之药，到初五即是三分。若至五分，则是初八日之半，已到上弦气候，大道震庚受符，忒有余矣。二者，坎水之真信，金初生水，刚到二分时也；真者，水源至清，有气无质也。故于初三一痕新月之时，迎其二分之水，以为真候，急取之方可用，到不得初三五分时候，故其三遂不入。重如本初，生二分水之金，必至十五，精炁始足，正二七之期，真铅始降也。二分水至，须以二分之火配之，则药火均平矣。火何以二分？盖一时分三符六候，止用一符二候之火，龙虎平匀，相吞相啗，所谓定铢两也。如此指示，显露已极。彼求真水于三十时辰之后者，真不知先天有气无质之妙者也。火迎水入，相含相受，混一于戊己之宫，则水、火、土三物含受，丹成而变化之状如神矣。

顶批云：西方兑金初产之时，已俱二两之数，至五千四十八日，又生十四两，合重一斤，则水生矣。水数亦必十五两者，知月到十五，金水始能圆足，否则不可为药。临炉之时，以水生二分为真者，正合天地之数，五十有五也。生至三分、五分，不合天地之数矣。学者勿因三日出庚之言，认作后三日去矣。

下有太阳气，伏蒸须臾间。先液而后凝，号曰黄舆焉。岁月将欲讫，毁性伤延年。

太阳气，离宫汞火也；须臾，一符之顷也。作丹之法，侦其①静极而

---

① 其，玉溪本脱此字。

动之时，调和龙虎，运真汞以迎之，则火蒸水沸①，其金自随水上浮。复乘气机，上升泥丸，乃疏畅融液，降为甘露，下重楼，由绛宫，入黄庭，归洞房，凝而为丹，所谓先液后凝也。名之黄舆者，兀兀腾腾，如车舆行于黄道之上也。若乃得药之岁月，止用一符之速，便须罢火守城，久则毁性而伤丹。性者，己性。毁性伤丹，寿年其可保乎？《悟真篇》云：未炼还丹须速炼，炼了还须知止足。若也持盈未已心，不免一朝遭殆辱。

形体为灰土，状若明窗尘。捣合并治之，驰入赤色门。

用铅之法如何？形体灰土，重浊有质，安能上腾？必须用轻清新嫩之气，状若射日明窗之尘，如上文二分之水是也。若既已融液，则有形质而不可用。二分之水，以二候之火，两相调和而并合之，驰入赤色之门，则丹结矣。赤色门，离宫也，即乾宫也。《入药镜》云：产生坤，种在乾。贯尾闾，透泥丸。可知驰有道，入有门矣。凡言入者，皆自外而入之意。

顶批云：丹道只用先天，不用凡浊气。先天炁光温，凡浊皆阴类。

固塞其际会，务令致完坚。炎火张于下，昼夜声正勤。始文使可修，终竟武乃陈。候视加谨慎，审察调寒温。周旋十二节，节尽更须亲。

用火之诀如何？凡采药养丹，须要关键三宝②，固塞完坚，始终如此。炎火二句，即太阳之气，伏蒸于下，昼夜宜勤也。文火乃发生之火，求铅之时用之；武火乃结实之火，结丹之时用之。加谨慎者，得丹之后，温养灵胎，勿少间断也；调寒温者，朝进阳火，暮退阴符，勿敢违错也；十二节者，一日十二辰，度竟终复始，直至十月功完也。候视四句，方言温养火候。③

气索命将绝，体死亡魄魂。色转更为紫，赫然成还丹。粉提以一丸，刀圭最为神。

知几子曰：此节言还丹大药，有神妙不测之功也。金液凝结之际，

---

① 沸，玉溪本作"涕"。
② 三宝。底本作"二宝"，据校本改。
③ 原批云：固塞不独关键三宝，还须内境不出，外境不入，则精神聚而炎火乃张。○潜夺造化，全在晦朔之间。

百脉归源,呼吸俱泯,日魂月魄,一时停轮,如命之将绝者。绝而复苏,如紫清翁所谓这回大死今方活也。温养事毕,群阴剥尽,体化纯阳,色转为紫,成九转金液大还丹。丹成药就,其体至轻至微,其用至神至妙。粉提、刀圭,皆喻其少。

  右第十八段,指示药火真诀,始终奥妙,尽情吐露,《契》中之大关键也。首二节,见药贵知时;形体节,用铅之法;固塞节,用火之法;末节出还丹二字,示人返本还原之意。

  推演五行数,较约而不繁。举水以激火,奄然灭光明。日月相薄蚀,常在晦朔间。水盛坎侵阳,火衰离昼昏。阴阳相饮食,交感道自然。名者以定情,字者缘性言。金来归性初,乃得称还丹。

  天地五行之数,只一二三四五,生数而已,成数皆中五之土所生也。合北一则成六,合南二则成七,合东三则成八,合西四则成九,数至九而止,本无所谓十也。其土之成数十者,乃聚北一、南二、东三、西四,合而成十,是五行全藉土以成,而土又四象之所成,所谓四象五行全藉土也,故约而不繁。天一生水,地二生火,水火乃天地之始气,丹法用之,日月即水火也。举水激火,火灭其光。譬诸日月,亦有薄蚀之理。而月之掩日,阳光当昼而昏者,常在晦朔之间。此水盛火衰,如举水激火,光明奄灭者然,正阴阳交感造化自然之理,无足异者。炼丹之士,可不求所谓晦朔之间,而法造化交感之妙乎?水中有金,铅也,情也;火中有木,汞也,性也。《悟真篇》云:异名同出少人知,两者玄玄是要机。故以金为名,则以木为字;以金为情,则以木为性。虽非二物,未可称还丹也。乃夫时至气化,一盏醍醐,倾入东阳造化之炉,归家与青娥相见,金情来归木性,乃得称还丹也。金来归性初一语,乃作丹之髓,不可不知。①

  顶批云:《易》曰:小人用壮,君子用罔。晦朔,壮也。羝年②已出,故曰日③薄蚀,常在此时也。

---

  ① 原批云:五行藉土而成,又何说哉?
  ② 羝年,当为"羝羊"之误。
  ③ 曰日,疑为"日月"之误。

右第十九段，论金来归性，乃阴阳交感自然之道。而五行之大用，惟水火最先。举水灭火，以法自然之运，则还丹之理得矣。

吾不敢虚说，仿效古人文。古记题龙虎，黄帝美金华。淮南炼秋石，王阳嘉黄芽。贤者能持行，不肖毋与俱。古今道由一，对谈吐所谋。学者加勉力，留念深思维。至要言甚露，昭昭不我欺。

龙虎、金华、秋石、黄芽，皆古圣垂训之书，魏公作《契》，岂敢虚说？乃举已效之事，效古人之文，以垂教万世也。惟贤者能企慕而持行之，可传吾道，不肖者当慎所与也。况今古并无二道，只有金液还丹之道，已尽吐所谋于《参同契》中矣。学者当勉力深思，始知要言显露，昭昭不欺也。

右第二十段，自叙仿效古人作书垂训之意。

《周易参同契脉望》中卷

会稽参学陶素耒存存子述

古汉初玉溪子加批

中　篇

乾刚坤柔，配合相包。阳禀阴受，雄雌相须。偕以造化，精气乃舒。坎离冠首，光耀垂敷。玄冥难测，不可画图。圣人揆度，参序元基。四者混沌，径入虚无。六十卦用，张布为舆。龙影就驾，明君騼时。鯀则随从，路平不邪。邪道险阻，倾危国家。（影，古马字；鯀，古和之；騼，古御字。）

此言乾坤为鼎器，坎离为药物，六十卦为火候，见丹与《易》合，大略与上卷首章同。乾，天地，君也，父也，其气主刚；坤，地也，臣也，母也，其体主柔。乾坤两相配合，阳气先至，阴精后至，则柔包刚而成男；阴精先至，阳气后至，则刚包柔而成女。乾阳之德，主乎禀与；坤阴之德，主乎禽受。孤阳不生，孤阴不育，雄雌二者之相须可知。偕者，交媾之义。惟交媾以成造化，阳精阴气乃能舒布，在天地则阴阳交媾而生物，在丹法则阴阳交媾而生药，同此造化之机也。人身造化之妙，以时而至，苟能旋曲视听，勿失其机，则造化在吾掌握中矣。有鼎器，则有药物，故坎离继乾坤而冠阴阳之首，得刚柔之中，是精气互藏之室宅也。坎离之象，配诸日月。丹法有内日月，有外日月，欲令内日月交光于内，必先使外日月交光于外，光耀垂敷而偕以造化者，在是矣。玄冥者，坎宫先天之真水，难以意测，岂可画图？惟圣人能揆其产药之川源，度其清浊之时刻，假象托文，广引曲喻，以参序丹道之元基。元基即根基也。《悟真篇》云：须凭玄牝立根基。盖伏铅制汞，全在玄牝，玄牝既立，则修炼在此，还丹在此，火候在此也。四者，即乾、坤、坎、离。元基既固，则阴阳精气，混沌交媾，径入我虚无之谷矣。药物交则有火候，余六十卦，张布鼎外，一日两卦，以为周天火候。舆辐有三十，月亦三十日，故曰为舆。龙者，汞也；马者，火也。汞火已与真铅交媾，调养驯服，是就驾也。明君，我之元神为主也。御周天之火候，各得其时，正是神为车，气为马，终日御之不倦也。如是则阴阳相和，君不骄溢，臣不邪佞，事皆随心而应，如大路之坦坦无邪也。舍此和气之外，皆系邪道险阻，未有不倾危国家者矣。国家，指身言。①

右第一段，鼎器、药物、火候，虽分三段，看药火本不相离。言药而不言火者，半刻之功，火在其中矣；言火而不言药者，十月之事，药在其中矣。

君子居其室，出其言善，则千里之外应之。谓万乘之主，处九重之室。发号施令，顺阴阳节。藏器待时，勿违卦日。屯以子申，蒙用寅戌。六十卦用，各自有日。聊陈两象，未能究悉。在义设刑，当仁施德。按历法令，至诚专密。谨候日辰，审察消息。（一本施德下有：逆之者凶，顺之者吉八字。）

此《易传》释鹤鸣子和之词，引之以明入室火候，亦有母气先倡，子气后和之意。居室者，入室也。入室炼丹，乃吾人大事因缘，尊主人为万乘，喻丹室以九重，比火符为号令，慎重谨密之至也。入室采药，虽忌轻言，然此感彼应，非藉言语，何以得大药之真？顾只在言之善耳。言

————————
① 原批云：外日月谁人知道？○凡炼金丹，以和为先，和则事皆随心而应。

善则千里之外应之,况居室中乎?起火炼药,顺天地阴阳之节,春夏秋冬,不敢违背,以发号施令,必先炼己纯熟,藏器于身。待得月现震生,依爻动时采取,而勿违乎卦日。盖以炼丹之法,先当知时,尤当待时。时之未至,塞兑垂帘,默默窥虚以待之,不敢为之先也;时辰若至,妙理自彰,大用现前,定以应物,不敢为之后也。至于逐月浇培,朝用水雷屯卦,初爻庚子,四爻戊申,进火之候;暮用山水蒙卦,初爻戊寅,四爻丙戌,退火之候。盖举初一直事之卦,以例其余。谓火候分至之启闭,当如是耳。有以子申为水局,寅戌为火局者,移之初二,需以子申,讼用寅午,尚同一理。移之初三,师以寅丑,比用未申,就说不去,奚可穿凿?一月每日两卦,始屯蒙,终既未,有六十卦之用。虽各自有日,然聊陈屯蒙两卦反对之体,以见一顺一逆,各自有合,未能究悉也。自午至亥,六时在义,则退阴符以设刑;自子至巳,六时当仁,则进阳火以施德。三年炼己,一年养丹,遵之则顺而吉,反之则逆而凶。然而按历数以排火候,法时令以运抽添,下手修习之要,全在至诚专密,以谨候其日辰,审察其消息而已。学人当清净无为,不以一毫外物累心,行坐寝食,一刻不离,方为专心致志。若杂务营心,朝行暮辍,日月至焉,终无一成也。日辰者,天地有昼夜晨昏、晦朔弦望、二至二分,人身亦与天地同其消息。所以丹法以天为鼎,以地为炉,采药按月之盈亏,行火视日之出没,攒簇周天,一日一时之中,止用一符。而其中消息之要,必先审察兑金所生之水,以合就丹头。非谓八月十五日子时,入室下功,盗天地之金精以修炼金丹也。①

顶批云:《易》曰:同声相应。又曰:鹤鸣在阴,其子和之。《契》言本此。○子为冬至、午夏至。顺阴阳节,即顺子午之潜,藏器以待之也。○一日两卦,取两卦合综,一顺一逆,以象朝进阳火、暮退阴符之事。

纤芥不正,悔吝为贼。二至改度,乖错委曲。隆冬大暑,盛夏霰雪。二分纵横,不应漏刻。水旱相伐,风雨不节。蝗虫涌沸,山崩地裂。天见其怪,群异旁出。

---

① 原批云:危惧则平安,慢易必倾覆。至诚专密,谨候审察,慎之至也,此之谓大易之道也。

苟或不能至诚专密，以候其日辰，察其消息，则持心不定，炼己不熟，调鼎无功，爽日辰而差消息，种种悔吝，在所不免。皆火候失调，君骄臣佞之意，无甚深旨。

孝子用心，感动皇极。近出己口，远流殊域。或以招祸，或以致福，或兴太平，或造兵革。四者之来，由乎胸臆。静动有常，奉其绳墨。四时顺宜，与气相得。刚柔断矣，不相涉入。五行守界，不妄盈缩。易行周流，屈信反覆①。

孝子者，吾人之元性也。何谓用心？至诚专密而已。皇极，乾坤也。诚能动物，自可感格。言出于口，心之声也。性情相感，言之善、不善不同，应违亦异。招祸、致福、太平、兵革四者，皆言行火之妙用。有药而行火，则金被火逼，奔腾至于离宫，化而为水，反以克火，故火无炎上之患。若无药而行火，则虚阳上攻，适以自焚其躯。此招祸、致福之所自分也。真铅生于坎宫，浊而不起，欲其擒制离宫之真汞，当用武火，猛烹极炼，然后飞腾而上。及其与真汞交结之后，则宜守城沐浴，不可加以武火。此太平、兵革之不同也。四者之来，岂有他哉？皆由乎持心耳。可不至诚专密乎？阴中之阳，以动为主，故取坎之期，惟侦其动；阳中之阴，以静为主，故填离之后，致养于静。宜动宜静，自有常法，如工匠之奉绳墨焉。

寒暑温凉之四时，各顺其宜，然后金水阴阳之二气，各得其用。时当进火，阳刚用事，则一意于震、兑、乾，不涉入于阴也；时当退符，阴柔用事，则一意于巽、艮、坤，不涉于阳也。是以五行各有界限，不可妄意盈缩者也。何谓界？如金水戊土，其界在坎；木火己土，其界在离。水不可滥亦不可干，火不可寒亦不可燥，不妄盈缩，便是守界也。易即日月，日月行于黄道，昼夜屈信，周流不息。人法日月之屈信，以行火候，则长生久视之道在是矣。

顶批云：兴太平者，即《易》需郊、需沙、拔茅、习坎之谓；造兵革者，《易》乘墉攻取、晋角伐邑之事。

---

① 屈信反覆，瀛经堂本作"屈伸反覆"，玉溪本作"屈伸往覆"。

右第二段,备论入室火候,全在至诚专密,谨候日辰,审察消息。则致太平之福,不招兵革之祸。

晦朔之间,合符行中。混沌鸿濛,牝牡相从。滋液润泽,施化流通。天地神明,不可度量。利用安身,隐形而藏。

此章以夕月乾爻,双明药火。首节其总冒也。晦朔弦望,一年十二度,天上太阴与太阳合璧,常在晦朔之间。人间少阴,亦有十二度,其在先天鼎器,则真一之气,五千四十八日归黄道,末后两日,正当晦朔之间,乃天地阴阳之交会。以一月言,三十日夜半是也,在年则冬至之候,在日则亥子之交,在人则动而未形之际。同此造化之机,虽有殊名,总此一候。是时日月合璧,行于天中,虽有朕兆,尚未显露。神仙审察消息,待日出庚方,迎其符至之机作丹,则内真外应矣。混沌鸿濛者,二仪未判之炁,龙虎始媾之精,指二候和合丹头时言也。此时机动籁鸣,阴阳乍会,铅汞始交,得非牝牡相从乎?滋液润泽,乃阳丹初入土釜,交感之真景象也。天地絪缊,男女媾精,精神四达,蟠天际地,如烟如雾,如露如电,不可名状。雄阳播施,雌阴统化,而一气流通矣。神明,即上卷神明之德。人身活子时,不可测度,利在安静虚无,养己以俟时至,而又管括微密,隐光而内照其形躯,潜伏炼养,庶可以得其神明之自来也。若使落于存想度量,则神明不可得,而还丹不成矣。①

顶批云:若认末后两日为八日末后两日,则误矣。

始于东北,箕斗之乡。旋而右转,呕轮吐萌。潜潭见象,发散精光。昂毕之上,震出为征。阳气造端,初九潜龙。阳以三立,阴以八通。三日震动,八日兑行。九二见龙,和平有明。三五德就,乾体乃成。九三夕惕,亏折神符。盛衰渐革,终还其初。巽继其统,固济操持。九四或跃,进退道危。艮主进止,不得踰时。二十三日,典守弦期。九五飞龙,天位加喜。六五坤承,结括终始。韫养众子,世为类母。上九亢龙,战德于野。

此以先天圆图,除起坎离二卦为药。始于东北,讫于正北,配乾六

---

① 原批云:谓到安静虚无,所以为妙;若从动作中来,却于静定时得。

爻,以象月之晦朔弦望,喻养丹之火符也。八①乃艮之位,即准《连山》作《契》意也。少阴阳气之消长,象太阴金气之圆缺。晦朔之间,日月合璧于东北。箕斗,东方交会之乡。方其阳气造端,月升在日,无可征验。至三日之夕,则旋而右转,将所含太阳精光,呕轮吐萌于昴毕之上,谓全月水轮中,微萌一线金光也。正应三日出庚,一阳生于二阴之下,于卦为震,应乾之初九,喻人身阳绪之初,药则可用,而火宜微调者也。阳以三立,三日出庚也;阴以八通,八日上弦也。三为阳,八为阴,至此东北和通矣。月至丁方,于卦为兑,应乾之九二,喻阳火用功之半,采则已老也。和平有明,言火力匀调之意。三五十五之夕,月至甲,与日相望,其象如乾,应乾之九三。此时阳升已极,屈折当降,喻阳火圆满,当慎以持盈也。如上以后,则盛极必衰,以渐而革,终当返晦,故曰还初。晓月至辛,转受阴统,其象如巽,应乾之九四,喻阴符继统之始,鼎内有丹,法当固济操持,徐用阴符,包裹阳气也。月至二十三,其光半亏,下弦直事,平明没丙,其象为艮,应乾之九五,喻阴符用功之半也。艮主进止者,艮司东北之位,天汉起于箕尾之间,没于星张之分,艮丙所直之方也。不得踰时,火不可过,要典守防范也。飞龙则位乎天位,丹药怀胎结婴,故曰加喜。六五者,三十日也。丧朋于乙,纯阴用事,其象为坤,应乾之上九,喻火功已罢,神气归根,寂然不动之时也。积阴之下,一阳复生,又为下月起绪之端,震兑诸卦,不生于阳而生于阴,故坤为同类众子之母,能结括丹道之终始也。如上火符,乃阴阳升降自然之理,喻以月魄,象以易卦,配以乾爻,咸相吻合。不过使修丹之士,细心玩味,知药火之分数耳。苟得师传要领,则不刻时中分子午,无爻卦里别乾坤,始为精于用《易》也。②

用九翩翩,为道规矩。阳数已讫,讫则复起。推情合性,转而相与。循环璇玑,升降上下。周流六爻,难以察睹。故无常位,为易宗祖。

此总结上文六候之消息。用九者,乾元用九也。六龙翩翩上下,足

---

① 八,底本作"人",据玉溪本改。
② 原批云:月节以五日为一候,去晦朔三日,则震出为征,正应庚月之象。不要将晦朔出庚,混沦看过。

为丹道规矩。一爻才过,一爻又来,故六阳数讫,讫则复起。情者金情,性则木性。凝结成丹者此情,浇培十月者亦此情,皆推情以合性。转转相与,阳火阴符,如璇玑玉衡,循环不息,上升下降,周流于六爻之间。六爻,即乾卦之六爻。身中之乾,无爻画可观,无象数可见,安有方体可以察睹?故坎离二用,原无常位。魏公借乾元用九,指陈刻中火候之秘诀,其间有抽添进退之妙,沐浴交结之奥,皆可准此以得之,此所以为易之宗祖也。

右第三段,朱子曰:此以纳甲言一月之火候也,又纳乾之六爻,以明阳气之消息。深为得旨。

朔旦为复,阳气始通。出入无疾,立表微刚。黄钟建子,兆乃滋彰。播施柔暖,黎烝得常。

朔旦为复者,非月朔之谓,乃人身阳火起绪之初。斗柄建子之月,于卦为复,阳气始通。喻坤家积阴之下,初受乾宫一点精光,阳气初萌,未可下手追摄,但调停真息,不急不散,不冷不燥,自然出入于坎离之间,无有隔碍,何疾之有?此时药苗新茁,无质无形,止有微刚之气。丹家认此微刚之气,立为表则,故曰立表微刚。是月也,律应黄钟。钟者,踵也。阳气相踵而生,朕兆可见,但当播施柔暖微刚之火,则一身精气安和,得其常度,故曰烝黎得常。

顶批云:阳气初萌,天庭生光,当立表测,以明七日来复之时,出入始能无疾也。故上阳子以为初关第一之候。

临炉施条,开路生光。光耀渐进,日以益长。丑之大吕,结正低昂。

临者,二阳之卦,斗柄建丑之月,阳气渐进。喻身中阳火渐渐条畅,黄道渐渐开明,可以进火炼药。故临驭丹炉,施条接意。意者,己土也。开路生光,言施条之后,阳气既通,阳光发耀,渐进而增,日就长益之意。是月也,律应大吕。大者,阳也;吕者,侣也。阴阳得类,二气感应,是为真侣。而结、正、低、昂四字,实乃临炉之要诀。潜虚曰:结者,关键三宝,管括微密之谓;正者,辰极处正,至诚专密之谓;低昂者,子南午北,柔上刚下之谓。可谓明晰矣。①

顶批云：以大吕丑月②象晋，康侯用锡马之时，上阳子以为中关第二候也。

仰以成泰，刚柔并隆。阴阳交接，小往大来。辐辏于寅，运而趋时。

仰以成泰，颠倒阴阳，乾下坤上也。三阴三阳，刚柔相当，为斗杓建寅之月。阴阳之气，两相交接，小往则前行须短，二候求药也；大来则后行正长，四候合丹也。正二八相当，汞迎铅入之意。是月也，律应太簇。簇者，辏也。万物当此，辐凑而生。在丹法亦如辐之辏毂而与时偕行，河车不敢暂留停，运入昆仑峰顶矣。此昆仑顶，指玄门言，以其自下元气海涌出，故象昆仑，非天上之昆山也。仇注云：二候临炉，运火求铅也；四候合丹，调和己汞也。就四候之中，还有分别。吴思莱云：运转河车，运归土釜，此中二候作法；闭塞三宝，凝神定息，内守神室，此末二候作法。可谓精细。③

顶批云：以太簇寅月象晋，如鼫鼠。合丹之辰，上阳子以为末关第三候也。

渐历大壮，侠列卯门。榆荚堕落，还归本根。刑德相负，昼夜始分。

大壮，四阳之卦，斗杓建卯之月，律应夹钟。夹者，侠也。侠列卯门，阳中有阴，生中有杀，二月榆落，还归本根，阴阳之气，至此两平。加火则有偏胜之患，故刑德临门，丹家称为卯酉沐浴。卯分乎昼，酉分乎夜。然沐浴有二说，大旨皆言养丹，余于刚柔迭兴节注之详矣。而结丹时之沐浴，先圣皆秘而不言，惟我师《还丹火候歌》，将行火窍妙，阐发明白。愚今批露丹衷，发泄于此，使万古迷蒙，尽为诀破。《火候歌》云：忆我仙翁道法，总是吾家那着。原无子午抽添，岂有兔鸡刑德。问吾子在何时？答曰药生时节。问吾午在何候？不过药朝金阙。卯时的在何时？红孩火云洞列。若无救苦观音，大药必然迸裂。此即沐浴时辰，过此黄河舟楫。再问何为酉门？即是任同督合。此时若没黄裳，药

---

① 原批云：施条二字妙，可意悟，难以言传。

② 丑月，原作"五月"，据上下文义改。

③ 原批云：当在个中留意。

物如何元吉？过此即为库戌,请向库中消息。此是一贯心传,至道不须他觅。盖药临玄门,丹经所谓九重铁鼓,三足金蟾,任督下合之乡,子母分胎之路,皆是此处,故以红孩相火比之。救苦观音者,静摄严密,则甘露垂珠也。愚尝问师云：入静乃库戌之事,此时何以云然？师云：此静不是大静,乃观音之静。若那静,则如来之静矣。鹤林真人云：卯酉乃其出入门。可见刑德临门,不过临玄之门、临牝之门也,在识其窍妙而已。张三丰《铅火秘诀》一篇,即是此意。《四百字》云：火候不用时,冬至岂在子。及其沐浴法,卯酉亦虚比。微乎,微乎！

顶批云：上阳子曰：此言丹之兆落在黄庭,以防以养,宜慎宜专也。

夬阴以退,阳升而前。洗濯羽翮,振索宿尘。

夬卦,五阳一阴,斗杓建辰之月,律应姑洗。洗者,洗濯也；振者,辰也。丹经沐浴,一阴宿垢,振索立尽。喻身中阳火既盛,大鹏将徙天池,势当奋发也。

顶批云：上阳子曰：夬之为卦,阴决别阳,炁既回,金丹怀孕。

乾健盛明,广被四邻。阳终于巳,中而相干。

乾乃六阳之卦,斗杓建巳之月。阳火盛明,升熬于甑山之上,圆满周匝,故曰光被四邻。六阳已全,镬尽金纯,律应仲吕。中者,仲也。日中则必昃,阳极则阴生。中而相干者,言阴将干阳也。修丹至此,可不慎以持盈乎？

顶批云：乾健阳盛,终于巳月,阳将干阴,当防亢龙之悔也。

姤始纪绪,履霜最先。井底寒泉,午为蕤宾。宾服于阴,阴为主人。

姤之为卦,盛阳之下,一阴始生,为斗杓建午之月,时值夏至,阴伏于下。坤之初六,不云履霜坚冰至乎？冰始于霜,寒生于井,律应蕤宾。阳虽极盛,而阴符起绪之初,以阴为主人,阳反退而宾服于阴也。其在丹道,则药朝金阙之时,必退火合度,方无危险。

顶批云：阳极生阴,阴为主人,乃顺豫生阴之象。

遁世去位,收敛其精。怀德俟时,栖迟昧冥。

遁乃二阴之卦,斗杓建未之月,此时阴气渐长。喻身中阴符,离去午位,收敛而降,怀德俟时,栖迟昧冥,皆取退火之意。栖者,林也,律应林钟也；眛者,未也,六月建也。

顶批云：此即谦道、遁道之事。①

否塞不通,萌者不生。阴信阳诎,毁伤姓名。

否卦三阴,斗杓建申之月。申者,阴之信也。阴信则阳诎,律应夷则。夷,伤也,阳将毁伤也。以喻身中阴符,愈降愈下,阳火退去一半矣。退符,皆主阳退而言,潜虚《测疏》论得最妙。

观其权量,察仲秋情。任蓄微稚,老枯复荣。荠麦芽蘖,因冒以生。

观乃四阴之卦,斗杓建酉之月。观其权量,以察仲秋之情,阴阳各半,气至此而又平。律应南吕,南有任之义。万物敛华就实,有任蓄微稚之象,老枯者当得复荣。《正字通》云：阳气尚有,任生麦荠。所谓阴中有阳,刑中有德也。以丹法言,则阴符降下过半,药降金桥,将归宝藏。又有临门一节,《规中指南》配合坤卦四爻,括囊无咎。我师《火候歌》中,任同督合,皆指此也。任蓄二字,分明指出自督入任,蓄养还丹之意。可以知沐浴之法,实关生死之岸,《黄庭经》不可不读矣。

顶批云：八月建酉,兑金得生,枯故复荣。

剥烂肢体,消灭其形。化气既竭,亡失至神。

剥乃五阴之卦,律应亡射,为斗杓建戌之月。阳气受剥,枝头之果,熟烂而堕,形体消灭,造化之气,于此竭穷,故曰亡失至神。以丹法言,则归根复命,赏阳春于旧家庭院,火归戌库,愈谨止静之功,仍还无天无地、无人无我境界时也。神即神火；亡失,亡射也,即归库之意。②

顶批云：火归戌库,乃无妄、大畜之时。

道穷则反,归乎坤元。恒顺地理,承天布宣。玄幽远渺,隔阂相连。应度育种,阴阳之原。寥廓恍惚,莫知其端。先迷失轨,后为主君。

坤乃六阴之卦,斗杓建亥之月。纯阴用事,阳气潜藏,万物至此,归根复命。阳道既穷,则反本而归乎坤元,以喻丹道归静之极也。静乃丹道之常。恒,常也。常顺地理,寂然不动,以俟天之施化。迨夫亥子之

---

① 按：此条玉溪顶批,与孟乃昌校本《周易参同契三十四家注释集萃》所录不同,孟本作"此即谦虚豫遁边之事",不知孰是？录此存考。

② 原批云：归复之期,即亡失之候,功到止静,又何勤哉？

界，一阳来复，乃承天而布宣之也。布宣，即用火之意。夫阴阳精气，隐于坎离匡廓之内，生于杳冥恍惚之中，初无形象可见，是玄幽远渺也。然到机动籁鸣时候，则隔阂潜通，如磁石引铁，虽隔阂而实相连。律应应钟，钟者，种也，有应度育种之义焉。度，即铅汞之度。用铅则种铅，用汞则种汞，皆藉坤元之养育，是阴阳之原也。二气之始，寥廓恍惚，莫知端倪。其先少阴少阳，两情眷恋，一点阴火之气，陷溺于坎宫，迷失轨辙，丹士则昏昏默默，深入乎窈冥以待之。俄顷临御丹炉，则恍恍惚惚，感而遂通，阳道复兴，而主君又将用事也。①

　　无平不陂，道之自然。变易更盛，消息相因。终坤始复，如循连环。帝王乘御，千载常存。

　　此节及上节坤元，皆总结一章之意。急提自然二字，以见无往不复，阴阳之盛衰消息，月卦之终坤始复，如循连环。天道、丹道皆纯顺乎自然，不待勉强安排也。作丹法，其自然之运，与时偕行，则如帝王之乘龙御天，历千秋而统祀常存矣。

　　右第四段，此以《易》之十二月卦，天之十二辰，乐之十二律，配丹道一年之火符，比喻一时半刻之功也。与上篇一月火符，互相发明，同一旨趣，温养火候，亦准诸此。

　　将欲养性，延命却期。审思后末，当虑其先。人所禀躯，体本一无。元精流布，因气托初。

　　人无圣愚，性来入命则生，性去离形则死。欲养性以住世，非延命之术不可。人将欲养性延命以却死期，审思既有身之后，可以有延命之术。当虑未有身之先，吾身从何而来？性命何由而立？则可得其绪矣。夫有生之先，以父母之气，交结而成躯，骨肉之体，会有涯尽。惟本天地阴阳真一之气以生此体，本于一无，无有涯尽者也。元精流布，即后天阴阳，精气为物，二五之精，在人为命者也；因气托初，即先天太一含真之气，无极之真，在人为性也者也。二者妙合，而人始生。此两句，正申明体本一无之意。神仙之修丹，以无涯之元炁，补我有限之形躯，阴阳

---

① 原批云：杳冥者，阴阳未判之时；恍惚者，阴阳将判之时。乃真景象也。

相感，精气交结，于无中生有，与男女胎孕之理无二，但有顺逆不同耳。①

阴阳为度，魂魄所居。阳神日魂，阴神月魄。魂之与魄，互为室宅。

是性命二者，合而生人，不过以阴阳为度，乃日魂月魄所居也。阴阳以魂魄为体，魂魄就阴阳为舍。离为日魂，坎为月魄，日月本是乾坤精，故曰阳神阴神，非天壤有形有象之日魂月魄，乃人身无形无象之日魂月魄也。互为室宅者，坎中之一阳，乃东方之卯兔，离中之一阴，乃西方酉禽。故《金丹四百字》云：日魂玉兔脂，月魄金乌髓也。然而东家乌髓，能招西江之月魄；西方兔脂，能制我家之日魂。又见魂魄相拘，自有吞啗之妙，不独互藏其精，实交相为用矣。②

性主处内，立置鄞鄂；情主营外，筑完城郭。城郭完全，人物乃安。于斯之时，情合乾坤。

此条性情，就初关言，与推情合性、上文养性及下文情合乾坤之旨不同，即上卷内以养己章，筑固灵株之义。性主静，立鄞鄂者，养性存神，凭玄牝以立根基也；情主动，筑城郭者，宝精裕气，借药物而固邦本也。城郭完全，人物乃安者，筑基须进气采药，炼己则烹汞成砂，国富民安，身心寂不动也。炼己之要，归重情主营外一边。一刚一柔，三年无间，骨气俱是金精，肌肤皆成玉质。斯时内药坚凝，然后可以配合乾坤，得金情而行还丹之功，即《悟真篇》民安国富方求战之旨也。

顶批云：离了炼己，安能配合乾坤？

乾动而直，气布精流；坤静而翕，为道舍庐。刚施而退，柔化以滋。九还七返，八归六居。

承上文情合乾坤，故申言乾坤之德。乾坤四句，指父母造命而言。原夫乾父之德，动直而主乎畅达，故气布精流；坤母之德，静翕而主乎敛

---

① 原批云：形之不足者，补之以气。此一语，金丹之祖。文王曰西南得朋，以示补气之方；孔子曰同气相求，又指补气之类；老子曰是为天地根，又明补气之门。注中之意本此。校者按：玉溪本之原批与底本及瀛经堂本原批字句略有差异，但其义则同，故不再录出。

② 原批云：日魂月魄，直指阴阳二界。〇如此颠倒互用，岂易通晓？

藏,故为道之庐舍。世间常道,其理如此。若夫丹家逆法,则兑为少女,代坤行事,抱阳成坎,女反变而为刚。刚施者,雄阳播施之后,退而不用也。损乾成离,男反化而为柔,柔化者,雌统黄化之时,滋液润泽也。九、七、八、六者,金、火、木、水之成数。刚施柔化,则虎跃龙腾,五行四象之气,一时会合,凝结成丹,而九者还,七者返,八者归,六者居矣。

男白女赤,金火相拘。则水定火,五行之初。上善若水,清而无瑕。道无形象,真一难图。变而分布,各自独居。

承上文四象,约而言之,则九还七返,金火二者尽之矣。男白者,坎中之金;女赤者,离中之火。阴阳交感,精气流布,相钤相制,丹自凝结。而和合丹头之初,必准则水之铢两,以定火之分数。二分为真,火二与居也。修丹必以水为则者,以天一生水,为五行之最初。修命之学,非铅无以制汞,非水无以激火。故魏公不惮其辞之烦,而反覆叮咛也。《道德经》云:上善若水。夫水曰上善,以水源至清无瑕,全无挠动,其用甚大,若稍有渣质,则度于后天而不可用。是水也,乃先天真一之气,互藏于坎宫,而寄体于兑金者也。是真一之气,先天地生,名之曰道。至道之精,生于窈冥之端,无形无象,安可图画?变而分布者,即《道德经》两者同出异名之意。真一之气,变而为汞,是为无名天地之始,分布东方,独居卯位;变而为铅,是为有名万物之母,分布西方,独居酉位。丹士于此,合天地之机,识结丹之处,辨水源之清,知下手之诀,则恍惚之中寻有物,窈冥之内吸真精,方知大道于无中生有,全在真一之妙也。[1]

类如鸡子,黑白相扶。纵广一寸,以为始初。四肢五脏,筋骨乃俱。弥历十月,脱出其胞。骨弱可卷,内滑若饴。

金丹既成,其法象可得而形容也。类如鸡子,混混沌沌;黑白相扶者,二气混合之象。

一寸者,丹之神室;始初者,权舆树根基,经营养鄂鄂之义。四象五行,和合于此,故肢脏筋骨,无不完具。温养事毕,十月胎圆,婴儿显相,

---

[1] 原批云:《洛书》九紫居南,金居火位,七赤在西,火入金乡。金火本是相拘。

脱离苦海,移神内院,身外有身。此乃法身无相,故骨弱可卷,肉滑若饴也。养性延命之事毕矣。

右第五段,论养性延命之学,而推原生身受气之初,以示人炼己坚固,方可还丹。则水定火,成丹要诀。以怀胎产婴结之,使人知仙道可以修为证也。

阳燧以取火,非日不生光。方诸非星月,安能得水浆？二气至悬远,感化尚相通。何况近存身,切在于心胸。阴阳配日月,水火为效征。

日中有火,取以阳燧；月中有水,取以方诸。日月在天,去地悬远,而阳燧见日则得火,方诸见月则得水。无情之物,气化感通,无中生有,尚神速如此。何况身中之气,心内之精,真阴真阳,配合日月,更比取火、取水,近而易求,有不随感而应者哉？但方诸、阳燧乃空器,其中本无水火,必对日月,则水火乃至。以况坤鼎中本无阳火,亦是空器,一受乾宫火精,即是阳光发耀,可炼大丹。谓之鼎器者,乃借之以招摄先天之器耳,岂真有一阳之气在少阴身中乎？

右第六段,言阴阳二气感化之理。身心二字着眼。

耳目口三宝,闭塞勿发通。真人潜深渊,浮游守规中。旋曲以视听,开阖皆合同。为己之枢辖（胡八切,键也。）,动静不竭穷。离气内营卫,坎乃不用聪。兑合不以谈,希言顺鸿濛。三者既关键,缓体虚空房。委志归虚无,无念以为常。

此言炼丹入室也。《阴符经》云：九窍之邪,在乎三要。三要,耳、目、口是也。今以为三宝者,以其为精气神发窍之处。含眼光以守神,凝耳韵以守精,缄舌气以守气,内想不出则勿发,外物不入则勿通,乃入室之要诀也。真人者,真一之气；深渊,即太渊也。盖以真一之气,潜匿于若有若无之渊,然乍沉乍浮,必有爻动之机,所谓浮游也。规中,乃吾身造化之窟,真气所产之处。吾惟闭塞三宝,六根大定,静守规中以俟之。而常静之中,却有常应之妙。旋曲,委婉也。微侦而俟候潜听之,而不见真人气机之动,一开一阖,皆自然而然,与己之真精相为合同,相亲相恋而为己之枢辖矣。己者己土,真人乃戊土。己土得戊土以为枢辖,则猖狂驯伏,动可以得药,静可以养丹,而火候之动静消息,绰有余地，不致竭穷矣。

吾之所以内照内听，希言调息者，凡以顺鸿濛真一之气，俟其施化也。鸿濛既顺，则药化丹成，方可纡徐容与，安处空房也。空房即规中，所谓虚无之谷也。委志虚无者，正是缓处空房，情境两忘，人法双遣，一念不生，万缘顿息，无念以为常也。丹法始终以无念为常，而有念者，乃一时半刻之事，不可不知。上阳云：无念二字，最为受用。真人潜深渊，无念以应之；浮游守规中，无念以候之；呼吸相含育，无念以致之；三性既会合，无念以入之。其功最多，故曰为常，妙矣哉！①

证验自推移，心专不纵横。寝寐神相抱，觉寤候存亡。颜色浸以润，骨节亦坚强。排却众阴邪，然后立正阳。修之不辍休，庶气云雨行。淫淫若春泽，液液象解冰。从头流达足，究竟复上升。往来洞无极，怫怫被容中。反者道之验，弱者德之柄。耘锄宿污秽，细微得调畅。浊者清之路，昏之则昭明。

证验者，丹之证验。功夫进一步，则证验亦推移一步。然无念以为常者，非寂灭之谓，乃心专之谓。只有正念现前，并无别念纵横也。丁灵阳《心性诀》云：静中抑按功深，一切境界，见于目前，不得起心生于爱憎。盖修行人，静中境界多般，皆自己识神所化，因静而现，引诱心君。惟心主专一不动，见如不见，体同虚空，无处捉摸，自然消散。寝寐而神相抱，觉寤而候其气之存亡，则功夫纯熟，昼夜不休，心专之至矣。证验见于外，则颜色浸润，骨节坚强可知也。正阳者，先天真一之气，其端甚微，必须炼去己私，阴邪消散，然后正阳可立也。立正阳者，得药归鼎之谓。证验见于内，则得药之后，丹降黄房，修之不辍，二气纲缊，法轮常转。如云行雨施，又淫淫如春泽之下降，液液象解冰之气升，自上而下，下而复上，升降往来，极天际地，充盛于容体之中。和气冲容之景象如此。何谓反者道之验？反者，复也。《道德经》云：万物并作，吾以观其复。盖修丹效验，天地冥合，万里阴沉，忽然一阳来复，可以下手，此丹道之验也。何谓弱者德之柄？《道德经》云：知其荣，守其辱；知其

---

① 原批云：丹法始终只一定字，采药、还丹、脱胎都离他不得。○无念为常，尚不止此，学道者其知之？

雄,守其雌。又:曰慈,曰俭,曰不敢为天下先。皆濡弱不争之事。进德之士,大用现前,以弱为柄也。污秽耘锄者,我命从污秽中来,今又从污秽中续命,必须耘尽宿秽,万缘不染,自然药火细微,皆得调畅矣。浊者,世间法;清者,出世间法。我从世间法中,做出出世间法,非浊者清之路乎？昏者,昏昏默默,终日如愚也。一切积久功夫,俱自昏默而得,非昏久则昭明乎？盖得丹之后,百脉归源,如痴如醉,有似乎昏浊者。然浊而徐清,昏而复明,如大死方活也。①

右第七段,上节入室之诀,下节形容证验景象。

世人好小术,不审道浅深。弃正从邪径,欲速阏不通。犹盲不任杖,聋者听宫商。没水捕雉兔,登山索鱼龙。植麦欲获黍,运规以求方。竭力劳精神,终年不见功。欲知伏食法,事约而不繁。

世人见小欲速,多被盲师引入邪径。仙翁力言无益,以见金丹大道,性命双修,二气感应之速。伏者,食天地之母气,伏吾身之子气也,即长生须伏气之义。母气,即真铅,老圣所云食母也。

右第八段。

太阳流珠,常欲去人。卒得金华,转而相因。化为白液,凝而至坚。金华先倡,有顷之间。解化为水,马齿阑干。阳乃往和,情性自然。迫促时阴,拘畜禁门。慈母养育,孝子报恩。遂相衔咽,咀嚼相吞。严父施令,教勒子孙。

离己日光,真汞为太阳,易于飞走,常欲去人,故曰流珠。金华,真铅也。汞得真铅之气,则转而相因,化为白液,而凝成坚固不坏之宝。流珠去人,所以有生有死,凝而坚,则不去人矣。彼金华者,如何而先液后凝？盖以先天真铅,露铅华于爻动之顷,其先倡者,一气而已。及有顷之间,得药归鼎,与乾交合,渡鹊桥,上昆山,化成白液,乃有雪山醍醐、甘露灌顶之号;下鹊桥,归黄房,夫妇团结,凝而成丹,喻如外丹马齿、阑干之象。阑干,即琅玕。先倡者坎,离为乾男,故称阳乃往和,他主而我宾也。一倡一和,木性爱金,金情恋木,道之自然。时阴者,阴极

---

① 原批云:三教圣人,教人进修者,惟此。○炼己功到,自色润而骨强。

之时,一阳将动;迫促者,迎其动机而进火也。盖冶人铸金,鼓以橐籥,则火发金镕,若吹以汗漫之风,火散而金不化。故以真息为火之橐籥,绵绵不绝。元神依息而互融,即火之得乎风也;真气得神而自化,即金之熔于火也。迫促之义如此。及夫灵丹入鼎,百脉归源,则环匝关闭,守御固密,拘畜于禁密之门,自然煅成至宝也。慈母者,坤也。坎中一画乾金,孕于坤母之腹,犹慈母之养育也。乾金返归乾舍,与离宫真汞凝结而成丹。此即慈乌反哺,孝子之报恩也。报恩非慈母之恩,谓报乾父之恩,与居室章孝子用心,各取一义如此。衔咽相吞二句,两相和合而成丹头之意,龙头、虎门之作用也。严父者,太阳真火,乾父是也。其非炎火为之猛烹极炼,则真铅不能飞起,其继非神火为之周遭温养,则丹药不能改化,故曰教敕子孙。①

　　顶批云:设象称名,皆是借喻,慎勿执着。

　　右第九段,指示真铅制汞,情性自然之理。

　　五行错王,相据以生。火性销金,金伐木荣。三五与一,天地至精。可以口诀,难以书传。

　　丹道五行,妙用全在逆克。五行各旺一方。据,依据也。相对则相克,南火北水、东木西金是也;相依则相生,兑金生坎水、坎水生震木、震木生离火、离火生坤土是也。此五行顺行之理也。其在丹道,以火炼铅,是火性销金,不知金中含水,火被水制,反化为土,而金愈旺,不止能伤金已也;以铅制汞,是金伐木荣,不知木中含火,金受火制,反化为水,而木愈荣,不但不能克木已也。此逆克相成之妙也。木火为侣,金水合处,戊己数五,谓之三五。合三五为一者,金丹也,即真一之气,先天地之母也。以先天地之母气,伏后天地之子气,会合成丹,天地之至精孕育于此矣。此道口口相传,难以笔记。

　　顶批云:火二数,木三数,东三南二同成五;水一数,金四数,北一西方四共之,亦成为五。合中宫戊己数五,是为三五。

　　子当右转,午乃东旋。卯酉界隔,主客二名。龙呼于虎,虎吸龙精。

────────

① 原批云:摄水,水火木制成丹矣。

两相饮食，俱相贪并。荧惑守西，太白经天，杀气所临，何有不倾？貍犬守鼠，鸟雀畏鹯，各得其性，何敢有声？

此申明三五之义，示采药之诀，以河图生数言之也。子右转至酉，水一金四成五，是金公寄体于西邻，虎向水中生也；午东旋至卯，火二木①三成五，是离火藏烽于卯木，龙从火里出也。卯酉界隔于东西，联戊己于中为一五。金花先倡，则西者是主；阳乃往和，则东者是客。以火炼铅，龙呼于虎；铅吞汞气，虎吸乎龙。一呼一吸，二气交感，如饮食吞并。金精跃跃欲动，乘其动机，采归土釜，与我久积阴精，混合成丹。拟之天象，火入金乡，以产真铅，则荧惑守西也；金来伐木，以制真汞，则太白经天也。杀气者，兑金之气。杀气一临，真汞自伏，而害里却生恩矣。拟之物类，以汞求铅，如貍犬守鼠；真铅制汞，如鸟雀之畏鹯。性情相制，一见自伏，何敢有声乎？

不得其理，难以妄言。竭殚家产，妻子饥贪。自古及今，好者亿人。讫不偕遇，希能有成。广求名药，与道乖殊。如审遭逢，睹其端绪。以类相况，揆物终始。

学人不究明五行正理，不遇真师传授，枉耗家产，行诸旁门，或求非类之药，俱与丹道乖殊，必成无理。故炼金丹者，须遭逢真师，指授端绪，洞晓阴阳，深达造化，知同类之易于为功，揆度药物之终始，火候在其中，而丹道可得而成也。学人先究明《参同契》之理，然后访道寻师，可一问而睹其端绪，自不流入邪径矣。

右第十段，首论五行逆克，次论龙虎贪并，而口诀在乎呼吸二句。非遭逢圣师，何由睹其端绪耶？

五行相克，更为父母。母含滋液，父主禀与。凝精流形，金石不朽。审专不泄，得成正道。

上条言五行逆克而迭为主客，此言五行逆克而递为父母。丹法以火销金，以金伐木，举水以灭火，土填水不起，皆逆克也，而又迭相更易而为父母。盖阴阳之道，母主含受，父主禀与。丹法先以乾父精光，透

---

① 木，瀛经堂本、玉溪本均作"东"字，误。

入坤中,被坤中壬水,一克一合,化为戊土,则与者木火,而受者金水,是父乾而母坤矣;迨夫乾坤交媾,将此戊土,取送中宫,汞中癸水,被其一克一合,汞乾(同干)而化成丹,则又与者金水,而受者木火,是又父坤而母乾矣。更相接制,迭为父母,乃伏虎降龙妙法也。灵父圣母,二五之精,妙合而凝,凝之既久,流露真形,万劫不坏,亦如金石之不朽矣。从此再加十月火符,其要在乎审专。至诚专一,审察消息也,在乎不泄,管括微密,守其命宝也。如是则功夫纯粹,药物不至消耗,火力不至失调,金丹成熟,得成正道,而效验可得而见也。故下文言效验。①

　　立竿见影,呼谷传响。岂不灵哉,天地至象。

　　立竿呼谷,见形声之感召,实而有征,其灵如此。丹道无中生有,天魂地魄交结成丹,乃天地间法象之至极,人盗天地之机,感召之灵,亦复如是。

　　若以野葛一寸,巴豆一两,入喉辄僵,不得俯仰。当此之时,周文揲蓍,孔子占象,扁鹊操针,巫咸扣鼓,安能令苏,复起驰走?

　　毒药入口,虽圣人哲士,不能令生,人所知也。灵丹吞入腹,我命不由天,而人不加信,何与?

　　右第十一段,首节言父施母受,更迭变易而成丹,二节喻感应之实,三节喻伏食之灵。

　　河上姹女,灵而最神。得火则飞,不见埃尘。鬼隐龙匿,莫知所存。将欲制之,黄芽为根。物无阴阳,违天背元。牝鸡自卵,其雏不全。夫何故乎?配合未连。三五不交,刚柔离分。施化之道,天地自然。火动炎上,水流润下。非有师导,使其然者。资始统正,不可复改。观夫雌雄,交媾之时,刚柔相结,而不可解。得其节符,非有工巧,以制御之。男生而伏,女偃其躯。禀乎胞胎,受炁元初。非徒生时,著而见之。及其死也,亦复效之。此非父母,教令其然。本在交媾,定制始先。

　　首八句,即太阳流珠四句之意。姹女者,离女之真汞;午之分野为三河,故称河上。汞在人身,心君一动,飞走无踪,犹如鬼隐龙匿,莫知

---

① 原批云:先天五行,以顺河图数也;后天五行,以逆洛书数也。丹道反还归复,以后天而反先天焉,得不用逆克?

其乡,只有黄芽可以擒制。黄者,中黄之气;芽者,爻动之萌。即真铅也。真铅制汞,乃阴阳配合,自然之道。使物无阴阳,则药不正而违天,火不合而背元。譬之牝鸡自生之卵,不能成雏。何以故?孤阴不生,寡阳不成,配合未连也。无配合,则三五不交,而刚柔离分矣,何以成丹乎?夫阳施阴化,乃天地自然配合之道,不假人力使然。犹之火动必炎上,水流必润下,非关师导使然,乃天地间自然之性也。故乾坤二用,资始统正之道,天造地设,赋形有定,不可改易者。圣人知施化之自然,因而配合阴阳,运行日月,雄雌二气交结,成丹于一时二候之中,固结而不可解,不过得其节符之自然而已,非有工巧制御之法也。节谓水火之节候,候谓药生之符验,得其节符,乃丹道之肯綮。男伏女偃,偃当作仰。盖受气之初,阖气为男,辟气为女,一先一后,已定阴阳,故生死一般,非关教令。以证丹道万古不变,不可复改之意。

右第十二段,论阳施阴化,配合自然之道。

坎男为月,离女为日。日以施德,月以舒光。日改月化,体不亏伤。阳失其契,阴侵其明。晦朔薄蚀,奄冒相倾。阳消其形,阴凌灾生。

此条发明日月含吐之妙。坎为乾之中男,阴中有阳,于象为月;离为坤之中女,阳中有阴,于象为日。日乃太阳之神,天地之元气也,其体全莹;月乃太阴之神,天地至精也,其体全黑。然而映日则明,月体本无圆缺,惟视受日光之多少,故日主施德,夫道也;月主舒光,妇道也。坎男而反为妇,离女而反为夫,正阴阳颠倒之妙。自朔而生明,而上弦,而月望。日改月化,体不亏伤者,由于得太阳之契合也。若十六以后,渐与日离,阳失其契合之符,于巽则阴侵其明也。晦朔薄蚀,则月为日掩而相倾矣;阳消阴凌,则丧朋于坤矣。学人寻身中之日月以修丹,必于庚方月现,以契其阳,慎勿后时失事,金逢望远,致使阳失其契也。①

男女相须,含吐以滋。雌雄错杂,以类相求。

丹法不过日月交光,阴阳得类而已。验之于人,男女相须,阳施阴受,而造化自生。犹日月之含吐,而滋生万物也。含吐者,月含日之精

---

① 原批云:坎月之明,借光于日,故取坎中阳气,还归离位,谓之还丹。总是以日月喻丹,不知丹,可见日月而悟也。

而吐其光也。正兔者吐生光之义。验之物类，雌雄匹配，万有不齐，然各以类相求。含吐之道，无勿同也。

金化为水，水性周章；火化为土，水不得行。男动外施，女静内藏。溢度过节，为女所拘。魄以铃魂，不得淫奢。不寒不暑，进退合时。各得其和，俱吐证符。

含吐以滋之义如何？约而言之，金火二者尽之矣。金生于坎，坎象犹月，月本无光，未化为水也。因太阳真火精光，透入月明之内，乃镕化为水。周章，周流也。水性周章，沛然莫御，即金华先倡，解化为水之义。所赖离宫汞火，化成己土，克水求丹，水受土制，乃不得妄行。《金丹四百字》云：真土擒真铅。意正如此。坎男主动而外施，离女主静而内藏。坎水周章，则溢度过节，所赖离女己土，则水定火以制之，则水不妄行，为女所拘也。为女所拘，即是魂以铃魄，然而魄实所以铃魂。淫奢者，汞好飞扬之意；铃者，真铅制汞，真水灭火，既灭而凝，则不得淫奢也。魂魄既合，交结成丹，然后进火以抽铅，退符以添汞，勿违卦日，一文一武，不冷不燥，寒温合时，二气各得其和，而证符俱吐矣。药生曰符，药成曰证，皆从和气中来。魏公法象日月，平调水火，而以和字结之，见和则随从，丹道之密旨也。

右第十三段，论日月含吐之妙，以准丹法，在勿失阳之契而已。末节正发明含吐以滋之义。阴阳相制，归于中和，和之义大矣哉！

丹砂木精，得金乃并。金水合处，木火为侣。四者混沌，列为龙虎。龙阳数奇，虎阴数偶。肝青为父，肺白为母。心赤为女，脾黄为祖。肾黑为子，子五行始。三物一家，都归戊己。

丹砂，离中之木火，最难降伏，惟投入铅炉，制以金华、黄芽，方能相合。即河上姹女、太阳流珠二节之义。兑金之正候曰真水，虚无之真炁即真金，是金水合处也；心中之灵液曰木，炼时之运用曰火，是木火为侣也。合处者，合一而不分；为侣者，彼此交相辅。金、木、水、火，四者聚而为一，则混混沌沌，如太极之未分；列而为二，则龙出于离变为赤龙，虎生在坎变作黑虎。四象不离乎二体。龙属东三木，出于乾阳，其数奇；虎属西四金，出于坤阴，其数偶。先天之象数如此。以后天五行而论,肝青木也,肺白金也,心赤火也,肾黑水也,脾黄土也。木生火而与金母合故为父,火为中女故为女;金生水而与木父配故为母,水为中男故为子。木生火女,阳中之阴,是曰己土;金生水子,阴中之阳,是曰戊土。金木二者,俱从土生,故为祖。看①先天五行之序,天一生水,而子又为五行之始。金水也,木火也,戊己土也,三物同归戊己之宫,是曰一家。俱死归厚土,而还丹始就也。

右第十四段,上半节见四象不离二体,下半节言五行全入中央。

刚柔迭兴,更历分部。龙西虎东,建纬卯酉。刑德并会,相见欢喜。刑主杀伏,德主生起。二月榆落,魁临于卯。八月麦生,天罡据酉。子南午北,互为纲纪。一九之数,终而复始。含元虚危,播精于子。

乾刚坤柔,理之常也。丹道取互藏之精,阴中用阳,阳中用阴,故曰迭兴。分部者,刚柔各有定位。丹法斗柄逆旋,天地反覆,二物互为主客,如下文龙西虎东、子南午北之类,故曰更历。龙本东而往西,虎本西而居东,以东西为天地之纬,虎当建纬于卯,龙当建纬于酉也。卯酉刑德临门,时当沐浴。沐浴即告休沐之意,非竟置政事于不问也。盖以卯应春分,丙火沐浴之时,庚金受胎之处,火旺则伤金,故停其进火;酉应秋分,壬水沐浴之时,甲木受胎之处,金旺则伤木,故停其退符。此刑德临门,乃阴阳各半,龙虎并会之时,相见欢喜也。丹道何以宜沐浴乎?夫刑主杀伏,德主生起,气机之常。二月榆落,德中防刑。盖二月建卯,而月将为河魁,取卯与戌合,戌有辛金,杀气犹存也;八月麦生,刑中有德,盖八月建酉,而月将为天罡,取酉与辰合,辰藏乙木,生气犹存也。南北者,天地之经。子本北而午本南,入室之顷,柔上而刚下,小往而大来,则天地颠倒,子南午北,纲纪皆反覆而互为矣。凡此皆所谓迭兴更历也。一者,水之生数;九者,金之成数。金水乃先天真一之气。一则数始,九则数终,循环卦节,莫非金水之妙用,故终而复始。至于金丹交会之际,则含元于虚危,而播精于子。盖虚、危二宿,正当子位之中,日月合璧之地。子者,子时一阳初动处,非子时太阳正在北方、人身气到

---

① 看,玉溪本作"若"。

尾闾之谓。含元属先天,寂然不动,窈窈冥冥,太极未判之时,日月合璧度虚危是也;播精属后天,感而遂通,恍恍惚惚,太极已判之时,雪山一味好醍醐是也。先天惟一气,后天始化为真精,而雄阳播施,乃在于子。二语实指丹母,宜细味之。

右第十五段,备言丹法颠倒互换之妙。

关关雎鸠,在河之洲。窈窕淑女,君子好逑。雄不独处,雌不孤居。玄武龟蛇,蟠虬相扶。以明牝牡,竟当相须。假使二女共室,颜色甚姝,苏秦通言,张仪合媒,发辨利舌,奋舒美辞,推心调谐,合为夫妻,敝发腐齿,终不相知。若药物非种,名类不同。分剂参差,失其纲纪。虽黄帝临炉,太乙执火,八公捣炼,淮南调合,立宇崇坛,玉为阶陛,麟脯凤腊,把籍长跪,祷祝神祇,请哀诸鬼,沐浴斋戒,妄有所冀。亦犹和胶补釜,以硇涂疮,去冷加冰,除热用汤,飞龟舞蛇,愈见乖张。

引关雎之始,直指鼎器药物所在,以明金丹大道,一阴一阳,同类相从之意。上卷胡粉投火节,与此同旨。牝牡相须,雌雄共室,即是日月交光,阴阳交媾之道。虽从外得,与采阴补阳、离形感气、浊乱元胞、红铅梅子等法,全然各别。二女一段,以人道之不得类作证;药物一段,以外丹不得类作证。反覆晓譬,愈见警切。①

右第十六段,发明一阴一阳之道。

《周易参同契脉望》下卷

会稽参学陶素耜存存子述

古汉初玉溪子加批

下　篇

惟昔圣贤,怀玄抱真。伏炼九鼎,化迹隐沦。含精养神,通德三元。精溢腠理,筋骨致坚。众邪辟除,正气常存。积累长久,变形而仙。

自古上真,皆以金丹成道,怀其玄德,抱其真常,如广成子之抱神以

---

① 原批云:何言之恳切如此?

静,黄帝之三月内观,老子之专气致柔也。伏炼九鼎者,外资真一之气,得药归鼎之后,韬光敛迹,隐遁尘寰,以待成功也。含精者,含太阳之元精,先天之药祖也;养神者,养静定之元神,尝抱冲和之气也。此之金丹,专论人元,而曰通德三元者,三元之道,同条共贯也。含养之久,自然精溢腠理,筋骨致坚,体化纯阳,群阴除尽,而金丹之正气常存。盖脑为髓海,脑髓既填,则纯阳流溢,诸髓皆满,始而易气,次而易血、易脉,次而易肉、易髓,次而易筋、易骨,次而易发、易形,然后阴尽阳纯,而长生不死也。《翠虚篇》云:透体金光骨体香,金筋玉骨尽纯阳。炼教赤血流为白,阴气消磨身自康。此其证也。长生久视之道,由乎铢积寸累,功夫无息,所以能化形而仙。《黄庭经》云:积精累气以成真。吕祖云:三千日里积功夫。刘祖云:九转功成千日候。翠虚祖云:片响功夫修便见,老成须要过三年。陈朝元云:含养胞胎须十月,焚烧丹药在三年。未有不积累长久,而可平地登仙者矣。

忧悯后生,好道之伦。随旁风采,指画古文。著为图籍,开示后昆。露见枝条,隐藏本根。托号诸名,覆谬众文。学者得之,韫椟终身。子继父业,孙踵祖先。传世迷惑,竟无见闻。遂使宦者不仕,农夫失耘,商人弃货,志士家贫。吾甚伤之,定录此文。字约易思,事省不繁。披列其条,核实可观。分两有数,因而相循。故为乱辞,孔窍其门。智者审思,用意参焉。

圣贤道成之后,垂悯后世,有好道之士,不得其旨,于是随傍先圣之风采,著作《龙虎》、《阴符》、《道德》等图籍,开示后昆。然辞古义奥,虽露见枝条,而隐藏本根,往往托诸龙虎铅汞、有无微妙,多其名色,覆其文辞,欲使学者审思而寻真诀也。乃学者得之,不得其旨趣,徒尔韫椟终身,子孙相仍,传世迷惑,遂使四民失业。魏公伤之,为作此书,反复晓譬,不过阴阳交媾之理,可谓字约而易思,事省而不繁。且披览其枝条,则根本亦核实而可观矣。药物之分两有数,如二者以为真、火二与之俱等语,直陈显示,可以因之而相循。然三篇之中,不敢成片漏泄,故于下卷卒章,作乱辞告诫。孔窍其门者,欲使有识之士,详味参究其意旨,贯通于卦爻象数之外也。

右第一段,自叙承先启后之意。

法象莫大乎天地兮,玄沟数万里。

此先言内养为采药之基。玄沟,天河也。法象莫大乎天地,莫显于玄沟。自尾、箕之间,至柳、星之分,南北斜横,不知其几万里。人身亦有之,任督二脉是也。人能法天象地,通此二脉,则真气升降,百脉流通矣。①

河鼓临星纪兮,人民皆惊骇。

此言采药之候。河鼓三星,居天河之边,在织女、牵牛之间;星纪者,丑宫也。以喻丹道,时值丑位,临炉施条,进火炼药,河鼓鼕鼕,牛女会合。于时虎跃龙腾,风狂浪涌,身中人民无不惊骇矣。

晷景妄前却兮,九年被凶咎。

此言六候火符。晷景所以测日。前却者,进退也。丹法之火候,取象于日。得药归鼎,养以火符,进退有常。若妄谬其进退,则晷景失度,而水旱相伐,山崩地裂,如被九年洪水之灾矣。

皇上览视之兮,王者退自后。

此言用火之事。皇上,大君也,喻元神;王者,真人也,喻元气;览视之者,其初有旋曲视听之义,其后有环匝周遭之意。坎中真阳,因神火逼逐,飞腾而起,点化真阴,又赖绛宫神火,周匝温养,而真人乃安处于密室也。即上篇炼为表卫,白里真居之意。

关键有低昂兮,周天遂奔走。江河无枯竭兮,水流注于海。

此言得药归鼎也。周天两字,旧本作周炁,朱子疑周炁无义理,改为害炁,其实非是。关键者,坎离之门户也。进火之时,回天关而转地轴,柔在上而刚在下,确有低昂。时至药归,则疾驾河车,周天运转,奔走于玄沟而不停矣。江河,坎水也,以真一之气而言;海,元海也,以土釜神室而言。金化为水,水性周章,则无枯竭之患。采药归来,先液而后凝,流注元海,则百脉归源,亦犹百川之朝宗也。②

天地之雌雄兮,徘徊子与午。寅申阴阳祖兮,出入终复始。循斗而

---

① 原批云:惟求任。

② 原批云:是周天,非周炁也,陶君改得是。

招摇兮,执衡定元纪。

此言阳火阴符之事。阳生于子,阴生于午。天地之雌雄者,阳火阴符,一进一退,徘徊于子午之交也。卯酉刑德,为金丹出入之门户。二月,德中有刑,始于寅之上元,兔于上元时便止也;八月,刑中有德,始于申之中元,鸡逢九月半为终也。以寅申乃春秋之始,是阴阳之祖,故一出一入,终始于寅申之界也。以一年而言,斗杓(音标)一月一转;以一日而言,斗杓一时一移。元纪者,元辰之十二纪,随斗杓所指也;衡者,斗之第五星。斗杓之首,执衡以定十二辰也。其在吾人,以心运火,不用天上之子午,而用斗建之子午,则元纪无差,犹天之以斗建辰也。

升熬于甑山兮,炎火张于下。白虎唱前导兮,苍龙和于后。朱雀翱翔戏兮,飞扬色五彩。遭遇罗网施兮,压止不得举。嗷嗷声甚悲兮,婴儿之慕母。颠倒就汤镬(音获)兮,摧折伤羽毛。刻漏未过半兮,龙鳞甲鬣起。五色象炫耀兮,变化无常主。潏潏(音玦)鼎沸驰兮,暴涌不休止。接连重叠累兮,犬牙相错拒。形如仲冬冰兮,阑干吐钟乳。崔嵬以杂厕兮,交积相支拄(音土)。阴阳得其配兮,淡泊自得①守。

此言丹药入鼎,丹成变化之象。甑山,昆仑山也;熬,即白虎也。采药归壶,升虎熬于甑山之上者,以炎火张于下也。铅经火煅,镕而为液,降下中宫,婴儿领入重帏,有夫倡妇随之义。是白虎导于前,而苍龙和于后矣。以其性情言之,类朱雀之翔戏,而五彩耀目也;以其制伏言之,喻罗网之施张,而压止不飞也。始则风云满鼎,子恋母气,如嗷嗷之声悲;继乃颠倒烹炼,混沌难分,如毛羽之摧折。以其丹成之景象而形容之,龙鳞奋起于一符半刻之顷,五色变现,炫耀不常也。而且虎斗龙争,三宫气满,如甑底爇②汤,暴沸涌溢于鼎中也。迨夫接连重叠,抽添十月,火足药灵,丹肇形象。或如犬牙冰裂,或如钟乳阑干,渐凝渐结,交积支拄矣。是乃二八相当,阴阳得其同类之配也。而温养之法,无过于淡泊。淡泊者,虚心凝神,纯一不杂,顺其自然以守之而已。

青龙处房六兮,春华震东卯。白虎在昴七兮,秋芒兑西酉。朱雀在

---

① 得,校本作"相"。
② 爇,玉溪本作"煮"。

张二兮，正阳离南午。三者俱来朝兮，家属为亲侣。本之但二物兮，末乃为三五。三五并为一兮，都集归一所。治之如上科兮，日数亦取甫。

此言合丹之法。金丹之道，不过三家相见结姻亲而已。以其分属而言，青龙属春，乃震东之卯木，处房六度，六者水数，木得水而滋也；白虎属秋，乃兑西之酉金，在昴七度，七者火数，金得火而光也；朱雀乃离南之正阳，在张月二度，月属金水，得金水之制化，而火化为己土矣。铅、汞、土三者，来朝于北方危一之位，则南张北危，月也；东房西昴，日也。危一合房六，为水之生成数；张二合昴七，为火之生成数。一日一月，犹家属之相亲也。本之但二物，谓水火也。房六在东，张二在南，木火为侣，合日月而成八；昴七在西，危一在北，金水合处，亦合日月而成八。二八一斤，本此二物。末为三五者，东三南二、北一西四，末后会合，乃成戊己。其数皆五也。危一乃真铅之本乡，金丹妙用，只在求铅。三五并危一，正是得先天坎水，以凝结金丹之意；集归一所者，三家相见于乾家交感之宫，以成丹也。治之如上科，总顶上文。治之如上科条，而火候之数亦取甫。甫者，始初之义，其字从用，言妙用始于虚危也。

先白而后黄兮，赤色通表里。名曰第一鼎兮，食如大黍米。自然之所为兮，非有邪伪道。

以色相而言，先白者，采之类白，金液之色也；后黄者，凝而至坚，号曰黄舆，黄芽渐长也；赤色通表里，造之则朱，火包内外也。第一鼎，火候一转之名；大黍米，丹头初结之象。金丹大道，至简至易，进退有法，炼养有诀，皆顺乎道之自然，非有邪伪之道待于勉强安排也。然所谓自然者，非付之自然，毫无作用也。祖师云顺自然，非听其自然，其自然所为之妙谛乎？①

若山泽气蒸兮，兴云而为雨。泥竭遂成尘兮，火灭化为土。若檗（音伯）染为黄兮，似蓝成绿组。皮革煮成胶兮，曲糵化为酒。同类易施功兮，非种难为巧。

山泽气蒸八句，皆喻丹道自然之所为，以启同类易施功之意。兴云

---

① 原批云：有为如无为，方是自然，岂容邪伪？

为雨,由于山泽气蒸,泥竭则成尘,火灭则化土,檗染则成黄,蓝色加成绿,煮革为胶,化曲作酒。见天地间之事,皆得类而成,施功甚易。可见金丹,只是阴阳同类二气感应,自然而然,非别种物件,可以用功。

唯斯之妙术兮,审谛不诳语。传于亿世后兮,昭然而可考。焕若星经汉兮,昴如水宗海。思之务令熟兮,反覆视上下。千周灿彬彬兮,万遍将可睹。神明或告人兮,心灵忽自悟。探端索其绪兮,必得其门户。天道无适莫兮,常传与贤者。

终篇反覆叮咛,见此书实藏真谛,流传后世,昭然可考。经纬有章,如星经汉;源流合一,如水宗海。学者审视熟思,心专志一,千周万遍,或感神明指授,或竟心灵自悟,必得其端绪,入其门户也。门户者,乾坤辟阖之门户,真铅真汞所由生,成仙作圣从此出。天道无私,道传贤者,吾人敢不勉修至德,以凝至道哉！①

右第二段,此《赋》一篇,总括全旨,所谓《小参同契》也。其于金丹法象,形容殆尽。

鼎器歌

圆三五,寸一分。口四八,两寸唇。长尺二,厚薄匀。腹齐三,坐垂温。阴在上,阳下奔。

此篇以《鼎器歌》为题,则尺寸长短,皆指鼎器而言。认为炉火,文义不通;求之一身,支离不合。金液大丹,以乾坤为鼎器,魏公此《歌》,隐藏妙谛,有言外之意。若执文泥象,较短论长,则乾坤法象,殊未可以丈尺比量也。三五者,金计十有五也;圆者,月圆之期,八月十五,金精壮盛也;寸一分者,药物有一寸之真,火候止一分之用也。四与八,又加两,共一十四,十四者,天上月之初圆,十五两之金,其实止有十四,以应二七之期;口与唇,喻金气相胥之门户也。长尺二,象一年十二月卦之候;厚薄匀,应药物二八相当之平。腹者,丹鼎之内室;齐者,脐也;三者,三分匀停,以定其处也;坐者,待也;垂者,至也;温者,阳气动也。天

---

① 原批云:人不可寻仙,仙自寻人,人亦积德,以待仙之自寻也。

上太阴,每月初三之晡,生一符阳光于庚甲之上,以象震卦;人间少阴,亦于初三之夕,现一爻阳气于壬癸之乡,以象复卦。大修行人,既遇初三之夕,必坐待阳气之至,以炼大丹也。阴乃器中之水,阳乃鼎中之火,采药之时,水火既济,地天交泰,他为主而我为宾,下蒸上沸,而阴中之阳下奔也。①

首尾武,中间文。始七十,终三旬。二百六,善调匀。阴火白,黄芽铅。两七聚,辅翼人。

文武,作阴阳二字解,与始文使可修二句不同。首尾炼己、温养,皆用武火,武火者,后天药符,阴火也;中间一符得药,乃用文火,文火者,先天丹母,阳火也,真铅之气故也。始七十,七分之日炼己;终三旬,三分之日温养也。如以一年温养,先要三年炼己,作用一般。惟中间炼丹之阳火,止要半个时辰,不在七十、三旬之列。七十、三旬,合二百六,乃当期之数,一年温养,在善调匀也。阴火白者,白雪也,汞之气;黄芽铅者,金华也,铅之精。二物皆混元杳冥之中所产真一之气。两七,即水火也。地二生火,天七成砂,是为一七;天一生水,地六成铅,又合一七。以此两七,聚于鼎器之中,是铅汞同炉,其功辅翼于人而成丹也。②

赡(苦,去声)**理脑,定升玄。子处中,得安存。来去游,不出门。渐成大,情性纯。却归一,还本元。善爱敬,如君臣。至一周,甚辛勤。密防护,莫迷昏。途路远,极幽玄。若达此,会乾坤。**

此九载抱元守一之事。脑为上田,乃元神所居,丹熟之后,移神上院,赡养调理,升于元宫,则上田实而诸髓皆实。脱胎出壳,不外于此。《静中吟》云:我修昆仑得真诀,每日修之无断绝。一朝功满人不知,四面皆成夜光窟。此之谓矣。子者,婴儿也。金丹既成,得以安处泥丸之中。但婴儿微弱,当勤勤照顾,来去游行,不可放其出门,刻刻在是,则渐凝渐大,婴儿显相,而情性纯矣。归一还元者,三年九载,炼神还虚之事;爱敬如君臣,尊之至矣;辛勤复防护,密之至矣;一周,一年也。防护

---

① 原批云:真诀已在个中,可以意会,不待言传。

② 原批云:文武作阴阳解,特妙。真铅是一点阳气,余皆阴。○两七讲得有着落。

至一年,则婴儿长大矣。不能一蹴而至,路何其远? 不可常情而测,理何其玄? 人能达此,则造化在手,而会得乾坤之理矣。

刀圭霑,静魄魂。得长生,居仙村。乐道者,寻其根。审五行,定铢分。谛思之,不须论。深藏守,莫传文。御白鹤,驾龙鳞。游太虚,谒仙君。受图箓,号真人。

刀圭,丹头也。还丹霑足,则阴气皆消,长生安乐矣。乐道之士,欲寻大道之根源,审五行之顺逆,定药物之铢分,则此书已尽。谛思而可得,不必细论其词;深藏以自守,不得轻传其文也。功成道备,位证真人,总不外此。

右第三段,歌咏鼎器细微妙用。全部《参同》,尽此二篇,所谓砾硌可观也。

《参同契》者,敷陈梗概。不能纯一,泛滥而说。纤微未备,阔略仿佛。今更撰录,补塞遗脱。润色幽深,钩援相逮。旨意等齐,所趋不悖。故复作此,命《三相类》,则大易之情性尽矣。

此篇俞琰云是《参同赋》、《鼎器歌》之序,皆淳于叔通所作;王九灵谓:此云不能纯一,纤微未备,后云殆有其真,砾硌可观,语气自相矛盾,非一人手笔。余谓不然,魏公自谓作《参同契》者,乃敷陈大概,不能演成一片,又或旁引曲喻,泛滥说去,细微未能备悉,如此阔略仿佛,恐未足尽大道之蕴,故撰作歌、赋以补塞辞义之遗脱,润色道理之幽深,使三篇所言,钩援相逮而上下连贯,旨意等齐而义理归一,庶使后昆得其径路,不悖所趋。又作此后序,以明大易情性、内养、服食,三者相类,事理贯通,无有余蕴,故后云砾(音历)硌(洛)可观、辞寡道大。语归一串,并无矛盾,何得摘出数语,而不融贯全文,辄欲改易经、传耶?

大易情性,各如其度。黄老用究,较而可御。炉火之事,真有所据。三道由一,俱出径路。枝茎华叶,果实垂布。正在根株,不失其素。诚心所言,审而不误。

此节乃约略后序中意,正揭出三相类也。

邻国鄙夫,幽谷朽生。挟怀朴素,不乐权荣。栖迟僻陋,忽略利名。执守恬澹,希时安平。宴然闲居,乃撰斯文。

魏公讳伯阳,号云牙子,会稽上虞人也。郐(音桧)国,借映会稽也。鄙夫、朽生,皆自谦语。魏公生东汉华胄,潜神恬淡,不乐膴荣,修真成道之后,悯后世无所宗主,乃约《周易》撰《参同契》三篇,阐明道要,发露天机,以授青州徐从事云。

歌叙大易,三圣遗言。察其旨趣,一统共伦。务在顺理,宣耀精神。施化流通,四海和平。表以为历,万世可循。序以御政,行之不繁。引内养性,黄老自然。含德之厚,归根返元。近在我心,不离己身。抱一无舍,可以常存。配以服食,雌雄设陈。挺除武都,八石弃捐。审用成物,世俗所珍。罗列三条,枝茎相连。同出异名,皆由一门。

此节正三相类,言大易金丹大道与内养、服食三者相类也。《参同》一书,所言皆人元还返之学,未尝言及养性、服食。此序言之,正以补塞遗脱也。盖歌序大易之道,乃作《契》之本原,效法三圣之遗言也。圣人作《易》,顺性命之理,冒天下之道,察其意趣①,与修丹之法,同条共贯。务在顺自然之理而行,则奋迅其精神,阳播玄施,阴统黄化,一气流通,而吾身之四海和平矣。表以作历,春秋寒暑,万世可循其卦节;序以御序,鼎新革故,易简行之而不繁。此大易之情性也。引而内养其性,黄帝、老子,大道之祖,无非道之自然。《阴符》、《道德》,阐发造化自然之妙,故其含德之厚,而教人清净修持,以神驭气,归根返元,近在身心,阴阳交媾,抱一毋离,化形而仙。此黄老内养之道也。服食之法,谌母之《符券》,旌阳之《石函》,不过雌雄相配而已。二黄、八石,皆所除捐。武都者,产二黄之地,故云武都。审其作用,所成之物,九年而成白雪,十二年而成神符,白日飞升,枯骨生肉,为希世之珍。此炉火服食之道也。大易也,内养也,服食也,虽罗列三条,而枝茎相连。犹木之共根株,发而为枝干,内养之事也;荣而为花叶,服食之功也;至于结而为果实,则人元之道,金液还丹,养成圣体也。所以同出异名,皆由一门,而《三相类》之所由作与。

非徒累句,谐偶斯文。殆有其真,砾硌可观。使予敷伪,却被赘愆。

————————
① 意趣,玉溪本作"意旨"。

命《参同契》,微觉其端。辞寡道大,后嗣宜遵。

魏公作《契》,岂徒累章叠句,谐其音,偶其语,作文章以为观美哉! 殆有至真之理,存于三篇之中,明白显露,砾硌可观也。魏公恐后学信心不笃,故为之而曰:使予而敷演伪妄之说,以诳惑后人,天鉴昭昭,我当被多言之愆矣。其命此为《参同契》者,所以微觉金丹大道端绪,辞寡而道实大,后之嗣道者,所宜遵守也。

委时去害,依托丘山。循游寥廓,与鬼为邻。化形而仙,沦寂无声。百世一下,遨游人间。敷陈羽翮,东西南倾。汤遭厄际,水旱隔并。柯叶萎黄,失其华荣。各相乘负,安稳长生。

此魏伯阳歌四字隐语也。上三字,俞琰解之详矣。后四句,柯失华荣,去木成可;乘者加也,两可相乘为哥;负者欠也,哥傍加欠为歌,有韵之文曰歌,所谓歌叙大易也。留传隐语,垂示后昆,古仙往往有之。

郐国之阜,句曲山岑。啬夫守默,盈缶存真。三才一贯,妙绝色倾。执锄秉耒,同类相亲。凤秽耗尽,求侣无人。奇爻一点,先天地萌。屈信顺逆,颠倒相循。后天还返,直道而行。八卦环列,推度符征。易曰成性,道义之门。婴儿解语,留与知音。功成身退,撇却丁壬。①

顶批云:委与鬼邻,乃魏字也;百,一之下乃白字,游于人间则成伯也;陈去东而加去水之汤,则为阳字也。

右第四段,发明三相类,以推广《参同契》之道也。末节隐名垂后。

---

① 按:最后一段,系陶存存援魏伯阳《参同契》之例,用隐语署其名。台湾李永霖先生在《读各家参同注随笔》一文中,尝抉破陶氏前十二句之隐语,兹录于此:"'郐国之阜,句曲山岑。啬夫守默,盈缶存真。'第一句暗指阜为'阝',次句及第三句暗藏'勹'字,盖句曲山岑指'句'也,啬夫守默则不言而无口也,第四句盈缶而存真则为'匋'矣,故此四句藏一'陶'字也。'三才一贯,妙绝色倾。'上句三才为一所贯,则为'主'字也,下句绝字,其色若倾,则为'纟'字矣,故此二句合为'素'字也。'执锄秉耒,同类相亲。凤秽耗尽,求侣无人。奇爻一点,先天地萌。'第一、二句藏'耒'字,三、四句藏'吕'字,五、六句藏'丶'字,六句合则为'耒吕丶'字也。"惟后十二句,似也为陶氏之隐语,尚未得解,有待世之明哲君子为之道破。

参同契金丹图说

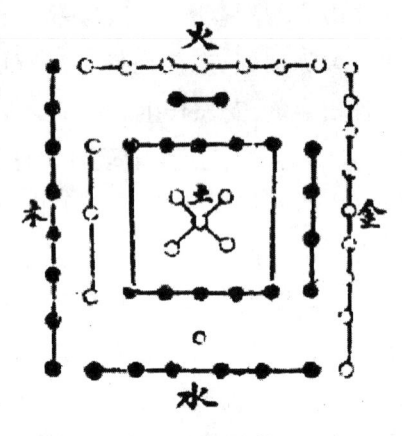

河图作丹图说

河图作丹图说

图以五生数统五成数，其气顺行而主生。自北而东，水生木，木生火，火生土，土生金，金复生水。五、十居中，太极也；金、木、水、火，分布四方，四象也。天道运乎东南，故木火为侣；地道盛于西北，故金水合处；四象会而成丹，则五行全而还太极也。然其序相生，而对待则相克，丹道用之以逆施造化。北方之一，非南方之二不成，故火上水下，以生大药也；东方之三，非西方之四不立，故易女媾精而产金丹也。此河图配合秘妙之旨，学人所当究心者。

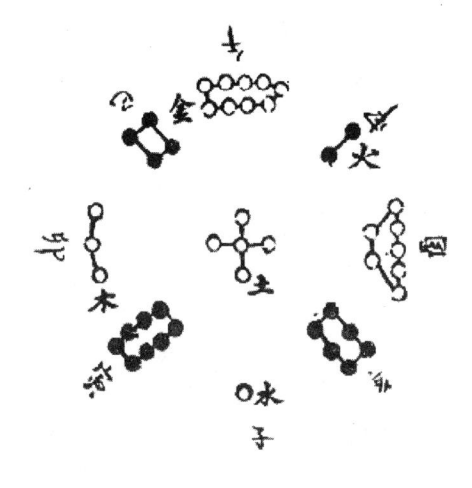

洛书作丹图说

书以五奇数统四偶数，其气逆行而主克，自北而西，水克火，火克金，金克木，木克土，土复克水。五居中，亦太极也；生成类从，分布四方，亦四象也。水仍居北，水仍居东，惟金火五易其位。荧惑守西，方能交结而产阳铅；金居火[1]位，方能变化而制阴汞。正作丹之妙也。然序虽相克，而对待则相生。北一、南九，合中五而成十五，金水合处而成土也；东三、西七，合中五而成十五，木火为侣而成土也；东南四、西北六，合中五而成十五，己中生庚金，亥中生甲木，金伐木荣而成土也；东北八、西南二，合中五而成十五，寅中生丙火，申中生壬水，水火既济而生土也。《契》曰：三性既会合，俱死归厚土。非直此也。东南之四属阴居巳，正北之一属阳居子，金生于巳而死于子，故母隐子胎，知白而守黑也；西北之六属阴居亥，正南之九属阳居午，木生于亥而死于午，故雄里怀雌，执平调胜负也；西南之二属阴居申，正东之三属阳居卯，水生于申而死于卯，故以己汞投铅，则真土擒真铅也；东北之八属阴居寅，正西之

---

[1] 火，底本作"穴"，据校本改。

七属阳居酉,火生于寅而死于酉,故以金为隄防,而水盛火消灭也。此又洛书契干支按生克作丹之理也。然土固四象之所成,而四象又非土不成。一连中五则成水,二连中五则成火,三连中五则成木,四连中五则成金,水、火、木、金,皆土之所成也。故《契》曰:青赤白黑,各居一方。皆禀中宫,戊己之功。

先天八卦图说

乾南坤北,丹道以上下定天地之位,故《契》取南北为经,以为鼎器;离东坎西,丹法以日月分出入之门,故《契》取东西为纬,以为药物。山泽通气,以男下女,是阴阳之交感也;雷风相薄,月窟天根,是复姤之火候也。八卦之中,除起坎离是药,六候之消长,亦准诸此图。出庚于震,上弦于兑,满甲于乾,继统于巽,艮直于丙,丧朋于坤,药火妙用,已尽于此。

后天八卦图说

后天之卦，以乾交坤。乾金之坤体，而乾虚成离，坤实成坎。离南属火，坎北属水，居先天乾坤之位，离即乾而坎即坤，代乾坤为运用，故曰坎离二用。丹法之五行以逆，而仍以坎离为主，故西方白虎之金，反从坎位而生，东方青龙之木，反从离宫而出。金水合处于北，白虎变作黑虎；木火为侣于南，青龙化作赤龙。《契》云：子当右转，午乃东旋。正虎向水中生、龙从火里出之义也。震为长子，替父之志；兑为少女，代母之位。震兑相含，坎离交媾，复成乾体，是后天而返先天也。

呕轮吐萌图说

始于东北，箕斗之乡，东北乃药火发生之地也；昴毕之上，震出为征，震亦药火造端之卦也。修丹火候，全视月之消长。月不自明，受日符而生明。自朔至望，月以昏见为据，月三日哉生明，旋而右转，含日之光，而吐萌于昴毕之上，应乾之初九，此阳火起绪之初也，象之出庚，自后与日渐远；至八日而上弦，应乾之九二，象之兑丁；十五满甲，月与日相望，应乾之九三，阳火至此而盛极矣，象之乾甲；自望后至晦，月以晨见为据，十六望罢哉生魄，应乾之九四，此阴符继统之始也，象之巽辛，自后与日渐近；月至廿三日而下弦，应乾之九五，象之艮丙；月至三十日，与日合璧，应乾之上九，阴符至此而结括矣，象之坤乙。一月之中，有此六候，药火皆然，原非有二，在学人会通而得之耳。

含元播精图说

　　乾坤者，天地之象也；坎离者，日月之象也。人身一小天地，男女亦乾坤也。天地以日月为水火，人身以坎离为水火，总不外乎阴阳者近是。水火为阴阳之质，日月为阴阳之精，男女为阴阳之形，乾坤为阴阳之体，坎离为阴阳之用。但孤阴不生，寡阳不育，必以男下女，二气感应，乃产金丹。《契》云：雄不独处，雌不孤居。又云：阳往则阴来。《易》曰：日往则月来，月往则日来。此其证也。青龙在房六，朱雀在张二，木三火二为一五；白虎在昴七，玄武居危一，金四水一为一五；四象居日月之度，是日月之精华，六与二合成八，七与一合成八，二八一斤，合戊己为一五。夫北方危一之地，于辰为子，于五行为水，水乃天地之始气。天地氤氲在于此处，故曰含元虚危；男女媾精亦在此时，故曰播精于子。此丹道之至妙至真者也。

十二卦律图说

朔旦为复一章,魏公以《易》之十二卦,《乐》之十二律,配天之十二辰。铺叙言之,皆是比喻,总以发明交媾之火候。而温养之火候,亦可准此而得。盖辐辏即太簇,侠列即夹钟,洗濯即姑洗,中即仲吕,栖即林钟,毁伤即夷则,任即南吕,亡失即亡射,应度育种即应钟,振即辰,昧即未,信即申,蓄即酉,火即戌,隔阂即亥。大抵皆是假借,不必泥象执文也。

六十卦用图说

《契》曰：六十卦用，张布为舆。舆轮三十辐共一毂，取以喻一月三十日也。乾、坤坎、离，牝牡四卦，不在运毂之内，故用六十卦。《契》云：屯以子申，蒙用寅戌。盖举初一日朝暮两卦为例。三十日既未，则既以卯申，未用寅酉。总只取《杂卦传》中卦画，一上一下反对，以明阳火用金、阴符用水之义，非真有六十卦之时辰爻画可用而定息记数也，故又曰：聊陈两象，未能究悉。夫以六十卦分配三十日，以象一月火候，皆是借喻，非真谓三十日也。若板定三十日，则月值小尽，使少两卦矣，如何补足？故以寅申为火生、水生者，于义差远。

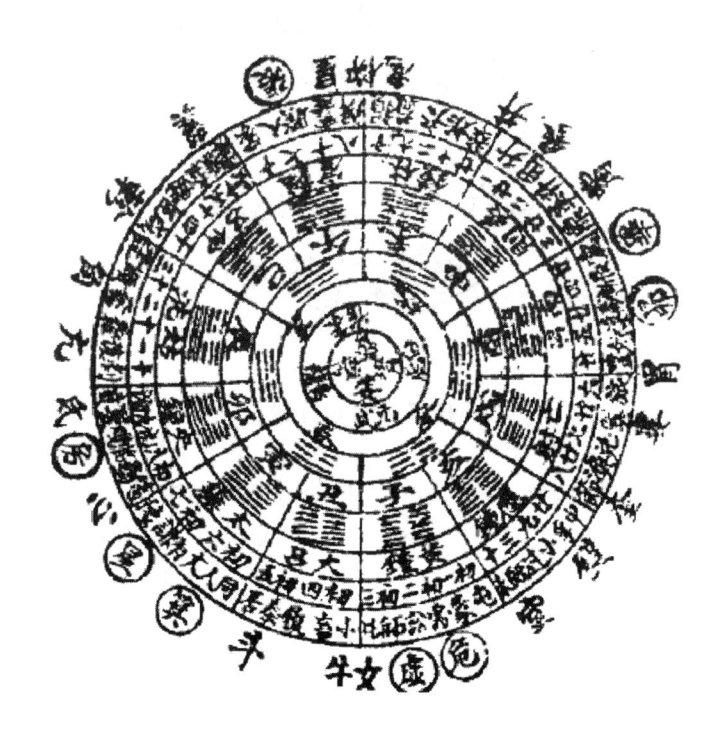

药火万殊一本图说

乾坤、坎离，鼎器、药物也；元武、朱雀、龙、虎，四象也。六卦者，月节之六候,即大药之六门,《契》中三日出为爽、始于东北二章是也;十二卦律,匹配四时,《契》云:春夏据内体,从子到辰巳,秋冬当外用,自午讫戌亥,并朔旦为复一章是也;一月三十日,分配六十卦,与十二卦律,同其运用,《契》云:朔旦屯直事,至暮蒙当受,既未至昧爽,终则复更始是也。《契》云:青龙处房六、白虎在昴七、朱雀在张二、三五并危一,成丹之要也。况大药始于箕斗,出于昴毕,含元于虚危,而播精于子,则列曜布于八方,定六候之消息,亦不可不讲也。

斗建子午将指图说

仙道之晨昏,乃取斗建之子午,非世间太阳出没之晨昏也。《契》曰:升降据斗枢。《悟真篇》曰:晨昏火候合天枢。按:斗杓所建之极曰天枢,一昼夜一周天,而一月一移,如十一月则初昏戌时,斗柄建子,便以子加于戌,十二月以丑,正月以寅,皆加戌上。然必视太阳已未过宫,未过宫则加亥。以此顺数,便知斗建之子午矣。进火退符必用者,以斗之所指,则气动故也。

如正月建寅,太阳未过宫,则以寅加亥,至酉建子,正月建之子时,乃天地之酉时也,酉为子,则卯为午矣;已过宫,则以寅加戌,至申建子,寅建午。推之他月,亦是此例。

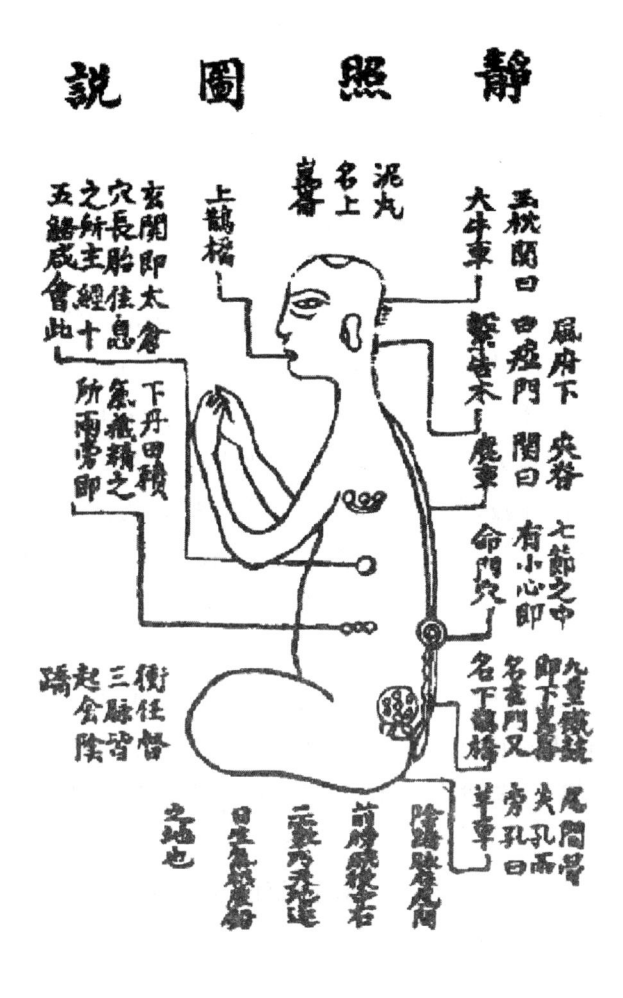

静照图说

人身有奇经八脉，先天大道之根，一炁之祖也。首冲脉，次任督，一原而三岐，皆起于胞中。督止于上龈交，任止于下龈交，冲脉出于痖门穴。三脉总为造化之原。《八脉经》云：人有八脉，俱属阴神，闭而不开，惟神仙以阳气冲开，故能得道。而采药惟在阴蹻为先，上通泥丸，下透涌泉，和炁上朝，则阳长阴消，水中火起，此内修复命关也。而金丹所最关系者，则带脉。妇人受孕系胞在此，顺之则人，逆之则仙，从此受气，穿过玄门，旋绕尾闾，方有变化。关窍已悉于图，玩之自得。

附录：

陶式玉传

　　陶式玉，字尚白，会稽人。康熙丙辰进士。父湝，值寇乱，竭家资赎被掠妇女以千数；岁饥，建义仓赈米粥，全活者数千户。式玉九岁能文，过目辄成诵。又能暗室视，虽晦冥烛灭，写蝇头细笔书、涂乙点窜，皎如也。闻洞庭山有异人，访求历岁月。念母归省，母促之试，乃应科举。授蠡县令。蠡故盗薮，且多逃亡。式玉兴学课农，均徭薄敛，严保甲，置守望，民以宁便。巡抚于公成龙咨访利弊，式玉条十事，悉饬通行。行将入都，成龙以部案九十有七，求平反不得，留公鞫之，尽得其情。对策列一等，授广西道监察御史，巡视南城。有杨某干法纪，勾要津，书投式玉，不应，卒论如律，闻者咸震骇，由是街巷绝謼呶号声。又巡视两淮盐漕，锐意振刷，汰淮冗费十八万，充军饷。未几罢去。方式玉之丧父也，甫三岁，悲哀哭泣，若成人。及母，时年已六十余矣，踊躃啼号，又若婴儿之失母者，斋素三年。所著有：《澄淮录疏奏》二卷、《文告》十卷、《参同契脉望》、《悟真篇注》四卷、《承志录注》若干卷。

　　——节录自清·乾隆年间修撰《绍兴府志·人物志·乡贤》

第二十一卷

古本周易参同契集注

清 仇兆鳌 集注

点 校 说 明

1.《古文周易参同契集注》二卷,附录一卷,清仇兆鳌集注。仇兆鳌(1638—1717),字沧柱,号知几子,浙江鄞县(今宁波市)人。

2. 仇兆鳌集注《古本参同契》的情形,拙著《悟真抉要》"前言"部分有较详的记述,今只就"前言"未论及之处作一说明。仇氏之集注《古本参同契》,从目前知道的文献来看,仇氏似乎未能看到明人杜一诚的"精思豁悟"的古本,而依旧是沿袭杨慎序言的古本作集注。仇氏在集注时,最为注重《参同契》音韵的问题,这跟他集注杜甫的《杜诗详注》是同一个方法。因此,仇氏对《参同契》的分章及段落的起止,都有他自己的看法,所以对古文本《参同契》作了相应的调整。而调整时,他又多根据音韵来作依据的。今人黄玉顺写了一篇《杜诗仇注"叶音"考辨》,指出仇注杜诗往往用"叶音"来认识"古韵",证明"仇兆鳌作《杜诗详注》,表现其博学洽闻,在音韵学上实在是个门外汉"。而仇氏《古本参同契集注》中,随处都能看见他用"叶韵"处,故而我们对仇氏在《参同契》的"叶韵"的地方应持审慎的态度。

3.《古本参同契集注》仇氏共辑录了十六家,连同他自己的补注,共计十七家。而十六家注解中,真正为仇氏所取用的是陆西星、陈上阳、李文烛、陶素耜等几人而已。其它如王九灵、尹太铉、徐渭、彭好古等的注解,仇氏都用得很少或者根本不用。今检寻资料,略介绍仇氏所忽略注家之生平事迹及丹法见地。

4.王九灵,明浙江永嘉人,名家春,又作嘉春,字九灵、子乾、幼潜,号赘生。师从无英子,黄冠褐服,日惟卖药自治。清乾隆间纂修的《永嘉县志·仙释》记载:"王涵虚,名家春,字九灵,潜心《老》、《易》。为应道观道士,居无几,遂遍游五岳,禁足武当。注《道德经》,李本宁为之序。寻复著《太极图说》、《易粹篇》,注《参同契》、《悟真篇》、《阴符经》、《维正教论》、《道德经注》,永嘉令韩则愈补而梓之。"李维桢(本宁)《大泌山房集》有《题王逸士像册》:"东嘉王涵虚道人,绝意婚宦,专精《老》、《易》,灭动心不灭照心,凝空心不凝住心。行年七十有奇,朱颜鬓发,双瞳炯然,望而知为神仙中人……余尝读其《易粹篇》、《道德经合易解》,与之上下论议,悉其生平。贞白、淮南鸿宝之诀,太乙、遁甲之书,九章、历象之术,太仓、素问之方,靡不精诣。睹先生写貌之象则道存目击,览先生著述之义则情见乎辞。"李维桢《易粹题辞》云:"东嘉王幼潜潜心易学,久而有悟。谓孔子言易有太极,是生两仪,知太极从易生而不言易为何物。周子曰无极而太极,知易乃无极之谓也。孔子言太极生两仪不言所以生,周子言太极动而生阳,动极而静,静而生阴,静极复动,一动一静,互为其根,分阴分阳,两仪立焉,而生之说始明。先儒以图书之义释太极,而太极本然之妙,初无形象可拟,至阴阳变合而生五行,始有一、二、三、四、五之数。河图虚中是已生数,极于五,成数极于十,此天地所忌,故虚中不用,避其极也。洛书从横十五中则实用其数,安得虚? 又引朱子《本义》伏羲四图皆出邵氏,自有先天图,而医家五运六气,道家《参同》、《悟真》、占卜诸书,无不从出。又谓孔安国言伏羲神农黄帝之书,谓之三坟,王辅嗣以重卦为伏羲,安得谓但有图无文字? 孔子曰伏羲氏没,神农氏作耒耜,盖取诸益,此神农取伏羲重卦之明验也。又谓后天八卦方位值即黄帝九宫八卦图,而邵子云文王未知孰是。余尝举古今诸儒不同之论相质难,幼潜持之甚坚。"据此,可知九灵之于易学自有其见。李维桢又有序九灵所著《老子合易解序》,谓:"东嘉王幼潜读《老子》,而以其理合于《易》,因用《易》释之,八十一章皆然,然非臆说也。"则又知九灵《易》《老》融摄,所见也不无道理。既略摘九灵《易》、《老》之见，而《参同契》一书，又根源二书，以发仙家之学。九灵所注《参同契》，依古文本，其注宗旨则谓："其御政者，只言御政；养性者，只言养性；服食者，只言服食。"此即谓《参同契》乃内外丹法并论，故其注有云："外丹既成，内丹亦就，内外相敷，神明合德，故曰通德三光。夫金丹一粒服之，则化凡骨为金刚不坏之躯。剥尽群阴，浑是一团阳气。"而九灵所谓"服食"之义也甚广，如其云："服食者，其说不同。有以服太和之气者，有以服日精月华者，有以服黄芽白雪者，有以炼涌泉之水为美金华者，有以炼黄白而服食者。均谓之服食也，大抵俱要三年，方得成功。"又如其注《参同契》"升熬于甑山兮"至"交积相支拄"一段，就明确说"此上皆言金丹变化之色相，与内丹景象无预焉。"注《鼎器歌》节，又引题名白玉蟾外丹名篇《地元真诀》所论相发挥，也可见王九灵之于《参同契》精义确有洞见。惜未见全注，故未能收入本编，异日若得九灵注，自当校刊以续其事。

5. 姜中真，又作中贞，清初人浙江绍兴人。《四库全书总目提要》云："中贞，会稽人。卷末有许尚质所作中贞小传，称尝遇紫清真人白玉蟾，因得仙术……是书阐明修炼之旨，所注《阴符经》、《道德经》各一卷，《参同契》三卷，《黄庭经》、《悟真篇》各一卷，为书凡五，故以《得一参五》名。案《阴符经》、《道德经》皆黄老之言，无所谓丹法也。自宋夏尚鼎始以《阴符》言内丹，葛长庚又以《道德经》言内丹，而宗旨大变。中贞以《阴符经》所言九窍三要为火候之诀，《道德经》所言有物混成，先天地生，为金丹之母。盖因二家之书而衍之，即在道家亦旁支别解而已。"《得一参五》五卷，今存康熙三十三年(1694)尺木堂自刻本。中真之注《参同契》，以天元、人丹、地丹为解，其中所言"地丹伏事"，如《参同契》"太阳流珠"断，姜氏注云："此节统言地丹大概……丹之成，一味干水银而已，无如水银未死，性好飞扬，苟得金华制之，则转转相因依而不去，脱下化为白液，复凝于上，体本至坚，然须金华入炉，先倡于有顷之间，解化为水，色如马齿，美若琅玕。"又如《参同契》"以金为隄防"段，姜氏注云："言地丹伏食之制，熟读细思，确确可行。"据此可知明清注《参同契》，大多一味以内丹为解，但也有少数注家能不废外丹之说以解,惟不能如彭好古之《参同契玄解》言外丹为详耳。

6. 尹太铉,清初东鲁锦川人,号栖云道人、高阳子,著有《参同契补天石》《龙虎经注》。斟海簌阳道人吴得觉谓太铉"初从游于象极子,而为鹤阳老师所进而教之者",所言鹤阳老师即象极子之师,也即尹太铉的祖师。太铉弟子刘芳誉在《龙虎经注》后序言写道:"师(指尹太铉)于丹经紫书博通淹贯,一字不欲穿凿,又一字不肯懵愣,举从来所谓清静、阴阳、服食三者,一一分晰,一一洞彻。且指某书为傍门,某书为正道;又指某书旨本清静,某某注为服食、阴阳;某书旨本阴阳,某某注为清静、服食;某书旨本服食,某某注为清静、阴阳。种种多端,不可备举。"据此,可知尹太铉于丹家三元丹法皆悉知,且多能观辨识。《龙虎经注》作于康熙三年甲辰(1664),《参同契补天石》撰在《龙虎经注》前,故知《补天石》或当成于清顺治年间。其《参同契补天石》一书,恒阳子赞为"补《参同》之所未见",惜知几子只字未取,不能得其详。但《龙虎经注》既是继《补天石》而作,故可以《龙虎经注》而知太铉丹法。太铉丹法,要在人元阴阳丹法,其述多承陈致虚之说,其自己也云:"上阳子于《参同》、《悟真》注已精详",其注云"金精发祥,景星耀彩,潮汛将至,白气先驱"云云,则又出陆西星《入药镜注》语,也可见西星学说传承之不绝也。

7. 以上略就知几子《集注》注家忽略者加以介绍,外如甄淑《参同契绎注》,虽未为《集注》所取,但仇氏《悟真篇集注》取甄说甚多,可以参看。李文烛之《参同契句解》,今未见任何书目记载,恐已亡佚,但仇氏及陶存存《脉望》皆能备载文烛注解要义,也可无憾于文烛注书之不存矣。徐渭《参同契分释》,今尚有存书,而其它诸注均集在本编中,故毋庸赘言。

8. 本篇以广州三元宫清同治十二年(1873)本为底本,校本有二:一为台湾自由出版社《道藏精华》所据青城天师洞藏本影印本,其也为同治刊本,简称精华本。二、陕西科学技术出版社《道家养生功法集要》点校本,简称集要本,并据此本补完整了底本"图象"部分所缺的"河图三五之数"、"洛书四象之图"二图(此二图,国图所藏同治本亦无,民国扫叶山房本、大成书局刊本亦无此二图。)。

9.篇末附录相关文献数篇,其中"仇兆鳌先生年表",曾载于《悟真抉要》一书中,此次又作了增补和修改,仍附在本篇后,以供参考。

古本周易参同契集注

清 甬江知几子 集补

集注姓氏

彭　晓：真一子，后五代孟蜀永康人，作《通真义》三卷。

朱文公：宋儒，名熹，记名邹䜣，著《参同契考异》，约略作注。

陈显微：抱一子，南宋人，作《参同契解》三卷。

俞　琰：字玉吾，全阳子，元林屋山人，作《参同契发挥》三卷。

陈致虚：上阳子，元庐陵道士，作《参同契分章注》三卷。

杜一诚：字通复，苏州人，明正德间编四言为经，五言为传，此书复古本之始。

徐　渭：号天池，山阴人，明隆庆间著《参同契分释》，以陈抱一[①]本为据。

陆西星：字长庚，潜虚子，扬州兴化人，明隆、万间作《参同契测疏》、《口义》两种。

李文烛：字晦卿，别号梦觉道人，镇江人，万历时作《参同契句解》三卷。

王九灵：永嘉人，万历时依杨氏古本，分传以附经，有注三卷。

蒋一彪：余姚人，万历间辑《参同契集解》，依杨氏古本，附真一、抱一、上阳、全阳四注于下。

彭好古：一壑居士，西陵人，万历间注《古本参同契》三卷。

甄　淑：九暎道人，湖广人，崇祯间著《参同契绎注》、《悟真篇翼注》。

[①] 按：据徐渭文集，谓其所注系依据庐陵陈氏，即当指陈上阳注本而言，似非据陈抱一本作注，故暂存疑。

陶素耜：存存子，近时越中人，作《参同契脉望》三卷。

姜中真：得一子，会稽人，作《参同契注解》三卷。

尹太铉 高阳子，东鲁人，有《参同契补天石》。

补　注：知几子增辑，自记云：十治数，阳老先。千年实，摘树边。龙伯国人把钓竿，海不扬波注斯篇。

陆长庚《参同》、《悟真》总论

（出《就正篇》）

金丹之道，炼己为先，己炼则神定，神定则气住，气住则精凝，民安国富，一战而天下定矣。昔师示我曰：人能清修百日，皆可作胎仙。夫百日清修，片晌得药，十月行火，脱胎神化，改形而仙，顾不易易哉！而世卒难其人，何也？根浅者，闻道不信；学疏者，证道不真。盲师妄引，莫辨越、燕，焉分苍、素？间或质以《参同》、《悟真》，辄云陈言易得，口诀难逢，别有开关展窍之秘，离形交气之方。初学之士，一聆其言，意在速成，焚香誓天，深藏肺腑，而《参同》、《悟真》束之高阁矣。夫阴阳同类，感应相与之道，顺之则人，逆之则仙，是皆自然而然，非有巧伪。《参同契》云：自然之所为兮，非有邪伪道。《悟真篇》云：药逢气类方成象，道在希夷合自然。古仙垂语示人，曷尝隐秘？然皆绝口不言开关展窍、离形交气之术，而今乃有之，是大道之厄，斯人为之也。嗟乎，世人好小术，不审道浅深，独奈何哉？昔师示我云：《参同》、《悟真》，乃入道之阶梯。顾言微旨远，未易剖析，沉潜廿载，始觉豁然。且仆非能心领神悟也，赖玩索之功深，而师言之可证耳。予既微有所见，不敢自私，辄成是编，以就正于有道。然此其大略耳。若夫入室细微之旨，内外火候之详，自有二书者在，安敢赘哉？

潜虚生述

彭氏《周易参同契通真义》序

按《神仙传》：真人魏伯阳者，会稽上虞人也。世袭簪裾，惟公不仕,修真潜默,养志虚无,博赡文辞,通诸纬候,恬澹守素,惟道是从,每视轩裳如糠粃焉。不知师授谁氏,得《古文龙虎经》,尽获妙旨。乃约《周易》,撰《参同契》三篇,演丹经之元奥,多以寓言借事,隐显异文,密示青州徐从事,徐乃隐名而注之。至后汉孝桓帝时,公复传授与同郡淳于叔通,遂行于世。公撰《参同契》者,谓修丹与天地造化同途,故托易象而论之,莫不假借君臣以彰内外。叙其坎离,直指汞铅。以乾坤为鼎器,以阴阳为提防,以水火为化机,以五行为辅助,以真铅为药祖,以元精为丹基,以天地为父母,以坎离为夫妻。互施八卦,驱役四时,分三百八十四爻,循行火候,运周天二十八宿,环列鼎中。乃得水虎潜形,寄庚辛而西转;火龙伏体,逐甲乙而东旋。从此天关在手,地轴由心,天地不能匿造化之机,阴阳不能藏亭毒之本。故能体变纯阳,神生真宅,非天下至精,其孰能与于此哉!第文泛而旨奥,事显而言微,后世各取所见,或则分字而释,或则合句而笺。既首尾之议论不同,在取舍而是非无的。今乃分章定句,合义正文,故以四篇,统分三卷,名曰《分章通真义》。内有《鼎器歌》一篇,为其辞理钩连,字句零碎,分章不得,故独存焉。丹道阴阳之理备矣。晓因师传授,岁久留心,不敢隐蔽玄文,课成《真义》,庶希万一,贻及后人也。昌利化飞鹤山真一子彭晓序。(此序有关经传原委,故摘录于前。)

考彭氏后序,系孟蜀广政十年丁未岁九月八日作,其为前序,亦应在此时。按广政十年,乃五代刘汉即位之初年。昌利山,在成都府金堂县东北十里。〇据杨慎《参同契序》,彭晓蜀永康人也。〇庐陵黄瑞节曰:《参同契》注本,凡一十九部,三十一卷,其目载夹漈郑氏《艺文略》。彭晓本最传,然分三卷为九十章,以应阳九之数;《鼎器歌》一篇,以应水一之数。其傅会类如此。盖效河上公,分《老子》为上经、下经,八十一章,而其实非也。鲍氏云:彭本为近世浅学妄更,秘馆所藏,民间所录,差误衍说,莫知适从。朱子考辨正文,引证依据,其本始定。今不敢赘,附诸说云。〇谨按:此书经朱子参定,黄氏推为善本。后来抱一、上阳,皆据斯作注,但错简纷纭,文气断续,先后颠倒,段落混蒙,读之犹未惬心。再经俞、陆两家,更移归并,脉理差见清楚。然经、传莫辨,章句难分,终非本来面目。抽钥启关,拭尘开鉴,兹幸古文之复见云。

知几子附记

《周易参同契集注》序

《参同契》一书,魏真人为养性延命而作也。书名《参同契》者何?言与大易、黄、老三者,同符而合契也。后之注家谓:参者,参天地造化之体;同者,资同类生成之用;契者,合造化生成之功。失其旨矣。或据原序,以大易、黄老、伏食三者,为相合相契,亦非也。伏食与养性相配,不与黄老相对。黄老之道,包举内外,养性伏食,皆在其中。观《阴符》、《道德》两经,俱言性命之理,与大易之尽性至命,有以异乎?此则三者之所以同而契也。序言养性,即内以养己。其以伏食为延命,何也?伏者,伏此先天真一之气,气自外至,杳冥恍惚,非养性于虚无不能致也。《内经》有云:根于中者,命曰神机;根于外者,命曰气立。古之真人,知神由中主,而气自外来,故必以神驭气,而保厥长生。夫人之一身,常以元神为主宰,而取坎填离,气始复焉。坎离者,一水一火,迭用柔刚,坎中之水,乘其爻动,而以意招之;离中之火,静极能应,而以意运之。坎中之铅,即阳气也;离中之汞,即阴精也。精气会合,皆以真意摄之。意不专一,则神散而不凝;神不凝聚,则大用现前,而俄顷失之。是故安静虚无,以养其神也;闭塞三宝,以敛其神也。神无为而无不为,故曰:一故神,两故化。河图之四象,各寓变化生成,而五独居中以默运。丹法之九还七返、八归六居,皆以真土主造化。五居中而制四方,犹心居中而应万事。《契》言辰极处正、执衡定纪,皆藉神以统之矣。黄帝之无摇精,无劳形,老圣之致虚极,守静笃,皆所以凝神而候气。神凝则气应,始可从事伏食,而行还返之道。《易》曰:神也者,妙万物而为言者也。神御六子,变化行焉。山泽通气者,其柔上而刚下乎;坎离对射者,其水火之既济乎;雷风相薄者,其乘震符而鼓橐籥乎。准诸抱神以静,而盗机莫见;谷神若存,而虚心实腹。孰非善用其神者乎?

爰据古文,厘定经、传,又集诸家注疏,于采药还丹、炼己温养,亦既详言无隐矣。惟神为丹君,而气为丹母,尚须陈述简端,以推用功之纲要。兹者，沉潜讨论，无间暑寒。所幸生际升平，圣人首出，得优游化日光天之下，以讲求尽性至命之书。尚冀衰迈余年，良缘可俟，从此咸登仁寿，而不徒托之空言，则素心庶几其一遂也夫。

皆康熙四十三年三月朔旦，甬江后学仇兆鳌薰沐拜手撰

《周易参同契集注》例言二十一条①

一、《参同》卷次。葛稚川著《神仙传》，谓魏伯阳作《参同契》三卷，彭真一又谓约《周易》撰《参同契》三篇。考世本流布，经、传混淆，其所谓三篇者，皆长短句法，参错成文，非复当时原本。今定为《经》一卷，《传》一卷，《三相类》一卷，与《仙传》旧目相符。此据姑苏杜一诚本，而酌定其章次耳。杜本《经》文三篇，各冠标题，谓乾坤刚柔以下，乃三圣乘龙御天，大易之道；将欲养性以下，乃黄老延命养性，长生之道；惟昔圣贤以下，乃圣贤伏食飞升，金丹之道。此皆强分条例，未合经旨。其所分《传》文三篇，却无标题，亦未见条理矣。须知《传》乃会《经》意而成篇，逐章各有照应，绝不混蒙也。

二、古本源流。元时林屋山人俞玉吾，用十年苦心，偶一夕于静定之中，忽若有附耳语云：魏伯阳作《参同契》，徐从事笺注，简编散乱，故有四言、五言、散文之不同。既而惊悟，寻省其说，欲②各从其类，分而为三。因注解已成，不能复改。前代正德间，杜一诚始定四言作《经》，五言作《传》，与《三相类》，共为三册，每册各附以原序，杜自谓得之精思豁悟者。嘉靖间，杨用修所刻《参同》古本，与杜本相同，又谓出于石函中，乃樵夫掘地而得之。岂有埋地之书，经千五百年而简编尚不朽坏者？大抵杜氏则因玉吾之说，而厘其错简；杨氏则据杜氏所编，而托名石函耳。然古本复见，实藉二公启之。而俞氏之神相告语，乃《契》中所云：千周万遍，神明来告者。精诚所感，信可通古今于一息矣。（杜

---

① 按：原本作"例言二十条"，实际有"二十条"，故改。又，原本例言每条均标为"一"，今为醒目，依次改为"一、二、三……"等。

② 欲，精华本改为"征"字。

序在正德丁丑仲秋，杨序在嘉靖丙午仲冬，先后相去凡三十年，明是杨袭杜书，非杜窃杨著，山阴徐渭亦尝辨之。）

三、古本易读。彭一壑谓经、传淆乱，始于真一子。考《通真》两序，皆洞明丹理，不应移窜简编。大抵俗本沿讹，其来已久，致后之读《契》者，如乱丝无绪，徒然目眩心烦。自杜氏追复古本，有功《契》文。此后王、彭两家，亦知崇古，但于章法之起结，段落之接连，尚未分明。今重定章句，加以疏笺，逐章还其次第，逐节寻其条理，逐句明其意义，令文从字顺，举目了然，从此《参同》易读矣。然只依文贯穿，不敢增减只字片言，开罪作者。若遇字句互异，则附见本句之下，多据朱子《考异》及俞氏《释疑》。间有酌以鄙见者，注云当作某字，或上下文句颠倒，须互调谐韵者，亦注明于下，以质所疑。

四、章数异同。此书传世已久，南宋以前，注家凡十九种，惟五代彭晓本最先，但分为九十一章，颇嫌割裂支离；宋儒朱子分为上、中、下三卷，又略编章次，间附注释；嗣后抱一、全阳，皆依朱子本，微加更定；上阳则分为三十三章，潜虚则分为四十九章，陶素耜又分为四十四章。然而经、传混淆，三序颠错，终鲜指归。今定《经》文一十八章，《传》文一十八章，合易卦三十六宫之数；末卷殿以赋、歌两章，兼应《周易》二篇之意。庶部位脉络，各见分明耳。

五、古本谐韵。古人文字，多用韵语，《易》、《诗》二经，其最著者。外如《道德》、《南华》、《荀》、《列》、《淮南》，莫不有韵存焉。第古韵通协，不若沈约之拘。宋时郑庠作《古音辩》，分古韵六部：东、冬、江、阳、庚、青、蒸七韵，皆叶阳音；支、微、齐、佳、灰五韵，皆叶支音；真、文、元、寒、删、先六韵，皆叶先音；鱼、虞、歌、麻四韵，皆叶虞音；萧、爻、豪、尤四韵，皆叶尤音；侵、覃、盐、咸四韵，皆叶覃音。《契》中经、传，各叶古韵。有全篇一韵者，有一篇数韵者，有两句叶韵者，有数句迭韵者，有隔二句三句用韵者，变化错综，并非率意偶拈。今特参考，知古人韵学之详核也。（《契》文，支、鱼通叶，郑氏尚未详。）

六、《参同》体制。朱子晚年喜读此书，尝云文章极好，盖后汉之能文者为之，其用字皆根据古书。今玩《契》文，本《周易》以立言，则道尊；托风人之比义，则辞婉。故语特雅驯，能垂世而行远。且三人各为一体，四言仿毛诗，五言仿苏李，《丹赋》仿《楚》、《骚》，《鼎歌》仿古铭，意本贯通，而语无沿袭，此历代道家著述之渊源也。如许真君《石函记》，崔氏《入药镜》，吕祖《敲爻歌》、《三字诀》，张公《悟真篇》、《金丹四百字》，三丰《节要篇》、《证道歌》，皆从此出。

七、诸家采录。注解行世者，如真一、抱一，互有发明，但多所脱略耳；全阳子解作清净，偏于专内；惟上阳子证明丹法，独露真诠，但征引泛滥，未见剪裁；陆潜虚发挥丹诀，疏畅条理，得之吕祖亲传。今引各注，惟陆说最多。彭一蟹间杂以外丹，李晦卿言两副乾坤，皆未纯一。但李指晦前朔后，每月之首尾为铅汞二药，其法传自南岳魏夫人，实丹家秘法，但与他注言龙汞铅虎两家分属者不同。

八、三五精义。《契》言：三五与一，天地至精。此乃金丹之纲领。何谓三五？火二木三为一五，此在我之汞；水一金四为一五，此在彼之铅；戊己又合为一五，此则两家交会之处。三家合为一家，所谓三家相见结婴儿也。《契》又称为龙虎者，盖离中有火，所谓龙从火里出；坎中有金，所谓虎向水中生。《契》文或言金火，或言水火，要而言之，只是两家之精气耳。

九、《契》中金水。丹家言金水者，约有两种：先天之金水，五千四十八日，金气足而水潮生，所谓天应星，地应潮是也；后天之金水，一月六候，前三候为金，后三候为水，从日光之明晦，分出阴阳是也。先天之金水，取为丹母，所谓白者金精，黑者水基也；后天之金水，资为炉药，所谓金计十有五，水数亦如之也。晦朔合符，专论六候之象，他注犹以两弦兑艮为男女相当。《太上火候歌》云：日月本是乾坤精，卦相周回自著明。前三五兮后三五，五六三十复还生。读此可晓然无疑矣。

十、《契》中火符。《经》文言火符者，三章迭见。发号施令章，言逐日之火符；晦朔合符章，言一月之火符；卦律终始章，言一岁之火符。其法岁疏而月密，月疏而日密。于一日中，推测十二时；于一时中，又细分三符六候，使之神气相投而出入有度。其攒簇火候之功，在时尤加精密矣。

十一、《契》中药火。丹书所言火候,亦有数种。有铅中之火,虎之初弦气是也;有汞中之火,龙之初弦气是也;有二七之火,白虎首经是也;有周天之火,十月抽添是也。有首尾之武火,炼己温养用之,后天阴火是也;有中间之文火,一符得丹用之,先天阳火是也。有丁壬妙合之火,运汞迎铅,前二候炼药用之;有举水灭火之火,铅来制汞,余四候得药用之。有未济卦之火,火上而水下,常道顺行之法;有既济卦之火,水上而火下,丹道逆行之法。所谓二候、四候,乃临时采药之六候,与每月药生之六候,却又不同。

十二、抽添沐浴。子午抽添,卯酉沐浴,此丹家之成法。《丹赋》取子午寅申,盖水生于申旺于子,火生于寅旺于午,生旺之时,宜抽铅添汞;《经》文兼言戌而不及午者,子可该午,戌可推辰,六时俱可行功矣;《传》文言内体外用,并举十二时辰,诚恐药候不齐,须参求二六时中,觅得金水两度,以当屯蒙二卦,不必剖析十二爻分值十二时也。所谓沐浴者,卯月又逢卯时,恐木火旺而伤金;酉月又逢酉时,恐金气盛而伤木。故时上各宜沐浴,非谓卯酉两月及余月卯酉时,概须停火也。

十三、有无要诀。《契》言:以无制有,器用者空;《传》言:上闭称有,下闭称无。有无两字出《道德经》,乃丹经心诀。无则静定之功,修性于离宫;有乃动爻之候,延命于水府。《契》言推情合性,全在存无守有也。《契》又言:内以养己,安静虚无。三宝固塞,为己枢辖。正见炼己工夫为临炉基本也。

十四、丹学津梁。古今丹书万卷,必推《阴符》、《道德》为丹经鼻祖。《参同》约两经而著书,词简义该,又后世丹学之津梁。《契》文往往散漫铺陈,不欲会归一处,诚恐泄天机而受冥谴也。然详者不归于约,如满屋散钱,无索贯串,终难下手。淳于氏作《大丹赋》,将全部《经》髓,括在一篇之中,于采药行火、还丹结胎,朗然披示,真足辅翼《契》文,堪熟诵而潜思者。

十五、《契》修金丹。《仙传》谓魏公丹法传自阴、徐二真人。考阴君长生在东汉之季,与魏公先后同时,徐真人则不可考。彭氏谓魏公授于青州徐从事,则徐乃魏徒,非魏师矣。两书必有一误。据《仙传》云:

阴真人炼上清金液神丹，大作黄金数万斤，以济贫乏，前后各服半剂，白日升天。阴公盖以神丹成道者。《仙传》并谓魏公作神丹，丹成入口，绝而复起，遂得仙去。又谓其书假借爻象，以论神丹之事，世儒不知，而以阴阳注之，殊失其旨。今据本序，盖言养性为主，而配以伏食。所谓伏食，不出雌雄同类，此系人元金丹，非天元神丹也，《仙传》恐未足凭矣。

十六、铸鼎佩剑。魏公后序言黄帝伏炼九鼎，诸家以鼎湖炼丹证之。不知炼鼎乃取同类，非用外丹。鼎必须九者，虚无大药，必求先天之鼎，而筑基温养，皆资后天之鼎，故以九为率耳。其云伏食三载者，包首尾工夫在内也。但筑基之初，须神剑一口，仙家用以降魔伏妖，《契》言要道魁柄，又言循斗招摇，非佩身之利器而何？萧廷芝云：一刚一柔，一文一武，进寸而退尺，前短而后长。分宾主，立君臣。惟使斤两调匀，法度准确。皆与《参同》、《悟真》要诀相符。

十七、内外橐籥。《契》言：牝牡四卦，以为橐籥。本于《道德经》天地之间，其犹橐籥乎？盖天气下降，地气上升，一阖一辟，以为生生化化之机，此造化之大橐籥也。人身中橐籥，有内有外。内呼吸往来，此在内者；阴阳交感，此在外者。下云：谷神不死，是谓玄牝。此橐籥之本也。又云：玄牝之门，为天地根。此橐籥之用也。又云：绵绵若存，用之不勤。此言橐籥之功，兼乎内外也。内则调息归根，外则轻运默举。凡平时养气，按候求铅，皆用绵绵不勤。此二句乃千年丹诀，言简而意尽矣。

十八、修真功德。《契》言：道成德就，功满上升。道德与功，如何分别？曰：性命双修，此玄门之大道。尽性立命，实得于己者，德也；三年九载，工夫完足者，功也。但功、德二字，又须推广言之。从来修真成道，非上等根器人，积德累功者，不足以与此。《太上感应篇》云：欲求天仙者，须行一千三百善。所谓善者，兼内外，包物我，而为言也。学者必体忠以行恕，庶德功可以两全。夫忠以尽己，恕以及人，此即圣门所谓仁也。仁者以天地万物为一体，主宰流行，初无间断。《西铭》云：不愧屋漏为无忝，存心养性为匪懈。言主宰也。又云：尊高年以长其长，字孤弱以幼其幼。常怀民胞物与之意，即流行也。果能时时省察扩充，畏天而悯人，则德自我修，功自我立，而善亦自我积矣。和气所感，造化可通，将有助以世缘，遂其初愿者。倘或灵台不净，自欺幽独，利己而妨人，恐造化至灵，必有物焉以败之，欲望引年轻举，岂可得乎？

十九、黄氏附录。庐陵黄瑞①节云：朱子解《易》，言邵子得于希夷，希夷源流出自《参同契》。又曰：眼中见得了了，但无下手处。又曰：今始识得头绪，未得其作料孔穴。宁宗庆元丁巳，蔡季通编置道州，留别寒泉精舍，相与订正《参同契》，竟夕不寐。明年，季通卒，又得策数之法，恨不得与之辩证。越二年，而朱子亦逝世矣。今按：朱夫子博极群书，独于此卷尚多未彻，盖真诠必须口诀也。幸生诸贤之后，得以参互考证，集成兹编，岂敢自矜管见为得哉！

二十、图末发明《契》言，著为图籍，开示后昆。知上真列仙，必有图书简籍，以启悟后人。今历考诸家，自河图洛书、先天后天易卦而外，及日月星宿、十②支火候诸图，皆采附卷末，好学者当观象而会意，不在泥文而索象。

二十一、《契》集始于癸未季冬，成于甲申仲春。是年入京，遂携作长途涵泳。抵京后，复考定章句，增删注解，及至庚寅冬月，酌定以图授梓。首尾凡九易星霜始就。叹大药之难逢，惜流光之易度，聊赘笔于此。

《古本周易参同契集注》卷上

甬江后学知几③子集补

四言经文

汉魏伯阳真人 著

（杜一诚分《经》文为三篇，段落未清，今参酌诸家，冠以序文，定

---

① 瑞，原本作"端"，今改。
② 十支，疑为"干支"之误。
③ 几，底本作"机"，今改。

为一十八章。)

分四言以定《经》,则无长短句语之混淆;按古韵以分章,则无前后错简之倒置。古本所以可贵也。○《经》文古奥,耐人深思;《传》文疏爽,读之醒目。判然两人手笔,安得比而同之?具眼者自知耳。

魏真人自序

(《神仙传》:魏伯阳,号云牙子,上虞人,师事阴、徐二真人,约《周易》作《参同契》三篇。)

郐国鄙夫,幽谷朽生。挟怀朴素,不乐(音洛)权荣。栖迟僻陋,忽略利名。执守恬淡,希时安宁(己上庚音同叶)。宴然闲居,乃撰斯文(无延切,与下文叶。)。

补注:此总叙著书之大意也。○宋儒朱子曰:《周易参同契》,后汉魏伯阳所作,篇题盖仿纬书之目,辞韵皆古,奥雅难通。○按:郐国在河南,会稽在浙东,借郐国以寓会稽,隐身匿迹,不求人知也。世人皆美权荣,逐利名,公独甘朴陋,守恬淡,内重而外轻,所以能超凡入圣。生当东汉之季,故愿世运太平,得以修道而著书。

歌叙大易,三圣遗言(《正韵》:入先韵)。察其旨(一作所)趣(去声),一统其伦(间员切)。务在顺理,宣耀精神(时连切)。施(一作神)化流通,四海和平(蒲眠切)。表以为历,万世可循。叙以御政,行之不繁(符筠切。郑庠《古韵》真、文、元、寒、删、先,皆可通叶。)。

此言大易之道,可以入世出世,乃作《契》之本原。○三圣谓伏羲、文王、孔子。旨趣一统,先后天易,总一阴阳之道,顺理以修己,施化以治人,此《易》之本义。推诸丹道,则按历行功,循周天以运符火;乘时御政,握斗柄而采还丹。此易道所以广大悉备也。《易传》云:昔者圣人之作《易》也,将以顺性命之理。又云:圣人感人心而天下和平。又云:君子以治历明时。○《契》云:按历法令。又云:御政之首。皆言丹法也。

引内养性,黄老自然(而邻切)。含德之厚,归根返元(虞云切)。近在我心,不闻己身。抱一毋舍(上声),可以长存。

此言养性之学,本于黄老也。○黄帝著《阴符》,老圣传《道德》,皆以自然为宗,故曰自然之道静,又曰道法自然。以自然者养性,虚静之中,含德深厚,使本来神气,常归根而返元。何谓含德?以心摄身者是。时时内顾丹田,抱一不离,此即久视长生之道也。○虚灵有觉之谓心,天理浑全之谓性,惟性在心中,故存心所以养性。灵台湛寂,纯任天真,则性体呈露,而无人欲之憧扰矣,故以此为修道之根基。○《道德经》云:含德之厚,比于赤子。又云:归根曰静,静曰复命。又云:载魂魄抱一,能无离乎?

配以伏食,雌雄设陈。四物念护,五行旋循。挺除(挺除,犹云排却。)**武都,八石弃捐**(余伦切)。**审用成物,世俗所珍。**

此言伏食延命,亦本黄老也。○欲行伏食之法,先修定于离宫,方求铅于水府,须内外相配焉。伏食者,食其时而食其母也;雌雄设陈,即一阴一阳之道,《阴符》之盗机逆用,《道德》之观妙观窍者,皆其事也。四物,谓木、火、金、水,加以戊己二土,谓之五行;念护者,知己知彼;旋循者,周而复始;除武都,捐八石,见先天妙药,不待炉火外丹也;审用成物,谓用阴阳以配成药物,便是金丹异珍。如辨庚甲,而知水源之清浊;察屯蒙,以定火候之消息。此须审而用之。○炼药封口,用武都山紫泥。三砂(朱、硼、硇)、三黄(雌、雄、硫)、砒霜、胆矾谓八石。(注中食时,本《阴符经》;食母,本《道德经》。)

罗列三条,枝茎相连。同出异名,皆由一门(民坚切)。**非徒累**(上声)**句,谐偶斯文**(无铅切)。**殆有其真,砾**(音力)**硌**(音洛)**可观**(俱员切)。**使予敷伪,却被赘愆。命《参同契》,微览其端**(都年切)。**辞寡道**(一作意)**大,后嗣宜遵**(租全切)。

此总承上文,言道不二门,后世宜知取法也。○三条之中,举大易以准黄老,犹根本之贯枝茎。盖所著之书,称名虽异,究其入道之门则一耳。一者何?乾坤其易之门,即所谓爰有奇器,是生万象、玄牝之门,为天地根也。得其一,以撰《契》文,与大易、黄、老三者同符而合契,此《参同契》所由名也。《契》中有真理而无赘辞,故自誓以勉人焉。○同出而异名,本《道德经》;砾硌,明白貌。(注中奇器二句,本《阴符》;玄牝二句，本《道德》。）

委时去害，依托丘山（叶先）。循游寥廓，与鬼为邻（叶连）。伦①寂无声，化形而（一作为）仙（两句上下互调）。百世一（或作而）下，遨游人间。敷陈羽翮，东西南倾。汤遭（一作尧汤）阨际，水旱隔并（平声）。柯叶萎黄，失其华荣。各（一作吉人）相乘负，安稳（一有可字）长生。（四韵仍叶庚青）

此应前幽谷、栖迟之意，以隐寓姓名。○俞琰注：委时四句，藏魏字；化形四句，藏伯字；敷陈四句，藏阳字。委邻于鬼，魏也；百去其一，下乃白字，合于人，伯也；汤与阨遭，隔去其水，而并以阨傍，阳也。○陶注：柯叶四句，藏歌字。柯失其荣，去木成可；乘者加也，两可相乘为哥；负者欠也，哥傍附欠为歌。有韵之文谓之歌，即所谓歌叙大易也。○补注：末段文义，亦可顺解。委弃时俗，以避物害，身居寥廓之境，几与山鬼为邻矣，意在韬声学仙，百世重游，如丁令威之化鹤归来也。敷陈羽翮者，羽化之后，四方任其翱翔矣；东西南倾者，缺北方之水，则火木旺而销金，故喻汤年大旱；柯叶萎黄，水枯不能生木也。神仙则身外有身，乘鸾跨鹤，不受侵陵生灭矣，故曰：各相乘负，安稳长生。

汉人喜作离合隐语，如蔡邕《题曹娥庙碑》，寓绝妙好辞四字。魏公存姓名于末节，以自留踪迹，亦此意也。昔朱子注《参同契》，托名空同道人邹䜣。盖邹本春秋邾子国，《乐记》：天地䜣合，郑注䜣当作熹。空同乃黄帝访道处，朱子本新安人，亦托名空同者，谓未知其孔穴，而空慕《参同》也。

乾坤坎离章

（旧标为阴阳精气，意未该举，今更定标题。○朱子曰：先天卦位，乾坤定上下之位，坎离列左右之门。《参同契》首四卦铺排，理只一般。○补注：此借卦象以明鼎器、药物、火候也。药物生于鼎中，各有天然火候，故采药必须按候。六十卦火符，丹法始终用之，不专指十月温养。）

---

① 伦，据校本，当作"沦"。

乾刚坤柔,配合相包(《广雅》:包,读如孚。)。**阳禀阴受,雌雄相须**(意所欲也,一作胥)。**偕**(一作须)**以造化,精气乃舒**(舒,兼舒畅、舒布二义,必和畅而后能布种也。)。

补注:乾坤二卦,为易道之门户,即丹家之鼎器。○乾刚坤柔,援《易传》以发端。乾坤相配,天地一夫妇也;阴阳相须,男女一夫妇也。人身各具造化,精气合而成胎,夫妇又递生男女也。开章直从大化源头,发明顺以生人者如此。○《易》曰:天地絪缊,万物化醇;男女媾精,万物化生。又曰:乾知大始,坤作成物。又曰:一阴一阳之谓道。又曰:精气为物。精气即阴阳也,阴阳即乾坤也,乾坤即天地也。魏公本《周易》而作《参同》,这条已约举大意矣。○乾刚坤柔,两相配合,上覆下载,而万物包括于其中,此阴阳精气之根也。○李文烛晦卿注:雌雄相须,乃物性之自然,但坤中造化未到,虽合不成胎,必待先天造化将至,然后元精流布,因气托初,而胎始凝焉。○补注:癸水到后,六十时辰,坎宫机动,即其造化也。布种结胎在此时,采药成丹亦在此时。○陆西星长庚曰:朱子谓阴精阳气,聚而成物。盖精者,阳中之阴;气者,阴中之阳。精先至而气后来,则阳包阴而成女;气先倡而精后随,则阴裹阳而成男。○《易林》:配合成就。又云:雌雄相从。

坎离冠(去声)**首,光耀垂敷。玄冥难测,不可画图。圣人揆度**(音铎),**参序立基**(一作元基,一作元模,今从朱本)。

补注:坎离二卦,得乾坤之中画,即丹家之药物。○陆长庚《测疏》云:以精气之互藏者而言,则不外于坎离。坎象为月,离象为日,日月冠万物之首,而光耀垂敷于其下,形形色色,从此化生,即造化之丹法也。修丹者于其互藏之宅,而求所谓坎离精气者,以为药物,亦与造物者无以异矣[①]。○又曰:坎外阴而内阳,中有真气;离外阳而内阴,中有至精。所谓互藏之宅也。圣人洞晓阴阳,深达造化,故能揆度其配合交光之理,参序其往来消息之次,以立为丹基。○陈显微抱一子注:阴阳相交而成造化,自当以乾坤为始。何云坎离冠首?盖乾坤为天地,坎离为

[①] 按:此段所引陆西星注解见于陆西星《参同契口义》,非《测疏》中文字。

日月,天地定位,不能合一,其合而为一者,日月也。乾坤为生药之体,坎离为炼药之用,故特言冠首,以明大药之用全在坎离也。○补注:水火为天地大用,故先天卦位,以离东坎西,见阴阳相济之功。丹家取坎填离,逆行之法,实藉于此。○玄冥属坎宫水位,此指先天真一之气。○李注:玄冥内藏,有气无质,恍惚杳冥,乌从摹写其形似哉!

○朱子曰:坎离水火、龙虎铅汞之属,皆是互换其名,实则精气二者而已。其法以神运精气,结而为丹也。

四者混沌,径入虚无。余六十卦(此句旧在第三章,今定在此。),**张布为舆。龙马就驾,明君御时**(《契》文支、鱼二韵多通叶。)。

补注:鼎器具,药物生,而火候行于其间矣。○陆注:四者,即乾、坤、坎、离。丹法以此阴阳精气,交媾于混沌之初,运入于虚无之室,常依六十卦火行之。《易》以乾为龙马,坤为大舆,乾就坤驭,正欲取坎以填离也。○李注:六十卦火符,张布于丹房之内,一日用两卦,一月六十卦,如舆轮旋转,逐月循环。炼士入室,心君泰然,一点汞水,调养驯熟,如万乘之主,御龙马以驾车,其进火退符,各典所部而不乱矣。○补注:混沌者,杳冥恍惚,会合于片时,所谓混沌相交接也;虚无谷者,乃藏药之所也;六十卦,乃采药之候,当兼筑基、温养言。○李云:龙马指汞火,明君即心君也。

和则随从,路平不陂(一作斜,音佘。)。**邪道险阻,倾危国家**(叶音姑),**可不慎乎**(此句旧在下章之首,细玩文义,当在此章结语。)。

补注:此言临炉得失之防。○李注:御鼎以和为贵,和则上下之情得以相通。上随下之所好,下从上之所命,斯得心而应手矣。○补注:和有二义:一是情意协和,一是水火调和。协情意,须养鼎有恩;调水火,须炼己纯熟。此平易中正之大道也。舍正道而涉傍门,佳兵轻敌,小人得之倾命矣。毫发之差,可不慎乎?○彭晓真一子注:路平不陂,无往不复,若或运火参差,取时无准,则路生险阻,而立见倾危矣。○陆注:国家喻身。

谨按:此章举乾坤坎离,以当鼎器药物;又拈六十卦,以当屯蒙火符。作《契》纲领,朗然提清。诸家未见古本,以致经、传混淆,前后颠错。自前代杜、杨二氏，参究古文，厘定四言为《经》，五言为《传》，而以此章冠全经，如升皎日于中天，阴霾为之顿豁矣。

君臣御政章

（题用陆氏。〇补注：前以御政始，后以布政终。政者，政也。见修丹之事，实为性命正宗，而其间选鼎得伴，于炼丹入室之事，最为完密，故宜列在上章之次。）

鼎新革故，御政之首（上阳本鼎新句在御政之下，依韵当上下互调。）。**管括微密，开**（一作阖）**舒布宝**（彼目切）。**要道魁柄**（一作杓），**统化纲纽。**

补注：此言调鼎采药之方。〇丹房药火，出自鼎中，故以革故鼎新为御政先务。既得新鼎，仍须管括微密，防其破真而察其隐疾；又须开舒布宝，待以诚心而施以恩惠。如是则药真意投，可以有求必获。而临炉交接，又有要道，全在握斗魁之柄，以统摄化机。炼士亦有柄焉，飞灵一剑，追过昆仑，其为彼此钤辖，犹网之有纲，衣之有纽也。〇鼎用二七、三五、二八者，方为圣灵，一过四七，则鼎旧而药亏矣。陆注以固持三宝为管括微密，混涉养己之事，今从李氏；李注以开舒布种为开舒布宝，未见调鼎之功，今从陆氏。旧解魁柄作辰极，按斗柄乃外指者，辰极乃居中者，有上下表里之辨。〇《易传》：革，去故也；鼎，取新也。

爻象内动，吉凶外起（口举切）。**五纬错顺，感动应时**（叶音士。旧作应时感动）。**四七乖戾，誃**（音侈，尺氏切。）**离仰俯**（朱子作仰俯，旧作俯仰。）。

补注：爻象二句，乃通章筋脉。此一条乃丹道逆用，知爻动而吉者；第三条乃常道妄作，不知爻动而凶者。〇陆注：爻动之时，盗机逆用，能使五纬错顺，感动于应时之顷。四七乖戾，誃离于仰俯之度，所谓人发杀机，天地反复，岂细故哉！五纬，五行纬星也；四七，二十八宿经星也。五纬错顺者，丹法举水以灭火，以金而伐木，皆用逆道，故曰错顺；四七乖戾者，子南午北，龙西虎东，一时璇玑，皆为逆转，故曰乖戾。誃，改移也。誃离仰俯者，阴阳易位，柔上而刚下，是皆丹法逆用也。〇李注：爻象指鼎气言,真气内动,一与交接,即分吉凶。《药镜》云:受气吉,防成凶。《悟真》云:受气之初容易得,抽添运用却防危。○《易传》:爻象动乎内,吉凶见乎外。○补注:五星时有迁移,而经星亘古不易,故有经纬之分。经星环列周天,四方各系以七宿,故有四七之名。五纬错顺,犹《破迷歌》五行不顺行;四七乖戾,即《石函记》四七运神功也。

按:王九灵云:五行不守界,铅汞奔腾,则五纬错矣;四七金火数,彼此间隔,则四七乖矣。此主凶咎言,与下文骄佚犯重。或云:经水失调,爽五日之候,五纬错顺也;年踰廿八,亏真一之气,四七乖戾也,此承上章鼎新革故言,另是一说,总不如陆注之精确耳。

文昌统(一作总)录,诘责台辅。百官有司,各典所部。原始要(平声)终,存亡之绪。

补注:此言同事贵乎得人。○丹室之内,既有鼎器,又须群力护持,方能成事。文昌指炼士,台辅指道侣,百官有司指供应任使之人。统录者,但总持大纲,意在得药也;诘责者,以纠察之权,属之辅佐也。其余官司执事,皆须同心效力。盖入室用功,动经三年五载,自始至终,实性命存亡之绪,故修己用人,皆宜详慎。○五纬魁柄、文昌台辅、执法辰极,取天星为喻;帝王君臣、百官有司、明堂各部,借朝爵为喻。○彭好古注:斗魁戴筐六星,是曰文昌宫,一上将、二次将、三贵相、四司命、五司录、六司灾,号南宫统星,录人长生之籍。其下六星,两两相比者,曰三台。统录之星,为三台之领袖。辅弼,即尊、帝二星,左辅右弼也。○《易传》:原始要终,故知死生之说。

或君骄溢,充①满违道(动五切);或臣邪佞,行不顺轨(果许切)。弦望盈缩,乖变凶咎(跪许切)。

补注:此戒其妄作招凶也。○《易》以乾象为君,坤象为臣。骄溢者,不能富国安民,而恣行野战也;邪佞者,不能幽闲贞静,而搅动丹心也。○陆注:弦望盈缩,谓二八不相当;乖变凶咎,则铅飞而汞走。○补注:自上弦而望谓之盈,自下弦而晦谓之缩。鼎中一月六候,全在弦望

---

① 充,校本作"亢"。

盈缩之间。其前三度为金,朝屯用之;后三度为水,暮蒙用之。而金气首度在朔后,水气末度在晦前,此尤其紧要者。若金水先后之期,或致乖舛,则凶咎立见矣。○陆注指虎铅为君,龙汞为臣,引《悟真》他主我宾作证。但据前后文昌、辰极,明将炼士当主君,如何忽指为臣？故依九灵为当。

执法讥刺①,诘(诘,作结,非。)过贻主(一作移主,非。)。辰极处(上声)正(一作受政),优游任下(后五切)。明堂(一作君)布政(一作德),国无害道(动五切)。

补注:此以主辅交勉,定临炉要诀。○陆注:凶咎之生,由于持心不定,炼己无功,故须执法讥刺,诘过于其主。○补注:执法,指辅弼之人;贻主,即统录之士。极正,则君不骄;优游,则臣不佞;无害道,则不失之乖变凶咎矣。○以丹法证之,辰极处正,即所谓应物要不迷也(《百字碑》);优游任下,即所谓阴在上,阳下奔也(《鼎器歌》);明堂布政,即所谓补助河车,运入明堂也(《石函记》);国无害道,即所谓大小无伤两国全也(《悟真篇》)。辰极比心,国比一身,明堂指眉心穴。盖外药入身,先从尾闾透夹脊而上升泥丸,又自玉堂降重楼而下归土釜。任下,则由下鹊桥而渡;明堂,则由上鹊桥而转也。○《晋·天文志》:左执法,廷尉之象;右执法,御史大夫之象。○朱子曰:北辰北极,天之枢也。顾梦麟曰:北辰有五星,其第五星为极,即天枢也。言北极者,兼上五星;言北辰者,专主天枢一星。天枢左右,别有四星,谓之四辅,后狭前长,略似箕斗,而枢在其内。自第一星至于四辅,旋转不同,而天枢昏旦如一,其不动者,惟此一星也。

发号施令章

(更定标题。○陆注:此章备言入室休咎。)

发号施(一作出)令,顺阴阳节。藏器待(一作俟)时,勿违卦月(朱本作日,非。)。

---

① 讥刺,校本作"刺讥"。

补注：此言入室行火之事。○前章以革故鼎新为御政之首，故此章以发号施令为临炉之始。陆云以起火比号令，欲其慎重谨密而不敢轻忽也。○起火炼药，要顺阴阳节度，如前半月为阳金，后半月为阴水是也。而金、水气动，各有其时，故必蓄藏鼎器，待其爻动而取之，以为筑基温养。○陶素耜注：待时者，不先不后之谓也。○真一子注：卦月者，朝暮各受一卦，以六十卦数按一月之候也。○《易传》：君子藏器于身，待时而动。（每鼎月凡六候，欲行火六十卦，恐轩辕九鼎，犹未为敷，况有潮汐同期者。朝暮两度，未必金水适均，则藏器非大有力者不能也。）

屯以子申，蒙用（一作以）寅戌（申寅二字，疑上下颠错。）。六十卦用（用，一作周。一作余六十卦），各自有日。聊陈两象，未能究悉。

李注：此言逐月浇培之事。○补注：卦月之法，始屯蒙而终既未。六十卦火符，皆取两卦反对，以屯蒙两象为例，余可类推矣。○丹家火符，朝屯暮蒙。屯用子申，子在朝而申却涉暮；蒙用寅戌，戌在暮而寅却涉朝。界限未清。《传》以自子至辰巳为进火之时，从午讫戌亥为退符之候，当作屯以子寅，蒙用申戌，脉理方明。且屯言子，蒙用午可知；蒙言戌，屯用辰可知。互文见意也。考堪舆三合法，水生于申，旺于子，归库于辰；火生于寅，旺于午，归库于戌。陆注云屯用子申，水有生而有旺也；蒙用寅戌，火有生而有库也。其说虽亦可通，究于屯蒙之界，未尽相合耳。○屯蒙之外，尚余五十八卦，其进火退符，卦名虽异，而子、午、寅、申、辰、戌六时，皆不易者，两卦颠倒，日日如此，故不必逐一究悉。《悟真》云：屯蒙二卦禀生成。又云：若究群爻漫役情。能善会此意矣。

朱子释朝屯暮蒙，从八卦纳甲上推出内体外用，以当一日之火候，谓重卦之法。乾，下三爻纳甲子寅辰，上三爻纳壬午申戌；坤，下三爻纳乙未巳卯，上三爻纳癸丑亥酉；震，下三爻纳庚子寅辰，上三爻纳庚午申戌；巽，下三爻纳辛丑亥酉，上三爻纳辛未巳卯；坎，下三爻纳戊寅辰午，上三爻纳戊申戌子；离，下三爻纳己卯丑亥，上三爻纳己酉未巳；艮，下三爻纳丙辰午申，上三爻纳丙戌子寅；兑，下三爻纳丁巳卯丑，上三爻纳丁亥酉未。而内体从子至辰巳，外用从午讫戌亥。故朝屯，则初九庚子之爻当子时,六四戊申之爻当卯时;暮蒙,则初六戊寅之爻当午时,六四戊戌之爻当酉时。余六十卦,各以此法推之。按:此说繁琐,未合丹法。俞氏依此列为屯蒙二图,以十二爻轮流十二时,俱属支离牵合。

在(一作立)义设刑,当仁施德。逆之者凶,顺之者吉。按历(一作立)法令,至诚专密。谨候日辰,审察消息。

补注:此以仁义配火符,推屯蒙妙用也。○六时退符,此在义也;六时进火,此当仁也。进火用阳金,以发生为德;退符用阴水,以收敛为刑。金水得宜,则顺而成吉;金水误用,则逆而成凶。故当按历法令,至诚专密,以候爻动之日辰,以察火符之消息。○按历者,按历数以排火候;法令者,法时令以运抽添。历中以五日当一候,一月凡六候,鼎中晦朔弦望,亦准五日为度。○至诚者,不以情欲动念;专密者,不以杂务营心。其精神全在得药也。《黄庭经》云:积功成炼非自然,是由精诚亦由专。亦即此意。○陆注:至诚专密四字,最为肯綮。《药镜》云:但至诚,法自然。《契》云:心专不纵横。

纤芥(一作介)不正,悔吝为贼。二至改度,乖错为曲。隆冬大暑,盛夏霰(音线,一作霜。)雪。二分纵横,不应漏刻。风雨不(当作失)节,水旱相伐(叶音歇)。蝗虫涌沸,山崩地裂。天见(音现)其怪,群异傍出。(陈抱一作:蝗虫涌沸,群异旁出。天见其怪,山崩地裂。)

补注:此不能至诚专密,以致咎征迭见也。○陶注:心不诚专,则炼己不熟,调鼎无功,爽日辰而差消息。种种悔吝,在所不免。○补注:纤芥不正,即指分至之差殊,不必如李氏说到道侣生心,鼎炉异志。盖二至为阴阳始气,刚柔误用,如夏雪冬暑之错行;二分为阴阳中气,刑德失调,如水旱风雨之过度。蝗虫二句,象地变忽生;天见二句,象天灾乍起。甚言人事乖而沴气应也。○李注:金水错投,即二至改度;情性不合,即二分纵横。火盛则伤于旱,如蝗虫涌沸;水盛则伤于滥,如山崩地裂;水火不调,则灾害交作,如日星雷雹之怪异。○补注:二至二分,乃丹家火候。有一年之分至,亦有一日之分至。萧廷芝曰:子时象冬至,阴极而阳生;午时象夏至,阳极而阴生。卯时象春分,阳中含阴也;酉时象秋分,阴中含阳也。人身之中,各有分至,朝暮所需,正宜分别。(丝之一纤、菜之芥子,喻其细微。)

孝子用心,感动皇极。近出已口,远流殊域。或以招祸,或以致福,或兴太平,或造兵革。四者之来,由乎胸臆。

补注:此言吉凶转移,在于丹士持心。○不能得药延年,即非孝子爱身之道。果如孝子用心,必诚必敬,上足感动天心,何况同类之人?心发为言,近出已口,外能远流殊域,何况居室之中?见丹房行火,贵乎心和而言契也。○陆注:丧宝为祸,得宝为福,为而不为,曰兴太平;轻敌强战,曰造兵革。四者由于心之诚不诚而已。○补注:孝子二句,犹云孝弟之至,通于神明。本是借言,或以金水喻子母,大凿。○陆注:感动谓感格天心,皇极指天之中黄八极。○陈致虚上阳子注:泥丸云言语不通非眷属,必言语相通,方能采药之真。

动静有常,奉其绳墨。四时顺宜,与气相得。刚柔断(丁乱切)矣,不相涉入。五行守界,不妄盈缩。易行周流,屈伸反覆(方服切)。

补注:此申言阴阳顺节,以详卦月之功。○鼎中气机,各有动静,丹家依其常度,当如匠者之奉绳墨。方静而翕也,先调鼎以养其气;及动而辟也,则按候以探其真。按候须乘四时,子寅在朝,宜进阳火,得其金气,以固内体;申戌在暮,宜退阴符,得其水气,以培外用。此四时顺宜之法也。刚柔断矣,指六候火符。朝以刚为里,取诸震、兑、乾,用刚而不涉于柔;暮以柔为表,取诸巽、艮、坤,用柔而不涉于刚也。又须五行守界,使两相配当。金水戊土,为坎之界,守之于坎,不使此盈彼缩,而水至于干;木火己土,为离之界,守在于离,不使彼盈此缩,而火至于寒也。易行周流,谓准易卦以行火,欲其按月周流,循环而不已也;屈伸者,阴阳消长之机;反覆者,屯蒙颠倒之象。此条专论火符,晦朔合符章复详明此义。○动静刚柔专在彼,四时五行兼两家。○《易传》:动静有常,刚柔断矣。

坎离戊己章

(旧作乾坤二用章。盖误杂天地设位九句耳。今应削去,另定标题。○好古曰:此章明坎离之用,合日月而成易也。○补注:此承首章坎离，而并及戊己。坎离入水火之交，戊己乃真土之会，所谓三物一家。此作丹要领，后面经、传，多是推明此义。）

言不苟造，论不虚生（叶音桑）。**引验见效，校度**（音铎）**神明**（叶音芒）。**推类结字，原理为征**（叶音庄，一作证。）。**日月为易，刚柔相当。**

补注：此申前坎离冠首之意。○魏公道成而作《参同》，皆亲诣实得之语。身经效验，而又神明其意，则论不虚生矣；推类字义，而又原本易理，则言不苟造矣。尝观古人制字，合日月而成易，其刚柔相当，为二体之交光者，即交易、变易之理也。○神明，如《易》所谓神而明之；推类者，如日月并列为明。月中含日为丹，推之则上日下月为易矣。日月不同度，以对照而成含吐，其一刚一柔，往来上下，乃两体互根之妙。○按朱子云：此以坎离为鼎器，余六卦为火候。

坎戊月精，离己日光。土王（去声）**四季，罗络始终**（陟弓切）。**青赤白黑，各居一方。皆禀中宫，戊己之功**（姑黄切）。

补注：此言造化之坎离。○日月为易，坎离是也。易中卦象，坎为月，离为日。且纳甲之法，坎纳六戊为阳土，离纳六己为阴土。此何以故？盖日月两象，发散精光，昼夜运行而不息，从此四时序，五气布，造化遂成真土焉。是故有流行之土，分旺四季，合辰戌丑未，以罗络一岁之始终；又有主宰之土，青赤白黑，居东南西北，而皆禀中宫之戊己。土之功用大矣。丹家流戊就己，而和合四象，攒簇五行，孰非此二土之运用哉？○朱子曰：坎戊离己，皆虚中宫土位，而四方四行，皆禀其气。○陆注：土无定位，分旺于四季之中，故木得之以荣，火得之以藏，金得之以生，水得之以止，所谓四象五行全藉土也。《悟真篇》云：离坎若还无戊己，虽含四象不成丹。只缘彼此怀真土，遂使金丹有返还。意盖本此。然真土更是何物？古仙以意当之①，精矣。○补注：戊己二土，有内有外。真意相投，内戊己也；龙虎吞啗，外戊己也。○李注云：戊土司坎之门，己土掌离之户。

幽潜沦匿，变化于中（陟弓切）。**包裹**（包裹，见《淮南子》，一作包

---

① 按："以意当"，底本脱此三字，此处据陆西星《参同契口义》补。《道藏精华》本补以手写体作"口诀言"三字，西北大学《秘藏周易参同契》本作"固已言"三字。

里者,非。)万物,为道纪纲。以无制有,器用者空(枯郎切)。故推消息,坎离没亡(此条旧在章首,非是。)。

补注:此言丹法之坎离。○坎宫真一之气,藏伏无形,本幽潜而难见,沦匿而难寻。及其时至而气动,六候变化,皆出其中,丹法得药行符,俱藉乎此。真气包含万物,为大道之纪纲,若离家盗机逆用,在以无制有,譬之于器,实者不能为用,而空者可用,同一理也。故推月候之消息,虽大用现前,而临时交接,必须对景忘情,一空坎离色相,方能以我真无而制彼妙有。朱子解《艮·象》云:内不见己,外不见人,此坎离没亡之谓也。○坎中变化,戊土可推,离体虚无,己土何在？不知常静常应,非含德之厚者,不能如此大定,斯乃己土之妙用。○此条有无二字,直绾通章。离中虚,无也;坎中实,有也。坎之戊土,外无而中有也;离之己土,外有而中无也。潜匿,无也;变化,有也。在彼为无中生有。消息,有也;没亡,无也。在此则视有如无。平时炼己,临时采药,皆在无中得力。○《心印经》曰:存无守有,顷刻而成。所谓以无制有也。《道德经》曰:埏埴以为器,当其无,有器之用。所谓器用者空也。《清静经》曰:内观其心,心无其心;外观其形,形无其形。所谓坎离没亡也。此皆临炉心诀。○或问:坎中何以有万物？曰:得其一,万事毕,非万物乎？又问:变化纪纲,其概言乎？曰:三候属金,是即阳变;三候属水,是即阴化。先天大药,为道之纲;逐月火符,为道之纪。彭好古注:息者,进火之候;消者,退火之候。朔旦,震卦用事,历艮至乾而成望,皆阳火也;望后,巽卦用事,历巽至坤而成晦,皆阴符也。○一说震兑六卦,分值六候之消息,独离坎不在其内,有似没亡者。然两卦虽无定体,而阴阳进退,皆由坎离之中画,往来升降于其间,是无者却能制有,犹器之适用在空处也。按:此说本于朱子,朱子谓震兑六卦,各有所纳之方位,而坎纳戊、离纳己,独无定位,此指无位为没亡,盖兼举下章纳甲之说耳。

谨按:《古参同契》,《经》文皆四言成句,体裁庄雅而结构谨严。自世本沿讹,各章参入长短句,而经、传遂不分明矣。如上章之首,旧有君子居其室三句;此章之首,亦有天地设位九句。俱非《经》文语气,今截去引端数语,归于《传》文,方为简净。且诸本于此章次序,亦颇颠错,特重加更定，庶几语脉联贯耳。

晦朔合符章

（题用陆氏。○朱子曰：此以纳甲言一月之火候也。又以乾六爻纳于其间，以明阳气之消息。○好古注：此以先天八卦及乾卦六爻，合月之晦朔弦望，又杂以二十八宿月所临之位，明炼丹之火符。○补注：乾爻本为纯阳，从消息中分，乃有阳火阴符之别，故配诸震兑六卦。）

晦朔之间，合符行中（陟弓切）。混沌鸿濛，牝牡相从（徐工切）。滋液润泽，施化流通（他东切）。天地神明（朱作灵），不可度（音铎）量。可（宜也）用安身，隐形而藏。

陆注：此章以天象卦爻，双明药火。○补注：此论鼎上火符，先从晦朔序起者，合璧之后，方有震兑诸候也。盖晦朔之间，日月并行于天中，是谓合符行中。合符，即合璧也。此时月为日掩，不露其光，自朔以后，方得生明。鼎中癸尽铅生，而药苗新茁，候亦如之。混沌鸿濛，乃先天真一之气，乘此牝牡交接，其气之滋液润泽者，能施化于吾身，而遍体为之流通矣。○混沌鸿濛，应指首经元气。下文始于东北，方指每月初铅。若以此一条，就当六候之震庚，在下文为重复。且后天铅生，焉能混混蒙蒙，常如先天气之淳厚哉？○陆注：混沌鸿濛，鼎中氤氲之炁也。其时天机已动，阴阳有相求之情，故牝牡相从，而雄阳播施，雌阴统化，滋液润泽，自相流通，即所谓混沌相交接，权舆树根基者。夫混沌鸿濛之气，乃人身活子时，难以窥测，虽天地鬼神，亦不能度量，故丹士只宜静以密俟之。安身者，安静虚无，炼己待时也；隐藏者，闭塞三宝，韬光养晦也。如是则可以得夫至静之原，而不失乎爻动之机矣。○上阳子注：晦朔弦望，一年十二度。天上太阴与太阳合璧，常在晦朔之间。人间少阴，亦有十二度，以隐形看经，故混沌鸿濛之时，经罢而符至。○补注：陆氏解晦朔之间为贞元之会、亥子之交，意亦未尝不是。又谓合晦朔之符，而行火于其中，晦朔岂行火之时乎？○陆注：滋液润泽，乃阴阳交会之真景象。一气流通，无所不届，如烟如雾，如露如电也。

始于东北，箕斗之乡。旋而右转，呕轮吐萌（谟郎切）。潜潭见（音现)象,发散精光。昴毕之上,震出为征(叶音庄)。阳气造(七到切)端,初九潜龙(叶莫江切)。☳(一阳为震。)。

姜中真注:右旋昴毕,象第一候。○补注:自晦朔以后,新月初出于东北,正值箕斗之乡,但月升在日间,故人不见其景色耳。及旋而右转,至黄昏之候,则见吐萌散光,移在西方昴毕之上矣,所谓初三月出庚也。○陆注:卦象震雷出地,一阳起于重阴之下也;爻应乾之初九,如龙之潜伏于渊下也。此时阳火起绪,药则可用,而火宜微调者也。○又曰:呕轮吐萌四字,要有分晓。呕者,尽出;吐者,微出;轮者,全月之水轮;萌者,轮下之微光,如草之萌蘖然。○补注:潜潭见象于水轮中,微见金光也。

阳以三立,阴以八通(他王切,一有故字。)。三日震动,八日兑行(寒江切)。九二见(音现)龙,和平有明(谟郎切)。☱(二阳为兑。)

姜注:八日兑行,象第二候。○陆注:阳以三立,初三月出庚也;阴以八通,初八月出丁,上弦如绳也。三乃阳数,八乃阴数,至此则阳与阴相和通矣。八日于卦象兑,二阳渐长也,爻应乾之九二,龙德正中也。喻人身阳火用功之半也。和平有明,言火力均调之意。○《易传》:见龙在田,天下文明。

三五德就,乾体乃成(他王切)。九三夕惕,亏折神符(符,与下条相叶,古韵支、鱼本通。)。☰(三阳为乾。)

姜注:三五成乾,象第三候。○陆注:三五十五之夕,月在甲上,与日相望,其卦象乾,乃三阳全盛,爻应乾之九三,为乾乾惕若。此时阳升已极,屈指当降,喻人身阳火已满,倏忽将变为阴符也。○上阳子注:太阴映日而生精魄,人身象月而生金丹,正在望满之候。○补注:神火有符信,故曰神符,亦见《铜符铁券》中。

盛衰渐革,终还其初。巽继其(一作阴)统,固际(一作固济,非是,《传》言:固塞其际会。)操持。九四或跃,进退道危(叶音怡)。☴(一阴为巽。)。

姜注:巽继乾统,象第四候。○陆注:十六以后,则盛极必衰,以渐而革,终当返晦,故曰还初。于时阳退而阴进,其卦象巽,一阴始生于下也。爻应乾之九四或跃在渊,可以进而不遽进也。喻人身阴符,继统之始,鼎内有丹,法当固济操持,徐用阴符,包裹阳气也。○又曰:或问:阴符何物?答曰:凡人一身之中,皆后天阴气,阳退一分,则阴自进一分,正如月廓之亏,阳自亏耳。白者岂别有物?即其本体也。可类推矣。○《易传》:或跃在渊,乾道乃革。又:进退无恒,非离群也。

艮主进止,不得踰时。二十三日,典守弦期。九五飞龙,天位加喜(叶音稀)。☶(二阴为艮。)。

姜注:艮守弦期,象第五候。○参陆注:二十三日,又当下弦之期,二阴一阳,于卦象艮。艮者,进而止之之义。于时阴阳各半,金水又平,正宜守此下弦之期。曰不得踰时者,候不可过也。爻应乾之九五,乃飞龙在天之象,位乎天位,以正中也。丹药至此,阴符得中矣。○补注:于卦为二五相应,于候为两弦相当,故云加喜。○此章但言六候火符,初无卯酉沐浴之说。观九二见龙,和平有明、九五飞龙,天位加喜,知上下二弦,各得金水之平,即《悟真》所云:药物平平气象全,正好用功修二八也。此时岂宜停炉息火乎?○陆注将兑艮作沐浴,非是。且丹法火符,始终皆须用之,岂一月之廿三遂能圆成乎?陆注下弦之艮,而曰怀胎于内,可庆圆成,亦属可疑。

六五坤承,结括终始。韫(一作韬)养众子,世为类母(姥罪切)。上九亢龙,战德于野(叶音渚)。☷(三阴为坤。)。

姜注:六五坤承,象第六候。前后之终,即下候之始,仍还合璧矣。○陆注:六五,三十日也,阳尽阴纯,于卦象坤。承者,坤承艮后也。此时火功已罢,神气归根,寂然不动,少焉,则晦去朔来,复生庚月,又为药火更始之端,故曰结括终始。积阴之下,能韫养诸阳,为众子之母。盖阳不生于阳,而生于阴,古人称十月为阳月,亦取此义。众子,指震兑诸卦;类母者,同类众子之母也。爻应乾之上九,乾为龙亢,坤为龙战,阴阳相敌,有战象焉。太阴太阳,于斯合璧,其诸均敌者乎?○补注:《太上火候歌》云:前三五兮后三五。即一月六候之说也。李晦卿谓朔后晦前二候尤为要紧,故知三十之前,仍有作用存焉。○坤致养万物,故曰韫养众子;又坤象为母,故云世为类母。战德者,龙德与阴相战也。

○坤卦上爻：龙战于野。

　　用九翩翩，为道规矩。阳数已讫，讫则复（扶又切）起（口举切）。推情合性，转而相与。循据璇玑，升降上下（叶音虎）。周流六爻，难以察睹（上声）。故无常位，为易宗祖。

　　补注：此总结上文，以乾卦六爻，准六候之消息也。○陆注：丹家法象，皆用乾九之爻者，以其翩翩而升，翩翩而降，足为丹道之规矩。故观阳数已讫，讫而复起，则丹道之推情合性、转而相与者，亦若是而已。○补注：木性金情，本相契合，自阳讫复起，其推情合性者，又辗转而相与矣。就其辗转循环，拟之璇玑，则有升降上下；准诸易卦，则为周流六爻。六爻，比鼎中六候，其周流默运者，难以目睹焉；无常位，承升降周流言。盖卦中自初至上，六位本虚，以阳爻乘之，方有潜、见、惕、跃诸象。从此九六迭乘，升降周流，乾坤定焉，六子生焉，六十四卦成焉。其变易无常者，实易道之宗祖也。丹法据爻测候于金水六度，升降周流者，藉以筑基，资为温养，三年十月之功出焉。丹道之与易道，适相符合耳。○陶注：此章言火符，乃阴阳升降自然之理。喻以月魄，象以易卦，配以乾爻，咸相吻合。修丹之士，能于不刻时中分子午，无爻卦里别乾坤，始为精于用《易》也。○补注：用九见乾爻，翩翩见泰爻。相与，谓坎能与离；璇玑，指浑天仪器。

　　谨按：此论一月六候之火，从先天小圆数图取义。除坎离二卦，为阴阳对待之象，其余六卦，乃阴阳消长之机。自震至乾，左旋而上，阳长之卦，进火用之；自巽至坤，右旋而下，阴长之卦，退符用之。其实六卦周流，皆坎离妙用。盖药生于坎，取之在离，坎离即戊己，宜位于中宫矣。且细推丹火，本五日一候，而上下二弦，去望夕各八日，长短不同，欲探真火真符，须考《雷门测候图》，右旋逆推，以六十时辰定为一候。○纳甲之说，起自京房，演于虞翻。此借以明逐月火符，特其大概耳。盖月中之晦朔弦望，可凭历法推排；鼎中之晦朔弦望，须从潮信起算。若泥于月象，几乎刻舟求剑矣。

卦律终始章

　　（另定标题。○陈抱一注：上章言一月晦朔弦望，采炼成丹之象；

此章比一年十二个月,按时行功之象。○陶注:此章以《易》之十二卦,天之十二辰,乐之十二律,配丹道一年之火候,筑基温养之功俱在此。)

朔旦为复,阳气始通(他王切)。**出入无疾,立表微刚。黄钟建子,兆乃滋彰。播施柔暖,黎蒸得常。**

彭好古注:此以卦律纪一岁火候也。一阳五阴,于卦为复䷗,斗杓建子,律应黄钟。○抱一子注:复之为卦,一阳初生,火候方动,能为万物发生之主。修炼之士,乘此以起火候,出入往来,取其微刚,以立为标法,从兹渐渐增修,以俟卦气完满。其在初九,尤宜加谨。

○陆注:十一月建子,律始于黄钟。钟者,踵也,又种也。言中黄之气,踵踵而生,以种万物。天地生物之朕兆,至此乃复可见,故曰兆乃滋彰。丹家认此朕兆,藉微刚入身,而柔暖之气,播施于营卫,遍体得以常温矣。黎蒸犹言众庶,丹法以身为国,以精气为民。○补注:朔旦二句,阳起复卦也;出入二句,乃运火之始;黄钟二句,阳生子月也;播施二句,乃得药之效。卦律双提,于月令中寓言丹法,最见分明。○阳气始通,卦辞言复亨也。○李注:一阳始生之顷,乾坤一合,乾宫一点阴火精光射入坤腹,即是朔旦为复,阳气始通。炼士下手追摄,不疾不徐,自然出坎无滞,入离无碍,何疾之有?此时阳气始生,药苗正新,有气无质,有象无形,故谓之微。○上阳子注:复者,一阳伏于五阴之下,先复而后能伏也。卦辞曰出入无疾,言阳之始气,出入往来,大小无伤也;曰朋来无咎,言得同类之朋,有益无损也;曰反覆其道,丹道用逆,颠倒而行也;曰七日来复,得药大醉,七日复苏也(旧本云:经动七日阳气生。按:丹家以经净后两日半为期,故旧说可疑。);曰利有攸往,逐月阳生,皆可往取也。《传》曰:复其见天地之心。心在何处?老圣号此心为元牝之门是也(邵子指一阳初动为天地之心,不必引元牝之门。)。《传》又曰:先主以至日闭关。牢闭三门,专心致志,以待药生也。

临炉施条,开路生(一作正)**光。光耀渐**(一作寖)**进,日以益长。丑之大吕,结正低昂。**

彭注:二阳四阴,于卦为临䷒,斗杓建丑,律应大吕。○陆注:此卦为临,借作临炉之意,如《易》于履卦,直言履虎尾。○补注:北方炉用煤火,以铁为通条,插入炉口,下穿灰土,火气方得上升,此临炉施条,开路生光之象也。若炼士临炉,其施条而开路者,可以意会矣。光进日长,就二阳寖长言;结正低昂,此卦刚居柔下也。○陆注:十二月建丑,于律为大吕。吕者,侣也;大者,阳也。阳得阴助,是为真侣,得此真侣,方可临炉施条。而结正低昂,又临炉施条之要诀。○补注:结正低昂,谓两相交结,须正低昂之位,陆云子南午北,柔上而刚下是也。(陆又云:结者,关键三宝,闭塞勿通;正者,辰极处正,至诚专密。其解结正二字,于丹法虽可通,于句义却难合矣。)

仰以成(一作承)**泰,刚柔并隆**(卢王切,与上昂字相叶)。**阴阳交接,小往大来**(叶音厘)。**辐辏于寅,运**(一作移)**而趋时。**

彭注:三阳三阴,于卦为泰☷,斗杓建寅,律应大簇。○陆注:仰以成泰,承上低昂之义。法用颠倒坎离,乾下坤上,而成泰卦。(炼己时,顺逆皆可为,采药则用地天之泰。)泰者,交泰之义,言阴阳相交接也。于时龙虎相当,正如此卦之刚柔并隆;汞迎铅入,正如此卦之小往大来。大既来矣,则如一身之神气,自翕然归之,如辐凑毂者然。正月律逢太簇,簇者,凑也。言万物至此,辐凑而生也。乘此辐凑之时,是宜进火,与时偕行。运而趋时者,河车不敢暂停留,运入昆仑峰顶(此指下峰)。○陶注:阴阳之气,两相交接,小往则前行须短,大来则后行正长,乃汞迎铅入之意。○补注:前行须短,是二候采药;后行须长,是四候合丹。二候临炉,运火求铅也;四候临炉,调和己汞也。就四候之中,还有分别。吴思莱云:逆转河车,后升前降,运归土釜,此中二候作法;闭塞三宝,凝神定息,内视丹田,此末二候作法。○上阳注:学者究心丹诀,须晓三关三候。出入无疾,柔暖布施,此为初关第一候;临驭丹炉,施条接意,是为中关第二候;仰以成泰,地上于天,是为下关第三候。○按:陈氏三关之说,盖取三阳之月,为百日立基耳。在《经》文,只概论一年气候,逐月均排,以见阴阳消息之机,非专重子丑寅月。其云出入无疾、播施柔暖、临炉施条、仰以成泰,各指陈丹法,乃入室采药时所兼用者,并无初中下之可分也。

渐历大壮，侠（音夹）**列卯门。榆荚随**①**落，还归本根。刑德相负，昼夜始分。**（古韵文、元通用。）

彭注：四阳二阴，卦为大壮☳，斗枘建卯，律应夹钟。○陆注：夹者，侠也。侠列卯门，则生门之中已含杀气，故二月榆落，叶归本根。夫春主生物，而榆荚反落者，德中有刑故也。于时阴阳气平，故刑德之气，互相胜负。昼夜始分者，阴阳气平之验也。气平加火，则有偏重之虞，故作丹者，立为卯酉沐浴之法。○补注：卯酉沐浴，《参同契》所未言，其说始于《悟真篇》。自后诸家，纷纭异同，约有三说。有以灌溉为沐浴者，卯酉皆可行功，仙家《指迷诗》曰：沐浴之功不在他，全凭乳母养无差。此说全与《悟真》相左。有以休息为沐浴者，卯酉径宜住火，龙眉子诗云：兔遇上元时便止，鸡逢七月半为终，此说与《悟真》亦不甚相符。据《悟真》诗云：兔鸡之月及其时，到此金丹宜沐浴。盖谓卯月木气太旺，故卯时暂宜停火；酉月金气太盛，故酉时亦宜罢功。若非兔鸡之月，则十二时中，一遇爻动，便可抽添，何必拘于沐浴乎？故《金丹四百字》云：火候不用时，冬至不在子。及其沐浴法，卯酉亦虚比。此说正须善参。○或疑《契》言丹法，始终具陈，何独脱遗沐浴，以待后人之补缀耶？曰：《契》中握定枢要，全在审金水之期，以定火符之进退。看时至机动，而按度求铅。其推详六候丹诀工夫，初无阙略也。《悟真》既举沐浴之条，而又存虚比之语，即其一操一纵，固已会通《契》文之意矣。○《春秋·元命苞》：三月榆荚落。（陈注以榆荚堕落为丹落黄庭之象，尚非本文正旨。）

夬阴以退，阳升而前（慈邻切）**。洗濯羽翮，振索**（苏各切。一作掠。）**宿尘。**

彭注：五阳一阴，于卦为夬☱，斗枘建辰，律应姑洗。○陆注：夬以五阳决一阴，是阴将退避，阳升而前矣。三月姑洗司律，洗者，洗也，有洗濯之义焉。斗枘建辰，辰者，振也，有振索宿尘之义焉。洗濯谓沐浴，振索则前升。盖丹经沐浴，更宜加火。宿尘指一阴而言。振索尽，则为

---

① 随，诸本作"堕"。

纯阳矣。○李注：余阴被阳烧退，如大鹏之在天河，洗濯去尘，又欲飞举而上。○振索，犹云摆落。

乾健盛明，广被四邻（叶音连）。**阳终于巳，中**（一作终）**而相干。**

彭注：全体六阳，于卦为乾☰，斗杓建巳，律应仲吕。○陆注：六阳成乾，阳火盛明，一身之中，圆满周匝，故曰广被四邻。日中则昃，阴进于阳，阳将退避也。○补注：初时播施柔暖，温和在一身，久之乾健盛明，暖气能四达矣。卦逢四月，故云四邻。邻指同类之人，亦取仲吕为侣也。六阳居岁功之半，阴将起而用事，是谓中而相干。

姤始纪绪，履霜最先。井底寒泉，午为（一作主）**蕤宾。宾服于阴，阴为主人。**

彭注：一阴五阳，于卦为姤☴，斗杓建午，律应蕤宾。○陆注：姤始纪绪者，阳极而阴生也。阴生渐长，正如坚冰之兆履霜，寒泉之生井底。五月蕤宾司律，宾，宾服也。阳本为主，今退而宾服于阴，则阴为主人矣。○补注：霜降，乃积阴所凝；井寒，为一阴初伏。履霜二句连读，言寒泉在履霜之先也。姤卦初阴在下，故云井底。○《易传》：姤，遇也，柔遇刚也。○各章用韵，皆两句一拈，亦有三句相叶者。如姤始纪绪，履霜最先，井底寒泉，泉乃先、泉连叶；午为蕤宾，宾服于阴，阴为主人，乃宾、人间（音见）叶；又如刚柔迭兴，更历分部，龙西虎东（音登），兴与东间（音见）叶也；建纬卯酉（音以），刑德并会，相见欢喜，酉与喜间（音见）叶也。章法亦本于《毛诗》。

遁世去位（一作去世），**收敛其**（一作真）**精。怀德俟时，栖迟昧冥。**

彭注：二阴四阳，于卦为遁☶，斗杓建未，律应林钟。○陆注：遁卦二阴浸长，阳当遁去矣。敛精怀德，栖迟昧冥，皆取退藏之意。六月为未，律协林钟，《契》乃不言。昧即未也，栖有林意。射覆之语，汉人多用之。

否（音鄙）**塞**（音色）**不通，萌者不生。阴信阳诎**（屈同），**没阳**（一作毁伤，非。）**姓名。**

彭注：三阴三阳，于卦为否☷，斗杓建申，律应夷则。○陆注：否卦，乾上坤下，二气相隔，闭塞不通之象也。万物至此，不生萌蘖。七月建申,申者,阴之伸也,阴伸则阳屈。律应夷则,夷者,伤也,阳屈则没其姓名。遁、否概言逐月卦气,不及丹法者,朝暮火符自在也。

观其权量,察仲秋情。任蓄微稚,老枯复（扶又切）荣。荠麦芽蘖,因冒以生。

彭注：四阴二阳,于卦为观䷓,斗构建酉,律应南吕。○陆注：观卦四阴。观者,观也,观其权量,以察仲秋之情。阴阳之气,至此又平。八月南吕司令,南者,任也,万物至此有妊娠之义焉。任蓄微稚,则老枯得以复荣。观夫荠麦芽蘖,可见刑中有德也。○李注：观有省方观民之义；权者,权爻铢之斤两；量者,量药材之老嫩。秋杀之时,而荠麦芽蘖,即老枯复荣之象。○补注：王者省方所至,则审律度量衡,故云观其权量。八月金精壮盛,故察仲秋之情。任蓄,谓倚任而畜养之。藉此少稚,以济老枯,犹《易》言：枯杨生稊,老夫得其女妻。冒生者,因蒙秋气,而荠麦发生也。细玩本文,初无沐浴停火之说。○《淮南子》：麦秋生而夏死,荠冬生而仲夏死。（注：麦金王而生,火王而死；荠水王而生,土王而死。）

剥烂肢体,消灭其形。化气既竭,亡失至（一作其）神（形神,叶上下文）。

彭注：五阴一阳,于卦为剥䷖,斗构建戌,律应亡射。○陆注：五阴剥一阳,阳气受剥,枝头之果熟烂而堕,形体消灭,造化之气,于此竭穷。且时当九月,火库归戌,物皆内敛不露精。○亡失至神,或曰失当作佚,亡佚即亡射也。○补注：凡物形毁则神离,故炼士须神驭气而气留形。○《易传》：剥,烂也。

道穷则反,归乎坤元（虞云切）。恒顺地理,承天布宣（苏艮切）。玄幽远渺,隔阂（音碍）相连。应度育种（上声）,阴阳之原（一作先）。寥廓恍惚,莫知其端。先迷失轨,后为主君（坤卦《文言》：乃顺承天。）。

彭注：全体六阴,于卦为坤䷁,斗构建亥,律应应钟。○陆注：道穷,谓阳道已穷,归坤卦纯阴用事矣。此时丹乃归根。静者,坤道之常,老子所谓归根曰静,静曰复命也。当此归静之时,恒顺地理,凝然寂然。迨夫一阳来复,然后承天而布宣之。布宣,言用火,此复表明岁起绪之端。十月建亥，亥有隔阂相连之义焉；律合应钟，又有应度育种之义焉。相连则隔而不隔，育种则绝而复生，是为阴阳之原。夫此二气之始，本寥廓而恍惚，孰知其端倪朕兆哉？载观坤之卦辞曰：先迷后得主。即此先后二语，乃造化始，终存亡之绪。盖返乎坤元，则轨道已终，故为失轨。朔旦为复，则阳气又通，而主人将复兴矣，故后为主君。失轨则先迷也，为主则后得也。归坤之妙，有如此者。○补注：天道玄幽，去地远渺，似乎高下间隔。然一气贯通，地虚能受，何隔阂之有？此申明承天也。六阴下伏，应亥之度，一阳将生，从此言种，可见亥子之交，实为阴阳之原，此申明布宣也。推之丹法，隔阂相连，即坎离交媾之义；应度育种，即慈母养育之功。○李注：阴符阳火，隐在坎离匡郭之中，杳冥恍惚，若有若无，孰能知其端倪？只因少阴少阳，情欲先动，一点阴火精光，迷失故路，流落北方。人欲修炼金丹，因即此物为主，始用之以筑丹基，继藉之以行符火。○朱子曰：后为主君，盖读《易》文先迷后得主为一句，其误久矣。○陆云：此断章取义以立言耳。

无平不陂，道之自然（时邻切）。变易更盛，消息相因。终坤始复，如循连环。帝王乘御，千载（上声）常存（先、真、元、文、山、寒，古韵相叶。）。

陆注：此总结上文，提出自然二字，以见造化消息相因之妙，乃无心而成化者。《易》曰：无平不陂，无往不复。此天道之自然也。丹家观天运之变易盛衰，而知消息之相因；按卦图之终坤始复，而识火候之循环。能法此以乘时御天，则立命在我，可以千载长存矣。○补注：若论十月火符，自复至坤尽之矣。此云终坤始复，如循连环，盖包筑基、温养而言也。○上阳注：帝王乘御，千载常存者，黄帝炼九还大丹，丹成之后，乘龙上升也；无平不陂（地卑蓄水为陂），见泰三爻。○补注：此章所排月令，但言阴阳消息，非论进退火符。盖每月六候，乃金水定期；一日两卦，为屯蒙作用。一年十二月中，各有金水屯蒙，不当指自复至乾为阳火，自姤至坤为阴符。陆注未合经旨。又《经》文引证钟律，间有迁就之词，若论律吕正义，须考《史记》注文，方见明白。

《史记》：十一月律中黄钟，言阳气踵黄泉而出也。十二月律中大吕,《索隐》曰吕者,旅,助阳气也(补注:二阳浸长,故为大吕)。正月律中太簇,音凑。《白虎通》云:泰①者,大也;簇者,凑也。言万物始大,凑地而出也。二月律中夹钟,《白虎通》云:言万物孚甲,种类分也。三月律中姑洗,音藓。《白虎通》云:姑者,故也;洗者,鲜也。言万物去故就新,莫不鲜明也。四月律中仲吕,言万物尽旅而西行也。五月律中蕤宾,言阳气幼少,故曰蕤,痿阳不用事,故曰宾。六月律中林钟,《白虎通》云:林者,众也,言万物成熟,种类多也。七月律中夷则,《白虎通》云:夷,伤也;则,法也。言万物始伤被刑法也。八月律中南吕,言阳气之旅入藏也。《白虎通》云:南,任也。言阳气尚任包,大生荠麦也。九月律中无射,音亦。《白虎通》云:射,终也。言万物随阳而终,当复随阴而起,无有终极也。十月律中应钟,言阳气之应不用事也。

陈致虚曰:此书撰作,深有法度。或序冒头,或括结尾。无冒头者,结尾括之;无结尾者,冒头总之。此章是无冒头,而以结尾括之。其首句云朔旦为复,周历十二卦,而曰归乎坤元,尾却结之曰:玄幽远渺,隔阂相连。只此两语,足该全意。玄幽远渺者,阴阳二物,彼此间隔也;隔阂相连者,得黄婆以媒合之,则相合无间。是以两物应度育种,为阴阳之元。

陆西星曰:此章语奥旨深,所云卦律之类,有直指示人者,有借字用意者,有借义用意者,或隐或显,各随其文义之所驱。直指而示者,如朔旦为复、仰以成泰、渐历大壮、姤始纪绪、夬阴以退与黄钟建子、丑之大吕、午为蕤宾之类也;借字用意者,如临炉施条、乾健盛明、遁世去位、否塞不通、观其权量、剥烂肢体之类也;借义用意者,如辐辏于寅、侠列卯门、洗濯羽翮、中而相干、没阳姓名、任蓄微稚、亡失至神、应度育种、隔阂相连之类也。非熟读详味,不能得其意旨。而诸家之注,率多疏略,兹故详而论之,读者更宜细玩。又曰:尝闻先师九还七返之说,曰:七乃火数,九乃金数,以火炼金而成丹,即以神驭气而成道。由是观之,作丹之法,始终妙用一火而已。进则谓火,退则谓符。符者,合也,言升降进

---

① 泰,《白虎通》作"太",其云:"太亦大也。"

退，表里符合也。○补注：十月火候，陆氏专主呼吸出入，绵绵若存。按章内言出入无疾，而继以临炉施条；言结正低昂，而继之仰以成泰。至于坤，而又曰隔阂相连。则知火符皆用鼎炉。所云呼吸绵绵者，亦正在此时也。

谨按：《参同契》谈火候者，三章迭见。朝屯暮蒙，以两经六十卦，取上下反对，为逐日火符；晦朔合符，以先天小圆图，取六卦顺转，为一月火符；卦律始终，以先天大圆图，取十二卦为左旋，为一岁火符。其法岁疏而月密，月疏而日密，至于时中用火，则尤密矣。是故籨年于月，籨月于日，籨日于时，而一时中，又分三符六候。前二候炼药，不尽一符之顷；余四候合丹，乃完二符作用。此采药工夫也。其屯蒙进退，每日两番，一金一水，迭运不偏，此又火符妙用也。若知得此中作法，凡卦气、钟律，特其借象耳。○此章以月辰卦律分配一年十二月，乃本意也。朱子以十二卦，细分一月之火候；彭真一以十二辰，配合一日之火符。将谁适从？今按：朱子将两日半当一卦，复、临、泰、壮、夬、乾值前半月，属阳长之数；姤、遯、否、观、剥、坤值后半月，属阴消之数。此剖一日之候，分值两卦，于丹家药火者却不相符。若彭氏所云，乃以时当月之法，自子至巳六时进火，自午至亥六时退符，于阴阳消长之机，殆彼此吻合矣。

性命根宗章

（题用陆氏。○陶注：此论养性延命之学，而推原生身受气之初。必炼己坚固，方可成丹。而则水定火，乃成丹要诀。末以怀胎产婴结之，使人知仙道，可以修为致也。）

将欲养性，延命却期。审息①后末，当虑（虑乃思之详）其先（叶音西）。今②所乘③躯，体本一无。元精流布（一作云布），因气托初。

---

① 息，古本、朱熹本、俞琰本均作"思"，据仇氏注文云"苟思后来之气"云云，当知"息"或为"思"之刊误。

② 今，古本、朱熹本、俞琰本均作"人"，据仇氏注文云："盖以人身所乘之躯"，有"人"之意而无"今"之义，或即误刊。

③ 乘，古本、朱熹本、俞琰本均作"禀"，疑底本刊误。

陆注：此章欲人穷取生身受气之初，以修性命也。○补注：人欲养性延命，以却去死期，苟思后来之气尽而终，即当念初先之气至而生。盖以人身所乘①之躯，其体原本于一无。一者，先天真一之气；无，即所谓无极之真也。一无从何而起？自乾父元精，流布于坤，因合坤宫之元气，而胚胎遂托始焉。此乃一无之得于生初者也。○朱子解《易》云：阴精阳气，聚而成物。此即命基也。又解《中庸》云：气以成形，而理亦赋焉，命中有性也。各注以精属命，以气属性，非是。○陶注：周子曰：无极之真，二五之精，妙合而凝，而生人焉。二五之精，即在人为命者也；无极之真，即在人为性者也。二者妙合，而人始生。神仙之修丹，以阴阳相感，精气交结，于无中生有，与男女胎孕之理无二，但有顺逆之不同耳。○上阳注：古仙云：修性不修命，如何能入圣；修命先修性，方入修行径。世人不知何者为养性，洞宾乃以炼己晓之；不知何者为立命，张、许乃以炼丹喻之。致虚守静，以观其复，此养性也；玄牝之门，为天地根，此立命也。积精累气，此养性也；流戊就己，此立命也。○彭真一注：神丹因元气而成，是将以无涯之元气续有限之形躯。无涯之元气者，天地阴阳，长生真精，灵父圣母之气也；有限之形躯者，人身阴阳，短促浊乱，凡父凡母之气也。故以真父母之气，变化凡父母之身，为纯阳真精之形，自然与天地同寿矣。古歌曰：炼之饵之千日期，身既无阴那得死？盖纯阳之精气，无死坏也。

阴阳为度，魂魄所居。阳神日魂，阴神月魄。魂之与魄，互为室宅。

补注：此言阴阳互藏之蕴。○精气合而成人，不过阴阳二体而已。以阴阳为度，而魂魄即在其中，是阴阳以魂魄为体，魂魄以阴阳为舍也。魂乃人之阳神，如日中之魂；魄乃人之阴神，如月中之魄。○陆注：日魂常居月魄之中，故月借日则明，魄附魂则灵，而魂之与魄，常互为室宅也。○阴阳为度，直指男女二体，故以阳神、阴神，分配日魂、月魄。若就一身言，则魂为气之灵，魄为精之灵。另是一义矣。○上阳注：离为日魂，坎为月魄。魄乃阴中之阳，戊土专之；魂乃阳中之阴，己土直之。

---

① 乘，古本、朱熹本、俞琰本均作"禀"，疑底本刊误。

魂魄互为室宅,阴阳两相交通也。○陶注:互为室宅者,月中兔,日中乌,阴中有阳,阳中有阴也。然而东方乌精,能招西江之月魄;西方兔髓,能制我家之日魂。又见魂魄相拘,自有吞啗之妙。是互藏其精者,实相交为用矣。

性主处(上声)**内,立置鄞鄂**(或作垠堮,一作靳锷。)**;情主营外,筑完**(一作垣,垣作固。)**城郭。城郭完全**(一作全完)**,人物乃安**(伊真切)**。爰**(一作于)**斯之时,情合乾坤**(区伦切。)**。**

补注:此见炼己为采药之本。○言魂魄而及性情者,魂魄属两家,性情在一身,若欲魂往招魄,先要性能摄情,必炼己纯熟,常静常应,斯阴阳可与交会矣。○陆注:惟其魂为魄之室也,故须内定其性;惟其魄为魂之宅也,故须外接以情。性处乎内者,安静虚无,以养元神,立先天也,故曰立置鄞鄂;情营乎外者,关键三宝,以裕精气,修后天也,故曰筑完城郭。惟城郭完全,而人物安矣,然后可以配合乾坤,而行采药之功。○上阳注:性主实精于内,情主伏气于外。○陶注:此条性情,就初关言,性至静,立鄞鄂者,养性存神,凭玄牝以立根基也;情主动,筑城郭者,保精裕气,借药物而固根基也。城郭完全,人物乃安者,筑基须进气,采药炼己,则烹汞成砂,国富民安,身心寂不动也。炼己之要,归重情主营外一边,故曰情合乾坤。○又云:营外之功,须一刚一柔,三年无间,斯时内药坚凝,方可交合。所行还丹之术,即《悟真》所云民安国富方求战也。○补注:性情有指两家言者,推情合性,金水之辨也;有就一身言者,性内情外,动静之分也。○鄞鄂,经、传两见。《经》言鄞鄂,以元神之主宰为命脉;《传》言鄞鄂,以真气之交结为命根。故陆氏解为命蒂。但字义须考来历,鄂与萼同,承花之蒂,《毛诗》:鄂不韡韡。可证。鄞与堇同,干汞灵草,产于鄞邑之赤堇山。魏公上虞人,地接四明,当是亲见此草,而笔之于书。

一说当作垠堮,出《淮南子》,许慎注:端崖也。一说当作龈腭,齿跟肉也。龈有上腭下腭。龈腭在齿内,故为养内之喻;城郭在国外,故有营外之喻。此则以龈腭比丹田,城郭比身体,人民比精气也。又一本作银锷,乃刀剑之锋稜,借喻身中剑气,但与《传》文经营养鄞鄂句,不相符合耳。

乾动而直，炁布精流（凌如切）；坤静而翕，为道舍庐。刚施（去声）而退，柔化以滋（叶鱼韵）。九还七返，八归六居。

李注：此重宣生身之根，以明造化之妙。○补注：当乾父坤母造命之始，乾处乎上，动而能直，惟直，精气之路乃开；坤处乎下，静而能翕，惟翕，受胎之舍乃凝。此时乾刚一施，事毕而退，坤柔承化，渐以滋长，此乾坤之顺以生人者也。丹家颠倒逆用，则女反为刚而主乎施，男反为柔而主乎化，得药之后，四象五行攒入中宫，而七八九六一时会合矣。○陆注：刚施而退者，雄阳播玄施也；柔化以滋者，雌阴统黄化也。九、八、七、六者，金、木、水、火之数。得药归鼎，则九者还，七者返，八者归，而六者居矣。○补注：河图之数，天一生水，而地六成之；地二生火，而天七成之；天三生木，而地八成之；地四生金，而天九成之。专言九七八六者，合丹以后，取其成数，如金来伐木，是九与八合；水能灭火，是六与七合也。○陆又曰：六独言居者，北方水位，乃真铅之本乡。还者、返者、归者，皆聚于此，而丹始凝结。盖三者共居于六，非谓六独居也。今按：结丹在黄庭土釜，不在北方水位，陆氏归重在六居，乃照下五行之初而言，在本条初无此意。○《易传》：夫乾其静也专，其动也直；夫坤其静也翕，其动也辟。

男白女赤，金火相拘。则水定火，五行之初。上善若水，清而无瑕（洪孤切）。道无（一作之）形象（一作相），真一难图。变而分布，各自独居。

陶注：此承上文四象，而归功于金火也。○补注：金火相拘，言两家药物；则水定火，言临炉分两。上善四句，先天之金水，取为丹母也；分布二句，后天之金水，资为丹药也。○陆注：丹道虽称七八九六，实则九还七返尽之矣。九，金数也；七，火数也。坎男中白，是曰水金；离女内赤，是曰汞火。惟此二物，相铃相制，乃成丹道。故丹法则水定火，常使水铢不干，火铢不寒，则金水自此相拘，而还返之道在是矣。然而铅至汞留，汞因铅结，其功皆归于水者，盖水为五行之初气，其质至清，老圣所谓上善若水也。水惟清而无瑕，乃可用之，使有滓质，则度于后天，而不可用矣。是水也，乃先天真一之气，所谓道也。道无形象，其真一难以图度矣。〇补注：初出之水，质清而气纯，故称之为上善，亦可名为道枢，实则先天真一之气耳。夫道无形象，何从窥其真一？曰：水中之金，外无形象，而内有气机。《道德经》曰：杳杳冥冥，其中有精，其精甚真，其中有信。苟能至诚以待之，专密以伺之，自可探应星、应潮之初候，而采白虎首经之至宝矣。从此鸿濛一判，变而涉于后天，则宜辨六候之金水，以给朝暮之火符，所谓变而分布也。各自独居者，按候行功，须金水各居，不使临时参错。其六度余暇，须藏鼎独居，不可非时交接。如此则炉中得以休养，而爻动乃有定期，故能育胎而结婴也。〇陶注：丹法准水之铢两，以定火之分数。水以二分为真，火二即与之俱。此将水火分坎离，是矣。李注谓则月水之清浊，定神火之老嫩，专就坎宫言，又混涉于火符，未合。陆氏解变而分布，谓一变生水，二化生火，三变生木，四化生金，南北东西，各居其位，而不相涉，圣人攒簇而和合之，乃成丹道。此以顺生之五行，配河图之四面，于丹理不符。

类（一作状）如鸡子，黑白相符（一作扶）。纵（平声）广（一作横）一寸，以为始初。四支（肢同）五藏（脏同），筋骨乃俱（一作具）。弥历十月，脱出其胞（读如孚）。骨弱可卷，肉滑若饴（旧作铅，朱子定为饴，音怡。）。

陶注：此状金丹法象，以著养性延命之极功。〇陆注：丹之结而成象，类如鸡子；黑白相包者，阴阳混合也；纵横一寸，以为始初者，丹含神室也。四象五行皆聚会于此中，故肢藏筋骨，无不完具，如婴儿然。周历十月，火候数足，脱出其胞，而骨软肉滑，迥异凡躯。此乃无质生质，身外有身，而结成圣体者。至是则宇宙在乎手，万化生乎身，性命之理得，而圣修之能事毕矣。吕真人诗云：九年火候俱经过（十月之后，尚有九年面壁。），忽而天门顶中破。真人出现大神通，从此天仙可相贺。正其时也。〇抱一子注：状如鸡子，圆而稍长，法身在其中矣。〇补注：鸡子色本黄白，此言黑白相符者，丹乃金水之所成也。水黑金白之义，下章言之甚详。〇上阳注：丹始黍米之珠，渐成径寸之大，十月出胎，阳神显相，乃先天真一虚无之气所成，故骨可卷而肉可饴。〇补注：依韵当作饴。饴,水煎饧糖也,出《急就篇》(饧音呈)。

养己守母章

（旧本分为三处,杜氏合作一章,今复更定前后,而另拈标题于首。〇此章申言性命双修之道。养己十句,言性功事;垣阙以下,皆命功事。炼己采药,皆发泄无隐矣。）

上德无为,不以察求(强于切);下德为之,其用不休(勾于切)。

补注:此标出清净、阴阳二门,为万古修道之宗。下文安静虚无,亦自无为上来。知白守黑数条,皆详言有为之事,其意则专为下学设也。〇好古注:上德、下德,乃《道德经》所谓上德无为而无以为,下德为之而有以为也。上德者,虚极静笃,精自然化气,气自然化神,神自然还虚,虚无大道之学也,故不以察求;下德者,虚静以为本,火符以为用,炼精合气,炼气合神,炼神合虚,以神驭气之法也,故其用不休。〇陶注:上德者,全真之士,不藉抽添以筑基;下德,则乾体已破,须用还返以成道。〇陆注:察求者,辨庚甲而知水源之清浊,象屯蒙而准火候之消息。此皆察察之政,不得已而用之者。〇补注:旧将此条上德、下德与《传》文上闭、下闭并为一章,致文义难通。得古本较正,方知经、传各有脉络,原不相混也。

内以养己,安静虚无。原本隐明,内照形躯。闭塞(音色)其兑,筑固灵株。三光陆沉,温养子珠。视之不见,近而易(音异)求。(旧本此条在章末,今移置于此。)

补注:此言养性为采药之基。〇炼丹之功,有内有外,欲采外药,先须内炼。身安静而心虚无,乃养己真诀,即所谓致虚守静也;原本隐明,则心不外驰而得以虚无矣;内照形躯,则身知收敛而得以安静矣;塞兑固株,闭口以养元气也;沉光养珠,返视以养元神也;不见易求,即指神气而言。〇陆注:人生而静,天之性也;感于物而动,性之欲也。既有欲矣,则耳目口鼻,诱于声色臭味,而真性迷矣。真性既迷,则元精元炁,因以耗失,而大命随之。故养己者,以安静虚无为本焉。由是闭塞其兑,使气不上泄,则蒂固而根深;三光陆沉,使神不外驰,则性定而明湛。

果能收视返听，闭口勿谈，则心息相依，神气相守，自然打成一片，可以行临炉采药之事矣。○朱子曰：此条言内事，最为切要。○陆注：己者，离宫己土也。己之为性，飞走不定，故必炼之养之，使之入于大定，然后临炉之际，大用现前，保无虞失。而养之与炼，亦当有辨。上阳子曰：宝精裕气，养己也；对景忘情，炼己也。养己则主于静，炼己则兼乎动矣。广成子曰：无劳尔形，无摇尔精。老子曰：致虚极，守静笃，万物并作，吾以观其复。司马真人《坐忘论》云：心安而虚，道自来居。虚靖天师《大道歌》云：要得心中神不出，莫向灵台留一物。安静虚无四字，乃养己之要诀。○补注：心为一身之主宰，故曰原本。内照者，此心常在腔子里也。陆云灵株即灵根，引《黄庭经》玉池清水灌灵根为证（此指下峰）。○天有三光，日月众星；人有三光，两目一心。○三丰云：想见黍米之珠，权作黄庭之主。陆云：子珠即性珠，神为气之子也。

旁有垣阙，状似蓬壶。环匝关闭，四通踟（音池）蹰。守御固密，阏绝奸邪（叶音余）。曲阁相连（一作通），以戒不虞。（此条旧在巍巍尊高之下。）

补注：此言养鼎为求药之地。○鼎中药候，按期而至，但恐行不顺轨，以致真气损亏，故须慎密以防之。丹室之旁，别营垣阙。丹房，调鼎处也。既严关键，又谨守御，所以杜同室之情窦；壶室之间，连延曲阁，所以备外侮之生心。李云此即前章管括微密之意。○蓬壶乃仙岛，喻丹室之屹然中立耳。四通踟蹰，凡隙穴相通处，皆须顾虑也。旧指垣阙为神室，夫神室止一下田，安有旁设者？或将蓬壶垣阙比乾坤门户，与下曲阁不符；或以垣阙曲阁比八门九窍，意反涉于悬空。以戒不虞，见萃卦《象传》，言当提防心意也。

知白守黑，神明自来（叶音厘）。白者金精，黑者水基（古韵支、鱼相叶）。

补注：自此以下，皆言求药为延命之本。○鼎器已具，须明鼎药。《道德经》云：知白守黑。盖以初鼎之药，黑中有白也。既知其白，便当常守其黑，以待神明之来助焉。夫神灵妙药，性属阳金，是谓白者金精；而金精气候，水旺乃生，是谓黑者水基。修丹之士，于蒙泉方远之初，而求先天真一之气,诚贵乎知而守之矣。○陆注:五行之气,金能生水,而还丹造化,先天白金却生于坎水之中,故当奉坎以求铅。○上阳注:水之初生,名为先天,以其至真,号曰神明。白黑相符,金水泛旺,一遇己土,制水淘金,金水归炉,故曰神明自来。○《传》云:上有神德居。即神明之谓也。

水者道枢,其数名一(叶音衣,与上文基字叶。)。**阴阳之始,玄含黄芽。五金之主,北方河车。故铅外黑,内怀金华。被褐怀玉,外为狂夫。**

补注:此详言水金之德也。○天一生水,启化育之生机,故曰道枢。阴阳二句,言水中有金;五金二句,言金生于水。铅色外黑,内蕴金华,申明玄含黄芽之意;狂夫被褐,怀藏美玉,又申外黑内华之意。此段反覆取喻,总是形容金白水黑而已。○水一属阴,火二属阳,水在火先,故云阴阳之始;水之色玄,金之色黄,水里藏金,故云玄含黄芽。黄芽之贵,拟诸黄金,《传》云:金性不朽败,故为万物宝。此五金之主也。然必水气壮盛,而后金精得以流行,故比之北方河车。北方水位,河车转运,言爻动而药可采也。○金银铜铁锡,五金各如五行之色,而价莫重于黄金,所谓主也。抱一子云:铅为五金之主。按:黄金铜铁锡,不从铅中出,不如直指黄芽,而留铅黑于下句。○阴真人云:北方正气为河车。

金为水母,母隐子胎(盈之切);**水为金子,子藏母胞**(读如孚)。**真人至妙,若有若无。仿佛**(一作恍惚)**大渊,乍沉乍浮。进退**(陈抱一作进退,一作退而。)**分布,各守境隅。**(母隐子胎、子藏母胞,即《九要经》:魂守于魄,魄守于魂。)

补注:此言温养之功,不离金水也。○上文金水白黑,就一体而分表里,指先天之大药;此处金水子母,从六候而定火符,指后天之炉药。○李氏云:鼎中金水,取象于月。朔后之月光,金含水内,故云母隐子胎;晦前之月光,水韬金内,故云子藏母胞。○今按:水含金者,晦尽朔来,为前三度之金气;金韬水者,乾终巽继,为后三度之水气。此皆鼎中真气,故名真人至妙。若有若无者,杳杳冥冥,希微难测也;仿佛,状气机发动之端;大渊,指川源产药之所;沉浮,谓金沉而水浮;乍者,爻动只在俄顷也。前三候为金沉,如月之随日而下沉;后三候为水浮,如月之随日而上浮。浮沉乃鼎中一定之火候。陆云沉者激之使浮,则出于人为造作,而非天机之自然矣。李注以金水分浮沉,独阐其微。进退分布者,进火退符,须金水分布,两者迭用,宜各列境隅,而不相错杂,犹云刚柔断矣,不相涉入也。○陆注:金之与水,母子互藏。金为水母,而先天乾金居于坎位,是母隐子胎也;水者金子,而后天兑金能生真水,是子藏母胞也。盖此金水,配位于北,而寄体于西,其妙有如此者。真人乃先天真一之气,即坎中水金也。又云:乾金,水金也;兑金,鼎金也。此须意会。(今按:陆氏此说,乃概言金水互生之理,不如李注有关于火符作用也。)

采之类白,造之则朱。炼为表卫,白(一作日)**里**(一作包里)**真**(一作贞)**居。方圆径寸,混而相拘**(一作扶)**。先天地生,巍巍尊高。**

补注:此言金水相调,育成丹胎也。○陆注:是丹也,采之则金,有取于白;养之以火,有取于朱。盖神火周遭于外,所以护卫真气,而使白里真居,可无虞失也。真人所居,不过方寸之间,元气混沌,而为圣胎,乃先天先地,巍巍独尊之体也。此岂凡物之可比哉?○陶注:每日运火,抽铅添汞,以真火为表卫,金丹方得安居于神室。表者,外也;卫者,护也。方圆寸二,在黄庭之中,其空如谷,所谓玄关一窍也。○李注:己汞未干以前,则为黄庭土釜;一凝之后,则为金胎神室。黄庭土釜,尚有成毁;金胎神室,永断生灭。○彭真一注:真铅乃祖气,在天地混沌之前,故铅为天地之父母,阴阳之本原。修丹之始,以天地根为药根,以阴阳①为丹母,故不同于常物之造化。○上阳注:杳冥之中有物,即太极未分之时,故云天地先。内蕴先天真一之气,可以超阴阳而脱生死,所以巍巍尊高。

可以无思,难以愁劳(劳与高叶,中间偶然换韵,他章有之。)。**神气满室**(一作堂)**,莫之能留**(凌如切)**。守之者昌,失之者亡**(音无)**。动静休息,常与人俱。**(此条之上,旧连旁有垣阙六句,今移在知白守

---

① 阴阳,彭晓注本作"阴阳母"。

黑之前。)

补注:此言养丹工夫,须始终敬慎也。○大药入身,兼有表卫,此时但当捐思虑,释烦劳,常安静虚无,以养此神气。若天君不定,运火参差,则烹炉走鼎,而神气莫留矣。得失之间,存亡所系,故必动静休息,常与真人居于神室,俟其功完而候至耳。○神气满室,一语道破《契》中纲领。盖元神为丹君,真气为丹母,必神气合会,始能结丹于神室。他如龙虎汞铅、水火日月,特借名耳。即所云阴阳刚柔、魂魄性情,犹属概言,不如神气二字之精切也。○李注:动静休息,即是行住坐卧;常与人俱,即是不离这个。修真者入室用功,一刻不要离此阴阳,物无阴阳,违天背元;一时不可离此伴侣,若无同志相窥觉①,动有群魔作障缘;一息不要离此神室,如鸡抱卵,如龙养珠,故曰:动静休息,常与人俱。老圣曰:载魂抱一,能无离乎?意盖如此。

勤而行之,夙夜不休(句于切)。**伏食三载**(上声),**轻举远游**(羊诸切)。**跨火不焦,入水不濡。能存能亡,长乐**(音洛)**无忧**(衣虚切)。**道成德就,潜伏俟时**(叶)。**太乙乃召,移居中州**(虽于切)。**功满上**(上声)**升,膺箓受图**。(陆氏移并于此,与士②文同韵相连。)

补注:此申上文常与人俱,及前章十月脱胎之意。○陆注:神气在室,结之以片晌,养之以三年。功圆之日,身外生身,自能轻举远游,入水火而无患,长生久视,超生死而独存。道成德就,济人功满,膺箓受图,而身为帝臣矣。○补注:伏食,谓伏先天真气,不指天元神丹。《翠虚篇》云:百日工夫修便见,老成须是过三年。此伏食三年之义也。○《庄子》:入水不濡,入火不热。

谨按:养性延命,上章已启其端,此复详言以悉其蕴。安静虚无者,修定于离宫,玉液炼己之事,所谓常无欲以观其妙也;知白守黑者,求玄于水府,金液还丹之道,所谓常有欲以观其窍也。性命工夫,内外表里,初不相离。章内备陈采药结丹之功,又结之以无思无劳,知安静虚无四字,丹家始终用之。吕祖《敲爻歌》云:悟真常,不达命,此是修行第一

---

① 窥觉,陈泥丸《翠虚篇》作"规觉"。
② 士,集要本作"上"。

病;悟命基,迷祖性,恰似整容无宝镜。旨哉斯言,可为双修性命之准矣。

日月含吐章

(题用陆氏。○补注:丹法取象日月,日月取其含吐,含吐在乎阴阳相契。如坎宫之金水,离宫之火土,皆于相契时合之。末条魂魄证符,正见含吐妙用。)

坎男为月,离女为日(月日相叶)。日以施德,月以舒光。月受日化,体不亏伤。阳失其契,阴侵其明(音芒)。晦朔薄蚀,掩冒相倾(音匡)。阳消其形,阴凌灾生(音桑,皆叶阳韵。)。

陆注:此章法象日月,义取含吐,以准为丹法。○又曰:坎象中男,而反为月;离象中女,而反为日。盖日内阴而外阳,其德主于施化;月内阳而外阴,常借日以舒光。夫月受日化,浸明浸长,而体不亏伤者,以阴含阳精,与阳契合故也。自既望以后,失阳之契,则月光渐消渐缺,阴侵其明,而受统于巽,晦朔薄蚀,而丧明于坤,皆由阳消阴凌,至匡郭尽亡耳。夫丹象著明,莫大于日月,仙家取其借光之义。如庚方月现,吐药一符,即阳之契也,此际正可求丹。苟或后时失事,爽此符契,则金逢望远,药度后天,而不可用矣。○补注:中四句,前半月之象;下六句,后半月之象。据西法,谓地大于月,日又大于地,故地不能掩其光而斜映于月,以所映之多寡成月光之圆缺。○上阳子注:坎外阴内阳,中有戊土,以储金水,养其阴魄,为情为义,黑中之白也;离外阳内阴,中有己土,以居砂汞,主其阳魂,为性为仁,白中之黑也。月体本黑,受日之化,光彩复舒,两体不亏。晦朔之间,正对的射,月在日下,暂障日光矣。

男女相须,含吐以滋。雌雄错(一作交)杂,以类相求(胸于切,支鱼叶。)。

补注:此从日月含吐,明常道之顺行者。○陆注:丹法不过日月交光、阴阳得类而已。观男女之相须,而偕以造化,即日月之含精吐光,滋生万物也。此乃坤承天施,阴阳自然之理。彼物之雌雄错杂,其类不一,然其同气相求,含吐之情,无不同也。是知孤阴不生,独阳不成,顺而成人，逆而成丹，非有二道，在识其含吐之机，而善用之耳。○陶注：含吐者，月含日精而吐其光也。○李注：阴阳相须，结成铅汞，坎中吐露一线之微阳，滋救衰老之圣药，十月浇培，无非同类相配。

金化为水，水性周章；火化为土，水不得行（寒江切）。

补注：此从男女含吐，明丹道之逆行者。○陆注：金化为水者，交动之时，金初生水也；火化为土者，离宫己土，火动而生也。丹法以土制水，则水性之周流者，不得滥行，而情来归性矣。今人但知真铅能制真汞，而不知真土能擒真铅，故章意归重于此。○补注：真铅制真汞者，得药之后，坎能填离；真土擒真铅者，采药之时，离能取坎也。○《经》言水不行，己土能克坎水；《传》言水不起，戊土能伏离汞。○《楚词》：聊遨游兮周章。注云：周章，犹周流也。

男（句首一有故字）**动外施，女静内藏**（仍叶阳韵）。**溢度过节，为女所拘。魄以钤魂，不得淫奢**（商居切）。**不寒不暑，进退合时**（叶）。**各得其和，俱吐证符**（仍叶支、鱼二韵）。

补注：此就阴阳顺逆中，申明含吐之效。○以常道言之，男动而元精外施，女静而真气内藏，此阴阳生育之机已①。但恐欲动情胜，阳施过度，徒为女所拘摄耳。若知盗机逆用，则阴阳魂魄，实交相为助。盖以动而施者，犹日中之魂；静而藏者，犹月中之魄。丹法运汞迎铅，先使魂招乎魄，顷之得铅伏汞，能使魄来钤魂。魂为魄钤，则神气互抱，两相依恋，而阳不至于淫奢矣。是即含吐以滋之义也。既知含吐，须明火候。欲使阴寒阳暑，调剂不偏，全在进火退符，采取合时。能合时，则刚柔互济，药味和平，而身内之证符，自然吐露焉。○上阳注：周章溢度，淫奢过节，则阴凌而灾生。修丹之士，必使一寒一暑，得进退之宜，则和合有时，火不热而符不冷矣。○陆注：药生曰符，药成曰证，皆自和气中来，即首章所谓和则随从也。和之一字，最为肯綮。而含吐二字，又为一章之大旨。○补注：《传》言五六三十度，又言月节有五六，此乃采药之定期。溢度过节，生门便成死户；魄以钤魂，害里却能藏恩。《悟真》

---

① 已，集要本作"也"，颇近。

所谓反覆之间灾变福也。○前云隆冬大暑，盛夏霰雪，喻阴阳参错之病，如朝进阳火而误投阴水，暮退阴符而误用阳金，是寒暑失时，不得其和矣。故必火符平准，方得寒暑适中。李氏谓阳火性热，阴符性冷，到中宫而自成和气，则不伤于寒暑。此但知归美中宫，却不知进退合时为作丹妙用耳。

谨按：首章言乾刚坤柔，而承以坎离冠首；前章言乾动坤静，而承以男白女赤。盖坎之一阳，自乾而来，离之一阴，自坤而至。后天运用，全在坎离也。此章之男女魂魄、金水火土，又申明前二章未尽之意。《经》文脉络，断而仍连，可见著书苦心。○月受日光而女承男种，此阴阳正义也；女反施化而男可怀胎，此阴阳翻象也。《悟真篇》云：日居离位反为女，坎配蟾宫却是男。不会个中颠倒意，休将管见事高谈。知此，可以读《参同》矣。

流珠金华章

（题用陆氏。○上阳注：此章指示流珠、金华为阴阳二物，复示炼药之密旨，最透露详切矣。）

太阳流珠，常欲去人。卒（音猝）得金华，转而相因。化为白液，凝而至坚（姑因切）。（此章叶韵，真、文、元、寒、删、先通用。）

补注：此章申明魄以钤魂之故。○陆注：太阳流珠，离宫真汞也。真汞之性，飞走不定，故常欲去人。去人则幻质非坚，故必得此金华，然后足以伏之留之。金华者，金之精华，先天水金是也。得而采之，则转而相因，化为白液，而成坚固不坏之宝。《传》曰：先液而后凝，号曰黄轝焉。以其金炁所化，故曰白液，凝而至坚，则不去人矣。○又曰：《灵源大道歌》云：此物何常有定位，随时变化因心意。在体感热则为汗，在鼻感风则为涕。在肾感合则为精，在眼感悲则为泪。八门九窍，无往而非灵汞游走之处，凡人之所以有老病死苦者，流珠去人之故也。

金华先倡，有顷之间。阳乃往和（去声），情性自然。解化为水，马

齿阑干(经天切)。(此二句,旧在阳乃往和之上,细玩文义,管①上下互调。)。

补注:此言阴阳倡和之机。○陆注:常道顺行,须阳倡而阴和;丹道逆行,乃阴倡而阳和。和者,饶他为主我为宾也。一倡一和,则木性爱金,金情恋木,欢忻交通,自然感应,而丹道成矣。○又曰:先天水金,先倡于爻动之顷,阳即往和,以迎其真一之气。斯时渡于鹊桥,转于昆山,解化为水,乃有醍醐、甘露之名。又下于重楼,降于黄宫,结而成丹,则有马齿、阑干之象。马齿阑干者,借外丹法象而言,非真有是物也。

迫促时阴,拘畜禁门。遂相衔咽,咀嚼相吞。慈母育养,孝子报恩。严父施令,教敕子孙。(衔咽二句,旧在下章,陆氏移置于此。)

李注:此言结丹之后,仍有十月火符。○补注:阴炉药火,生各有时,当迫之促之,以感其气。依准六候,运火归来,则拘之畜之于禁密之门。又须朝朝暮暮,抽铅添汞,以乳哺胎婴,有似乎衔咽而咀嚼者。从此逐月浇培,周遭神火,以养成婴体,俨如慈母育养,而孝子报恩也。然母气施养,常须父气感召。李云驱使六子,迭运火符,又似严父施令,而教敕子孙者。○上阳云:禁门在两肾中间,即指土釜。○慈母之恩,见《易林》;严父配天,见《孝经》。○张紫阳真人云:八卦互为子孙。盖八卦具有五行,辗转相生,即其子孙也。若《金丹四百字》所云:年年生个儿,个个会骑鹤。乃成功之后,婴儿显相,变化神通,初无待于教敕矣。

三五至精章

(另定标题。○陶注:此论五行之理,而及龙虎交并,口诀在子午卯酉四句。)

五行错王(去声),**相据以生。火性销金,金伐木荣。三五与**(一作为)**一,天地至精。可以口诀,难以书传**(传旋一先韵与庚、青通叶)。

补注:此论五行生克之至理。○陆注:太极判,两仪分,阴变阳合,而生水、火、木、金、土,此五行生出之序也。错王者,更错而迭王,如木

---

① 管,集要本作"当"字。

王于东,火王于南,金王于西,水王于北,土王于中,各乘四时之序,专其气以成岁功。然错王之中,又各依据以相生,如木依水以生,火依木以生,土依火以生,金依土以生,水依金以生,此常道之顺五行也。若以丹道言,则逆克而成妙用。丹法以汞求铅,是火性销金也;得铅伏汞,是金来伐木也。火性销金而金反和融,金来伐木而木反荣盛,是何故哉?盖以五行一气而已。分而为五,则错王以相生;合而归一,则相亲而相恋。故三五归一,而金丹斯结焉。然三五如何会归?此中口诀,书不尽传。○李注:举世皆知火能烁金,不知火中含土,坎宫之兑金一得土而益增其生息矣;举世皆知金能克木,不知金中含水,离宫之木汞一得水而反受其滋培矣。《经》云:恩生于害,害生于恩。此之谓乎?○补注:三个五合为一,所谓三家相见结婴儿也。三五何以称天地?盖河图之数,一、三、五奇数属天,其二、四耦数属地也。○按:甄淑云:采药取生数,故举河图之三五,右转东旋,卯酉主客是也;结丹取成数,故举四象之老少,九还七返,八归六居是也。

子当右转,午乃东(一作左)旋。卯酉界隔,主客二名。

补注:此以河图宫位,申明三五口诀也。○从子右旋于酉,水一金四成五;从午东旋于卯,火二木三成五。卯酉界隔东西,有戊己以联主客,中宫土又成五。以三五而会归于一,则火性销金,金伐木荣,俱归厚土,其丹由此结。口诀心传,其在斯乎?○白真人《地元真诀》云:东三南二兮,北一西四。戊己数五兮,一十五数。其阐发《参同》,与《悟真》相合。○陆注:子当右转,金公寄体于西邻;午乃东旋,离火藏锋于卯木。丹家所谓黑铅水虎、赤汞火龙,良有旨也。《契·赋》云:青龙处房六兮,春华振东卯。白虎在昴七兮,秋芒兑西酉。如此龙东虎西,界隔卯酉,分为主客,则西者为主,东者为客。《道德经》云:吾不敢为主而为客。《悟真篇》云:饶他为主我为宾。足以相发明矣。○补注:右转东旋,就方位上取义,不在时辰上用功。所云主客,与常道不同。常道以卯为主,丹道则以酉为主。乘坎宫爻动,而离方与之交接,全以在彼者为主也。若非时妄作,则阳骄阴佞,而致凶矣。

龙呼于虎,虎吸龙精。两相饮食,俱相贪并(去声)。

补注：此以震龙兑虎，申明东西主客也。○龙呼于虎，即是火性销金；虎吸龙精，即是金伐木荣。饮食、吞并，又是卯酉主客，合而为一矣。子转于酉，虎向水中生也；午旋于卯，龙从火里出也。龙虎二弦之气，两相呼吸，即《悟真》所云：西山白虎正猖狂，东海青龙不可当。两手捉来令死斗，化成一块紫金霜。○驱龙就虎，而不为虎所吞噬者，炼己纯熟故也。

荧惑守西，太白经天，杀气所临，何有不倾？狸犬守鼠，鸟雀畏鹯（天、鹯隔句相叶），各得（一作有）真性（一作功），何敢有声（倾、声亦隔句叶。）？

补注：此又旁引曲喻，以证龙虎贪并之意。○陆注：上四句援天象以相方，下四句借物类以相况。荧惑、太白，天之金、火二星。火入金乡，则为荧惑守西；金来伐木，则为太白经天。凡杀气所临之处，则战无不克，故以象之。又狸犬守鼠，象汞之求铅；鸟雀畏鹯，象铅之伏汞。○补注：何敢有声，所谓禽之制在气也。○李注：与君说破我家风，太阳移在月明中。此则荧惑守西也。取将坎位心中实，点化离宫腹内阴。此即太白经天也。太阳之内，一点阴火精光，入于月明之中，为水所倾，安得而不凝也？坎水之中，一点真铅之气，入于离宫之内，与汞浑一，安得而不并也？

四象归土章

（题用陆氏。○补注：此章所云三物一家，乃申明三五为一之意。其言金水木火、龙虎戊己，亦自上章而来。）

丹砂木精，得金乃并（平声，前二句叠韵。）。金水合处（上声），木火为侣（二句叠韵）。四者混沌，列（一作合）为龙虎。龙阳数奇（音基），虎阴数耦。

补注：此申上章三五之义。○陆注：此节言四象不离二体，下节言五行全入中央。○又曰：丹砂者，离宫真汞也。午乃东旋，藏于木中，则为木精。必得西方之金以制之，则木性爱金，金情恋木，和合交并，而成还丹。然西方之金,中有真水,是金水合处也;丹砂木精,砂中含①汞,是木火为侣也。此四象者,分布则各守境隅,混沌则列为龙虎。列为龙虎,则龙居东方,木数得三,而龙阳数奇矣;虎居西方,金数得四,而虎阴数耦矣。惟奇耦相配,出于性情之自然,故呼吸贪并,妙合而成丹也。○朱子曰:丹砂木精,得金乃并,即姹女黄芽之意。○补注:四者混沌,《契》文两见。前指乾、坤、坎、离,取先天卦位之四正;此指金、水、木、火,取后天卦位之四正。其实一也。盖以乾坤为鼎器,则乌兔乃药材;以水火为男女,则龙虎乃弦气。读者当善参会耳。○混沌,言阴阳二气,氤氲和合;列,犹配也。

肝青为父,肺白为母(满补切,与女叶。)。**肾黑为子,心赤为女。脾黄为祖,子五行始。三物一家,都归戊己。**

补注:此推言五行之理,而归功于真土也。○上六句,五脏具而身全,言顺生之五行;下二句,三五交而丹结,言攒簇之五行。肝青肺白,就一身中取象,木龙金虎也。金生肾水,木生心火,是亦金水合处,木火为侣。木火②归重水土者,真水为丹母,土釜乃神室,所谓四象五行全藉土,三元八卦岂离壬也。○好古注:木生火女,阳中之阴,是曰己土;金生水子,阴中之阳,是曰戊土。金木二者俱从土生,故土又为水火之祖。此后天五行之相生者。若论先天五行生出之序,天一生水,而后二火、三木、四金、五土,各得生成变化,是子又为五行之始。○陶注:金水木火,必归戊己之宫,方能混沌而结丹,故曰:三物一家,都归戊己。犹前章云:皆禀中宫,戊己之功也。(按:三物指金木与土,一家谓阴阳同类。)○补注:戊己之土,有体有用。初时求药,须用戊己之门;后来得药,总归戊己之宫。

阴阳反覆章

(题用陆氏。○李注:上节专论铅龙汞虎之性情,下节直露铅龙汞

---

① 含,原本作"合",据陆西星《参同契测疏》及集要本改。
② 木火,集要本作"末又"。

虎之底蕴矣。)

刚柔迭兴,更(平声)历分(音问)部(一作布)。**龙西虎东**(音登,与兴相叶),**建纬卯酉**(音以,与喜相叶)。**刑德并会,相见欢喜**。

补注:此又申明前章卯酉主客之意。○乾刚坤柔,此阴阳定分也。药取二弦初气,则刚兴之际,求铅于西;柔兴之际,伏汞于东。○更历分部,而龙西虎东矣。卯酉界隔,此春秋定分也。火调二分中气,则建卯主德,刑亦相会;建酉主刑,德亦相会。是刑德并会,而相见欢喜矣。○更历分部,龙西虎东,见二物互为主客也。刑德并会,相见欢喜,又见卯酉之月,昼夜平分,温凉适中,主客正可欢喜也。

刑主杀伏(一作伏杀),**德主生起**。**二月榆死,魁临于卯**(叶米)。**八月麦生,天罡据酉**(叶以)。

补注:此又推明卯酉刑德之故。○夫刑主杀伏,德主生起,性本不同,何以并会?盖以二月榆死,而河魁临卯,德中有刑故也;八月麦生,而天罡据酉,刑中有德故也。○陶注:何谓德中有刑?二月建卯,而月将为河魁,取卯与戌合,戌有辛金,杀气犹存也;何谓刑中有德?八月建酉,而月将为天罡,取酉与辰合,辰藏乙木,生气犹存也。故谓之刑德并会。

○李注:二月春分,铅龙之气已到天地之正中,是丙火沐浴之时,庚金受胎之处,宜乎榆荚落也;八月秋分,汞虎之气亦到天地之正中,是壬水沐浴之时,甲木受胎之处,宜乎荞麦生也。○上阳注:世人但闻沐浴为卯酉,岂能明刑德之故?德与生,即半时得药之比;刑与杀,即顷刻丧失之喻。德中防刑,害生于恩也;刑中有德,害里藏恩也。○补注:卯酉沐浴,丹家皆云卯酉两月,停火不用。据《参同》言,刑德并会,相见欢喜,此《悟真篇》刑德临门所自来也。夫春和秋爽,正当温养之际,岂可云停炉息火乎?上阳子以半时得药为德生,顷刻丧失为刑杀,其于卯酉沐浴之法,洞然明白,兼可知沐浴在时不在月也。

子南午北,互为纲纪。一九之数,终而复(扶又切)**始。含元虚危,播精于子**。

补注:此复言临炉交媾之法,及乘时采药之方。○陆注:子者,坎水也,水居北而翻在南;午者,离火也,火居南而翻在北。盖柔上而刚下,小往而大来也。常道以阳为纲,阴为纪,今皆反之,故曰互为纲纪。〇又曰:一九之数,水中金是也。水之生数为一,金之成数为九,惟此金水,互相含蓄,遍历诸辰,循环卦节,莫非真气之妙用。故一九之数,终而复始。其交会之际,则含元于虚危,而播精于子矣。子者,亥子之间,贞元之会,时至机动,正在于此。上文论丹法,此直指丹母,尤为肯綮。〇上阳注:含元、播精,丹道神功,在此二句。盖虚危之次,乃日月合璧之地,一阳初生之方,龟蛇蟠结之所,先天元气在焉。其真精遇子则播施,即前章子五行始之义也。〇陶注:虚危二宿,当子位之中。子时,一阳初动处也。含元属先天,寂然不动,杳杳冥冥,太极未判之时,日月合璧虚危度是也;播精属后天,感而遂通,恍恍惚惚,太极已判之时,雪山一味好醍醐是也。先天惟有一气,后天始化为真精,而雄阳播施,乃居于子。(俞注:一九之数,取洛书戴九履一,其用在水火也。按:前章水数名一,及九还七返,皆主河图言。况下文虚危与子,正指水金所生之处,何必别引洛书耶?)

陆西星曰:此章备言丹法颠倒互换之妙。其东入西邻,西归东舍,女居男位,坎在离乡,如此颠倒反覆,更易互换,迥异常道,所谓掀翻斗柄,逆转璇玑,非止一端,此条备而言之,不过欲人洞晓深达,远求近取,得乎先天真一之气而已。

以类相况章

(另起标题。〇补注:前章之龙虎,后章之父母,皆是以类相况之意。)

不得其理,难以妄言(鱼巾切)。竭殚家产,妻子饥贫(一作寒)。自古及今,好(上声)者亿人。讫不谐遇,希有能成(叶如、陈)。广求名药,与道乖殊(叶上声)。如审(一作有)遭逢,睹其端绪。以类相况,揆物终始。

补注:此承上一九终始,欲人求丹于同类也。〇陶注:世间学者,不明五行正理,不遇真师传授,枉费家产,涉入旁门,总与丹道乖殊,终无成理。故必逢明师,以寻端绪。若知同类施功,则药物之始终在是矣。此乃引起下文语。

父母滋禀章

（题用陆氏。○补注：丹法男女可以颠倒,父母亦可颠倒,知颠倒为正道,能成上品仙真。）

五行相克,更（平声）为父母（满补切）。母含滋液,父主禀与。凝精流形,金石不朽（真语切）。审专不泄,得成正（一作为成）道（动五切）。

陆注：前章以五行逆克而分主客,此又以五行逆克而配父母,皆发丹道未尽之蕴。○又曰：阴阳男女之道,施者为父,受者为母,故母含滋液以统化,父主禀与而播施。若作丹之法,金受火烧,火炎水沸,是木火主施而金水主受也；及得药归鼎,金伐木荣,举水灭火,是金水主施而木火主受也。受则为母,施则为父,盗机逆用,而成还丹,则凝神成躯,而万劫不坏,如金石之永固矣。然精凝之后,仍须审专不泄,以底于成功。审专者,至诚专一,候其药符也；不泄者,蒂固根深,守其命宝也。所谓正道,不过阴阳得类而已。○李注：乾父身中一点阴火精光,透入坤腹,被坤中壬水一克一合,化为一点戊土。炼士能将这点戊土,取送中宫,汞中癸水,被其一克一合,登时仍化为水。由是之后,汞才干也。汞干即是金丹,此丹乃灵父圣母,更相接制,而作丹头。既得金丹,则精凝而流形矣。再加十月火符,审察消息,专心调理,不烹不泄,自成最上一乘之道。○补注：凝精,乃先天大药；审专,用逐月火符；成道,则始终之事毕矣。（禀与,以所禀者与之也。）《易传》：品物流形。

立竿见（音现）影,呼谷传响。岂不灵哉,天地（一作舒）至象。若以野葛一寸,巴豆一两,入喉辄僵（音姜）,不能俯仰,当此之时,虽周文揲蓍,孔子占象,扁鹊操针,巫咸扣鼓,安能令（平声）甦（音苏）,复（扶又切）起驰走（子与切）？

补注：此言得药成丹,效可立见也。○陆注：上四句喻感召之至灵,下数句喻伏食之至神。盖先天一气,来自虚无,召之自我,其无中生有,实里造虚,真如立竿呼谷,而影响之随至。且得此灵药,则命由我立,天不能夺。观乎人服毒药,虽圣哲不能使之复甦;知人服大药,虽鬼神不能使之忽殒。今人于杀人之药,不敢轻试,乃于长生之药,漫不见信,一何昧哉?○枚乘《七发》:扁鹊治内,巫咸治外。(《史记》:扁鹊姓秦氏,名越人,得长桑君禁方,视疾,尽见五脏。○《列子》:郑有神巫,自齐来,曰季咸,知人生死存亡,福祸寿天。)

姹女黄芽章

(题用陈氏。○陶注:此章极论阴阳配合自然之道。○陆注:□□□□① 乃炼丹初基,后三条总言采药须求同类也。)

河上姹女,灵而最神。得火则飞,不见埃尘。鬼隐龙匿,若知所存。将欲制之,黄芽为根。(此章亦用古韵通叶。)

补注:此言真铅制汞,申明流珠得金也。○陆注:姹女,灵汞也,此汞属于离宫。午之分野为三河,故云河上。自离火一动,则飞走无踪,如鬼隐龙匿,而莫知其乡矣。汞谓之灵,又谓之神者。灵则感而遂通,神则无方无体。惟其最灵最神,故难以摄伏,必得坎中黄芽,方能制之。黄者,中黄之气;芽者,爻动之萌。究其实,则真铅而已。以此为根,则情来归性,而丹基于斯立矣。○李注:河上姹女,即砂中木精,即太阳流珠,即离中己汞。河者,坎象也。常道交感,离处坎上,故离火称为河上。金丹大道,实要性命双修,阴阳并用。曲士不明此理,执着无为,避色独修,希图汞死。在蒲团之上,不见可欲,此心或可强制,及其当境,欲火内烧,莫之能遏。更有旁门,执着有为,恋色采战,强闭尾闾,谓汞不可泄。殊不知汞乃神物,欲火内烧,早已飞去。况此物最灵最神,如龙如鬼,合则成体,散则成风。其去也,非尘非埃,无踪无影。故欲制之,非黄芽不可。黄芽者,即坎中之戊土,水中之金华。

物无阴阳,违天背(音悖)元。牝鸡自卵,其雏不全。夫(音扶)何故乎?配合未连。三五不交,刚柔离分(肤眠切,音篇)。

---

① 此脱失四字,集要本作"姹女黄芽"。

补注：此申明铅能制汞之故。○真铅伏汞，乃阴阳配合自然之道。使物无阴阳，是违造化之天，背生物之元，何以成生育之功乎？尝观牝鸡自卵，覆雏不成，为其孤阴无阳也。无阴阳则无配合，无配合则三五不交，而刚柔离分矣。必三五交，刚柔合，而人物乃生生不息，此阴阳之所以不可缺一也。○三五者，水、火、木、金、土，各有三个五也。详见前篇三五与一。○上阳注：欲牝卵生雏，当午盛水，曝而温之，假借阳炁，雏亦可成，终非阴阳自然之道。

施化之道（一作精），**天地自然**。（一有犹字）**火动**（一有而字）**炎上，水流**（一有而字）**润下**（叶音午）。**非有师导，使其然也**（叶音以，一作者）。**资始统正，不可复**（扶又切）**改**（苟起切）。

补注：此以造化水火，明阴阳自然之理。○陆注：雄阳播玄施，雌阴统黄化，其一施一受，乃天地自然之气机。犹夫火动炎上，水流润下，禀性如是，孰导之使然哉？自乾坤始生以来，实一定而不可改易者。○补注：丹取坎离相济，因火上水下，而行颠倒坎离之法，无非顺其本性耳。资始者，因气托初；统正者，赋形有定。

观夫（音扶）**雌雄，交媾之时**（土纸切）。**刚柔相结，而不可解**（结，一作纠解，举履切）。**得其节符**（一作符节），**非有工巧，以制御之**（叶鱼韵）。**男生而伏，女偃**（陆云：当作仰。）**其躯。禀乎胞胎，受炁元初。非徒生时，著而见**（音现）**之。及其死也，亦复**（扶又切）**效之。此非父母，教令**（平声）**其然。本在交媾，定置始先。**

补注：此以男女死生，明阴阳配合之理，所谓揆物终始也。○观雌雄二者，交媾之时，刚合于柔，遂结胎而不可解。盖因月中节候，两相符合，遂以成孕，初无工巧为之制御也。故男生必伏，女生必仰，自其禀胎之初，阳气内抱而阴气外向也；及其溺水而亡，男浮必伏，女浮必仰，亦由俯仰交媾，定气于始，遂肖形于后也。由是观之，知顺以成人者，只此二气之相感，则知逆而成丹者，亦惟二气之相通矣。○陆注：丹家配合阴阳，运行日月，使刚柔之气，互相纠结，亦非别有工巧，不过得其符节而已。节谓水火之节，符谓药生之符。得其符节，则一时半刻之间，可以立就还丹，不可解则凝而至坚矣。其时一得永得，即所谓定置于先，不可改易者。凡胎、圣胎,初无二理。

牝牡相须章

(题用陆氏。○陶注:此章发明一阴一阳之道,亦承上章而申足之。)

关关雎鸠,在河之洲(虽于切)。窈窕淑女,君子好逑(强于切)。雄不独处(上声),雌不孤居。玄武龟蛇,蟠虬相扶(一作拘)。以明牝牡,意(上阳作意,诸本作竟。)当相须。

陆注:此章引《诗》,以明同类相从之意。盖金丹大道,不过一阴一阳,盗机逆用而已。孤阴不生,独阳不成,观之人物,莫不皆然。世人不能洞晓阴阳,深达造化,执着清净无为之道,谓一身自有阴阳,实昧于性命双修之法。真人作经,既明日月交光之义,又明牝牡相求之理,反覆譬晓,千言一旨,至引关雎之始,直指鼎器药物之所在矣。淑女君子,以圣配圣,若不炼己待时,徒狃于日用之凡情,而妄有作为,则失好逑之义,而非还丹之旨矣。玄武水位,龟蛇所居。(子女言人,雌雄言禽,牝牡言兽,龟蛇言虫介,各从其类也。他章有以雌雄牝牡直指为人者。)

假使二女共室,颜色甚姝,(一作令字)苏秦通言,张仪合媒(蒙脂切),发辩利口,奋舒美辞,推心调谐,合为夫妻,弊发腐齿,终不相知。

陶注:此以人道之失类者,证明丹道也。○补注:孤阴不可以结胎,则知独阳不可以成道矣。(李云丹士但知用坤,而不知用乾,故发此论。却非本文之意。)

若药物非种(上声),名类不同(徒黄切)。分(音问)两(一作刻)参(初金切)差(初宜切),失其纪纲。虽太乙执火,黄帝临炉(二句上下互调,方可叶韵),八公捣炼,淮南调治(叶音胎,旧作合,于韵不协。),立宇崇坛,玉为阶陛,麟脯凤腊(一作臘),把籍长跪,祷祝神祇,请哀诸鬼,沐浴斋戒,妄(一作冀)有所冀(叶音纪,一作望,叶平声。)。亦犹和胶补釜,以硇(音桡,有毒。)涂疮,去(上声)冷加水①,除热用汤,飞龟舞

---

① 水,疑为"冰"之误,因其字形相似也。

蛇,愈见乖张。(此段用四转韵。)

陶注:此以外丹之异类者,证明金丹也。○李注:同类之药,乃真铅真汞,舍此同类而烧炼金石,实与生身立命之根,天地悬隔。○补注:金丹炼药,取其同类,又须审其分两。若离却金丹,炼天元而求神助,徒见其愚妄乖谬而已。○太乙,天之贵神;八公、淮南王丹客。○自五行相克至此,连章设喻,文气相承,当玩其次第接续。旧本颇失前后之宜。

后序孔窍章

(标题另定。○陶注:此重叙承先启后之意。○姜注:此为全经之乱辞,犹云关雎之乱。)

惟昔圣贤,怀玄抱真。伏炼九鼎,化迹隐沦。含精养神,通德三元(虞云切,一作光。)。**津液**(一作精溢)**腠理,筋骨致坚**(姑回切)**。众邪辟**(音壁)**除,正气常存**(从伦切)**。累**(上声)**积**(一作积累)**长久,变**(一作化)**形而仙**(斯人切)**。**

补注:此言先圣炼药修真之事。○怀玄抱真,一语包摄内外;伏炼九鼎,外资真一之气;含精养神,内修古德①之功。此圣人性命双修之大道也。○上阳注:炼金丹于九鼎,乃伏先天之气,非服金石草木之药。○补注:鼎指同类,鼎器必须九品者,炼己得丹,符火温养,皆取资于鼎中也。真者,先天之元气;精者,吾身之元精;神者,吾身之元神。得其真一之气,方可含而养之。含养之至,则冲和完粹,而三元德成矣。三元,指精气神。○紫阳真人曰:炼精者,炼元精,非淫泆所感之精;炼气者,炼元气,非口鼻呼吸之气;炼神者,炼元神,非心意思虑之神。○上阳注:化迹隐沦,谓韬光藏形,以俟成功。陆云化迹轻举,与下变形重复矣。○陶注:得药之后,尽剥群阴,纯阳体乾,始而易气,次而易血、易脉,次而易肉、易髓,次而易筋、易骨,次而易发、易形。能变形,则成神仙矣。○陆注:丹列三元,谓天元、地元、人元也。天元名神丹,神室之中,无质生质,炼药成神符,入口生羽翰,乃高圣妙真,神化莫测之事;人

---

① 古德,集要本作"玄德"。

元名大丹,阴阳得类,盗机逆用,含精养神,婴儿显相,乃志士大贤,返还归复之道。地元名灵丹,乃炉火点化之术,其法可以助道,不可以轻身。三元一理,其德相通,《参同》所言,皆人元之事,使人易知易行,非若外鼎神丹,系于天地鬼神,不可必得者。①

忧悯后生,好(去声)道之伦。随傍(去声)风采,指画古文(一作古今)。著为(一作于)图籍,开示后昆。露见(音现)枝条,隐藏本根。托号诸名,覆冒(旧作谬,朱作冒。)众文。学者得之,韫椟(一作匮)终身。子继父业,孙踵祖先(斯人切)。

补注:言先圣道成之后,著书垂教也。○陆注:圣贤既以此道成己,又不忍独善其身,忧悯后来好道者,不遇真师,无从印可。于是依傍前人之风采,指画古人之遗文,著为图象简籍,以开示后昆,其用意深切矣。然又不敢直泄其义,故外露枝条,而隐藏其本意,假托名号,以覆冒乎众文。皆借象寓意,以留传此道。学者得之,韫椟终身,世守勿替可也。○上阳注:《阴符》而下,列圣相继,载于经者,文王《周易》,以乾坤列易卦之门,咸恒著夫妇之道;孔子《十翼》,明乾动而直,坤静而翕之义;《道德》五千,明有无玄牝之门。皆所谓露现枝条,托诸名号者。其所藏本意,必资于口授也。○姜注:丹经所言日月男女,龙虎水火,皆当于寓言中求之。○补注:覆冒众文,谓用许多文辞,覆冒其理。《传》云:覆冒阴阳之道。旧作覆谬,断误。

举(一作传)世迷惑,竟无见闻。遂使宦者不仕(一作遂),农夫失耘,商人弃货,志士家贫。吾甚伤之,定录此文。字约易(音异)思,事省不繁(音文)。披列其条,核实可观(俱均切)。分(音问)两有数,因而相循。故为乱辞,孔窍其门。智者审思,用意参(一作观)焉(叶于勤切)。

补注:此魏公自叙作书本意,所以继往开来也。○自丹道失传,旁门误世,遂使四民失业,亡资破家。仙翁伤悯及此,乃复定录斯文,发明金丹易简之道。若能据其枝条,以探其核实,知所陈药物,各有分两,亦

① 按:此则陆西星注解,系仇兆鳌节取陆西星《参同契测疏》及《参同契口义》之注解而成,故底本以夹注刻之。今为醒目,不用原刻之例,与他注同一号字,以等齐观。

可循此而寻其端绪矣。又于卒章，特示孔窍，是在智者精思熟虑，参求而得其指归焉。王九灵曰：首章提出鼎器药物及诸卦火候，后如知白守黑，直揭药物之所产；垣阙蓬壶，备陈鼎器之规模；晦朔合符，指示火候之进退。故曰：字约易思，事省不繁。○李注：魏先生深悯后生迷惑，而作《参同契》。其文章虽则高古，丹法极其精详，所设许多名象，分散各篇中者，或披枝条于前章，或列核实于后段，或正论炼丹，忽参一段结胎，或正讲命根，突插几句性宗，所谓乱辞，大概如此。○补注：故为乱辞，旧云故意错乱其辞，非也。真人作经，岂肯乱语垂世，枉费后人心思？黄瑞节云：乱辞，如《楚辞》乱曰之类，篇帙将终，而又微露本旨也。何谓孔窍其门？即老圣所云玄牝之门，高氏所云戊己之门，钟离所云生门死户是也。《传》又云：此两孔穴法，金气亦相须。可谓微而显矣。能得其孔窍，则全书窍会，可一以贯之，此即其口诀心传也。○陆注：此章审思二字，最为读《契》之肯綮。管子曰：思之思之，又重思之，思之不通，神明通之。《契》云：千周灿彬彬兮，万遍将可睹。神明或告人兮，心灵忽自悟。今人不能熟思详味，便谓此书难读，岂不有负仙翁开示后昆之意哉？○陈致虚上阳子曰：《契》文既指同类，又明孔窍，见一阴一阳必资交感，一牝一牡方得化生。为是书者，乃泄天地造化之机，萃乾坤生育之德，焕日月交光之理，漏阴阳逆施之功。《易》曰：与天地合其德，日月合其明，四时合其序，鬼神合其吉凶。先天而天弗违，后天而奉天时。主此道者，圣人也；行此道者，神人也。此书在处，天地神祇，日月星辰，雷霆万神，常切扈卫。上贤敬受，诵至万遍，真仙降庭，告以上道；若彼下愚，妄生谤毁，则有鬼神阴录其过，注于黑籍，永入幽阴之府，长堕苦海之中。福善祸淫，昭然无忽。

《古本周易参同契集注》下卷

甬江后学知几子集补

五言传文

汉徐公从事 著

（杜氏亦分为三卷，今《参同》诸家，秩其次第，并列序文，定为一十八章。)

前五章援易辞作散文,为发端引子,以存注疏之体。余皆五言成句,变《经》文而自为《传》文也。〇《经》文间有五言,《传》文间有四言,玩文气之相连,考音韵之相协,知错综处,各有部署矣。

徐从事《传》文序

(徐公尝为青州从事,得魏公亲传而作注。据杨慎序,徐公,名景休。)

《参同契》者,辞寡(依魏序,作寡,抱一子作隐,或讹为陋。)而道大,言微(浅也,亦作奥,非。)而旨深。列五帝以建业,配三皇(当作王)而立政(音征,与下平字相叶。)。

补注:此言魏公作《契》,本前圣以立言,见其信而有征也。〇道大,谓理贯天人;旨深,谓学穷性命。五帝,指伏羲、神农、黄帝、尧、舜,伏羲画八卦,黄帝著《阴符》,二圣为道家之祖也;三王,谓夏禹、商汤、周文王,《连山》首艮、《归藏》首坤、《周易》首乾,三代皆阐明易理也。若以三皇为三坟,不应先帝而后皇。

若君臣差殊,上下无准;序以御(一作为)政,不致(一作至)太平;(以上四句拈韵)伏食其法,未能长生(松宜切。一作配以服食,其法未能。);学以养性,又不延年。

此解魏序罗列三条之意,恐学者未明其作法也。〇差殊,谓药物不相配;无准,谓地天不交泰。御政而非太平,不用鼎新故耳;伏食而弗长生,不循五行故耳;养性而失延年,不能抱一故耳。故黄老之说,当与大易参观。

至于剖析阴阳,合其铢两,日月弦望,八卦成象,男女施化,刚柔动静,米盐分判,以易(一作经)为证。(以上各四句转韵。)

此言读《契》者,准《易》以用功,始知其道大而旨深也。〇剖阴阳,谓精气相须;合铢两,谓二八相当;日月弦望,知六候之消息;男女动静,见乾直而坤辟;米盐分判,言《易》中纤悉详明。如十二月卦律,六十卦火符是也。〇《史记·天官书》:凌杂米盐。《正义》云:米盐,细碎也。

用意健矣，故为立法（朱子作注），以传后贤。惟晓大象，必得长生，强己益身（斯连切。已上各三句叶韵。）。为此（一作吾）道者，重加意焉。

　　上文所言，皆金丹正法，故当奉为修道之准。○用意立法，指魏公《经》文，后云：作事令可法，为世定此书。亦同此义。朱子改立法为立注，涉《传》者自夸，语气不相似。大象，谓牝牡四卦及屯蒙始终，依此采药行符，则性命双修，而长年自可致矣。

　　彭晓注：魏公以书秘授青州徐从事，令其笺注，徐乃隐名而注之。疑此序为徐从事所作，注亡而序存耳。○补注：旧传此序为魏公赞词。按魏原序，词气谦雅，必无夸张自赞之理。彭谓注亡而序存，其实注未尝亡也。以四言还《经》，以五言归《传》，各拈韵语，自为次第。特因经、传混淆，彼此重复，遂疑注不可见耳。注以韵语释经，解意不解字，脱除训诂旧习，文字最为古劲。

牝牡四卦章

　　（此章援易卦以明丹道，纲举目张，乃发挥《经》文首章之意。此下诸章，皆是分释《经》文。○陶注：此总论作丹大旨。前一节言药物，然采取之时，以火而致药，药中有火焉；后四节言火候，然温养之日，得药而行火，火中有药焉。）

　　乾坤者，易之门户，众卦之父母（满补切）。坎离匡廓（旧本多作廓①），运毂正轴。牝牡四卦，以（一作互）为橐籥。覆冒阴阳之道，犹（一有工字）御者之执衔辔，有准绳（一作准绳墨，执衔辔。今从陆西星本。），正规矩，随轨辙（叶音鹊，与籥相叶。）。

　　补注：《传》文首举四卦，即《经》文乾刚坤柔，坎离冠首之意；御者四句，即《经》文龙马就驾，明君御时之意。以传释经，显然易见。旧列上卷开章，误矣。○乾坤二卦，三奇三耦。自奇耦立，而诸卦之交易、变易皆出于其中，是乾坤为易之门户也。乾坤生六子，震、坎、艮三卦皆本

---

① 今考诸本，均无作"廊"字者，疑刊误。

乎乾，巽、离、兑三卦皆本乎坤，是乾坤又为众卦之父母也。六子皆本乾坤，独坎离二卦得其中画。丹家取坎填离，专藉乎此。故以坎离分言之，坎中实而外包以阴，离中虚而外包以阳，如器之有匡，城之有郭也；以坎离合而言之，坎体外阴而可受阳，离体外阳而能贯阴，如凑辐之有毂，贯毂之有轴也。再总四卦言之，乾者纯阳牡卦，坤者纯阴牝卦，坎离者，中阳中阴，牝牡相交之卦，故谓之牝牡四卦。以此四卦之阴阳，两相配合，犹冶人之鼓炉，橐籥相须也。乾坤为橐籥之体，坎离为橐籥之用，四卦互为橐籥，则可以运行火符，始终出入，而覆冒乎阴阳之道矣。然轴能贯毂，而运毂者必有一定之成法，犹御者之执衔辔而奉准绳，正规矩而循轨辙。御马有法，则可以得心应手，而无覆辙之虞；御鼎有方，则可以随心应节，而无烹炉之患。此乃设喻，以起下文处中制外之意。○朱子曰：乾坤位乎上下，而坎离升降于其间，所谓易也。覆冒以下，言人心能统阴阳，运毂轴以成丹也。衔辔，谓所以使阴阳者；绳墨，谓火候；轨辙，指升降之所由。○陆注：乾坤者，易之门户，便是以乾坤为鼎器；坎离匡廓，便是以乌兔为药物。○补注：乾坤二卦，纯阴纯阳；坎离二卦，中阴中阳。四卦不可以反对，故特尊之为鼎器药物，而以余六十卦运为火符。○李注：门户者，所以出入往来，有奇耦之象焉。—（音奇）画为乾户，即所往之路；--（音耦）画为坤门，即所来之路。惟此奇耦相配，上下二窍，为玄牝之门，天地之根，交易之路。○补注：毂、轴二字，与门户、橐籥例看，亦取牝牡之义。盖车上轴头正固，方能运毂，犹人身剑锋刚健，方能御鼎。轴指下峰昆仑，不指中心主宰，下文处中制外，才言及正心。陆氏谓运毂正轴，见万事万物，皆本于心，说尚未当。○陆注：橐籥者，配合乾坤，运行坎离，其中真气，相为流通。然四卦者，即六十卦之纲领。四卦运，则六十卦皆在其中。而是药者，又即是火矣。覆冒阴阳之道者，丹道不外乎阴阳，阴阳不离乎药火，药火不出乎四卦。又借上文运毂之义，而喻诸御事，以见御鼎之有法度也。运毂者，在马则有衔辔准绳，在行则有规矩，在途则有轨辙，皆一定之成度。善御者，能心闲体正，则六辔在手，而动无覆败之虞矣。丹法亦犹是也。○上阳子注：橐象坤之门，籥象乾之户。橐籥之道，顺之则生人而生物，逆之则超凡而入圣。〇补注:《经》文之末,标出孔窍其门。此章言门户,言牝牡,言毂轴,言橐籥,皆所谓孔窍也。〇《易传》曰:乾坤其易之门耶。又曰:阖户谓之坤,辟户谓之乾。又曰:乾为父,坤为母。此门户、父母所本也。《道德经》曰:三十辐,共一毂。(辐乃车轮之干,毂乃凑辐之内圜,轴乃贯毂之横木)。又曰:天地之间,其犹橐籥乎(橐籥乃炉冶所用者,橐其鞲囊,籥其气管也)?此毂轴、橐籥所本也。《列子》:泰豆氏学御于造父,正度于胸臆之中,而执节于掌握之间,内得于中心,而外合于马志,是故能进退准绳,而旋曲中规矩。得之于衔,应之于辔;得之于辔,应之于手;得之于手,应之于心。然后舆轮之外,可使无余辙①。此准绳四句之所本也。旧注将绳墨、规矩属良工,衔辔、轨辙属御者,未合本文。

处(上声)中以制外,数在律历纪。月节有五六,经纬奉日使(使,当读去声,叶韵从上声)。兼并为六十,刚柔有表里。

补注:此释《经》文:辰极处正,优游任下、六十卦用,各自有日也。〇炼士必先安静虚无,养性于中,方可按候临炉,采药于外。其处中以制外,正如御者之正心以驭马也。外之所制者何?鼎上火符是也。凡药火之生,各有时候,必依十二月之历,十二辰之律,以纪火候之数。若按月而言,五日逢一候,一月凡六候,是月节有五六也;又按日而计,一日用两卦,三十日用六十卦,是兼并为六十矣。丹家运火之法,则有经有纬,有表有里。经者,六候之金水,各有定期;纬者,每日之火符,更番迭用也。内体属屯,得阳金以为里;外用属蒙,得阴水以为表也。经纬象之于布,取其纵横之相凑;表里象之于衣,取其配合之适均。此数语,足该尽金丹要诀矣。〇陆注:此条中外二字,分明露出药自外来,丹由中结之意。奉日使者,元化之宰,每日必以使者值符。丹法朝屯暮蒙,经纬互用,亦如奉日之使也(经指月节,纬指日辰。纬之所用,皆本于经)。一日之中,六时进火是谓用刚,六时退符是谓用柔。刚者为里,则柔者为表。此取阴阳符合之意耳。(历律纪,谓准历律以纪岁时之

---

① 按:仇氏此段引《列子·汤问》章。但据《列子》所云:"造父之师曰泰豆氏,造父之始从习御也。"则系造父从泰豆氏学御,而非泰豆氏学御于造父,仇氏或误记。

火候。陆氏引十二年为一纪，未合。引《参同契》龙西虎东为经，又引《悟真篇》前短后长为纬，皆于本文不切。）〇李注：喜怒哀乐未发谓之中，处中即守中。人到一念不起之际，自有一颗本来清净心，当空显象，此心即中也。认得此中，寻常顾諟，谓之守中。能守中，则内炼功纯，天君泰定，方可按期采取，所谓内通外亦须通。律历一句，于每日鼎器中，推测金水两般之火候。且如一年之历数有十二会，每一会之气有六候，六候之内惟晦朔之间，一阳之气才有萌动之机，此须律历以定其纪纲也。（李氏尤重在晦前朔后。）

朝旦屯直事，至暮蒙当受（上与切）。昼夜各一卦，用之依（一作如）次序。既未至晦（一作昧，非。）爽，终则复（扶又切）更（去声）始。

补注：此释《经》文屯蒙火候，以申兼并六十之义也。〇陆注：此举一月之火候以准一年。〇陶注：朝屯暮蒙，取其卦画反对；一顺一逆，以象药火之升降。朝则自下而上，暮则自上而下，每日两卦，一刚一柔，一表一里，依次而用。自初二日需、讼，至三十日既、未，各两卦值事。至次月之昧爽，终而复始，又为朔旦也。〇又曰：此借易卦以明温养火候，非真逐日换卦，按时分爻，但举屯蒙二卦，可以该其余矣。故《悟真》云：此中得意须忘象，若究群爻漫役情。〇补注：此言逐月浇培之事，筑基温养，前后皆须用之。朝乃阳升之事，故当进阳火；暮乃阴降之时，故当退阴符。阳取震、兑、乾，阴取巽、艮、坤，引经以入纬，正于此际用之。

日辰（一作月）为期度，动静有早晚（叶米）。春夏据内体，从子到辰巳（叶纪）。秋冬当外用，自午讫戌亥（叶音起）。

补注：此释《经》文四时顺宜，以申刚柔表里之意也。〇陆注：此举一日之火候，而一月一年可知矣。〇又曰：上言丹法，既以卦数值日矣，至其温燠凉寒之度，又以日辰准之。盖火候顺时令，乃阴阳进退，自然之消息。一日之中，六时进火，自子至巳，即四时之春夏；六时退符，自午讫亥，即四时之秋冬。进则阳气发生，有取于动，用前一卦以应春夏，则屯为内体；退则阴气收敛，有取于静，用后一卦以应秋冬，则蒙为外用也。内外即表里之意。〇朱子曰：春夏谓朝，秋冬谓暮。内体谓前卦，外用谓后卦，此六十卦之凡例也。〇补注：此从十二时辰中分火符界限,各寻金水一度,不必拘于子午寅申矣。

　　赏罚应春秋,昏明顺寒暑。爻辞有仁义,随时发喜怒(暖立切)**。如是应四时,五行得其序**(古韵纸与语、麌通协,作一理①。)**。**

　　陆注:此乃总结,明丹道之与天道、易道,无不相准。盖赏罚喜怒者,火候文武惨舒之用也。天道春一嘘而万物以生,秋一吸而万物以肃。《易》书卦爻,喜而扶阳,怒而抑阴,莫非消息自然之理。丹法进火退符,一准是道。故昏则宜寒,为罚为怒;明则宜暑,为赏为喜。一日之中,而四时之气俱备,皆要顺其自然,非有所矫揉造作于其间者。如是则身内之五行,各得其序,而丹道可冀其成矣。○补注:春秋寒暑,天之四时。丹家火候,以文武为赏罚,而进退于旦昏,此其上合天时者;且当仁施德,在义设刑,其随时发为喜怒者,又与易爻之仁义相符。此释《经》文二至二分、仁义刑德也。四时各有土,是即五行。○《易传》:立人之道,曰仁与义。

乾坤二用章

　　(题用陆氏。○补注:乾坤二用,即坎离也。四卦只是二物,对待者为乾坤,交易者为坎离。阴阳配合,则化机运行矣。周流六虚,正二用之交易以成功者也。)

　　天地设位,而易行乎其中矣。天地者,乾坤之象也;设位者,列阴阳配合之位也。易谓坎离,坎离者,乾坤二用。

　　补注:此释《经》文:日月为易,刚柔相当也。○陶注:此章亦引《易传》以发端,以阴阳配合解设位,以坎离解易。易合日月而成字,故谓坎离也。分明指出乾坤大用,全在坎离。盖先天卦位,乾南坤北,今二老退居不用,而代之以坎离,则后天之用行矣。乾坤其先天之体也,坎离其后天之用也,故曰二用。○陆注:何谓二用?盖坎离者,乾坤相交而成者也。邵子曰:阴阳之精,互藏其宅。深得坎离二卦之旨。盖乾交

---

① 按:"作一理",即指"五行得其序"之"序"字为"理"字。

于坤中,乃虚而成离;坤①以时行中,故动而成坎。乾坤成配合之体,坎离妙运行之用。观之天地设位,日月交光,而森罗万象,皆由此出。无坎离,是无日月也,天地不能无日月,丹法不能外坎离。其在吾人,则恍恍惚惚,其中有物者,离之精也;杳杳冥冥,其中有精,其精甚真,其中有信者,坎之精也。如此指示,大煞分明,要在吾人盗其机而逆用之耳。○李注:日月乃天地之水火,坎离乃乾坤之水火。日月行乎天地之间,乃天道之易;坎离行乎乾坤之间,乃人道之易。故曰坎离为易。

二用无爻位,周流行六虚(叶荒)。往来既不定,上下亦无常。

补注:此承上章坎离匡廓,以释《经》文:周流六爻,故无常位也。○乾之用九,坤之用六,本无爻位,然其六爻进退,皆此二用之周流、往来上下耳。丹法准此以行火候,亦周流于一月六候之间。往来者,刚柔相交,小往大来也;上下者,否泰互用,上升下降也。采药临炉,全视坎宫之爻动,而离不能以专主,所谓不定而无常也。此当主一月之火候言。震、兑、乾三卦,当前半月之三候;巽、艮、坤三卦,当后半月之三候。○朱子曰:六卦之阴阳,即坎离中爻之周流升降也。又曰六虚者,即乾坤之初、二、三、四、五、上六爻虚位也,言二用虽无爻位,而常周流乎乾坤六爻之间。犹人之精气,上下周流乎一身,而无定所也。○《易传》:变动不居,周流六虚。上下无常,刚柔相易。

日月神化章

(题用陆氏。○陶注:此论二用以合丹道○上阳注:此法象日月以喻阴阳。日月丽天,而有朔望对合;阴阳在世,而有顺逆生成。其理一也。)

易者,象也。悬象著明,莫大乎日月。

补注:前三句错举《易传》之文,以作引端,仍释《经》文日月为易,亦申前章坎离二用也。○陶注:此欲指陈身中之阴阳,故引《易传》之文,以假象寓意。

————

① 坤,底本作"坎",误,据陆西星《参同契口义》及上下文义改。

穷神以知化,阳往则阴来(音黎)。辐辏而轮转,出入更卷舒。

补注:日月之悬象著明,人皆知之,而其中神化,未易窥测。若欲穷而知之,有日月代明之义,有日月合璧之机,有日月交光之度。其阳往阴来,是昼夜之代明也;其辐辏轮转,是晦朔之合璧也。过此以往,各为出入卷舒,其交光复有盈亏之数矣。以丹法言之,元神大定,内外交接,以立化基,此神化根源也;运汞迎铅,阳先小往,阴乃大来,此阳往阴来也;朔旦受符,每月一逢,水清金旺,时正可采,此即辐辏轮转也;炼己纯熟,温养火符,出入有度,操纵由己,是则出入卷舒也。车轮三十条之辐,皆凑于圆毂,以为旋转之机。其象有似乎月轮,月行三十日而合璧,鼎上三十日而药生,适相符合耳。○穷神知化,引《易大传》中语,此句只轻带说,若究其神化之故,亦当另解。张子曰:气有阴阳,推行有渐为化,合一不测为神。又曰:一故神,两故化。一故神者,神为主宰,兼统阴阳也,故曰合一不测;两故化者,化乃气机,阴阳迭运也,故曰推行有渐。就日月而言,凡往来出入,辐辏轮转,皆化也,而其所以然者,则有神以主之矣。陆氏以往来出入为化,辐辏轮转为神,未然。○姚江黄百家曰:据《新法》,月体在小轮旋转,中距离地不及八十万里,日之中距离地一千六百万余里。天向西左行,日月向东右行,日高其度大,一日约行一度,月卑其度小,一日约行十三度,故日一岁一周天,而月一月一周天。其在晦也,日前而月后,相距止差十三度,日与月相近,月体之受光,在背而成晦;其在朔也,日上而月下,月之受光,全在背,所谓合朔也。其在弦也,自合朔之后,月过日而东,每日约十二度,至初八日,月过日而东九十度,日光斜照,月体之西,半如弓弦,是名上弦;至十五日,月去日一百八十度,当周天之半,与日相对,其光正满,是名为望;自望之后,至二十三日,月又行九十度,月反在后,日光斜照,月体之东,半如弓弦,是名下弦。其日月在朔望,有食、有不食者。盖合朔,日与月同经度而不同纬度,则不食;若同经又同纬,则日为月掩,光不及下,而日有食之矣。望夕月与日相对,月不近交道,则不食;望夕月行小轮,而近黄白之交道,则月入地影闇虚之中,日光照不及月,而月为之食矣。

发号顺时章

（已上四章，各有引端语。此章所引易辞，正合《传》文之例，故另定标题。○补注：勿失爻动时，乃丹法之肯綮。末节兼言动静者，示性命双修之法也。陆注云：动以盗机，静以观复。得其旨矣。）

君子居其室，出其言善，则千里之外应之。（此三句旧在《经》文发号出令章，今移置于此。）

补注：此引《易》词以起下文。言出则外应，此唱彼和也；爻动而号发，彼唱我和也。《易》词于中孚，二爻释鹤鸣子和，同气之相求，此则借之，以明入室之事，亦取同类之相感也。

谓万乘（去声）**之主，处**（上声）**九重**（平声）**之室**（叶音试）。**发号顺时令，勿失爻动时。**（叶音逝，一作节。）

补注：此释《经》文：发号施令，顺阴阳节。藏器俟时，勿违卦月也。○陆注：古之圣人，以炼丹为第一大事，故尊主为万乘，喻室为九重，比火符为发号。○补注：炼士入室，外以言语通其消息，内以火力准其配当。发号者，阳炉发火，运汞以迎铅也；爻动者，阴鼎火至，机动而药生也；勿失者，炼己纯熟，呼之即应，测候有期，不先不后也。丹法年中簇月，月中簇日，日中簇时，于一时之中又分为六候，六候之中只以二候炼药。此二候者，即冬至子之半，月出于庚方，正鼎中爻动之时也。爻动之时，即为火候。邵子曰：一阳初动处，万物未生时。五千四十八日，有此一时；逐月辐辏轮转，亦有此一时。一是先天中之先天，一是后天中之先天。○陶注：玄窍生药，便须阳炉发火以应之。《还源篇》云：万籁风初起，千山月乍圆。急须行政令，从此运周天。其发号顺时令之谓欤！

上观（作察）**天河**（一作河图）**文，下序地形流**（凌如切）。**中稽于人心**（一作情），**参考合**（旧作合考，陆作考合。）**三才**（前西切）。

补注：此言丹道准乎三才。○陆注：爻动之机，至为微妙，诚欲知之。必上观星河，而知天之所以应星；下序地流，而知地之所以应潮；中稽人心，而知情之所以归性。能参考三才之道，以互相证合，庶可得夫爻动之时，而用之勿失矣。○补注：《易传》言：六爻之动，三极之道也。故此章亦因爻动，而推及于三才。陆注以一阴一阳往来消息，为三才之道，得其旨矣。或以上田、中田、下田为三才，或以真铅、真汞、真土为三才，或以鼎器、药物、火候为三才，皆不合本文。

动则循卦节（月节有五六也，一作依卦变。），静则因（当作观，一作循。）象（一作爻）辞。乾坤用施行，天下（一作地）然后治（音池，一作望。一本有可得不慎乎句。）。

陆注：合道则动静皆得其宜矣。○补注：动循卦节，乘六候以采药；静观象辞，明易理以修身。乾则用九，取其动而能直；坤则用六，取其动而能辟。皆于动处见其用行。乾坤并用而丹道成，犹之刚柔互施而天下治。二用即坎离，亦申明前章乾坤二用也。《易传》曰：居则观其象而玩其辞，动则观其变而玩其占。此仿佛取其义。《易》又曰：乾元用九，天下治也。此兼言坤者，阳极而变，则成阴矣，九可包六也。○陆注：此章时字，最为肯綮。末条盖言动静皆准于《易》耳。作丹之要，盗机逆用，法其自然而已，究何变之可依、何象之可循乎？○李注：乾坤之用，在于水火。水火交，永不老，则一身之天下治矣。○补注：象辞，邢氏①作爻辞。盖指爻铢斤两，一日十二爻，一月三百六十爻。下章首条，乃申明其义。

朔受震符章

（题用陆氏。○补注：此章震符，乃金丹下手第一事。三、四节指出药材，末一节申明火候。）

《易》有三百八十四爻，据爻摘符，符谓六十四卦。铢有三百八十四，亦应卦爻之数。（下二句，真一子列在二八弦气章，今移置于此。）

补注：此以易中卦爻准配丹法，亦引端以起下文。进火退符，用卦不用爻。此条举卦而兼称爻者，因大药重一斤，计三百八十四铢，易卦

---

① 按："邢氏"，疑误，仇氏集注姓氏无所谓"邢氏"注解，遍考诸家注解及书目，也未见邢氏之注，故姑存疑。

六十四,计三百八十四爻,其数适相当也。○陆注:《易》有三百八十四爻,除牝牡四卦,则三百六十,其常数也。据爻而摘取其符,则以一爻当一时,一月周而三百六十尽矣。《传》又自注曰①,符谓六十四卦,谓卦中起爻,爻中摘符,凡一爻一时,两卦一日也。此条统论火符,正申首章兼并为六十、终则复更始之意。○又曰:卦可名而爻不可名,故举卦以该爻,不能因一爻以见卦。且四卦不用,而仍云六十四者,鼎器药物四卦,乃六十卦火符之主,故兼举言之耳。

晦至朔旦,震来受符。当斯之时(一作际),天地媾其精,日月相撢(音探)持。雄阳(坎中真阳之气)播玄施,雌阴(离中至阴之精)统黄化(居为切,一作化黄包)。浑沌相交接,权舆树根基。经营养鄞鄂,凝神以成躯。众夫蹈以出,蠕(乳元切)动莫不由(延如切)。

补注:此释《经》文:晦朔合符、震出为征也。○合朔后三日,方是月见震庚,晦至朔旦,而震来受符,见震符来自朔后矣。受符者,一月六候,各有符信,而震先受之也。旧指朔旦即震符,颇混。○陆注:此章专论震符,乃药生之初候。震以一阳动于二阴之下,所谓爻动之时也。且朝屯值符,下卦起震,震之初爻,一阳来复,正好求铅。于斯时也,乾坤交泰,颠倒而媾精;乌兔交光,含吐而撢持。其坎播玄施,而离统黄化,混沌之气,两相交接,丹基自此权舆矣。惟此一粒根基,为吾身之命蒂,所谓鄞鄂也。鄞鄂已具,便须经营火符,以温养之。又须凝聚元神,以育成丹躯。此动静交养之法也。(上数句稍订。)至十月功圆,脱胎神化,自然身外有身,而吾之圣体就矣。是道也,逆之则仙,顺之则人,非有二也,故曰:众夫蹈以出,蠕动莫不由。但百姓日用而不知耳。知之修炼,谓之圣人。○陶注:雄阳之虎,播其玄施,玄乃天之色,施则天施之意也;雌阴之龙,统其黄化,黄乃地之色,化则地生之意也。一施一化,丹法以之为权舆,而树立根基。权舆者,始初之义。《诗经》言权舆是也。(古人作衡自权始,造车自舆始。)○陆注:混沌交接,而生人生

---

① 按:"《传》又自注曰",陆西星《参同契口义》云:"魏公不曰爻符,而复自注云……",盖陆氏不信古文本,全部《参同契》皆视为魏伯阳著。仇氏以古本为据,改易陆氏注文。

物之根,权舆于此。此造化之生机,邵子所谓天根是也。《阴符》所谓盗机,盗乎此者也;《悟真》所谓铅遇癸生,生于此者也。故作丹者,急于此时,采其动机,而立命基。此章已直泄天机,读者不得师指,其于震来之符,轻易看过,一切认为自己身中,阳生下手,便欲采之以立丹基,岂不误哉?○补注:丹基已树,如花之有萼,从此温养十月,须抽铅而添汞,故曰经营;凝神者,三宝闭塞,抱一无舍也。此二句,兼内外而言。《经》云立置鄞鄂,继之筑完城郭,内资乎外也;《传》云经营养鄞鄂,继之凝神以成躯,外不离内也。内外交炼,方是性命双修。陆注此凝神为神火,但知外用火符,遗却心神内抱矣。○《淮南子》:蠉飞蠕动。(注:蠕动,蠢虫动貌。)

　　于是仲尼讚乾坤,(旧本乾坤二字,在鸿濛之下,今从陆氏,上下互调。)鸿濛德洞虚。稽古称(一作当)元皇,关雎建始初。冠(去声)婚气相纽,元年(一作气)乃芽滋(子之切。一作芽乃生)。

　　陆注:承上文而言,晦至朔旦,震来受符,造化之妙,在此初气。昔仲尼之讚乾坤曰:大哉乾元,万物资始,至哉坤元,万物资生。乾元、坤元之德,鸿濛洞虚尽之矣。鸿濛者,以气而言;洞虚者,以量而言也。盖非此鸿濛,无以播玄施;非此洞虚,何以统黄化?《易》首乾坤,良有以也。载稽古之元皇,礼重关雎,亦以人道始,起于冠婚,生育之原,萌蘖于此,故曰元年乃芽滋。元年者,履端之首,受符之初也。○陶注①:此申明朔旦震符之意,归重始初,因借五经之义以证之。《易》首乾坤,两仪为万物之始;《书》称稽古,《尧典》为治道之始;《诗》咏关雎,夫妇人伦之始也;《礼》重冠婚,男女成立之始也;《春秋》书元,人君正位之始也。圣人作经,皆有所托始。炼丹而不知其始,可乎?(此条大意,本于朱子。)钱氏②曰:元年芽滋者,初结一鼎黄芽,可以滋救衰老,乃还丹

────────

①　按:"陶注",底本作"俞注",考俞琰《参同契发挥》此段之注与此不同,实则出于陶存存之《参同契脉望》,故改。

②　按:引"钱氏"注,不知为何人?考经文"日月含吐章"李文烛注云:"李注:阴阳相须,结成铅汞,坎中吐露一线之微阳,滋救衰老之圣药,十月浇培,无非同类相配。"与此段所谓钱氏注"元年芽滋者,初结一鼎黄芽,可以滋救衰老,乃还丹之本也。"语近义同,故疑"钱氏"或即"李氏"之谓乎?

之本也。

故易统天心,复卦建始初(建始初,上文重见,当作一阳初,别作建始萌,不合音。)。**长**(于两切)**子继父体,因母立兆基。**

补注:此释《经》文:朔旦为复,阳气始通也。○陆注:天心二句,统论全体,复卦之正义;长子二句,分言二体,复卦之余意。○又曰:元年即震也,震即复也。《易传》曰:复其见天地之心乎?故知易统天心,在复卦之建始,是乃元气之滋芽。且复之为卦,下体为震,乃长男也;上体为坤,有母道焉。长子继父,必须因母以立兆基,此子母相生之理。丹法中,有子气,有母气。母气者,先天之始气;子气者,人身中所生后天之气。子气在人,会有奔蹶,必得先天母气以伏之,然后相亲相恋,自然怀胎结婴,体化纯阳,而子继父体矣,故曰因母立基。老圣谓之食母、守母者,圣人作丹第一候也。○李注:阴阳相交曰易。天心者,他家活子时也。坤下一阳来复,先天一气始萌,一点阳气,即天心也。○补注:先儒以静为天地之心,程子以动为天地之心,《参同》于交动处指天地之心,其知造化之机者乎?

圣人不虚生,上观显天符。天符有进退,诎(同屈)**伸以应时。消息应钟律,升降据斗枢。**(圣人四句,在上节之前,今依陆氏移此。)

补注:此归功作丹之圣人也。进退屈伸,足该卦爻火候;而钟律斗枢,又括《经》文卦律一章之意。○陆注:圣人继天立极,不肯虚生于世,故上观天文,知天地之阴阳升降,日月之晦朔盈亏,岁序之寒暑往来,日辰之昏明早晚,莫非天符之显然者。于是法天时之进退,而以火符之屈伸应之。月盈亏,象药材之老嫩;日早晚,为火候之温寒。其一消一息,能与钟律相应;而一升一降,又据斗枢以运之。盖天以北斗斟酌元气,而惟观其斗枢之所指,以为月建。丹家用火,亦当据此以运行,则内外符合,而真气之升降盈亏,与天合度矣。《悟真篇》云:晨昏火候合天枢。意盖如此。○陶注:符,合也。月行于天,一月一度,与日交合,谓之天符。自初一以后,月光渐进,乃魂长魄消之时,火用震、兑、乾者,以阳伸阴屈,应时之进也;十六以后,其光渐退,乃魄长魂消之时,符用巽、艮、坤者,以阴伸阳屈,应时之退也。且钟律每月换一管,一岁更换十二管；斗枢每时移一位，一日移遍十二时。此见年中用月，月中用日，日中用时，各有层次脉络也。○补注：圣人不虚生，指作《易》之圣人及黄、老二圣也。前圣作经，所言阴阳造化之理，皆上观以显天符者。《参同》据天符而演丹法，尤为深切著明矣。进退，就天运言；屈伸，就火符言；消息者，一年之姤复；升降者，一日之屯蒙。

药生象月章

（题用陆氏。○陶注：此章密示药候之要。每月前三候，比月中之金，所谓阳火也；后三候，比月中之水，所谓阴符也。其定时刻细微，必须师传口授。）

日含（一作合）五行精，月受六律纪。五六三十度，度竟复（又扶切）更（平声）始。（此条旧在《经》文君臣御政章，陆氏移置此。）

补注：此申首章月节有五六，以起下文纳甲之说也。○陆注：日者，太阳元精，中含五行，照耀万物，而成五色。许真人所谓分霞逐彩，布气生灵，皆五行之精之所化①也。月为太阴，其体白而无光，每借光于日，以去日远近，而为弦望晦朔。月与日会，一月一度，而六律、六吕由之以生，是谓月受六律纪。五行皆含于日，故日之数五；六律皆起于月，故月之数六。以五乘六，以六合五，共成三十之度。度竟复更始者，合璧之后，复苏而成朔矣。然此但言其数之适相值耳，非真有所谓五六相乘也。○补注：五六三十度，天道、人身气候不爽，上观显天符，正于此处见之，即所谓律历纪也。

三日出为爽，震庚受西方（叶音冈）。八日兑受丁，上弦平如绳。（上四句连句叶韵。）十五乾体就，盛满甲东方。蟾蜍与兔魄，日月气（一作无）双明（谋郎切）。蟾蜍视卦节，兔者（一作魄）吐生光。七八道已讫，屈折低下（去声）降（户江切）。

补注：此申前章朔旦震符，释《经》文：震出为征、阳气造端一章之意也。此一节，言上半月之三候，乃昏见者。○陆注：此指示药生之候，

---

① "化"，底本作"托"，据陆西星《参同契口义》及文义改。

而以月夕征之,欲人洞晓阴阳,深达造化也。夫人身中先天真乙之气,是为火药之宗,还丹之本,名为阳火,又曰真铅,寄于西南之位,产于偃月之炉,名之玉蕊,又曰金精,《悟真》诗云蟾光终日照西川,如此名号,种种不一,然不过白虎初弦之气而已。是气也,生之有时,采之有日。当其水源至清,有气无质,得而采之,然后药嫩而可取,否则金有望远之嫌,而不适于用矣。故三日出为爽,震庚受西方,象药生之始生也。何谓三日出为爽?自丹而言之也。月无光,借日之光以为光,故朔后三日而生明,乃阳之复也。昏见西方,出而为爽者,言即此昏见之期,作为昧爽之意。所谓晦去朔来,其符若此。八日则象兑受丁,而上弦如绳矣。十五则乾体已就,而甲东盛满矣。夫月之阳光,以渐而长,则人身阳火,亦当以渐而生。所谓药材老嫩,正在此分。《石函记》云:太阳移在月明中。吕仙师云:月夕炉中药。盖言此也。丹书称名不一,有曰蟾蜍者,曰兔魄者,不知蟾蜍之与兔魄,亦当有辨。盖蟾蜍者,月之精;而兔魄者,月之体也。夫月本借日光,故必待双对而明始生。然而阳生以渐,其蟾蜍之生也,惟视乎卦节。卦下之阳渐长,则蟾蜍之精渐生,而后兔者吐之以生光明。若七八之道已讫,则屈折下降,必至于渐亏渐灭而后已。七八者,少阴少阳之数。七八合而成十五,则阳道已终,阴将继绪矣。

十六转受(一作就)统(读平声),巽辛见(音现)平明(郑庠《古音》:东、冬、江、阳、庚、青、蒸七韵,皆叶阳音。)。艮直于丙南,下弦二十三(南、三相叶)。坤乙三十日,东方(一作北)丧其明(音芒,一作朋,非。)。节尽相禅与,继体复(扶又切)生龙(莫江切,一作乾。)。壬癸配甲乙,乾坤括始终(诸艮切)。七八数十五,九六亦相当(一作应,不协韵。)。

补注:此一节言下半月之三候,乃晨见者。○陆注:十六则转而受统。统者,统制于阴之义,乃阳消之初候也。于象为巽,平明现于辛位。二十三则直于丙南,而下弦成艮矣,阳消之中候也。三十日则阳消已尽,于象为坤,故丧明于东方之乙位。迨夫卦节既周,物极而返,则晦去朔来,复生庚月,所谓晦朔为旦,震来受符,故曰:节尽相禅与,继体复生龙。龙者,震也,又曰:阳生震、兑、乾,阴生巽、艮、坤者,阴阳消长之象也。震纳庚,兑纳丁,乾纳甲,巽纳辛,艮纳丙,坤纳乙者,八卦纳甲之法也。晦朔弦望者,日月亏盈之理也。三者本不相涉,此章比而同之。若合符节者,盖道本一原,理无二致,苟能洞晓而深达之,则取之左右,皆逢其源。然非欲一一而合之也,特立象以尽意,使人得意而忘象耳。且夫月见之方,苏于庚,亏于辛,盛于甲,丧于乙,而上下弦于丙丁,独不及于壬癸者,其故何哉？盖纳甲之法,壬癸已配甲乙,分纳于乾坤之下矣,此乾坤括纳甲之始终也。如此则盛于甲者,未始不盛于壬;而丧于乙者,未始不丧于癸矣。然此特论纳甲云耳,无甚关切,而章内必备言之者,言无偏枯,理无渗漏,当如是也。又举《易》之策数而言,少阳得七,少阴得八,七与八合,是十五也;太阳得九,太阴得六,九与六合,亦十五也。夫分为一月之六候,既有准于卦节,总此一月之日辰,又相准于策数。旁引曲喻,可谓无余蕴矣。(《易》中通揲蓍策,余三奇之数则为九,余三耦之数则为六,二耦一奇则为七,二奇一耦则为八。)

四者合三十,易象索(一作阳气合)**灭藏。象彼仲冬节,草木皆摧伤。佐阳诘商旅,人君深自藏。象时顺节令,闭口不用谈**(叶徒黄切)。(自仲冬句至下条,旧误在后序中,俞氏移并于此。)

补注:此举冬令以证月晦,欲人于静中待动也。○陆注:七、八、九、六,易中之四象,合三十以成晦,而易象已索然灭藏矣,其于卦为坤。阴极阳生,晦去而朔当复来,《契》曰:晦朔之间,合符于中。丹法所谓冬至,正在于此。《易传》曰:先王以至日闭关,商旅不行,后不省方。盖欲安静以养微阳也。○补注:《经》言:黄钟建子,兆乃滋彰。取子月之动机。《传》言:仲冬之节,草木摧伤。又取子月之静象。何也？盖采药在动,凝神在静,贞元交会,正造化之根柢,丹法之枢纽。程子有云:不翕聚,则不能发散。可悟闭口勿谈之故矣。

天道甚浩广(一作旷),**太玄**(一作元)**无形容**(于芳切)。**虚寂不可睹,匡郭**(旧作廓)**以消亡。谬误失事绪,言还自败伤。别序斯四象,以晓后生盲。**

补注:又举天道以明月晦,欲人存无以守有也。○天道浩广,四时运行，至玄冬而敛藏无形，其神功寂若。如月之匡郭消亡，而隐沉灭迹矣。此时正须塞兑忘言，以固神气，岂可多言取败，以误丹事乎？然则向晦之日，固宜安静虚无，即六候余日，亦宜隐明内照，此传者晓示后人之义也。陆云后篇以关键三宝为临炉采药之诀，丁宁更深切矣。《经》从河图四象，取七、八、九、六，以发还丹之义；《传》从策数老少，取七、八、九、六，以合三十之数。两者各有所指，故曰别序斯四象。○谨按：经、传出于两手，观此章详言六候火符，明是以《传》释《经》，若云四言、五言皆属魏公自作，岂有一人之书，颠倒错综，重见迭出之理？今划然分列，使经、传各开，而前后首尾，脉络贯通，节节可以寻讨，知圣作贤述，俱不偶然也。○《参同》经、传，章法最有条理。此章四句开端，中两段各十二句，后两段各八句，布置秩然。旧本脱后段他章，得俞玉吾参定，首尾方见完聚。○考纳甲之法，以月见方位为所纳之甲，而取象于卦画，此但仿佛推明丹候耳。赵汝楳辩之云：昼夜有长短，昼短日没于申，则月合于申，望于寅；昼长日没于戌，则月合于戌，望于辰。十二月间，初三之月未必尽见庚，十五之月未必尽见甲，合朔有先后，则上下弦未必尽在初八、廿三，望晦未必尽在十五、三十。震巽位于西，兑艮位于南，乾坤位于东，与易中卦位不符。兑画阳过阴，艮画阴过阳，亦不能均平如上下弦也。

八卦列曜章

（旧本连发号顺时令为一章，今分而为两，另定标题。○补注：此章虽概言八卦，实则坎离为主。中乃离宫之无，精乃坎宫之有，观象立表，乃推度元精，而皆不出中极之所运。）

八卦布列曜，运移不失中。元精渺难睹，推度（音入声）效符征（叶陟隆切，一作证，非。）。

补注：此申前章处中制外之意，以释《经》文辰极处正及真一难图也。○上章推震符六卦，当一月之火符，而坎离即其药物也，故曰八卦。八卦周流终始，如列曜之布天，而其火符运行，必以吾心为中极，如星宿环列，必以北辰为天极也。心极正，则可以临炉采药。而上药须用元精,乃先天真一之气。气本虚无,难以目睹,然其效验符信,却有可推度者。崔公云:先天气,后天气,得之者,常似醉。是其效验也。天应星,地应潮,穷戊己,定庚甲。是其符信也。○陆注:此章中字,最为肯綮。辰极者,天之中极也,人亦有之。《契》云:辰极处正,优游任下。邵子云:天向一中分造化,人从心上起经纶。更明切矣。苟或不能立此中极,则运动之际,乖戾舛错,非轻而失臣,则躁而失君,元神昏佚,而元精愈不可得矣。且元精之为物也,幽潜沦匿,藏于杳冥恍惚之中,非可视之而见,听之而闻,抟之而得者,所可推度。独此内效与外符,为可征据耳。《石函记》云:元阳即元精,发生于玄玄之际者。○陶注:人身中极,即玄关也。但此玄关,不属有无,不落方体,圣人只书一个中字示人。然中非四维上下之中,儒曰喜怒哀乐之未发,此中也;道曰念头不动处为玄牝,此中也;释曰不思善,不思恶,正恁么时,那个是本来面目,此中也。寂然不动者,中之体;感而遂通者,中之用。苟能于举心动念处着工夫,虚极静笃之时,自然见玄关一窍,其大无外,其小无内,既见玄关,则药物火候之运移,俱由乎中而不失矣。(陶注参引陈泥丸之说。)

　　居则观其象,准拟其形容。立表以为范,占候定吉凶。

　　补注:此申前章爻动之时,以释《经》文:爻象内动,吉凶外起也。上二句,计月节之五六;下二句,奉日辰为期度。○陆注:观象以拟之,于月盈亏而知药材之老嫩;立表以候之,于日早晚而寻火候之消息。拟之候之,凡以推度其符征所在也。○补注:金水得宜则吉,刚柔错用则凶。以在彼之火候言,常静常应则吉,轻敌丧宝则凶;以在我之火候言,在彼者当推测元精,在我者当不失其中。○拟形容,月有晦朔弦望之象;立表者,历官推测日影之器也。○《易传》:居则观其象,又拟诸其形容,又定天下之吉凶。

上下有无章

　　(此章三段,旧本分为三处,今归并一章,另拈标题。○补注:上节论先天大药,中节言得药成丹,末二节著丹法以传世也。)

上闭则称有，下闭则称无。无者以奉上，上有神德居。此两孔穴法，金气（一作有无）**亦相须。**（此条旧在《经》文养己守母章。）

　　补注：此释《经》文以无制有及孔窍其门也。○陆注：上指在上者言，颠倒用之，虎铅是也；下指在下者言，颠倒用之，龙汞是也。上闭者，先天初产之铅，朕兆未萌；下闭者，后天久培之汞，固塞勿发也。然虽朕兆未萌，而恍惚有物，窈冥有精，故可称之曰有；虽固塞勿发，而太虚之中，元神默运，故可称之曰无。称无则常无欲以观其妙矣，称有则常有欲以观其窍矣。丹法求铅，存无守有而已。惟坎中之铅，来而称有，故以我虚无之体，慎密以伺之，恭己以迎之，正欲得其神妙之德于上有之中也。若少有差谬，则情不归性，而吾之大事去矣。故不可不恭敬而奉持也。夫上之临下，下之奉上，各有孔穴，以为药物往来之交。老圣所谓玄牝之门，钟离所谓生门死户，《参同》所谓孔窍其门，皆是一穴两分，异名而同出者。知此两孔之穴法，则金气即相须于其中矣。相须，乃雌雄相须之意。运汞迎铅，得铅制汞，皆此穴中妙法。金气即神德，神德即先天真一之气。丹法秘旨，在此二句。○陶注：玄牝之门，乃出入往来之所，阴阳交会之地，金丹化生之处。大修行人，当知一穴两分之作用。○补注：此两孔三字另读，上闭者一孔，下闭者一孔也。闭则两分，开则两合。其窍窍相凑，如针灸之有穴法也。

　　黄中渐通理，润泽达肌肤。初正则终修，干立末可持（陈如切）。**一者以掩蔽，世人莫知之**（一作之知）。（此条旧在关键三宝章之末。）

　　补注：此言神德为丹基，可以安身立命。○自金气入身，而和顺积中，英华外畅，其一得永得之妙，如事之初正而终自修，物之干立而末可持。但此一点虚无真气，希微杳冥，掩蔽无形，世人皆莫知之耳。○初、干承黄中，终、末承润肤，一者承神德，掩蔽承上闭。句中各有脉络。○陆注：夫所谓一者何？先天真一之气也。坎中一画，先天乾金，是乃元始祖气。修丹之士，于其互藏之宅，而求所谓真一者，以立我之命基，是谓取坎填离，以气补气。长生久视之道，端在于此。世人误认丹从中结，而独修孤阴之一物，或者又认药自外来，而涉于房中采战之术，皆去丹道远矣。○李注：坎家戊土，乃阴火所化，名曰黄芽；我家己土，在万念不有之处,正是中宫。黄芽入我中宫,通于四肢,达于百窍,重婴脏腑,再孩肌肤,故曰:黄中渐通理,润泽达肌肤。初正、干立,乃得药还丹事;终修、末持,乃结胎成丹事。〇补注:朱子曰:一者以掩蔽,言其造端之处,隐而不彰也。陈抱一云:一乃真一之一,非数目之一,《经》曰:得其一,万事毕。能知一之妙理,则丹道无余蕴矣。故曰一者以掩蔽(一者,足以蔽尽丹道,犹云覆冒阴阳之道)。彭真一以固济蒙密解之(盖谓真气纳离宫,掩而蔽之,勿使发泄耳),此说太深,上阳犹踵其说。〇《易传》:黄中通理。(言中德在内,通畅而条理。)

吾不敢虚说,仿效古人(一作圣人)**文**(叶韵当作书)。**古记题**(一作显)**龙虎,黄帝美金华**(芳无切)。**淮南炼秋石,王阳**(上阳本作玉阳,误。)**嘉黄芽**(讹乎切)。

补注:惟世人莫知,故须作传以垂世。〇自古记以下,皆前人明道之文。传者依据成法,而后敢注书。犹《经》云:论不虚生,指画古文。当时师徒作述,同一慎重之意也。〇李注:龙虎即金木,金木即性命。金华者,乃黄帝成丹之名,金即水中之金,华即木之精华;秋石者,淮南王成丹之名,秋属金令,石喻坚凝也;黄芽者,王阳成丹之名,黄即金之色象,芽即木之初萌。总见丹乃金木所成。世人不知,或收取童便炼成秋石,或烹炼铅汞采其金华。岂知服秋石者无益于生,服铅汞者受祸尤惨。韩昌黎历指丹药之害,可为世鉴矣。〇补注:《龙虎经》,世已失传,即金华、秋石、黄芽,其法亦不可考矣。刘长生《龙虎歌》云:淮南法,炼秋石,黄帝金花烧琥珀。此引《参同契》(《金丹大要》误刻阴长生)①。《汉书》:王吉,字子阳,俗传王阳,能作黄金。彭真一谓魏公得《古文龙虎上经》,而撰《参同契》。朱子不然其说,谓是后文见伯阳传有《龙虎上经》一句,遂伪作此经,大概皆是隐括《参同》之语而为之。又谓其间有说错处,如二用云者,用九用六,即坎离也,六虚者即乾坤六爻之虚位也,《龙虎经》却说作虚危,盖不得其意,牵合一字来说耳。黄

---

① 按:考刘处玄长生有《仙乐集》传世,而《仙乐集》中并无《龙虎歌》。《群仙珠玉集》收录《龙虎歌》,署名阴长生,故上阳子《金丹大要》之说盖有所本,不知仇氏所据为何?

瑞节曰：《参同契》中引古记题龙虎，又引《火记》六百篇，盖古有其文，而今失之。鲍氏云：此乃《三坟》书、《狐首经》之比，未可知也。

贤者能持行，不肖毋（一作无）与俱。古今道由一，对谈吐所谋（汉悲切）。学者加勉力，留念深思惟。至要言甚露，昭昭我不欺（一作不我欺）。

补注：此言书成之后，在人省悟丹诀也。○道戒轻传，故宜区别贤否，而对谈面命。但恐后学无从亲授，由望其玩书而领要焉。○贤者能持行，君子得之固躬；不肖毋与俱，小人得之轻命。古谓《龙虎》诸经，今指《参同契》文，道皆由一，犹经云同出异名，皆由一门也。上文两孔穴法，金气相须，此即至要心传。

二八弦气章

（题用陆氏。○陆注：上节指明药物，下节准则铢两也。）

偃（一作铅）月作（一作法）鼎炉（一作炉鼎），白虎为熬枢。汞日为流珠，青龙与之俱（一作居）。举东以合西，魂魄自相拘。（六句连叶。）

补注：此释《经》文太阳流珠，卒①得金华及魂之与魄，互为室宅也。○陆注：此章分别龙虎弦气，以定药材铢两。偃月炉，阴炉也，中有玉蕊之阳气，虎之弦气是也；朱砂鼎，阳鼎也，中有水银之阴气，龙之弦气是也。丹法以此初弦之气，和合而成玄珠，故曰：偃月作炉鼎，白虎为熬枢。熬枢者，虎铅阳火也，《契》云：升熬于甑山兮。是其证也。以其为真汞之枢纽，故曰熬枢。汞日为流珠者，离宫之汞，飞走而不定也。其在东家，配为青龙之弦气，而龙从火里出，故曰青龙与之俱。夫龙居于东，虎居于西，虽则各守境隅，却有感通之理，故举东方之魂，以合西方之魄，则龙虎自然交媾，相钤相制，而大药成矣。举东以合西者，驱龙以就虎也；魂魄自相拘者，推情以合性也。《复命篇》云：师指青龙汞，配归白虎铅。两般俱会合，水火炼经年。知此则药物在是矣。○又曰：从

---

① 卒，原作"猝"，据上文"流珠金华章"改。

来注家，皆以日魂属东，月魄属西。今欲以日魂属西，取太阳元精，奔入坎中之义；月魄属东，取借日为光之义。○补注：日魂月魄，分属东西者，天上之太阴太阳，两相对照，日阳而月阴也；女魂男魄，颠倒西东者，丹房之离阴坎阳，互相施化，男阴而女阳也。陆注所见良是，但与《契》文不合。

上弦兑数八，下弦艮亦八（两句反韵自叶，一作亦如之，与上文相叶。）。两弦合其精，乾坤体乃成（两句平韵自叶。）。二八应一斤，易道正不倾。（旧本此下又云：铢有三百八十四，亦应卦爻之数。今移在他章。）

补注：此释《经》文八日兑行、艮主进止也。○陆注：既知药物，当识斤两。丹家温养，有取于二八两弦者，用药贵乎匀平也。盖上弦直兑，自朔计之，其数得八；下弦直艮，以望计之，其数亦八。此时金水各半，阴阳适均，药物平平，可以合丹，故两弦合精，乃成乾坤之体。二八一斤，方得阴阳之正，故曰易道正不倾。○补注：从来谈丹法者，多以二八两弦为龙虎弦气，因以艮兑二象当少男少女。窃意初八之兑，廿三之艮，《契》中明作一月之火符，阳金阴水，两者均调，而朝屯用金，暮蒙用水，一日之间，兼用二八，夏不寒而冬不暑，此中实有作法，不必以阴阳两家，力量相当为二八一斤也。《悟真篇》云：月才天际半轮明，正好用功修二八。此二八正义也。《复命篇》云：方以类聚物群分，两岸同升并一斤。此二八别义也。

金火含受章

（题用陆氏。○陶注：此章发明金火含受之道，示人以复性之功也。）

金入于猛火，色不夺精光。自开辟以来，日月不亏明（叶谟郎切，一作伤。）。金不失其重，日月（一作日）形如常。金本从日（一作月）生，朔旦受日（一作日受）符（符与下文叶）。

补注：此释《经》文月受日光、体不亏伤，男女相须，含吐以滋也。○陆注：此章即日月借光之义，以明金火含受之妙。丹家以汞求铅，得铅伏汞，不过金火互用而已。今以金入猛火，人皆谓火能克金矣。乃其炼而愈坚，不夺其光，不失其重者，以气相含受故也。犹之日月焉，自开辟以来，其并行而明不见亏者，以月借日光故也。观夫朔旦之后，禀受日符，自三日而出庚，八日而上弦，十五而望满，二十三而下弦，三十日而成晦，晦朔弦望，皆自日生，故曰金本从日。然不曰月本从日而曰金本从日者，月不从日，月下金则从日也。知日月，则知金火含受之妙矣；知金火，则知铅汞相须之故矣。○补注：第五、六句，乃承上起下之词。月受日光，以常道言之，则坤禀乾气而成孕；以丹道言之，则离纳坎气而结胎。一顺一逆，各有借光之道焉。

金返归其母，月晦日相包（叶音孚）。隐藏其匡郭，沉沦于洞虚。金复其故性，威光鼎乃熺（句于切。一作喜，一作嬉，朱子定作熺，与熹同。）。

补注：此释《经》文：六五坤承，结括始终也。○朔旦受符，此生明之月；金返归母，此向晦之月。言六候之始终也。坤为土，兑为金，有母子之义焉。月中金气，返于纯坤，是子藏母胎，晦夜景象也。夫月何以成晦？因日包月，上光不下映，而隐沉无迹矣。迨晦尽朔来，金复故性，自弦而望，威光仍熺然炽盛，此终而复始，六候循环之数也。曰鼎熺者，借月光以喻炉药，于末句指明本意。○陆注：坎卦外阴内阳，中一画为金，上下二画原属于坤，坤为母，故曰返归其母。归母则幽潜沦匿而不可见，犹之月晦为日所包也。此就卦画取子母，于义亦通。又云卦中一画，原属于乾，种入乾家交感之宫，则为复性，此却与本文不符。（朱子云：熺字，后汉文多用之。）

三性会合章

（题用陆氏。○补注：此章以水、火、土三者论丹法也。坎宫之水，有戊土焉；离宫之火，有己土焉。水火会于土釜，所谓三家相见结婴儿也。末言共宗祖，坎离皆从太极而生也。）

子午数合三，戊己数居（一作号称）五。三五既（一作结）和谐，八石正纲纪。

补注：此释《经》文：三物一家，都归戊己也。子午数合三，取河图之南北；戊己数居五，取河图之中宫。○彭好古注：子为水，天一生水，其数一；午为火，地二生火，其数二；一与二合而成三。戊己为土，天五生土，其数五。三与五并之，则成八。三五既和谐，则相生相克，而八者之纲纪正矣。○陆注：承上言，金火虽相含受，必得真土调和，乃克有济，故此归功戊己。戊己自居五数，①纳于水火之中，戊为铅情，己为汞性，金来归性，则三五和谐，而八石之药材方为真正。八石以象八方之义。丹居中宫，而四面八方之气，皆来归之，其妙用在一和字。《契》云：和则随从，路平不陂。即此意也。（内丹不用八石，此乃借外以喻内。子北为铅，午南为砂，砂铅交媾成戊土，戊土干汞成己土，从此八石任其驱使矣。）

土游于四季，守界定规矩。（此二句旧在同类伏食章，陆氏移置于此。）**呼吸相含育**（一作贪），**伫思**（《金丹大要》作停息②。）**为夫妇。**

补注：此申明戊己之土。上二言戊土，象符火之周流；下二言己土，取汞铅之交媾。○土分旺于四季，此坎宫之爻动，界有定所，按候求铅，无爽节度也。及其临炉调息，呼吸应乎周天，对景忘情，牝牡自相含育。欲使真气入身，结夫妇于中宫耳。修丹者常能思念及此，自不敢非时妄作矣。○伫思为夫妇，是求丹主意。若作停息为夫妇，乃养己静功，于采药时不合。

黄土金之父，流珠水之子（一作母，非。）。**水以土为鬼**（五行之理，以克我者为鬼。），**土镇**（一作填）**水不起。**

补注：此言生克之五行，见金木有藉于土也。上二句乃顺以相生，下二句乃逆以相克。○就丹法言之，坎宫真土，能产金华；离宫真水，能生木汞。但阴阳弗交，则木金间隔，不能成丹，必得戊土以镇伏此水，流珠从此凝固矣。○呼吸相含育，指己土，真土擒真铅也；土镇水不起，指戊土，真铅制真汞也；俱死归厚土，兼指戊己，铅汞归真土，身心寂不动

---

① 按：此处原本有分节号"○"断开，考陆氏《参同契口义》注文，文字连贯不断，故此分节号当系原本误刊，今删。

② 按：考陈上阳《金丹大要》，并无"停息"之说，或为仇氏之误记。

也。

　　朱雀为火精，执（一作气）**平调胜负**（步众切）。**水胜**（一作盛）**火消灭，俱死归厚土。三性既会合**（一作合会），**本性共宗祖。**

　　补注：此言相制之五行，见水火终归于土也。火调胜负，炼汞以迎铅；水胜火灭，铅来而汞伏。三性，即三五，必和谐方能会合耳。○陆注：水火互有胜负，火执平衡以调剂，则水得火而激动，其金自随水而下渡矣。惟金水腾入离宫，则离火为坎水所灭，从此汞既不走，铅亦不飞，加以火候温养，则汞日以添，铅日以抽，二者俱死，归于厚土，此之谓三性会合。三性会合，还丹之道毕矣。夫三性之所以能会合者，何哉？以其与己本性，皆自元始祖气而分，共一宗祖故也。一变而为水，即金水也，为先天之铅；二化而为火，即己汞也，为后天之汞；五变而成土，即戊己也，为水火两家之性情。是皆同宗共祖，一气而分，故能同类相从，合一而为丹也。学者可不知三五之道哉？① ○厚土，指土釜。

金水铢两章

　　（题用陆氏。○陆注：此章准则金水铢两，以定临炉采取之妙用。而始之所发端，与终之所极致，皆遍载于此矣。）

　　以金为隄防，水入（一作火）**乃优游**（延知切）。**金计十有五，水数亦如之。**

　　补注：此释《经》文金水合处之意也。○鼎中药候，震、兑、乾为阳金，巽、艮、坤为阴水。采药行功，先取金气以作隄防，然后水气优游可入，此刚里柔表，先后一定之次第也。金计十有五，前三度逢金，各五日为一候；水数亦如之，后三度逢水，亦五日为一候。屯蒙符火之事，首段举其大要矣。○《契》中言金水，有先天后天之辨。《经》云：白者金精，黑者水基。此指先天大药。《传》云：金计十五，水数如之。此指后天

---

① "故能同类相从，合一而为丹也。学者可不知三五之道哉？"，按：考陆氏《测疏》及《口义》，其作"故同类相从，而其性易合也"云云，无仇氏所谓"合一而为丹"、"学者可不知三五之道哉"之语。

炉药。○《经》文晦朔合符章,言六候之金水,是乃朝暮火符所用之药材也。此处金水之数各计十五,正与《经》文互相发明,诸家皆未见及。陆氏谓二七之期,金精壮盛,必有此十五分之金,方能生十五分之水,此犹踵上阳之说,误涉先天金水矣。不如姜氏注,直指为六候火符,能片言扼要。

临炉定铢两,五分水有余。二者以为真,金重如本初。其三(一作土,非。)遂不入,火二(一作二者)与之俱。

补注:此言金火互用。水二、火二,即《经》文所谓分两有数也。○临炉定铢两,于鼎中测药候也。五分水有余者,潮泛五日而净,水太泛溢,金气不足矣,故必以二者为真。两日潮尽,金气之真,如其初候,方可用之;若延至三日,则金气稍亏,亦不可入矣。炼丹要诀,辨鼎须看二日,而采药须用二候。二日者,坎中之真信;二候者,离家之作用。以二候之火力,配二日之药符,则刚柔相当,配合均平,所谓定铢两也。○陆注:二分之火,乃一时半刻之火。上阳子云,一时三符,比之求铅,止用一符之速也。如此指示,已太分明,而迷者犹求真水于三十时辰之后,又乌知有气无质之妙,非度于后天者所可论哉!○补注:五分水有余,陆注将十五之水,各以五日分之,其在生庚一候,犹嫌五日过余,惟取庚中之二分以为的候,此亦主二日之期言。○吕祖《三字诀》云:滓质物,自继绍。二者余,方绝妙。滓质物,言癸水初降;二者余,谓癸尽铅生。又《采金歌》云:三十时辰两日半,采取只在一时辰。临炉火候,直吐心传矣。(癸水初净,又有淡黄涓滴,过此便当急采,所谓二者余也。此与白虎首经二点初净者异。)

三物相含受(一作既合度),变化状若神(叶时连切)。下有太阳气,伏蒸须臾间(经天切)。先液而后凝,号曰黄舆(同舁)焉。岁月将欲讫,毁性伤寿年。

补注:此承上章金、水、火三者,以见还丹之妙。○陆注:金中有水,用火迎入,相含相受于戊己之宫,则三物会合,自然龙吟虎啸,而变化之状,斯若神矣。水火何以迎入?盖以离宫汞火,乃太阳之气,伏蒸于下,则水为火所蒸,自然腾沸于其上矣。其时贯尾闾,通泥丸,下重楼,入紫庭,周流上下,至其所止之处而休焉。先则为液而逆流,后则为丹而凝结,故号黄舆焉。黄舆者,以其随河车而上行于黄道之中也;岁月者,攒簇之岁月。丹法攒年成月,攒月成日,攒日成时,而一时之中分为三符,求铅之候,只用一符。所以如此之速者,知止知足也。使岁月欲讫之时,不能持盈守满,忽尔姹女逃亡,是谓毁性。丹取金来归性,性既毁矣,金复何附?所谓藏锋之火,祸发必克;年寿之伤,无足异者。(此章三物,指金、水、火,前章以水、火、土为三性。要知金火相交处,仍不能离土也。)

形体为灰土,状若明窗尘。捣(一作铸)治(平声)并合之,驰入赤色门(眉贫切)。固塞(音色)其际会(一作济),务令致(一作緻)完坚(叶古因切)。

陆注①:此明用铅之诀。形体为灰土,渣滓皆无用也;状若明窗尘,轻清者始用之。其虚无之气,微若窗尘,即二分之水是也。以此二分之水,合以二分之火,药从赤色门而入,种在乾家交感之宫,则丹基于此结矣。丹基已立,从此固塞其际会,时时关键三宝,令精神必完固,而火符可运行。固塞际会,凡采药养丹,首尾皆当如此。○又曰:明窗尘者,窗外日光,浮动尘影,细微之极也。或者误认外丹之药,飞结于鼎盖者,失其旨矣。又曰:玩并合二字,分明火二与之俱也。驰入者,驰有道路,入有门户;赤色门,所入之门户也,乾为大赤,故云赤色门。《入药镜》云:产在坤,种在乾。贯尾闾,通泥丸。知此则门与道,两得之矣。

炎火张于下,昼夜(一作龙虎)声正勤(真、文通用)。始文使(一作始初文)可修,终竟武乃陈。候视加谨密,审察调寒温(子云切)。周旋十二节,节尽更须亲(一作亲观)。

陆注:此言行火之诀。○补注:炎火下张,离宫之汞火;始文终武,坎宫之符火。两火交媾,须昼夜勤行。而坎中又分一文一武者,盖乾屯用金,是发生之气,故属诸文;暮蒙用水,是收敛之气,故属诸武。《悟真》薛注云:文火居左为阳火,武火居右为阴符。此可互证。○陆注:

---

① "陆注",原作"补注",考此段注文,均出陆氏之注,非仇氏补注,故改。

候视加谨密者,寤寐神相抱也;审察调寒温者,昏明顺寒暑也;周旋十二节者,一日十二时也;节尽更须亲者,度竟复更始也。○补注:炎火张下,阳炉运火居在下也;昼夜声勤,子午寅申分刻漏也。李注引前哲诗云,周天息数微微数,玉漏寒声滴滴符,即此意也(周天二句,本于吕祖。数息在离,滴滴指坎,此乃临炉隐诀。)。周天数息,前二候作用,地天交泰时,调三百六十息。○此章始文终武,与《鼎器歌》所谓首尾武,中间文,意各有指。此章文武,言一日之火候。当仁施德,始文可修也;在义设刑,终竟武陈也。《歌》中文武,言通体之丹火。首尾武者,后天鼎中筑基温养之火;中间文者,先天鼎中大药还丹之火。○李注:调寒温者,火不伤于燥,水不伤于滥也。

气索命将绝,休(一作体)**死亡魄魂**(胡圈切)**。色转更为紫,赫然成还丹**(都员切)**。粉提**(一作服之)**以一丸,刀圭最为神**(时连切)**。**

补注:此言还丹大药,有神妙不测之功。○陆注:如此禽聚精神,调停火候,直待铅抽已尽,己汞亦干,魄死魂销,群阴剥尽,化为纯阳,故色转更为紫,赫然成还丹。惟此还丹,有气无质,其体至微,其用甚大,故曰:粉提以一丸,刀圭最为神也。○陶注:金液凝结之际,百脉归源,呼吸俱泯,日魂月魄,一时停轮,如命之将绝者,绝而复苏,则白真人所谓这回大死今方活也。○补注:孙氏《金丹真传》云:结丹与还丹有异。结丹之法,由我而不由人;还丹之功,在彼而不在己。李堪疏云:结丹者,采取外来之药,擒制吾身之气,使不散失,聚而成象,结内丹也;还丹者,彼之真阳方动,即运一点己汞以迎之,外触内激而有象,内触外感而有灵,如磁吸铁,收入丹田,还外丹也。据此知还丹之时,乃用先天大药,可以补诸家之未备。○色紫、粉丸、刀圭,皆借外丹以喻内药。好古云:于金粉中提出一丸服之,不过刀头圭角,些子之间,而其出有入无,便神化不测。上阳云:其少如一提之粉,其小如一丸之药,其轻如刀圭之匕,言其至微而至灵也。陆云:以指甲撮物曰提。○上阳注:金水与火,三物相合,则既受金炁,复得水制,结成还丹,乃能变化而状若神矣。下手临炉之功,莫此为要。是以圣人年中取月而置金,月中测日而听潮,日中择时而应爻,时中定火而行符。何谓行符?古圣先贤,以炼金丹为一大件事,推度时节,立攒簇法,以一年七十二候簇于一日,以三百六十爻攒于一月,以三十六符计一昼夜,分俵十二时中。是一时有六候,比之求丹,止用二候之久;一时有一爻,比之求丹,不要半爻之顷;一时有三符,比之求丹,止用一符之速。所谓单诀者,此也,黄帝言《阴符》者,此也。修丹者,于此一符之顷,麀三千六百之正气,迎纳胎中。当斯之时,地轴由心,天关在手,黑白交映,刚柔迭兴,荧惑守于西极,朱雀炎在空中,促水以运金,催火而入鼎,伏蒸太阳之炁,结就黄舆之丹矣。

谨按:此章备言丹法。始而炼己筑基,继而采药得丹,终而火符温养。纲举目张,足包一部《参同》。陆长庚云:神仙丹诀,无过用铅用火。不知用铅,则药物失其铢两;不知用火,则始终乖其节度。据此,则章内言水二者,测坎宫之时候;言火二者,记离宫之分两也。而坎宫生水,又有金水之分;离宫用火,又有文武之别。脉络最为详明。且金防水入,明筑基之功;临炉铢两,明采药之事;昼夜寒暑,明养火之数;赫然还丹,明圣胎之体。丹家秘藏,几于罄露无隐矣。

水火情性章

(题用陆氏。○补注:造化虽分五行,大用莫如水火。阴阳者,水火之原;日月者,水火之精;坎离者,水火之象;男女者,水火之质;情性者,水火之灵。造化水火,自一本而分;丹法水火,从两家而合。合则为丹,此逆行之道也。)

推演五行数,较(一作简)**约而不繁**(分铅切,一作烦)。**举水以激火,奄然灭光明**(弥延切,一作荣)。**日月相薄蚀**(一作激薄),**常在晦朔间**(一作朔望)。**水盛坎侵阳,火衰离昼昏**(叶萱)。**阴阳相饮食,交感道自然。**

补注:此章以水火二物,复申还丹之道,即《经》文所谓则水定火,五行之初也。○五行之数,水火居先;水火之精,是为日月。试举水以激火,而火灭其光,是水火有时相济矣;晦朔日月并行,而夜无月色,是日月有时交会矣。水盛侵阳,水能克火,火衰昼昏,月掩日光也。二句申述上文，以见阴阳交感，乃造化自然之理。修真者，明乎造化之理，而行交感之法，则可以得药苗而夺化机矣。〇水火喻丹家之铅汞，日月喻丹家之魂魄。日月晦朔，本《经》文：晦朔之间，合符行中。阴阳饮食，本《经》文：龙呼虎吸，两相饮食。〇日月薄蚀，谓其行度侵迫，非谓朔望之期，日月亏食也。他本作朔望之间者，非是。

名者以定情，字者缘性言。金来归性初，乃得称还丹。

补注：此从阴阳交感上，见归还妙用，释《经》文：推情合性，转而相与也。〇陆注：金丹一物而已，乃有铅汞两者之名。铅者，同类有情之物也，故称之为情；汞者，所禀以生之灵光也，故称之为性。情之与性，正如名之与字，虽则称号各别，其实只一人也。在作丹之际，推情合性，则金来归性矣。归性则丹道乃成，而谓之曰还。还者，正归之义也。然既名之曰丹，则不可谓之铅情，不可谓之汞性，所谓以两而化者，以一而神矣。金来归性一句，道出作丹神髓。〇上阳注：情居西北，性主东南；东南曰我，西北曰彼。金水之情，自外来而克木火；木火之性，乃内还而结金丹。是之谓：金来归性初，乃得称还丹。〇补注：此借名字以喻性情也。以性摄情，犹之因名取字，故曰名者以定情；情返于性，犹之字合于名，故曰字者缘性言。上句自内而外，比阳交于阴；下句自外而内，比阴交于阳。表里互言，以见两相交感之意。然不曰情来归性，而曰金来归性，兑金乃有情之物，招之来归，则复乾金之初性矣，所以谓之还丹。（一说古人缔婚，有纳采问名。女子许嫁，则笄而加字。名者以定情，男求婚于女也，此喻以性摄情；字者以性言，女作配于男也，此喻情来合性。借婚姻之事，以喻阴阳交感之道。名字皆就女家言，与旧说不同。）或问：药自外来，丹从中结，此本是借丹，何以谓之还丹？曰：人本同类，各禀阴阳，均自二五而来，根源实出一本。当其赋形之初，乾金完具，自知诱物化，以耳、目、口、鼻之欲，而交于声色臭味之投，日移月化，性体之丧失者多矣。修真之道，内定心神，外采丹药，取坎填离，以复其固有之元阳，此乃内外合一，归根复命之道，所以谓之还丹。比富人失产，家计萧条，能借资于人，经营以复旧业，岂不是还其所有耶？若必欲枯修独炼，以冀还丹，犹之贫人无助，终于空乏而已，又焉望其恢复耶？

罕譬而喻,其理自明。

二气感化章

(题用陆氏。○补注:此章以造化丹理,仍取水火交合之义。阴阳日用,亦自上章而来。)

阳燧以取火,非日不生光。方诸非星月,安能得水浆?二气玄且远(一作至愚),感化尚相通。何况近存身,切在于心胸。阴阳配日月,水火为效征(陟隆切)。

陆注:言阴阳二气,感化自通,以明同类之易于相从,即《契》所谓引验见效者也。○补注:《易》言同气相求,乃造化自然之理。故阳燧以取火,照日即生光,方诸以取水,映月便生浆,见真阴真阳,有感必通。虽日月至远,尚可以物致之,何况近存人身,切在我心者乎?其含受摄取,尤为神速。丹法以人类之阴阳,象日月之配合,则其水流火就,实有隔碍潜通之妙。举水灭火,亦即水火效征也。○取日取月,当兼内外言。阳燧方诸,原具阴阳之气,此在内者;太阳太阴,各含水火之精,此在外者。以内引外,以外投内,故感化如此之速。陆云以阴阳之义,配诸日月,取水取火,此效征之不爽者,乃知同类易相亲,事乖不成宝也。引验见效,可谓深切而著明矣。○陆又云:阳燧,木燧也;方诸,大蛤也。或以阳燧为火珠,方诸为阴鉴,身心当是同类两体。紫阳《金丹四百字·序》云:以身心分上下两弦。盖身属坎情,心属离性,情性相感,自会合而成还丹也。○李注:阳燧方诸,乃招摄水火之器。当其招摄时,若无日月之光,虽有诸燧,水火奚来?世间方士,止知用坤,不知用乾,此与用诸燧而不用日月者何异?殊不知坤乃空器,实无铅汞,若有铅汞,则世间处子,可以不夫而自孕矣。大抵水火原非诸燧所有,乃日月中来者;铅汞原非坤宫所有,乃乾宫中来者。坤与诸燧,不过招摄之具耳。○按:李氏每言丹室须用乾,不知炼己筑基,剑锋英利,是即乾刚坤柔、灵父圣母,两相配当也。若云丹房中别用婴儿姹女,两相交接,然后乾家乘机而取之,以此为三家相见,实仙真所不言者。

关键三宝章

（题用陆氏。○上阳注：此章详明炼丹入室之密旨，学者得师口诀，须熟诵万遍，字字分明，方可求丹。此乃《参同契》着紧合尖处也。○陶注：前二节言入室用功，后三节言得药景象。○合尖，是借造桥为喻。结构洞桥，自下而上，至顶尖合筍处，乃其巧妙也。）

耳目口三宝，闭（一作固）塞（音色）勿发通（一作扬）。真人潜深渊，浮游守规中。旋曲以视听（一作览），开阖皆合同。为己之枢辖，动静不竭穷。

补注：此章言性命双修之道，释《经》文：引内养性、配以伏食也。前二节即所谓内以养己，安静虚无，原本隐明，内照形躯也。○前章言三物相含受，则真气已入于中宫，从此当护持三宝，无使发泄。盖外之耳、目、口，实通于内之精神气，而为三宝也。闭塞耳关，则精聚于中；闭塞目关，则神敛于中；闭塞口关，则气会于中。正以规中，乃真人深潜之所，当守其浮游之气也。旋曲视听者，抱一无舍，呼吸绵绵，其一开一阖，尝与真人合同而居也。能合同，则可为己之枢辖，而动静不失其时矣。动者行火，静者凝神。○《经》云：真人至妙，仿佛大渊。真人原在坎宫。《传》云：真人潜深渊，浮游守规中。真人迎入离宫矣。○陆注指真人为真一之气，是也。但以规中为产药之处，以浮游为交动之时，以旋曲视听为守候而侦察之，盖谓谨持三宝，将以临炉采药也。说来转折太多，不如直主得药之后言。○浮游守规中，守此浮游之气于规中，即下文所谓顺鸿濛也；旋曲视听，谓三宝皆内用耳；枢辖者，如户之有枢，车之有辖，能关束而钤制之也；动静不竭穷者，内炼外交，朝朝暮暮，循环而不已也。○陆注：《阴符经》云：九窍之邪，在乎三要。三要即三宝。戊土能制己土，故曰枢辖。己谓己土，而戊土者，即深渊之真人。

离气内（朱子音纳）营（一作荣）卫，坎乃不用聪。兑合不以谈，希言顺鸿濛（用东韵）。三者既关键，缓体处（上声）空房。委志归虚无，无（一作念）念以为常。

补注：此段申言耳、目、口三宝，闭塞勿发通之故。○陆注[1]：其精、气、神三者，果能内敛于中，静笃不散，自然纯一禽聚，以顺其鸿濛之气。鸿濛乃真一之气。盖自得药归鼎，鸿濛施化，便当优游和缓，无劳尔形；委志虚无，无营尔思。庶乎火力均调，而九转之功可冀。无念者，情境两忘，人法双遣，不可沉着于有为事相之中，所谓一念不起，万缘皆空。以此为常，功深力到，则证验推移，如立竿之见影矣。盖有念者，一时半刻之事；无念者，三年九载之功也。故云以为常。○补注：离气内营卫，离主目光言，即《经》言内照形躯。营卫者，周身之血气，医书谓营主血，卫主气，又云营行脉中，卫行脉外。○李注：委志，言用志不分。此段工夫，全以无念为主。

证验自（一作难以）**推**（土回切）**移，心专不纵**（平声）**横**（姑黄切）**。寝寐神相抱，觉**（古效切）**寤候存亡。颜色浸以润，骨节益坚强。排**（一作辟）**却众阴邪，然后立正阳。**

补注：此言温养工夫，在心专而气聚，即《经》文所云：津液腠理，筋骨致坚。众邪辟除，正气常存也。○陆注：证验推移者，由浅而至深也。证验非心专不能知，心专不外驰，则寝寐而神与之相抱，觉寤而候气之存亡，即所谓守规中也。既云无念，而此复言心专者，盖无念者，乃无杂念之谓，非顽空也，心专则无杂念矣。颜色浸润，骨节坚强，乃证验之见于外者。○补注：却众阴而立正阳，抽铅添汞，使阳气日长，阴气日消，而真一之气化为纯阳也。盖阳气一分不尽则不死，阴气一分不尽则不仙。立阳之功，常于十月中用之。○陆注：不纵横，心无出入驰骛也。

修之不辍休，庶气云雨行。淫淫（浸淫也。）**若春泽，液液**（融液也。）**象解冰。从头流达足，究竟复**（扶又切）**上**（上声）**升。往来洞无极，拂拂**（李作沸，一作沸，一作佛。）**被谷**（一作容）**中**（诸仍切）**。**

陆注：此证验之见于内者。盖得药之后，丹降中宫，于时众气自归，河车自转，蒸蒸然如山云之腾于太空，霏霏然如春雨之遍于原野，淫淫然如春水之满四泽，液液然如河冰之将欲解，往来上下，洞达无穷，百脉

---

[1] 按：分节号及"陆注"二字原本无，为校者所加。因陆注一段系仇节录陆氏《测疏》及《口义》注文。

冲融，和气充足，满怀都是春，而状如微醉也。此非亲造实诣，难以语此。○李注：阴邪排尽，周身脉络无一不通，五脏六腑之气尽化为金液，前降后升，一身流转，再无穷极，神光瑞气，郁郁浓浓，披拂于空谷而不散。○谷中，谷神之所。

反者道之验，弱者德之柄（叶平声，逳旁切。）。**芸锄宿污秽，细微得调畅**（当叶初艮切）。**浊者清之路，昏久则昭明**（叶谟郎切，郑庠《古韵考》：东、冬、江、阳、庚、青、蒸、七韵通叶。）。

补注：末引《道德经》语，以明却阴立阳之意。○经云：反者道之动，谓一阳来复，乃道之动机；又云：弱者道之用，谓濡弱不争，乃道之妙用。此以反为道之验者，真气反还，自有效验也；以弱为德之柄者，弱入强出，操柄在我也。反乃得药之功，弱乃临炉之法。老圣又言：专气致柔、知雄守雌，皆所谓弱也。芸锄宿秽，言排阴之功；细微调畅，言阳立之效。○陆云：至此则真气充裕，百脉归源，如所谓气索命将绝，体①死亡魄魂者。故昏昏默默，莫知其然。久之则神气自清明，无更虑其昏浊矣。《经》又云：孰能浊以静之徐清，众人昭昭，我独若昏。意亦若此。○陆又云：道德二字，要有分别。无为者曰道，有为者曰德；自然者曰道，反还者曰德。○陶注：如醉如痴，有似乎昏浊者然。浊而徐清，昏而复明，如大死方活也。

谨按：此章兼言性命工夫，乃内外合一之道。全阳子专主清静工夫，将真人鸿濛，排阴立阳，皆若②作一身之元气，此何异炉内无真种，而水火沸空铛乎？岂知清静、阴阳，丹家本不相离。《经》文内以养己章言闭塞其兑、三光陆沉，而下复云知白守黑，神明自来；将欲养性章言性主处内，立置鄞鄂，而下复云男白女赤，金火相拘。原无遗命修性，独炼阴神之理。熟读《契》文，知此章能该括经旨，不但与鼎新御政章相为表里也。

---

① 体，广陵本陆注作"休"字。
② 若，集要本作"看"，颇近。

同类伏食章

（旧分四章，今合为一，另定标题。○补注：此章斥旁门之非，告之以伏食，引之以同类，而证之以效验，欲其弃邪从正也。）

世人好（去声）小术，不审道浅深（诸容切）。弃正从邪径，欲速阏（音遏）不通。犹盲不任杖（一作挂[①]），聋者听宫商。没（一作投）水捕雉兔，登山索（音色）鱼龙（谟江切）。植麦欲获黍，运规以求方。竭力劳精神，终年不（一作无）见功（功音光）。

补注：此释《经》文以类相况之意，见非种难为巧也。○陆注：上数章所言二气感化，引验见效，历如指掌。重悯世人，偏好小术，不审浅深，不辨邪正，妄意作为，迄无成效。岂知吾道至易至简之法，不待于远求乎？○陶注：世人见小欲速，多被盲师引入邪径，仙翁力言无益，以见金丹大道，二气感应之速也。○《易林》：上山求鱼，入水捕兔。

欲知伏食（诸本多作服食）法，事约而不繁（汾沿切）。胡粉投火中，色坏还为铅。冰雪得温汤，解释成太玄。金以砂为主，禀和于水银（鱼轩切）。变化由其真，始终（一作终始）自相因。

补注：此释《经》文所云配以伏食者，见同类易施功也。○姜注：伏食之法，至易至简，只在玉液炼己、金液还丹而已，何繁难之有？○陶注：胡粉，铅所造，以火烧之，还复为铅；冰雪，水所凝，以汤沃之，仍解为水。可见返本还元，理有固然者。况金丹大道，精神与气，原为同类之物，于同类之中，而得真一之气，自然阴变阳化，始终用之而成功也。○补注：外丹借铅中金气以伏朱砂，是铅为客而砂为主矣。制砂实死，能干汞成宝。盖水银原从砂出，乃其品质之和同者，此借炉火为喻耳。若言内丹，真土擒真铅，真铅制真汞，犹之砂金水银，始终相因也。

欲作伏食仙，宜以同类者（阻可切）。植禾当以黍（作谷，作粟。），覆鸡用其卵（叶音裸，一作子。）。以类辅自然，物成易（音异）陶冶（邬果切）。鱼目岂为珠，蓬蒿不成槚（古我切）。类同者相从，事乖不成宝

[①] 挂，疑为"拄"字之误。

（叶）。是以燕雀不生凤，狐兔不乳马（母果切），水流不炎上，火动不润下（户可切）。

　　补注：此释《经》文以类相求也。植禾四句，申言同类易施功；鱼目以下，申言非种难为巧。○欲作伏食之仙，当求诸同类之中。同类者，真阴真阳，牝牡相须，水火相配，而变化从此起也。○陶注：章内所言伏食，非服草木金石也。伏者，伏虚无之气；食者，吞黍米之珠也。○上阳注：欲知服食法，古仙语不繁。伏炁不服气，服气须伏炁；服气不长生，长生须伏炁。斯言真妙诀，以诏高上人。○补注：此章罕譬曲喻，亦与《经》文河上姹女、关关雎鸠两章相似。经、传体格，各相照应如此。

　　巨胜尚延年，还丹可入口。金性不败朽，故为万物宝（彼口切）。术士伏食之，寿命得长久。

　　补注：此申明伏食之功，即《经》文所云：凝精流形，金石不朽也。点出金性金砂，直以金丹之道示人矣。○陶注：巨胜、胡麻，草木之物，常服尚可延年，况金液还丹乎？金性坚刚，历万劫而不失其重，诚为至宝。以术延命之士，炼此先天乾金之丹，吞入腹中，自然我命不由天矣。○补注：上言伏食可以成仙，此言伏食可以长寿，先立命而后能飞举也。

　　金砂入五内，雾散若风雨。薰蒸达四肢，颜色悦泽好（叶）。发白皆变（一作更生）黑，齿落生（一作由）旧所。老翁复丁壮，耆妪成姹女。改形免世厄，号之曰真人（人字不叶韵，依上文语气，似当云：真人得自主，或①云宜作：真人侯轻举。）。

　　补注：此备言伏食之效，即《经》文所谓：各得其和，俱吐证符者。金砂二句，此效之得于内者；薰蒸以下，此效之见于外者。○陶注：金砂者，兑金离砂，真铅真汞也。汞迎铅入，渡鹊桥之东，由尾闾，导命门，过夹脊，入髓海，注双目，降金桥，渡银河，混合于中宫，瀹然如云雾之四塞，冥然如烟岚之罩山，蒙蒙兮如昼梦之初觉，洋洋乎如澡浴之方起，此乃得丹真景象。既得金液还丹，又加昼夜温养，丹气熏蒸于四体，自然神清色润，发黑齿生，还老返童，血膏骨弱，长生不死，而为仙人也。○

---

① 或，底本脱，据集要本补。

汉《泰山老父传》:转老为少,发白更黑,齿落更生。① ○补注:男子得药,可复丁壮,老妪何以能还姹女? 女功先守乳房,斩除赤龙,而求大药,但作法微有不同。李氏云:男子作丹,先铅而后汞;女子作丹,先汞而后铅。此是秘传丹诀。(李注所云铅汞,即指朔后晦前之金水。)○陶注:邵子云:恍惚阴阳初变化,氤氲天地乍回旋。中间些子好光景,安得工夫入语言。此真身造而实践者也。○补注:金入五内,得初度先天之气;薰达四肢,乃十月火符之效。过此以往,则道成德就,而潜伏俟时矣。○此章将伏食同类,反复申明,而浅深次第,皆托物喻言,即所谓以类相况,揆物终始也。

背道迷真章

(题用陆氏。○补注:前章世人好小术、弃正从邪径,只约言大概;此章则尽辟其非,毋使贻误后人也。)

世间多学士,高妙负良才(前西切)。邂逅不遭遇,耗火亡资(一作货财)财(前西切)。据按依文说,妄以意(一作言)为之。端绪无因缘,度量失操持。捣治(平声)羌石胆,云母及矾磁。硫黄烧豫章,泥汞(一作澒)相炼治(平声,一作持)。鼓铸(一作下,非。)五石铜,以之为辅枢(叶)。杂性不同类(一作种),安肯合体居。千举必万败,欲黠反成痴。侥幸讫不遇,圣人(一作至人)独知之。(彭晓本有此二句。)稚年至白首,中道生(一作坐)狐疑。背(音悖)道守迷路,出正入邪蹊。管窥不广见,难以揆方来。

补注:此悯世之舍金丹而炼炉火者,乃释《经》文:好者亿人,讫不谐遇,广求名药,与道乖殊也。○俞全阳注:饶君聪慧过颜闵,不遇真师莫强猜。只为金丹无口诀,教君何处结灵胎? 世间高才好学之士,不为无人,而求其遇真师得正传者,寡矣。彼有烧炼三黄四神之药,妄意以为道在于是,殊不知五金八石,乃世间有形有质之物,种类不同,性质各

---

① 按:《泰山老父传》,系晋葛洪《神仙传》卷五所载,其云转老为少,黑发更生,齿落复生,仇作《泰山父老传》。

异,安肯合体而共居哉？凡为此术者,莫不千举万败。何则？端绪无因缘,度量失操持故也。《指元篇》云：访师求友学烧丹,精选朱砂作大还。将谓外丹化内药,原来金石不相关。盖神仙金液大丹,乃无中生有之至药,而所谓朱砂、水银者,不过设象比喻而已。奈何世人不识真铅汞,而孳孳于炉火,冀其开点服食,不亦愚乎？彼怀侥幸之心,终无一遇,而犹望圣人之或助焉。究之圣人,必不可见,至皓首而自疑其谬妄,悔何及矣。之人也,舍大道而习迷途,离正法而趋邪径,管窥偏见,乌可与谈方来之元妙哉！（豫章,大木,烧炭以炼砂；煮硫入汞,养干使点铜。此惑于外丹之术者。○俞注谓世有得圣人之正传,而中道自生狐疑者,语多转折,今皆为订正。）

是非历藏（脏同）法,内视（一作内观）有所思（叶鱼韵）。履斗步罡宿（一作履行步斗）,六甲次（一作以）日辰（叶如之切）。阴道厌九一,浊乱弄元胞（叶音孚）。食气鸣肠胃,吐正吸外邪（音徐）。昼夜不卧寐,晦朔未尝休（陶于切）。身体日（一作旦）疲倦,恍惚状若痴。百脉鼎沸驰,不得清澄居。累（上声）土立坛宇,朝暮敬祭祠（一作祀）。鬼物见（音现）形象（一作容）,梦寐感慨之。心欢意喜悦（一作而意）,自谓必延期。遽以夭命死,腐露其形骸（叶）。举措辄有违,悖道（一作逆）失枢机。诸术甚众多,千条万有余。前却违黄老,曲折戾九都。明者省厥旨,旷然知所由（详如切）。

补注：此恶世之弃正道而杂旁门者,乃释《经》文：不得其理,难以妄言,举世迷惑,竟无见闻也。○陶注：是金丹之道,非种种旁门可比,章末历举数条,不使其惑世而诬民。○陆注：道法三千六百,皆属旁门,穷年皓首,迄于无成。惟此金丹大道,法象天地,准则日月,符合卦爻,逆转生杀,乃上圣登真之梯筏。黄帝之《阴符》,老圣之《道德》,皆述此意,明者省厥旨趣,可坦然而由之矣。○补注：道家法门,有神丹之法,有清静之法,有金丹之法,有符箓之法,四者乃其大纲。上文所言烧炼,乃不知神丹而误者；此系内视食气,乃不知清静而误者；九一弄胞,乃不知金丹而误者；步罡敬祠,乃不知符箓而误者；千条万绪,又该举其余矣。○李注：外道之病,约有八种：周历五脏者,是专修孤阴之弊,以一身为炉鼎,以五脏为五行,如认肾为真铅,心为真汞,肝木为青龙,肺金为白虎,脾胃为戊己土,以意为黄婆,以眼观鼻,鼻观心,心注丹田,神思闭息,乃独修一物转枯羸也;履斗步罡者,其法用南宫符咒,仗剑步罡者,炼六甲六丁神,用日时支干将,取身中祖炁,以驱使鬼神,其流弊为左道;阴道九一者,乃采阴补阳之术,如三峰采战,九浅一深,及养龟展缩等法,此如抱薪救火,究竟火焚薪尽而已;浊乱元胞者,用悬胎鼎以接气,及婴儿出胎时,吸母项之气,又或取女经为红铅,炼男溺为秋石,或取婴脐丹,或摘梅子丹,或熬乳粉,或夺胎骨,此皆渣滓秽物,与先天虚无之气悬隔,其术尤为伤生害道,不可不禁;食气之法,乃导引漱津,一口三咽,送入丹田,积久而肠胃鸣声也;吐吸之法,乃吐故纳新,朝起面东,外吸日月五霞之气也;昼夜不寐者,乃打坐炼魔,经岁不寐者,以致气血劳沸,精神悴枯,身倦而识痴也;立坛祭神者,乃黩祀邀福,结想成形,或眼见鬼神,或梦礼仙佛,自谓修成正果,宁知元气耗损,反以夭命乎?惟黄老之术,性命双修,除此一乘法,余二即非真。修正法,可以陟天庭;从邪道,难免堕地府矣。○陆注:前却者,进退踌躇之意;九都,乃九幽之府。戾,谓自取罪戾,见幽有鬼责也。○补注:此章大意,当与钟离公《正道歌》参看。

三圣制作章

(另定标题。○补注:魏真人后序云:惟昔圣贤,抱玄怀真。盖指黄帝、老圣。此章直从三圣序起,以见儒道两家,渊源无异也。曰因师觉悟,曰略述纲纪,又见一作一述,授受所自来矣。)

若夫(音扶)至圣,不过伏羲,始画八卦,效法天地(叶音低。一作:画八卦,效天图。)。文王帝之宗,循而(一作结体)演爻(当作彖)辞。夫子庶圣雄,十翼以辅之。三圣(一作三君)天所挺,迭兴更御时。优劣有步骤,功德不相殊。制作有所踵,推度(音铎)审分铢。有形易(音异)忖量(平声),无兆难虑谋(谟杯切)。作事令(平声)可法,为世定斯书。素无前识资,因师觉悟之。皓若褰帷帐,瞋(一作瞑)目登高台(同都切)。

补注：徐公仿《经》文而作后序也。前段读《契》文而悟丹道，乃上承往圣。○好古注：至圣以下，言三圣法天作《易》；制作以下，言魏公准《易》作《契》；前识以下，自喜得所传授也。○补注：三圣迭兴，即《经》文所：云歌叙大易，三圣遗言也。不过谓后圣不能有加。羲皇为作《易》之始祖，文王为演《易》之大宗，夫子以《十翼》辅经，又众圣中之雄奇杰出者。溯《易》书之源流，创难而述易，似乎先后有优劣。若其发挥大道，以垂教万世，功德初不殊也。魏公《参同》之作，根极于性命阴阳，其卦律火符，分两爻铢，能探朕兆所未形者，以为丹道之准绳，此又继三圣而制作也。徐公自谓因师觉悟，其为魏公亲传弟子明矣。褰帷、登台，喻心开目朗，洞见《契》文精意也。○《彖辞》作于文王，《爻辞》作于周公，当以《彖辞》为正。十翼者，上经彖传、下经彖传、上经象传、下经象传、系辞上传、系辞下传、文言传、说卦传、序卦传、杂卦传也。彭氏谓秦火之后，亡说卦中、下两篇，后人以序卦、杂卦凑成《十翼》耳。（前识二字，见《庄子》，此言无前知之质也。）

《火记》不虚作，演《易》以明之。（二句旧在二八弦气章，陆氏移置于此。）《火记》六百篇，所趣等不殊（一作迷）。文字郑重说，世人不熟思。寻度（音铎）其源流，幽明本共居。窃为（去声，一作待）贤者谈，曷敢轻为书。结舌欲不语（一作若遂结舌瘖，于禽切），绝道获罪诛。写情著竹帛，又恐泄天符（一作机）。犹豫增叹息，俛（同俯）仰辄思虑，（虑，平声。一作缀斯愚。）陶冶有法度，未可悉陈敷。略述其纲纪，枝叶见（音现）扶疏。

补注：后段约《火记》而撰《契》文，乃下开来学。○幽明以上，前人著书，不厌其详；窃为以下，自言注经，又恐太尽。皆见作述苦心。○陶注：《火记》六百篇，皆演《易》以成书。朝屯暮蒙，一日用两卦，一月六十卦，十月六百卦。按诸六十卦，卦卦相同；较以六百篇，篇篇相似。故曰所趣等不殊。在古人郑重其说，往往比喻多般，若究其源流，不过阴阳会合而已。○补注：《火记》六百，易卦六十尽之；易卦六十，屯蒙二卦该之；屯蒙二卦，金水二气当之。所谓事约而不繁也。○徐公据《经》演《传》，而犹下笔踌躇者，盖无书不可传后，直书恐泄天机，故奉传授之法度,而略述其纲纪,欲人从枝叶而探根本,即《经》云:露见枝条,隐藏本根也。(陶土冶金,各有模①范法度,其巧妙则在乎工人也。)〇俞注:子华子告鬼谷子曰:道恶于不传也,不传则妨道;又恶于不得其所传也,不得其所传则病道。徐公之犹豫叹息,诚欲择人而授之耳。〇补注:《参同》经、传,后人莫辨,熟玩序文,自见分别。魏公前序云:乃撰斯文,歌叙大易。后序又云:吾甚伤之,定录此文。曰撰、曰定,皆作《契》也。此云略述纲纪,则《传》文乃述而不作矣。〇许真人《药母歌》②云:日合元符《火记》历③,火合元符记不差。知晋时《火记》犹存也。(狐狸、犹豫,皆兽名。狐性多疑,犹豫缘木上下,彷徨顾虑,以比人心之迟疑不决也。)

三相类序

(林屋山人俞琰云:此《参同赋》、《鼎器歌》之序,皆淳于叔通所作者。〇王九灵曰:或谓此序乃魏公自作,谬矣。魏序云:殆有其真,砾硌可观。此序则云:不能纯一,泛滥而说。不几自相矛盾乎?其非一人所作明矣。)

《参同契》者,敷陈梗概(叶记,古韵真、末、御、遇、通同。)。不能纯一,泛滥而说(叶税)。纤微未备,阔略仿佛(叶沸)。今更撰录,补塞(音色)遗脱(叶兑)。润色幽深,钩连(一作援)相逮。旨意等齐,所趣不悖。故复(扶又切)作此,命《三(别作五,非。)相类》,则大易之情性(一本有明之二字。)尽矣。

补注:据真一子谓,魏公《契》文,初授于徐从事,又授于淳于叔通,则叔通亦魏公亲传弟子也。所著丹赋、歌词二篇,为补缀原书而作。补塞其遗脱,使纤微者悉备矣;润色其幽深,使仿佛者彰明矣;钩援其上下,使阔略者连属矣;且等齐旨意,使泛滥者归一矣。此《三相类》所由

---

① 模,原作"谟",今改。
② 《药母歌》,题名许真君所著之《石函记》作"药母论"。
③ 历,原作"麻",据《石函记》改。

作也。○俞注：《三相类》，即《参同契》之表名。（梗概二字，出《东都赋》，言粗举大纲，不纤密也。）

大易性情，各如其度。黄老用究，较而可御。炉火之事，真有所据。三道由一，俱出径路。枝茎花叶，果实垂布。正在根株，不失其素。诚心所言，审而不误。

补注①：何谓大易性情？一阴一阳是也。而其间升降往来，自有天然度数。传者仿《契》作书，各如《易》中度数，又参究黄、老二家，较然明白，因据为临炉行火之法。从此大易、黄、老，三道合而为一，历有途径可寻。《契》云：露见枝条，隐藏本根。又云：披列其条，核实可观。皆言修真径路，而其中有次第焉。犹之树木根株，培养有素，自然枝盛而实繁。就丹道言之，混沌相交接，权舆树根基，非其株乎？强益己身，润泽肌肤，非其枝叶乎？还丹结胎，弥历十月，非其果实乎？要之离却情性，别无根株。《契》言：性主处内、情主营外，又言推情合性，转而相与，丹家根本在是矣。○三道由一，谓《大易》之书，与黄帝《阴符》，老圣《道德》，三经同此一理，所谓《三相类》也。陆注指大易、黄老、炉火为三道。炉火即黄老丹法，不宜并列而为三。又以大易为根株，黄老为果实，炉火为枝叶，说皆支离。炉火乃性命双修，兼三道而成丹，岂可视为枝叶乎？陆盖认炉火为黄白方术耳。不知此处所云炉火，即魏序所云伏食，原主金丹大道，特借外丹取喻耳。乾坤为鼎器，坎离为药物，六十卦为火符，即其事也。观下歌、赋两篇，绝不谈及烧炼，意可见矣。○圣贤著书垂教，有真诚而无欺伪。《经》云：殆有其真，砾硌可观。此云：诚心所言，审而不误。《经》云：使予敷伪，却被赘愆。《传》云：至要言甚露，昭昭我不欺。真人觉世仁心，各情见乎辞，后人白首而不识《参同》，甘自弃于道外，亦可哀也已。

大丹赋

（补注：《契》文经、传，出自三人，文字亦分三体。四言《经》文，效

---

① "补注"二字，今据上下文补。

《毛诗》也；五言《传》文，效西汉也；《大丹》一赋，仿《楚骚》也。文不苟同，而意仍通贯，千年之后，犹觉尔雅可风。知禀仙骨者，必具仙才，三贤相遇，洵不偶然也。○陆注：此章备言金丹法象，始终条理，错落可观。盖总括一经之全旨，所谓《小参同契》一部是也。）

　　法象莫大乎天地兮，玄沟（误远）数万里。河鼓临天（诸本作星，王氏作天。）纪兮，人民皆惊骇（叶喜）。晷影妄前却兮，九年被凶咎（叶纪）。皇上览视之兮，王者退自改（苟起切，一作后。）。关键（巨展切）有低昂兮，周天（俞氏作周天，朱子作害气，他本又作周气。）遂奔走（子与切）。江河（一作淮）无（一作之）枯竭兮，水流注于海（火五切）。

　　补注：此言炼己采药之事。○天地法象，领起通节大意。丹家阴阳各处，如玄沟万里，界隔东西。及其阴阳交合，又如牛、女二星会于天纪。丹房之中，忽有牛、女两象，岂不令人惊骇？但须借此为入道之津筏耳。要知交会，自有法度，欲寻坎中壬水，宜炼离家汞火。倘炼己不纯，或前而太过，或却而不及，则火为水倾，如九年洪水，而民被其灾矣。夫灾变之来，乃皇天垂象，人君当退而修省。炼士改过自新，以图有济，亦犹是也。大抵炼己之初，须凭关键。关键者，拒门木栓，有牝牡相凑之象焉。而关键之中，须审低昂。低昂者，迭为上下，有地天交泰之象焉。能谨关键以转低昂，则药入离宫，周身元气自下奔上，会于中宫，其时水气随火而运旋，如江河之流注于海，乃气归元海之象也。惟气海火旺，方可采先天大药，以作丹母。○法象莫大乎天地，本《易·大传》；玄沟河鼓，取诸天象；江河注海，取诸地法。○陆注：玄沟乃天河，自箕尾之间，至柳星之分，南北斜横，界断天盘。按：坎属玄武，又为沟渎，故曰玄沟。彭真一直指鼎内玄沟，是也。○《尔雅》：河鼓谓之牵牛。《史记正义》：织女三星，在河北天纪东。世传牛、女七月七日相见，故取男女聚会之象。或引《正义》：河鼓动摇，占主兵起。故民惊骇，未切。○丹法尚诚而戒妄。至诚专密，谨候日辰，诚也；炼己无功，非时妄作，妄也。诚者动静有常，妄则前却无定。○晷影即日影，李氏比之汞火是也。九年凶咎，因尧有九年之水，而借引之。徐注谓河汉之占主水，亦是。不必说到九转功败。○皇上览视，犹云上帝监观；王者退改，犹云泽水警予。二句乃承上起下之词。徐渭云：皇上，天帝也；王者，人君也。按本文皇、王并称，须见分别，《书》言：惟皇上帝。《庄子》云：监照下土。此谓上帝。○关键二字，出《道德经》。门木横拒曰关，直拒曰键。○王九灵云：周天奔走者，百脉流通，河车运转也。○江河无枯竭，常资神水以灌灵根。要知此水，上自天汉而来，下从昆仑而入。

天地之雌雄兮，徘徊子与午。寅申阴阳祖兮，出入终复（扶又切）始（旧作复终始）。循斗而招摇兮，执衡定元纪。

补注：此言按期行火之功。○天地法象，即于雌雄上见之，二气之交感，犹男女之交媾也。丹法抽铅添汞，取诸子午寅申。盖水生于申旺于子，火生于寅旺于午，生旺之时，皆宜行火。且申为阳之祖者，阳根于阴也；寅为阴之祖者，阴根于阳也。（陈抱一以寅为男运之始，申为女运之始。）徘徊者，按候求铅，从容不迫；出入终始者，进退火符，周而复始也。○《契》中言屯蒙火候，三说不同。《赋》云子午寅申，以四时为正候；但恐鼎候不齐，故《经》兼子寅申戌（子可该午，戌可该辰），求诸六时之中；《传》又兼内体外用，求诸十二时中，朝金暮水，各得一用，以当屯蒙两卦，不必剖析十二爻分值十二时。○《史记》：移节度，定诸纪，皆系于斗。按斗为众星总纪，故曰元纪。（北斗七星，自一枢二璇，至三玑四权，为斗魁；自五衡至六开阳七瑶光，为斗杓。斗杓，即招摇星。）招摇与衡，是二是一。招摇乃斗柄，比采药之剑，取其能招摄也。斗柄起自衡星，有平衡之象焉，喻剑锋之横指也。临时交接，凡浅深颠倒，前短后长，顺去逆来，皆系此一衡，故执衡所以定丹法之纲纪。

升熬于甑山兮，炎火张于（一作设）下（后五切）。白虎（一作礜，误。）唱导（一作导唱）前兮，苍龙（一作液，非。）和（去声）于后（后五切）。朱雀翱翔戏兮，飞扬色五彩。遭遇网罗施兮，压之（一作止）不得举。嗷嗷声甚悲兮（一有如字），婴儿之（一无之字）慕母（满补切）。颠倒就汤镬兮，摧折伤毛羽。

好古注：此言药入身中之象。○陆注：何谓甑山？昆仑峰是也。熬即白虎熬枢。采药之际，升虎熬于甑山者，以炎火张于下也。炎火指汞火。自铅为火煅，逼出金华，瀹然而蒸，升气于顶，峰回路转，降入中宫，则白虎导于前,而苍龙和于后矣。一唱一和,虎啸龙吟,铅为汞留,汞因铅伏。汞性飞扬,类朱雀之翔舞;铅能伏汞,喻罗网之施张。始则嗷嗷声悲,既乃羽毛摧折。○陶注:婴儿领入重帏,有夫唱妇随之义。以其性情言之,类朱雀之翔戏,而五彩耀目也;以其制伏言之,喻罗网之施张,而压止不飞也。始则风云满鼎,如嗷嗷之声悲;既乃炼烹混融,如羽毛之摧折。(王注:外丹之法,谓汞死如蝉鸣,嗷嗷声悲,借外比内。○补注:汤镬、毛羽,因朱雀而形容之,亦汞死之象也。)

刻漏未过半兮,龙(旧作鱼)鳞狎猎起(甲鳞、狎猎,刊本互差,今从朱本。)。五色象炫耀兮,变化无常主。濡濡鼎沸驰兮,暴涌不休止。接连(一作杂还)重(平声)迭累(上声)兮,犬牙相错距。形(一作似)如仲冬冰兮,珊玕(周氏①云:当作琅玕)吐钟乳。崔嵬而杂厕兮,交(一作兼)积相支拄。

好古注:此申言金丹变化之象。○又云:进火退符,方经刻漏,则龙鳞狎猎,纷纷而起,炫耀如五色之象,暴涌如鼎沸之驰,重迭接连,交相积累,或如犬牙,或如冰结,或如珊玕,或如钟乳,崔嵬杂厕,相支相拄,不可名言其状也。○陆注:以其一时半刻之候而言,震来受符,龙鳞奋起,金华炫耀,五色无常,濡濡鼎驰,上河车而逆转,接连重累,同错距之犬牙,渐采渐结,先液后凝,钟乳阑干,交积支持,丹之成象,尽露斯言。是乃大药还丹之验也。○《西京赋》:披红葩之狎猎。(注:狎猎,重叠貌。)

阴阳得其配兮,淡泊而(一作自)相守。青龙处(上声)房六兮,春华(一作花)震东卯。白虎在昴七兮,秋芒(秋谷垂芒也。)兑西酉。朱雀在张二兮,正阳(夏令)离南午。三者俱来朝(音潮)兮,家属为亲侣。本之但二物兮,末乃(一作而)为三五。三五并危(陈作之与,朱作并与。)一兮,都集归一(一作二,非。)所。

补注:此言五行全入中央,乃合丹之法。○龙虎朱雀,已见上文,此复申明丹法次第也。阴阳得配,须淡泊而守者,无思无为,静而待动也。

---

① "周氏",不知指何人?疑刊误。

方其静时，如龙东虎西而雀南，各居房六、昴七、张二之度，及其动而交合，则离火能销兑金，兑金能伐震木，三者本同类相亲，遂逆克而成丹药，故曰：三者皆来朝，家属为亲侣。下又兼举危一者，筑基之后，再得先天坎水，以伏离宫之火，乃结还丹于土釜。如此则四象会而五行全，故曰：三五并危一，都集归一所。危一，指真一之气；一所，指黄庭神室。旧指危一为一所，未合。○彭注①：一阴一阳，两相配合，而变化自行，二体能生四象也。观周天三百六十五度，自北方虚危之间，平分天盘为两界，而危初度，正与南方张二度相对。丹道以水为基，青龙、白虎、朱雀三方之正气，皆发源玄武之位，而房六、昴七应水火之成数，张二、危一应水火之生数，皆一脉生成，并非异类。本之但阴阳二物，末则水一、金四而成五，木三、火二而成五，金水中戊土、木火中己土又成五，合之为三五。三家相见，会归于一处，胎就婴儿，而丹道无余事矣。

治（平声）之如上科兮，日数亦取甫（始也。一作甫取。）。先白而后黄兮，赤色（一作黑）达（一作通）表里。名曰第一鼎兮，食如大黍米。

补注：此又言还丹温养之方。○三者来朝，集归一所，上文丹法科条甚明。但鼎中药物，须辨先天后天，如危一真水，在彼为首经之宝，在此为受气之初，故曰日数亦取甫。崔公所谓：初结丹，看本命也。还丹大药，象诸白黄，采先天也；温养火符，象诸赤色，采后天也。三百日工夫始终，备于此矣。○陶注：先白者，采之类白，金液之色；后黄者，凝而至坚，号曰黄舋；赤色达表里者，造之则朱，火包内外也。○补注：表里之义，详《传》文刚柔有表里。○陆注：第一鼎，先天之药；食黍米，初得之丹。经云：元始有一宝珠，悬于虚空者。盖是物也。

自然之所为兮，非有邪伪道。若山泽气相通（一作蒸）兮，兴云而为雨。泥竭（一作结）遂成尘兮，火灭化为土。若檗（音柏，黄水。）染为黄兮，似蓝（即今靛青）成绿组。皮革煮成（一作为）胶兮，曲蘖化（当作酿）为酒。同类易（音异）施功兮，非种（上声）难为巧（去九切）。

补注：此言丹道出于自然也。○阴阳交感，乃人道之自然，其乘时

---

① 按：此"彭注"指彭好古。

采取,有为一若无为,初非旁门造作者比。山泽八句,申明自然之所为,以起同类易施功。○陆注将此条配合丹法,以白云朝顶上,甘露洒须弥,证兴云为雨;以形体为灰土,状若明窗尘,证泥竭成尘;以水胜火消灭,俱死归厚土,证火灭为土。于下四句,却难牵合。不如概言物理之自然,犹《易》言同声相应、同气相求、水流湿、火就燥,何必拘拘附会丹法乎?(或云:染黄成绿,于色相中求药也;皮革煮胶,火候欲其完足也;曲化为酒,得气者常似醉也。此说亦牵强。)

惟斯之妙术兮,审谛(音帝)不妄(一作诳)语。传于亿后世(一作代)兮,昭然自(一作而)可考(口举切)。焕若星经汉兮,昺如水宗海(史五切)。思之务令(平声)熟兮,反覆(音福)视上下(后五切)。千周灿彬彬兮,万遍将可睹(上声)。神明或(一作忽)告人兮,心灵忽(一作乍)自悟(上声)。揣端索(音色)其绪兮,必得其门户(上声)。天道无适(音的)莫兮,常传于贤者(掌与切。能揣端索绪,即潜心好道之贤者。)。

补注:结言著书明道,待人而传也。上六句言《契》文之作,可信今而传后;中六句言读《契》之人,当心解而神悟;末四句指丹家隐诀,援天以授人,慎之至矣。○审谛不妄语,此作经苦心;反复视上下,此读书要法;必得其门户,此修丹真窍。篇中玄沟、关键,即坎离之门户。○陆注:星经汉,经纬有章也;水宗海,源流合一也。能于《契》文熟究精研,则精诚所通,自有神告心悟之机。又况天道无亲,常与善人,安肯靳而不传,以绝千年之道脉乎?学人当勉于修德,以为凝道之基。

谨按:此章举《参同契》而约言之。法象天地,是刚柔配合,乾坤为鼎器也;河鼓临纪,是男女相须,坎离为药物也。玄沟取象于坎门,关键取象于离户。曇影则离之神火,江河则坎之神水。王者退改,以中心为主宰也。雌雄者,人身之天地;低昂者,颠倒之阴阳。子午寅申,指火符之进退;循斗执衡,以魁柄为纲纽。出入终始,筑基而温养,首尾运火之功也。白虎唱而苍龙和者,其金华先唱,阳乃往和乎;朱雀翔而五彩飞者,其河上姹女,得火则飞乎;网罗施而不得举者,其魄以钤魂,不得淫奢乎。刻漏未半而龙鳞狎猎,是盖簇年月于一时,簇时刻于一符,凝精流形，其在斯乎？此条皆借外丹景象，以形容外丹①之神妙。即所谓滋液润泽，施化流通，各得其和，俱吐证符耶？震东兑西，乃龙呼而虎吸；正阳离南，殆守西之荧惑耶。分之为三五，合之皆归一，斯即三五与一，天地至精，九还七返，八归六居耶。白黄与赤，盖采之类白，造之则朱，得黄舉而金丹成矣。象且白赤，为金火之色，金火相交，不离戊己，戊己者，玄牝之门，天地之根，真铅真汞于此而生，成人成圣由此而出，《经》云孔窍其门，此云得其门户，皆此物也。天地之法象雌雄，篇中频露意矣，而又云山泽通气，何也？山泽之咸，兑艮合体，《易》曰：柔上而刚下，止而说，男下女，二气感应以相与。其于丹法尤为显著。柔上刚下，象其颠倒低昂也；止而说者，艮性欲其专一，兑情欲其和谐。以此男求于女，则有感而必应矣。夫金丹之学，其术至妙，而其道至大，如日月经天，江河行地，万古不能移易者。《传》云：上观天河文，下序地形流，中稽于人心。当时徐、淳二公，同出魏真人之门，故其发挥经旨，适相符合耳。

鼎器歌

（补注：前《赋》乃仿《离骚》，此《歌》则仿古铭，一人又为两体，此《契》文后劲也。○上阳注：此章接于法象之下，缘鼎器亦法象耳。○陆注：《歌》中言尺寸、厚薄、长短，皆自身中悬胎、偃月之类而裁定之，有似外炉法象也。）

圆（一作囝）三五，径（一作寸）一分。口四八，两寸唇。长尺二，厚薄匀。腹齐（同脐）三（一作三齐），坐垂温。阴在上，阳下奔。

补注：此言临炉采药之方，仍是乾坤为炉鼎，坎离为药物。○陆注：圆三五，径一分。言鼎也。谓以寸五为度，而规圆之，径得三分之一，是谓阳鼎。口四八，两寸唇，言炉也。谓口分四寸八分，而又有两寸唇以环口外，是谓阴炉。盖鼎在炉中，炉包鼎外。三五与一，阳之数也；四八与两，阴之数也；有围有径，奇之象也；有口有唇，耦之象也。阴阳奇耦，

---

① 外丹，集要本作"内丹"，据上下文义，作"内丹"方妥。

尽露斯言。学人以意参之，可以得诸象数之外矣。长尺二，厚薄匀者，言药物匀平，二八相当，无偏胜也；以尺二比十有二月，卦气循环，无参差也。腹齐三者，腹脐之下，三分匀停，定其居也；坐垂温者，默然垂帘，内视下田，候其温暖之气。阴在上，阳下奔者，采药之时，地天交泰，下蒸上沸，而阴中之阳奔注于下也。（长尺二者，十二时中看爻动也；厚薄匀者，两相配当，无盈缩也。）

首尾武，中间文。始七十，终三旬。二百六，善（去声）调匀。阴火白，黄芽铅。两七聚，辅翼人。

补注：此言药火始终之事。○上阳注：首行炼己，武火三年；尾行温养，武火一年；中间炼丹，止用一符文火。○补注：武火壮盛，后天药符；文火真纯，先天丹母也。○姜注：始七十，终三旬。得药之后，百日而始凝也。又加二百六十日，进退火符，以合周天之数。阴真人云：十月怀胎分六甲，终岁九转乃成真是也。○陶注：阴火白者，白雪也；黄芽铅者，金华也。白雪乃汞之气，黄芽乃铅之精，二物皆混元杳冥之中所产真一之气。○真一注：两七者，青龙七宿之气，与白虎七宿之气。合聚神胎，以辅翼真人，所谓真人潜深渊也。○陆注：铅汞之气，同聚中宫，辅翼人身，以成仙体。（或云两七者，十四以下之鼎器也，取其气旺而药真。运火须九鼎，故曰聚也。）

赡（一作瞻）理脑，定升玄（一作玄升）。子处（上声）中，得安存。来去游，不出门。渐成大，情性纯。却归一，还本原。善（去声）爱敬，如君臣。至一周，甚辛勤。密防护，莫迷昏。途路远，极（一[1]作复）幽玄。若达此，会乾坤。

补注：此言抱元守一之功。○陆注：丹法移炉换鼎，自下而上升于泥丸玄宫，故当瞻养调理，使真人安处于脑中，《黄庭经》所谓子欲不死守昆仑是也。迨安存之久，自然脱胎于顶门。但婴体微嫩，仍当时时顾諟，不可纵其远游。及乎渐凝渐大，婴儿显相，而情性乃更纯熟矣。归一还原者，虚无恬淡以养冲和也。爱敬真主，如臣奉君，尊之至也；一载

---

[1] 一，原作"二"，今改。

之内,辛勤防护,慎之至也。其路极遥远,非可猝致,而理最幽玄,难以意窥。若能洞达乎此,则宇宙在手,而乾坤之理得矣。(脑为诸髓之海,脑实而诸髓皆实。子者,婴儿也;归一,抱一也;还原,复命也;一周,一年也。)

刀圭霑,净魄魂。得长生,居仙村。乐(音洛)道者,寻其根。审五行,定铢分。谛思之,不须论(平声)。深藏守,莫传文。御白鹤,驾龙鳞。游太虚(一有兮字),谒仙君。受图箓(一作天图,一有兮字),号真人。

补注:末言得道成仙之效。○陆注:刀圭一霑,魄魂清净者,还丹入口而阴气为销铄也。既得长生,托居仙村者,炼神还虚,而超然尘俗之外也。夫乐道者,寻大道之根宗,以先天一气为之本;审五行之顺逆,使生克制化得宜;定药物之铢分,使铅汞抽添合度。此等至理,但可审思密藏,难以口谈文述,惟默默行之,三载九年,道成德就,则身外有身,驾鹤骖①龙,而神游乎寥廓之表,膺箓受图,而天锡以真人之号。是谓圣修之极功,丈夫之能事毕矣。(仙君者,道祖也。)

陆西星曰:鼎立悬胎,炉安偃月,假名立号,在人得意忘言。执象泥文,徒尔按图索骥。在古圣垂鼎原无鼎之训,似若可凭;而《阴符》著爰有奇器之文,岂终无说?此《歌》剂量尺寸,较定短长,认为炉火则文义不蒙,求之身心则支纽难合,然诸家注疏亦涉朦胧,非以名不可名,象而罔象耶。今为臆说,大义粗陈,或可不悖于圣师,兼以就正夫有道云耳。(西星,江北兴化人。生平雅慕道术,遇吕仙师于拱极台,嗣后常至其家,传《阴符》、《道德》之秘,因注《黄》、《老》、《参》、《悟》诸书,名曰《方壶外史》。吕师又命两仙童,受业于陆。偶与嬉戏,童子飞空而去,仙师仍至,索纸题书,以指代笔,末有云:每一下阶,众仙为之侧目。自此仙迹杳然。陆氏子孙,至今珍藏此卷,书尾犹带指上罗文。)

东汉仙真方技,各擅神奇,见《子建集》中所记。惟《参同契》,流传至今,其书上宗三圣,而下启列真,诚丹经之杰出者也。高象先诗:叔通(淳于氏)从事(徐景休)魏伯阳,相将笑入无何乡。准《连山》作《参同

---

① 参,集要本"骖"字,当从。

契》,留为万古丹经王。今按:夏易《连山》,以艮居首;商易《归藏》,以坤居首;《周易》尊天,以乾居首。魏公本《周易》而作《参同契》,取乾坤、坎离为鼎器、药物,取屯蒙既未为昼夜火符,未尝言及《连山》。高氏独谓准《连山》作《参同契》,初时未得其解,及读晦朔合符章,见始于东北,箕斗之乡,恍然有会于心。盖东北属艮方,艮象即《连山》也。考一年之岁功,常起于东北,而一月之生明,亦起于东北。丹法取月象以明药候,其癸阴尽而铅始生,正如新月之初出于艮方也。《连山》之说,意盖指此乎？或曰《连山》只概言易书,不必拘于夏易。○神仙传药不传火,诚恐轻泄天符耳。但火候不传,何以入室行功？《契》文从卦月上指明动静刚柔,又从月节中推出经纬表里,布置周密而脉胳分明,此乃吃紧示人下手心诀也。阅诸真著述,亦尝隐约言之,未有如此书之明且尽者。万古丹经王,其言信不诬矣。○朱子理学大儒,尊信《参同契》,尝加之以注释,河东薛氏则目为方技之书,两贤所见不同。按人生受胎于父母,禀气于天地,得是书以养性立命,体受全归,此即孝子事亲、仁人事天之极功。文清之说,无乃专信儒理,不暇精研道术耶？学者欲知化穷神,与天合德,自当以朱子为宗。

《参同契》附录：

张紫阳真人《读参同契》文

（依仿《契》文，拈成韵语。）

　　大丹妙用法乾坤，乾坤运兮五行分。五行顺兮常道有生有死，五行逆兮丹体常灵常存。一自虚无兆质，两仪因一开根；四象不离二体，八卦互为子孙。万象生乎变动，吉凶悔吝兹分。百姓日用不知，圣人能究本源。顾易道妙尽乾坤之理，遂托象于斯文。否泰交则阴阳或升或降，屯蒙作则动静在朝在昏。坎离为男女水火，震兑为龙虎魄魂。守中则黄裳元吉，遇亢则无位而尊。既未慎万物之终始，复姤昭二气之归奔。月盈亏应精神之衰旺，日出没合营卫之寒温。本因言以立象，既得象而忘言。犹设象以指意，悟其意则象捐。达者为简为易，迷者愈惑愈繁。故知修真上士读《参同契》，不在乎泥象执文。（遇亢无位，谓火太旺须沐浴也。）

　　陆西星注：金丹之道，象天法地。天地不外乎阴阳，阳变阴合，而生水火木金土，五气顺布，四时行焉。凡在二五陶铸之中，莫不顺之以为生死，此常道也。丹道则举水以灭火，以金而伐木，每以逆克而成妙用，故曰：五行顺兮，常道有生有死；五行逆兮，丹体常灵常存。夫丹之所以常灵常存者，得一故也。一者何？先天真一之气，自虚无来者也。老圣曰道生一，一生二，故曰一者虚无所兆之质，而两仪则因一以开其根。两仪立矣，四象生焉。四象者何？阴阳老少也。太阳为火，太阴为水，少阳为木，少阴为金，是皆阴阳变化而成，故曰四象不离二体。其云八卦互为子孙，何也？八卦者，四象之所因也。乾生三男震、坎、艮[①]，坤生三女巽、离、兑。丹法震兑归乾，巽艮还坤，则兑属之乾，而艮属之坤矣。离东坎西，则离属之乾，而坎属之坤矣，故曰互为子孙。又乾为金，金生水，则坎为子而震巽之木为孙；坤为土，土生金，则乾为子而坎水为孙；离为火，火

[①] 按：原本"四象不离二体"至"乾生三男震坎兑"一段误刻为夹注，今据陆西星《参同契测疏》改。

生土，则艮坤为子而乾金为孙；坎为水，水生木，则震巽为子而离火为孙。推此则八卦可知矣，亦曰互为子孙云耳。万象生乎变动，吉凶悔吝兹分。何以故？卦爻之吉凶悔吝，皆生乎动。丹法纤芥不正，悔吝为贼，爻动之时，可不慎乎？且夫金丹之道，一阴一阳而已。日用而不知者，百姓也；知之而修炼者，圣人也。圣人洞悉阴阳之本原，既修之以善其身矣。于是作为丹经，以开来学，以为尽乾坤之理者，莫过于《周易》。故《参同契》拟《易》，莫不以乾坤为鼎器，以坎离为药物，以屯蒙既未为火符。要皆托象于《易》，以明阴阳消息之理。故其否泰交则阴阳之升降也，屯蒙作则动静之朝昏也，坎离则男女之水火也，震兑则龙虎之魂魄也。至若采药行火之际，其言元吉者，即六五黄裳，中而且顺；其云悔者，即上九战德，无位而尊也。慎其终始，则屯蒙既未，不爽于毫厘；象其归奔，则复往姤来，一循乎卦节。月盈亏应精神之衰旺，言精神而药物可知也；日出没合营卫之寒温，言营卫而火符可准也。此《参同契》拟《易》之大旨也。然其要，不过识阴阳互藏之精，盗其机而逆用之耳。举其要，则惟简惟易；迷其宗，则愈繁愈难。学者苟能因文以会其意，指象而不泥其文，则庶乎理与心融，文从义顺，而无开卷嚼蜡之患矣。（此篇旧载《悟真篇》后，有戴复古[①]注，不如陆说之详明精确。）

谨按：《周易参同契》，乃儒门而兼通道术者，千载以还，张紫阳真人复著《悟真篇》，以发挥《契》理，两书相为表里，有功玄学非浅。考南宗一派，首创于上虞，而再振于天台，先后作述，皆能大畅玄风。东浙数百里间，上真竟两见，斯亦奇矣。此文盖张氏亲诣实得，举其纲要而立言，非泛然叙论者比。并采陆注：以附终卷，用知大道长垂，端赖源流之可据也。

萧元瑞《读〈参同契〉作》

（名廷芝，元朝人，仿紫阳而作此篇，以有关《契》文，故附录于后。）

气含太极，道立玄门。日拶月，而易行其中；月持日，而易藏其用。

[①] "戴复古注"，疑为"戴起宗注"之误。旧本固无所谓"戴复古"之注存在。考戴复古为南宋词人，有《石屏诗集》十卷行世。

水腾浮作离中汞,火降沉为坎里铅。坎纳戊兮月魄乌飞,离纳己兮日魂兔走。戊己为炉,而烹煎日月;坎离为药,而点化魄魂。日合五行,月随六律;门通子午,数运寅申。复临泰壮夬乾兮,六阳左旋;姤遁否观剥坤兮,六阴右转。百八十阳兮,日宫春色;百八十阴兮,月殿秋光。月不自明,因日以呈其彩;日之有耀,遇月而发其光。互为宅室,交显精神。长教玉树气回根,不使金华精脱蒂。姹女捉乌吞玉兔,婴儿驱兔吸金乌。自震庚兑丁,而乾纳甲壬;由巽辛艮丙,而坤藏乙癸。上弦数八兮,砂中取汞;下弦数八兮,水内淘金。青龙是木,木产火中;白虎是金,金生水内。七八十五兮坎离交,九六十五兮乾坤合。自子至巳,先进阳火;自午至亥,复退阴符。七八者,少阳少阴之数存;九六者,老阴老阳之数寓。二八十六两兮,中全卦气;五六三十日兮,妙运天轮。屯蒙常起于朝昏,既未无忿于晦朔。恍惚水中金不定,飞扬火里水难收。金木间隔既殊途,水火调和归一性。七返返本,九还还元。结就玄珠,炼成至宝。不神之神所以神,调息定息至无息。二十四气,体天之消息;七十二候,随时而卷舒。唯能得象忘言,不在执文泥象。悟之者简而且易,迷之者繁而愈难。即《周易》象而参考之,自然契合;独魏伯阳之著详矣,宜究精微。

补注:无极太极,不离阴阳,玄之又玄,众妙之门。开首提明,见易道通乎丹道也。日抟月者,离投于坎,乃顺而生人;月持日者,坎填于离,乃逆而成丹。水本沉,激之而使浮,由于运汞迎铅;火本浮,制之而使沉,由于得铅伏汞。坎纳六戊,而月里乌飞,离一交则坎宫之气动焉;离纳六己,而日中兔走,坎一交则离宫之气凝焉。戊己之炉,可烹日月,坎离之药,能点魂魄,正言临炉采药,日积月累之功。日合五行,谓五日一候,一年七十二候也;月随六律,谓一月一律,一年十有二律也。水生于申而旺于子,火生于寅而旺于午,子午乃冬夏二至,寅申为春秋初气。丹家运火,每日亦取此四时。六阳左旋,而一百八十者,自复而乾也;六阴右转,而一百八十者,自姤而坤也。春光秋色,即仁义德刑之义。月受日明,日发月光,一含一吐,而成合璧交光,故曰:互为室宅,交显精神。玉树回根,阳得阴助也;金华生蒂,命基在坎也。乌吞兔吸,即

《契》文龙呼虎吸,饮食含并之意。震兑与乾,纳庚丁甲壬,谓上弦金半斤;巽艮与坤,纳辛丙乙癸,是谓下弦水八两。此一月六候之期,进火退符用之。砂中取汞,而火反生木,龙从火里出,震之初弦气是也;水内淘金,而水反生金,虎向水中生,兑之初弦气是也。七八者,火木之成数;九六者,金水之成数。九六为老阳老阴,七八为少阳少阴。其取象于乾、坤、坎、离者,乾坤为本体,故属之二老;坎离为作用,故属之二少。其实牝牡四卦,只是二物,以动静分之而成四象耳。七八合为十五,九六亦成十五。每月有朔望,而阴阳消长之机寓焉。丹家朝屯取上半月之金,暮蒙取下半月之水,自屯蒙而讫既未,一月六十卦,温养之法具矣。水金不定,候难测也;火木难收,己不炼也。以致金木间隔,而情弗归性。惟调和水火,使之不干不寒,自然木性爱金,金情恋木,四象会,五行全,而返本还元之道得矣。《契》言九还、七返、八归、六居,而此独言七九者,坎金离火,互相交炼,而凝结为丹,所谓男白女赤,金火相拘也。不神之神,盗机之时,天下莫能见也;定息无息,守静之久,胎息自归根也。丹法炼精化气,炼气化神,始终大道,备于斯矣。二十四气,七十二候,言十月功完,周天数足,从此九年抱一,炼神还虚,乃变形而成仙,是之谓无极太极,玄之又玄也。

《参同契集注》后跋

魏公《参同契》,列于《道藏》,儒家罕睹其书,经考亭朱夫子表章之后,经生始知有此书。第自东汉迄今,传世久远,以致经、传参差,文义颠错,读不数章,每昏昏欲睡。由不得其窍要,绝无醒心处也。迨杜、杨二氏,酌复古本,不啻断圭复完,缺璧重合。然笺注纷纭,谈清静者尚枯修,言阴阳者涉房术,讲服食者主炉火,各执其说,究鲜指归。今诵《集注》新编,讨论章法,会通疏文,直剖金丹上乘,阐明性命双修之理。其析疑辨难,索隐洞微,真能默契心源。学者按章而考,循序用功,于喻辞之外探其真诠,繁绪之中提其要领,可藉为修真之梯筏矣。

或据明儒胡敬斋之论,谓朱子注释《参同》,引人入于异端,是亦过矣。今人读圣贤书,而显背名教者,不可胜纪。卑者,染于声色货利;高者，溺于记诵词章。无非舍内务外，伐性而戕生，是则圣门之大戒也。乃于尚清虚，守恬淡，修身乐道，无忝所生者，反目为异端，不已太甚乎？后人能诵法是书，以养性延命，全归而为父母之孝子，践形而为天地之完人，其有功于名教亦多矣。前辈未尝研虑悦心，上穷道奥，而顾轻为讥议，盖专守儒风，而遗却列圣诸真广大精微之妙用耳。

赤城后学洪熙揆汉笺氏谨跋

玄妙观碑记

明嘉靖元年，谢丕记曰：玄妙观，在上虞县西南二里，金罍山之巅，即魏伯阳真人故宅也。晋太康中，得金罍于井，因以名观。宋大中祥符二年，诏创天庆观。元元贞初，改名玄妙。邑人止称金罍观，重其始也。元末观毁，成化八年，邑侯黄锦，属明德观道士叶廷敬重建，作堂三楹，翼之以楼，前有甃道，环树松竹，蔚然森秀。正德丙子，其徒范洞澄，复葺前殿，置二石亭，一以覆井，一以树碑，因请为之记。余惟魏公盖贤人君子，遁世高骞者，其修真妙道，具在《参同契》中，实启还丹之学，与《周易》理通而义合。自紫阳朱夫子考释表章，儒林遂推重此书，资以养性延命，泽被后人多矣。故世阅千百年，而旧里故居，至今崇奉，岂同琳宫梵宇，设象教以诬民者哉！○《县志》：金罍山高数丈，汉魏真人选胜修炼，著《参同契》于此。旁有丹井，井窦上九下一。又云：县南十里许，有百楼山，迭嶂重峦，为县屏障。山半平广数十亩，魏公亦尝卜居焉。

附：观中题咏

明叶砥诗：

亭亭金罍山，右有神仙宅。汉魏伯阳父，飙御貌八极。山中鼎灶无灵迹，惟余丹井澄寒碧。丹光有时夜烛天，扦作绛霄霞五色。蓬瀛之路三万赊，珠宫贝阙在咫尺。

陈炫诗：

仙宫迢递枕城西，古路萦回过碧溪。丹井已空苍藓合，石坛犹在白云迷。青霄辽鹤无人见，落日山猿抱树啼。更羡黄侯能吊古，紫骝踏遍落花泥。

余元老诗：

闲步苍苔一径通，白云深处是琳宫。已知丹鼎归天上，那复金罍出地中。井漾寒泉犹夜月，山围古木是秋风。沧桑变幻知能几，且向樽前醉老翁。

赵棨诗：

夜光隐隐金罍古，秋色沉沉石甕寒。老树绿萝苍藓合，何人三咽伯阳丹？

李培诗：

踏遍烟霞洞壑深，荜门秋锁薜萝阴。自从鸡犬云中去，井上丹砂何处寻？

附：轶事二条

别传所载，昔有越估航海，阴风泊岛中，遇一老翁，自云姓魏，附家书于上虞。估客登舟，忽顺风抵岸，反还乡，遍访魏氏，踪迹杳然。一日偶游魏公祠观，瞻视神相，宛似海国所逢者。序言百世以下，邀游人间，信不诬矣。

《抱朴子》云：汉魏宗，伯阳之子，仕魏朝，为将军，封于段干。据此，则父子两代，隐见异途矣。尝读《契》序，言忽略名利，执守恬淡，又言东西南倾，水旱隔并，盖早知灵、桓之世，兵荒将起，而遁迹隐沦也。《易》曰：不事王侯，高尚其志。真人有焉。宗乃身投霸府，手握兵符。噫，凤翔千仞，而其雏不能附一尾，可胜惜哉！①

---

① 按：此处仇兆鳌以魏伯阳有子名魏宗，此说不确。考《抱朴子·对俗》有云："得道之高，莫过于伯阳。伯阳有子名宗，仕魏为将军，有功于段干。然则今之学仙者，自可皆有子孙，以承祭祀。祭祀之事，何缘便绝。"《史记·老子韩非子列传第三》则云："老子之子名宗，宗为魏将，封于段干。"据此可知，此处之魏宗者，系老子之子也。

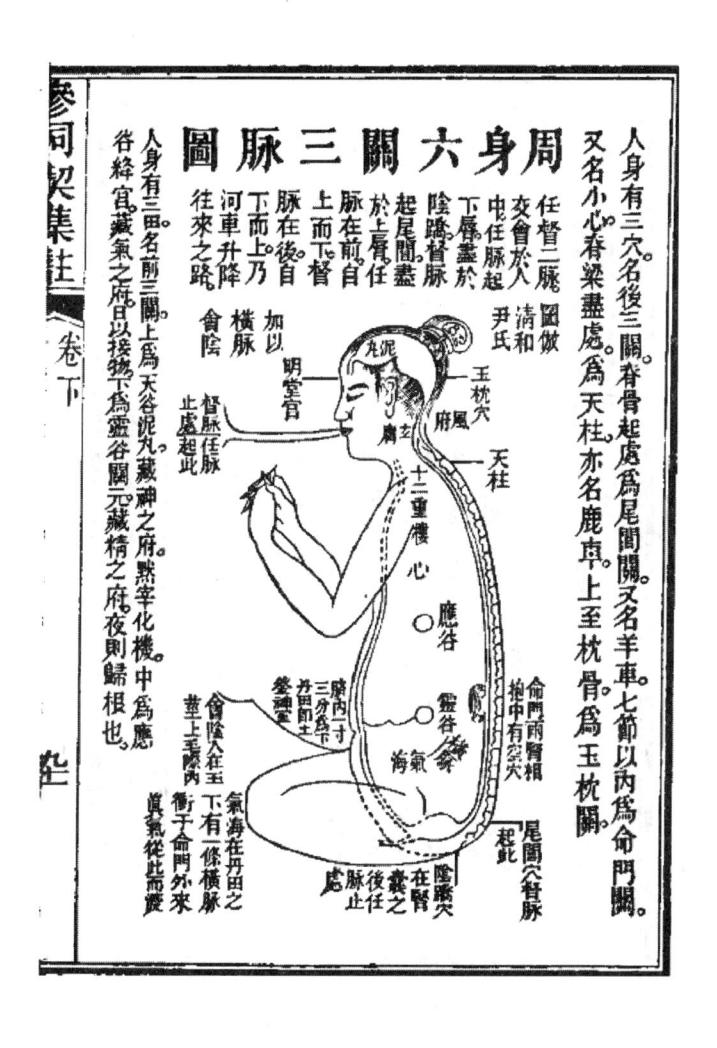

周身六关三脉图

人身有三穴，名后三关：骨节起处为尾闾关，又名羊车；七节以内为命门关，有名小心；脊梁尽处为天柱，亦名鹿车；上至枕骨处为玉枕关。人身有三田，名前三关：上为天谷泥丸，藏神之府，默宰化机；中为应谷绛宫，藏气之府，日以接物；下为灵谷关元，藏精之府，夜则归根也。任督二脉，交会于人中。任脉起于下唇，尽于阴蹻；督脉起于尾闾，尽于上唇。任脉在前，自上而下；督脉在后，自下而上。乃河车升降往来之路。

十二雷门测候图

宏治间,山西孙教峦得异人安先生秘授,因传此图。法用右旋逆转,如初一子时为潮信初至,即从子时左圈,逆数至子之右圈,为两日半。但恐癸阴尚未净尽,又须从子位之右圈,逆数至亥之右圈,再计两日半,合成六十时辰。乃是五日一候也。亥与巳相冲,取气在巳时前四刻,再从左圈逆数至酉位右圈,为六十时辰,亦五日一候也。酉与卯相冲,取气在卯时前三刻。余仿此排作。一月火符,以前三度为阳金,后三度为阴水。以二十八宿排十二时辰,名十二雷门。言候至机应,如雷动也。子午卯酉,各得三度,当十二宿,余八位,各得两度,当十六宿。口诀云:鼎器逢期至,初三月出庚。却从初四起,逆转数经星。

河图三五之数

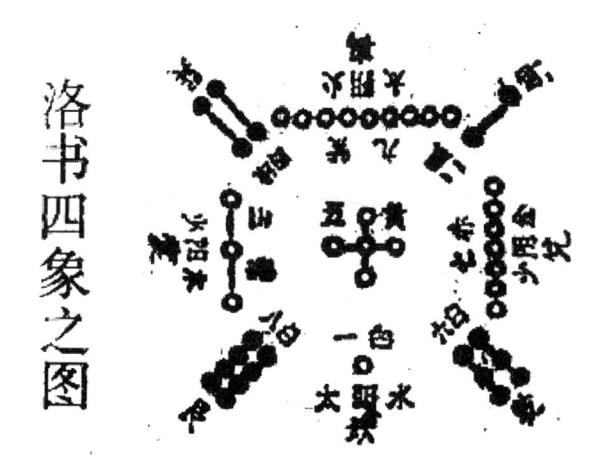

洛书四象之图

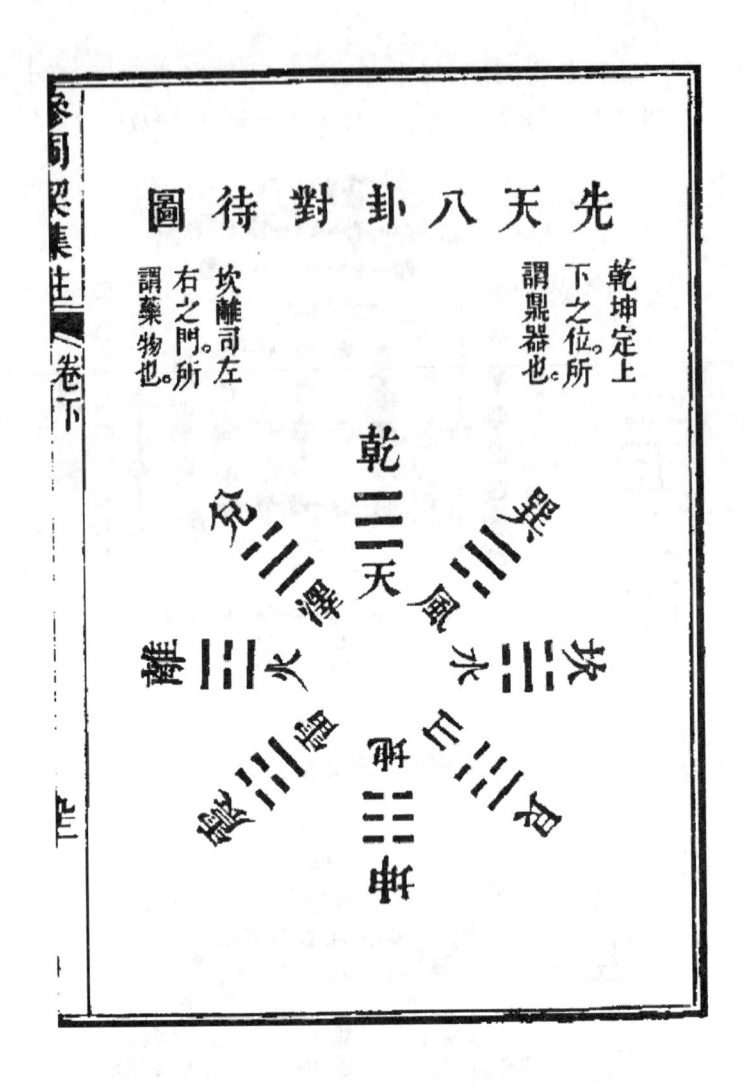

先天八卦对待图

乾坤定上下之位，所谓鼎器也；坎离司左右之门，所谓药物也。

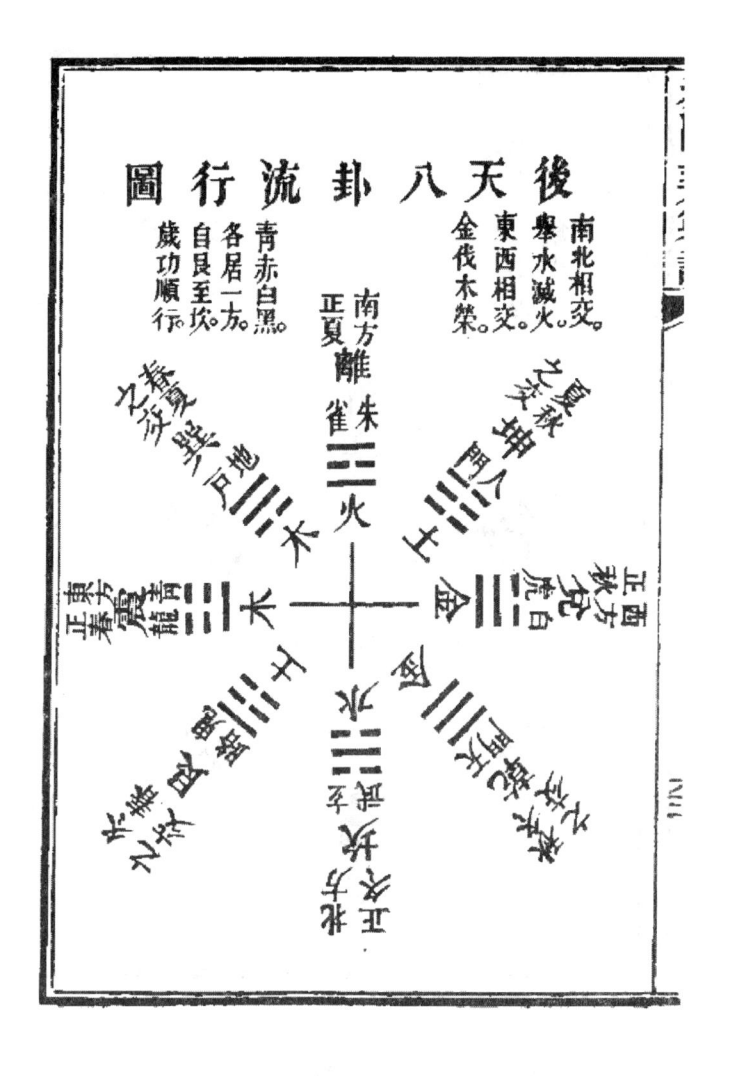

后天八卦流行图

南北相交,举水灭火。东西相交,金伐木荣。
青赤白黑,各居一方。自艮至坎,岁功顺行。

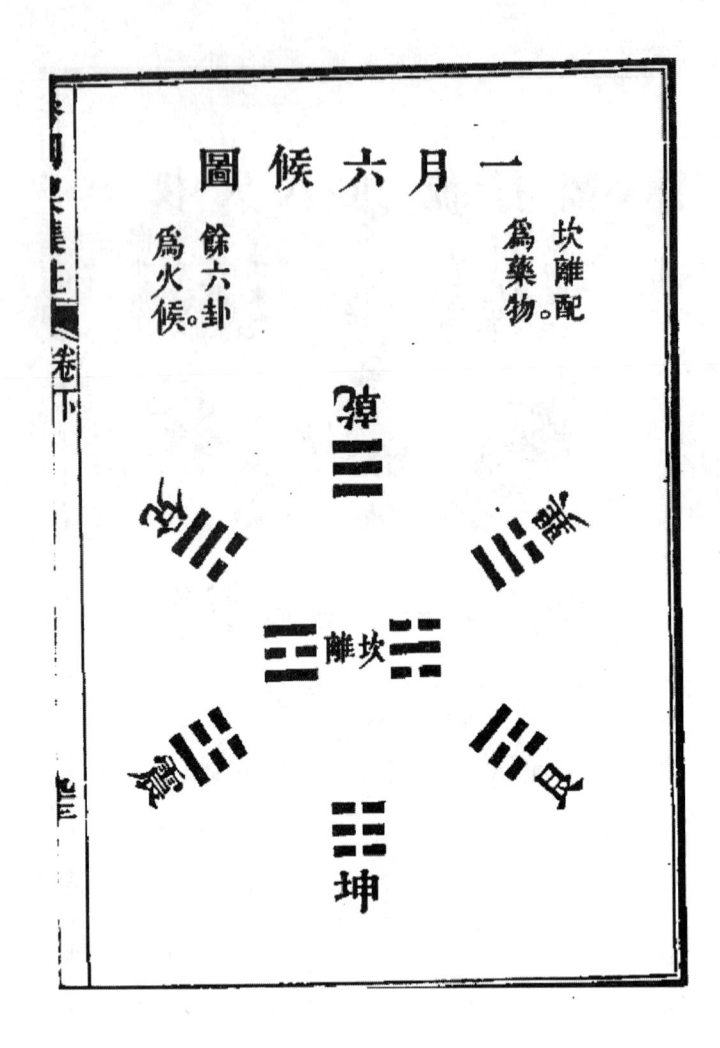

一月六候图

坎离配,为药物。

余六卦,为火候。

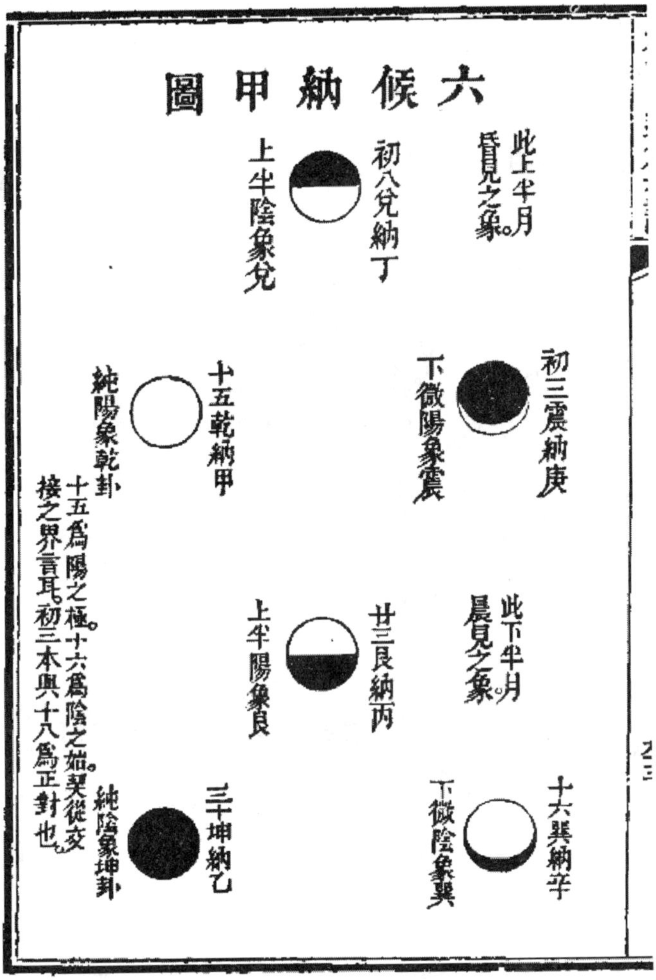
六候納甲圖
此上半月昏見之象。
初八兑納丁
上半陰象兑
初三震納庚
下微陽象震
十五乾納甲
純陽象乾卦
此下半月晨見之象。
廿三艮納丙
上半陽象艮
十六巽納辛
下微陰象巽
三十坤納乙
純陰象坤卦
十五爲陽之極。十六爲陰之始。契從交接之界言耳。初三本與十八爲正對也。

六候纳甲图

十五为阳之极，十六为阴之始。《契》从交接之界言耳。初三本与十八为正对也。

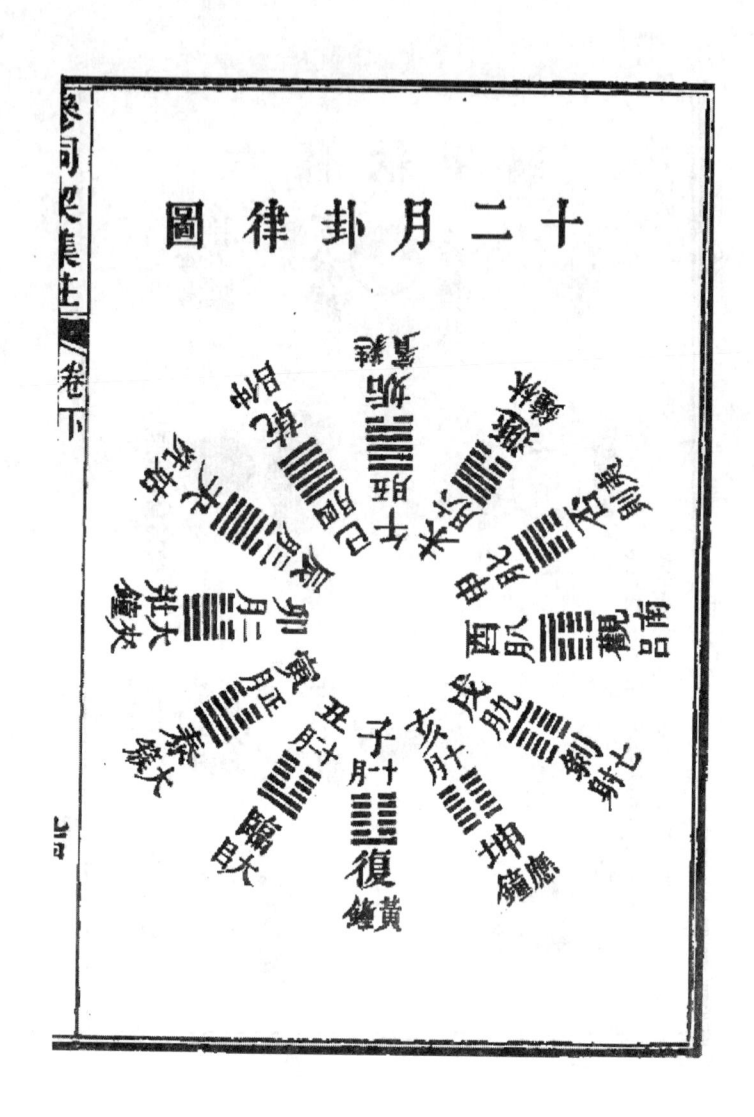

十二月卦律图

三十卦数，上下颠倒。每日两卦，乃成六十。起自屯蒙，终于既未。右旋逆转，周而复始。

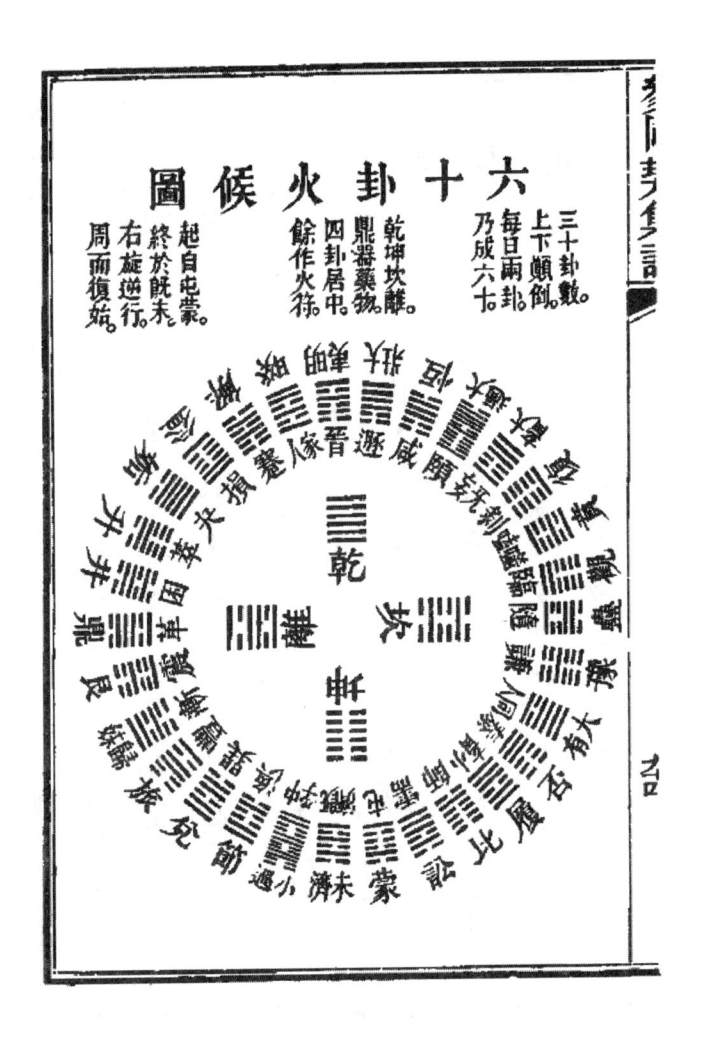

六十卦火候图

乾坤坎离,鼎器药物。四卦居中,余作火符。

淳于氏《三相类》图

此图按以金丹,理多不合。殆言炉火外事,故云世金世银。初用武火炼铅,按候投砂,则下沉而受气;又用文火养砂,气足砂凝,则上浮而成药。此即所谓戊药也。又加文火锻煅炼,去戊留己,是名己物。其能制死灵砂,是曰真铅。真铅至宝,名为世银。又将此银翻粉,可以干汞点金,是曰真汞,永为世金矣。从此生生不息,堪助道济人,积功而升举。此就外丹言之，理却可通。殆所谓炉火之事，真有所据者耶。但其法秘不敢泄耳。

三相类图说辨疑

此图旧在《三相类》中，以十干配五行，又引《易传》五位相得，而各有合，仿佛似河图四象之意。中间一行，自上而下，木火土金水，乃造化顺生之五行；自下而上，水金土火木，乃丹道逆生之五行。其左右对列，甲与乙对，丙与丁对，戊与己对，庚与辛对，壬与癸对，一阳一阴，五行自相偶也；其上下分应，甲与己应，乙与庚应，丙与辛应，丁与壬应，戊与癸应，五阴五阳，五行互相克也。再用四面方排，甲乙与庚辛配，是丹道之金来伐木也；丙丁与壬癸配，是丹道之举水灭火也；戊己二土，位在中宫，是四象会成五行，而丹胎凝结也。图中大指，不过如此。但有不可强通者，阳木宜浮反为沉，阴木宜沉反为浮，文火宜左反居右，武火宜右反居左，且中间戊药己物，分明配属坎离二象，又以汞金属戊药之下，铅银属己物之下，均于丹理不符。

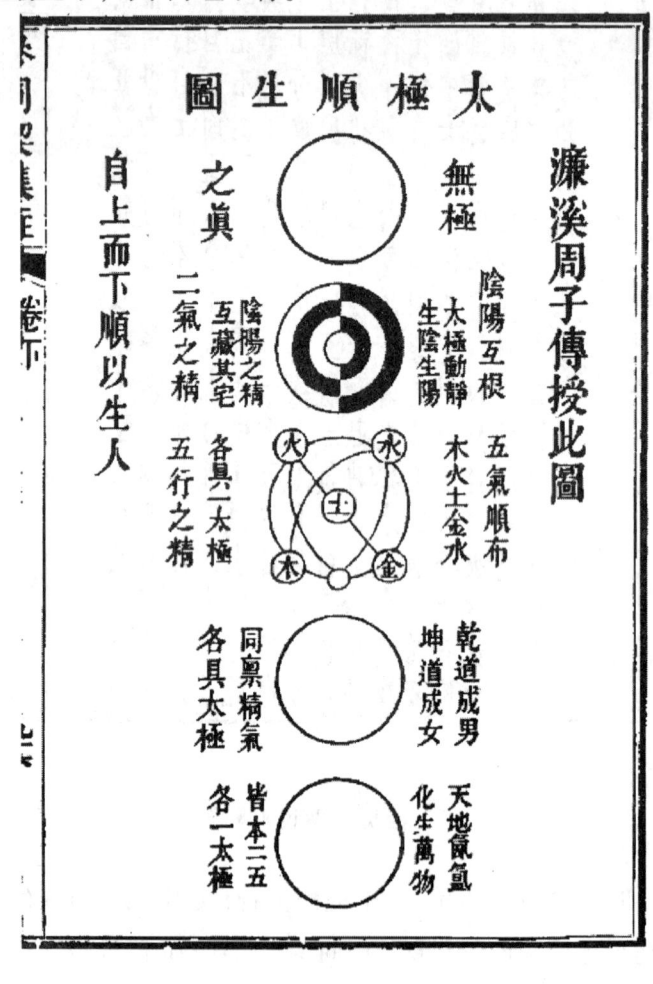

太极顺生图

丹道逆生圖

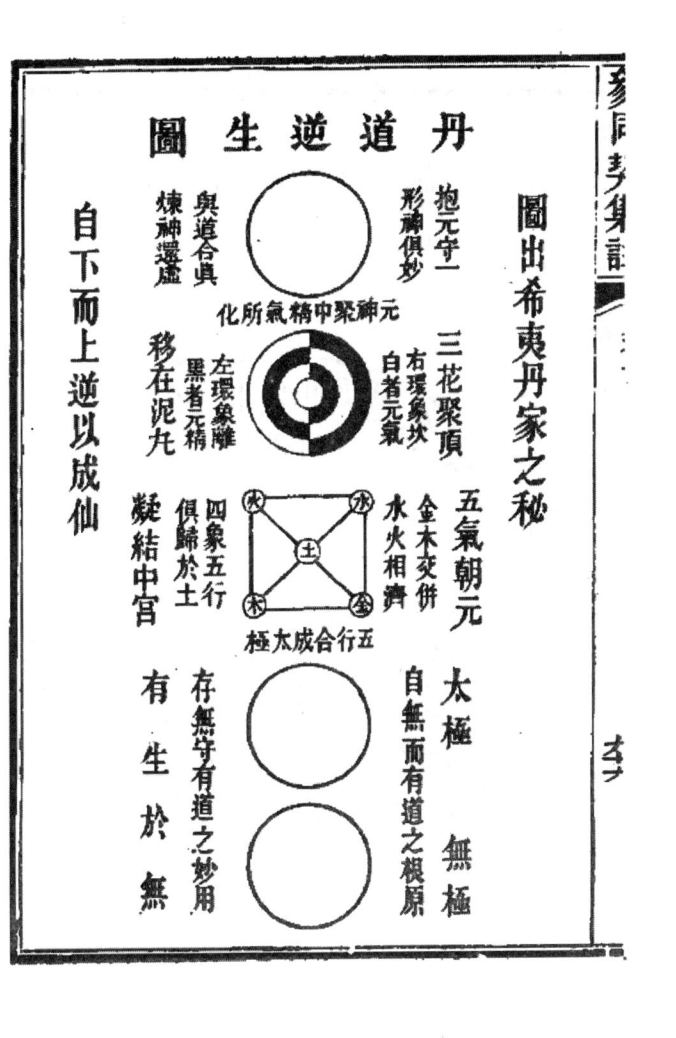

圖出希夷丹家之祕

抱元守一　形神俱妙　與道合真　煉神還虛

元神聚中精氣所化

三花聚頂　右環象坎　白者元氣
左環象離　黑者元精　移在泥丸

五氣朝元　金木交併　水火相濟　四象五行　俱歸於土　疑結中宮

五行合成太極

太極　無極　自無而有道之根原

存無守有道之妙用

有生於無

自下而上逆以成仙

丹道逆生图

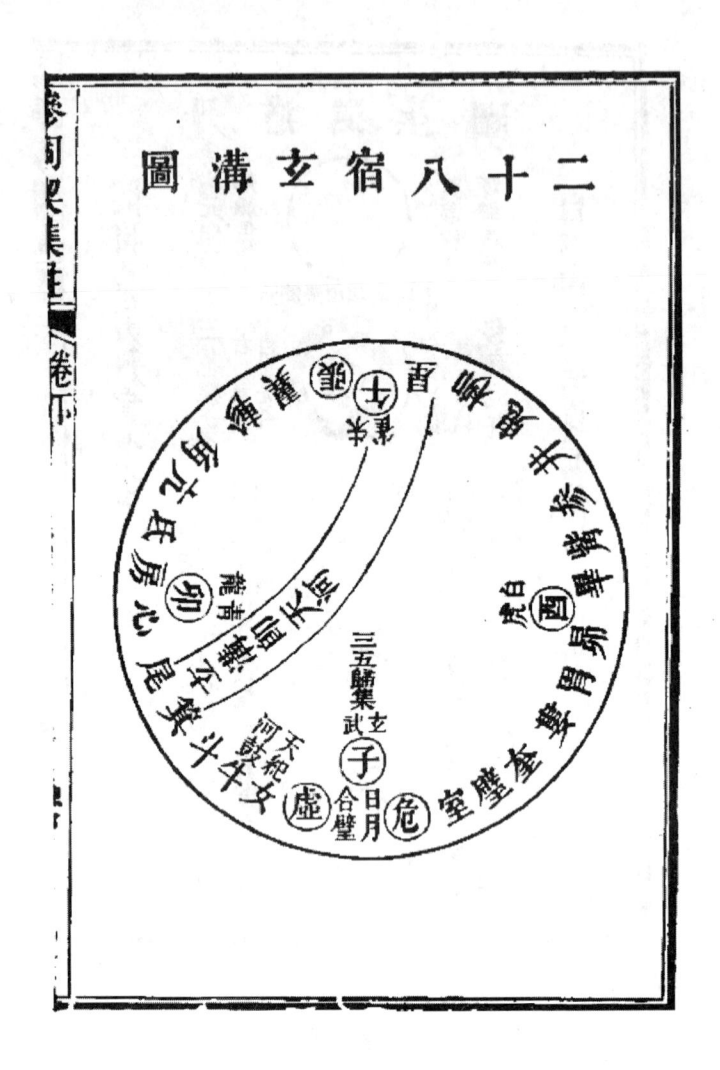

二十八宿玄沟图

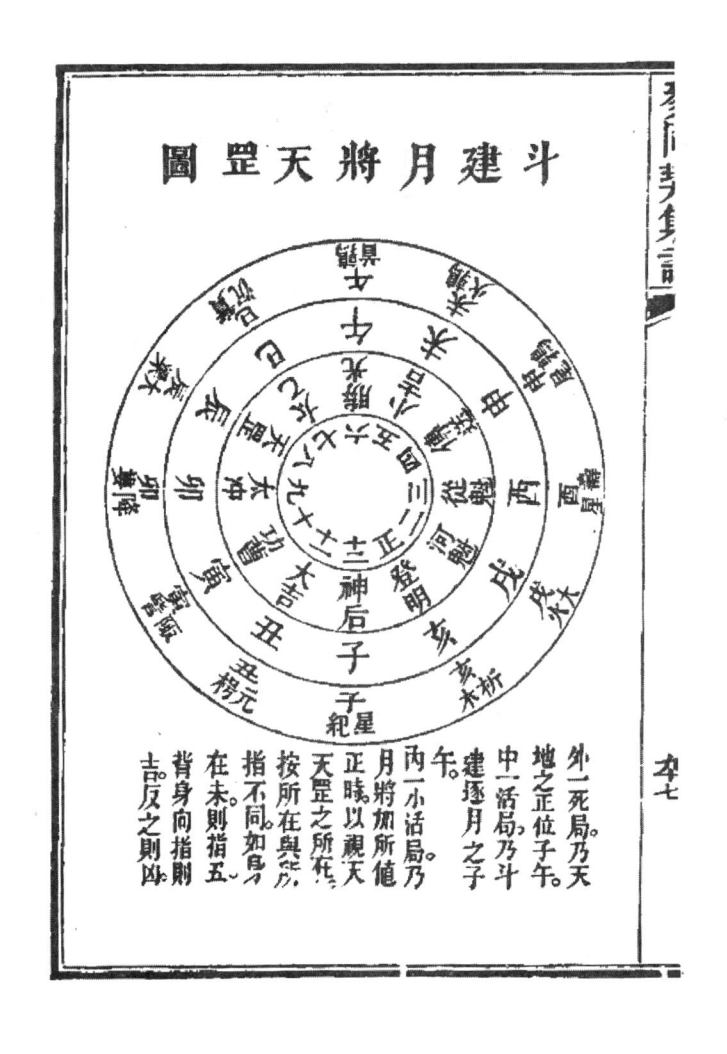

斗建月将天罡图

外一死局,乃天地之正位子午;中一活局,乃月建之子午。内一小局,乃月将加所值正时,罡之所在。按:所在与所指不同,如身在未,则指丑,背身所指则吉,反之则凶。

陆长庚云:斗之所指,则气动;罡之所指,则神聚。今欲知斗建之活子午,如正月建寅,则以寅加于戌,卯加于亥,至寅位则值午矣。又数至申位,则为子矣。午与子相冲,则申乃气动之时也。其天罡所在之方,如正月建寅,则于寅上加戌,至午位为寅,寅临于午,便是破军。天罡却在破军之前一位,乃巳位也,巳便是神聚之时。

按此法,每月三十日限定两时,为神聚气动,恐是道家书制符煞之法。若论鼎中气机,一月六候,消息各有迟早,安能以两时拘定乎？不如孙氏《十二雷门测候》一图,为端的不移。

又考斗建之法,如正月太阳已过宫,则于戌位加寅,逆排至申位为子,寅位为午；如太阳未过宫,则以寅位加亥,逆排至酉位为子,卯位为午。

求天罡所在,诀云:日月常加戌,时时见破军。天罡前一位,即此便为真。太阳宫未过,仍于亥上寻,其加戌与斗建不同。彼是以戌为主而加寅,此乃以寅为主而加戌也。

　　康熙四十三年甲申三月朔旦完稿,四月望日绘图,戊子九月订定

附录：

一、《古本周易参同契》三卷

闽县龚易图校注。龚自叙云：《参同契》一书，汉时上虞魏真人所著。自授徐从事后，五代彭真一作《通真义》三卷。此后朱子著《考异》一卷，陈抱一作《参同契解》三卷，俞玉吾作《发挥》三卷，陈上阳作《分章注》三卷，皆沿流传之本，未分经、传。至明正德间，苏州杜通复始得古本。以四言为经，为真人原著；以五言为传，为徐从事之注。经络极明，句读又正，此书方复旧观，使读者得寻源流，审知次序。惟分经文为十八章，传文为十八章，以合三十六先天之数，此则出于《集注》私意，未足为确义也。此外徐天池、陆西星、李晦卿、王九灵、蒋一彪、彭好古、甄九映、陶存存、姜得一、尹太铉，各有注释。或依古本，或沿时本，参出不同，然皆各标所得。或浅或深，时或参于他说，以致本义不明。至仇沧柱集各家之注，凭依古本作《集注》上下二卷，书例极明，惜所集注不纯，而自注尤杂异说。予中年时，常依全阳子《发挥》作《直解》上下卷。彼时未知道蕴，惟取养性之说以为可期进道；嗣又惑于他说，以为修命另有一途。以致愈歧愈纷，无所归宿。近乃知性命同天，所授双修之道，惟在观窍观妙，异出同归。《阴符经》曰：观天之道，执天之行，尽矣。观者，观其道而执其行，所谓先天而弗违，后天而奉天时也。爰取斯书，尽删众说，祛其烦秽，专其诚洁，冀或有合也。

——出民国纂修《福建通志·艺文志》

按：龚易图，字霭仁，又字少文，号含晶子、含真、正伦、性融，福建闽县（今福州市区）人，生于道光十五年乙未（1835），卒于光绪十九年癸巳（1893）。龚易图藏书甚富，著有《乌石山房诗存》、《乌石山房藏书目录》、《谷盈子十二篇》、《参同契直解》、《玄玄上经注疏合编》、校注《古本周易参同契集注》、评注《西游记》等书，今有《霭仁府君自订年谱》存其生平。龚氏之批注《古本参同契集注》在光绪十五年己丑（1889）与光绪十六年庚寅（1990）两年间。此前，光绪二年丙子（1876），龚氏"常（尝）依全阳子《发挥》作《直解》上下卷"，故知其时乃笃信清修丹法；至批注仇古本注时，则又转入人元丹法，并以"知几子以庚寅（1710）集注，予今亦以庚寅（1889）校刊妄评，甲子四周，而明道尚无其人，慨哉"而致其慨。其批注时，仿《参同契》寓名之例，作隐文曰："龙冠首，洪去水，日月交，河洛象。读此文，详加点，删其秽，拣其金。庚寅岁，金木并，附识此，望传人。"今按：龚氏批注仇注，其意既"以证所学"，又欲"尽删众说，祛其烦秽，专其诚洁"。其曾与郑观应论道时云："邓师所传静功，徐师所论阴阳，是一言性而一言命，均非性命双修之旨。"观乎此，龚氏于丹法则清静、阴阳并重，故视仇氏专论阴阳之道而视其不纯，故有"集注不纯"、"自注尤杂异说"之叹。惜今未见龚氏校注之《参同契》，其批注清同治广东重刊本《古本周易参同契集注》尚存台湾大学图书馆，依稀可知龚氏《参同》学之一斑。至其《西游记评注》序云："此书探源《参同》，节取《悟真》，所育皆亲历之境，所述皆性命之符。予之铨解，虽未面授真人之旨，而不敢臆造，其说实触类引申，使人易晓，勿蹈迷途，与悟一子之诠，若合若离，而辟邪祟正之心，或较悟一子而更切也。"悟一子《西游真诠》"其宗南斥北"（清方内散人语），龚氏《评注》则折衷南北二派丹法，读者取《评注》一书读之，或可洞然龚氏丹法之本末也。

二、《古本周易参同契》集注

（二卷 同治间重刻本）

仇兆鳌撰。兆鳌，字沧柱，自号知几子，鄞县人也。康熙进士，入翰林，官至吏部右侍郎。少从余姚黄宗羲游，讲求性命之学，有声于时。后共会稽陶素耜研穷修养秘旨，筑栖云草堂于雪上，以恬淡自安，获遇真人，几杖追随，凡七阅月，始闻大道。由是松颜鹤貌，照耀山林，不求闻达于当世，所著有《四书说约》、《杜诗详解》、《金丹梯梁》、《黄老参悟》、《悟真篇》及是编行于世。具书都凡上下二卷，上卷为魏真人自序及四言经文十八章，下卷为徐从事传文序及五言传文十八章，又以《参同悟真论》、彭真一原序、《参同契集注》序及凡例二十条列之卷首,补遗三篇、附录四篇、图象十五幅及集注一篇列之卷末,皆不入卷次。按,兆鳌集注序云:爰据古文,厘定经传,又集诸家注疏,于采药还丹、炼己温养,亦详言无隐矣。是其书大旨,在于厘定经传,辨别异同,然后集诸家之说,以观其会通。考《参同契》一书,世所流布,多经传混淆,简编散乱,有四言、五言、散乱之不同,至杜一诚始定四言为经、五言为传,与《三相类》共为三册;嘉靖间,杨用修有《参同契》古本之刻,其编次即与杜本相同,而自谓出于石函中。不知埋地之书,岂有经五、六百年而不朽坏者?大抵杜本之元林屋山人俞玉吾,杨氏复据杜氏所编,而托言石函。兆鳌以杜氏追复古本,有功《契》文,因即以杜氏之本为据。惟杜本于章法之起结,段落之接连,多未见条理,因重加厘定,逐章还其次第,逐节寻其条理,逐句明其意义,其于字句之异同,则据朱子《考异》及俞氏《释疑》,更相雠正,附之各句之下。至其诠释经旨,则多引前人注疏,以观其会通;稽其所引,有彭晓《通真义》、朱熹《考异》、陈显微《解》、俞琰《发挥》、陈致虚《分章注》。杜一诚古本除徐渭《分释》,陆西星《测疏》、《口义》、李文烛《句解》、王九灵注、蒋一彪《集解》、彭好古古本注、甄淑《翼注》、陶素耜《脉望》、姜中真注解、尹太铉《补天石》,盖自五代至清初,凡十有六家。注中于三五精义、金水火符、抽添沐浴、延命养性、服食飞生(升),一切丹道之要,皆反覆推阐,以申明其意。又《参同》古本,莫不谐韵,是编于声音之变化错综,亦详为之说,参互考定,阐发幽隐,盖不失为《参同契》注释中之善本也。

——出自《续修四库全书总目》

三、石印本《参同契集注》序①

《参同契》一书,所演者易理,所讲者天道,可以知盈虚消长之机,可以窥吉凶休咎之隐。精而言之,则修身炼性,尤为丹学之津梁。夫古

---

① 此序据民国十三年(1924)上海大成书局石印《精校原本〈参同契集注〉》本录入。

今丹书不下有万余卷，然推为丹家鼻祖者，唯《阴符》、《道德》两经耳。《参同契》约两经著书，词简义该，学者以一身游泳其中，以一心沉酣其内。譬犹百工，列廛而居，百材供其采择，百器待其钩陶。窳败者，则群指为贱工焉；精美者，则众推为良工焉。非特此也，吾人所学之道，无一不可于百工之事会之。观于宋人之削玉为楮，则知求道不可掉以轻心也；观于莫邪之铸剑入神，则知学道贵乎独殚苦志也。而且睹郢人成风之技，恍然悟道妙之宜寻；见屠坦游刃之能，悠然会道真之可领。所以聆轮扁之议论，足破胶柱鼓瑟之非；读梓材之训词，宜收质有其文之益。

盖百工以肆为历练之地，吾人以道为归宿之方。业有精粗，而理无二致也。然降及近代，世风不古，天下多伯鲁之流，大道荆榛，士林皆少正之辈。由是素丝受染，丹青任其转移；白璧留瑕，琢磨总难完善。无他，吾人之不以道为依归，是犹百工之不以业为依归，而自甘暴弃焉耳，岂不可慨也。

夫业也者，即大易所云之器也，形下者也；学也者，即大易所云之道也，形上者也。然则百工而精其业，斯为技进于道；君子而修其学，又为道通夫艺。吾愿世之欲超洪波而登道岸者，非读道书不可，非读《参同契》之道书不可，是为序。

时在中华民国十三年岁次甲子杏月中浣暨易缪咏仁题

四、仇兆鳌先生年表

周全彬

明崇祯十一年戊寅（1638）一岁

十一月十六日生于鄞县东城章溪里。仇兆鳌祖籍山东，其始祖仇畬，字泰然，于宋徽宗大观年间，自山东益都来知明州（即浙江鄞县），封益都伯，遂家于鄞，曾祖字晓湖，祖字庆元。父遵道，字公路，为诸生。少受知于学使邹嘉生、黎博庵，潜究理学。清军入关后，罢科举不赴，为乡党祭酒，贤俊时出其门。

明崇祯十六年癸未（1643）六岁

入私塾，从学于骆宝权。

清顺治三年丙戌(1646) 九岁

避难鄞县章溪里,随西邻陆可前先生学。

顺治四年丁亥(1647) 十岁

转学到学士桥,从学陈元朗先生。

顺治五年戊子(1648) 十一岁

从学彭滨王先生。

顺治七年庚寅(1650) 十三岁

从学于学士桥袁君履先生,与袁君履之弟袁王前朝夕过从,获益良多。

顺治八年辛卯(1651) 十四岁

入青龙桥孙家馆中,从学王文客先生。冬,参加童子试,未中。

顺治九年壬辰(1652) 十五岁

仍就学孙氏,偕兄仇石涛(云蛟)肄业。

顺治十三年丙申(1656) 十九岁

童子试,"招榜无名",复校之日,请复试,立就六艺,及再复校,居榜首。

顺治十四年丁酉(1657) 二十岁

入县学。秋,参乡试,不中。

顺治十五年戊戌(1658) 二十一岁

转入四府前黄天仪家馆中学。

顺治十六年己亥(1659) 二十二岁

在横泾等地开馆课童。

顺治十八年辛丑(1661) 二十四岁

阅《程朱语录》,朝夕参玩,理境渐明。

康熙三年甲辰(1664) 二十七岁

以事忤邑令而及讼事。

康熙四年乙巳(1665) 二十八岁

春,仇兆鳌、仇云蛟弟兄偕万斯大、万斯同等二十余人至余姚受业于黄宗羲门下。

康熙五年丙午(1666) 二十九岁

因与邑令讼事未能参加秋闱考举。

选《易论》一书,痛驳时解之谬。

康熙六年丁未(1667) 三十岁

与甬上诸子成立证人书院,延请黄宗羲至书院讲学。

辑《丁未房书》,未成。

康熙七年戊申(1668) 三十一岁

在章现卿家坐馆授徒。

康熙八年己酉(1669) 三十二岁

选《癸未墨卷》、《己酉乡墨》,先后坐馆与武林陈蕴先家及程氏。

康熙九年庚戌(1670) 三十三岁

杭州城南云居山上方寺开馆教学。黄宗羲至上方寺,与之游。黄宗羲作诗《赠仇沧柱》:"积叶窗前日日深,读书好自傍岩阴。百科已竭时文力,千载唯留当下心。坊社连环何足解,儒林废疾望谁鍼。凭君一往穷经愿,日月当空日未沉。"盖宗羲于沧柱寄予厚望焉。

沧柱在云居时,曾从达方禅师游,撰有《达方上人七十寿序》。

康熙十年辛亥(1671) 三十四岁

理学家陆陇其辑《四书讲义续编》,是书取吕晚邨、仇兆鳌之说居多。殆知所谓仇氏所著的《四书说约》是其早年著作,今尚能于陆著中得见仇著《四书说约》之佚文,知其经学之梗概。

康熙十一年壬子(1672) 三十五岁

除夕日,同海宁许汝霖(时庵)餕岁云居山寺中。

康熙十二年癸丑(1673) 三十六岁

新年初一,兰若亦来,三人(与许汝霖)同把酒言欢于梅雪之中。

康熙十三年甲寅(1674) 三十七岁

在诸暨五灶张明球家坐馆,选《癸丑房书》。

康熙十四年乙卯(1675) 三十八岁

预乡荐,名列十一名。同榜者,有解首陈锡嘏,戊辰会元范光阳,皆一时之俊彦。

与许汝霖一起选《江闱行书》。

晤章公寅,得知堪舆家张九仪之名,遂生心慕,无刻忍忘。

康熙十五年丙辰(1676) 三十九岁

北上应试,落第回杭州,识徐乾学、徐元文。

九月,与黄宗羲、陈彝仲等人游云岫山。

选《乙卯行卷文征》,嘱郑梁为序。

康熙十六年丁巳(1677) 四十岁

问学许三礼,许有《丁巳问答》,载仇、许问答之辞。

选《丙辰房书》。

康熙十七年戊午(1678) 四十一岁

沧柱、石涛兄弟请黄宗羲为公路先生撰寿序。宗羲于是写成"仇公路先生八十寿序",在文中,宗羲盛赞了仇氏父子三人。

六月,左襄南(岘)访陆陇其,极言沧柱讲学之非,讲举业则宗朱熹,讲学则从黄梨洲和山阴之学,分作两截,此心不可对圣贤。

选《戊午科乡墨文征》。

刻印明朝林希元《增订易经存疑的稿》十二卷。

许三礼授《告天楼告法》、《河洛源流》,与诸同学为笔记。

康熙十八年己未(1679) 四十二岁

北上科考,未中。

选《戊午行书》、《十四科程墨》。

其父仇公路卒,终年八十一岁。

康熙十九年庚申(1680) 四十三岁

选《己未房书》、《启祯八科大题》。

康熙二十年辛酉(1681) 四十四岁

四月,与陆陇其会,仇云"徐伯礼《礼记集注》、《春秋演义》最妙,陈紫峰《易经通典》不如存疑。"

五月,与陆陇其相会,赠黄宗羲《明儒学案》前六卷。陆对《学案》颇致不满,谓(黄)"议论不无偏僻。"

选《十四科小题》、《辛酉乡墨》。

林云铭有《复仇沧柱》,与沧柱论《庄子》。

康熙二十一年壬戌(1682) 四十五岁

北上科考,仍然未中。四月,在杭州选《壬戌会墨》。

洪若皋(南沙):《复仇沧柱书》。

李来章诗:《喜晤仇沧柱》。

康熙二十二年癸亥(1683) 四十六岁

选《壬戌房书》、《历科大易文选》。

洪若皋:《与仇沧柱书》。

同学万斯大(充宗)卒。斯大于康熙七年曾重辑《万氏宗谱》,沧柱尝为之序。

康熙二十三年甲子(1684) 四十七岁

选《甲子乡墨》、《甲子行书》及其它时文。

冬,与周阜怀、郑梁并辔北上,除日泊扬州城外。

辑《四书大全汇正参解》十九卷。

《增补诗经备旨》梓行,题仇沧柱鉴定。

康熙二十四年乙丑(1685) 四十八岁

正月北上科考。殿试时因以直言未能得状元,得二甲第八名。

二月,与郑梁同寓京师之石芝庵。方是时,春闱试毕,四方士多持其卷从沧柱问得失。

五月,钦点仇兆鳌、张希良、许承家、徐元正……等人为翰林院庶吉士,散馆授编修。

本年,始读丹家经典《参同契》、《悟真篇》,知丹法别有心传。其后以在京师的便利,广搜丹经秘书,为日后集注《参同》、《悟真》的累积了不少第一手资料。

郑梁诗:《同仇沧柱夜话》、《书别仇沧柱》。

李来章诗:《闻仇沧柱年丈登第排律二十韵》。

洪若皋诗:《仇沧柱庶常枉书山中,惠教佳墨,兼廷对大策寄赠》。

康熙二十五年丙寅(1686) 四十九岁

其子仇廷模(季亭)生。

二月,朝廷计典,以陆陇其未得大用而鸣不平。

八月,与陆陇其函,并寄《银河篇》。

张铭轩(天如)入门下,沧柱独重之。铭轩后有诗:《奉怀仇沧柱夫子》,其云:"自昔龙门问学来,南辕受易忆燕台。玉堂金马应时望,瑶草琪花傍晚开。无识穷经思寡过,有怀捧檄瞩怜才。愿从椽笔扬先德,归奉萱庭菽水杯。"以感念师恩。

郑梁为仇兆鳌《乙卯形卷文征》作序。

吴江顾施祯撰注《杜工部诗疏解》初刻,题名"甬东仇沧柱鉴定"。

康熙二十六年丁卯(1689)五十岁

春,见姚青崖《周易本义引蒙》十有二卷,披读数过,服其辞说不繁,而意已醒豁,为之审定并嘱印行。

三月,康熙帝与李光地论易学,光地以励志荐沧柱。

曾湖峰从之游。

八月,与陆陇其书,告魏蔚州(环溪)之死讯。

秋日,为和徵行书古书。

陆陇其:《答仇沧柱太史书》。

康熙二十七年戊辰(1688)五十一岁

分校礼闱,充会试同考官,所得士皆名宿。

为河南李来章《礼山园诗集》作序。

秋,奉命校阅《资治通鉴朱子纲目》。

选《戊辰房书》,易稿刻成。

十一月,作《施太孺人八秩寿序》

十二月序姚青崖《周易本义引蒙》于燕台邸舍。

为曹素功《曹氏墨林》(《艺粟斋墨铭》)作序。

李来章诗:《赋酬仇沧柱太史》。

康熙二十八年己巳(1689)五十二岁

参与修订《孝经衍义》。

开始纂注杜甫诗集。

九月,子仇廷栋患病夭亡。

有恭祝康熙南巡《排律五十韵》。

仲冬,参补明邓退庵《四书备旨》,并作序推介。

康熙二十九年庚午(1690) 五十三岁

参修《大清一统志》,暇日与馆中知己邀请万斯同主讲经史,听者数百人。

十月,在寓所与陆陇其、朱彝尊会,相与论杜诗。

腊月,为范鄗鼎寄《明儒学案总目》。

郑梁至京,读沧柱《杜诗详注》,极言其谬。

康熙三十年辛未(1691) 五十四岁

三月二十一日,会陆陇其于刘介庵席上。

参与修《明史》史局。

万斯同代贾润序《明儒学案》,称"黄先生之门人遍于浙东西,而四明仇沧柱为之冠"云云。

康熙平定准喀尔叛乱,恭进《纪言诗五十韵》。

康熙三十一年壬申(1692) 五十五岁

著《通鉴论断》一书。

函告黄宗羲《明儒学案》已经由自己的门下贾朴刊行,仇氏并为之作序。

九月,有诗:《壬申重九后昌平访隐者不遇》。

田从典遣信使请沧柱为其父作墓表,却之。

范翔(紫登)辑成《四书体注》,其书谓沧柱"潜心理学,为紫阳功臣"、"仇论折衷详确,直指迷津",故其书多采沧柱之说。

康熙三十二年癸酉(1693) 五十六岁

太学祭祀,为两庑分献史。

《杜诗详注》辑成并序。

十一月,因康熙传谕翰林院诸臣将各所著诗古文章抄录进呈,于是将《杜诗详注》缮写奏进。

康熙三十三年甲戌(1694) 五十七岁

二月,遣内弟姚启贤送新刻《明儒学案》与范鄗鼎。

五月,直南书房。十五日,与徐元正、汪灏赋得衣露净琴张应制五律。十六日,进奏所著的《两经要义》按:据《秘典珠林》卷二十二:"仇兆鳌《两经要义》一册,素笺本,前注释《道德经》十二章,后注释《南华经》一章,又附程真人《道化书》,歧伯《命门水火论》,陆长庚《元精元炁元神论》。款云:翰林院编修仇兆鳌斋戒熏沐敬陈。

作《理学真伪论》、《丰泽园赋》。

删定张祖年所著《读史臆见》刊行。

冬,乞假还乡为其亡父仇遵道迁葬。

康熙三十四年乙亥(1695) 五十八岁

夏,请假还里,访林云铭于吴山之麓,

七月,黄宗羲卒。

秋,访程培源,得识仲开一,因读仲开一《增定史韵》一书。

重晤旧友陶素耜,证以丹法心得,陶氏"亦悔往日蒲团静摄,不足了生死大事,"遂与仇氏闭门讨论丹法要义,相与寻师访道。

篆额《重建敕赐宁波府灵慈宫记碑》。

许汝霖诗:《送仇沧柱编修南还》。

座师合肥李丹壑诗:《送仇沧柱假归杭州》。

康熙三十五年丙子(1696) 五十九岁

选编林云铭诗文,辑成《挹奎楼选稿》。

春,序《挹奎楼选搞》于西湖舟次。

七月,黄宗羲周年忌日,与黄门诸弟子共二十七人聚于万言府第,议私谥黄宗羲。

八月,游浙江天台山,有诗:《清风祠》、《高明寺》、《国清寺》、《至国清连日大雨,欲为华顶石梁之游不可得,赋诗一首》、《题颜迩玉天台山赋》。文:《茅园小八景记》。

十一月,为仲开一所著《增定史韵》作序。

康熙三十六年丁丑(1697) 六十岁

四月,里中耆旧雅集盛事,多有唱和。

游婺州,张祖年以《道驿集》请削正,遂携《道驿集》归里。

刊印南宋理学名家张栻著作《癸巳论语解》十卷、《癸巳孟子说》七卷。

康熙三十七年戊寅（1698）六十一岁

正月，与毛西河论《四书》。

二月，为故交亡友陆陇其遗著《三鱼堂四书大全》作序。虽然仇、陆二人讲学不尽相同，但彼此友谊弥深，仇赞陆"先生貌庄气和，望而知其涵养完粹，间质以理学渊源，则平心酬答，初不为雄论高谈、訾议前辈。观其胸次磊落，气象雍容……"

四月，为金华唐彪（翼修）所著《父师善诱法、读书作文谱》作序。

为《道驿集》作序，而手授张祖年，谆谆以正学相期勉。后张祖年有《柬仇沧柱先生》函，请沧柱授以《杜诗详注》。

夏，留连宋氏名园，悉严州知府王光鼎事迹甚详，应建德县耆老之请，为作《王公政德碑》。

秋，外出广东、海南访友，过梅岭，与董汉等多有唱和。

康熙三十八年己卯（1699）六十二岁

正月，序大汕和尚《海外纪事》于广东端州旅次。

游海南，会田从典，作《田赠君墓表》。

康熙三十九年庚辰（1700）六十三岁

九月，考定成《杜工部年谱》。冬月，缮写《杜注》发刻，凡二十六卷，皆旌德叶承武所书。

重晤林非闻于杭州，与之论杜诗。

由世居城东小沙泥街迁至新桥高中丞旧第。

康熙四十年辛巳（1701）六十四岁

为好友兼道友陶素耜（式玉）所著的《参同契脉望》作序，谓陶"得孙教鸾真人嫡传，遂注《参同》、《悟真》，博采诸家而折衷己意，晦者阐之使明，缺者补之使完。凡药物、火候、结丹、脱胎，口所不能尽吐者皆隐跃逗露于行墨之间，俾潜心好道之士浏览玩索，知真诠毕萃于斯编。"

康熙四十一年壬午（1702）六十五岁

春,辑成《少陵逸诗》并序。

四月,携带誊写好的《杜诗详注》书稿,从鄞县故里至杭州刊刻。

六月,陆陇其遗著《四书大全》在浙西重刻,仇兆鳌再次为序,谓:"初可于吴门,草本多所脱漏,往往有字句舛讹者,有文义断续者,有前后倒置者,有去取失真者",而此刻"较先刻一编尤为精密,海内阅此书者,得其要约之旨,奉为省身之法,则先生觉世苦心,藉兹以传。"

至武林书肆,得见张九仪,大快于心,几三十年之欲识张之愿得偿矣。并相与论堪舆之术。

子仇廷桂中举人,为诸暨教谕。

康熙四十二年癸未(1703)六十六岁

正月,撰《杜律重宝辩》。

春,《杜诗详注》刊本告竣。

永嘉程鸿业(槐庵)前来受业。

二月十五日,康熙皇帝南巡至杭州,沧柱迎驾,进呈新刻《杜诗详注》。康熙赐以"餐霞引年"匾额,盖深知仇之锐意于神仙之学也。与吴青坛联趋行在者数日,因得读吴青坛《朱子论定文钞》一书。二十六日作"行宫问答数条",二十七日忆录《内丹摘要九条》,二十八日作"恭和御制虎丘诗韵",又拟"金山进见寺诗"一首。

至此,仇兆鳌对于杜诗的研究初告一段落,于是开始对道家经典《参同契》、《悟真篇》的诠释。

六月,《悟真篇集注》初稿成,并序。

十月,为衢州重修明代"孝贞"皇后王钟英故居骏惠堂(娘娘厅)题"渐水名宗"匾,署名"甬上仇兆鳌题"。

十二月,起草《古本周易参同契集注》。

撰《督榷宝公善重建佑圣观大成殿记》。

康熙四十三年甲申(1704)六十七岁

三月,完成了《古本周易参同契集注》的初稿,并序。

四月,序《朱子论定文钞》于武林书舍。

五月,将《古本周易参同契集注》稿本呈进康熙帝御览,自谓所注

《参同契》:"分《经》分《传》,免长短句法之参差;解《赋》解《歌》,寻先后功夫之次第。各章提其大旨,每条附以疏笺,较诸坊本所传,此编粗为详悉。臣窃念平生向道已久,苦于穷老,徒慕前修而兴叹,幸逢天圣之见,将来进修机缘,尚望皇仁之扶植也。"并期康熙帝能精究之。

康熙赐御书诗扇、松花石砚、土木人参等。

九月,再次进京参与纂修《方舆程考》。

徐倬诗:《仇沧柱太史北上,取道于苕,闻余病,抵书儿子闻讯,且示一方云:烹牛肉为汁食之可以已痰,感其雅意,且得良方。但余耄矣,待尽之年,思断肉食,况太牢乎,口号二绝谢之》,诗原注云:太史好言养生之术,已达上知。

康熙四十四年乙酉(1705)六十八岁

七月,升左春坊左赞善兼翰林院检讨。历翰林院侍讲、侍读、侍讲学士,充皇太子讲官,武殿试弥封官,侍读学士。

为《东阳曲江张氏年谱》作序。

为余明旭重修《四明昌国余氏世系宗谱》作序。

作《知鄢陵县事斋董先生允怿墓志铭》。

萧山张远《杜诗会粹》刊行,题名"甬上仇沧柱选"。

康熙四十五年丙戌(1706)六十九岁

任南熏殿独监书局。

四月,升侍讲学士,充补充殿试弥封官。

九月,周篆(草亭)卒。后序《草亭先生百六集》以纪其事。

康熙帝赐《文渊鉴》一部。

为知交亡友姜昆麓撰《姜昆麓先生墓志铭》。

黄百家因先祠墓倾塌圮,至京找仇兆鳌等黄宗羲弟子筹措维修经费。

为宝严寺《敕赐宝严新改禅林中兴碑记》篆额。

康熙四十六年丁亥(1707)七十岁

为兄长仇云蛟服丧。

康熙帝赐玉篆匣砚一方。

为乃师许三礼作《兵部督捕右侍郎安阳许公墓志铭》。

黄百家因不满意贾氏刊本《明儒学案》的改动而当面斥责仇兆鳌。

康熙四十七年戊子（1708）七十一岁

九月，《古本周易参同契集注》正式完稿、订定。

十二月二十日，特升内阁学士兼礼部侍郎。

钱陈群于京师受业于沧柱。

门生洪熙绩卒于桂林公署，年仅四十岁。

康熙四十八年己丑（1709）七十二岁

正月，在金台行阁撰写成《悟真篇提要》。

二月，充经筵讲官、己丑文武殿试读卷官。

七月，江南总督噶礼诬陷弹劾苏州知府陈彭年，罪甚重，士民走京师恳宽者数万，朝臣莫敢出一语，沧柱独言其无罪，云："陈鹏年有三罪：不逢迎上官，一也；生今返古，二也；不能止百姓之讴歌，三也。"同列皆为之咋舌，鹏年遂得以宽。

奉旨致祭颛项氏、帝喾高氏兴碑。

康熙四十九年庚寅（1710）七十三岁

四月，转任吏部右侍郎。为吴良森等重修《南岑吴氏宗谱》作序。

八月，《悟真篇集注》正式完稿，订定。

冬月，决定刻印《参同契集注》、《悟真篇集注》。

毛又文以孙元衡《赤嵌集》饷沧柱，"读之，不觉狂喜"，为文序之。

沈近思（位山）有《复仇少宰书》。

康熙五十年辛卯（1711）七十四岁

正月，以足病向朝廷乞休，允之。赐致仕以归。

三月，买舟南下，在舟中继续增订《杜诗详注》。途经衢州，闻朱仁九便捐款助赈，数万灾民受其救济，"灾民讴歌颂德"，遂将此事上奏朝廷，并作《仁九朱公传赞》，康熙帝赐朱仁九"爵隆七品之荣。"当年冬抵鄞。

六月，因门生程鸿业之请，为《冯氏宗谱》作序。

为其子仇廷桂（丹植）、张道升（慎高）所辑的《武经三书体注大全会解》作序。

子仇廷模中举人,后为宁乡县知县。

胡作梅诗:《送仇少宰沧柱归里》。

康熙五十一年壬辰(1712) 七十五岁

三月,康熙皇帝大寿,偕徐元正入都祝寿,作五言排律十二韵《万寿诗》。康熙召见问以地方见闻,沧柱曰:"去年江督噶礼免,张伯行留任江南,士庶欢腾,臣不胜大庆",其质直如此。

四月,撰文:《少参胡公承祖德政碑》。

五月,为陶素耜所辑《重修陶氏族谱》作序,称"予同学侍御君尚白,风采既树,邅欲学道而遗荣,探研真诀,渊乎有会,与予心契者最久"云云。

再晤张九仪,深叹张之地学"神矣,真活仙人也,不知遵何道而能如此也"。并为九仪《地理穿透真传》作序于武林友益斋。

为葛世扬纂辑《周易述解辨义》作序。《辨义》一书也多辑沧柱《易》说,今人或可藉此书知仇氏易学之一端也。

腊月,至吴门度岁,准备发刻《杜诗补注》。

撰文:《遗爱祠碑记》。

闻性道、释德介纂修的《天童寺志》梓行,沧柱为之序。

门生慈溪秦遵宗(子瞻)卒。沧柱尝为遵宗《四书辨疑》一书作序。

康熙五十二年癸巳(1713) 七十六岁

编纂完成《诸家论杜》。

五月,慈溪裘琏(殷玉)上书沧柱。

六月,祝万寿归,过苏州,张伯行以沧柱向有盛名,欲留苏训迪后进,及相与讲学,不合,沧柱归浙中。

托太监孙文成先后于秋、冬两季呈进所著的《修真次第》与新刻成的《古本周易参同契集注》。

李肃捐俸募修大成殿,并建崇圣寺、文昌阁,撰《鄞县儒学重修大成殿明伦堂重建启圣宫文昌阁碑记》以记其事。

裘琏刻自著《寸知集》,沧柱为序。

康熙五十三年甲午(1714) 七十七岁

二月,劳之辨至四明,晤沧柱、罗暗圆。

三月,上奏祝寿,与康熙帝探讨人元丹法。

康熙五十四年乙未(1715年) 七十八岁

二月,上奏祝寿,继续与康熙研究丹法,并劝康熙皇帝实践丹法。

康熙五十五年丙申(1716) 七十九岁

三月,康熙帝御书扇子赐仇兆鳌。

康熙五十六年丁酉(1717) 八十岁

二月,上奏祝寿,在奏折中,再次劝康熙皇帝实践人元丹法。

五月,为章大来《后甲集》作序。

门生蒋拭之(季眉)中举人。蒋氏少从沧柱游,得受文章教益,沧柱训以:"人必有气节,斯文章足重。"云云。

十月初五,病逝于家中。临终自制遗表,神色不乱。含殓之时,颜色温润,肤体如柔如生,享年八十岁。葬于鄞县东九曲河。

许汝霖作祭文:《祭同年仇沧柱少宰》。

第二十二卷

参同契章句

清 李光地

点 校 说 明

1.《参同契章句》一卷,清李光地撰。李光地(1642－1718),字晋卿,号厚庵,别号榕村,福建安溪湖头乡人,乃有清著名的理学家及康熙朝时之重臣。

2. 李光地注《参同契》,据《李文贞公年谱》康熙五十六年(1717)条下:"夏五月,《论》、《孟》札记、《离骚》、《九歌》、《参同契》注成(诸书旧稿,盈捆充箧,未及诠次,至是舟中订成之。)。"可知光地《参同契章句》订成于康熙五十六年,其时相与讲学之同僚仇兆鳌所著《古本周易参同契集注》早已刊行传世。考光地《章句》,系取明万历间何允中辑录《广汉魏丛书》本之朱长春校订《参同契》本,而朱本又袭元陈上阳《参同契分章注》本。光地不明其源流,而其《章句》又以己意更次分章,标新立异,独显心得,虽不免牵强,但也有其得于《参同契》些子之处,堪可玩习。

3. 光地既承朱子理学之后,朱子考订《参同契》,光地亦考订并注之。光地注《参同契》,以无师授而谈元扃,惟能以儒释道,言修养之大端,诚多得于其慧悟。中列"炉火说"一章,援外丹以喻内丹,也有识见。

4. 本篇据清康熙五十八年(1719)清谨轩刊本整理,无参校本。末附录四篇,其中《鼎符》一篇,《章句》旧序谓:"余始读其书,无所契领,后避乱荒山,益复反覆。一日诵所谓千周万遍者,幽忧无事之中,依而仿之,以代歌谣,久乃似通其文意者"。则所谓"歌谣"者,似光地未注《参同契》之前,读《参同》而仿作之《鼎符》,故可与《章句》互读,则能明《鼎符》之大意。

参同契章句

清 安溪李光地 注

《参同契章句》引

《参同契》者,参之而同契也;《三相类》者,三字之义疏尔。魏氏作《参同契》,以歌叙大易之文,祖述黄老之指,发明丹经之要;又自以为阙略未备,复作《三相类》一编,互相解剥,今寻其文意,则昭然矣。而更二千年未有知者,心之不达,则窃易旧简,以就肤见。故此书独无完编,所见数本,皆甚殊。不特篇章,至碎句亦更乱之矣。惟《汉魏丛书》所载,似是原本,间有窜互,不多也。独其不知中断二书,及截立标题,亦庸末之妄。二书之终,又各叙述付授之源自,而指嘱学者之密要,所以乱三篇之文,而导其宗指之所归,观者皆未之审也。故厘其章句,稍加疏释,俟后世有魏氏起者,更以讯之。

震方黍根,芷草夏熹。更数龙马,腾上朱鸡。大观在上,公赋攸剂。三行相生,自述其私。

《参同契》上

（此篇发引易道）

乾坤者,易之门户,众卦之父母。坎离匡廓,运毂正轴。牝牡四卦,以为橐籥。覆冒阴阳之道,犹工御者,准绳墨,执衔辔,正规距,随轨辙。处中以制外,数在律历纪。月节有五六,经纬奉日使。兼并为六十,刚柔有表里。朔旦屯直事,至暮蒙当受。昼夜各一卦,用之依次序。既未至晦爽,终则复更始。日辰为期度,动静有早晚。春夏据内体,从子到辰巳。秋冬当外用,自午讫戌亥。赏罚应春秋,昏明顺寒暑。爻辞有仁义,随时发喜怒。如是应四时,五行得其理。

除乾、坤、坎、离为易之门户,余六十卦,直一月三十日。一卦当昼,一卦当夜也。朔始屯蒙,故晦终既未,循环一年之中。凡卦在春夏者,以内体为重,而起子以讫辰巳也;在秋冬者,以外体为重,而起午以终戌亥也。然据纳甲之法:乾震起子,巽起丑,坎起寅,离起卯,艮起辰,兑起巳,而坤起未。是虽用内体,而有不止于子、丑、寅、卯、辰、巳者,姑举其多者言之耳。昏明,犹藏显也。齐戒掩身,及居高明,远眺望之类是也。盖自出入起居,发号施令,无有不顺时茂对,上下与天地同流者,然必以卦爻与日月相当直,而一一求其义理事应,则拘矣。焦京之学,盖如此,其说行于东汉,故魏氏祖述焉。

天地设位,而易行乎其中矣。天地者,乾坤之象也;设位者,列阴阳配合之位也。易谓坎离,坎离者,乾坤二用。二用无爻位,周流行六虚。往来既不定,上下亦无常。幽潜沦匿,变化于中。包囊万物,为道纪纲。以无制有,器用者空。故推消息,坎离没亡。言不苟造,论不虚生。引验见效,校度神明。推类结字,原理为证。坎戊月精,离己日光。日月为易(一作阳),刚柔相当。土旺四季,罗络始终。青赤白黑,各居一方。皆禀中宫,戊己之功。易者,象也。县象著明,莫大乎日月。穷神以知化,阳往则阴来。辐辏而轮转,出入更卷舒。晦至朔旦,震来受符。当斯之际,天地媾其精,日月相撢持。雄阳播玄施,雌阴化黄包(一作色)。混沌相交接,权舆树根基。经营养鄞鄂,凝神以成躯。众夫蹈以出,蝡动莫不由。于是仲尼赞鸿濛,乾坤德洞虚。稽古当元皇,关雎建始初。冠婚气相纽,元年乃芽滋。圣人不虚生,上观显天符。天符有进退,诎伸以应时。故易统天心,复卦建始蒙。长子继父体,因母立兆基。消息应钟律,升降据斗枢。三日出为爽,震庚受西方。八日兑受丁,上弦平如绳。十五乾体就,盛满甲东方。蟾蜍与兔魄,日月气(一作无)双明。蟾蜍视卦节,兔者吐生光。七八道已讫,屈折低下降。十六转受统,巽辛见平明。艮直于丙南,下弦二十三。坤乙三十日,东北丧其朋。节尽相禅与,继体复生龙。壬癸配甲乙,乾坤括始终。七八数十五,九六亦相应。四者合三十,阳气索灭藏。象彼仲冬节,竹木皆摧伤。佐阳诘商旅,人君深自藏。象时顺节令,闭口不用谭。天道甚浩广,太玄无形容。虚寂不可睹,匡廓已消亡。谬误失事绪,言还自败伤。别序斯四象,以晓后生盲。

申明上节之意,而详言纳甲之法也。天地设位,故尊卑上下之体;立日月县象,故寒暑昼夜之用行。此乾、坤、坎、离所以为易之门户也。易字乃日月之合,故以证《系传》之言。易谓坎离矣。既以坎离为易纲纪,则推阴阳消息,不复存其位焉。如六卦应六爻,坎离犹乾坤之二用也;如以六卦应四方,坎离犹中宫之戊已也。皆无方位而实为之根纽枢机,故曰器用者空也。纳甲之法,以十干推配八卦:乾纳甲壬,坤纳乙癸者,始终万物之义也;震纳庚,巽纳辛,坎纳戊,离纳已,艮纳丙,兑纳丁,则皆自下而升,如其长少之序。及乎推消息,应月候,惟用震、巽、兑、艮、乾、坤六卦,而坎离不用,前文所谓坎离没亡者,正指此也。震为哉明,一阳生也,月在庚方;兑为上弦,二阳长也,月在丁方;乾为正望,三阳满也,月在甲方。此皆候以初昏,而恰当所纳之候也。巽为生霸,一阴萌也,月在辛方;艮为下弦,二阴壮也,月在丙方;坤为晦尽,三阴成也,月在乙方。此皆候以平明,而亦恰当所纳之位也。六卦消息,其义甚广。然日月相加,以成晦朔弦望,消息盈亏之象最著,坎离纪纲之理亦最明。故纳甲之学,以月节为主,而推之一岁。六画之十二辟卦,主一岁者也。其始于至日之复,犹其始于朔旦之震也;终于穷冬之坤,犹其终于晦尽之坤也。故始言复统天心,而又言母孕长子,明震之承坤也;末复以仲冬节言之,举其两端而余可知也;中间述五经之义者,《易》始于乾坤鸿濛,《书》断自二帝之稽古,《诗》首关雎,《礼》重冠婚,《春秋》正始于元载。皆天、地、人始交之会,道之所以造端者。连类称引,明乎天地绸缊而万物化,日月摩荡而万象苏,权舆树根基,无始不立,古之作者,知其此矣。

象彼仲冬节以下,旧在《三相类·自叙》之下,今定在此。

八卦布列曜,运移不失中。元精眇难眎(一作睹),推度效符证。居则观其象,准拟其形容。立表以为范,占候定吉凶。发号顺时令,勿失爻动时。上察天河(一作河图)文,下序地形流。中稽于人心,参合考三才。动则循卦节,静则因象辞。乾坤用施行,天地然后治。可不慎乎,御政之首,鼎新革故。管括微密,开舒布宝。要道魁柄,统化纲纽。爻象内动,吉凶外起。五纬错顺,应时感动。四七乖戾,誃离俛仰。文昌统录,诘责台辅。百官有司,各典所部。日合五行精,月受六律纪。五六三十度,度竟复更始。原始要终,存亡之绪。或君骄佚,亢满违道;或臣邪佞,行不顺轨。弦望盈缩,乖变凶咎。执法刺讥,诘过贻主。辰极受正,优游任下。明堂布政,国无害道。

既以卦爻推配岁月而验休咎,复以卦爻分布象曜而占吉凶,故人君发号施令,当循卦爻之节,而谨天象之戒。五星列宿,经纬万象,臣之象也。故五纬四七,乖错示异,则咎在臣下。统录之官,如天之文昌者,必诘责台辅,以及百官有司,使之各举其职。县象著明,莫大乎日月,日君象而月臣象也。故日月告凶,则谪及人主。执法之臣,如天之执法者,必讥诘过失,以悟君上,庶几于皇极之受正,而优游以任下。如是则朝无失政,国无害道,上下交修,而天人协应矣。

《参同契》中

（此篇发明黄老之要）

内以养已,安静虚无。原本隐明,内照形躯。闭塞其兑,筑固灵株。三光陆沉,温养子珠。视之不见,近而易求。黄中渐通理,润泽达肌肤。初正则终修,干立末可持。一者以掩蔽,世人莫知之。

黄老之要,安静虚无而已;隐明内照,则是返听收视也;闭塞其兑,则是忘言也。三用沦藏,故曰三光陆沉也。亲之故曰子,宝之故曰珠。子珠以陆沉而温养,则虽不显其文,而美在其中。故引易辞黄中通理,畅乎四支者以证之。安静虚无,以为根本,则后此修持之功,皆切己而非由外矣。又曰蔽之以一者,何也?下文所谓水为道枢,其数名一者与。

上德无为,不以察求;下德为之,其用不休。上闭则称有,下闭则称无。无者以奉上,上有神德居。此两孔穴法,金水（一作气）亦相胥。知白守黑,神明自来。白者金精,黑者水基。水者道枢,其数名一。阴阳之始，玄含黄芽。五金之主，北方河车。故铅外黑，内怀金华。被褐怀玉，外为狂夫。金为水母，母隐子胎；水为金子，子藏母胞。真人至妙，若有若无。仿佛太渊，乍沉乍浮。退而分布，各守境隅。采之类白，造之则朱。炼为表卫，白里贞居。方圆径寸，混而相符（一作拘）。先天地生，巍巍尊高。旁有垣阙，状如蓬壶。环币关闭，四通踟蹰。守御密固，阏绝奸邪。曲阁相通，以戒不虞。可以无思，难以愁劳。神气满室，莫之能留。守之者昌，失之者亡。动静休息，尝与人俱。

上德、下德，用老氏语，犹孔子所谓生知、学知者也。上德之人，安静虚无，出于自然，是无为也；下德则为之，而其功不少休息。上闭者，收视返听，闭塞其兑，有为之功也；下闭者，潜心于渊，固厥灵根，无为之道也。无为之道，归之上德，非至神孰能与于斯？其下则先以有为为也。然下闭则上无不闭，上闭而勤行不息，则下亦闭矣。上下两窍，是谓两孔穴法。老氏之书，以玄为宗，故曰：知其白，守其黑。此推论之，以为白者金色也，黑者水色也。水属天一，为道之枢，故虽为金之子，而反能纳母，如天玄地黄。铁为五金之主，铅之外黑内白，人之披褐怀玉，皆是水德之玄，为用之宗也。常有以观其窍，而常无以观其妙，则若有若无矣；仿兮佛兮，其中有物，则乍沉乍浮矣。故以玄为主，则阴阳交，交则动而和会，静而守境，玄之中有白矣，白之中又有朱焉。朱者，下篇所谓丹也。始也以玄为表，而白为里；既则白中之朱，自里达表，而其中之白者常在也。此犹地之黄，而万古不动；天之玄，而发为光华。方圆之道，存乎径寸，岂非形化于天地之后，而性起于天地之先者乎？然犹闲邪，以戒不虞，无思而盈神气，此由下德而达于上德之域矣。要其动静休息，岂有异于人哉？起下章外道之缪也。

是非历脏法，内观有所思。履行步斗宿，六甲以日辰。阴道厌九一，浊乱弄元胞。食气鸣肠胃，吐正吸外邪。昼夜不卧寐，晦朔未尝休。身体日疲倦，恍惚状若痴。百脉鼎沸驰，不得清澄居。累土立坛宇，朝暮敬祭祀。鬼神见形象，梦寐感慨之。心欢意喜悦，自谓必延期。遽以夭命死，腐露其形骸。举措辄有违，悖逆失枢机。诸术甚众多，千条有万余。前却违黄老，曲折戾九都。明者省厥旨，旷然知所由。勤而行之,夙夜不休。伏食三载,轻举远游。跨火不焦,入水不濡。能存能亡,长乐无忧。道成德就,潜伏俟时。太乙乃召,移居中洲。功满上升,膺箓受图。

辟修道而迷缪者。盖动静休息,不与人俱者也。自历脏内观至祭祠鬼神,皆是惑于小术而不知黄老大道。虽梦寐感慨,心意欢悦,然非信息之真也。明者以下德入德,勤行至道,其用不休,伏食之久,然后道德成就而移居中洲,功行圆满而上升天界。呜呼,此固丹家之言,然吾徒之畏天命者,修身补过,至于岁宴节晚,可不慎之哉?

《参同契》下

(此篇发明丹经之指)

《火记》不虚作,演《易》以明之。偃月法鼎炉,白虎为熬枢。汞日为流珠,青龙与之俱。举东以合西,魂魄自相拘。上弦兑数八,下弦艮亦八。两弦合其精,乾坤体乃成。二八应一斤,易道正不倾。

《火记》即丹经也。偃月,当作铅月。铅阴而内阳,汞阳而内阴。故以属坎离月日,又配鼎炉、流珠、白虎、青龙也。铅者,魄也;汞者,魂也。魄能拘魂,如铅之收汞,月之载日,炉鼎之炼流珠,白虎之伏青龙也。上下弦,明魄均之时也。均,则阴阳和会,天地合德,故兑艮之后,继以乾坤而体成也。二八者,去朔望各八日也。此以八卦之理言,故曰演《易》以明之。

案:《周易》乾坤象龙马者:龙阳物也,而处于阴,故其用则始于潜;牝马阴类也,而从乎阳,故其用则在于行也。圣人所以洗其心,退藏于密,斋戒其身,以神明其德者,其妙盖尽于此。然则,龙者,心也,道家所谓魂也;马者,身也,道家所谓魄也。身心合德,周、孔之教也;营魄相抱,老子之言也。道家欲以东西兽象言之,故号曰龙虎。龙者,飞腾而能潜蛰;虎者,伏藏而有威猛。此其所喻于魂魄之相守、动静之相须也。吾读此而有省于《易》焉,《诗》曰:时亦弋获。此之谓也。

推演五行数,较约而不繁。举水以激火,奄然灭光明。日月相薄蚀,常在晦朔间。水盛坎侵阳,火衰离昼昏。阴阳相饮食,交感道自然。

名者以定情，字者以性言。金来归性初，乃得称还丹。金入于猛火，色不夺精光。自开辟以来，日月不亏明。金不失其重，日月形如常。金本从月生，朔旦受日符。金返复其母，月晦日相包。隐藏其匡廓，沉沦于洞虚。金复其故性，威光鼎乃熺。

水犹月也，火犹日也。水之灭火，犹月之蚀日也。火灭而后水热，日蚀而后明生。盖阴阳交感自然之道，必灭息而后生息也。此以魄拘魂之喻，以下则言魂之守魄也。金水本一体，故又以金为月，火为日，金受火克，而实从火生。火之色赤，故以金色之赤为归性初，而称还丹也。入火之金，受火煎熬，朔旦之月，与日相包，不知者以为相灭息也。然金之精不夺，而月之明不亏。则斯时也，适为还受母气而复其故性，故月则轮郭沉沦而明生矣，金则体质销镕而光盛矣。

推演五行数至还丹，旧在《炉火》之下，今定在此。

子午数合三，戊已号称五。三五既和谐，八石正纲纪。呼吸相含育，伫思为夫妇。黄土金之父，流珠水之子。水以土为鬼，土镇水不起。朱雀为火精，执平调胜负。水盛火消灭，俱死归厚土。三性既合会，本性共祖宗。土游于四季，守界定规矩。

虽有五行，然木即火也，金即水也，其纲惟水火二者。故丹家以水火数合三，又加土数五为八石，以后言三五者，皆指此也。水火相制，则能还丹。然还丹之先，必有和合一节工夫。后章所谓黄舆者，是谓土也。土能克水，故当水火交争之时，而能调其胜负，至于火灭而水亦干，卒皆化为泥滓，灰烬而归于土矣。盖冲和元气者，阴阳之祖也，此其所以王于四季也。

此两章以五行之理言，故曰推演五行数。

巨胜尚延年，还丹可入口。金性不败朽，故为万物宝。术士伏食之，寿命得长久。金砂入五内，雾（一作雾）散若风雨。薰蒸达四支，颜色悦泽好。发白皆变黑，齿落生旧所。老翁复丁壮，耆妪成姹女。胡粉投火中，色坏化（一作还）为铅。冰雪得温阳[①]，解释成太玄（一作虚）。

[①] 阳，汉魏本及诸本皆作"汤"。

金以砂为主，禀和于水银。变化由其真，始终自相因。欲作伏食仙，宜以同类者。植禾当以谷，覆鸡用其卵。以类辅自然，物成易陶冶。鱼目岂为珠，蓬蒿不成槚。类同者相从，事乖不成宝。燕雀不生凤，狐兔不乳马，水流不炎上，火动不润下。世间名学士，高妙负良材。邂逅不遭遇，耗火亡资财。据按依文说，妄以意为之。端绪无因缘，度量失操持。捣治韶石胆，云母及矾磁。硫黄烧豫章，泥汞相炼治，鼓下五石铜，以之为辅枢。杂性不同类，安肯合体居。千举必万败，欲黠反成痴。侥幸讫不遇，至人独知之。稚年至白首，中道生狐疑。背道守迷路，出正入邪蹊。管窥不广见，难以揆方来。

赞丹理之真，斥世术之妄也。盖丹者，象其色也；金者，象其质也。丹之色纯阳，金之质不朽。始于玄而终于丹，谓之还丹。还丹则如金之坚固长久矣。此金丹二字之义也。所谓入口者，岂真如外物而哺茹之？近取诸身而已矣。如胡粉得火而化为铅，冰雪得阳而成水。金砂水银，互相变化，皆因本是同类，所以气候一至，变化自然，莫之强致。世术据按文说，欲以杂色异类之物，辅益性命之真，出正入邪，千举万败，不有明者，孰知其故矣。尝论丹砂铅汞之说，何所取尔也？盖铅也，汞也，丹也，砂也，其中皆有金也。如铜铁之类，则无之，则非所以取譬也。粗质而含精金，块然血肉之躯而含圣性。故能施淘炼之工，则粗质可以成金矣；加修为之力，则凡庸可以成圣矣。淘炼不至，瓦砾同归；修为不加，鸟兽、草木俱腐尔。末学不喻托号之指，真以数者为药物，烧治服食，期于久视，是诚可嗤也。

《参同契》后语

若夫至圣，不过伏羲，始画八卦，效法天地。文王帝之宗，结体演文（一作爻）辞。夫子庶圣雄，十翼以辅之。三君天所挺，迭兴更御时。优劣有步骤，功德不相殊。制作有所踵，推度审分铢。有形易忖量，无兆难虑谋。作事令可法，为世定是书。素无前识资，因师觉悟之。皓若褰帷帐，瞋目登高台。《火记》六百篇，所趣等不殊。文字郑重说，世人不熟思。寻度其源流，幽明本共居。窃为贤者谭，曷敢轻为书？若遂结舌痛,绝道获罪诛。写情著竹帛,又恐泄天符。犹豫增叹息,俛仰缀斯愚。陶冶有法度,未可悉陈敷。略述其纲纪,枝叶见扶疏。

此自述其学之源流,谓有得于《易》而受之于师。然述大易、《火记》而不及黄老,可知黄老、丹经通为一道也。韩子云:万生阳明,幽暗鬼神。神龙出入,人鬼之间。仙道如之,此所谓幽明共居也。朱子谓其启玄命之秘,而当生死之关,可谓泄天之符矣。

炉火说

以金为隄防,水入乃优游。金计有十五,水数亦如之。临炉定铢两,五分水有余。二者以为真,金重如本初。其三遂不入,火二与之俱。三物相合受,变化状(一作壮)若神。下有太阳气,伏烝须臾间。先液而后凝,号曰黄舆焉。岁月将欲讫,毁性伤寿年。形体为灰土,状若明窗尘。捣治升合之,持入赤色门。固塞其际会,务令致完坚。炎火张于下,昼夜声正勤。始文使可修,终竟武乃陈。候视加谨慎,审察调寒温。周旋十二节,节尽更须亲。气索命将绝,休死亡魄魂。色转更为紫,赫然称还丹。粉提以一丸,刀圭最为神。改形免世厄,号之曰真人。

虽三篇并述,而下篇《火记》乃其本指,故复作此以丁宁学者,乃用功之口诀也。金水者,精也,魂魄也;火者,气也,魂也;十五者,一气之节,五行各具其数也。以十五约五分而有余,一气之闰分也。人身之精,有清有浊,如水之有清浊也。清者少而浊者多,故水之真而入金。不加者二,其与金不入而受;火化者三,既受火化,则浊滓去而粹精存,亦与金合体而无增耗矣。先液者,化水之初生也;后凝者,合金之候也。中间须历黄而至赤,正如前章水、火、土会合,然后还丹之指。会合之后,如灰如尘,所谓俱死归后土也。自三物合受至此,伏蒸温养,是之谓文;捣治升合,烈火加张,是之谓武。由是不已,节尽洊继,其文武者如上科。至于候满功成,则不与万物同其枯黑,更转紫色而称还丹矣。粉提一丸,喻其细,可以出入有无也。刀刃圭角喻其利,可以解离世厄也。

末两句,旧在下篇老妪成姹女之下,今定在此。

炉火后语

吾不敢虚说,仿效圣人文。古记题龙虎,黄帝美金华,淮南炼秋石,王阳加黄芽。贤者能持行,不肖毋与俱。古今道由一,对谈吐所谋。学者加勉力,留念深思惟。至要言甚露,昭昭不我欺。

丁宁学者,俾其信向。

参同契序

会稽鄙夫,幽谷朽生。挟怀朴素,不乐权榷荣。栖迟僻陋,忽略利名。执守恬淡,希时安宁。晏然闲居,乃撰斯文。歌叙大易,三圣遗言。察其旨趣,一统共伦。务在顺理,宣曜精神。神化流通,四海和平。表以为历,万世可循。序以御政,行之不烦。引内养性,黄老自然。含德之厚,归根返元。近在我心,不离己身。抱一毋舍,可以长存。配以伏食,雄雌设陈。挺除五(一作武)都,八石弃捐。审用(一作类)成物,世俗所珍。罗列三条,枝茎相连。同出异名,皆由一门。非徒累句,谐偶成(一作斯)文。殆有其真,砾硌可观。使予敷伪,却被赘愆。命《参同契》,微览其端。辞寡意大,后嗣宜遵。委时去害,依托丘山。循游寥廓,与鬼为邻。化形而仙,沦寂无声。百世一下,遨游人间。敷陈羽翮,东西南倾。汤遭阨际,水旱隔并。柯叶萎黄,失其华荣。吉人相乘负,安稳可长生。

歌叙大易十二句序上篇,引内养性八句叙中篇,配以服食六句叙下篇,故曰罗列三条,谓大易、黄老、丹经也。参同契者,言以三者参之而同契也。据此叙,则所歌叙三圣之文,盖乐其和顺理义,宣曜精神,流通神化。又准其阴阳节度,则上可以治历明时,下可以布令施政。上篇所陈,如此而已。后人不知,自开卷即以为炉火之事,拘滞之甚,不足读魏氏之书也。委时去害以下,文不可解,或以魏氏不欲著名而寓语:委时去害四句,藏魏字也;化形而仙四句,藏伯字也;敷陈羽翮以下,则皆藏阳字也。盖陈字去东字,翮字去南字,与其西边,则成阳字矣;汤字去水字,而合陚际之边,则亦成阳字矣。然敷陈羽翮,东西南倾,正《三相类》三者来朝之意;汤遭陚际,亦九年凶咎之喻;柯叶萎黄,又犹前章所谓仲冬之节,竹木摧伤也。凡丹经取类之语,故以长生之句终之尔。

此叙原在《三相类·叙》之后,盖古人叙皆在后,而《参同契》又为《三相类》之本名,故以之殿全书。今欲二叙分晓,登之于此。

《三相类》上

（此篇申明易道）

乾坤刚柔,配合相包。阳禀阴受,雌雄相须。胥以造化,精炁乃舒。坎离冠首,光耀垂敷。玄冥难测,不可画（一作尽）图。圣人揆度,参序元基。四者混沌,径入虚无。六十卦周,张布为舆。龙马就驾,明君御时。穌则随从,路平不邪。邪道险阻,倾危国家。君子居其室,出其言善,则千里之外应之。谓万乘之主,处九重之室。发号出令,顺阴阳节。藏器俟时,勿违卦月。屯以子申,蒙用寅戌。余六十卦,各自有日。聊陈两象,未能究悉。立义设刑,当仁施德。逆之者凶,顺之者吉。按历法令,至诚专密。谨候日辰,审察消息。纤芥不正,悔吝为贼。二至改度,乖错委曲。隆冬大暑,盛夏霜雪。二分纵横,不应漏刻。水旱相伐,风雨不节。蝗虫涌沸,群异旁出。天见其妖,山崩地裂。孝子用心,感动皇极。近出己口,远（一作速）流殊域。或以招祸,或以致福,或兴太平,或造兵革。四者之来,由乎胸臆。动静有常,奉其绳墨。四时顺宜,以气相得。刚柔断矣,不相涉入。五行守界,不妄盈缩。易行周流,屈伸反覆。

此与《参同契》首章同指,亦除乾、坤、坎、离四卦,而以六十卦直一月之日,推之至于一岁也。朔旦屯用事,内卦震用前辰起子,外卦坎用后辰起申;至暮蒙当受,内卦坎用前辰起寅,外卦艮用后辰起戌。其余诸卦,皆可以推之。《参同》所谓赏罚昏明,仁义喜怒。通乎四时五行者,此乃畅言之而极其理也。

晦朔之间,合符行中。混沌鸿濛,牝牡相从。滋液润泽,施化流通。天地神明,不可度量。利用安身,隐形而藏。始于东北,箕斗之乡。旋而右转,呕轮吐明。潜潭见象,发散清光。昴毕之上,震为出征。阳气造端,初九潜龙。阳以三立,阴以八通。三日震动,八日兑行。九二见龙,和平有明。三五德就,乾体乃成。九三夕惕,亏折神符。盛衰(一作而)渐革,终还其初。巽继其统,固际操持。九四或跃,进退道危。艮主止进,不得踰时。二十三日,典守弦期。九五飞龙,天位加喜。六五坤承,结括终始。韫养众子,世为类母。上九亢龙,战德于野。用九翩翩,为道规矩。阳数已讫,讫则复起。推情合性,转而相与。循环璇玑,升降上下。周流六爻,难可察睹。故无常位,为易宗祖。

申言纳甲六卦应月候之法。朔旦日月交会,不尽起于箕斗。惟冬至合在箕斗,然亦不应月行三日,便至昴毕也。盖晦朔之月,平明在坤乙东北之乡;及生明初昏,则在西方震庚之位。箕斗、昴毕,特借宿次以寓方位尔。《参同》以六卦配六爻,而谓二用无位,周流六虚,盖指坎离言也。此既以乾爻推配,故亦专以用九言之。三五,十五也;六五,三十也。

朔旦为复,阳气始通。出入无疾,立表微刚。黄钟建子,兆乃滋彰。播施柔暖,黎烝得常。临炉施条,开路正光。光曜渐进,日以益长。丑之大吕,结正低昂。仰以成泰,刚柔并隆。阴阳交接,小往大来。辐辏于寅,运而趋时。渐历大壮,侠列卯门。榆荚堕落,还归本根。刑德相负,昼夜始分。夬阴以退,阳升而前。洗濯羽翮,振索宿尘。乾健盛明,广被四邻。阳终于巳,中而相干。姤始纪序,履霜最先。井底寒泉,午为蕤宾。宾伏于阴,阴为主人。遁世去位,收敛其精。怀德俟时,栖迟昧冥。否塞不通,萌者不生。阴伸阳屈,毁伤姓名。观其权量,察众秋情。任蓄微稚,老枯复荣。荠麦芽蘖,因冒以生。剥烂肢体,消灭其形。化气既竭,亡失至神。道穷则返,归于坤元。恒顺地理,承天布宣。玄幽远眇,隔阂相连。应度育种,阴阳之元。寥廓恍惚,莫知其端。先迷失轨,后为主君。无平不陂,道之自然。变易更盛,消息相因。终坤复始,如循连环。帝王承御,千载常存。

详言十二卦主岁气之法,申《参同》未尽之指。冬至不尽起于朔旦,此亦据《汉志》历元,甲子朔旦夜半冬至者而为言也。《参同》言消息应钟律,升降据斗枢,故此备列卦气,各具律吕、构建二义。有借字义代本名者,如辐辏者,簇也;侠列者,夹也;洗濯者,姑洗也;振索者,辰也;中而相干者,仲也;栖迟昧冥者,未也,林也;阴伸阳屈者,申也;毁伤者,夷也;任者,南也;消灭者,戌也;亡失者,无射也;隔阂者,亥也;应度者,应也。皆不必其本义,借之以序时候尔。

案:汉人之言《易》如此,朱子疑其与康节先天相似,而实非也。康节八卦方位,盖自画卦次第而来,无除去坎离之说。此但以卦画消息推排,故三画者以应月节,六画者以主岁序,其根固不同也。

《三相类》中

（此篇申明黄老之要）

　　将欲养性,延命却期。审思后末,当虑其先。人所禀躯,体本一无。元精云布,因气托初。阴阳为度,魂魄所居。阳神日魂,阴神月魄。魂之与魄,互为室宅。性主处内,立置鄞鄂;情主营外,筑完城郭。城郭完全,人物乃安。爰斯之时,情合乾坤。乾动而直,气布精流;坤静而翕,为道舍庐。刚施而退,柔化以滋。九还七返,八归六居。男白女赤,金火相拘。则水定火,五行之初。上善若水,清而无瑕。道之形象,真一难图。变而分布,各自独居。类如鸡子,白黑相符（一作扶）。纵广一寸,以为始初。四肢五脏,筋骨乃俱。弥历十月,脱出其胎。骨弱可卷,肉滑若饴。

　　精者,魄之所居,阴之神也;气者,魂之所居,阳之神也。魂以载性者,魂之精为元神,神则通于性命矣;魄所以生情者,魄之粗为体质,体则受乎物感矣。魂者,日也;魄者,月也;气者,乾也;形者,坤也。魂为气主,如日主乎天;魄为形主,如月主乎地。《易》曰:精气为物。《传》曰:始生魄,阳曰魂。是人之初,备乎天地日月之理而生者也。乾动直而根阴,故施而必退;坤静翕而根阳,故化而能滋。阳数盛于七而变于九,所谓施而退者,故九还而七返;阴数盛于八而变于六,所谓化而滋者也,故八归而六居。人之精气魂魄,理亦如是。是以荧魂旷枯,则贵乎施而能退也;糟莩旷沉,则贵乎化而能滋也。反诸互为室宅之初,而执其交相伏食之要。如坎为月,其色白也,而反谓之男,阴中之有阳也;离为日,其色赤,而反谓之女,阳中有阴也。金由火炼而成,是亦阴之根阳;火以金制而定,是亦阳之根阴。然金所以能制火者,以其生水也。水性制火,而为五行之初,故学道者,首以是为则焉。因而极言水德之善,清静无暇,是谓真一。老子曰:载营魄,抱一能无离。言加魂于魄,以二抱一,则是以水制火,而火守之而不去,二物不相离矣。唯其不相离也,是以各居其所而相涵,黑中有白,窈兮冥兮中有精。如鸡子壳中裹黄,真雄存焉,以暖气覆之,则肢脏筋骨咸具,诞弥而出,所谓脱胎也。

此章与《参同》尚德无为章,虽述黄老之意,然丹经之要已尽。夫黄帝之书,不可见矣。老氏五千,原归于长生久视之道,则是丹经所祖述者,无二趣也。下篇特就推演之说而详陈之尔。

阴阳配日月,水火为效征。阳燧以取火,非日不生光。方诸非星月,安能得水浆?二气玄且远,感化尚可(一作相)通。何况近存身,切在于心胸。耳目口三宝,闭塞勿发通。真人潜深渊,浮游守规中。旋曲以视听,开阖皆合同。为己之枢辖,动静不竭穷。离气内营卫,坎乃不用聪。兑合不以谭,希言顺鸿濛。三者既关键,缓体处空房。委志归虚无,无念以为常。证验以推移,心专不纵横。寝寐神相抱,觉寤候存亡。颜色浸以润,骨节益坚强。排却众阴邪,然后立正阳。修之不辍休,庶气云雨行。淫淫若春泽,液液象解冰。从头流达足,究竟复上升。往来洞无极,沸沸被容中。反者道之验,弱者德之柄。耘耔宿污秽,细微得调畅。浊者清之路,昏久则昭明。

阳燧以日取火,方诸引月致水,二气玄远,感而遂通。况人身魂魄,我所固有,岂有不致之而不至、行之而不效者乎?闭塞三宝,筑固灵株,则至和充于中,润泽达于外,正阳立而真气行矣。其道皆妙于无而窍于有,本乎静而行乎动,故曰反者道之验也,弱者德之柄也。始于昏浊而穷究于昭明,此玄所以为众妙之门也。

世人好小术,不审道浅深。弃正从邪径,欲速阏不通。犹盲不任杖,聋者听宫商。没水捕雉兔,登山索鱼龙。植麦欲获黍,运规以求方。竭力劳精神,终年无见功。

亦《参同·中篇》乱章之指。

《三相类》下

（此篇申明丹经之指）

欲知伏食法，事约而不繁。太阳流珠，常欲去人。卒得金华，转而相因。化为白液，凝而至坚。金华先唱，有顷之间。解化为水，马齿阑干。阳乃往和，情性自然。迫促时阴，拘畜禁门。慈母养育，孝子报恩。严父施令，教敕子孙。五行错王，相据以生。火性销金，金伐木荣。三五与一，天地至精。可以口诀，难以书传。子当右转，午乃东旋。卯酉界隔，主客二名。龙呼于虎，虎吸龙精。两相饮食，俱相贪便。遂相衔咽，咀嚼相吞。荧惑守西，太白经天，杀气所临，何有不倾？狸犬守鼠，鸟雀畏鹯，各得其功，何敢有声？不得其理，难以妄言。竭殚家产，妻子饥贫。自古及今，好者亿人。讫不谐遇，希有能成。

伏者，制也，相克之义也；食者，养也，相生之义也。以克为生，以制为养，是则伏食之法，丹经之妙也。流珠者，汞也，魂也；金华者，铅也，魄也。流珠常欲去人，得金华则展转相因，自液而凝，魂之于魄犹是也。是以阴则先倡，而阳不得炎上化而为水矣，魄拘魂也；阳则后和，而阴不得沉下拘畜禁门矣，魂守魄也。阴倡而阳和之，如慈母之育养，而孝子报恩；阳迫阴而拘束之，如严父之教敕，而子孙顺令。饮之食之，教之诲之，二者皆以伏为食而不相离，老子所谓食母、教父意即如此也。五行错王者，相生也；火销金，金伐木者，相克也。虽有五行，约之惟水、火、土三者，是前篇所谓三五者也。及水火之皆会于土也，则又归之于一而已。此天地之至精，难以言传者也。日月五星，自子而右转者，阳就阴也；自午而东旋者，阴向阳也。卯酉者，阴阳之限；然迭为主宾者，阴阳和也。龙能成云者，以呼虎之气而感于阴；虎生风者，以吸龙之精而感于阳。此其相食者也。荧惑守西，则火入金方；太白经天，则金临火位。猫犬守鼠而不敢潜通，鸟雀畏鹯而不敢高飞，此其相伏者也。相伏相食，是以相和，其道至约，其理至妙。不知此者，则言之妄言也，行之妄行也。好者多而成者少，由不明其理，不循其道故也。

广求名药，与道乖殊。如审遭逢，睹其端绪。以类相况，揆物终始。

五行相克,更为父母。母含滋液,父主禀与。凝精流形,金石不朽。审专不泄,得为成道。立竿见影,呼谷传响。岂不灵哉,天地至象。若以野葛一寸,巴豆一两,入喉辄僵,不得俛仰。当此之时,周文揲蓍,孔子占象,扁鹊操针,巫咸扣鼓,安能令苏,复起驰走?

此段终前文之意。五行相克,更为父母,则相生矣。因其自然之理而致之,则如表立而景随,声达而响应,无有不如其本以相符者。《传》曰:食草者愚,食肉者猛,食谷者智,食气者寿。视其所食而已矣。食野葛、巴豆则死,非其验与?

河上姹女,灵而最神。得火则飞,不见埃尘。鬼隐龙匿,莫知所存。将欲制之,黄芽为根。物无阴阳,违天背元。牝鸡自卵,其雏不全。夫何故乎?配合未连。三五不交,刚柔离分。施化之精,天地自然。火动炎上,水流润下。非有师导,使其然也。资使统正,不可复改。观夫雌雄,交姤之时,刚柔相结,而不可解。得其节莩,非有工巧,以制御之。男生而伏,女偃其躯。禀乎胞胎,受气元初。非徒生时,著而见之。及其死也,亦复效之。此非父母,教令其然。本在交媾,定置始先。

姹女,汞也;曰河上者,生于水也。汞属离卦,其体内闪倏,其象中女,故曰流珠,又曰姹女。黄芽,铅也。铅属坎卦,黑中有白,白为黄根,故曰金华,又曰黄芽。上章既曰太阳,而此云女,一沿易象,二则正以见阴阳之交也。阴阳相交,乃能滋化。如牝鸡之卵,无雄不雏,故必如前文之阴阳相倡和,三五并而为一者。然后阳施阴化,合乎天地之自然也。火属阴,而炎上则为阳;水属阳,而润下则为阴。阴阳互根,定于资始之初,而莫或导之。男,阳也,亲上者也,然始生而伏,死亦如之;女,阴也,亲下者也,然始生而偃,死亦如之。盖由交媾之时,父母伏偃,阴阳反交,定于受气之先,而莫或教之。自是观之,物无阴阳,违天背元,如是乎其不相离也。

坎男为月,离女为日。日以耀德,月以智(一作舒)光。月受日化,体不亏伤。阳失其契,阴侵其明。晦朔薄蚀,掩冒相倾。阳消其形,阴陵灾生。男女相胥,含吐以滋。雌雄错柔,以类相求。金化为水,水性周章;火化为土,水不得行。男动外施,女静内藏。溢度过节,为女所拘。魄以钤魂，不得淫奢。不寒不暑，进退合时。各得其和，俱吐证符。

即《参同》推演五行数一节之意。以日月之合朔薄蚀，况魂魄之相拘。如男女交媾之时，一含一吐，为滋生之本也。既以月为男，日为女，又以日为阳，月为阴，说见上章。金者，月也；火者，日也。金化为水，则能灭火；火化为土，又能制水。日月相薄蚀之象也。阴阳相拘，大要以阴拘阳为本。故又言男虽主动、女虽主静，然至动而过度，则能拘之者女也，魄之钤魂犹是。至于二物相守，则动静不失其时而和矣。其俱会于黄舆之候乎？此所取类，又以男为魂，则日矣；女为魄，则月矣。

丹砂水精，得金乃并。金水合处，木火为侣。四者混沌，列为龙虎。龙阳数奇，虎阴数偶。肝青为父，肺白为母。肾黑为子，心赤为女。脾黄为祖，子五行始。三物一家，都归戊己。刚柔迭兴，更历分布。龙西虎东，建纬卯酉。刑德并会，相见欢喜。刑主伏杀，德主生起。二月榆落，魁临于卯。八月麦生，天罡据酉。子南午北，互为纲纪。一九之数，终而复始。含元虚危，播精于子。

丹与砂，水之精也，而中有金，故知金水并也。以金水之合处，知木火之为侣，故分之有四，混之则惟龙虎而已。四者之中，水为五行之始，其余三物，则与水一家，而皆归于土也。以其运行更历言之，龙阳转西，虎阴旋东，二月榆落，八月麦生，冬至日南，夏至日北。凡皆阴阳之交，和气之会，土德为之也。然始于一终于九，则子位虚危，为五行始。斯知道家之要归于厚土为其会矣，则水定火为其初矣。

关关雎鸠，在河之洲。窈窕淑女，君子好逑。雄不独处，雌不孤居。玄武龟蛇，蟠虬相扶。以明牝牡，意当相须。假使二女共室，颜色甚姝，苏秦通言，张仪合媒，发辩利舌，奋舒美辞，推心调谐，合为夫妻，弊发腐齿，终不相知。若药物非种，名类不同。分刻参差，失其纪纲。虽黄帝临炉，太乙执火，八公捣（一作大）炼，淮南调合，立宇崇坛，玉为阶陛，麟脯凤腊，把籍长跪，祷祝神祇，请哀诸鬼，沐浴斋戒，冀有所望。亦犹和胶补釜，以硇涂疮，去冷加冰，除热用汤，飞龟舞蛇，愈见乖张。

此亦《参同·下篇》乱章之指。观其屡于邪道旁蹊，三致意焉。则凡诸术之失其原，而以缪相踵者多矣，况圣人之学哉！

《三相类》后语

惟昔圣贤,怀玄抱真。伏炼九鼎,化迹隐沦。含精养神,通德三光。津液腠理,筋骨致坚。众邪辟除,正气长存。累积长久,变形而仙。忧悯后生,好道之伦。随傍风采,指画古人(一作文)。著为图籍,开示后昆。露见枝条,隐藏本根。托号诸名,覆谬众文。学者得之,蕴椟终身。子继父业,孙绍祖先。传世迷惑,竟无见闻。遂使宦者不仕,农夫失耘,商人弃货,志士家贫。吾甚伤之,定录此文。字约易思,事省不繁。披列其条,核实可观。分两有数,因而相循。故为乱辞,孔窍其门。智者审思,用意参焉。

托号诸名,覆谬众文者,如铅汞、龙虎、姹女、流珠、金丹、炉鼎之类者,根本于一身,非在外也。后人不悟性命之要,滞象执有,求之于身外,贤者伤之。故既著书以核其实,又为乱辞以窍其门。乱辞者,下文楚体是也。

法象莫大乎天地兮,玄沟数万里。河鼓临星纪兮,人民皆惊骇。晷影妄前却兮,九年被凶咎。皇上览视之兮,王者退自改。关楗有低昂兮,害炁遂奔走。江淮之枯竭兮,水流注于海。

玄沟,天汉也;河鼓而临星纪,大水之象也;九年凶咎,指尧时也;皇上,天也;王者,尧舜也;退自改者,因儆予而修省也;晷影前却,天下失度,凶咎所以来也;关键低昂,人事得中,害气所以究也。此以王者旋转乾坤之道,发吾身变性易命之端也。

案:《参同》之学,以水为宗。盖水者,五行始也。其其清澂以配上善,体其玄默以执道枢,则水之道莫至焉。然反清而浊,反静而动,则横流昏垫,害亦莫有大于斯者。是故鲧汩五行,由堙洪水也。人亦知之。清静之道不修,而吾身之五行皆乱矣。水流注于海,禹迹之大也;收精归根,性功之要也。

天地之雌雄兮,徘徊子与午。寅申阴阳祖兮,出入复终始。循斗而招摇兮,执衡定元纪。升熬于甑山兮,炎火张设下。白虎导倡前兮,苍龙和于后。朱雀翱翔戏兮,飞扬色五彩。遭遇罗网施兮,压之不得举。

嗷嗷声甚悲兮,婴儿之慕母。颠倒就汤镬兮,摧折伤毛羽。漏刻未过半兮,鱼鳞狎鬣起。五色象炫耀兮,变化无常主。潏潏鼎沸驰兮,暴涌不休止。接连重叠累兮,犬牙相错拒。形如仲冬冰兮,阑干吐钟乳。崔嵬而杂厕兮,交积相支拄。

子午寅申,阴阳五行之定位也。今也升所熬之水于高,而没火于下,是反其位也。故白虎倡前,苍龙和后,寅申易矣;雀入大水,压于落网,子午换矣。盖阴阳之交、魂魄之合,其类如此。毛羽摧折,朱雀受压之象也;鱼鳞狎起,苍龙变化之征也。朱雀、苍龙皆阳物,故皆有五彩焉,五色焉。始而摧折者,韬光之候也;继而狎起者,内曜之时也。由是加之炎火,涌沸不止,则自液而凝,如犬牙之相错拒,是白虎养成之形矣。火功至白,乃第一节气候,故凝之以冬冰,像之以钟乳,交积支持而不散,至此而五彩五色者,皆成纯白。为黄,为丹白者其路乎?

阴阳得其配兮,淡薄自相守。青龙处房六兮,春华震东卯。白虎在昴七兮,秋芒兑西酉。朱雀在张二兮,正阳离南午。三者具来朝兮,家属为亲侣。本之但二物兮,末而为三五。三五并与一兮,都集归一所。

阴阳相交而不相离,是之谓得其配;既得其配,则各安其位,是之谓相守。青龙也,白虎也,朱雀也,各居其位,而俱来朝者,会于土也。其本但水火二物而已,加土则谓三五焉。既来朝,则俱会于土而为一所矣。此自白而黄,火功之第二节气候也。

治之如上科兮,日数亦取甫。先白而后黄兮,赤黑达表里。名曰第一鼎兮,食如大黍米。自然之所为兮,非有邪伪道。

甫者,十月也。火候百日为一转,三转十月,其小成也;九转三十月,则其大成也。学道之要,以黑为先;久而虚明生焉,则白矣;又久而中和会焉,则黄矣;又久而真阳充焉,则赤矣。赤黑达表里者,始而以黑为表,赤含其中;终乃赤自内发,炼为表卫。二色相杂,其形似紫,故《参同契》之《炉火说》曰:色转更为紫,赫然称还丹也。此四节工夫,每转皆有之,然未纯熟也。三转而纯,九转而熟。譬之婴儿焉:十月而脱胎,三年而后,免于父母之怀也。第一鼎者,天下至尊之鼎也。鼎中之食,才如黍米,以况精神微妙之极,谓之粉提,谓之刀圭,皆以此也。夫曰还丹,则阳气充满,彻阴阳而会天地矣。然其细仅若此者,盖愈密则充满,愈微则愈大。雷火所过,眇似丝烟;神龙之行,洞入无间。不至于此,则是苴淤未尽,觕粝未消,岂所谓天下之至神者乎?

山泽气相蒸兮,兴云而为雨。泥竭遂成尘兮,火灭化为土。若櫱染为黄兮,似蓝成绿组。皮革煮成胶兮,曲糵化为酒。同类易施工兮,非种难为巧。惟斯之妙术兮,审谛不诳语。传于亿世后兮,昭然自可考。焕若星经汉兮,昺如水宗海。思之务令孰①兮,反覆视上下。千周灿彬彬兮,万遍将可睹。神明或告人兮,心灵忽(一作本)自悟。探端索其绪兮,必得其门户。天道无适莫兮,常传于贤者。

极论人身魂魄乃天地之真精,修治之极,则上下同流,非由外也,故曰圣人。与我同类者,惟其同类,是以可致;非其种族,则释氏所谓炊砂成饭也,岂有冀哉!《参同》语云世人不孰思,此云思之务令孰,皆欲反己而思其与天地、圣人同类者,其丁宁之意一也。孰思之要,在乎万遍千周。若有物以相之,而又非鬼神之力也;若天之授之,而又非天道之私也。《诗》曰:携无曰益,牖民孔易。此之谓也。

炉火说

圆三五,寸一分。口四八,两寸唇。长尺二,厚薄均。腹齐正,下(一作坐)垂温。阴在上,阳下奔。首尾武,中间文。始七十,终三旬。二百六,善调匀。阴火白,黄芽根。两七窍,辅翼人。赡理脑,定玄升。子处中,得安存。来去游,不出门。渐成大,性情纯。却归一,还本原。善爱敬,如君臣。至一周,甚辛勤。密防护,莫迷昏。途路远,复幽玄。若达此,会乾坤。刀圭沾,净魄魂。得长生,居仙村。乐道者,寻其根。审五行,定铢分。谛思之,不须论。深藏守,莫传文。御白鹤,驾龙鳞。游太虚,谒仙君。录天图,号真人。

此章言鼎器分寸、火候时日,申《参同契·炉火说》之所未尽也。夫鼎非器也,正位凝命者也;火非由外烁我也,我固有者也。故其分寸,

---

① 孰,疑为"熟"字之误,后同。

则与天地之节而相似；其时日，则与天地之气而同流。圆三五，寸一分，作一句读，言其圆之周十五寸又一分也。十五应月节，一分为闰，此五行之数也。口四八，为三十二寸，除两寸为唇，则亦三十耳。三十应月节，两寸为闰，此八卦之数也。两数互取，正明五行八卦之合耳。长十二，应一年十二月也；腹齐正，言腹之圆广，上下均齐也。以上皆鼎器分寸，近而取之，则人身之节度也。阴上阳下，水火交也；文武者，火之缓急也；始七十，终三旬，百日为一转也；二百六者，百日之后，一年尚余二百六旬，亦以此文武之道调之也。以上为火候时日，近而取之，则工夫之次第也。玄中含白，故曰阴火；自白而黄，故曰黄根。此其自武而文者也。七者，火也。炉有两窍，使火易燃，以两七之阳火辅之，则自液而凝，精脑充赡，此又其自文而武者也。两者循环而子胎生焉，自幼而壮，爱之欲其亲也，敬之欲其尊也。然犹加之防护，不敢迷昏者。道之云远，迷则误于垂至，玄妙之极，昏则失于几希。必也直达于玄远之域，然后得与乾坤合德，天壤俱敝也。

此一段言按节度用功力之后，涵养成就之法，炉火之成功也。

炉火后语

大易情性，各如其度。黄老用究，较而可御。炉火之事，真有所据。三道由一，俱出径路。枝茎花叶，果实垂布。正在根株，不失其素。诚心所言，审而不误。

二书命名之旨，观此条尤显见。此条原在序后，今定在此。

三相类叙

《参同契》者，敷陈梗概。不能纯一，泛滥而说。纤微未备，阙略仿佛。今更撰录，补塞遗脱。润色幽深，钩援相逮。旨意等齐，所趋不悖。故复作此，命《三相类》，则大易之情自此尽矣。

此序自言二书继作，互相补备，阐其幽微，联其条贯，叶对枝当，不相违悖。及其所以命名之意，亦与前书一也。

附录：

一、《参同契注》旧序

清 李光地

《参同契》者，三道同契也；《三相类》者，三道相类也；三道者，大易、黄老、丹经也。魏伯阳作《参同契》，以歌叙大易，祖述黄老之旨，发明丹经之要，又自以为阙略仿佛，纤微未备，故复作《三相类》一书，互相证晓，篇章意义，烦简相补，齐根共蒂，叶对枝当，盖首尾完具，未经缺乱之书也。道流浅近，未能谙其文理，辄复益以枝离，采撷流末之陋，衍绎古人之言，此与魏氏检卫异端之指，正相反矣。近代好事之徒，复芬然有述，己所不达，则思窜易旧简，以就偏见，于是而此册坊书殆无完本，深迹学者，迷误大端有数焉：一曰略知书之前后辞理多同，而不知其本为二书而相演阐；二曰知别有《三相类》名目，而不解其为何题，遂以意妄说，且有改为《五相类》者；三曰知魏氏有三道之言，而不知分书为三篇，即知有三篇，而不知二书之皆三篇也；四曰有强分三篇者，而不知三篇之外有语有辞，有直指丹火之要，有序明述作之由，是以乱而区之，其辞不类；五曰知魏氏为丹火而作是书，不知其兼明易道，故自二书首篇便杂以炉鼎，繁言燮理，大道置而不论，显与叙文之意相左；六曰知书之托谬名号，悉有所指，而不知其借物譬寓者殊多，即其名字，坎离称喻，荧魄文似，碎僻义无难寻，附以曲杂，乃增谬妄。此六条者是其大凡，至于微言瓛义，各在本篇，未能悉举也。若乃此书重于道藏不弃，儒流考其源澜，亦有数事：一曰邵氏之学，朱子以为秦汉失传而方外丹灶之家密相付授，意似有指，愚考魏氏谈《易》，其六卦应月，十二辟卦应时，盖即汉人纳甲卦气之旧，诚未知与康节先天同否，要不可谓不相肖者。二曰乾坤者，心学也。自魏晋以来，拘于君臣之说而失之虚言，阴阳无所取类，又失之。由魏氏魂魄之指，可省身心之要，顺性命冒事物，其理至深。所谓龙虎者,固《周易》龙马之偏辞也。三曰所言皆清净之宗,修炼形神之事,不与世义相违,其中至言,则所警于末学者甚多。

余始读其书,无所契领,后避乱荒山,益复反覆。一日诵所谓千周万遍者,幽忧无事之中,依而仿之,以代歌谣,久乃似通其文意者。中间与人谭及,而每被嗤笑,谓不持行,无师授而发元扃,诚足破口也。终然喜其文辞,欲与《离骚》并为之注,而病未暇。兹岁之春,乃为友人牵勉成之。其次第用《汉魏丛书》本,视朱子本似为近古,至其章题,则肤末者所分,朱子本无是也。今中断二书,别其篇章,犁然可观,灿若复旧。中间断句,偶有错互,亦稍为移置,仍各注明其下,以重变古焉。

——出清·李光地《榕村集》卷十

二、鼎 符

清 李光地撰

上 篇

乾坤设位,而坎离行。至哉二用,万物资生。鼓舞寒暑,雷霆以形。坎者天魄,离者地荧。二者相交,易道乃并。易始乾坤,终于既未。中六十卦,互为始终。三百六十,推策定爻。时与月竟,日与岁周。晦明出入,昼夜刚柔。能事毕矣,触类可求。阴阳无端,动静无极。生死同根,德仇并域。日火质暗,金水内光。夏热为阴,冬寒为阳。昧爽丕显,日中履霜。智者忧盛,达人固穷。易道交泰,元门颠倒。不交不生,不反不妙。抚世修身,斯为至要。知之心得,不可明道。坎离戊己,其位居中。甲乙壬癸,乾坤始终。震巽艮兑,下生上穷。庚辛作配,丙丁是当。是名纳甲,月节亦符。坎离无位,周流六虚。哉苏为震,初昏见庚。兑丁乾甲,弦望乃明。旁死之后,候以平明。巽艮至坤,辛丙乙成。六支之位,乾震起子。坎寅艮辰,顺播阳序。坤未巽丑,离卯兑巳。按节逆行,周阴六纪。屯以子申,蒙用寅戌。观兹二象,亦可究悉。复继生龙,姤始包鱼。寅申门户,泰否是居。消息律琯,升降璇玑。名十二辟,按气受符。此书六卦,同体殊涂。俱去坎离,以候盈虚。震兑乾左,巽艮坤右。迭乘乾坤,消息有序。圣人之兴,继天受图。察于阴阳,混然中居。探微知几,穷神体易。本仁祖义,协天刑德。君以下交,臣则上逮。皇明毕照,幽隐咸遂。泰恤其孚,丰忧其中。否嘉其祉,困亨其穷。圣人于世,如治一身,阴阳既交,盎然常春。阖于未形,辟于未形。三光顺轨,四海和平。本夬用乖,扰杂皇极。日月告凶,星辰显慝。湾麓交吞,陵原倒易。如人病者,薰心限隔。荧魂糟莩,旷枯沦匿。德之昭明,休徵来格。圣人御世,永命过历。

中 篇

黄老何言?以静为动。以柔为刚,无用为用。患吾有身,耳目与口。以为三要,亦曰三宝。以明良视,以聪自闻。以兑自言,三者归根。无怨无喜,无咎无誉。廓然归虚,元神常聚。魂魄相抱,性命同居。和气充塞,与古为徒。天道益谦,挹盈注虚。暗却邪害,预远忧虞。斯乃至要,形气之主。世人执有,难与合虑。天神无体,地火无形。高明遗象,沉潜晦明。上德如水,道以器比。水静而清,器虚而灵。故静不绌,而虚愈盈。金水相涵,其中有光。光者火性,阴中之阳。外黑内白,白中有朱。自里达表,朱卫自居。径寸之中,方圆相包。天依形立,地附气浮。周流分布,弥戒不虞。环匦密固,握命之符。外闭者有,内闭者无。无为至德,神明所都。人既生魄,其阳曰魂。二者相依,受命之根。一合一离,生死之门。何以留之,抱一为先。愚者徇形,达士治神。神先形生,亦后形传。以神摄气,如磁感铁。如燧方诸,以致日月。以气留形,如火存汤。如寒凝冰,所畏春阳。慈母怀子,胞息十月。孝子报亲,祭祀不辍。生死存化,延连不绝。皆有渐也,谁能遽歇。能握元神,以致元气。先天之学,其前无始。无始之道,其后无既。气固神完,与天地敝。

下 篇

火记之要,在乎伏食。食故相生,伏故相灭。水以火温,火以水制。察其机者,长生可致。修命之道,以伏为食。克克生生,其机不测。魂魄相拘,交互反覆。两不相离,配合无极。二八之弦,魂魄正平。酌而无竭,注而勿倾。象岁春秋,建纬卯酉。刑德并会,相见欢喜。晦明之间,日月交侵。举水灭火,猛火烧金,日明不亏,月魄不丧。金还故性,不失其重。火乃得滋,威克愈壮。真阴正色,故曰还丹。其候至矣,火记名焉。仰观日月,俯察五行。三五之道,二八斯并。木龙金虎,水火之母。咀爵相吞,和合为侣。举水灭火,火灭成土。土从火生,镇水不起。五行会合,土为宗祖。是名黄舆,调停胜负。黄中通理,畅于四支。入赤色门,复还婴儿。斯为真火,和气所生。金乃还丹,汞不亏盈。寿命长久,改厄易形。变化阴阳,解离五行。汞日流珠,火遁渊藏。轻盈流媚,姹女神光。铅怀金华,被褐之徒。足以制之,又名黄芽。流珠得之,姹女逢夫。知雄守雌,乃安其居。抱合相守,养毓孕孳。铅汞凡质,金乃至精。道家取此,覆谬诸名。精气魂魄,铅汞之比。正阳真金,夫岂外是。弃不烧炼,同于瓦砾。谓金无种,良可嘅息。人禀正气,天地至灵。变化之道,超然群生。遗佛成果,播种必获。何况吾身,性命之故。蜣螂弄丸,雌雄覆卵。草蛇含珠,野蚕献茧。本于是物,精气之极。然必有种,岂可幸得。事无实理,谭饼克饥。炊砂成饭,劳苦无裨。识道之根,专精不二。不离己身,神仙可至。世多外道,妄作持行。外耗资财,内摇其精。呼神致魔,药物殊名。河汉乖异,众人莫明。邪道克塞,正气沦冥。定在鬼箓,岂得飞升。

后　语

吾昔从希夷,得识造化机。四圣心如灼,三教见同揆。如何天地判,中乃有坎离。惟兹一交互,千门万径蹊。颠倒无终极,明者察其微。大哉易元旨,火记岂外兹。下士晚闻道,精神乃早漓。空知不实践,虚华何所神。岁晏鹈鴂鸣,醇白已磷缁。上负七祖恩,骨脉相判离。颜形日以改,泪为感忧滋。神存实足宝,荣名岂虚垂。如寐得呼音,声音殚太虚。明有功德报,幽有鬼神符。如不遇贤哲,岂可泄天符。大道无元远,所贵在深恩。玉册二千年,其如知者希。文字犹迷同,神明付与谁?上下六千周,条别复分枝。依类相仿托,聊复缀斯辞。

炉　火

鼎器如何兮圆尺五，其余一分兮法闰数。二八之倍兮以为口，置二为唇兮圆数睹。两者同归兮无增补，斯实重器兮旧规矩。俯仰天地兮近可取，正位凝命兮鼎之主。炉事如何兮金水火，金水火同宅兮金为主。水受火化兮金不窳，真金之水兮二分许。余与火交兮变化侣，渣滓灰烬兮归无所。强曰中宫兮正名土，和气混成兮真金母。金欲成兮火斯武，赫光熺兮丹色吐。既满百兮一转度，余岁日兮从此数。阴火白兮水相与，铅汞名兮此其故。长黄芽兮入仙路，阳火施兮赤威布。金还性兮理不误，肖火色兮光精露。节候尽兮体坚固，功德完兮神明护。刀圭霑兮魄魂聚，穷元气兮蔽终古。

炉火后语

吾为儒门弟子，不知道教。始闻之前贤格语，天下有三定理：治国，永命祈天；为学，至于圣贤；修身，益寿长年。人力致焉。伯阳遗书三篇，微意仿佛斯言。根枝叶相连，幽光与世留传。殆有深义可观，读者慎无苟然。

————出清·李光地《榕村全书》

三、《参同契章句》一卷

（安徽巡抚采进本）

国朝李光地撰。光地有《周易观象》，已著录。是书前有自序，谓《参同契》者，参之而同契也；《三相类》者，三字之义疏尔。魏氏作《参同契》，自以为阙略未备，复作《三相类》一篇，互相解剥。而二千年未有知者，心之不达，则窃易旧简以就肤见。故此书独无完编，惟《汉魏丛书》所载似是原本，间有窜互，不多也。独其不知中断二书及截立标题，亦庸末者之妄云云。盖据篇末《参同契》者以下，有今更作此，命《三相类》之文。考《旧唐书·经籍志》载《周易参同契》二卷，《周易五相类》一卷，并注魏伯阳撰。三五字形相近，未详孰是。然足知伯阳原有此二书也。明杨慎称或掘地得石函,中有古文《参同契》,魏伯阳所著,上、中、下三篇,后序一篇;徐景休《笺注》亦三篇,后序一篇;淳于叔通补遗《三相类》二篇,后序一篇,合为十一篇。其说颇怪。慎好伪托古书,疑其因《唐志》之言,别《三相类》于《参同契》,造为古本。光地是书,又阴祖其说。惟慎以《三相类》为淳于叔通补遗,光地则以为亦伯阳著,与《唐志》相合,较为有本耳。书中分章,大概亦与杨本同,惟不载徐景休《笺注》,又厘《三相类》为三篇,而于二书之后,各列《炉火说》一篇,与杨本异,则不知光地何据也。

——出清《四库全书总目》

四、《参同契章句》一卷

（《文贞全集》本）

清 周中孚

  国朝李光地撰。《四库全书》存目。按:《参同契》本道家之书,为儒者所不道。厚庵因朱子有《参同契考异》一卷,乃亦为之,所谓亦步亦趋也。但其所据为杨升庵伪本,而非朱子所据之本。惟杨本载徐景修《笺注》,而厚庵则自为之注。所分章段,与杨本同。而别分《三相类》为三篇,又别分《炉火后语》为异尔。夫朱子遭逢世难,不得已而托诸神仙,故隐其名氏曰邹䜣。今厚庵身都将相,大有事在,而亦惑溺于此,此则可已而不已也。前有自序,其末云:震方黍根,芷李草夏熹。更数克龙马,腾上朱鸡火。观地在上,公赋攸剂。三行相生,自述其私①。此又学《参同契》委时与害,与鬼为邻,百一之下佰,邀游人间,汤遭扼际,水旱并隔之,以自述其姓名云。其用心如此,尚可以厕身两庑间乎!

——清·周中孚《郑堂读书记》卷六十九

---

① 按:此处周氏所记《章句》李光地序言末之隐语,与《章句》略有不同,恐或为周氏之误记也。

第二十三卷

古文周易参同契注

清 袁仁林 注

点 校 说 明

1.《古文周易参同契注》八卷,清袁仁林注。袁仁林,字振千,陕西三原县人。其弟子王德修称仁林乃"理学名儒,潜究性命,贯通天人",《三原县志》又谓仁林"尤精《参同契》,导引有法,年八十余犹书细字,精神炯炯,近九十卒。"故知袁氏业儒之余,精于道家之学,且能实践而登仁寿之域。

2.本篇注解,《钦定四库总目》谓"是编以《参同契》旧注,往往各自为说,反增障碍。因为随文解义,凡书中借喻之语,悉以身所自具者指明之。"此论颇能得其实。仁林注解依据杨慎古文本,又重《参同契》音韵,以便学者。注中畅言丹法,以上部下部精气为论,言活子活午亦切近,并时时以儒家之理证之。惟功夫要领,正如仁林注云:"只是心息相依,神气相守而已。"读斯注者,当知此乃《参同契》千载相传之真诀。

3.本篇以清道光二十六年(1846)宏道书院刻本为底本,参校本:一、光绪二十二年(1896)长沙重刊本,简称"光绪本"。二、民国商务印书馆《丛书集成初编》本,简称"丛书本"。末附文两篇。

古文周易参同契注

《古文周易参同契注》自序

民受天地之中以生,得其中而生之,道在矣。隐逸者流,有事尊生,多致力于形气之渊源,而窥其幽渺,于是原本生初,形模天地,推所自来,而灼所由毁,举精、气、神三要,一之躯体之正中,有似中天下而立,定四海之民,于以积功致养,自强不息,讵得为理外事哉?言乾坤,本之乾首坤腹之言,以明吾身之上下也;言坎离,本之悬象著明莫大乎日月之言,以明心肾互交、呼吸相通也。乾坤也,体也;坎离,用也。虚静其体,和顺其用,升降周环,无所于阏,要旨皆准诸中以立极,而后形神沛焉,斯其旨欤!夫玩物丧志,书言之矣。与其逐物而意移,曷若敛外归中,修身俟命,为志洁行芳者之所有事乎?当恬退之时,居潜渊之位,以之为勿用之用,抑亦可矣。爰就所见,诠以粗陈,至其间疑晦异同,尚欲质诸明者。

雍正十年壬子大吕月吉三原袁仁林书

朱子《考异·前序》(附)

五代彭晓《解义·序》曰:魏伯阳,会稽上虞人。修真潜默,养志虚无,博赡文词,通诸纬候。得古人《龙虎经》,尽获妙旨。乃约《周易》,撰《参同契》三篇,复作《补塞遗脱》一篇,所述多以寓言借事,隐显异文,密示青州徐从事,徐乃隐名而注之。桓帝时,公复传授与同郡淳于叔通,遂行于世。参,杂也;同,通也;契,合也。谓与《周易》理通而义合也。其书假借,莫不托易象而论之,故名《周易参同契》云。

《考异·后序》

右《周易参同契》,魏伯阳所作。魏君后汉人。篇题盖放纬书之目,词韵皆古,奥雅难通。读者浅闻,妄辄更改,故比他书尤多舛误。今合诸本,更相雠正,其间尚多疑晦,未能尽祛,姑据所知,写成定本。其诸同昇,因悉存之,以备参订云。空同道士邹䜣。

按:邹䜣二字,朱子借之托名也。邹本《春秋》郏子之国。《乐记》:天地䜣合。郑氏注云:䜣当作熹。

明杨升庵慎《古文参同契·序》

《参同契》为丹经之祖,然考隋、唐《经籍志》,皆不载其目。惟《神仙传》云:魏伯阳,上虞人。通贯诗律,文词赡博,修真养志,约《周易》作《参同契》,徐氏景休笺注。桓帝时,以授同郡淳于叔通,因行于世。五代之时,蜀永康道士彭晓分为九十章,以应火候之九转;余《鼎器歌》一篇,以应真铅之得一。其说穿凿,且非魏君之本意也。其书散乱衡决,后之读者,不知孰为经、孰为注,亦不知孰为魏、孰为徐与淳于,自彭始矣。朱子作《考异》及《解》,亦据彭本;元俞玉吾所注,又据朱本。玉吾欲分三言、四言、五言各为一类而未果。盖亦知其序之错乱,而非魏公之初文。然均之未有定据耳。余尝观张平叔《悟真篇》云:叔通受学魏伯阳,留为万古丹经王。予意平叔犹及见古文。访求多年,未之有获。近晤洪阳杨印崃宪副云:南方有掘地得石函,中有古文《参同契》,魏伯阳所著,上、中、下三篇,叙一篇;徐景休《笺注》亦三篇,后叙一篇;淳于叔通补遗《三相类》上下二篇,后序一篇。合为十一篇,盖未经后人妄紊也。亟借录之。余既喜古文之复出,而得见朱子之所未见,为千古之一快。乃序而藏之。呜呼,东汉古文存于世者几希,此书如断圭复完、缺璧再合,诚可珍哉。若夫形似之言,譬况之语,或流而为房中,或认以为炉火,使人陨命亡身,倾资荡产,成者万无一二,而陷者十之八九。班固有言,神仙者,所以全性命之真而无求于外者也。聊以荡意平心,同大化之域,而无怵惕于胸中。然而或者专以是为务,则怪迂之文弥以益多,非圣人之所以教也。旨哉斯言,辄并及之。

《古文周易参同契注》卷一

东汉会稽魏伯阳著

三原袁仁林振千注

受业王德修参订

三原李锡龄孟熙校刊

《参同契》者,谓参《易》之象,同《易》之理,作此书契,以明修持之事。盖《易》显卦象以该天下之理,而吾身自在其中。《契》即假卦象以尽吾身之物,而修持不事于外。

一说:参,三也;同,通也;契,合也。自《易》言之,天、地、人、三才通同契合,统为一理;自身言之,原本《周易》,参合天地,同其气数,以事修持。

上　篇

乾刚坤柔,配合相包(孚)。

太极生两仪,而乾坤定位。在宇内为天地,在吾身为上下。自其性体言,乾健而刚,坤顺而柔,同生互倚,而其始则两相包裹。此言乾坤之始,浑沦包裹以立其体,即太极也。

乾坤乃《易》书画象,总摄宇内阳与阴之名。乾为健,坤为顺,健故刚,顺故柔。其性体然也。配,对也;合,一也;两相包裹,言浑沦也。于河图可见。当夫浑沦包裹,无刚柔可名。然立言必从刚柔入。犹之中体难言。先即已发以指未发。性体难言,先取四端以明四德,因流溯源而源可知。古人善言其难言者,其法如此。既不蹈空,亦不滞实。书内乾坤天地、坎离日月,皆即宇内以明吾身之上下部。

阳禀阴受,雌雄相须。

就其施用言,阳主禀与,阴主禽受,雄雌交媾,相须不离。此言阴阳既分,交通对待,以宣其用,即两仪事也。

阴阳其气也,雄雌者涉于形矣。假物形以喻阴阳,实指其禀与承受之处。盖人知雄之禀与、雌之承受,故直以为雄雌也。须者,欲得也。以此而欲得彼也。须一字分初、中、末三项。初其趋向,中其妙合,末其互受交益。

须以造化,精气乃舒。

惟其相须交媾,妙合精气,因以大造万物,自无而有,自气而形,万物化焉。而乾坤之精气,尔乃流通舒畅于上下之间。此言雄雌既交,发舒精气,以成其功,即化生万物也。

以上六语谓乾坤静时,浑沦包裹,统为一物(为吾归根复命,入于杳冥张本。);及其动也,方显乾之刚而为阳,坤之柔而为阴。此时阴阳对待,分为二物(为吾上下部剖析),莫不含情互结,两相贪恋,交通贯注,而后化生万物,以舒展向来自具之精气(为吾凝神气穴,流通运用处缘起。)。盖举宇内之天地、吾身之上下部,统言其由体达用,以见三才一理,为致功处张本也。

立体一层,初也;宣用一层,中也;成功一层,末也。溯源及流,便分初、中、末三项,乃其立言之次第。须字作一读,须中有大事在,当纳入下文坎离四句,乃见造化端倪,故宜读断。盖此但说得动而生物一面,若究其何以生物,则静而玄冥一面,早已具在须字之内,方始接得造化二字。造化者,制造①变化,惟其精气妙合而凝,乃能如此。而其先则自至静来也。精气者,阴阳精气,可以分属乾坤,亦可统论乾坤。盖乾与坤内,各有精气。精气只一物,气之浓厚为精,精之轻清为气。是以气亦含精,精亦含气,二者原本不相离,而分属之则曰阴精阳气。言精气而不言神,神即精气之灵,超乎精气之先,寓于精气之内,为两在之物,为合成之物。精气合而神著焉,故不言神而已寓也。精气即所以为阴阳刚柔者,在乾坤句内已具,至此方露字面。

坎离冠首,光映垂敷。

夫体用总属乾坤,此以大局言也。究其所以为用,则惟坎离二物。

---

① 制造,丛书本作"创造"。

坎离者,乾与坤中交。中乃元精元气互易成体,在天为日月,在人为心肾,是乃水火之宗,冠六子而首出焉。所以代乾坤而行事者:惟乾坤有此二物,然后光明照耀,两相对射。离则阳光四映,垂照旁敷,常往来禀与于坎体而不相离;坎则配合相须,仰承禽受,常与日合璧,远近升降其光而不相背。于是有昼夜昏明、晦朔弦望。合三十日遂成月家一个盈虚消息,而一月之事以毕,又积至十二次舍,尽乾坤之度数,酿出温凉寒暑、分至启闭,合三百六十五日零三时,遂成岁家一个盈虚消息,而一岁之功已成。自时而日、而月、而岁,无非坎离梭织以成化育。是乾坤,非日月无以为用,而日月非乾坤亦无所其其用。此乾、坤、坎、离,体用不可相离,乃其大局中首出之妙用,而于此特抽出言之,以见心肾之互交为吾身之至要也。

震、坎、艮三男,本属坤体,而得乾之初、中、末三阳爻为男;巽、离、兑三女,本属乾体,而得坤之初、中、末三阴爻为女。三男三女,是为六子。六子之中,惟坎离得乾坤之中交,乃交之至正而不偏者,故乾坤之事,一以坎离为用,即是震巽之雷风,艮兑之山泽,皆若听命坎离,而因时以致用。又惟坎离之运行能兼乎六象,由北东之震兑而成乾乎南,由南西之巽艮而成坤于北,周流六虚,各备其象。若彼四子者,固不能兼坎离而出其右也,故曰坎离冠首。坎离二者,以阳先阴后论之,离实冠首;以天一生水论之,坎又冠首。总之,阴阳无端,动静无始,二者相依,缺一不可。其冠乎四子而出其上者,初无异致,故均曰冠首。昼夜之间,光敷下土,以生万物,固为先映,而要必始自交光于月,而后有日月之代明,有晦朔弦望之升降,有分至启闭之盈虚,则所重正在交光也。惟重在交光,故在我有心息相依,神气相守之功。此其张本也。光者,明之用;映者,穿空注射。自此照彼,而暗无光亮也。垂字横看,则自上垂下,著处皆光,见遍布意;竖看,则由前垂后,无时非光,见接续意。又有渐及意,其遍布接续,皆因渐及而后直透也。敷,布也。垂敷二字,缩在光映二字内,谓其光映处,以渐遍布以渐接续也。

玄冥难测,不可画图。

光所垂映,正在下部玄冥之地。此中阳动物生,乃造化之端,妙合而凝之处,恍惚齟凑,不容思议,畴得画图?

光映句,离照坎上,注下也;玄冥句,坎应离下,传上也。玄冥即北方水府,为坤坎之乡,在身则下部也。乃至玄至冥之地,此处太阳注射,太阴翕受,两相妙合,忽然静极而动,阳气胚胎于焉,造化谁能测识?邵子《复卦》诗曰:冬至子之半,天心无改移。一阳初动处,万物未生时。玄酒味方淡,太音声正希。此言如不信,更请问庖羲。有《恍惚吟》曰:恍惚阴阳初变化,氤氲天地乍回旋。中间些子好光景,安得功夫入语言。朱子答袁仲机《启蒙》诗曰:忽然夜半一声雷,万户千门次第开。若识无心含有象,许君亲见伏羲来。

圣人揆度,参序元基。

惟圣人仰观俯察,揆度乾、坤、坎、离之法象,即其元始灵基,参考序次,以返其本而穷其源。

四者混沌,径入虚无。

乃知乾坤与坎离四者,原生于无形无象之太极,则其始固自混沌杳冥中来,而我之乾坤(上下部),我之坎离(心肾、呼吸)初无以异于是,尽除后起之尘氛(私欲、杂念),而竟入虚无之境,致虚守静,以法其混沌焉。此言行持之始功也。

混沌、虚无即其元始根基也。盖乾、坤、坎、离之阳刚而雄,阴柔而雌,其始本出于浑沦之太极,声臭俱无,睹闻悉泯,故我即体此潜神于渊,绝欲去念,法其混沌,入于虚无,此便是大德敦化,所以立万化之基也。而率是以行于一月之间,则有下文六十卦以纪其功焉。

六十卦周,张布为舆。

既入虚无,功非辄已,语其积累之次第,恒视晦朔以循环。而一月之为昼为夜,凡有六十,即以所余之六十卦相配,如屯、蒙、需、讼以至既济、未济之类,依其一颠一倒之象,配夫昼阳夜阴,以尽此一月三十日之功。而又禅诸后月以周环焉。盖始自屯蒙,终于既未,两两相从,配诸昼夜,自朔至晦,按日张布,乘之而行,若车舆然,故曰张布为舆也。

朱子曰:六十四卦,除乾、坤、坎、离为炉灶丹药,所用以为火候者,止六十卦也。按火候二字,谓气火浅深之候,指其积功言。犹烹物之火候，有浅深生熟之不同也。按此用卦之说，亦止借两卦十二爻，虚拟昼夜十二时，而取其两初两四，以为子、午、卯、酉行持之节。其阳生之子，与阴生之午，值两内卦之初爻，即为进火退符之的；其阳旺之卯，与阴旺之酉，值两外卦之甫接，即为沐浴安养之的。然则止言子、午、卯、酉四时已足，而必及此六十卦者，盖既已用夫乾、坤、坎、离，而即取以遍纪其节，所以尊《周易》，重天道之备，而详玩以神明其心，见古人之慎密，而于名书之义始合。如曰有取于卦象之吉凶，爻画之阴阳，与其纳甲所配子、申、寅、戌等字样，以别生枝节，则不然矣。故朱子曰《参同契》本不为明《易》，于此可见。六十卦句，其意不在卦爻，不过借此《易》书现成名目，依其次序，以纪其每日子午进退之功，犹云六十阴阳、六十昼夜云耳。《易》书自乾坤两卦，先阳后阴为序，便取后面屯蒙之类，亦概以为先阳后阴而用之，亦止如一乾一坤之谓，而第依其次序名目以别之也。盖屯蒙之类，皆一颠一倒，以成卦体者。昼之与夜，亦一阳一阴，为正为反，以终一日。故取以为纪，而终此一月之功，不过大概言其如此耳。不然，如遇小尽之月，则既未二卦安放何处？后人不究本意，或纠缠其中，或决然舍①去，二者皆失其旨。六十四卦，惟乾、坤、坎、离与颐、大过、中孚、小过，此八卦颠倒不得，颠来倒去，仍属原卦。其余五十六卦，只以一卦颠倒而成二象，如屯倒即蒙，需倒即讼，故五十六卦止有二十八卦，与所不倒之八卦共三十六卦，所以称三十六宫，而上、下经各分十八卦。今既除乾坤为身之上下部，坎离为心肾呼吸，则所余可倒之五十六卦，分值二十八日，其不倒如颐、大过、中孚、小过四卦，分值两日，亦约略如是而已，初非粘滞之说也。

龙马就驾，明君御时。

龙马者，乾象龙，坤牝马，即指身内阴阳，谓我之乾坤上下部。乘此一月六十卦之车舆而积其功，是龙马就驾也。凡此，皆我之心君凝停处中，光明不昧，而因时统御，以尽夫制外之功焉。（《笺注》有处中以制外句。外谓气。）

---

① 舍，原本作"拾"，据从书本改。

称龙马,与上车舆字面关会成文,驾字亦从舆字生出。明君,心主也;御,治也;时者,子、午、卯、酉之时。有在日之子、午、卯、酉,有在我之子、午、卯、酉,皆时也。皆当御而治之。其在日者,如子时阳生,午时阴生,卯酉二时,阳旺阴旺。此时吾身之血气应之,而腾降消息。此在日之子、午、卯、酉,是万物公共之时也。其在我者,如静极之后,忽然元阳生发,升自尾闾,便是阳生之子时;又忽然而升极颠顶,降自天谷,便为我阴降之午时;俄而心气旺,肾气举,便为我阳旺阴旺之卯酉二时。此在我之子、午、卯、酉,是吾身小天地中之另一时也。大抵先依在日之子、午、卯、酉做起,有依傍,有下手处;迨至元阳既生,然后依在我之子、午、卯、酉,以心目在内,腾降而为功。曰揆度参序、曰混沌虚无、曰张布就驾,何一非心主为之?而于此方露明君字面。此倒装法也。

和则随从,路平不邪(徐)。

功之至要,保合太和而已。神、气、精三者,会归而一则和,分散而二则戾,故必在我之神明和顺,阴阳腾降之节而不乖违,则我之气与精,亦且随从环运,积久而功成,此其道理平坦,初无邪曲倾危也。

和字最重。和之先有中字在,非中亦不能和也。惟明君处于至中,然后有此和字。彼此和合,则彼此随从,如心息相依,心与息掺和依附在一处,便是和。既能归一,自然心能与息之上下往来而无杂念,此便是心随从乎气与精也。若夫神气相守,为至和矣。而神行则气亦随之,此有气与精之随从乎神也。要之,和是我去和他,和内自有随从意,随从是他来和我,随从内又自有和意。一和焉尽之。此种功夫极平常,极正路,于养生极有效验,非有邪伪道,故曰路平不邪。《中庸》和字是由中说向外来,由性说向情来,由心说向事来,指其中节,而无太过不及处为和。此圣贤经世之学,可以位天地,育万物,其道甚大。《参同》和字,止于返本还元,使一身之神、气、精不相离散为和,此遁世养生之学,可以位一己之天地,育一身之万物,其道不为不切。孟子持其志,无暴其气,气志互相资益,亦只一和字。而有义以为之主,则便是《中庸》中节之和矣,孟子未尝说出和字,要之有义则和,而和在其中。《参同》未尝说出义字,要之非义而馁,亦不能和。两处互参可也。孟子集义生气，养成刚大，何等气象？要其无事时，义理未形，亦只有存心固气，使之无暴，如不为蹶趋所动，亦其一也。《参同》主气较多，盖因其无事闲①身，攻乎内养，故说向一路，而不以他语杂之耳。或问心息相依、神气相守二语何别？曰：息乃呼吸，有迹可见，尚是粗浅言之；若气则呼吸之根，乃其所以为呼吸者，虚而能生，出而不穷，其机在正中玄牝之间，所谓凝神入气穴者是也。二语自有浅深之别。神气相守，神直注于下部生气之所，非静时不能。若上部鼻息，心依出入，虽动亦可为。习久自能无间，而气亦倍长于往昔。盖气得神旺，乃不孤有邻之理，此正为神气相守之道路。

邪道险阻，倾危国家（姑）。

邪道，歧出背戾之术；国家，指身外内。如其妄行邪术，骛入他途，或于此纤芥不正（遗忘助长，不能持盈。）失其和顺，均为险阻，比至径恶危身，不可不谨。言此以致于丁宁之意。

邪道一截，险阻一截。盖邪道之倾危，自不待言，若非邪道，而于正路不得其中，所谓官衔上差了脚，亦即成险阻之形，易致倾危，观下文纤芥不正云云，便知截看乃备。此于篇法反收缴上，重在混沌虚无、张布就驾、和御随从。

右第一节，略举始终以发端也。（后文皆发明此节，犹《大学》之有圣经，《中庸》之有首章。）

君子居其室，出其言善，则千里之外应之。

引《系辞传》语，即通其意，以明入室行持之功。君子即明君，居室即混沌虚无，出其言善即张布就驾，千里外应之即和则随从。

盖从《易》语悟入身来，故引之以明己意。室指神室，乃身内正中之玄牝。居是而不动，则致虚守静，为混沌虚无之候矣。出言指内运，善即守六十卦之规矩，千里外乃吾身内之千里外也。句句紧对上节，初非泛引，而下又释之。

谓万乘之主，处九重之位（立）。发号出令，顺阴阳节。藏器俟时，

---

① 闲，丛书本作"间"。

勿违卦月。

谓者,旁通己意而释之也;以《传》之君子为万乘主,指我之元神真宰也;以《传》之居室为九重之位,指我之静存于至中、至正、至尊、至贵、至深、至密之灵台、应谷也;以《传》之出言为发号出令,指我之遣意内运;以《传》之言善为顺节勿违,藏器(凝神气穴)俟时(等待阳生),指我之和会神、气、精三宝于玄关,而动循节度也;以《传》之千里应,为后文吉字、福字、太平字,与感动皇极,远流殊域之语,指我之三宝和会,而随从以有益于色身也。此其旁通己意,以明内养事也。阴阳节者,浅近言之,阴即吸,阳即呼,自有天然节度,顺之则元神依息而往来也。至身内舒敛,仿一月之六候,则阳节三,阴节三,分五日六十时为一节,详后文第四节;又仿一月之十二节,则阳节六,阴节六,此即判五日为两,而以两日半三十时为一节,详后文第五节。藏器者,器为中央土釜之鼎器,藏之于是,谓凝神入气穴也。敛外而神注于玄关,未得时如此,既得时亦止如此,乃彻始彻终之功也。俟时者,俟其自为变化而元阳发现也。由是加以日用温养工夫,总期勿违月内所分卦象。

月六节者,盖积三五十五日,三六一百八十时,而阳之初、中、末三节终,故月光盛满而阳极;又积十五日,一百八十时,而阴之初、中、末三界终,故月魄全晦而阴极。就中以三画卦,震、兑、乾、巽、艮、坤六候纪之,与《月令》是月也以下之六候合。此阴阳节之一说也。月十二节者,盖既判五日为两,以两日半三十时为一节,故就中以六画卦,复、临、泰、壮、夬、乾,纪其上半月之六阳而阳极;以姤、遁、否、观、剥、坤,纪其下半月之六阴而阴极。与岁配十二辟卦合。又此十二节中,阳必从之以阴,阴必先之以阳。如子、寅、辰、为阳中阳,却有丑、卯、巳之阳中阴者,从之而后行;午、申、戌为阴中阳,随有未、酉、亥之阴中阴者,配之而后终。阴阳迭间,错综配合,必无独立之理。就中以十二辰、十二律纪之,乃知上半月之六节,又各有三阳三阴,而后阳极其盛;下半月之六节,亦各有三阳三阴,而后阴极其盛。此如乾之六位皆阳,必有二、四上下之偶;坤六位皆阴,必有初三、五之奇。与岁配十二律。合此阴阳节之更一说也。大抵以上下身心为乾、坤、坎、离,而坎离之运行于内者,合岁月日时，以小天地而为大天地之事。此顺节之大者。其间慎起居，节饮食，惩忿窒欲，一切视听言动，克去非礼之阴，复还天理之阳。消长随时，行藏应运，皆所以顺阴阳节也。若其离降坎升，感召坤部，元阳初动，顺此子时之节候，以进阳火；驯升泥丸午位，阳入阴分，顺此午时之节候，以退阴符。此又事内之至要，无非顺节也。藏器句顶承九重句，惟深居简出，乃所谓藏也，即存心求放心，退藏于密之旨；勿违句，顶承顺节句，惟顺而又戒以勿违。藏器俟时，即混沌虚无事；勿违卦月，即张布为舆事。下文乃明用卦之法。

屯以子申，蒙用寅戌。

此明用卦之例，如朔日则配以屯蒙，其前六时（子、丑、寅、卯、辰、巳）统名旦昼，配以屯卦六爻；后六时（午、未、申、酉、戌、亥）统名暮夜，配以蒙卦六爻。以十二爻配十二时，而其间屯以子申。子申者，屯之初四爻，即日之子卯也；蒙用寅戌，寅戌者，蒙之初四爻，即日之午酉也。子阳升宜进火，卯阳木旺宜沐浴（洗心密藏）；午阴降宜退符，酉阴旺宜沐浴。故吃紧用此四时也。其必言子、申、寅、戌者，止以装卦纳甲之法言之。盖既用屯蒙二卦，即取其初四所配字样以成文，非有他意也。

凡装卦之法，以八纯卦内外为准，如水雷屯，内体震雷，外体坎水，即照纯震之初爻起庚子，照纯坎之四爻起戊申，故屯之初四乃子申二字也；山水蒙，内体坎水，外体艮山，即依纯坎之初爻起戊寅，依纯艮之四爻起丙戌，故蒙之初四乃寅戌二字也。附《装卦歌》：乾金甲子外壬午，坎水戊寅外戊申，艮土丙辰外丙戌，震木庚子外庚午，巽木辛丑外辛未，离火己卯外己酉，坤土乙未外癸丑，兑金丁巳丁亥迎。乾、坎、艮、震四卦为阳，阳顺数，如乾内三爻，起甲子、丙寅、戊辰，外三爻，起壬午、甲申、丙戌，余类推。巽、离、坤、兑四卦为阴，阴逆数，如巽内三爻，起辛丑、己亥、丁酉，外三爻，起辛未、己巳、丁卯，余类推。按八纯卦，惟乾之内外分起甲壬两干，坤之内外分起乙癸两干，其余六子各纳一干，内外不易。盖甲乙为天一地二，乃天地之始，故乾坤内体之初爻纳甲纳乙；壬癸为天九地十，乃天地之终，故乾坤外体之四爻，纳壬纳癸。以乾坤包天地之始终，故纳此四干也。其天地之正中为天五地六，乃中宫戊己土位，而坎离纳之。盖戊己中运，兼统四行而无专位；坎离中运，兼呈六象而无专迹，有同然也。

余六十卦，各自有日。聊陈两象，未能究悉。

屯蒙而外，所余五十八卦，各自分配日期，悉以屯蒙两象为例，用其初四而已，不为究悉也。

古人藉是玩《易》，益明天道，非不知虚拟取用，亦属可已也。后人鉴纠缠之失，并不复起虚拟矣。要之所说一日之子、午、卯、酉，亦举宇内有定之时言耳。其实语，非死煞，人当活看，有若吾身静极阳动，便是活朔旦、活子时、活屯卦之初爻，而用以进火矣；当其阳旺也，便是活卯时、活屯卦之四爻，而用以沐浴矣。只论生与旺，以致其功。至其所设之屯初、屯四，为子、为申，与夫蒙之寅戌，一月中之六十卦，直属寓言，皆可得鱼而忘筌，得意以忘言，而又奚事胶柱鼓瑟、刻舟求剑哉？故仿象成文，依文立诂，而人须善悟也。

立义设刑，当仁施德。

此约三十日之子、午、卯、酉（即六十卦内外象之初四），而统言其功夫如此也（上言张布为舆，此言龙马就驾）。夫屯六爻拟阳分六时，蒙六爻拟阴分六时，阴为义为刑，阳为仁为德（六十卦皆然。此不向卦爻论奇偶，止从所配之前六时、后六时说阴阳也）。总之，立义则设刑，当仁则施德，谓立于午后六位阴降收敛之时，则当象其刑杀，与为收敛而归于静（敛外归中）；当夫子后六位阳生发育之时，则须如其德施，与为发育而善其动（通透三关）。此即上文顺阴阳节意。而所谓顺者，其功尽此二语。

设字施字，亦非着意有为，不过如注中归于静、善其动而已。盖勿忘勿助，顺自然而非任自然也。义是阴分裁割时，故刑削一切，归于至静；仁是阳分发生处，故德意旁敷，从而健运。

按历法令，至诚专密。谨候日辰，审察消息。

上文设刑施德，即顺中之法令也。按历行之，惟贵至诚无伪，至专不二，至密非疏，默与神明相接，而事必由日辰而积（日谓自朔至晦，辰谓子、午、卯、酉。），则当谨候焉。审察其一消一息，而与为和顺也。

至诚专密四字,为顺字立标准也。作辍间断,华伪浮游,何事能成?况神明之德乎?是必至诚无息,则久而有征,而见为悠远博厚高明,此与《中庸》之旨合。《中庸》主理,《参同》主气。然理气滚同,未有离理之气,亦未有离气之理,参观互益,自相表里。

纤芥不正,悔吝为贼(反面总提)。二至改度,乖错委曲(佪)。隆冬大暑,盛夏霜雪(分疏阴阳之始)。二分纵横,不应漏刻。风雨不节,水旱相伐(分疏阴阳之半)。蝗虫涌沸,群异旁出(嗜欲纷乘)。天见其怪(乾位心部),山崩地裂(坤位身部)。

此承逆之者凶之意而申言之。纤芥,细微也;不正者,违时失中,纷纠漏泄也;悔,恨;吝,羞;贼,害也;二至,指身内阴阳之始萌;改度,背违常度,当升不升,当降不降也。寒暑开于二至,故以寒暑反常言。二分,指身内阴阳之交半;纵横,妄动不静,谓乘旺而泄,不能持盈也。蝗生众多,其飞蔽天,喻嗜欲纷乘也;沸涌,不宁也;旁出,遍布也;天地二语,指我之乾与坤,心与肾也。盖运火而或违时,则差误不正,而真胎贼损,在我之世界,难免崩摧,是谓逆之者凶也。

二至以下,以大天地之事,喻吾小天地也。按二至子午,乃天地之始,此四句指吾身外一圈乾坤大局;二分卯酉,乃日月之门,由此四语指吾里一圈坎离大用。二至为阴阳始萌,即子、午、庚、申之说。下部阳生为子,上部阴降为午,此取喻于宇内之时旦。阳生出现为庚,阳极将阴为甲,此取喻于日月交光之方位。一如岁事之有冬、夏至也。二分为阴阳之交半,即卯酉上下弦之说。阳旺为卯,阴旺为酉,卯乃月光之上弦,酉乃月光之下弦,一如岁事之有春、秋分也。乘旺云者,上下弦时,半阴半阳,半刑半德,所谓刑德临门也。此时乘旺而泄,不能持盈,便是刑之过,死之门;若乘旺而培,储蓄至宝,便是德之厚,生之路。蝗虫,乃坎离处谬乱;见怪,乃乾坤处受累。

孝子用心,感动皇极。近出己口,远流殊域。

此承顺之者吉之意而申言之。皇极,天心也。盖指玄牝谷神,大中极之所也。言人能仰体阴阳,顺其分至,而无纤芥不正,则是天之孝子矣。以其用心之至诚专密,自然感动皇极,而敛时五福,此即《系传》所谓居室言善，出之至近而已远流于千里外之殊域，而无不应也。是谓顺之者吉也。

皇，君也，大也；极者，至极之义，标准之名，中立而四方之所取正焉者。玄牝、谷神、大中极，此在吾身，只有个中字可说，所谓不偏不倚，立天下之大本也。若欲求之声臭影响之间，则且滞而不灵，物而不化，而非所谓上天之载矣。人当虚其心而善悟可也。顺其分至，谓于乾坤大局处，下济上行，此顺子午二至也；于坎离大用处，交光贯注，此顺卯酉二分也。功实相因，此书于卦只重乾、坤、坎、离，正以重在我身之上下心肾故也；于时只重子、午、卯、酉，正以乾始于子，坤始于午，坎离见于卯酉。用卦用时，皆一意也。其余六十卦、十二时，不过从中搭配以为用而已。皇极不在身外，殊域亦不在身外。

或以召祸，或以致福，或兴太平，或造兵革。四者之来，由乎胸臆。

此总承吉凶二者，分其微甚，而推本于心造，见心为万化之主也。祸福言其始，太平兵革极其终。祸招于不正，福致于和顺。意指坎离处之吉凶，乃里一圈事。太平兴而生意蓊蔚，此阳长阴消，而为福之极也；兵革造而杀气奔腾，此阴长而阳消，而为祸之极也。意指乾坤处之吉凶，乃外一圈事。要皆由乎心造也。

按：首节中国家二字，便指里一圈之心肾为家，外一圈上下部为国。此处招祸致福，意傍家言而谓其里一圈也；太平兵革，意傍国言而谓其外一圈也。福与太平，吉之类也；祸与兵革，凶之类也。同类而有微甚大小之分，其实吉凶两项而已。今云四者之来，当是谓乾、坤、坎、离四者之所招来如此，乃皆由乎胸臆耳。然则，此四者二字，正与首节四者混沌句照应，皆指乾、坤、坎、离也。

动静有常，奉其绳墨。四时顺宜，与气相得。

此复正言工夫，与前顺阴阳节之说，首尾相衔。动静即阴阳，阳动而进火，阴静而退符，奉其四时之绳墨，顺宜而常有，则神气入气穴，元神、元气不相离，而与气相得矣。

四时，谓身内二至之子午、二分之卯酉。子、午、卯、酉便是绳墨。大抵言号令、言法令、言绳墨，不外藏器俟时，顺阴阳二节二语。惟顺节，故勿违卦月，而立义设刑，当仁施德；惟藏器，故混沌虚无，而为彻始彻终之功。此四句不脱前意。顺阴阳节与藏器俟时二语，若显浅言之，只是心息相依，神气相守而已。夫息有阴阳，相依则顺其节矣；气在玄牝器中，相守则神藏是器。而元阳发动之时，可俟而至矣，正不必诧异远求。

刚柔断矣，不相涉入。五行守界，不妄盈缩（率）。

此演前意，判定阴阳，而神气不相错乱，乃顺宜有常也；敛守五行，而身心不妄摇动，乃与气相得也。

断，判定也；涉入，侵越也。判定不相侵越，即勿违卦月，而立义则设刑，当仁则施德也。五行，谓东魂木、西①魄金、南神火、北精水、中意土也；守界者，收敛不用，各守界隅。谓眼不视魂在肝，耳不闻精在肾，舌不声神在心，鼻不香魄在肺，四肢不动意在脾，即所谓五气朝元也。妄盈，用不知啬；妄缩，疲之而至泄漏短少也。

易（坎离）**行周流，屈伸返覆**（必）。

夫而后吾身之内，皆坎离之运行，变化屈伸，返覆于前后三关，周流次舍而生身物也。

尾闾、夹脊、泥丸为后三关，阳之升而上也；天谷、绛宫、土釜为前三关，阴之降而下也。身内配十二次、二十八舍，如大天地然。上文八句，非是无故覆说，正欲赶出此二句耳。有是和顺节啬之功，方行得坎离升降之道，而获其益也。

右第二节，发明首节混沌虚无、张布就驾、和御随从意。

幽潜沦匿，变化于中（章）。**包囊万物，为道纪纲。以无制有，器用者空**（腔）。**故推消息，坎离没亡。**

承明易行意。夫此坎离大用，周流返覆于玄牝之间者，乃神妙不测，无乎不统，而实至虚无象也。语其神明运用，极其幽暗潜藏，沉沦隐匿，非人所得窥测，而自然变化升降于正中玄牝之地。举一身之万物，包之囊之，为其根柢，生生而不穷，而丹道即以是为纲纪焉。大抵以其

---

① 西，丛书本作"酉"。

至虚至无，宰制夫有形有象，一如形器之妙用，全不在顽然实处，而在空处也。故推其消息也，只有一阳震、二阳兑、三阳乾之象（如月光于初三日象震，于上弦日象兑，于望日象乾，分初、中、末，得三五十五数。）；惟其消也，只有一阴巽、二阴艮、三阴坤之象（如月光于望后象巽，于下弦象艮，于晦日象坤，阴亦分初、中、末三节，得三五十五数。）。息与消，无非坎离之用，而实无所为坎离之象者，则直没亡而莫指也。其至虚、至灵、至神、至妙如此。

上易字已说坎离大用，此便接说坎离，却以坎离二字倒装，用先暗后明法，又不正出，只从讲道理中带出，连以没亡二字，宜朱子称其能文古奥。此幽潜八句，正言坎离大用，入无出有，无处不周，见心肾神气为一身至要。乾为上部，坤为下部，是外一圈事；坎为肾气，离为心神，是里一圈事。幽暗潜藏，沉沦隐匿，动于自然，运而不竭，初无声臭可寻，《诗》所谓上天之载也。变化于中，朱本作升降于中，即上文屈伸返覆意。惟其返覆屈伸，故有升降，有变化。中字即规中，乃上部、下部之接头正中处。中无形，何处见？从一身四边而约之，则有中矣。包囊万物，所谓冲穆无朕，万象森然已具，天下何物不成于坎离？为道纪纲，谓坎离为丹道之总要。包囊二句，即在幽潜句内，此时固已包囊万物而为道纪纲也。以无制有，无即其幽匿包囊者，有即其变化者，以幽匿而成变化，故曰以无制有。器用者空，用《老子》语，谓一器之运用，其得力全在空虚处。今身内之运用变化，其根柢全在虚无之坎离，亦犹是也。制有二句，承包囊句来，应前变化于中句。盖中即虚无地，坎离乃阴阳两仪之精髓。以两仪言之，阳之在左也，始木而终火，离居其盛而悉统之，及推其阳息阴消之节候，则一阳为震，二阳为兑，三阳为乾，有此三象而已，绝不见有离象，而离无不在也；阴之在右也，始金而终水，坎居其盛而悉统之，乃推其阴息阳消之节候，则一阴为巽，二阴为艮，三阴为坤，有此三象而已，绝不见有坎象，而坎无不在也。没亡者，犹土旺四季无专位，难指名也。

言不苟造，论不虚生（商）。引验见效，校度神明（茫）。推类结字，原理为证（常）。

凡此言论，初非苟且造作，凭空生出，乃是引取宇内日月交光，确见神明升降之功效。细为检校揆度，而知在我身内之小天地，其为坎离大用，亦复如此。所以仓颉制此易字，必用日月双文，合而为易，无非原本阴阳之理，以为证据也。

上言身内坎离之大用，若不验之宇内，亦无由明察。故下文乃实指日月示人，而以此六句引入。引验见效者，引取两间为证验，而实见其然。仓颉窥见阴阳交易、变易者，其悬象著明，莫大乎日月，故结成易字，以日月为文。

坎戊月精，离己日光。

坎配中宫戊己土，而为月之精华；离配中宫己土，而为日之光气。

坎戊离己，纳甲之法也。何谓纳甲？甲一字包天干十个字，谓以此天干十个字纳之于八卦，而与之相配也。其法以甲乙为天一、地二配乾坤，丙丁为天三、地四配艮兑，戊己为天天、地六配坎离，庚辛为天七、地八配震巽，壬癸为天九、地十，仍配乾坤。盖一始一终，皆天地之事。天数始于一终于九，地数始于二终于十，故天一之甲，与天九之壬配乾，而乾为甲壬；地二之乙，与地十之癸配坤，而坤为乙癸。至于坎离为天地中交，故配以天五之戊，地六之己，而居中宫也。一、三、五、七、九，天之阳数，惟五居中，中故知其为土，阳故知其为戊，戊本乾阳之物，今交于坤内而为坎，故坎内之中爻属戊，而为坎也；二、四、六、八、十，地之阴数，惟六居中，中故为土，阴故为己，己本坤阴之物，今交于乾内而为离，故离内之中爻属己，而为离己也。

日月为易，刚柔相当。

日月在天地中宫交易、变易，以其阳刚之气，阴柔之精，两两相当，升降往来，而成岁月日时。

土旺四季，罗络始终（章）。

日月运行于中，便是戊己之土，职居中宫而分旺于四季。凡岁月日时之始终，皆包罗笼络而无乎不在。

青赤白黑，各居一方。皆禀中宫，戊己之功（光）。

彼宇内之木、火、金、水，春、夏、秋、冬，身内之肝、心、肺、魂、神、魄、精，自黄中而外，乃所谓青赤白黑，各居一方者，何一不禀德中宫，为戊己坎离日月运用之功。此十句谓坎离非他，即日月也。坎离配戊己，则日月亦中宫戊己，物也，观其交光运用，恒用阳刚之气，阴柔之精，交易、变易，彼此相当，此便是中宫。戊己之土，分旺四季，罗络夫消息之始终，而凡青赤白黑，若四行（木、火、金、水）、四时（春、夏、秋、冬）、四脏（肝、心、肺、肾）之各居一方（东、南、西、北）者，皆禀德中宫而为戊己之功。然则，坎离日月，原不列于一方，不主乎一事，而常处乎中宫，以周行于四方者，宜其包囊万物，消息无象，而见为没亡也。中宫之运用，顾不重哉！通节谓吾言易行周流，屈伸返覆，易即坎离、即日月，乃是幽潜沦匿，变化于中宫者。惟其幽潜沦匿，故包囊万物；惟其变化于中宫，故以无制有。由是，但见其一消一息，而无坎离之象，居中故也。此乃校度乎日月，而实见其为易者如是。所以古人结此易字，亦必以日月为文。盖坎离日月，实配中宫戊己之土，常居至中，统御四方，而四方皆其功。岂非幽潜沦匿，变化于中宫者乎？而安得不以中为要乎？

结字二字，跟上易字来；中宫二字，应上变化于中之中字。从易出坎离，从坎离之戊己出日月。此节既露日月字，故下文两节，皆就日月交光出，细分一月节度，以为火候法度。此节曰为道纪纲，丹道之根本也；下节曰为道规矩，丹道之法度也。无非校度神明，而取则乎日月。按日体交光，其三阳、三阴之象，时过即变，更迭无穷，而日月坎离，终古恒存，则其为没亡者实不没亡，要惟正位中宫故耳。

右第三节，发明易行周流，以起来下文两节之意。

晦朔之间，合符行中（章）。

阳光消尽，坎离合体，日光下注月魄之中宫，此在天晦朔之时，会合符契而行乎中也；收视返听，心息相依，神光下注玄牝之中宫，此在人晦朔之时，会合符契而乎中也。

混沌鸿濛，牝牡相从（床）。

前光已尽，后光未生，滚同混合，茫昧昏冥，而太阳之牡与太阴之牝相处于一处。

滋液润泽，施化流通（汤）。

滋液谓精气，乃润泽之物，太阳以牡而施之，太阴以牝而化之，于是彼此流通，而各得其精气之用。此即阳禀阴受，雄雌相须，须以造化，精气乃舒之义。

天地神灵，不可度量。

其所以施化流通之故，乃上天下地神灵，自尔有莫测期然者，即不可画图意。

利用安身，隐形而藏。

此说到人身，结住上文，言惟日月之晦朔如此。所以吾人用功，宜用安静，隐匿潜藏，寂然收敛其五官之用，而惟静注于玄关，以法其晦朔焉。此即四者混沌，径入虚无之谓。上十句，谓日月既居中宫，统御四方，而其交光于一月者，必始于晦朔。晦朔则二十四时之间，初合符，中混沌，未施化精气也，而神灵寓焉。此其所以行乎中宫者，声臭俱无，睹闻不及，孰得而度量？盖储蓄其交光之本，以为后此一息（上半月）一消（下半月）之源也。是以取则者，最宜敛外（收视返听）归中（神注玄关），以静潜藏，以俟元阳之动。

合符行中者，会合一处，乃得流行于月之中宫。日以中阴与月，月以中阳与日，交接混沌，而一施一化，皆于是时。此则其阴精阳气所为，而神为两在之物，精气在是，则神亦在是。所以妙乎精气者，故接曰天地神灵，可知天地亦只精、气、神而已。大抵此十句是内养家所重。以下息之象三，消之象三，特言其运用处耳。

始于东北，箕斗之乡。

其合符而为一月，运行之始也。随日出没于地之东北，箕与斗乃天度东北接头处，皆以言地之东北，非便指箕斗而以为在是也。

可见其立言处，不可为典要，不过四面取意而已。

旋而右转，呕轮吐萌（芒）。

合日之后，积渐自西向东，此月体之右转。又其光随日在西而渐下，此月之右转，均右转也。自初一至初二、初三，月之离日已积三十余度，其光渐自西下，人在地面，乃见一线之光，较之晦朔时，便已呕出轮廓，吐出萌芽。

潜潭见象，发散精光。

于是举向之潜藏深潭而不现者，渐现六象（上半月震、兑、乾，下半月巽、艮、坤。），发散其所受精华光采，辅助离明。以上六句为下文缘起。

精即坎戊月精之精，光即离己日光之光。光者何？气之盛也。精光即精气，须知精气不相离，可分言亦可合言。

昴毕之上，震☳出为征（常）。阳气造端，䷀初九潜龙（茫）。

昴毕，天之西方，借言地面西方庚地，非直指昴毕也。当初二、初三，于日落时，月在西南庚地，其阳光始生，有三画卦之震象，是即震出以为阳光之征验。惟此阳光之气，创造端倪，便是重乾之初九，龙生而尚潜也。其法以一月分为六节，节各五日，此其第一也。盖初一至初五，积五日六十时为一节，乃今历中一候之说（时历六十甲子一周，自可为一候一节。），皆此一阳爻所管，故象之以震。然一爻又分初、中、末三段，以二十时为初段，二十时为中段，二十时为末段。初则阳光虽息而未形，末则阳光已著而浸盛，而中则造端而方露也。以其阳光之属阳也，故于六象（震、兑、乾、巽、艮、坤）外，复以重乾六爻纪之，则此固乾之初九，乃乾用九而流于第一虚位者，言此以明身内玄关，承静极之后，元阳初动也。以下六象，悉以是推之。

后文有三，日月出庚，乃第一节之正中。盖在中二十时内，故生明不必第三日，言三日，约举其中也。此所以又有两日半三十时之分。

阳以三立，阴以八通（汤）。三日震☳动，八日兑☱行（杭）。䷀九二见龙，和平有明（茫）。

阳生子位，自子丑至寅，三阳出地而始立，是阳生于一而立于三，后文以寅为阳祖即此意（夏时岁首建寅，寅时乃立春，为显然发育之始。）。盖阳者圆，圆者径一围三，假未至于三，则圆必有所缺，而阳亦未成立之时矣，故曰阳以三立。阴始丑位，自丑至申，得八位而阴始通，是阴生于二，成于四，而通于八，后文以申为阴祖即此意（夏时申乃立秋，为显然肃杀之始。）。盖阴者方，方者四，四正必有四隅，是则八矣。假未至于八，则方必有缺，而阴亦未为通达之时，故曰阴以八通。惟其阳以三立,则月至三日,正阳立之时,故有震象,而见一阳之动,动则立矣;惟其阴以八通,则月至八日,乃阴通之时,故阳来偶阴,平分各半,有兑之象,而见二阳之行,行则阴阳得配而阴通矣。夫其兑象如是。要即重乾之九二,乃乾用九而流于第二虚位者,此时龙现得中,阴阳适均,极其平和而有明也。此月节六之第二也。

初六至初十,此五日六十时为第二节,而初八上弦乃第二节之正中。盖在中二十时也。阳以三立,故一三而阳生,三三而阳自上弦而始盛,五三而阳盈,正得阳之十五本数,所以上半月乃十五日。阴以八通,故一八而阴得偶,二八而阴自既望而生魄,三八而阴由下弦而始盛,至四八而又为第二月之二日,乃阳中生阴时矣。阴自前月之初二起,至后月之初一止,正得阴之三十本数,而以其对偶之体而对折之,却只十五数,所以下半月亦只十五日也。何谓阳本之生数十五?盖积一、三、五、七、九得二十五数,其间三与七,阳居阴位,不全为阳,故除去不算,止得一、五、九,乃十五为真阳数也;何谓阴之本数三十?盖积二、四、六、八、十正得三十,凡阴以偶为全体,故从而折半,止得十五为真阴数以配阳也。阳以一为一,从乎奇也;阴以二为一,从乎偶也。故其本数虽三十,而实则十五也。又阳除阴之三七不算,至阴则不除阳位之二、六、八,盖阴不能离阳独立也。

三五德就,乾☰体乃成(常)。☱九三夕惕,亏折神符。盛衰渐革,终还其初。

第三节之五日,于其节终时,正合阳数之三五十五,而阳德丰盈圆满成就时,则三阳具足,乃成乾象,而于重乾为九三。盖乾之用九,而流于第三虚位者,当夫日斜而夕,盛满将过,所宜惕若。自此以后,亏折神符,盛极而渐变为衰。及其终也,复还于混沌鸿濛之初,是乃阳息阴消之接头处,为阴阳之大关键也。此月节六之第三,历乎震、兑、乾,以符重乾之内三象。而所为息者,至此极焉,其后则消失。

夕惕二句,又为消处三象作缘起,即回顾晦朔二字。神符,犹言神应。谓月上阳光,乃神灵之符信,而应乎外者。亏折二字,以人事言之,有不知止足,不能持盈,遂致亏折者。此死而不复之道也。有以知止持盈,而收敛藏密,法天道之亏折者,此生生不绝之道也。均之处亏折之时,而聚散不同,死生各异,圣贤所以退藏于密,谦约而不纵肆也。此处亏折,出于天道,乃其自然如此,正是好处所宜法者。故后文于消之三象,曰固济操持、曰典守弦期、曰结括终始,均收敛也,意每拳拳于是。合此十五日,得一百八十时,乃阳进之时,分初、中、末三节,各因其阳长之象,配以震、兑、乾。而又以其皆阳事也,配以重乾之内三象。阴阳无停机,故于第三象内即言其变革。而以还初为说,初指晦朔,还初乃其所特重,惟还初而后有后月之生息。

巽☴继其统,固济操持。☰九四或跃,进退道危。

望后五日六十时为第四节,则消之候也,还初之始也。阳光始亏,一阴浸长,有巽之象焉。巽承生息之统绪而继其后,自宜固济操持(完固救济,操守慎持,阴性收敛,故以为说,乃其事中之特重者)。此在重乾为外象之九四,乃乾之用九而流于第四虚位者。如其或跃而进,而不在渊而退,则其道危矣。此言乃紧要之时,意主于固济操持也。

一阴已生,而复以重乾之九四配之,何也?此但就阳一边论,则已过半,而位处于第四,时方变革,正当敛阳就阴,离动趋静,而体夫巽象之时。

艮☶主进止,不得逾时。二十三日,典守弦期。☰九五飞龙,天位加喜(希)。

中浣后五日六十时为第五节,阳光退半,二阴渐长,有艮之象焉。《象》曰:艮,止也。时止则止,时行则行。动静不失其时,其道光明。是艮主进止,不得逾失其时。当夫二十三日,乃五节之正中,为下弦之期,于此最宜典守。盖阳光至是,各半适均,配以重乾之九五,则如龙飞至高之天位,得中而可喜也。

典守二字重,即其固济操持者。典守而弗失,使之无时不固济,无时不操持,然后继以结括终始,看其初、中、末三处,下字各有分寸。

六五坤☷承,结括终始。韫养众子,世为类母。☰上九亢龙,战德于野。

月终六十时,乃第六节之五日,故云六五(朱子疑是廿五二字,然意既可通，宜仍旧文。）。阳光尽敛，三阴用事，有坤之象焉。坤承五象之后，收结总括，终此一月而又始之，以其纯阴者，韫养众子，世世为同类之母而孕育焉。则即重乾之上九，龙居亢极，而阴阳交战于空旷之野也。

韫，藏也；养，育也；众子者，震、兑、巽、艮也。此坤本是坎离呈象之坤，然既已为坤，则坤承乾气，还养坎离，而包坎离内之震、兑、巽、艮。然则，六子皆在韫养之中，固不止震、兑、巽、艮也。大造以三十年为一世，月即以三十日为一世，故曰世；阴乃坤配，六子坤生，皆同类，故曰类；乾大始，坤大生，后月之六象又自此坤孕育，故曰母。于纯阴之际，就阳一边论，则已用极不留，有龙居亢极之象，此时阴欲灭而阳不服，阳欲复生而阴已盛，有阴阳交战之象。然皆在声臭外，冥漠中，故曰战德于空旷之野。战德者，阳有阳之德，阴有阴之德，各挟其德以相战也。阴盛已极，再无去处，有以开阳之路；阳微已极，再无可待，有以乘阴之极。故战。按兑居第二节之中，乃月光上弦，阳来乘阴，平分各半之时，而配以乾之九二，亦正是阳居阴位，而得中于内，与上弦时无异；艮居第五节之中，乃月光下弦，阴来从阳，平分各半之时，而配以乾之九五，又毕竟是阳履阳位，而得中于外，与下弦时无异。上半月为内，阳初起也，配乾内卦；下半月为外，阳已过也，配乾外卦。月六节者，月之六爻也。当其未来，便为六虚。谓虽有其节，而光实未加，又隐有其节，而渐待光加，则固虚而未实也。月论阴阳，则正月乾，二月坤，三月仍乾，两两相配。然此处只以乾配一月，以言其月光之上下。所以配乾者，只论月光，月光乃日之阳，故配乾。以言其阳之进退，而于月亦可以测试日体之阳，其进退亦犹是也。盖日阳之消长不可见，自可因月而见也。

用九翩翩，为道（丹道）规矩。阳数已讫（三五而盛，三五而衰，数终三十，皆在阳一边论。），讫则复起（区，上声）。推情度性，转而相与。循环璇玑，升降上下（户）。周流六爻，难可察睹。故无常位，为易宗祖。

于是总上六节，而以其所配重乾六位断之。谓此用九于六位（即用光于六节），而阳光一息一消，固已翩翩然从容来去，正为丹道可循之规矩也（归之于己，方知言日月处，言心肾也。程子曰：才明彼，即晓此。）。循其息而于吾元阳发现后，升自尾闾，历后三关而至于天谷（尾闾、夹脊、天谷，此后三关，配震、兑、乾，便是上半月之三节。月上半月为阳、为内；人以后面脊膂为阳、为内。）；循其消而降自泥丸，历前三关而归于土釜（泥丸、应谷、土釜，此前三关，配巽、艮、坤，便是下半月之三节。月以下半月为阴、为外；人以肚腹前面为阴、为外。）。于此而混沌虚无，以孕后此之元阳。所为阳数已讫，讫则复起者，此也。阳数发动处为情，其静存处为性。由情归性，又韫其情而将发；由动归静，又育其动而将萌。是推而合之，展转相与，真如循环璇玑之运转，一升一降，一上一下，无非坎离之精气，周流于六位（即六节）之间，而实则不见其声臭，难可察睹。故坎离无常位，而交易、变易莫不以之为宗祖焉。吾前言坎离没亡，正以其无常位，而绝不见有坎离之象故也。又归重坎离，而以为皆中宫戊己（戊己即坎离，盖坎离、日月、戊己，皆处中宫为一物。）之功，亦正以其为易道之宗祖故也。

为易宗祖与前易行周流句，两易字前后相照。前从易说出坎离，此从坎离缴归易，才见易之主脑在坎离。

右第四节，言一月运行之火候有是六则，盖取象于月光者然也。

朔旦为复☳，阳气始通（汤）。**出入无疾，立表微刚。黄钟建子，兆乃兹彰。播施柔暖，黎蒸得常。**

此下又分一月为十二节，节各两日半三十时，象以十二辟（君也）卦，即借一岁所配之卦名、律名、辰名字样，推演火候。初一子至初三巳。历三十时为第一节（时历三十，已如一月三十日，一世三十年，自可为一节。），有复象焉（犹岁子月）。一阳之气始通，其阳气萌芽，正在出入之间，翩翩然从容游衍，初无疾遽之时（可见其微茫斗凑），而以微刚者立后来之表准。于律者黄钟，于斗柄者建子。盖阳气之朕兆，渐渐滋生彰著，便觉柔和之暖气，纤微嫩柔，播施于黎蒸，而一身之民物，渐荷薰蒸，得复其故常也。

得常句，总冒下六节。卦之为复，律之为黄钟，辰之为子，惟此条正出字面，以后搭配成文，不皆正出。

临☷炉施条，开路正光。光耀渐进，日以益长。丑之大吕，结正低昂。

初三午至初五亥，历三十时为第二节，有临象焉（犹岁丑月）。二阳临炉（天以宇内为炉，人以身内为炉。炉，言蓄火化物处。），施此科条（二阳则额），开辟玄路，端正阳光。其光耀较前渐进，如日晷之增益其长。于斗柄则建丑，于律则大吕，收结三冬之事，正自最低极下之处，渐渐昂起而上升也。盖元阳自尾闾极下处生发，当就下结，其时用工正低，过此渐仰以随化机矣。

仰以成泰☷，刚柔并隆（郎）。阴阳交接，小往大来（离）。辐辏于寅，运而趋时。

初六子至初八巳，历三十时为第三节，有泰象焉（犹岁正月）。仰以成泰者，乃未成而将成，有渐及意。惟其自低而昂，故历此而仰焉，以及渐成泰象也（仰字从昂字来）；刚柔并隆者，阳刚势进，与柔并盛，预言其势然也。阴阳交接，小往大来，乃寅卯二位两界中事，而此预言于寅位者。盖既以三阳泰象为配，阳有奋迅发越之气，其事固已攒簇，如辐之辏合而运行，以趋于是也（本文，时，是也，指寅。）。阴阳交接，陈显微曰：精水上腾而欲降，神火下仰而欲升，正谓身内也。小将往，大将来，于是律为太簇，于斗柄为建寅。

以月光验之，至初八之低，乃是平分之时，而以岁功言之，春分又值二月之中，似乎不合。要之，寅卯二位均属木，须通看。彼卯位之气候，固亦自初八之后六时起也，何可不通看而为之胶柱、刻舟乎？自子丑而下，皆当两两合看，而又细分之可也。盖其用两日半者，原非截然不相交涉之事，借辐辏辏字寓太簇。

渐历大壮☷，侠列卯门。榆荚堕落，还归本根。刑德相负，昼夜始分。

初八午至初十亥，历三十时为第四节，有大壮象焉（岁犹二月）。渐历者，因上而来，又见无乎非渐也。由三阳渐及四阳，阳已过半，则大者壮矣（此说后十五时，其前十五时已于寅位附说。）。阳既壮盛，气甚豪侠，方且陈列于东卯日出之门矣。夫物乘阳旺，宜无不生，而尚有榆荚之堕落,应星光之至晓而隐(晓正卯时,星至卯隐,榆至卯落。)。良以此时半阳半阴,半德半刑,其阳德固能生,其阴刑亦能杀,可不慎欤?观其彼此相负,不相上下,而昼阳夜阴,亦因之分半适均(此又说前十五时,要亦大概说去,不必泥。)。奈何不收敛潜藏,还归本根,以防其旺逸乎?谓至此功宜沐浴。沐浴者,洗心藏密也。于斗柄建卯,于律则为夹钟。

借侠旁夹字,寓夹钟。

夬䷪阴以退,阳升而前(秦)。洗濯羽翮,振索宿尘。

十一子至十三巳,历三十时为第五节,有夬象焉(犹岁三月)。五阳盛长,决去阴柔,阴退阳升,于律为姑洗,于斗柄为建辰。即就洗字、辰字生意,谓其决阴也。如禽浴水,洗濯其羽翮,而振动搜索,力去宿尘(喻阴),将奋冲天之举,而至于乾健盛明也。

兽阴禽阳,故以禽为说。洗字寓姑洗,又借振旁之辰字寓辰。

乾䷀健盛明,广被四邻。阳终于巳,中而相干(根)。

十三午至十五亥,历三十时为第六节,有乾象焉(犹岁四月)。六阳具足,盛满光明,广及吾身四大。于斗柄建巳,而阳极将终;于律为中吕,而阴且潜伏于此中,隐相干犯矣。君子所当忧盛危明也。

以上六节阳生之候,复、临、泰之内象,与壮、夬、乾之外象,止是三画卦之震、兑、乾。无坎离,正坎离之呈象。其泰以前,坤尚用事,故外象不离坤;壮以后,乾乃用事,故内象尽属乾。见乾坤用事也。

中字寓中吕;干为阴气将生,隐相干犯。

姤䷫始纪序,履霜最先(莘)。井底寒泉,午为蕤宾。宾伏于阴,阴为主人。

十六子至十八巳,历三十时为第七节,有姤象焉(犹岁五月)。始纪乎阴之序而兆其端,正如履霜者,致驯坚冰之将至。是宜谨之于最先也。盖其时井底寒泉,一阴已生于下,而斗柄则建午,于律为蕤宾。诚以阴柔主事,而阳乃宾伏,可不兢兢戒之而有事退敛哉?

阴为主人,乃重喝警醒之辞,见前六节皆阳为主,而至是则阴为主矣。阴主于内,则阳宾于外,而伏于阴矣。

遁☷世去位，收敛其精。怀德俟时，栖迟昧冥。

十八午至二十亥，历三十为第八节，有遁象焉（犹岁六月）。二阴浸长，势已莫遏，勿恋世纷，勿贪名位，遁而去之，收敛精神，怀藏道德，以静俟还时，则方栖息昧冥，而勿为皎皎，谓凝神气穴也。

借昧字右体寓未字，栖字木旁与未字合，而拟林以寓林钟之律。

否☷塞不通，萌者不生。阴伸阳屈，没阳姓名。

廿一子至廿三巳，历三十时为第九节，有否象焉（犹岁七月）。三阴渐进，上下不交，气窒罔通，萌芽奚自？于斗柄为建申，于律为夷则。但见阳屈于阴伸，而受其夷伤，有不沦没其姓名者乎？

姓言其所由生，名言其名阳也。阳生于寅，寅申对冲，则没其姓名矣。伸字右体寓申，没姓名句寓夷则。

观☷其权量，察仲秋情。任畜微稚，老枯复荣（形）。荠麦芽蘖，因冒以生。

廿三午至廿五亥，历三十时为第十节，有观象焉（犹岁八月）。方其四阴未进，阴阳暂得对峙，权之而轻重适均，量之而多寡悉敌（前十五时）；过此则四阴二阳，权有低昂，量分饶乏，不能和矣（后十五时）。此仲秋酉位之情也。观而察之，则于其始也，衰阳方半，锐阴亦半，彼此尚堪匹配，而暂得其和。和之所钟，便能肩任畜养，发其微稚，而荣及老枯，是以荠与麦之生，率皆因其气，冒其和，以芽蘖于此时也（前十五）；究之时不能久，旋即四阴，而衰阳倏退（后十五），是阴旺于酉，功宜沐浴洗心藏密也。

任畜四句，正见收敛中犹有不尽收敛，而冒焉生发之处，使人忽不及持，所宜鉴此而加谨也。仲秋伏酉字，任字本谓肩任，却隐带南吕。朱子曰：任即南。按南有任音。《诗〈燕燕〉、〈凯风〉》南与心叶，可知此又以同音伏南字。

剥☷烂肢体，消灭其形。化气既竭，亡失至神。

廿六子至廿八巳，历三十时为第十一节，有剥象焉（犹岁九月）。五阴竞进，剥烂阳之肢体，消灭阳之形貌（九五当心，上九为首，剥及其首，则肢体形貌皆为所消烁矣。），化生之气已竭，而阳神之至尊至贵者,旋且逃亡丧失。盖月上阳光将尽,即宇内与人身之阳气隐匿时也。于支为戌,于律为无射。

蛤蚌之类,应月肥瘠,观此阴类之易见者,便可知其难见之处。凡阴类易见,则以阴常承受阳之去来,故特著明也。地道舒惨,物类荣枯,月魄明暗,女子姅变,皆以阴静而征阳动,而阳可知矣。亡失者,敛而至于无,若亡若失也;肢即映支,谓十二地支将尽也;灭即带戌,去水去火,便是戌字;亡即无,带入无射。

道穷则返,归于坤☷元。恒顺地理,承天布宣(荀)。玄幽远眇,隔阂相连。应度育种,阴阳之原(翕)。寥廓恍惚,莫知其端(丁)。先迷失轨,后为主君(悭)。

廿八午至三十①亥,历三十时为第十二节,有坤象焉(犹岁十月)。盖阳之道,自姤遁以来,日即于消,至此穷而返本,仍归坤元。惟当静体六阴之柔顺,以地承天,受天宣布,则此中之玄幽远渺,虽若隔上下、碍彼此,而至虚之神罔不连贯,妙应阴极阳生之节度,而孕育其真种,是乃后此胚胎阴阳之原。至其阳生之景象,寥廓恍惚,莫知其端。要之,止宜后,不宜先,倡先首动,则迷失柔顺之轨,居后处静,乃得阳之主也。于斗柄为建亥,于律为应钟。

以上六节,阴生之候,姤、遁、否之内象,与观、剥、坤之外象,止是三画卦之巽、艮、坤,无坎离,正坎离之呈象。其否以前,乾尚用事,故外象不离乾;观以后,坤乃用事,故内象尽属坤。又见皆乾坤事也。

主字,与阴为主人之主相对。阂字内带亥字,应度句带应钟。十二卦律辰名,惟复姤两卦正出,见阴阳之始之重也。其余或旁带,或借以抒意,活泼不拘,想见胸中浩落,超忽能文,不过借以比拟依托,故其辞仿佛圆通。为此道者,所宜潜符暗契,不为沾滞,是乃身中火候之法也。

无平不陂,道之自然(壬)。变易更盛,消息相因。终坤☷复☳始,如循连环。帝王承御,千载常存。

此统论阴阳之流转也。两弦阴阳平过,此则相胜而偏陂,乃天道之

---

① 三十,丛书本作"二十",误。

自然。是以时时变易,更互盛衰;时时消息,彼此相因。当夫坤终,复又更始,如循连环,终古不息。吾之元神真宰之为身内,帝王法此而承天治理,有不久存者乎?盖惟循环所以长久。大抵未盛而养至于盛,既盛而收敛其精华,主于阴静,不使泄漏,以待后此之阳生。如月光之一长一消,而嬗诸后月,此其功之至要。

右第五节,言一月运行之火候,又是十二节。盖取象于岁功者,然而于一岁亦犹是也。

言六节者,重交光也;言十二节者,重斗柄也。元阳升降于中,谓之交光,仿乎月也;心目运行于内,谓之斗柄,仿乎周天之旋转也。意中于元阳既生之时,按行六节,而升降于前后三关,则有日月之交光矣;按行十二节,而心目旋转十二次舍,则仰符乎周天之运行,而一如夫岁月之周流矣。以小天地而行大天地之事,其所用者意而已,意无时不可以周流。若彼宇内之时日,自属大天地之事,行之于小天地中,不可不识。究亦仿之以行,又何必为时日之胶执哉?平时演习,亦不妨以意空行,顾必待元阳生后,与之扶同运行,方是真正交光之六节,真正周天之十二节。谓其有气以滋益身心。始乃积厚流光,不至于落空也。总在人之活泼用意,参悟天地,反之心身,而无所拘滞,乃为得之。

以上两节将月光、岁功,细分在前,故下文以管括四句顶承收结,乃倒装法。

御政之首,鼎新革故。管括微密,开舒布宝(补)。要道魁柄,统化纲纽(女)。

此承上两节言月光、岁功,皆当体之吾身小天地中,依以为节也。御,治也;御政,用功也。言用功之初,舍旧图新,惩忿窒欲,如鼎之倾否取新,革之变易去故。于是管束一身,结括诸窍,其以元神注下,极其精微细密。盖即戒惧慎独,不起纤毫蔽累,而收摄元气,坚固不泄,如玄冬月晦时也。夫吾神既无蔽累,自然开朗舒徐,得元阳之至宝,而运布升降于一身,愈微密则愈开舒,愈收敛则愈发达,理固然也。然其运布火候之机关,贵体斗构之运转,在天地以北斗为魁柄,在吾身以心目为魁柄。惟此心目之为魁柄者,乃统率变化之纲纽,而为道之至要,不可忽也。

　　管括微密，便如下半月光华就敛；开舒布宝，便如上半月光彩日新。二语点明前面六节内事。魁柄二语，点明前面十二节内事。魁乃斗之四星柄，其前三星，所谓罡者是也。柄在天之辰宫，随月而异其建，其所建则地盘之十二宫也。以天盘之辰左旋，而加于地盘之子，则冬至；又历三位，加于地盘之寅，则立春。

　　爻象内动，吉凶外起（区上声）**。五纬错顺，应时感动**（侗）**。四七乖戾，誃**（音移，离别也。）**离俯仰。**

　　其运于身内，而以魁柄为纲纽也，便不可不管括微密。夫后三关乃阳位之震、兑、乾，前三关乃阴位之巽、艮、坤。又从而两之，则后升者六位，为复、临、泰、壮、夬、乾；前降者六位，为姤、遁、否、观、剥、坤。皆吾身之爻象也。动于内而循其序，则和顺而吉，吉至于吾身太平；失其序则亢戾而凶，凶至于吾身兵革。良以身内之五星（精、神、魂、魄、意），其随魁柄而运者，或错或顺，即应其错顺之时，而有所感动，如影响相随也。如其四方之七宿，或涉乖戾，必至改移其常；违离其位，而升降失度矣。俯仰即升降。此盖反言之，以见管括魁柄为至要，而起下文文昌、台辅之说也。

　　四七，四方之七宿。本言魁柄而及七宿者，因魁柄指处之星为角，乃二十八宿起头处，故时变语以成文耳。四七乖戾，即魁柄迟疾不中。

　　文昌统录，诘责台辅。百官有司，各典所部。原始要终，存亡之绪。

　　于斯时也，主管其事者，文昌、台辅也。可不统录其遗，诘责其误，而使一身之百官有司，各典所部乎？盖以天象之文昌喻文明之心，即以微垣之台辅喻佐理之心。谓此时当以文明之心，总统收录其事，从而燮理阴阳，而以佐理之心诘责谬误，使众职就理也。百官有司，谓耳、目、口三宝，及百节万神；各典所部者，典守其部属。陈显微云：众卦火符（有定位之卦，上乾下坤，心离肾坎是也；有流行之卦，运火而有震、兑、乾等是也。），不失其度，则万化流通，而圣胎增长，在一心所感而已。然则推原其始而知长存之绪（如上半月），要归其终而识消亡之绪（如下半月），为所急也（显微云：金火二物，互相存亡于晦朔之间。）。

文昌二句，谓统录者文昌，诘责者台辅。文昌与台辅，统录与诘责，本属平对，而颠倒出之，其行文错综如此。

或君骄佚，亢满违道；或臣邪佞，行不顺轨。弦望盈缩，乖变凶咎。执法刺讥，诘过贻主。

倘其不成，或土数多而分两违，斯居中为君者，骄佚亢满，而违消息之道（指意），或水铢不定；斯在下之臣，邪僻奸佞，而行不顺所行之轨（指精气），必致弦望盈缩。因其乖违而变为凶咎矣。如是则执法（星名，指心。）之官，掌其刺讥之权，从而诘责过误，有不贻主（谓意）者乎？

陈云：分两盈缩，不当责火，过在土也。《金碧经》云：非火之咎，谴责于土。按土谓意，凡助长遗忘，皆意所为。意即心之所发，故号君主。分两，即时刻也。

辰极受正，优游任下。明堂布政，国无害道。

心君中正，任其自然，如登明堂，政成国理。

布政、御政，首尾照应，中间文昌、台辅，百官有司，君臣、明堂等字，俱照御政。

右第六节，总括初、终。凡其为功于乾、坤、坎、离者，不外和顺阴阳，以结首节之意。

《古文周易参同契注》卷二

东汉会稽魏伯阳著

三原袁仁林振千注

受业王德修参订

三原李锡龄孟熙校刊

中　篇

将欲养性，延命却期（勤）。审思后末，当虑其先（莘）。

涵养保全其生生之性，延长绵远其禀受之命，而推却展开其定限之期，此固于有生之后，末路之时，详审思惟，将致其功也。而实则当虑其先，先者，最初也，大本也。性之虚无，命之升降之始也。盖天地虚灵之理气，自人禀之为性，自天令之为命，人能取则于性命之先，保其虚无，顺其升降，乃其养之、延之之法。故首揭先之，而下即历言其先，以见后末之功不外于是。

上篇以天明人，故首从天说；中篇以人合天，故首从人说。后则非最初矣，末则非大本矣。从后之非最初者，而虑其最初，则知性本虚无，而养不外是；从末之非大本者，而虑其大本，则知命必升降，而延岂逾兹？《中庸》天命之谓性，盖以气始为命，以所赋之理为性，固是同时，而命在性先；《参同》以虚无为性，以气始为命，亦是同来，而性在命先。故其言所得虚无之性在心，而以气始之命在正中之玄牝，有性在天边，命沉海底之说。要之，《中庸》从实处说来，犹言之阳祖于寅，即其可见者言也，而未发之中，未尝不虚；《参同》从虚无处说来，犹之言阳生于子，探其不可见者言也。而太极以后，未尝不实。明其立言之旨，自可参观。此为节中之首段，说出性命二字，以发其端也。

人所秉躯，体本一无。

此下实指去先之当虑者，谓人所秉受于天以成躯体者（五官五脏、四肢百骸），居然实有之物。顾其先立体者，则原本于至一、至无，寂寥空洞，于何影响、于何朕兆？

一即不贰之谓，无即费隐之隐。顾隐字说得圆，无字说得板。一无者，太极也，乃性所自来，按前性字说。

元精云布，因气托初。

乃忽焉天地之元精，因依元气之至而托其初，然后如云物之倏布空中，而兆其基焉。

元精非他，即元气之积厚而精英者。是必元气先至，而后元精副焉。今所以先言元精者，体由成也；溯言元气者，精由积也。至气之动于至静，而探其何以倏然而至，此不得而画图，而原本于一无也。元精因乎气机，而气机初动，乃命所由成。是即天地之由性而之乎情之时，故下文不言命而言情，情即指命言也。此二句按前命字说，《中庸》所说未发之性、已发之情，是靠人心之动静说。此言性情，是靠气机之动静说,谓天地与人物交关而为命始者,乃其情也,《易》所谓天地之情是也。盖又在前一层言之。云字摹拟元精极善,盖云从气结,原不止气,乃气之浓厚为精,而飞腾遍布,将变为雨者。是云者精类,固亦因气托初之物,观气精之合而成云,自可悟身内之元精。

阴阳为度,魂魄所居。

是时精则阴,气则阳,止此阴精阳气为生物之权度。而阳气之灵曰魂,阴精之灵曰魄,实居躯体之中。

阳神日魂,阴神月魄。

夫阳之神为魂,乃身之日也,其阳光显著,与天日同理;阴之神为魄,乃身之月也,其阴体交光,与天月同理。盖日月乃在天之魂魄,而魂魄则在人之日月也。

按:精、气、神之神,乃在我之全神,是必阴阳合会,魂魄交并,而神以全。故分之有精、气、神三者,而合之则一。若就阴阳开说,则亦各自有神,而得分为魂魄,是亦合中见分,欲其明也,故下文即有互宅之语。魂为气之灵,魄为精之灵,元神为精、气、神和会之灵。镇常主宰乎心者,元神也;分布运用乎身者,魂魄也。魂魄视精气盛衰,元神同此生来去。

魂之与魄,互为室宅。

而魂之与魄,又非各自独居,乃互为室宅,交相藏注者也。观乎内之日月,日中有乌,月中有兔(本体),彼此交光而不已(大用);观身内之魂魄,心有阴精,肾有阳气(本体),彼此互输而交济(大用)。此即坎离中交互宅之义,固未尝离散而孤行也。

日乌月兔,非真有形也。因卯酉之阴阳互交,而以卯酉所像物为言耳。魂魄互宅,人所以生,离则魂升魄降,阴阳之气机已竭,而万体瓦裂矣。互宅如眸子之清明,乃魄之灵也;其运而视,则魂之灵也。未尝不相依于一处,故曰互宅。凡静而含灵者魄,动而运灵者魂。

性主处内,立置鄞鄂;

是时所本一无太极为性,浑然于上部日魂之中,空洞虚无,静处于内(上部为内),以立置心之鄞鄂焉。

鄞，音银。鄞鄂，犹言根柢二字，较城郭字样轻清，故用以言无形之性。鄞、垠同音，垠为界限；鄂、萼同音，萼为花蒂。又《诗·常棣》：鄂不韡韡。古注以鄂为蕊，朱注：鄂然，外见之貌。大抵二字，不过仿佛其界限、根柢而为言耳。心为离，离以乾阳之体，中有坤阴，得阴阳会合之全精而神在焉。所谓阳神日魂，而参以互宅之阴者。此际之神明，实贮虚无之性，故曰性主处内。

情主营外，筑垣城郭。

所因托初之气机，缘其动而为命，而动即天地之情，故但言情以见命也。是时机发于下部月魄之间，升降往来，营运于外（下部为外），而成此躯体。如筑垣于基址之上，大建城郭以护持内府也。

天地如何命令？恃气机之动耳。气机之动，非天地之情而何？故情即命也。喜怒哀乐，发于事物，此人之情；元亨利贞，动乎气机，此天之情。情动于气，无息不交，即是命之健运而生物者，故性虚而命实。《中庸》天命之命，指其随气带来之理，谓所命之理也，靠理一边说；此处延命之命，指其气机之动，谓所命之气，只靠气一边说。故《中庸》说向性道，而此则接言魂魄。城郭，犹言框档。谓有形之躯体，肾为坎，坎以坤阴之体，中有乾阳，得阴阳会合之全气而神在焉。所谓阴神月魄，而参以互宅之阳者，此际之灵妙，实开气机之命，故曰情主营外。

城郭完全，人物乃安。

迨躯体之为城郭者，巩固完全，而身内之人物（精、气、神、官骸、脏腑）有不奠定绥安者乎？

缴归秉躯二字，按人所秉躯，体本一无，言夫性也；元精云布，因气托初，言夫命也。以下六语，申言命之精气；而阴阳为度，魂魄所居，言其合；阳神日魂，阴神月魄，言其分；魂之与魄，互为室宅，又言其合。至性主处内，立置鄞鄂，承顶前之言性者；情主营外，筑垣城郭者，承顶前之言命者。亦属分言。而城郭完全，人物乃安，则又合言也。此为节中之次段，大概言性命成躯事。一无句，先言性始，天之太极也；托初句，此言命始，天之气机也；紧接阴阳下六句，总从命处言。其分合而成者，为气之所就，而尚未涉乎形质。至性主处内，顶一无句说来；情主营外，顶托初句说来；其鄞鄂城郭，乃渐及于形质；而人物者，通顶一身之有无者而言也。

爰斯之时，情合乾坤。

此复申言之。爰，于也；斯，指气之托初也；情，天地之情。气机初动，而发于自然者是也。合，贪恋配也；乾坤，天地也，父母也，吾身之上下部也。言乾坤而无不该也。谓于此托初之时，气机初动，是乃乾阳坤阴，彼此情投，两相恋合时也。

情合乾坤，谓乾坤情合，句法倒装。

乾动而直，气布精流；

既合动于坤中，径行直遂，必至气以旋动而宣布，精以动极而发泄。动自属乾阳之事也。乾阳之动，未有不直者。观精气二字，均属于乾，可知阴阳互藏之理。而下文坤内不言精气，非无精气也，盖坤之精气止为乾之所用，故不复言，其实坤之静翕舍庐处，皆其精气所为也。

坤静而翕，为道舍庐。

坤与乾合，情非不动，而动中自静。盖坎陷有待，其情专确，止于翕受乾阳之精气，而自处于静。迨既已翕受，则坤之精气与乾之精气，混合为一，而此时阳神之魂、阴神之魄，倏焉已兆其胚胎，而由是渐于坤，岂非为道舍庐乎？

道者，以一己乾坤言之为丹道，以彼此乾坤言之为生道。丹道用逆，升降于一身；生道用顺，流行于坤土。其理一也。舍庐者，安插生活之所，犹之传舍寄庐也。

刚施而退，柔化而滋。

乾刚施行其精气于坤，而刚事已了。盖未施而刚在精气，既施而刚亦隐于无有，尚何所事？若坤柔则含化滋育，渐分渐著，奉乾之精气而柔方有事。

九还七返，八归六居。

九乃地四金之成数，于人为魄；七乃地二火之成数，于人为神；八乃天三木之成数，于人为魂；六乃天一水之成数，于人为精。言当刚施柔化时，阴阳会合，精气相遇，便有是四者之气与数，会聚浑合于坤土之中，而见其还返归居，盖自无而方兆于下部之水中也。

九曰还，七曰返，八曰归，惟六以居字言之。居有安居定在之义。盖上文刚施柔化者，固水也。有水为主，而还、返、归、居悉因之矣。阳施阴化之始，精气先来，此四字即寓于中，而求其实而有者，莫精若也，故于坤土中命之曰居。水生于天一，为五行之始，五行之运，未有不基于水者，故水为三者从出之原，即为三者凭依之地。《易》曰男女媾精，不曰男女媾气，即《契》亦必由元精云布，方溯其因气托初。可知形成于阴，六其主本也。六者，地中之数，本属坤土，而天一之水即成于六，此其水土附丽。倘或枯涸短少，不足以生，即或浸淫流行，漫无定在，亦不足以生，故必得安居坤土以为主本。而九即于此中而还，七即于此中而返，八即于此中而归，皆不能离此六水之居也。迨其既化而滋，别成天地，则又自成其为还、返、归、居，而无不如是。人自胚胎初造，历少壮而老，其间才力强弱，色泽荣枯，恒视水火精气以为盛衰。然气乃倏忽飘荡之物，精乃凝淳静植之物，其始非气之浓厚，无以为精，而其来非精之团结，气亦飘忽难留。是以托初之气尚虚，云布之精乃实。九之还，还于何处？七之返，返于何处？八之归，归于何处？必得是居者，而后有一中焉以为之所矣。既有一中焉以为之所，而居者亦不外是。盖六之为六，即水即土，土非中宫乎？乃水之所自有也。是故，四者舒则流行于六合，而敛则混合于土中，中之义大矣哉！六为五，而一八为五，而三十为五而五土，遇阳而变阴者也；七为五，而二九为五而四土，遇阴而变阳者也。天即以前五位生数，回环再叠，遂成后五位成数。

男白女赤，金火相拘。

于是乎，男以四者寄于精之白，白固金之色也，而阳水之中含金矣；女以四者兆于血之赤，赤固火之色也，而阴水之中含火矣。惟此水中之白金、赤火，两相拘抱，以为作合之端，则金火固甚重也。此所以丹家惟贵九还七返，以火炼金，返本还原，而谓之金丹也。

此之金火，俱从水处说。金火相拘者，火性销金，惟火能拘束锻炼，而成就此金也。

则水定火，五行之初。

此言施化之节度,明其恰好时也。谓当取则于水之分数,以定用火之规矩,而与之相配,则在五行生气之初,不用生质以后,其殆玄关方始时乎?

水火者,精与气也。精水之生,自有天然定则(如推月魄生明时可悟),所谓铢两时候,即两日半三十时也。则之而定,夺其火数以相配,则用五行生气初也。水火为五行之首,此又用水火之首,故曰初。水火二而言五行者,五行中物也。上言金火者,从水中之色分别,白便为金,赤便为火;此言水火者,却从交媾施化时,分指其精与气。此与《笺注》以金为隄防节,似属同意。其所用金水,与此水火字面不同,而意则同。盖五行字面,原系彼所借端,但可以明其意,正不必拘执字面也。

上善若水,清而无瑕。

当夫水火交而施化始,其一点圆明便为上善,此时精气之情形,直如一泓清水,纯粹浑合,略无纤瑕,是即道也。

道之形象,真一难图。

道何形象?于无形象中欲窥其形象,但见其凝渟孕育,欲变未变,至真无伪,至一不二,难可描摹图度。

天地父母,乃彼此乾坤,以生人生物为道;吾身上下,此一己乾坤,以为结丹为道。其理同也。上曰为道舍庐,此曰道之形象,即其所生而以道名,故曰道。

变而分布,各自独居。

需时变化,渐分渐布,于是阴阳始分,由一而两,五行旋布,自两而五,而见其各自独居。

二句总冒,下文言之。

类如鸡子,白黑相符。

此由一而两也。天包乎地,阴在阳中,为分布之始,尚属混沌,类若鸡卵然。但见其阳白阴黑,平分各半,两相符合。

纵广一寸,以为始初。

若求其形象之纵长广阔,不过积分而寸,以为躯体之始初。

一寸,乃十分之积小而全也。亦从鸡子想像。始初字,又与先字照会。

四肢五脏,筋骨乃俱。

此变化分布,自两而五也。则外之四肢,内之五脏,与夫木气联络之筋、金气支撑之骨、土气团圞之肉,色色咸备。盖自其真一难图之始,冲漠无朕,万象森然已具,而由是变化分布,渐见形色,无一不具。

弥历十月,脱出其胞(孚)。

积至三百日,三千六百时,四百零五万息(亦大概按十月言之,不必定足是数。),受气已足,尔乃脱出胞胎,自为呼吸于外。

骨弱可卷,肉滑若饴。

此时金气之骨未坚,带木气之柔弱可卷也;土气之肉甚嫩,带水气之滑泽而如饴也。其暖热光明,则火气也。阴阳会合,五行具足,其始固自虚无真一中来,所谓先之当虑者如此。

情合乾坤以下,为节中第三段,申言精气托初之故,以明吾身性命所由来。而养之延之,功必仿乎此而后不差也。因虑先之说,遂将生人之妙合变化处,剖晰言之。盖惟明此而后体之玄关,得其准则。然而真一难图处,正非粗心人、躁动人、多欲人所能领略。

右第一节。

坎男为月,离女为日。

坎本坤体,得乾之中阳属男,而太分为太阴之月,盖从中而观男也。从外而观,则所宅之阳,为两阴包裹,早已中陷,因为太阴月也(假无是互宅之阳,则仍为坤土,而亦无是月矣。即此可知,交后则阴中有阳,特其阳藏阴露耳。)。月有中阳,既不甘藏,而在外二阴之体又复求雄配,故能翕受阳光,而于人则下部肾之理也。肾固人之坎男,人之月也,所宜受元神之倾注也。离本乾体,得坤之中阴属女,而太分为太阳之日,盖从中而观女也。从外而观,则所宅之阴,成就两阳,从中衬垫,因为太阳日也(假无是互宅之阴,则仍为乾金,而亦无是日矣。即此可知,交后则为阳中有阴,特其阴藏阳露耳。)日中有阴,既安于静,而在外二阳之体又复求其雌配,故能出入阴魄,而于人则上部心之理也。心固人之离女,人之日也,所宜倾注于玄关也。

此承前日魂月魄，互为室宅意，发明日月不相离，心肾宜相守。而丹道无非为功于月，以全此日；即无非为功于下部肾内之元气，以全此上部心内之元神也。

日以施德，月以舒光。

日之中阴本自坤来，自与太阴月为类，而其太分为太阳也。又求其雌配，则自然与月相守不离，故常施布火德，交光于月，而人之元神自宜倾注下部矣。月之中阳本自乾来，自与太阳日为类，而其太分为太阴也。又求其雄配，则自然与日附丽承顺，故常常以其水体借光于日，然后奉行舒布，以助照临，而人之玄关气穴自宜凝神以入矣。

月受日化，体不亏伤。

惟太阴月常受日光变化，进退消长，弦望晦朔，无晷刻之停，故周环复始。光有盈虚，而月体则不至亏伤，永为日配。

是渠看得下部气命处，易散难留，倘一停机，便为死物，全赖上部元神，时为关注，使之神气相并，方得长存。如日之交光，月方不泯，假若日不施德，月便无光可舒，万古只成死魄，而天上无复有照临之月，人间亦不复见望舒之月。即日亦不能孤立独运一切，昼夜寒暑，皆无所准，而乾坤毁矣。此理宁有歧哉？今人亦有长龄永算，活至八、九十、百年以外者，是他本来魂魄强盛，天然暗里交光，所以如此。到得天数已尽，如其数而划然分散，便是无功以继之也。是书所言，只是参得是理，而以人功隐培天命，不受牢笼。然究竟功之浅深，积之厚薄，亦仅能踵事增华，缘饰边幅，如其功力之所至而已。如孔门学圣人，品地各殊，其真积力久者，颜、曾、闵、冉而外，不可多觏。所谓任重道远，死而后已之事，亦止期不愧不怍已耳。孔门是达则兼善事，其道大；此是穷则独善事，其意微。易地皆然，理无不贯。

阳失其契，阴侵其明（茫）。晦朔薄蚀，掩冒相倾。阳消其形，阴凌灾生（商）。

阳乃太阳日也，心部神魂之喻；失其契者，日不施德，心不注神下部也。阴乃太阴月也，肾部精魂之喻；侵其明者，月不蒙日之管束照耀，必至横溢滥行，侵损日部光明。而于晦朔会遇之时，肆其薄蚀，敢为掩冒，以相倾覆。于是太阳消耗其形,而太阴凌厉,方使万物尽蒙愆伏之祲,而灾生矣。此反言之,以见日宜施德,心宜注神于下部,而后身内之万物得所也。

此晦朔二字,于人何指？盖指肾中相火一动,而心中君火应之之时,此亦日月相遇,而为晦朔时也。其为薄蚀掩冒,阳消阴凌可知,从薄蚀处见得如此,便与上篇六节、十二节内所言晦朔不同,彼以喻收藏敛缩,致虚守静之时,而此则喻其失契侵明之会遇也。

男女相须,含吐以滋。雌雄错杂,以类相求（祈）。

此又从坎月离日处,指点里一层之男女,所谓坎男离女也。盖下部坎中之男（元阳肾气）,与离中之女（元神心液）,原属相须之物。以坎之太阴而中含戊土之阳（中故属土,阳故属戊。）,以离之太阳而中含己土之阴（中故属土,阴故属己。）,坎离正藉此二土以相滋化。则上部与下部,岂能是意土以相引翼乎（是又特重意土一边,以见无在而非意之所为也。）？夫太阴为雌,太阳为雄,此雌雄大局也。若指其中位男女,又其包裹中颠倒之小雌雄也。雌中有雄,雄中有雌,其为错杂如此。然各以阴阳男女对待之类,彼此相求。如太阳施德,而太阴舒光,此大雌雄之以类相求也（上部之雄,俯求下部之雌,以心而注肾也。）；男升女降,以相滋化,又小雌雄之以类相求也（下部在中之雄,却求上部在中之雌,以肾而济心也。）。是之谓日月交光、阴阳会遇,而惟恃意土以相往来也。

陈显微云：天地所以能长久者,以日月往来,阴阳交会,相资以发光辉。一才失度,便有薄蚀之患。人之坎离,犹天地之日月也,当以类盗天地之机。

金化为水,水性周章；火化为土,水不得行（杭）。

金指元神之倾注而下者,火指下部之元气（所谓元阳是也）,水指元精,土指中意。夫既以类求,则其为大雌雄者,有若元神之金,下注于北方（下部水地）,是时金聚水而生,而水之性极易周章,言精盛则易泄也；抑其为小雌雄者,有若元阳之火,上升天谷,而归于中宫土釜（自颠顶下归中宫）,是时火聚生土,而土能制水,水不得横溢而行,言既逆上归中,则不复顺而下泄也。

元神何以谓之金? 金乃刚明不坏之物,惟元神似之。元神刚无不达,明无不照,历劫不坏,故曰金。又其下注便生肾水,如金之能生水也。故凡日之光,人之元神,均谓之金。此与五脏配五行之说又别。金即日所施之德,施德下部,便生肾水为金,故阳水含金而精色白,所谓男白也;火即月舒之光,舒光上部,便生心液为血,故阴水含火而血色赤,所谓女赤也。上节男白女赤之男女,似指太阳太阴,只作阴阳二字看亦得;此节男女相须之男女,则指坎男离女也。要之,颠之、倒之,其理皆彻,所谓雌雄错杂也。周章者,周流章著,充盈动荡,不肯安静之意。惟其周章,所以易行,若得制之而不得行,则反得周章之用。

男动外施,女静内藏。溢度过节,为女所拘。魄以钤魂。不得淫奢(舒)。不寒不暑,进退合时。各得其和,俱吐证符。

男主动,动①则外施其精气于女;女主静,静则内藏男之精气。然在男之施也,有当循之度,宜视之节。如其溢而过之,失其度,迷其节,进退不合其时,斯无所拘束而无以收动施之功矣,必也为女之节度所拘。而女主西金之魄,男主东木之魂,便是魄以钤制其魂,而魂方不得淫而溢、奢而过也。于斯时也,不寒不暑,平分各半,有若月之弦、岁之分。其运行之进退,适合乎时,而阴阳各得其和,尔乃随时变现,俱吐证符矣。

金化为水以下,陈显微曰:此言金木为夫妻,水火为配偶之妙。金生水,水性湿,苟无土以制之,则未免过溢之患;木生火,火生土,土生而后水不得行,拘收藏蓄,而与火为配偶。是则金木相克得为夫妇者,假火力也。水火相克而为配偶者,假土之力也。然后进退合时,各得其和,而随时变现,俱吐证符矣。

右第二节。

关关雎鸠,在河之洲。窈窕淑女,君子好逑。雄不独处,雌不孤居。玄武龟蛇,蟠糺相扶。

---

① 动,丛书本作"物",误。

物之雌雄相应，人之男女相匹，于《诗》见阴阳不离。是以北阴之地，二象蟠虬（北阴于人为下部）。

意主此蟠虬句，后文飞龟舞蛇，与此照应。北方乃阴阳二气潜伏处，故左止青龙，右止白虎，前止朱雀，俱象以一物，而北独象之以二。二固至阴之象，而于二之中，则龟敛蛇舒，龟阴而蛇又阳也。蛇者，龙之似，阳之微，而不脱于阴也；蟠虬，则彼此交结于无何有之乡，意主下部。

以明牝牡，竟当相胥。

阴阳二气（上部心之元神，下部肾之元阳。），允宜配合。

钟离云房云：莫谓此身云是道，独修一物是孤阴。一物谓此身，意重元阳。

假使二女共室，颜色甚姝，

反言见意。二女者，阴与阴也；共室者，以阴配阴也；颜色，指阴之精华。

云房云：涕涶精津气血液，七般灵物总皆阴。又云：四大一身皆属阴，不知何物是阳精？按：阳精二字，谓阳之精华，非精血之精。赵中一云：一身内外总皆阴，莫把阳精里面寻。盖后天所有皆阴，惟先天阳气乃阳也。必至后天虚静之极，先天之元阳乃现于肾中，方可迎而作配。功未致时，不在里面，既致亦不在外面。牝牡相胥，二女共室等论，喻也，世遂以喻为真，断非本意。

苏秦通言，张仪合媒，发辩利舌，奋舒美辞，推心调谐，合为夫妻，弊发腐齿，终不相知。

虽使极善关通媒合之人，操殊能，施异巧，尽诚款，强令二女配合，而适见旷日逾时，即至于秃毁就尽，而终属仳离，一似绝不相知者，《易》所谓二女同居，其志不相得者，理固然也。

阴与阴不配，断难生育成家，急当媒合其元阳，使之夫妻相配，共成生育之功，乃其可恃者耳。单言二女之不配，而不言二阳，正以在我者皆阴，故特举阴言也。

若药物非种，名类不同（堂）。分两参差，失其纪纲。

元阳足以延命却期，故名药物。惟下部之元阳本吾乾家物，故为真种子，真同类。二女偏阴，则非种而殊类矣。此见元阳为重。分两者，时候也。称停其时候，而以分两言之也（如以八日上弦为八两，便是一日为一两矣）。木火之七八十五，金水之九六十五，其中折半为上下弦，又五日为月六节，两日半为月十二节，乃分两之纪纲也。或忘或助，进退失时，则参差而失之矣。此见和平为重。

求原种即虑先意，类字乃上节以类相求意，非类不同类，即上二女偏阴之喻。凡一气相传而贯注者为真种，依希仿佛，则非种矣；两情匹配而相和者为气类，偏胜党同，则非正类矣。参差，长短不齐之貌。

虽使黄帝临炉，太乙执火，八公捣炼，淮南调合（禾，上声），

以此等极善修炼之人，求其济事。

黄帝轩辕氏，访道崆峒，古有太乙真人，汉则淮南王刘安，八公其门客也。崆峒山在陕西平凉府府城西，上有问道宫，黄帝问道于广成子；八公山在江南凤阳府寿州，淝水之北，淮水之南，汉淮南王安与其宾客八公，俱登此山学仙。

立宇崇坛，玉为阶陛，麟脯凤腊，把席长跪，

而又极崇奉之地，隆祭祀之礼。

须知身内自有洁净坛场，珍奇崇奉，非外之谓也。达摩谓人天小果，并无功德，亦是此意。

祷祝神祇，请哀诸鬼，沐浴斋戒，冀有所望（亡）。

于是求之杳冥，发于至诚，以求济事。

须知身内自有神祇，肃内神以合外神则可，仅求之外则非。

亦犹和胶补釜，以硇涂疮，去冷加冰，除热用汤。

犹之补救非物，何济于事；涂治乖方，适又害之；去累复加，只令益甚；除偏误用，反助其虐。

硇，音铙，药名，《本草》：北庭产者曰北庭砂。《图经》曰气砂。以其能透五金，名透骨将军。今分气砂、番砂二种。气砂出云南，得番砂亦可。死汞白者为良。性毒，人食之即化。李时珍曰：硇砂亦消石之类，大热有毒，主治积聚，破结血。

飞龟舞蛇，愈见乖张。

究竟北方玄武龟蛇,适见其分飞散舞,终于独处孤居,愈见乖张。

通节承上以类相求意,反覆明之。陈显微云:此言一阴一阳之谓道,偏阴偏阳之谓疾。得配交通,自结圣胎。苟不得其配,徒劳无益,愈见乖张。按:一阴一阳谓道句,重一阳二字。盖身即一阴,所急者阳也,偏阴阳句,正辟偏阴二字。

右第三节。

上德无为,不以察求(祈);

通节承上北方玄武龟蛇之说,备言其上下运行,专一持守,无非致功于北地也(北即下部)。上,升上也;上德者,升上之德。谓下部玄关之中,元阳既生,便从后三关以渐而升,是为上德也。夫坤道上行,坤体本静,静则无为,听其自然,非人力能与,故曰不以察求。

下德为之,其用不休(虚)。

下,降下也;下德者,降下之德。谓上部元神,注于玄关,是为下德也。夫乾道下济,乾体常动,动则有为,自强不息,正人力得与,而无时可已者,故曰其用不休。

上闭则称有,下闭则称无。

元阳升上而闭固之,乃坤道上行,闭之得有形之水,故称有,有者,精水有形也;元神下注而闭固之,乃乾道下济,闭之得无形之火,故称无,无者,气火无形也。

闭字紧要,闭而不泄,所以保水火而成互济也。升上者,火也,升上而闭固其五官,使之不消耗,则火还为水,而仍润下以足其精,如天泽下降,甑水回笼,实见其有也;神注者,水也,下注而闭固其精道,使之不泄漏,则水积成气,而仍奉上以壮其神,如川泽升气,鼎釜蒸腾,适见其氤氲也。

无者以奉上,上有神德居。

下注而得无形之气火,此下而无者,不泄于下,仍以奉上。盖惟乾道下济,可以索坤而上行也(从后三关以渐而升)。上行而得有形之精水,此上而有者。水含真一之宝,而元神之德居之,则三元浑合矣。

降下而无之气火,不过曰奉上而已。至升上而有之精水,则曰真一之神德居之。可见降下升上，只归重于神也。

此两孔穴法，金气亦相胥。

孔穴指玄关，玄关非有形之孔穴，假以名其空洞虚无处也（虚而能生，动而愈出，至虚至灵，机缄关捩之所在。）。两法者，承上言之，乃升上下降，称有称无，为水为火之两法。金谓乾金，气谓坤气。盖惟乾下济便生坤气，坤上行便生乾金，其要在乾坤互济，上下交泰，则金多气自生，气多金自盛，两两相须，成兹妙用。

其实金即气，气即金，止一元阳之气而已。以其升上而合于乾者为乾金，降下而成于坤者为坤气。次句用亦字，从上神德句来，言不但神德居之，即乾金与坤气亦相须于升降两法。盖升降两法者，乃里一圈坎离事；乾金坤气，乃外一圈乾坤事。从里一圈说至外一圈，故加亦字。于坎离处以水火言之，于乾坤处以金气言之，究竟坎离在乾坤内，亦只一气相通。善彼即善此，为一事而已。乾金配白，故下文接白字，而即以金之精华释其所谓白者；坤气暗黑，故下文接黑字，而即以北方之水始基释其所谓黑者。其承接自有条理。此两孔穴法句，两字须读断，谓此孔穴中之两法，非谓两个孔穴也。白玉连环两个圈，只亦状其升降耳。若使有两，则非真一矣。○陈显微曰：天道下济而光明，地道上行而卑暗。坤之上行而其体本静，静则无为而不可以察求；乾道下济，其体常动，动则有为而自强不息。上闭称有者，坤道上行，闭之则有水，而水有形；下闭称无者，乾道下济，闭之则有火，而火无迹。无者以奉上者，乾可以索坤而上行也；上有神德居者，坤则含真一之宝也。乾下济则能生坤之气，坤上行则能生乾之金，其要在乾坤二窍互相为用。上下交泰，则金多而气自生，气多而金自盛，是则金之与气，两实相须。此乾坤二妙用也。

知白守黑，神明自来（离）。

白阳黑阴。白谓肾中所生元阳，升而便为乾金，乃光明洞达，皎然虚白之物；黑谓北方之肾水，降而便为坤气，乃幽暗沉沦，黝然昏暗之物。守黑者，神注玄关；知白者，知其阳生而急采。如是则神得助而盛明，不求来而自来。

白字接上金字来,乾金配白也;黑字接上气字来,坤气昏暗也。神明句,与前上有神德居照会。盖惟上而有者,有真一之神德居之,故此知守之余,真一之神明自来。

白者金精,黑者水基。

此元阳之白者,实由乾家神注于下而得(乾属金,金配白。),故白为金精(金精即元阳)。若夫黑配水位,则黑者乃北方肾水,为五行之始基,而基此元阳者(北水与坤气,总一下部玄关地头,故至此黑者不说坤气而曰水基,所以起下文水者道枢句。)。

水者道枢,其数名一(依)。

惟其基此元阳,故为丹道之枢纽。盖水之生数居一,实乃五行之最,而真一之端倪也。真一者,道此水之一者,讵非道枢(下句应上句)?

阴阳之始,玄含黄芽。

五行各具生成之阴阳,而一六乃阴阳生成之始也。水之生数居一,为阳生之始;成数居六,为阴成之始。故曰阴阳之始。当其始时,一六在北,本是玄黑之乡,而六则以一而含土五,故外常玄黑,而其中实含黄芽妙用焉。黄芽即元阳,以其在中命曰黄,以其发生命曰芽。此又从一六在北推之,而见元阳之必生于北水,正如铅外黑而内怀金华,丹家所以有银铅之喻。

同一元阳,而此名黄芽,因其在中而始生也,紧跟始字来。

五金之主,北方河车。

玄水之含黄芽也,斯成金矣(金字,照会上文金气之金,即元阳。)。此金之所主者,全在北方河水之中,搬运其宝(所生元阳),载而上升,若车轮之运也(谓自后三关以渐而上升,复自前三关运归土釜。)。

同一元阳,而此名金,因其已成而将上升于乾也。北方河车句,紧跟主字来。主,言其所重也。或将五字读断,谓此六中所含土五,正生金之主,其在北方水部,惟贵搬运而上,则五字承上黄芽为著落,此一说也;或即指下文铅字,谓金有五色,惟铅为主,亦一说也。要之,本非征实之言,读者得其大意而已。

故铅外黑,内怀金华。被褐怀玉,外为狂夫。

故拟之以铅,铅质外黑(借喻北水),内藏白银(借喻元阳),犹外被褐黑之褐,而内怀纯白之玉,自外视之,不过一黯淡之狂夫而已,不见有圣德也(上以物理喻,此以人事喻。)。

铅乃藏白银之物,肾乃藏元阳之物,均之外黑内白,外阴内阳,外褐内宝,故丹家以铅设喻。陈显微曰:白者,银也(元阳);黑者,水也(北水)。知白守黑,谓炼银于铅也(求元阳于北水)。如是则神明自生(元阳自旺)。银为金之精,铅为水之基。五行中惟独水数一,含道之枢,而为阴阳之始也。虽非真一之一(太极),而得真一之用,故真一之道,先取金子(北水)为黄芽(元阳)之根。欲合万殊(精、神、魂、魄、意)而为一,必先于万殊之中,求其一者而为基。此金丹之法,有取于用铅(北水),故谓水为道枢也。论至于此,始明水得真一之用,而未是真一之一也。水之生数一,成数六。以成数六言之,则水一含土五也,故铅外黑,内含金华,而有玄含黄芽之妙用焉。水者,五行之始;铅者,五金之主。水本居北,搬运而南,使水自下升,载宝而上,如河车之运,故曰河车。以黄杂黑,故曰被褐,谓铅质本贱;而白银在内,故曰怀玉,谓至宝冥①藏也。大抵造化之理,莫不以贱护贵,以晦养明,以卑保尊,以狂养圣,虽外视狂夫,而内怀至宝。可见机缄不露,良贾深藏,岂可与急急于人知者同日语哉? 魏君旨本在铅,而义亦两及。按:末段旁通其意,说理自透。

金为水母,母隐子胎(怡);水者金子,子藏母胞(孚)。

明金水同原。盖肾中元阳之气,所以生肾水者,故为水之母,而水其子也。此乃元阳即隐于子处而为胎,而子处即藏其母之胞。犹银之为金,生铅之为水,而银即在铅中,两不相离,常在一处,以示求元阳者,必求之下部肾中而可得。

真人至妙,若有若无。仿佛太渊,乍沉乍浮。

真人者,元神浑合,元阳、元精之称,人以此为真也,元阳处肾水中,

---

① 冥,陈显微《周易参同契解》作"宜"字。

金胎处铅水中，即是真人处渊水内。其为至妙不可测，或现而若有，仿佛太渊之乍浮；或隐而若无，仿佛太渊之乍沉。

退而分布，各守境隅。

陈显微曰：及乎用铅，既已水退渊澄，真人出现，则又各守境隅矣。《金碧经》曰：灰池炎灼，铅沉银浮。同旨。

采之类白，造之则朱。

采浮银至宝于西方，故曰白；结金丹圣胎于南室，故曰朱。

炼为表卫，白里真居。

炼元阳之白气，固结不泄，为在表之拱卫，而其白之里，则真人居之。

真者，浑合真一之称。其言表里真居者，亦浑合之意，非便分元阳元神，在表在里。

方圆径寸，混而相拘。

丹成显象，如混沌鸡子，此显示先天之法象。

先天地生，巍巍尊高。

既生于天地之先，其尊无对，不可思议。

旁有垣阙，状似蓬壶。

陈显微曰：法象既圆，世界成立，于是金轮在外，如墙阙之周遮，世界居中，同配蓬壶之美丽。

王子年《拾遗记》：海中三山，一方壶，则方丈也；二蓬壶，即蓬莱也；三瀛壶，即瀛州也。形如壶，三山皆上广、中狭、下方，犹华山之削成也。谓之三壶。按此亦方士之诡说也。言蓬壶则必有真人仙者在内，而垣阙蓬壶之在身内者，皆因真人仙者而取喻也。

环币关闭，四通踟蹰。守御密固，阏绝奸邪（徐）。**曲阁相通，以戒不虞。**

惟其旁有垣阙之周遮，则环币关闭而守御密固；阏绝奸邪，言其固守精气于一身之内，而不使六贼蠢动也；惟其状似蓬壶之美丽，则四通踟蹰而曲阁相通；以戒不虞，言其游戏神通于一身之内，而又防其意外疏泄之患害也。

其文法隔位顶承，两两相关，皆以喻言，见其错综古奥。四通踟蹰、曲阁相通，不过言其前后三关，运行通透，与夫脉络之周流无滞耳。踟蹰犹踯躅，行不进貌。谓按部而行，不疾不徐也。六贼者，眼、耳、鼻、舌、身、意之欲，其贪恋于声、色、臭、味、触、法，皆足以贼害吾身，谓非奸邪而何？

可以无思，难以愁劳（间）。

以，用也。斯时虚无寂静，对境忘心，保护太和，无思无念，是可用也。若夫役心而愁，役身而劳，断难用也。

神气满室，莫之能留。守之者昌，失之者亡。动静休息，常与人俱。

向之神德居、神明来者，至是而见为神气充身矣。充则易泄，至难保护，故曰莫之能留。是在虚无，守之则克昌；如其疏虞，失之则倾丧而亡（两字指精气）。然则吾之动静休息，可不常与人俱而相守乎（人谓真人，即指神气。上面真居真字，与此人字，是拆真人二字，分用见意。）？

神德居、神明来、神气满，屡提神字，便知意所归重，而不为旁喻所惑。知其居而求之，则悠然来矣；于其来者而积之，则物乎满矣。前后自有次第，守字开出下节，下节工夫，正明一守字。

右第四节。

内以养己，安静虚无。原本隐明，内照形躯。

循理则安，无欲故静，释累忘情，则虚且无矣。顾非无所用其心也，时惟进原本始，一如其空洞无物，因以隐藏光明，屏黜聪慧，敛外归中，而有事于回光返照，以管摄其形躯焉。此内养之要也。

毋劳尔形，毋摇尔精，毋俾尔思虑营营，所谓安静虚无也。原本即虑先意，隐明如下文四句是。虚无则心体净，一真自如，万缘不扰；隐明则外用敛，退藏于密，恒性存存；内照则形得助，风雨春深，家园景丽。三者固相为用也。形躯常蒙内照，便如臣下得君，明良喜起，自有一种欢欣鼓舞之情，发荣滋长之意。今夫书文字画，百为技艺，必得心到而后精美，岂非缘心神之类照乎？若身内官骸脏腑，时时运吾神以照之，则气必从之而聚，而自得其华赡矣。此即交光之理，凡诸阴魄，得义晖而自朗耀也。

闭塞其兑，筑固灵株。三光陆沉，温养子珠。

此言隐明事。兑，口也。上窍之易耗其气者，闭塞则吉人辞寡，而气不耗。株，身也。下体之易泄其精者，筑固则坚实完好，而精不泄。三光，在外之耳、目、口，在内之精、气、神；陆沉者，无水而沉溺也。沉之，则身内之日月，与万象俱冥而光辉不露。子珠者，神也。神为气子，而圆明如珠也。温养则婴儿（元阳）与玄珠（元神）增长，而全体无亏。此皆安静无为、积精累气事也。

《庄子·则阳篇》：方且与世违，而心不屑与之俱，是陆沉者也。注：人中隐者，譬无水而沉溺也。陆乃陆地。

视之不见，近而易求（祈）。勤而行之，夙夜不休。

此就内照言，而勤行则统论也。内之神、气、精与夫脏腑、经络之类，皆非目所能及，然而近在我身，按图考镜，暗中摸索，良亦易求，所宜时照，俾得神助。庶几华荣条达，润泽光辉。凡此皆须早夜勤行，修持不息。

伏食三载，轻举远游。跨火不焦，入水不濡。

如是伏藏而寝食其中，至于三载之久，则气裕精全而神旺。此时元神发现于入定出神之际，可以轻举，可以远游，虽跨火而不能焦，虽入水而水不能濡。盖无形之神气，非有形之水火所能害。

能存能亡，长乐无忧。道成德就，潜伏俟时。

灵通变化，或隐或现，或聚或散，皆神气所为。惟其所欲，逍遥自在，丹道成，玄德就矣。仍须潜藏伏匿，不彰不露，以俟天命之时。

俟时二字，可见身有终时。命不可逃，即身俟命意。不似末流，呆作怪诞语，痴梦想也。

太乙乃召，移居中洲。功满上升，膺箓受图。

太乙北辰，指上帝言也；中洲，中垣紫微，天帝所居也；召者，数尽神游，有若召然。盖俟时而时至之时也。召而移居，不过神归于天，《诗》言：文王在上，于昭于天，文王陟降，在帝左右而已。圣贤功隆德茂，神气上升，不落恶道，理固然也。其言膺箓受图，不过重黎、羲和、常仪、实沈、台骀,与夫句芒、祝融、蓐收、玄冥之属,各主日月星辰,四时五行,而帝王之牲币祝号因之,若膺若受已耳。河、洛而外,所称图箓,不其妄欤。

通节言宝精裕气,对境忘心,常应常静,积德累功,皆炼己事。炼之云者,从生至熟,由勉而安,私欲净尽,天理流行,渣滓全无,精纯余裕,即圣贤戒惧慎独之功,而敛以尊生,未及宜民,此其时位不同,而事亦异也。

《乾凿度》云:太乙者,北辰之神名也。居其所曰太乙,常行于八卦日辰之间曰天乙。中洲,谓仙境,如言十洲、三岛、瀛洲之类。上有太乙北辰,则此宜指中垣也。俟时,俟其天命之时。至召而上升,移居受箓,皆言其脱壳后不落凡胎也。

右第五节。

《古文周易参同契注》卷三

东汉会稽魏伯阳著
三原袁仁林振千注
受业王德修参订
三原李锡龄孟熙校刊

下　篇

惟昔圣贤,怀玄抱真。伏炼九鼎,化迹隐沦。

内怀玄妙,抱受真一,据现在自有之鼎器(身之乾坤),伏藏而炼治之。于是韬光晦迹,知希我贵,隐逸沉沦,深藏不露。

九鼎者,阳鼎也。太阳居一而含九,九乃阳之数也。因禹铸九鼎,有此现成名目,故寓其纯阳之意,而谓之九鼎。亦是从初至终,自一而九,期于纯阳之谓。

含精养神,通德三元。津液腠理,筋骨致坚。

含蓄真汞之精以炼己,休养全体之神以合气。含则不泄,养则不伤,通贯三元之德(所得先天元精、元气、元神),以复浑沦之体。凡此皆伏藏事。伏藏之久,一身之精液腠理(肉理分际),与筋其骨,无不密致坚牢。

众邪辟除,正气长存。累积长久,变形而仙。

百骸之阴欲尽除,先天之阳气恒存,由是积累长久,变换群阴之形体,而为纯阳之仙侣,此古昔圣贤之得于己者然也。

忧悯后生,好道之伦。随傍风采,指画古文。

既得于己,复推及人,垂悯世学,好而罔获,遂乃依傍在己之风流文采,指点擘画,发为隆古之文。

著为图籍,开示后昆。露见枝条,隐藏本根。

夫其著书示后,大抵设譬取喻,露见其可见之枝条,使人依傍攀跻而入。至其难见之本根,则从而隐藏焉。非隐藏也,无形神妙之处,非可名言也。

托号诸石,覆谬众文。学者得之,韫椟终身。

所以寄托其精、气、神之名号于五金八石,此其露见枝条者;而隐伏错综于众文之中,此其隐藏本根者。学者奉图籍,明意旨,斯得之矣。于是宝藏自淑,韫椟以终其身。

覆,音伏,如覆鸡之覆;谬,疑作缪,互相纠缪。

子继父业,孙踵祖先(莘)。传世迷惑,竟无见闻。

至一再传,愈远愈失。

遂使宦者不仕,农夫失芸,商人弃货,志士家贫。

之乎其途,而淹蹇迷宝,若宦者之不仕也;身执其业,而无功致宝,若农夫之失耘也;徒托其名,而坐失所宝,若商人之弃货也;知所趋向,而至空乏无宝,志士之家贫也。此四语,总喻无所见闻,不得其宝。

亦见四民皆可为。苟无见闻,虽仕不仕,虽芸失芸,有货亦弃,有家亦贫。不仕四项亦一串。盖惟不事其事,坐失其功,必至弃货而家益贫。不仕失耘,罔致其功也;弃货家贫,鲜见其宝也。文字极善敷衍,见其意境宏阔。仕,朱本作遂。

吾甚伤之,定录此文。字约易思,事省不繁(焚)。

伤其无所见闻,采古人托号之意;扫除诸石之名,而以《周易》名之。

披列其条,核实可观(均)。分两有数,因而相循。

分披罗列其枝条,而其中之为核为实者,可得而观也。用乾爻之三十六,坤爻之二十四,与坎离运行处,有上半月木火之七八十五,下半月金水之九六十五,及三日月出庚之类,是谓有数也。数以斤两言,起于《易》中三百八十四爻,符合周天之数,遂以一斤三百八十四铢者通之,而谓之斤两。是则所宜因依而循习者(二十四铢为一两,积十六两为一斤,斤之铢三百八十四。)。

故为乱辞,孔窍其门。智者审思,用意参焉(吟)。

乱辞,谓此末终一篇;孔窍其门者,谓于所当出入之门户,而为之孔窍,以开其扃,使人由是启之而入,如下文所云也。世之智者,可不审思参考,默用其意乎?

用意二字,乃其指点。盖此事之运用,惟主意土。

右第一节。

河上姹女,灵而最神。得火则飞,不见埃尘。

河喻腹,在下部坎水之上,故曰河上;姹,美也;女者,离得坤之中阴而为中女也。惟其灵而最神,故曰姹女。姹女者,心之游魂,即离中阴、日中乌,下节之太阳流珠也。是物敛而上达,为圣为贤,功能生人,肆而纵欲,亡国亡家,祸能杀人,所谓操则存,舍则亡,出入无时,莫知其乡者。灵莫灵于此,神莫神于此。火,欲火、阴火也。当夫寂然不动,一灵内养,及其感而遂通,奔骤如神,况得火助。火性飚疾,则倏飞去。凡物之飞,形气用事,尚有拂动之尘埃可见。若是物,则声臭俱无,非关形气,何见尘埃?

鬼隐龙匿,莫知所存。将欲制之,黄芽为根。

一若无形之鬼,隐而难明;一若变化之龙,匿而无迹。竟莫知收回存主之处,故必制防,则得所存主矣。而制之之道,其惟黄芽为根乎。黄芽者,肾中先天元阳之气,至静而始生者,所谓铅中银也(在中曰黄,始生曰芽。)。阴得阳配,自不奔逸(姹女之阴得黄芽之阳,便是心之游魂,浑合元阳而得养也)。气本神之根,故曰为根。

　　此处与儒大同小异。儒只在腔子里做功夫,致知格物,惩忿窒欲,求全心量,不挠于拘蔽,于以心存理得而气自养;伊则于此中别开径路,窥得神生于气,一意凝神入气穴,浑融神气,此时神养气,气养神,更无走作,而心自存,亦是使心先有所主,以为制之之法。在孟子之养气,功在集义,能集义则气不馁,而气自养,心自存。而此于集义正心之事,未尝不汲汲然,其大旨则在尊生也。身体发肤,受之父母,不敢毁伤,乌有生不宜尊乎?《乡党》一篇,饮食起居,无所不谨,亦尊生事也。今其致功于内,浑合于中,洵为至要。但不宜作贪生之想,或至背其义而涉于私耳。

　　物无阴阳,违天背元(冪)。**牝鸡自卵,其雏不全**(循)。

　　反言以明姹女之阴,必得黄芽之阳乃安(神须会气)。无阴阳者,阴不就阳也(神不配气)。如是则违拗造化之天,而显背生物之元,何以望其鸿造大生乎?牝鸡自卵,不雄而卵也;其雏不全,覆鸡不成也。物理如是,申言孤阴无阳,以见姹女之孤阴不交,黄芽之元阳断乎不全。

　　明言男女,暗指神气。详味下文观夫二字,与得其符节语,固是借男女以证明神气。

　　夫何故乎?配合未连(邻)。**三五不交,刚柔离分**。

　　为其孤阴无阳,未连三五刚柔之配合也。三五者,木三火二为魂,与神之一五属刚;金四水一为魄,于精之一五属柔;中央戊己土五,为意之一五。戊土刚,己土柔,是为三五之刚柔也。交则水火济,金木并,有意土以为之媒,斯合而全矣,是以能生;不交则水火暌,金木隔,戊己无所媒,斯分而散矣,是以不生。

　　交则合三五而为一,一斯圆而生气勃,如万物皆从一处来也;不交则无一,无一何有万?

　　施化之精,天地自然(壬)。**火动炎上,水流润下。非有师导,使其然也**。

　　刚施柔化之妙,乃天地氤氲交感,道出自然,而不外水火二物。试观地二生火,动而炎上;天一生水,流而润下。两相投合,百折不回,出于其性，初非有使之然者。

资始统正，不可复改。

盖自乾元资万物之始，既以统天，变化各正其性命，所以刚施柔化之理，出于天地自然，无可改移也。

观夫雌雄，交媾之时，刚柔相结，而不可解。

天地然而万物亦然。试观于物，彼在外可见之形，显有雌雄，在内不可见之性，则雄者刚而雌者柔。当夫两情交媾之时，专一不杂，固结难解，讵非交其三五（神魂一五，精魄一五，意土一五。），而出于至诚专密者乎？

得其符节，非有工巧，以制御之。

为此道者，于注下升上处，但得其至诚之符信，专一之节度，取以为则，而与之以至诚专密，以交媾其姹女黄芽（神气），便是将欲制之之法。初非别有工巧，以为制防驾御之道也。

此与贤贤易色意相似。制字，应欲制句。

男生而伏，女偃其躯。秉乎胞胎，受气元初。非徒生时，著而见之。及其死也，亦复效之。此非父母，教令其然（壬）。本在交媾，定置始先（莘）。

天地万物既然，而人之男女之生亦然。当其始生之际，男伏女偃，阳覆阴载，此禀受乎胞胎之中，而得之于受气之元初也。验之溺死者，亦复如其生时之伏偃，可见非关教令，而于交媾之始先，固已一定安置如此。

此十二句，指出男伏女偃，以见心肾宜交，得之自然。心在上部，太阳也，大局之男也，宜伏而下注于玄关；肾在下部，太阴也，大局之女也，宜仰而上交于灵府。

凡言男女处有三：一指吾身里一圈细分处之男女，一指吾身外一圈大局处之男女，一指在外形骸之男女。如以心之中阴为姹女，肾之中阳为婴儿，此里一圈细分处之男女也；以心属火为太阳，肾属坎水为太阴，此又翻转其细分者而指为男女，乃外一圈大局处之男女也；若男生伏，女生偃，则形骸之男女也。以形骸之男女，明我外一圈大局处之男女。

总见心肾宜交,神气宜并,此其大旨也。看男女字样,勿与姹女女字蒙混。心太阳,肾太阴,此大男女也;太阳之内有中阴,太阴之内有中阳,此小男女也。故心可为男,亦可以姹女言之;肾可为女,以可以婴儿言之。任其所指,无乎不可,亦必明乎其所指,而后不混其说。偃,仰也,卧倒而面上也。

右第二节。

太阳流珠,常欲去人。

太阳,心也,离也。太阳之流珠,乃心之游魂而属木者(木火同居上部)。据坎离言之,则为太阳;据游魂言之,则名流珠(游移不定曰流,圆转光明曰珠)。即日中乌,砗中汞,河上之姹女。常欲去人者,陈抱一云:流珠为命宝,本之木魂之精,寓神则营营而乱思,逐物迁化;寓精则持盈难保,挠念欲泄。故曰常欲去人(此从不好一边说,若论其归正之功,妙无与匹,故曰命宝)。

卒得金华,转而相因。化为白液,凝而至坚(金)。

金华者,兑金寓坎生华,谓肾水中阳气也。肾水,水也,阳气也。金水同居下部,今既上交于心,而流珠得之,便是水来克制心火,配为夫妇;金来克制木魂,配为夫妇。两相和合,不至去人矣。由是水、木、火、土、金递转相因,至金又生水,化为白液(男白精也)。白液之中,凝结晶莹,有较白液而微坚成质者,则真内宝之精英也。

金华先倡,有顷之间(斤)。**解化为水,马齿阑干**(根)。

申明上意。谓此流珠(上部游魂)得金华(下部阳气),化白液而凝坚者,乃是先有下部金华(阳气)之夫,制此上部流珠之妻(游魂)。木魂受制,而伤气倡始,有顷之间,化为白液,凝黄芽,状如马齿琅玕也。

朱本作阑干,形容其罗列也。陈本作琅玕。《书·禹贡》:球琳琅玕。宝珠也。马齿之喻,如菜中马齿苋,亦借马齿为言,状其形瓣之排列也。化水即上白液句,马齿即上凝坚句。

阳乃往和,情性自然。迫促时阴,拘蓄禁门。

此又申明有顷之间,所以化水而成马齿者。谓先倡时,如其倡无和,则亦无所成就。正惟上部之太阳为神为性者,因其先倡于下,乃往和之。此时阴情阳性，嬉相蟠纠，自然混合，于是阴被阳迫，阳被阴促，于下部至阴之处。此处有所谓禁门者，所当力为拘留藏蓄，不使纤毫泄漏，而后能成马齿阑干之功也。

上言流珠心部之游魂属木，此言太阳心部之元神属火，均之心部物也。下部之金华，以金上制其木，使魂不复游，而能生此精水，又必得元神下注，为之迫促，为之拘蓄，而奇功乃成也。时者，倡和之时；阴者，下部至阴之处。仍指下部肾水之水，阳气之金也。两肾之中，号曰禁门，又曰酉门，大抵最下易泄之处，最宜禁闭，故为禁门。有倡必和，倡和是一时事，二字紧对，故此往和四句，又倒卷在有顷句前，其行文离奇古奥。迫之、从之，使上升也；拘之、蓄之，使不下泄也。拘蓄禁门，即前文结正低昂意，谓于最低极下之处，结束完固，始可以昂藏而上达也。

慈母养育，孝子报恩。严父施令，教敕子孙。

此剖明上下部往来之故，乃从五行相生处得此议论也。其下部也，有金有水（阳气肾水），金四数偶，是为慈母。以阳气之金能生肾中之水，是则慈母之施恩，而善为养育此子也。水一数奇，是为孝子，以肾中之水亲承金母养育之恩，依依不泄，以至液凝马齿，有所成就。而团圞其阳气，是则孝子之承恩而能报母也。此下部之一母一子，以四而合为一五。其在上部也，有木有火（游魂神火），木三数奇，是为严父。火数二偶，是为所生之爱女，一父一女，合为一五，而女实生意土之五，又为一五，乃木之子若孙也。今使火制下部金（以神御气），土制下部水（以意摄精），而木为之督（魂神同类），是则施令教敕，使各效其能也。

养育、报恩二句，显浅言之，只是下部之阳气生肾水，而肾水不泄，以固其阳气，如母子之行慈行孝也。何以命下部之阳气为金？彼既配五行言之，则金水自居一处，历河图之右方，而能生北水者，固西金也。况此元阳，本自乾金下注而得，故直命之曰金。母必生男，老阴出少阳，坤索乾而得三男之理也；父必生女，老阳出少阴，乾索坤而得三女之理也。施令、教敕，即前万乘之主、发号出令意。

五行错王，相据以生。火性销金，金伐木荣。

下部之金水（阳气肾水），上部之木火（游魂元神），与居中四应之戊己土（意土），此五行也。五行之理，迭兴递旺，各据其旺处以相生（此就相生处说，所以有母女、父子、子孙之说。），而亦未尝不彼此互为制伏。生固生也（顺行而生），制伏以防其太过，亦所以成也（对冲而克）。是以火性足以销金之太过，谓上部之元神下注，镇静下部之阳气猖狂，使不疏泄，而木之荣也；亦惟金足以伐其太过，谓下部之阳气上升，拘留上部之游魂奔逸，使不飞扬。盖火即神，木即魂，上部之物；金即气，下部之物。先用神火下注，与金气为夫妇，制伏木魂之猖狂，使不至疏泄（便是始终神注玄关。如何制伏？不过镇之而已。）；次用金气上升，与木魂为夫妇，制伏木魂之奔逸，使不至飞扬（便是从后三关升至天谷，以便纳于土釜。如何制伏？拘留之而已。）；然后成其倡和，而继以迫促（使之上升），加以拘蓄（使不下泄），自然化为白液之水。则下部养育、报恩，上部施令、教敕之说也。

错王二句，就相生处说；销金二句，就相克处说。但其言金火者，火在上部属神，金在下部属气，所重在神与气之下注、上升也。如何配为夫妇？不过因火克金，金克水，有夫主弹压妻室之理，而实与之和合交好，同心协力，顺从夫主，不至外逸，相与料理。此腔内一家之事，使之始有、少有、富有，而为苟合、苟完、苟美之计。所谓亹勉同心，不宜有怒。而我有旨蓄，亦以御冬者，讵非夫妇之谓乎？慈母以下，明其倡和拘迫之法，一以五行吞啖制伏之理，有如慈母云云。看来只是精、神、魂、魄、意，五者团聚而镇静，自能积精累气。故下文遂言三五与一，返之于身。其功直接捷简易，笔之于书，其说艰深奥折，推其意不过示以阴阳五行，天人公共之理，使人往复寻绎而自得之耳。如使一语说尽，不为反复，人便卑之迹之，视为易易，究竟不能收敛，轻肆无成，非所以为教。况事关性命，微妙难穷，乌得不郑重言之乎？人但勿以艰深疑阻，直从简易积功，斯得之矣。此事不难于知，而难于积。帝王祈天永命，圣贤之修身立命，此事之养性延命，总不外于真积力而已。宜程子以为三难也。

　　三五与一，天地至精。可以口诀，难以书传（陈）。

　　其要不出三五与一之法。上部木火（魂神）一五，下部金水（魄精）

一五,中宫土五(意土)一五,上、中、下三五,相与混一,即收四者而归中,攒簇五行,和合四象也。举众纷而归于真一,乃天地元始至精之理,生人生物,无不由是。本是玄秘,宜密不宜宣也。

朱注:与,犹为也。然于字自佳,有相与意。三五既是三项,惟恃意土相与合之而为一。后人有三家相见之说,河图五行各居住其方,然以左右两半观之,则木火居左,自为阳生之一气;金水居右,自为阴成之一气。故天之生人也,木魂与火神合居上部。而其为三为二之生数,适合一五;金魄与水精合居下部,而其为四为一之生数,正符一五;若其中宫之意土,自成一五。修持家窥得此意,是以有三五之说,早已约五行而三矣。然三五不交,终属离分,是以有与一之功。谓中宫意土之五,联合上下二五,浑而为一,是又约三而一,所谓返本还元也。

子当右转,午乃东旋(循)。卯酉界隔,主客二名。

及其运行是气,法当用逆,主客相和,又至要也(下泄为顺,上提为逆。定位者为主,流行者为客。)。人之一身,以形体之定位言之,有不动之子、午、卯、酉、南、北、东、西。下部之尾闾为北为子,亦即以为西酉。盖兑金与坎水同属右方,可通言也(所以金水合言一五,有扶同之义。)。上部之泥丸为南为午,亦即以为东卯。盖震木与离火同属左方,可通言也(所以木火合言一五,有相成之理。)。此如地盘不动。若以功夫运转言之,有流行之子、午、卯、酉(即水、火、木、金、精、神、魂、魄。本文子、午、卯、酉四字,正言其运行者,观转字、旋字可知。)。此则如天盘旋转,无晷刻之停,以之加于地盘,渐移渐易,以至于颠倒而又复初也。今曰子当右转,子立于南而将右转也。为子中之水金(精魄)从后三关升至泥丸,立于南方至高之火,地势将旋转向右而下,此时流行之客水,与定位之主火,会于一处而相济矣。其曰午乃东旋,午立于北而将东升也。谓午中之木火(魂神),从前三关降至尾闾,立于北方极下之水,地势将旋转向东而上,此时流行之客火,乃与定位之主水,会于一处而相济矣。夫子南午北,自然卯西酉东(东与南皆上部,西与北皆下部。东、西、南、北,乃地主之不动者;子、午、卯、酉,乃游客之乍临者。)。然则卯酉(木魂金魄)虽悬隔其东西本界,而今则各以客而临主,使木之游客配金之地主,金之游客配木之地主,岂非主客交会而名为一主一客乎?

当,值也。与下句乃字呼应。惟值子有转时,则午乃东旋矣。子从北左转六位,方至南而右转,及其右转,则又历六位而复初;午从南西旋六位,方至北而东旋,及其东旋,则又历六位而复初。子若不行至午位,何由右转?午若不行至子位,何由东旋?卯若不行至酉位,酉若不行至卯位,何由有对隔之本界?故右转立午位也,东旋立子位也。界隔则言其互换,而对隔本界也。总之,本文子、午、卯、酉四字,是流行旋转之天盘;右字东字,与所隔之界,是定位不动之地盘。天自东至西,从左旋右,谓之左旋,从起处言也。日月右旋,亦从起处言也。若本文之右转东旋,则据河图之中,分阴阳两半面,则西半为右,东半为左也。

龙呼于虎,虎吸龙精。两相饮食(饮,去声;食,音嗣。)**,俱相贪便**(平)**。遂相衔咽,咀嚼相吞。**

夫惟主客交会,木金和合,其为木龙金虎之呼吸,彼此贪吞,而不至离散可知。谓魂魄团聚,呼吸相续也。龙即东卯之木魂,虎即西酉之金魄。呼者,舒其气于外,龙之所为(魂阳主呼)。龙呼于虎者,魂出其气以交于魄,即今呼而将接头处也。吸者,敛其气于外,虎之所为(魄阴主吸)。虎吸龙精者,魄收其精以交于魂,即今吸而将呼接头处也(此二句分言呼吸)。当其两相交付关通,则为饮之食之,而俱相贪便也。谓如解推而予者然也。当其两相承接嬗代,则为衔之咽之,而咀嚼相吞也。谓如领受餍饫者然也(此四句又统言呼吸)。总明魂魄之相互资益,循环无穷,而无匮乏乖离之患也。

荧惑守西,太白经天,杀气所临,何有不倾(天,音汀)**?**

荧惑火星,太阳之余气,盖指上部元神,而参以游魂之邪火者。西方金方,下部也。太白金星,太阴之杀气,盖又指下部元阳之气,而参以白虎之猖狂者。守,则火守金,神交气,魂挠精也。太白经天者,金旺不伏,谓气得神而旺,充盈上部也。杀气所临,何有不倾者,旺极则龙战相争,全变杀气,谓肾中金气旺极,必至泄漏倾危也。此又明神气足而邪易侵,最难保护,以示其戒,而起下文保慎之法也。

不言太阳而言荧惑,不言金而言太白。盖举其同类而异于正者言也。○天文书曰:太白乃上公太将军之象,出东当伏东,出西当伏西,过午为经天,谓昼现于上也。太白少阴之星,以巳未为界,不得经天而行。经天为不臣,兵起也。○《甘氏星经》云:太白经天,谓如织经之往来。盖天以南北子午为经,过此不伏则纬其经矣,故曰经天。

狸犬守鼠,鸟雀畏鹯(胧),**各得其功,何敢有言**(银)?

当此之时,专心固守,如狸犬之守鼠,惟恐其内窜而不为我有;有如鸟雀之畏鹯,惟恐其外攫而并失其为我。兢兢业业,各欲得求其全之功。方且潜藏渊默,何敢动于声臭,而稍或惹是招非。

何敢有,言状其慎密也。

不得其理,难以妄言(银)。**竭殚家产,妻子饥贫。**

天地日月,阴阳五行,配合升降,皆理之象。得而躬行,则家园景丽,眷属盈宁;不得而妄言,则生理日耗,内顾多忧。

自古及今,好者亿人。讫不谐遇,希有能成。广求名药,与道乖殊(纯)。

机缘实难,弗遇胡成。若夫外之金石草木,非类无情,用以瘳疾,名药也,而非大药。语于丹道,乖违殊异,役志广求,又奚益哉?

右第三节。

丹砂木精,得金乃并。

丹砂,心也;木精,魂也。丹砂中之木精,乃是心中之游魂(属震木,隶东方,为青龙。),必得下部之金(肾中元阳之气,属兑金,居西方,为白虎。),夫妻相配,相资为用,方不驰骛,故曰得金乃并。

金水合处,木火为侣。四者混沌,列为龙虎。

夫金居下部,木居上部,何缘而得并乎?所恃金之与水,合处于下,既已同为一五而合于土(金四水一);木之与火,为侣于上,亦复同为一五而合于土(木三火二)。是彼此俱怀真土,而可以混合者。惟使四者混沌于中央,而后木精为龙,金气为虎,两相对列,而以意土为之媒合也。

龙阳数奇,虎阴数偶。肝青为父,肺白为母。肾黑为子,离赤为女。

脾黄为祖,子五行始。三物一家,都归戊己。

上部木龙,阳也,其数三;下部金水,阴也,其数四。三与四配土不成,故常隔界,不列一处。然上部木火为父为女,下部金水为母为子,本具意土,而又奉土五之祖,以相生相养,原系一家属,非异类殊族之彼此迳庭也。有如肝青之木数三,阳也,以阳生阴为火二之父,而离赤之火为其女,是父女合化一土(木三火二成五),便可赖是意土,以火制金而奉父;又如肺白之金数四,阴也,以阴生阳,为水之一母,而肾黑之水为其子,是母子合化一土(金四水一成五),便可赖是意土,以水生木而成母;况又有脾黄之土(自五),镇居中央,而为四物之祖,无所不入乎?是以子水生时,携金而上;午火降时,带木而来。子午为行功升降之最始。而此木火父女一物,金水母子一物,土祖一物,此三者乃一家眷属,彼此相资,而总会归于中土(玄关),以收其功,此其所以得并也。

陈显微曰:金木甲庚,相资为用者,彼此怀真土也。金四与水一,合化土五;木三与火二,合化土五。虽东木之龙、西金之虎,东三西四,奇偶不齐,及乎分作三家,合成一舍,则都归戊己矣。〇通节明龙虎之合,全赖意土,而究其归宿,只在中央。细分有龙虎,统言只神气,龙虎赖土,即是神与气以意合也。三物一家,即三五与一意,只是精气神团簇不散。本文肝青、肺白、肾黑、离赤、脾黄等字样,止是借五行之物,以明五行之理,意不在五脏,而在精、神、魂、魄、意也。心部独以离字代之,离为中女,不欲直斥灵府,所以尊之也。〇附论:木魂上部,而五脏之肝木,却位置在下,而体则沉;金魄下部,而五脏之肺金,却位置在上,而体则浮。此互宅之理也。然肝木之脉系于左阳(左手关部),肺金之脉系于右阴(右手寸部),此又河图震巽在东,兑乾在西之方位,乃不失其为上下也。木魂与神同体,而寐则藏肝,木落归根,乾道下济也;金与水同体,而统摄于肺,气火上腾,坤道上行也。上以下为宅,下以上为宅。

右第四节。

刚柔迭兴,更历分布。龙西虎东,建纬卯酉。刑德并会,相见欢喜。刑主伏杀,德主生起。二月榆落,魁临于卯(杀气旦临东卯)**。八月麦生,天罡据酉**(生气昏据西酉)**。子南午北,互为纲纪。一九之数,终而**

复始。含元虚危,播精于子。

此言其运行也。龙虎身之木金(魂灵魄气),子午身之水火(南神北精);木火刚而在上(东木南火,在图列左方,于人为上部。),水金柔而在下(西金北水,在图列右方,于人为下部。)。今则运之,而颠倒升降,是谓刚柔迭兴,即是斗柄(心目),更历周天(周身),分布其气也(此二句统言)。其迭兴而颠倒也,以木金言之,则龙西虎东,互易方位,彼斗罡居天盘辰地,常依青龙七宿,斗魁居天盘戌地,常依白虎七宿(罡,即斗柄前三星,所指者吉;魁,即后四星,所临者凶。)。当龙虎互易,则罡且建立于西酉,而魁且纬织于东卯矣(二月之昏,斗罡建卯,至平旦已更六舍,而魁又临卯以纬之;八月之昏,斗罡建酉,至平旦已更六舍,而魁又临酉以纬之。),故曰建纬卯酉。酉主刑而龙以德会之,卯主德而虎以刑会之,一主一客,一刑一德,平分各半,会于一处,是谓刑德并会,阴阳相见,不多不少,岂不和平欢喜?然刑主伏杀,德主生起,二者并会,宜防危险,勿恃生起而不虑伏杀。即如二月阳春,本属生起,却因魁旦临卯而榆落,是生中有杀,最宜防慎;八月秋阴,本属伏杀,却因罡昏据酉而麦生,是杀中有生,宜深保护。以水火言,则子南午北,亦复颠倒交易,互为纲纪。其间阳生于一成于九(一乃北方虚危子宫,九乃西方金位。以一日言,子时阳生,必至第九申时,申酉之间,日落入地。),阳数至九而极,则复起于一,是谓:一九之数,终而复始(河图可见)。然则功夫大要,惟当含元于虚危(北方七宿,虚危居中,正临子位。借喻人身下部之正中处。),而使之播精于子(子即虚危地),止从一处起也。

陈致虚曰:虚危之次,日月合璧之地;一阳初生之方,龟蛇蟠结之所。故太乙所含先天之元气,其真精遇子则播施。此复应前章子午行始之义。○又曰:德与生,即半时得药之比;刑与杀,则顷刻失丧之喻。入室之际,直须防危虑险。春旺之时,何物不生?而榆荚死者,德中防刑,生中防杀也;秋肃之候,何物不凋?而荞麦生者,刑中有德,杀中有生也。是书历历言之,唯贵得先天之气尔。○刘歆《西京杂记》:董仲舒曰:阴阳虽异,所资一气。阳用事时,气为阳;阴用事时,气为阴。阴阳之时虽异,而二体常存。犹如一鼎之水,未加火时,纯阴也;加火极热,纯阳也。纯阳则无阴,息火水寒,则更阴矣;纯阴则无阳,加火水热,则更阳矣。然则建巳之月为纯阳,不应都无复阴也,但是阳家用事,阳气之极耳,荠麦枯,由阴杀也;建亥之月为纯阴,不容都无复阳也,但是阴家用事,阴气之极耳,荠麦始生,由阳升也。

陈显微曰:自子至巳为乾刚,自午至亥为坤柔,识此迭兴之理,则自然龙西虎东,子南午北,建纬卯酉,生起杀伏,互为纲纪,各得时矣。二月本生起,而西酉临之,故榆死归根;八月本杀伏,而东卯临之,故荠麦发生。自西卯顺行九转,然后见南方之子;自东酉逆行九转,然后见北方虚危。此一九之数。含元虚危,播精于子者,此也。○朱子曰:龙虎子午,交错方位。

如审遭逢,睹其端绪。以类相况,揆物终始。五行相克,更为父母。母含滋液,父主秉与。凝精流形,金石不朽。审专不泄,得为成道(斗)。立竿见影,呼谷传响。岂不灵哉,天地至象。

如其详细审遭遇,睹见头绪,顾此身物,类而相况(天地日月、阴阳五行。),因揆终始(自无而现则始,自有而隐则终。),而见终则复始,斯得之矣。夫五行之互相克制,此中便有阳父阴母(如木为阳父生火,女因而克制其金母,使含滋液;如金为阴母生水,男因扶植其木父,使主秉与。)。阴母乃含育其父之滋液,而阳父则以其滋液秉与阴母,而听其含育。夫而后凝结精彩,流贯形骸,便如金石之不朽,而其要则在慎审专一,闭藏不泄,乃得完成此道。语其实有可据,正如立竿有形,自然可见影;呼谷有声,自然传响。其感应灵捷,乃天地之至象,可不勖哉! 此正言以总括前文也。

若以野葛一寸，巴豆一两，入喉辄僵，不得俛仰。当此之时，周文揲蓍，孔子占象，扁鹊操计①**，巫咸叩鼓，安能令苏，复起驰走（徂）？**

如其不然，嗜欲纷纠，毒犹野葛，疏泄纵肆，害如巴豆，用此则自戕性命，虽至圣不能知其吉，良医不能起其死，神巫不能祷其生，可不惜哉？此反言以收结通篇也。

野葛本作冶葛，非野生之谓。王充《论衡》云：冶，地名，在东南。广人谓之胡蔓草，亦名断肠草，滇人谓之火把花，岳州谓之黄藤。即钩吻，有毒，不入汤。李中梓云：巴豆辛热，禀阳刚雄猛之性，有斩关夺门之功。气血未衰，积邪坚固者，诚有神功；老羸虚弱之人，轻妄投之，祸不旋踵。《广舆记》：扁鹊，姓秦，名缓，字越人。寓于庐，即今山东济南府长清县地。少时为舍长，舍客长桑君过，扁鹊厚遇之，长桑君乃出其怀中方，密与扁鹊，医遂著。晋景公有疾，求医于秦，秦伯使越人往。公梦疾为二竖子，曰彼良医也，惧伤我焉。其一曰居肓之上，膏之下，若我何？越人至，曰：疾在膏肓之间，攻之不可达，制之不可及。公叹曰：良医也。晋景事见《左传·成公十年》。陕西汉中府城固县，有扁鹊城，世传扁鹊尝居此。《国语》：民之精爽不携贰者，则神明降之，在男曰觋，在女曰巫。按此巫咸，盖古之灵巫名咸者，非殷太戊之巫咸。殷相巫咸，子名巫贤，相祖乙为商世臣。

右第五节。

后　序

邻国鄙夫，幽谷朽生。挟怀朴素，不乐权荣（形）。栖迟僻陋，忽略利名。执守恬淡，希时安宁。宴然闲居，乃撰斯文。

邻国鄙陋之夫，深山无用之士，语其性生则朴素是怀而内重也，权荣不乐而外轻也，志既如是，事亦因之。是以语其立身，则栖迟幽谷之僻陋（应幽谷句），忽略权荣之利名（应不乐句），执守朴素之恬淡（应挟

---

① 计，诸本作"针"，"计"字疑误。

怀句），而又希时世之太平。合此身世，得以晏然闲居尔，乃撰述斯文。

朱子曰：魏君实上虞人，当作会稽，或是魏隐语作邻。栖迟，《诗》注：游息也。盖栖息迟缓，有优游意。希，少也。以少为而幸之，故带有幸字意。

歌序大易，三圣遗言。察其旨趣，一统共论。务在顺理，宣耀精神。神化流通，四海和平。表以为历，万世可循。

其诗歌而叙述者，乃是大易中伏羲先天图，以及文、周、孔三圣之遗言。盖尝详察其旨意趣味，而以天地与我身心，合一统同，共为论说。务在和顺阴阳之理，布宣明耀在我之精与神（气亦在内）。其间神灵变化，流转圆通，由身及世，便得四海和平，故表以为历，而万世可循。

历，犹书也。历纪，岁、时、节、气之数，言其所经历者，故凡按日而行之书，皆为谓之历。

序以御政，行之不繁（焚）。引内养性，黄老自然（恁）。含德之厚，归根返元（鼐）。近在我心，不离己身。抱一毋舍，可以长存。配以伏食，雄雌设陈。四物念护，五行旋循。挺除武都，八石弃捐（均）。审用成物，世俗所珍。

循其序述，外而御政，自然端拱垂裳，行所无事，何繁之有？内而养性，则得黄帝、老子自然之道，恬淡虚无，合于元始，由是包含充裕，全在归根返元，而事属身心，至近不离，宁外求哉？果其抱守真一，始终无舍，归吾根而返吾元，而神可长久矣。夫抱守者，静存以立其体；伏食者，运动以致其用。于抱一之余，配以伏食之法（伏谓制伏，食为取用。）设陈雄雌，凡吾精、神、魂、魄之四物，念念保护（念，即意也。意属土，周行四者，便是身内五行，下接五行句。），一依五行之旋转循环，则心与身俱得之矣（抱一养心，伏食养身。）。若夫武都雄黄之属，号为八石，炼治服食，去道甚远，所宜弃捐而挺除之。而有时审其功用，扩为炉火之术，亦能干汞成银，炼白为黄，此固世俗所珍，而非仙家所贵，岂汲汲哉？

武都，今陕西巩昌府阶州，出雄黄。

罗列三条，枝茎相连（邻）。同出异名，皆由一门。非徒累句，谐偶

斯文。殆有其真,砾硌可观(均)。使予敷伪,却被罪愆(轻)。命《参同契》,微览其端(丁)。辞寡道大,后嗣宜遵。

三条,或指精、气、神三要,或承上养性、伏食、用物三事,或指所撰上、中、下三篇,旨意贯通,如枝茎相连,同出太极,而异名以别之,罗列有三,实则一门而已。其间隐藏至理,略无虚赘,端绪微陈,而道该天地,所宜遵也。

委时去害,依托邱山(生)。循游寥廓,与鬼为邻。化形而仙,沦寂无声。

此下于叙述中嵌入姓名,意分正伏。委时去害者,弃置尘寰,不受牢笼;依托邱山者,栖迟岩穴,寄此幻躯;循游寥廓者,游心旷渺,托志虚无;与鬼为邻者,返本还元,神灵莫测;化形而仙者,脱尽阴霾,阳神明朗;沦寂无声者,隐沦寂处,不事声华,而又上天合载,声臭俱无也。

委鬼伏魏。

百世一下,遨游人间(斤)。

神气长存,聚散自由。

百下有白,配人为伯。

敷陈羽翮,东西南倾。汤遭厄际,水旱隔并(冰)。

便如海上孤鸿,云间皓鹤,遍游六宇(敷陈句)。凡天倾西北,地缺东南,一览而尽(东倾句)。而又旷观历劫,若尧、汤水旱,悬隔并见,任彼沧桑,无能陶铸(汤遭二句)。

陈字倾去西南之东,所余惟阜;汤字遭旱而无水,所余惟易。阜与易合而为阳,则其姓名之魏伯阳也。

柯叶萎黄,失其华荣(形)。各相乘负,安稳长生。

直至天荒地老,物尽归根,各有挟持,无复倾危。

百世遨游等语,儒无是说,然亦只是至诚无息,便得高明博厚悠久,与天地同其体用之意。人能内重外轻,品地自高,此朱、蔡诸贤之所以惓惓也。若其廋匿之辞,譬况之语,自成一家,不足深论。

柯字木萎余可,失字荣谢惟矢,借口成可知二文,各字又捺去负,安字取女合生,谓前文所寓,可知姓名。

《古文周易参同契注》卷四

东汉青州从事徐景休著

三原袁仁林振千注

受业王德修参订

三原李锡龄孟熙校刊

《笺注》上篇

乾坤者，易之门户，众卦之父母。

朱子曰：乾坤以宇内言之，则乾天在上，坤地在下，而阴阳变化，万物终始（众卦起伏），皆在其间。以人身言之，则乾阳在上，坤阴在下（下部），而一身之阴阳万物变化（交易、变易）终始（众卦起伏）皆在其间。此乾坤所以为易之门户，众卦之父母也。凡言易者，皆指阴阳变化而言，在人则所谓金丹大药者也，然则乾坤其炉鼎欤？

易便指坎离言。坎离于乾坤中，出入升降，犹其门户。惟乾坤破体互交，乃生六子，又互重得六十四卦，皆乾坤所生，故为众卦父母。金丹者，丹指心，金言其坚久光明，身内阴翳全消，纯阳显现，便使元神坚亮，丹府如金，故名金丹；大药者，以其能使神气长存，迥非凡药可比，故名大药；炉鼎者，取象外物，炉为蓄火之具，鼎乃烹炼之器，惟炉火可以炎鼎，而鼎药实资炉火；乾坤炉鼎者，合上下部言之，若求其处，一身之正中，乃玄牝上下，虚无空洞地也。

坎离匡郭，运毂正轴。

众卦惟坎离为大用，其周流于乾坤匡廓之中，犹之运转虚中之毂，周环升降，无时或已。而乾坤以其诚一不二者，隐正其轴，有以持于至中也。

朱子曰：乾坤位乎上下，而坎离升降于其间，所谓易也。乾之阳刚，坤之阴柔，精气中交，爰有坎离。坎离在天为日月，日月交光运行，分为昼夜寒暑，以成岁时，是之谓易。则坎离固乾坤之大用，而乾坤乃其出入之门户。语句前后顶承。在人之坎离,则心肾呼吸,往来运用者是也。以心之元神,降于下部正中,则是阳入阴中而成坎矣;以肾之元气,升于上部正中,则是阴入阳中而成离矣。是为阴在上,阳下奔;抑以肾中元阳之气,升于上部正中,则又可为阳入阳中,而为乾矣。任其所指,而无乎不可,正不得胶柱论也。匡廓,犹言框档,指乾坤之大局,谓其匡正而寥廓也。毂乃车轮之心,在辐与辋之内,而实虚中受轴,外持辐辋,以共为运者也。辋为一轮之边,主运于外,有似乾坤之匡廓;毂为一轮之心,主运于内,有似坎离之受轴,而轴则更贯于毂中。静正以宰夫动者,盖太极与人心之谓也。惟坎离二物,运毂不停,而后来众卦陈布其间,故于众卦中独言坎离,即《契》首章坎离冠首意。

牝牡四卦,以为橐籥。

朱子曰:牝牡谓配合之;橐,鞴囊;籥,其管也。谓吾之乾坤(上下部)坎离(心肾呼吸)。此四卦者,气本交通变易,今则默运吾意,顺其牝牡配合,升降上下,以为鼓动之橐籥,而无时或已焉。

橐籥者,冶人鼓铸,用以敛气成风,兴发炉火之具。盖橐之蓄极而必泄于籥,籥之泄极而待蓄于橐,循环不已,有似乾坤之阖辟,日月之盈亏,吾息之呼吸,心肾之升降。乾坤,橐籥之体;坎离,橐籥之用。坎离鼓动于乾坤之中,又合为一大橐籥。至所谓震、兑、乾、巽、艮、坤,乃橐籥运行时之呈象,到下文历律句内始见。自尾闾升至天谷,乃初、中、末三阳为震、兑、乾,如橐籥之舒徐而出现;自泥丸降至土釜,乃初、中、末三阴为巽、艮、坤,如橐籥之严凝而入敛。毂轴,喻其周环升降;橐籥,见其阖辟相乘;四卦,即言乾、坤、坎、离。牝牡而配合之,便是《契》首章四者混沌,竟入虚无意。若夫纳甲法,本是六象,何得外乾坤而但指震、兑、巽、艮为四卦,故朱子说不用。古圣人制器尚象,必有取于天人之际,安知橐籥之制,不始于吾身,故即以我之升降命为橐籥,以渐现夫六象而周环焉。

覆冒阴阳之道,犹工御者,准绳墨,执衔辔,正规矩,随轨辙。处中以制外,数在律历纪。

朱子曰:此言人心(本文中字)能统阴阳(本文外字),运毂轴(本文数字)以成丹也。中谓心,外谓气,数即下文六十卦之火候也。其鼓吾橐籥也,在熟悉阴阳之道,覆冒而总括之。而所谓阴阳之道者何?有其宰于中者,有其运于外者,即有其自然而为数者。盖运行吾气,气固外也,必先凝渟渊默,虚静其心,处于大中至正之本位,以为之宰。于是按月律而行,视岁历以积,得其升降自然之数,以为制御吾气之准。正犹工之准绳墨而正规矩,御之执衔辔而随轨辙,莫不处中制外,求其合数。岂吾神明之事,其橐籥之动,毂轴之运,不在律历以为纪哉?所宜详之如下文矣。

覆冒,总括也。总括大天地之度数,为吾小天地运行之准则。盖促大以为小,而即小以准大也。阴阳何道?此句内已包处中制外、律历纪数二语。盖其体则处中,而为用则有数。中字数字,乃其所重,却于引喻后出之,而以喻语横插于中,浑而为一,而意自见。处中,正轴也;制外,运毂也;律历纪数,橐籥事也;准绳墨,执衔辔,工与御之,静处中也;正规矩,随轨辙,乃其动制外也。论工御亦有用律历之处,如其事分阴阳向背、尺寸长短、抑扬旋转,皆有律历意,而此只举其显然共见者,明吾内事。律历所纪,乃乾、坤、坎、离自然之数,道法自然,正我所当准而用者。数字,即《契》中顺节之节字,节中有数,积数成节,故下文便说节字,而所谓五六经纬者,乃其数之端绪也。

月节有五六,经纬奉日使。兼并为六十,刚柔有表里。

朱子曰:月以五日为一节,六节为一周,兼昼夜为六十,以配六十卦。昼刚夜柔,刚里柔表。盖六十四卦,除乾、坤、坎、离为炉灶丹药所用,以为火候者,止六十卦也。

夫所谓律历纪者,月日是也。月占一律(如黄钟、大吕等),律也;日历三十(自朔至晦),历也。月中五日一候(时周六十),六候一周(时周三百六十),此月节也。以五为经(其显著流行,统夜而为日者,节之以五,是其经也。),以六为纬(因有夜为之配合,随从而纬之以六,是其纬也。)。一经一纬,五六三十,月事以终,乃宇内自然之数。而我即奉日(昼夜)使卦,合日之兼夜,而配以卦之六十,曾不用爻象之阴阳。惟视其配乎昼者,为阳刚,为内卦,为在里卦,从此起也;配合乎夜者,为阴柔,为外卦,为在表,由是讫也。

月节二字,已将五日为候、六候一周意包括在内,故下只说有五有六。五者阳之中数,昼主之;六者阴之中数,夜主之。五六者,阴阳之在中而为用者也。即此一日昼夜之不离,阴阳之相丽,五六之相比,便知月内必至五日而候,又必至六候而周。盖五为经而六为纬,合年、月、日、时而无不然也。奉日使者,奉此经纬之日,而用两卦;奉此经纬之日之月,而用六十卦也。日兼昼夜,便一分为二,而用两卦;月并六十,便三倍为六,而尽六十卦。昼属刚明,卦从此起为里而内其卦;夜属柔暗,卦由彼讫为表而外其卦。此四句连环递抽,文义质奥。既云奉日使矣,下必注明刚柔表里,正见卦虽配日,亦但从昼夜论刚柔,分表里,似不在爻位论阴阳也。

朔旦屯直事,至暮蒙当受(晷)。昼夜各一卦,用之依次序。既未至晦爽,终则复更始。

朱子曰:此六十卦之凡例。一月而一周。既未谓晦日之卦,朝既济,暮未济也。爽谓生明之时。

自朔至晦,配屯蒙而及既未,依经次序,分属昼夜,两两相从,终而复始,乃一月用卦之例。

第一节 屯、蒙 需、讼 师、比 小畜、履 泰、否

第二节 同人、大有 谦、豫 随、蛊 临、观 噬、嗑 贲

第三节 剥、复 无妄、大畜 颐、大过 咸、恒 遁 大壮

第四节 晋、明夷 家人、睽 蹇、解 损、益 夬、姤

第五节 萃、升 困、井 革、鼎 震、艮 渐、归妹

第六节 丰、旅 巽、兑 涣、节 中孚、小过 既济 未济

朝暮乃阴阳相反之时,屯蒙乃两体倒置之卦,取以纪其用阳用阴之异,得其大意,忘象可也。张平叔曰:此中得意休求象,若究群爻漫役情。此六十卦,惟颐、大过、中孚、小过四卦,颠倒不得。颐以初上两阳爻包内四阴,大过以上上两阴爻包内四阳,而中孚两阴爻在中,小过两阳爻在中,颠倒只成原卦。其余五十六卦,止是二十八卦,合乾、坤、坎、离与颐、大过、中孚、小过难倒之八卦,为三十六宫也。按:初一屯、蒙,

十六晋、明夷，此二日阴阳始萌，以之配合，恰似经文序列，不为无意于月光者。

日辰为期度，动静有早晚（米）。春夏据内体，从子到辰巳。秋冬当外用，自午讫戌亥（喜）。

朱子曰：盖逐日用功时刻之早晚也。春夏谓朝，秋冬谓暮，内体谓前卦，外用谓后卦，此亦六十卦之凡例。前篇（前字分更）屯以子申，蒙用寅戌，固以纳甲之法尽发之（固字今更）。大率一日所用，子、午、卯、酉、四时而已。

日之辰有十二，其前六辰，子、丑、寅，春也（如周正）；卯、辰、巳，夏也。配为前卦，据为内体，主乎阳动。后六辰，午、未、申，秋也；酉、戌、亥，冬也。配以后卦，当夫外用，主乎阴静。总视一日早晚之辰，取其子、午、卯、酉为一定之期，可循之度，而因之动静，乃遂逐日用功例也。

上文谓旦昼一卦，暮夜一卦，尚是儱侗言之。此复指明旦昼始子终巳，暮夜始午终亥，就二六时两半分开，以见前阳后阴，前内后外，正与刚柔表里之说相应。再以二六时四分分开，其前卦初爻当子，为春之始；四爻当卯，为夏之始；后卦初爻当午，为秋之始；四爻当酉，为冬之始。就其分出春夏秋冬，而思其建始正合于魏君子、申、寅、戌之说，而知其注意于子、午、卯、酉四时也。凡卦以内三爻为内体，上三爻为外用；今则合两卦用之，便以前卦为内体，后卦为外用。如屯是内体，蒙是外用之类。借卦为说，示人界限，至卦爻吉凶，不一置喙，知其意不在卦。其以子后六时当春夏为朝，午后六时当秋冬为暮。正如三代周室之四时，取天开于子为岁首也。周时丑、辰、未、戌四土，位列四时之中。其余四行错出不纯，固不及夏时之纯正，而以寄旺之土殿其后也。按：寅、申、己、亥四位，于用为四时之季，于夏为四时之孟，以后文寅申阴阳祖之言观之，亦为事中所重。然只各主一说，以通其意，欲人之圆通善悟，返入身来而自得之也。彼以幽隐示人立论，不必尽同，读者正须善会。

赏罚应春秋，昏明顺寒暑。爻辞有仁义，随时发喜怒。如是应四时，五行得其理。

前言逐月之终始、逐日之内外,此即言其致功于始终内外者。当子午阴阳之始,为日之春与秋,则应乎王者春秋之赏罚,舒敛异用,而子午有养矣;卯酉阴阳之盛,乃日之夏与冬,斯顺乎天时寒暑之昏明,洗心无事,而卯酉有养矣。至所值爻辞,纵有阳仁、阴义之不同,俱置勿论,而惟随此时刻(指上春秋寒暑),发为阳喜阴怒(指上赏罚一昏明),一舒而一敛焉。能如是应夫子、午、卯、酉之四时,则身内五行,若魂之木、神之火、魄之金、精之水、意之土,各得其培养之理矣。

上指子、午、卯、酉为春秋冬夏,此便以春秋寒暑指其四时。寒暑即冬夏,便叶韵耳。应该春秋,应子午也;顺寒暑,顺卯酉也。赏罚昏明,仁义喜怒,不过阳舒阴惨之旁影字面,借以见舒敛意。功夫主脑,只在应春秋,顺寒暑二句。至爻辞两言,跌宕出之,谓爻辞虽有阳仁阴义之殊,究不必缠绕爻辞,只去随时喜怒,如上赏罚二句,则五行自得其理矣。应者,分头各应也;顺者,一意委顺,洗心无事也;有者,其所自有,乃存而不论之辞,恐人拘泥爻辞,特提出此句,跌入下句耳;发者,自我心发动,谓用意也。随时发喜,即上春之行赏,而子时之开舒也;随时发怒,即上秋之行罚,而午时之收敛也。而昏明顺寒暑意,亦在随时二字内。爻辞两言,文法最善。上句平平带来,不与了绝;至下句重重归宿,已将上句轻松撇过。盖于两面俱到,中后重则前轻,此伸则彼屈,曾不用半字低昂,而空中机势,自能如此,洵简古妙法。

右第一节

天地设位,而易行乎其中矣。天地者,乾坤之象也(朱本无之象二字);设位者,列阴阳配合之位也。易谓坎离,坎离者,乾坤二用。

朱子曰:此引《易》而释之,以明乾、坤、坎、离之用。言乾上而坤下、离降而坎升也。乾坤二用,谓乾用九,坤用六。九老阳,六老阴也。

经言天地,即吾身上部乾、下部坤之大局也;言设位,即吾上阳、下阴,两相配合也;言易,即吾坎离交姤、心肾互输在里之局也。夫是坎离者,本属乾坤互用,其中爻彼此互换而成。而此坎离之中爻,乃即乘权主事,为乾坤之二大用。

二用无爻位,周流行六虚(荒)。往来既不定,上下亦无常。

朱子曰：乾坤二卦六爻，九六各有定位（如人形体上下）。惟用九、用六而无定位（如人精气流行）。而六爻（乾坤）之九六，即此（坎离）九六之周流升降也。纳甲之法，乾纳甲壬，坤纳乙癸，震纳庚，巽纳辛，艮纳丙，兑纳丁，皆有定位，而坎纳戊，离纳己，无定位（居中四应，一如中宫土德。）。盖六卦之阴阳（震、兑、乾、巽、艮、坤），即坎离中爻之升降也。

朱子曰：二用云者，用九、用六，九、六亦坎离也；六虚者，即乾、坤之初、二、三、四、五、上六爻位也。言二用虽无爻位，而常周流乎乾坤六爻之间，犹人之精气，上下周流乎一身而无定所也。○乾坤六位，常处乎虚静，而待坎离之阴阳运用于其间。用于初者为震巽，用于中则为兑艮，用于末则为乾坤。初不自呈其象，而罔非是物之周流，故曰：二用无爻位，周流行六虚。其来而上也，时震、时兑、时乾；其往而去也，时巽、时艮、时坤。如是其不定而无常也。此其所以为大用，言此以见心肾之宜运，精气之宜交，在我之坎离无时可已，凡以实我之六虚，而永长我六位之乾坤也。挨次往来，何时休歇？此所以不定也。循序上下，随处改易，此所以无常也。以八卦纳甲言之，干有十而卦则八，就中乾坤包括两头，纳去甲壬、乙癸，占定东北二方，震巽纳庚辛，艮兑纳丙丁，占定西南二方。此四方八个天干已为六卦所占，至坎离所纳戊己，惟只居中四应，初无方位可属。以六爻纳卦言之，卦有八而爻则六，就中初变则呈震巽之象，中变则呈兑艮之象，末变则呈乾坤之象，又无爻位可属。然究其呈象，皆坎离为之，故曰无爻位而行六虚，即《契》中坎离没亡之说。

右第二节

易者，象也。悬象著明，莫大乎日月。

易于何见？正于象之屡更，而见其易也，故曰：易者，象也。夫宇内高悬屡更之象，而极其显著昭明者，孰有大于日月乎？引此以明日月为易之意。

日合五行精，月受六律纪。五六三十度，度竟复更始。

而日月各有数相乘，然后更番终始，以成变易。就日言之，日太阳，阳数中于五，故曰主五而衍于十，爰有天干之五行以纪之（甲乙木，丙丁火，戊己土，庚辛金，壬癸水，各分阴阳次第而布之，比肩扶助，厥用乃行。）。就中阴阳虽判，止属天位之比肩，究不能离坤独运。于是五必乘六，得数三十，而一月因之，至所衍之十又乘夫六，而日穷于六十（六甲终于癸亥），必周诸两月，而后复始焉。是日之阳，实合五行以为数也。就月言之，月太阴，阴数中于六，故月主而衍于十二，爰有地支之六律以纪之（六律，统六吕为十二律，以应十二支，如黄钟子、大吕丑之类，亦复各分阴阳次第布之，而土独居四，以旺四隅，相与比肩扶助，流行为用。）。就中阴阳虽判，止属坤位之比肩，究不能离乾天独运。于是月必承五，月数三十，必至两阅月而复终日之数，盖日一而月二也（谓日止一气，赶至六十，月必两番晦朔，而始周是数。）。其自去相乘，六其六而得一岁之三百六十，六其十二而得一岁之七十二候，而月之事亦周而复始焉。是月之阴，乃受六律之纪以为数也。夫日之五乘月之六，而得五六三十日，而一月会遇之度数已竟，迨其度竟更始，媲诸次月，而其为数不外五六可知。

一、二阴阳之体，其数居首；五、六为阴阳之用，其数居中。居中所以立极，故运行必以五六为准。或问天干二土，地支四土，何也？曰：阳土一，一故分二；阴土二，二故分四。曷言之？阳数中五，五乃中宫土位，天五即生土，是天土纯一也；阴数中六，六其中宫土位。又有地十成土者，与六歧出，是地之土二而杂也。于是以阴阳分之，干之土二，而支之土四也。今观成数之六、七、八、九，其间各有五土在焉。是四时之流行，必不能离土以成化，而木、火、金、水之后，即继以辰、戌、丑、未之四土，此正出于自然而无容强者。盖惟有四土，而后地数之中于六者，得倍六而十二，而干支相配，亦得至六十而一终也。

穷神以知化，阳往则阴来（离）。辐辏而轮转，出入更卷舒。

穷究日月之神灵，备知其变化。大抵阴阳互相来往，有盛衰，有升降，无罅隙，无穷极。语其阳，则自震而兑而乾；语其阴，则自巽而艮而坤。正如辐之内辏于虚中之毂，而四面旋绕也；轮之外运于广莫之地，而上下无穷也。观其有出必有入，有卷必有舒，而吾身之火候视此。

易有三百八十四爻，据爻摘符，符谓六十四卦。

《易》之卦六十四，为爻三百八十四，就中乾坤体也，坎离用也。除此四卦二十四爻，所余爻位三百六十，正与一月之三百六十时相配。我便据依卦爻日时，摘取其子、午、卯、酉之符信，以为致功之准。是则火候非他，即谓此六十四卦也。计其所用六十，今必举全数者，无非乾、坤、坎、离之事，故统言也。

易字从上文来，谓穷究日月阴阳之神化，固已往来轮转，出入卷舒，交易、变易而为易矣。惟我之功，亦必据易推寻而莫外也。

晦至朔旦，震来受符。当斯之际，天地媾其精，日月相撢持。雄阳布玄施，雌阴化黄包（孚）。混沌相交接，权舆树根基。经营养鄞鄂，凝神以成躯。众夫蹈以出，蠕（音软，动貌。）动莫不由（移）。

朱子曰：此书之法，以一月为六节，分属六卦：震一、兑二、乾三、巽四、艮五、坤六。每五日（时周六十）为一节，故言朔旦则震始用事，而为日月阴阳交感之初。此实一篇之要言。而雄阳布玄施，雌阴化黄包，又一节之要处。他皆以明此耳。

盖言阳生于静，功之首也。晦属坤终（阴极），朔为震始（阳生），受符则乘权矣（人之晦朔，即静坐守中，凝神入气穴时；人之震来，即至阴含阳，静极阳生时。）。斯时上天下地，交媾精气（外一圈上下部交结），中宫日月，合璧撢持（里一圈心肾注射），雄阳（上魂元神）则注下而敷其玄妙，雌阴（月魄元气）则承上而孕于黄中，二气氤氲，时方混沌，树立一月之根基，培养六象之鄞鄂，要不外凝神（二字点睛）交接，以成后此光辉之躯魄，是以百昌从出，而群动由生。

斯字正指亥末子初，一阳初动处，万物未生时也；撢与探同；玄施，玄妙之施化，指其妙合而凝，不可画图处也；黄包，黄中之包裹，即黄舆、黄芽，乃所生之元阳也；权舆，始也，衡始于权，车始于舆，《秦风》：不承权舆，言不继其始也；鄞犹垠，界限也；鄂犹萼，蒂也；众夫，于月体为六象，于宇内为万物，于人身为百骸；蠕动，在月体则光辉，在宇内则群生，在人身则生气。《白虎通》：晦至朔旦，月受符而复行。

右第三节。

于是仲尼赞鸿濛,乾坤德洞虚。稽古当元皇,关雎建始初。冠婚气相纽,元年乃芽滋。

朱子曰:于是加修炼之功,如圣人之作六经,皆有所托始也。

谓在我之功,正如《易》首乾坤,其鸿濛未判之先,德在洞虚,所宜虚无而寂静也。《书》称稽古古帝,即我之元神真宰,于以为《关雎》之好逑,冠婚之纽合(二句即雄阳雌阴意,乃其所重。),建始厥功,而气得其和。斯时元阳发现,含芽滋长,乃即我之元年冬至子时也。

此等处不必目为附会,须知真能专一之人,随处起悟,正如张旭于公孙大娘舞剑,自可悟入书法。

圣人不虚生,上观显天符。天符有进退,屈伸以应时。

乃知圣必参天,其立德垂训,一皆上观天行,显其符节,而在天之进退循环,在我之屈伸互用,天人相应,未尝或爽。

天符者,天之符信节度,如日月交光之轨则。前文摘符、受符,与此相因。

故易统天心,复卦建始萌(迷)。长子继父体,因母立兆基。消息应钟律,升降据斗枢。

朱子曰:此又以一月为十二节,以复、临、泰、壮、夬、乾、姤、遁、否、观、剥、坤为序,每二日半(时周三十)为一节。复之内体,即前六节之震卦也。长子,震也;父,乾也;母,坤也。

乾惟天符之进退循环,故易之大统,起自天心。天心者,退之终、进之始,乃天地生生不已之心,于此见端,其卦名复,为一阳始萌之象也。是卦也,五阴一阳,内震外坤,震为长子,继乾父之体,阳刚渐进,而因依坤母以立兆基。由是而息者六,消者六,应乎黄钟大吕之律。而升之六位,据斗枢之自子而已;降之六位,据斗枢之自午而亥。盖易行周流于一日之十二时,一年之十二月固然,而一月之十二节亦然也。

返身而观,复见天心,即是阳生下部,是固因坤土立基,而继上部之乾父者,于是消息循环,应乎钟律,而为升为降,则惟据心目之斗枢,以善其运行也。

三日出为爽,震受庚西方。八日兑受丁,上弦平如绳(常)。十五

乾体就，盛满甲东方。

此又承上震来受符言之，以明月内六节之事。

朱子曰：三日，第一节之中，月生明之时也。盖始受一阳之光（是名为爽，一阳震象。），而昏现于西方庚地也；八日，第二节之中，月上弦之时，盖受二阳之光（二阳兑象），而昏现于南方丁地也（此时阳魂阴魄，平分各半，其直如绳。）；十五日，第三节之终，月既望之时，全受日光盛满（三阳乾象），而昏见于东方之甲地也。

返诸身，西方庚地下部也，此处阳气初生，命曰金，又命曰铅，于其强毅而易猖狂者，命为白虎，皆西庚说也。南方丁地，东方甲地，上部也。

蟾蜍与兔魄，日月气双明（芒）。蟾蜍视卦节，兔者吐生光。

朱子曰：此言望夕之月，全受日光，而借蟾为瞻，借兔为吐也。

谓此时月中本体之金精，对射之木液，号为蟾蜍、兔魄者，一时俱盛。盖日之交光既满，而月即因之而盛，是其气且双明，实因瞻视卦节，渐吐光辉，以至于满也。

《五经通议》曰：月中有兔、蟾蜍者何？月阴也，蟾蜍亦阴也。而与兔并明，阴系于阳也。月中非真有蟾蜍与兔也。以蟾蜍之阴名其魄，因谓其能瞻卦节，按卦节而进退也；以东卯所属之象，互宅于月者名其魂，因谓其能吐生光，以渐而辉映也。《战国策》：月魄象蟾兔。故世因谓月彩为蟾兔。

七八道已讫，屈折低下降（杭）。十六转受统，巽辛见平明（芒）。艮直于丙南（桑），下弦二十三。坤乙三十日，东北丧其明（芒）。节尽相禅与，继体复生龙（郎）。壬癸配甲乙，乾坤括始终（庄）。

朱子曰：七八，谓十五日也。十六日，谓第四节之始也，始生下一阴为巽而成魄，以平旦而没于西方辛地也；二十三日，第五节之中，复生中一阴为艮而下弦，以平旦而没于南方丙地也；三十日，第六节之终，全变三阳而光尽，体伏于东北，借《易》朋字作明字也。一月六节既尽，而禅于后月。长子继父，复生震卦，壬配甲，癸配乙，皆属乾坤，括十日之始终，自晦至朔旦，至此一月之火候也。

转受统者，转而受阴之统绪也。括始终者，天一地二为甲乙，十干之始也；天九地十为壬癸，十干之终也。乾之内外纳甲壬，坤之内外纳乙癸，八卦惟乾坤纳二干，括十干之始终。屈折低下降五字，只写一亏字。

附：朱子曰：一息之间，便有晦朔弦望。上弦者，气之方息，自上而下也；下弦者，气之方消，自下而上也。望者，气之盈也，日沉于下而月圆于上也。晦朔之间，日月之合乎上，所谓举水以灭火，金来归性初之类是也。

七八数十五，九六亦相应（央）。四者合三十，阳气索灭藏。

上半月乾阳用事属木火，木数八，火数七，七八十五也；下半月坤阴用事属金水，金数九，水数六，九六亦十五，以相应也。由木八、火七之阳，历金九、水六之阴，合此四者得两十五而三十，于是阳光尽灭，而为晦索尽也。

象彼仲冬节，草木皆摧伤。佐阳诘商旅，人君深自藏。象时顺节令，闭口不用谈（唐）。天道甚浩广，太玄无形容（羊）。虚寂不可睹，匡廓以消亡。谬误失事绪，言还自败伤。别叙斯四象，以晓后生盲。

其为晦也，犹岁际至日闭关之节，万物凋零，此时宜入混沌，鸿濛寂静，以佐阳气。在外商旅，诘使裹足（如收视返听、塞兑垂簾），吾之真宰，尤宜敛藏（如洗心藏密）。惟象闭塞之时，顺玄冬之令，沉默静专，凝神玄牝，以待其生。盖天道玄微，难可察睹，事从此始，绪从此出，失此虚谈，不务实行。又或揠苗助长，功斯谬误，而自致败伤矣。所以分别序次，列此木、火、金、水之四象，俾得晓然依仿。

八卦布列耀，运移不失中。玄精眇难睹，推度效符证（牂）。居则观其象，准拟其形容（羊）。立表以为范，占候定吉凶（香）。发号顺时令，勿失爻动时。上察河图文，下序地形流（闾）。中稽于人心，参合考三才（姿）。动则循卦节，静则因象辞。乾坤用施行，天地然后治。

以八卦之重为六十四者，布之于周天二十八宿之间，如大圆图，其潜移默运，一本于至中之处，而中有元始精气生于虚静，无形可睹。惟推度天符，观一月交光之六象，立为表准。其间顺吉逆凶，一意顺时，而后元阳祖气之发动，可弗失也。为此道者，仰观天，俯察地，中稽人，合考三才，乃知阴阳往来之义，品物流行之故，人心动静之机。人能致功于动静两端，动体乾而循六节，静体坤而因坤象，夫而后二用施行，上下胥理矣。

列耀，指四方七宿；不失中三字，元精二字，皆其眼目。爻动时，指元阳祖气，发动于玄牝之间；地形流，谓地上之品物流行也。倒一字，便叶韵耳。

右第四节。

若夫至圣，不过伏羲，始画八卦，效法天地（堤）。文王帝之宗，结体演爻辞。夫子庶圣雄，十翼以辅之。三君天所挺，迭兴更御时。优劣有步骤，功德不相殊。

将言《契》本于《易》，先述四圣之作《易》也。不过者，无出其上也；帝之宗，羲皇正宗也；结体，象论六十四卦之大体，并后天入用之体裁也；演爻辞者，周公因而演出爻辞也；庶圣雄，超出群圣间也；十翼，上象传、下象传、上象、下象、上系、下系、文言、说卦、序卦、杂卦也；三君，以文统周，与羲、孔为三也；优劣步骤者，步与骤异，犹显与晦异，言四圣时位不同也。功，谓阐明之功；德，谓神明之德。

优劣步骤，《风俗通》云：《易》称天先春而后秋，地先生而后凋，日月先光而后幽。是以王者则之，先教而后刑，三皇结绳，五帝画像，三王肉刑，五霸黠巧。此言步骤稍有优劣也。

制作有所踵，推度审分铢。有形易忖量，无兆难虑谋。作事令可法，为世定是书。

此明魏君因《易》作《契》也。踵，接也。踵《易》之效法天地者，推度坎离日月，审明内养分铢（即分两、时候言）。诚以事无形兆，难可虑谋，故假卦象，以昭法守。

素无前识资，因师觉悟之。皓若褰帏帐，瞋目登高台。《火记》六百篇，所趋等不迷。文字郑重说，世人不熟思。寻度其源流，幽明本共居。窃待贤者谈，曷敢轻为书。若遂结舌瘖，绝道获罪诛。写情寄竹帛，又恐泄天符。犹豫增叹息，俯仰缀斯愚。陶冶有法度，未可悉陈敷。

略述其纪纲,枝条见扶疏。

此徐子自言笺注也。师谓魏君师传,而后皓然明白,发蒙高厂,目旷神怡。有若火候进退,历十月而卦纪六百者,趋向不迷,乃为笺注,期共熟思。总之阴精阳气,本属共居,此等源流说与贤者,中间俛察己身,仰观天象,陶冶精气,镕冶性灵,略见枝条,思之宜熟。

卦纪火候,名曰《火记》。一月周六十,历十月乃六百矣。《诗·关雎》注疏云:篇,遍也。出情铺事,明而遍也。汉人解篇为遍,则此用篇字,亦谓六百遍耳。幽明本共居,幽谓阴精,明谓阳气。此句乃事中眼目,即凝神气穴意。幽明共居,与程子体用一原、显微无间语同。

右第五节。

《古文周易参同契注》卷五

东汉青州从事徐景休著

三原袁仁林振千注

受业王德修参订

三原李锡龄孟熙校刊

《笺注》中篇

阳燧以取火,非日不生光。方诸非星月,安能得水浆?二气玄且远,感化尚相通(汤)。何况近存身,切在于心胸(香)。阴阳遘日月,水火为效征(胖)。

日月为水火之宗,以明洁之器,取之而即得,是二气之化而来也。因感而通,不隔于远,至身内之日月,甚近矣。以明洁之心,取之自得。水火之征心,顾不切哉,惟心奈何?曰:以动静阴阳者,配为身内之日月,水火自为效征矣。盖身内之玄关为日月呼吸之会,而水火神气出焉,是则心宜注存而采取者。

人之日月者何?心肾、呼吸是也;人之水火者何?神气是也。观阳燧以本体澄澈,收取日光,必于其中正专一,攒簇翕聚之处承之,然后微茫斗凑,一气相感,自无而化有焉,则在我感通之理,可以启悟矣。是故切在于心胸之句,无他法也,必使我心澄澈无累,亦如阳燧、方诸之明朗无疵,然后正注规中,凝神气穴,翕聚既专,将必微茫生息,暗中斗凑,而阳光浮动,自无而有,则我之为日月者,亦自然有水火之应。如下文所说工夫,皆此道也。由是言之,首四句正有深意,不得但以比例语看过,乃不失立言本旨。《考工记》:铜锡相半,谓之鉴燧之剂。是火为燧、水为鉴。《搜神记》云:金、锡之性一也。五月丙午日午时铸,为阳燧;十一月壬子日子时铸,为阴燧。按:此即今水火镜,或以方诸为石,为大蚌,为五石炼成。又以为水晶,为珠向月。观今之取火,亦有料石,为圆珠,为扁镜,而眼镜之折叠双层者,亦可取火。盖取之具固不一,而无不以澄澈虚明、中正静专为之媒也。《周礼》:阳燧取火于日,谓之明火;方诸承水于月,谓之明水。韩文公《明水赋》:命烜氏候清夜,持鉴而精气旁射,照月而阴灵潜下。此可知方诸为鉴也。又曰:夜寂天清,烟销气明,桂华吐耀,兔影流精。聊设鉴以取水,伊不注而能盈。霏然而象,的然而呈。始漠漠以霜积,渐微微而浪生。德协于坎,有类则感,形藏在空,气应则通。此即感化相通意。首四句句法变化,意本骈俪,位置错综。韩文《羑里操》:目窅窅兮其凝其盲,耳肃肃兮听不闻声。齐上不齐下,同法。至《吊武侍御所画佛文》①:暂暂兮目存,叮咛兮耳言。又齐下不齐上。

耳目口三宝,固塞勿发通(汤)。真人潜深渊,浮游守规中(庄)。旋曲以视览,开阖皆合同(堂)。为己之轴辖,动静不竭穷(狂)。

此下正言取火得水之功,所以涵养本源,尤为切要也。耳、目、口,《阴符经》谓之三要。以其应用最灵,又为三宝。天之窍此,本使神气流通,而太泄不留,则无以自养矣。故必闭藏其用,不为频泄。至于元神真宰,乃人之至真,而为人者,则潜藏于下部坎地之深渊,是为一规之正中,亦非胶柱而死守也。以空灵之注射,而浮游伴涣以为守焉。此时回旋屈曲,返其外用之视听,而内视、内听于无声无臭之地,使己之元神

---

① 按:《吊武侍御所画佛文》,原作"《吊韦侍御图西佛文》",误,今改。

与气之呼吸而开阖者，合同为一，入与俱入，出与俱出，无复歧趋，则功操总会，一如户之有枢，车之有辖，持于至微，而得其至要。夫而后神之与气，呼吸循环，动静相承，恍若天地之运行，日月之升降，辘轳旋转，无穷无竭，而自得于久道化成之效也。

人之五官，各有所司，均属神、气、精开窍处。顾目可瞑，口可缄，耳可内听，而舌闭于口，天已与之以深藏不露之机矣，故独言耳、目、口，而以为三宝也。至鼻之为官，镇居中宫，职司呼吸，昼夜不已，以其一万三千五百息之翕辟，通于窈冥，而给夫周身之运转，经隧之流行，犹之土德之通给于四行，而无所不在。其于人也，达玄关根柢之消息，开与阖并，静与动俱，循环无穷，毫发不爽。盖出于天，而非人意所能与者，尊莫尊于此。且即旁论其嗜欲，最为清浅，不为身害，非若四者之利害纷拏也，故不与三者并论。而惟使三者咸注玄关，依其根柢，因以朝宗于鼻之开阖动静，而归于一，其所以治五官，以养其内者如此。此与孔门之四勿，时位不同，而事亦稍异，究不可訾也。规中在坎水内，故曰深渊；而浮游则空灵活泼，无著意死守之迹。

离气内营卫，坎乃不用聪（窗）。兑合不以谈，希言顺鸿濛（芒）。三者既关楗，缓体处空房。委志归虚无，无念以为常。证难以推移，心专不纵横（黄）。寝寐神相抱，觉寤候存亡。

申明上文之意。目为心寓象离，耳乃肾俞象坎，口兼心之苗、肾之池象兑，血荣气卫，荣行脉中，卫行脉外。纳荣卫者，以心目运行于荣卫间也。黜聪缄舌，惟鸿濛是顺，则三者牢而固扃矣。于是和缓其体，独处空房，外无所漏，而内则一意虚无，既然无念，为潜渊守中之常，而有不获证果者乎？凡证果之难，良以此心推移不定故耳。诚使纯一无杂，意不纵横，验之窈冥，神气存存，两相抱守，斯真能潜渊守中，而自获证果矣。

朱子曰：离气内荣卫，尝见前辈读内为纳，其说是也。

前云水火为效征，此证字与效征二字相应。神相抱者，神抱气也。候于寝寐时如此，候于觉寤时亦复如是，则神无时不存矣。神存二字，是其眼目。

颜色浸以润,骨节益坚强。排却众阴邪,然后立正阳。修之不辍休,庶气云雨行(杭)。**淫淫若春泽,液液象解冰。从头流达足,究竟复上升**(商)。**往来洞无极,怫怫被容中**(章)。

此遂言其证效。神气团圞,水火相济,其达于外也,颜色华荣;而充于内也,筋骨致坚。盖惟三要敛藏,而九窍之阴邪不与为缘;玄关宁谧,而本始之正阳油然而作。势不两容,阴消阳立,修此不辍,众气蒸腾,淫淫乎其衍沃也,液液然其融释也。由是以心目运行,从头达足,又复上升,一往一来,洞然无极,而惟见其拂拂然,被及于形体容貌之中,而有不征于颜色之润,骨节之坚者乎?

众阴邪,谓六贼杂念,缘形体九窍而生者,忿欲之类是也;正阳,谓神气精之光明无累者;修不辍休,功在积久也,积四十万五千息乃周一月,既四百零五万息乃周十月;气,一也,而曰庶,谓其充于百体者,如云行雨施也;淫淫者,浸淫衍沃也;液液者,融释流动也。怫为郁怒,句意不合,疑通作拂,披拂也。

反者道之验,弱者德之柄(邦)。**芸锄宿污秽,细微得调畅**(昌)。**浊者清之路,昏久则昭明**(芒)。**黄中渐通理,润泽达肌肤。初正则终修,干立末可持。一者以掩蔽,世人莫知之。**

此复原其理而重括之。谓天道归于杳冥,至德尚其柔和。七门藏用,返还神室,是名为反;九窍强悍,收归玄牝,是名为弱。《道德》以是为要。其间痛除旧染,决去六欲,虽若衰细微弱,一无所用,而调和畅达,即于此得。何以言之?其注于玄关也,乃坤处也。地为阴浊之区,却得清阳之路,而混沌闭塞之久,自然静极而动,元阳顿生,而见其昭明,故曰细微得调畅也。由是中德在内,通无不贯,理无不析,诚中形外,润泽肌肤,此皆由立正阳而然。夫正于始者终自修,立其干者末自持,是可一言蔽之曰真一而已。潜渊也,规中也,立正阳也,非真一而何?是故,真一之外无余蕴,而世之人莫亦有知之者乎?

朱子曰:通节涵养本源工夫,尤为切要。又曰:初正、干立,原始而言也;终修、末持,要终而言也。一者以掩蔽,言其造端之处,隐而不章者也。

按：初、正二句，正字立字，原从立正阳句来，与之相应也。而句中用则字可字，又归重于始之立正阳，而为下文诸术针砭也。陈显微曰：大抵欲为神仙，先为君子，德行或歉于君子，人道谓未充，况仙道乎？

右第一节

是非历脏法，内观有所思。履行步斗宿，六甲以日辰（时）。阴道厌（音叶）九一，浊乱弄元胞（孚）。食气鸣肠胃，吐正吸外邪（徐）。昼夜不卧寐，晦朔未尝休（虚）。身体日疲倦，恍惚状若痴。百脉鼎沸驰，不得清澄居。累土立坛宇，朝暮敬祭祠。鬼物见形象，梦寐感慨之。心欢意喜悦，自谓必延期。遽以夭命死，腐露其形骸（移）。举措辄有违，悖逆失枢机。诸术甚众多，千条万有余。前却回黄老，曲折戾九都。明者省厥旨，旷然知所由（移）。

朱子曰：言此道与诸旁门小法不同。

是字一读，承上文，非字贯下。历脏法者，历视脏腑小法，内观闭目，内视五脏精光（按此二法，亦内养所不废。），有所思，存想呬呵；步斗宿，步斗握诀，取天罡正气；六甲以日辰，按日辰祭六甲；阴道厌九一，厌，服也，服之有事于此也。习房中，服九一，秽浊迷乱，玩弄戕贼本来胞胎。所有食气，忍饥食气，故使肠胃空鸣，吐正漫泄本来真气。及向空中吸取外邪，昼夜不卧寐，轮年打坐，恍惚精神，恍惚著魔之状，如醉如痴，百脉亦从鼎沸不宁，何由清静其心、澄澈其神？累土立坛宇，除地结坛祀；鬼见形象，精神迷乱，若或见之；梦寐感慨，感梦祈神；举措有违，举动措施，违背正道。枢机，户枢弩机，谓玄关之呼吸神气；前却，犹云进退；曲折，犹云委琐。黄帝《天真论》云：上古之人，其知道者，法于阴阳，和于术数，食饮有节，起居有常，不妄作劳，故能形与神俱，而尽终其天年。又曰：恬澹虚无，真气从之，精神内守，病安从来？老子曰：有物浑成，先天地生。寂兮寥兮，独立而不改，周行而不殆，可以为天下母。吾不知其名，字之曰道。九都，《武帝内传》有《九都龙真经》云：得仙之下者，皆先死，过太阴中炼尸骸，度地户，乃得尸解去。此未详其说。或亦如心死神活之语。违之戾之，明其为小法，非大道也。又《十洲记》：沧海岛中有紫石宫室，九老仙都。本文以九都配黄老言，或即指其违戾仙法。省厥旨二句,谓省此《参同》之旨意,旷然超迈,一举而空之,而惟用力于枢机之要也。

右第二节。

《古文周易参同契注》卷六

东汉青州从事徐景休著
三原袁仁林振千注
受业王德修参订
三原李锡龄孟熙校刊

《笺注》下篇

胡粉投火中,色坏还为铅。冰雪得温汤,解释成太玄。金以砂为主,禀和于水银。变化由其真,终始自相因。

朱子曰:此皆以同类相变为譬。

胡粉本铅也,而还可为铅;冰雪本水也,而还可为水。惟其本同一类,原非二物,但以炎火温汤,真正熏灼之而自变化耳(胡粉、冰雪之变,便以汤、火为主。)。下部元精坎水,本是元阳祖气所生,今欲求元阳坚烁之金,惟兹坎水,实为同类。但以心神灵液之为朱砂者,真正注之,时刻照之,则此金自将变化而来,故曰金以砂为主。盖有砂之注射,必能禀受和气于水中之银,以为我之金光,是即心注下部玄关,生出元阳祖气之说也。凡此皆由金水同类,得其真种,而我又有积久真切之功赴之,自然彼此斗凑,易于变化。不但变化之终始相因,即此事之为始为终,彻首彻尾,亦无不相因于此。

胡粉,黑铅炼就,见火还原;冰雪,寒水结成,遇温返本。金四水一,本合一家,得砂光显。色坏、解释四字,即变化二字。太玄,水也,水居北方,幽暗玄黑,故名太玄。金之光明坚久,指元阳祖气;朱砂灵液,指心神;水银,水中之银,指下部元阳;金砂水银,即是神、气、精。三者同类互生之真种,而必取诸水者,水乃天根处也。大圜画内,邵子以北方复卦为天根,即此理。真字,真正同类,又加真正诚切工夫,失类固非真。无真积之功,亦不得为真。始终二字,若止说变化之终始,是一时事;直说到此事之终始,是一生事。言简意赅。金以砂为主二句,乃其切要,是毕生事。

欲作伏食仙,宜以同类者。植禾当以谷,覆鸡用其卵。以类辅自然,物成易陶冶。鱼目岂为珠,蓬蒿不成槚。类同者相从,事乖不成宝(把)。燕雀不生凤,狐兔不乳马,水流不炎上,火动不润下。

朱子曰:又以异类不能相成,反覆明之。

仙道伏藏其气,餍饫其神,惟求同类,辅我自然,斯易成宝,以其得真种故也。若夫旁门小道,似是而非,气不相及,性有各殊,水火冰炭,乌能有成?

同类二字提要。禾求谷,鸡求卵,此真种同类,取以陶成冶铸,而自然之道成。鱼目无光非珠类,蓬蒿贱质非槚类。此喻外道纷纷,宝安在哉?以上八句正反对言。燕雀、狐兔二句,见气不相及;水流、火动二句,见性有各别。此四句申言反处。

世间多学士,高妙负良才(资)。邂逅不遭遇,耗火亡货财(资)。据按依文说,妄以意为之。端绪无因缘,度量失操持。捣治羌石胆,云母及矾磁。硫黄烧豫章,泥汞相炼治(持)。鼓下五石铜,以之为辅枢。杂性不同类,安肯合体居。千举必万败,欲黠反成痴。侥幸终不遇,至人独知之。稚年至白首,中道生狐疑。背道守迷路,出正入邪蹊。管窥不广见,难以揆方来。

朱子曰:此言为外丹(烧炼)者,药非同类,不能成宝。

邂逅,不期而遇也。其下文又接云不遭遇,盖谓不期而遇之至人,多不能逢也。耗火,耗其真火也。据按依文,谓泥文执象,不会其意,故无缘识取端绪,而操持为作之时,失其分寸之度、多寡之量也。石胆,出陕西巩昌府秦州,其石青色,多白文易破,炼食益寿,秦地近羌,故名羌石胆。云母,李时珍曰:此石乃云之根,故得云母之名,独孤滔曰制汞伏丹砂。矾,一名涅石,一名羽涅,陶弘景曰:羽泽,枯者曰巴石,有五色,能使铁为铜。磁石可引针,《本草》:山之阳有铁者,阴必有磁石。盖二物同气也。硫磺,《淮南子》:夏至硫磺泽。盖阳入地遇阴而成者。舶硫似蜜,黄中有金红处击开,如水晶有光,今青硫不佳。豫章,二木名,一类二种也。今江右郡名豫章,因木得名也。汞,《正字通》:俗澒字,呼孔切,洪,上声。《说文》:丹砂所化为水银。《广雅》:水银谓之澒丹,灶家名汞。鼓下五石铜,谓鼓动橐籥,而投下五等石与铜。以为之辅枢,谓用此烧炼补助,修仙枢要;侥幸二句,乃倒句,谓至人功参造化,独能知此。此人意欲侥幸一遇,而终不遇,所以自稚至老,自亦生疑。难以揆方来,谓不足为后人之道揆。

右第一节。

《火记》不虚作,演《易》以明之。偃月法炉鼎,白虎为熬枢。汞日为流珠,青龙与之俱。举东以合西,魂魄自相拘。上弦兑数八,下弦艮亦八。两弦合其精,乾坤体乃成。二八应一斤,易道正不倾。

既得同类,宜明火候,温养功深,需时而熟,如烹物之火候。然其间久暂生熟,由六十至六百者,《火记》也。初不敢凭虚妄作,为无本之说。一皆本之天地,推衍太易之理,以明在我之事。其于身也,借喻炉鼎,炉以炷火,鼎以烹物,因其下部得阳,势将上进,黑白均判,恍如偃月,遂法以名炉而鼎在焉。夫鼎中既有真种,则白虎在下,为发火之枢机;东龙在上,播腾云之风浪。而与汞日流珠俱下济焉,便是举东龙以合西虎。自上而下,阳合于阴,此时阴魄与阳魂相制;又自下而上,阴合乎阳,其滚同而为圆体也。就阳魂论,如上弦之兑,全其半阳;就阴魄论,如下弦之艮,全其半阴。各得数一百八十。又内含乾、坤、坎、离之二十四爻,而分属焉。由其得数一百八十言之,是各得七两半,合之乃三百六十铢,而为十五两,以合周天之数,此纳数也;由其内含者言之,是各得一百九十二铢,便成八两,合之乃三百八十四铢,而为二八十六两,以合卦爻之数,此展数也。或纳四卦而隐二十四,或展四卦而多二十四,均足数也。洋洋乎其盛矣哉!以此两弦之二八,应乎一斤之全数,而乾坤成矣。其在我温养之火候,不居然备乾坤之道,两无倾昃,而极其盛者哉!此备言火候之始终也。

偃者,仰面卧也。月体本圆,而其弦时半白半黑,半阴半阳,半金半水,即圆图阴阳各半。顾图分左右,身分上下,其阳在下者,犹偃月也。偃月似非炉鼎定名,正缘得种温养,其下部蓄有阳气,如月光之平仰而卧,因以名炉以见意,实非有形像物,观法字可知。将亦所谓往来既不定,上下亦无常者欤?天地日月干支之运行,多用纳数,不用展数(干支相配,至六十而止。)。然展出之二十四,即其所以为三百六十者也。若无乾、坤、坎、离之二十四爻,又何从有六十卦之三百六十爻。二十四者其体,三百六十者其用。体中有用,故二十四生三百六十;用中纳体,故三百六十已寓夫二十四。顾天度于三百六十外,尚余五度四分之一,于是岁盈五日零三时,而一岁日月交会,又复朔虚六日,积岁盈朔虚而置闰,至十九年七闰,始无余欠,谓之一章。此又其不能齐者,而大分则不越乎三百六十,其缩者自在数内,其赢者不离乎此数,总在乎纳与展之间。故言数者,亦可以纳为展。而两弦之十五,即谓之二八十六而应一斤也。要之,天地间无有截然不掺入之阴阳,举其两头搭入者言之,则固二八十六也。十五之五从乎阳,十六之六从乎阴,物固阳主之而阴成之者。观夫圆体之径一围三,而尚有余分,便知无截然之理,则阴阳之互入为之也。

右第二节。

金入于猛火,色不夺精光。自开辟以来,日月不亏明(芒)。金不失其重,日月形如常。金本从月生,朔旦受日符。金返归其母,月晦日相包(孚)。隐藏其匡廓,沉沦于洞虚。金复其故性,威光鼎乃熺。

此以元神为火,元气为金,推本金所由生,以见气须神旺也。谓气本金,神本火,火固制金,实则相成。方其入会猛火,愈见精光,曷不观之日月乎?月光,金也;日,火也。当月上金光已尽,与日交会,是入于猛火矣。乃其会日复苏,初无亏明不续之候,是以金渐圆满,不失本数(十五两三百六十铢)。而每月之升降,亘古如常,讵非色不夺精光乎?夫由现在目击言之,金光本从月体萌生,似与日火无涉,而孰知合朔交会,固已暗承日化,而亲受其火符,有非人所得而见者。试观望后金光还返,渐归坤土,倏焉月晦,此时两轮会合,牝牡相包,直已隐藏匡廓,沉沦洞虚,杳无声臭,不可画图。乃积两日半三十时,即是斤中之二两半六十铢；又复静极而动，从无生有，渐现庚方（昏见西南坤位），而复其前月光明之性，立于三（即两日半），通于八（即七日半九十时），盈于十五，仍不失其铢两之重（十五两三百六十铢）。而其为体魄鼎器者，方且赫然而威，灼然而光，圆明盈满，炎炽盛矣。可见全赖会合交姤，以火铸金，夫妻好合，乃得不失而如常也。然则金火正宜同处，日月正宜交会，而吾之元神正宜下注玄关，生发元阳，厥功懋矣。彼元阳之生，本从下部坤坎之位，静极而动，而乌知其悉由于上部元神之注射，有以下济，而光明如是哉。日月其明鉴矣。

日月不亏明，日月形如常，两日字带说，本只言月金常在也。然日之火不亏月金，月之金赖日如常，原不相离，自可并说。且如此安顿句法，人未有疑日亏明而不如常者，愈见火不亏金而益金，金常赖火而配火，古浑之笔，奥质之句，耐人把玩。金本以下八句解释上文，总见日月宜相抱，金火宜相接，元神宜相守，而必先之以隐藏匿廓，沉沦洞虚，然后金复故性，便是金来归性初，而一鼎之云气自浓矣。此节言求金之事。

右第三节

世人好小术，不审道浅深。弃正从邪迳，欲速阏不通（汤）。犹盲不任杖，聋者听宫商。没水捕雉兔，登山索鱼龙（郎）。植麦欲获黍，运规以求方。竭力劳精神，终年无见功（光）。欲知伏食法，事约而不繁。

此上下节过文也。上喻求金，下喻用金。小术繁多，善约乃可。

下文其善约者，盲不任杖，谓自处于盲而无所引；聋听宫商，谓自处于聋而不能辨。水捕飞走，山索泳游，背驰而罔获；植麦获黍，运规求方，事左而空期。宜其精神枉费，功效全无。

右第四节。

以金为隄防，水入乃优游（移）。金计十有五，水数亦如之。临炉定铢两，五分水有余。二者以为真，金重如本初。其三遂不入，火二与之俱。三物相含受，变化状若神。下有太阳气，伏蒸须臾间（斤）。先液而后凝，号曰黄舆焉（吟）。

朱子曰：此言丹之第一变也（盖谓元阳变真精）。

此以元神为水，元阳为金，指明元气生时，神气都凑之法，而驯至于初变也。盖神在我而易驰，气渐生而难强，故以金生之铢两（以铢两代时候言），为用水之隄防，隄防所以潴水，喻其紧相依傍，不漏不滥（即神气相守，神以气为宅舍，相依不离也）。神既准气，则其入而与配，不多不少，乃优游相得，不至泛滥（助长），亦不至干涸（遗忘）。此二句已括大意，下始详其铢两（铢两者，借言时日也。因斤之铢两数合周天，可以借明，遂以一日为一两，一两之铢二十两，较一日十二时而倍其数，历十五日得铢三百六十，恰合周天成数，故取铢两以明时日）。凡金全数因何而得，乃考验月光至十五方盈，遂知金数有十五（月上阳光，即金盈于十五昼夜，故即以十五为金之全数，便是金重十五两。每日重一两，其铢二十四，至十五两则铢三百六十，此通计金之全数也）。至金光始生，必有一定铢两（即时候），水之入配，即视金为则，而与之俱始，与之等齐，故曰水数亦如之（此非言水之本数，乃明入配用数也。犹月上阳光，生得一分，便有一分阴魄衬垫其下。所谓亦如者，入与金配，不多不少也）。然则临炉用功，最宜审定金生铢两（即时候），以为用水准则。其审定奈何？大抵取金之十五全数，五分分开，每分得三，其首一分乃是月初三日，月光始出庚方，金固生于此时，然尚非细数。求其细数，则不必尽此三日，只用两日半三十时，历昼夜五卦之限，为真正金生铢两（以铢两言，乃二两半六十铢；以时日言，则两日半三十时）。是就首一分昼夜六卦中，论水之入配，原有余剩不用之末卦（谓除去末一卦不用），故曰五分（读）水（读）有余（句）。〇五分二字读断，谓五分其金数；水字亦读断，谓入配之水；有余二字，又打转在五分内，谓于首一分昼夜六卦中，却有余剩不用之末一卦。〇此句甚奥，看他明说五分金数，却不说出首一分，直至下面有余二字，方可悟他是从首一分说有余，不然，则有余端的于何处觅？其明说水字，不言入配，必因上文水入二字看来，方知此一水字乃入而配金之水，至水字下凭空连以有余二字。若不打转，纳在五分二字内看，更是一场鹘突。所以句中五字，必须三段分开，始有分晓。〇于此节悟《契》中说出每月六节、十二节之故，在《契》尚影响言之，此则将欲明言，而又艰奥其辞,盖慎之也)。抑昼夜分六卦,既除末一卦不用,其于五卦内又有相较细数。盖前二卦十八时,金生尚隐,中二卦金始出现,故曰二者以为真。二之云者,于六卦中除去初之三卦、末之一卦,而取中二卦之时(即历尽两日半三十时,为真正金生时刻)。维水与金,从此斗凑,不忘不助,则功深积累,金重如初,依然十五,复还本来圆满,故曰金重如本初。而其前三卦遂不入用,谓水不入配,故又曰三遂不入也。此其前后之时刻铢两,只在首三日内盘旋计之,盖作三层分派。既五分十五,而得首三日,即从首三日六卦中取五而除一(除去末后一卦,谓之有余。),随又从五卦中,去三而得二(去其前面三卦谓之不入,得其中间二卦为之真。),宛转说来,止是两日半三十时(即是二两半六十铢)。其不轻示如此。金之铢两既定,水之入配既明,便以下部之火二者(谓呼吸,即下文太阳气,此火二之二,当即地二生火之二,不必定言铢两。),与金水偶俱,则水、火、金三物团圞一处,相含相受,而变化自若神矣。于是又申明之,谓正惟有太阳火气伏蒸其下,不踰时而气成精液,旋结黄舆。黄在中而气得舆,如马齿,如琅玕,浓厚而晶莹,斯其阳变真精,岂不神哉(下有太阳句,止是申明火二与俱意;伏蒸须臾句,止是申明三物含受意;先液后凝二句,止是申明变化若神明句。)!

元神心之灵液,故又以水言。其前一节以火言者,心乃太阳日也,水火互宅,即无不可以水火互言以见意。水数如之句,有谓金水数皆十五者,此亦说得去。但上文金为隄防句,以金为主,水只从之而已。下句铢两二字,亦主金说,此处不必详列水之本数,故如字只作随字看。金数者,金之本数也。水数二字,谓水之用数,非谓其本数也。若论本数,自与金同。观上弦金水平对,望后魄生,十五日而晦,显然可证其十五,而本文意不重此。本文以水为神,神无界限,何必详其数目。盖所谓让他为主我为宾之时,自当以金为主,同一金数十五也。三分其十五,则见望前之震、兑、乾,以五日以为一节也;六分其十五,则见望前之复、临、泰、壮、夬、乾,以两日半为一节也;至五分其十五,则见三日之月出庚,而又仍归于两日半也。于此知《契》中十二节之说,意在两日半;而六节之说,意在两弦之用中也。五分其十五得三日,即取三日之六卦分之,得五而余一,是之谓水有余,非谓水之有余也。谓水于此,以最后一为余剩而不用也。水之于金,有倡必随,金既不肯迟至末,则水之随金而起也,安得不以末分为余剩乎?故曰金有重而曰水有余,水只从金而已。金固不可以有余论也,于是又取五分相较,则前三分隐藏匡廓之时,水遂不入,而惟以中二分为真,乃其从洞虚出现之时,水遂迎而配之也。本文曰有余,曰二者,曰其三,俱从首三日内细分,并不牵缠别日。以三日六卦言之,曰有余者,抽出屯、蒙、需、讼、师五卦,尚余比一卦不用也;曰其三者,屯、蒙、师三卦,亦不用也;曰二者以为真者,乃讼、师二卦,正及时当用,而为水入优游时也。本只言神气相守,团圞固结于方长之时,自然变化黄芽,气化为精,却作如许周折,便是要人自思自悟,积久向里,自将通透,迨其悟之,亦不至轻忽。黄舆即黄芽,芽有舆音,诸本芽、牙、礜、舆,字异而意一。今注中姑依舆字解。

　　附论:十五盈数者,已包三百六十铢也,过此则渐衰。盛之数十五,衰之数亦十五,合盛衰而月终三十。生数之一、二、三、四、五,积数十五,生则必盛,故盛之数十五;成数之六、七、八、九、十,积数四十,去十不用,又折转其三十,止得十五,成则必终,故衰之数亦十五。阳数一、三、五、七、九,积数二十五,去十不用,止得十五,阳者,生之类也,故盛数十五;阴数二、四、六、八、十,积数三十,折转亦止得十五,阴者,成之数也,故衰数亦十五。十五以两计,包三百六十铢,寓天地全数。凡阴数必折转得实者,阴半故也。平分十五,得七日半,合昼夜十五卦,仍是十五数,于十五日内,又包两十五,前弦后望,前得其平,后臻其极,上弦时阴阳适均,正金之盛数,过此则侵占阴位,盛中暗已带衰,而未尝非其极盛之数,以其在大局十五内也。世间凡事如此,花只以半开为佳,职事之故。铢两,汉《律历志》:十黍为絫,十絫为铢。黄钟一龠,容千二百黍,重十二铢,两之二十四铢为一两,十六两为一斤,一斤十六两、三百八十四铢,与卦爻合。金数十五两,得铢三百六十,与周天合。而前文亦谓之一斤者,内含乾、坤、坎、离二十四爻故也。以鑽入言之,则十五两为斤而非杀;以曳长者言之,则十六两为斤而非溢。凡卦爻所以经天纬地也,乾、坤、坎、离,体用运行,实组织于周天之内,而六甲相配,亦止于六十,故六六三百六十,为周天大局,而此十五两亦斤也。大抵言日时者,历也;言铢两者,律也。铢两从律出,与历同一源。前云数在律历纪,故言日时亦言铢两。而以十五日言,其为时者止一百八十,为见全数;以十五两言,则其为铢者已得三百六十,见天地之全数。可以知月光圆满之故。

岁月将欲讫,毁性伤寿年(宁)。形体如灰土,状若明窗尘。

朱子曰:此是第二变也(盖谓真精变真气)。

火力周,神功足,历岁月而去故化新,液凝灰土,其状氤氲闪烁,一似明窗空隙中,日光映射之飞尘,往来无意,而洋溢充盈也。不已精化为气,而盎然布濩乎。

岁月讫者,黄芽得养而数盈也;毁性伤年者,指其变也;形体,本质也;灰土窗尘,喻气之盛,与《庄子》野马尘埃同意。精化为气,只是精足而气乃盛也,状其殷盛,蓬蓬勃勃,眼前浮动,有若明窗尘也。

捣治并合之,持入赤色门。固塞其际会,务令致完坚(斤)。炎火张于下,昼夜声正勤。始文使可修(循),终竟武乃陈。候视加谨慎,审察调寒温。周旋十二节,节尽更须亲。气索命将绝,休死亡魄魂。色转更为紫,赫然成还丹(登)。粉提以一丸,刀圭最为神。

朱子曰:此第三变也(盖谓真气化元神)。捣治并合,此当别有所作用。炎火,即所谓太阳气;声正勤,后章亦言嗷嗷声正悲,如婴儿慕母是也。修,疑作循字。气索命绝,又是前章火灭金复之意。

橐籥运行,如捣治然,升至泥丸,南方赤地,持入赤色门也;降于土釜,水火际会,固塞不漏,又有太阳炎火张布于下,眷恋不舍,则伏蒸至矣。任天然者,文也;必有事者,武也。勿忘无助,与时循环,直至百脉归根,万窍俱寂,非死而死,魂魄不游,而绝后更苏,金光转紫,气化为神,紫府充盈,还丹成矣。凡此皆由以灰土窗尘之粉碎者丸之,以真一而得神药也。

刀圭,李时珍曰:丸散之刀圭者,十分方匕之一。方寸匕者,作匕正方,抄散不落为度,十分其一,准如梧桐子大也。《正字通》:匕,补米切,音彼。《广韵》,匙也。又匕首,剑属,《通俗文》云:形似匕,短而便用。《举要》：匕形似刀，从反。刀，篆字作匕。按此则刀圭之名。刀言匕，圭指角，谓其甚少，仅出一匕之圭角间者。此刀圭名目之正解也。陈致虚为圭为戊己二土，并不及刀字。圭为土，刀宜为金，此又别解。观李时珍丸散之刀圭语，则内养家别有所谓刀圭。盖金土寓言，即谓金土之甚少而微妙者欤。凡陈致虚解疏卤莽，如本文隄防字、十五字、有余字、二字、三字、与粉提句，初不细按文义，深思意旨，惟见蒙混而已。粉乃粉碎之粉，承上灰土窗尘，即言其为尘者，喻言药已磨成细粉而须丸也。提，举也；一，真一之气也；丸，攒之使圆也。谓此灰土窗尘之粉碎而弥漫者，举来以真一之气团之，圆成无欠，是即刀圭之神药也。此二句申言捣治并合意以结之也。

　　右第五节。

　　子午数合三，戊己号称五。三五既和谐，八石正纲纪。呼吸相含育，伫息为夫妇。黄土金之父，流珠水之子。水以土为鬼，土镇水不起。朱雀为火精，执平调胜负。水盛火消灭，俱死归厚土。三性既合会，本性共宗祖。

　　朱子曰：子水一，午火二，数合三也。戊己土，其数五。三五合而为八，八石象也。然其实但水火二物，而以土为主耳。土属脾，脾主意，谓以意使火下而水上，相呼吸也；金，即火也；朱雀，疑指心而言，又意之主也。此火字，与前章熬字意不同，别是一火也。执平，谓执衡司夏也。此书之意，大抵为以火烹水（阳在下），以水灭火（阴在上），亦如前章月受日光（火烹水），反归其母（金光归坤土，又是水灭火。）之意也。

　　子水，坎也，肾中元气；午火，离也，心中元神。戊己土，坎中戊，离中己，于人则脾所主意。三五和谐句，自是顶承子午之三、戊己之五。须知水一已带金四为一五，火二已带木三为一五，所谓金水合处，木火为侣，本系一家，每相鱼贯。而中宫复有意土之五，媒合其间，则三五团圈而自和谐矣。八石正纲纪句，固是顶承上三五为八，须知即于三五十五数中，折转用七日半，因其阴阳适均，故曰正纲纪，为夫妇也。息字，朱本作思。停息，犹停思也。黄土二字，从水、火、土三物中特提起说，谓凡此皆意土为之终始。意土乃五行宗祖，始终而生金镇水，而流珠木之为子者，每足以挠土。既而以朱雀之心火，扶助意土，执其平衡，照一月之晦朔弦望，调其胜负，到下半月，月光退转，则水盛火灭，水火俱隐，归于坤土。此时三性会合，实因其本性皆以土为宗祖也。法上半月，火去烹水，阳在下也；法下半月，水来灭火，阴在上也。

巨胜尚延年，还丹可入口（苦）。金性不败朽，故为万物宝（补）。术士伏食之，寿命得长久。土游于四季，守界定规矩。金砂入五内，雾散若风雨。薰蒸达四肢，颜色悦泽好（吼）。发白皆变黑，齿落生旧所。老翁复丁壮，耆妪成姹女。改形免世厄，号之曰真人（主）。

胡麻入口，尚可延年，况丹属元阳，性如金刚不坏，尤宜伏食矣。伏者，伏藏其气；食者，餍饫其神。金固为宝，寿命因之，要非意土不为功。于是重提意土，谓土游四季，辰、戌、丑、未之气，周流于水、火、木、金以成其用。在天之五行，在人之五体、五官、无脏，无处不资土以荣，则吾之意土正宜注射玄关，定其升降规矩，以复我元阳。斯时也，金砂以不朽之气，入我五脏之内，布濩薰蒸，若风之鼓动，若雨之滋润，而仪容壮实，齿发康强，返老还童之效，不可胜言，乌得不谓之真人乎？

元阳金气于吾身为至宝，超万物而物莫与敌。始也非此不生，继也离此不活，身外一切瑰宝奇珍可爱可惜之物，孰得而加，耗此贪彼，情牵梦萦，本实先拔，能复几时？知道者从天地日月汇萃观之，而自晓然于德性之尊，此即圣门仁无以尚之义。而一言气，一言理，理气不离，仍是一个，非此气不能宅此理，故孟子有养气之功。合而绎之，究心理气之士，又安得入宝山而空归哉？金是气，砂是神，以神御气，以气养神，团圞固结，斯五内入而四肢达矣。诚中形外，积厚流光，充实而有光辉，皆是道也。颜如渥丹，鬒发如云，此少年之充裕；至黄发儿齿，则老者之寿征矣。要皆薰蒸所致。彼鸡皮鹤发之翁，特难于风雨春深耳。所称绿鬓童颜，岂异人任哉？耆妪，老妇也；姹女，美女也。《麻姑传》：麻姑至，蔡经举家见之，是好女子，年十八、九许，于项中作髻，余发垂至腰。

右第六节。

推演五行数，较约而不繁（闻）。举水以激火，奄然灭光明。日月相薄蚀，常在朔望间（斤）。水盛坎侵阳，火衰离昼昏。阴阳相饮食，交感道自然(恐)。名者以定情,字者以性言(吟)。金来归性初,乃得称还丹(登)。

朱子曰:此解上文还丹得名之义,因火灭而金复也。

此节通结前文。凡前所云,皆五行数也。盖因身物原属五行,故借五行推演,最为简约。其在下者,水也。举而上之,使与火会合而激射之。正如月来会日,两相含育,日收余映之光,月敛临下之明,而火不得肆其燎原之威,顾当慎防其不和。彼日月薄蚀,常在晦朔会合之时,坎水侵阳,离火昼昏,譬外道执迷,反为心害。必也于会遇时,交相饮食,阴阳和会,两相媾结,斯乃交光互感,自然而然之道,所谓还丹也。而还丹之称,有金之名,有丹之字。金之名,所以定下部之情;丹之字,所以指南方之性。性即元神之至静者也,情即元气之至阳者也。必使金来归我性初,乃得称为还丹。盖元阳祖气,本我性之根,今使复还本初,与我元神之姹女相合,结成婴儿,有不称还丹者哉?甚矣,还丹之要,端在于金来归性初一语,而内养者可以知所从事矣。

朱本、陈本薄蚀作激薄,朔望作晦朔,如此则举水激火以下八句,止是一意。但侵阳昼昏与激火灭光,语意不应复出。兹本以薄蚀与饮食对言,自分和与不和两意。若仍串说,不惟语复无谓,而且以薄蚀为佳,无此理。本指月来会日,有薄蚀之悉,则下句止宜言晦朔,不应用望字。望字带说不重,故下二句坎水侵阳,离火昼昏,亦止言日蚀,不言月蚀。侵阳昼昏,与上激火灭光语句相似。独玩一侵字,知是靠薄蚀一边,言其不和者。名字是还丹名字,而以还丹二字殿后,是倒装法。

吾不敢虚说,仿效圣人文。古记题龙虎,黄帝美金华(敷)。淮南炼秋石,王阳加黄芽(奥)。贤者能持行,不肖毋与居。古今道由一,对谈吐所谋。学者加勉力,留念深思惟。至要言甚露,昭昭不我欺。

圣人文,谓三君四圣之《易》;龙虎、金华、秋石、黄芽,立此名字,四种称谓,世分今古,道则由一。惟贤者立心圣贤,人道尽而后仙道可几。为能持行此道,不肖则嗜欲方深,流于纵恣,欲海迷津,终合益矣?所谋至要,言不我欺,深思而悟,是在学者。

右第七节

后　序

《参同契》者,辞寡而道大,言微而旨深。列五帝以建业,配三皇而立政(征)。

五帝三皇,德侔天地,道贯阴阳,《参同》与之并立作配。

若君臣差殊,上下无准(胏);序以为政,不至太平;伏食其法,未能长生;学以养性,又不延年(宁)。

君臣上下,神气升降,推之政治,敛而伏食,静以养性。

至于剖析阴阳,合其铢两,日月弦望,八卦成象,男女施行,刚柔动静,米盐分判,以易为证,用意健矣。

仰观日月之呈八卦(日月为坎离,望前为震、兑、乾,望后为巽、艮、坤。),俯察男女之用,刚柔剖及细微,证以大易。

故为立注,以传后贤(银)。惟晓大象,必得长生,强已益身。为此道者,重加意焉(吟)。

大象,谓易道大象也。《老子》:执大象,天下往。林希逸云:大象者,无象之象也;天下往者,执此而往,行之天下也。陆希声云:执大象者,道也。苏子由云:道非有无,故谓之大象。重加意者,其大要在意土,乃其指点处也。

《古文周易参同契注》卷七

东汉会稽淳于叔通著
三原袁仁林振千注
受业王德修参订
三原李锡龄孟熙校刊

三相类上篇

(上下二篇,乃补《参同契》之遗也。)

法象莫大乎天地兮,玄沟数万里。河鼓临星纪兮,人民皆惊骇

（喜）。暑景妄前却兮，九年被凶咎。皇上览视之兮，王者退自改（几）。关楗有低昂兮，害气遂奔走（疸，上声。）。江河之枯竭兮，水流注于海（喜）。

此言保守精气之事。天地，吾身上下部也；玄沟，上玄穹，下沟渎，于宇内为太空，于人则身内也；河鼓，星名，在天河旁，主大将，借言肾水之乘权怙势，操生杀之柄者；星纪，次名在丑土位，子与丑合，乃北方阴地，坤坎故居，指下部；人民，身物也；暑影，心气游移也；前却，进退也。肾为作强之官，操生杀，临坤坎，相火助之，易于疏泄，惊骇人民，而心气又妄前却，则方且任情纵欲，横被水灾，几如尧世九年矣。皇上，太上也；王者，心主也；关楗，闭塞也；低昂，自低而昂也；害气，灾害之气也；奔走，消灭也；江河，行水处也；枯竭，不行也；海，心海也。太上览视曰咎，乃命心主退改，于是闭塞之，使自丑位最低之处，以渐而昂，则害气顿除，而江河行水之区，无由泛滥，一似枯竭不行，而悉注于百谷之王，会合于心海矣，是则改之之法也。

王指心主，皇上二字，指心中之性。

天地之雌雄兮，徘徊子与午（许）。寅申阴阳祖兮，出入复终始。循斗而招摇兮，执衡定元纪。升熬甑山兮，炎火张设下（户）。白虎倡导前兮，苍液和于后。

此言精气倡和之事。天地雌雄者，上下部刚柔相配也。下部子位为天根，阳生之方；上部午位为月窟，阴生之方。徘徊者，阳萌未达，阴长还微，其来徐徐，不即显露，此时正宜存注，犹徘徊踯躅然也（谓虽潜滋暗长，尚未出头露面，不及寅申显豁。）。寅申阴阳祖者，阳以三立，寅位是也。阳自子位，从阴而出，历三位至寅，其时三阳出地，以渐而升，始能强立，而群阳祖之，以臻于极，故寅为阳祖。自是经六位而终于申，又入地六位而始于寅，此阳之出入复终始也。阴以八通，申位是也。阴曰丑位，附阳而来，历八位至申，其时三阴出地，以渐而升，始能通达，而群阴祖之，以底其极，故申为阴祖。自是经六位而终于寅，又入地六位而始于申，此阴之出入复终始也。循斗招摇者，招摇乃斗柄之名，以其随时建立，招摇无定，故名。循之而施转，谓以心目运行其气也。执衡定纪者,执其权衡,以定三元之纪,谓运行而入于玄牝也。夫而后张火于下,爇此甑山,倡以白虎之威,和以苍龙之液,盖以火烹水也。

朱雀翱翔戏兮,飞扬色五彩(沘)。遭遇网罗施兮,压止不得举。嗷嗷声甚悲兮,婴儿之慕母(米)。颠倒就汤镬兮,摧折伤毛羽。刻漏未过半兮,鱼鳞狎鬣起。五色象炫耀兮,变化无常主。潏潏鼎沸驰兮,暴涌不休止。接连重叠累兮,犬牙相错距。形似仲冬冰兮,兰干吐钟乳。崔巍而杂厕兮,交积相支拄。

此言以水灭火,而精气凝结也。必火飞扬,水来克制,两相贪恋,火伏可知。于是精气闪烁,鼎烹不已。其呈象也,错若犬牙,冬冰光洁,钟乳晶莹,悉状精形,而形且交积支拄矣,言充牣也。

南方朱雀指心。嬉戏五彩,心之幻化。网罗指水。声嗷慕母,指其两相贪恋;颠倒,水上火下;就汤镬,火伏于水;折毛羽,去其幻化;刻漏未过半,盖三十时之说;入水者鱼,便以鱼喻精气;层次闪烁,是鳞之起也;狎鬣,起貌,起如鬣之扰狎;潏,音聿,涌出也;支拄,犹支撑。

阴阳得其配兮,淡泊而相守。青龙处房六兮,春华震东卯(柳)。白虎在昴七兮,秋芒兑西酉。朱雀在张二兮,正阳离南午(许)。三者俱来朝兮,家属为亲侣。本之但二物兮,末而为三五。三五并与一兮,都集归一所。治之如上料兮,日数亦取甫。先白而后黄兮,赤黑通表里。名曰第一鼎兮,食如大黍米。

此言温养成丹也。

朱子通注上文曰:此复总言还丹之法,观其精要。子午谓乾坤,寅申为坎离,升熬即所谓熬枢。伏蒸者,白虎金,青龙水,朱雀火,以金生水,水而灭火以成丹,其形如此。前所谓先液后凝、马齿阑干者是也。嗷嗷声正悲,亦前所谓昼夜声正勤者(注上二段);阴阳得配、淡泊相守,即所谓各守境隅、各自独居者。房,东方七宿之中;六,其度数也。昴七、张二,放此。二物,谓阴阳;三五,谓火、金、木皆禀土气也。

淡泊相守,但安神息任天然也。青龙木魂,白虎金魄,朱雀火神,处房六,在昴七,在张二。神、魂、魄各居正中而不忒,从其方向,来朝中宫,水土在焉,是一家眷属,的为亲侣,而无不和也。于是又申言之,其本止是阴阳二物,其末仍为五行之三五。三五者,木火一五在上部,金水一五在下部,土五一五在中宫。并此三五,相与为一,都集归于玄牝之一所,此功夫作料也。取律历所纪之日数辅之,则先白后黄,而水火互济,坎离迭姤,贯通表里而丹成也。甫,辅也,《礼记·王制》注疏:《白虎通》云,三王禅于梁甫之山。梁者,信也;甫者,辅也。此取甫字,亦谓取日数为辅耳。先白后黄二句,言下部元阳之白金,入于玄牝中宫,禀受土气之黄,莫非火赤水黑,贯通表里。

自然之所为兮,非有邪伪道(土)。山泽气相蒸兮,兴云而为雨。泥竭遂成尘兮,火灭化为土。若蘖染为黄兮,似蓝成绿组。皮革煮为胶兮,曲蘖化为酒。同类易施工兮,非种难为巧(邱,上声)。

朱子曰:譬上事。

气蒸云雨,水上升而制火也;泥竭成尘,火中混浊蠲除而成乾土,有中德也。

惟斯之妙术兮,审谛不诳语。传于亿世后兮,昭然自可考(口)。焕若星经汉兮,昺如水宗海。思之务令熟兮,反覆视上下(户)。千周灿彬彬兮,万遍将可睹。神明或告人兮,心灵乍自悟。探端索其绪兮,必得其门户。天道无适莫兮,常传与贤者。

朱子曰:言其书旨著明,学者但能读千周万遍,则当自晓悟,如神明告之也。董遇云:读书千遍,其义自见。又曰:思之思之,又重思之;思之不通,鬼神将教之。非鬼神之力也,精神之极也。非妄语也。

星经汉,火下制水,阳在下也;水宗海,水上制火,阴在上也;海,谓心海;昺,同炳;思、通,语出《管子》。水宗海与水流注于海首尾相应。反覆视上下,谓当内观而自视其下部,必反覆于其间而自可入。

古文周易參同契注

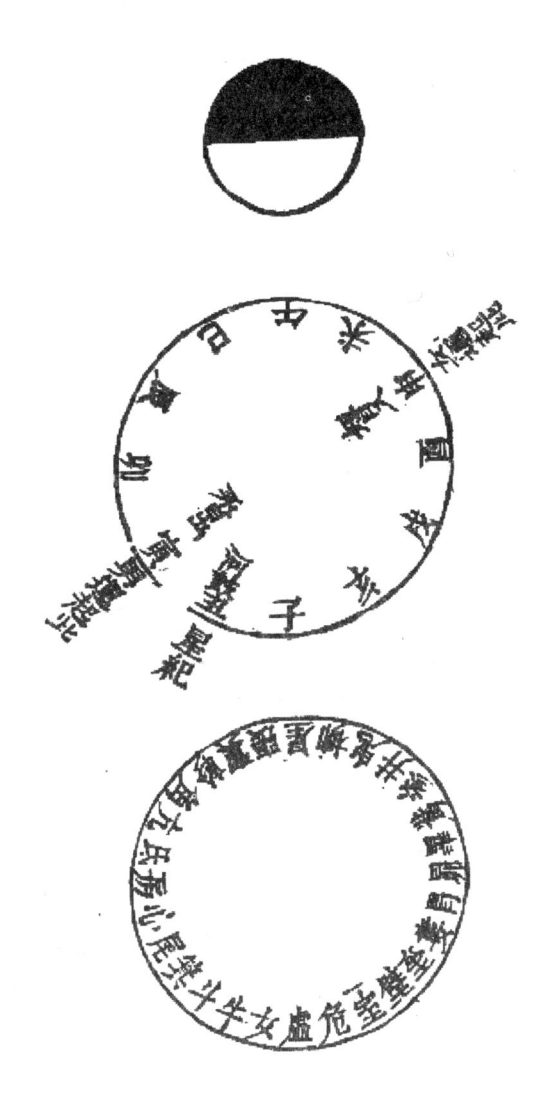

第二十三卷

圖一

（上半黑下半白之圓圖）

圖二（內層天干地支方位圖）

壬 癸 甲
子
丑 乙
寅
卯
辰
巳
丙
丁
戊
己
庚 辛

（按：圖中文字環列，依位次為：甲乙丙丁戊己庚辛壬癸，地支子丑寅卯辰巳午未申酉戌亥）

圖三（二十八宿圖）

角亢氐房心尾箕斗牛女虛危室壁奎婁胃昴畢觜參井鬼柳星張翼軫

1417

《古文周易参同契注》卷八

东汉会稽淳于叔通著
三原袁仁林振千注
受业王德修参订
三原李锡龄孟熙校刊

三相类下篇

鼎器歌

（鼎器身之上下部）

圆三五,寸一分。

三五者,木三火二为一五,魂与神合也;金四水一为一五,魄与精合也;中宫土贯四行为一五,意则无乎不在也。圆者,圆成、圆满、圆转、圆熟,复还其圆体也。身内魂、神、魄、精、意,此五者乃三五之物（魂神一五、魄精一五,意土一五）,每易分散岐出,如泻水置平地,各自东西南北流,则不圆甚矣。不圆则亏折损耗,丧失所有者多矣。故必收敛攒簇,使之会归玄牝,外无所摇,内无所役,团圞固结,复还太极之圆体,是之谓圆也。盖五者之初,本属浑沦太极,内含三五之妙,迨后如火光四射,有触必应,随感而通,以有涯逐无涯（用有限之精、神、魂、魄,追逐无穷之声色货利。）,不遗余力,所伤实多。今则敛藏之,变五行为三五,变三五为浑沦太极,守而弗失,金丹之妙尽是矣。寸一者,十一也。阳主五,阴主六,五、六阴阳中数,合五与六为十一。又阳以三立,阴以八通,三与八亦十一,不过指言阴阳也。此句以圆字贯,谓复还二气圆体;若以分字言,亦谓平分二气。如月之上下弦,总不离圆字意。合二句,犹云会五行,合阴阳也。

天地生人,已将神魂隶上,精魄隶下,意土位中,自成三五之象。顾神静魂动,魂每不依神而漫游;魂魄精流,精每不附魄而妄用;至意忽彼忽此,散乱弘多。故自嗜欲交乘,五行分散,已不能为三五矣。如其神魂俱静,会成一五;精魄咸藏,合成一五;而意土周之,亦成一五。是诚三五也。夫五乃阳之中数,本属小成之圆体;至扩而三五联珠,数成十五,则大成之圆体矣。验之月内五日六十时为一节,此小成之圆体;十五日一百八十时,三百六十铢,月光盛满而望,此大成之圆体。《笺》云:金计有十五。正谓数至十五,乃至圆无欠。因五者木体之至圆,而复还之,则名为三五,而实浑沦之太极,因其圆而圆之,故曰圆三五。

口四八,两寸唇。

口主吐纳,唇主阖辟,皆通气之处,指言玄关地也。四八十二也,玄关之呼吸出入,合于十二时、十二月,则便该四象老少,八卦阴阳,四时升降,八节舒敛,故曰四八,而实则一阖一辟,运之以两而已。

口唇字面,不过因鼎器附会,非真有口有唇也。

长二尺,厚薄均。

尺二者,十二也,指言运行节度也。后自尾闾升至泥丸,分子、丑、寅、卯、辰、巳之六宫;前自泥丸降至玄谷,分午、未、申、酉、戌、亥之六宫。则其循环运转而为长者,固十有二。厚薄均者,谓其心目回旋,注意纯一,不杂忘念,初无偏乏偏饶、独厚独薄之时,而惟见其均平画一也。

腹齐三,坐垂温。

朱子曰:按齐,即脐字。

注意于腹里脐中三寸,即玄关也。一说:鼎象人身人象鼎,使口齐心心齐腹。谓凝神于腹内之玄关,而齐此三处,使肃然也。坐垂温者,用此静坐,则自觉温温铅鼎也。

阴在上,阳下奔。

朱子曰:此二句是要法。

初以离阳之元神,注下玄关(阳下奔也);及坎阴之元气发生,即引以后三关上升(阴在上也);俱化为阳,而即齐降于土釜,以尽十月温养之功(阳下奔也)。其实阴在上者,乃坎中之阳气上升,以其来自坎宫,故曰阴;阳下奔者,乃离中之阴液下注,以其往自离宫,故曰阳。要即虚心实腹之义,上部扫除嗜欲,归于虚静,阴也;下部聚集阳气,厚其发生,阳也。

阴在上而宅于中，适成其为离；阳下奔而位于中，适成其为坎。天道下济而光明，地道卑而上行，乃得天地交泰，而成水火既济之功。

首尾武，中间文。

指言温养节度。首者，始生而未旺也；尾者，既旺而将衰也；中间，旺时也；武者，必有事也；文者，安静无为，慎防其旺也。陈显微曰：进阳火，则子、丑、寅为首，卯为中间，辰巳为尾；退阴符，则午、未、申为首，酉为中间，戌亥为尾。首尾俱用武火，至中宫沐浴则用文火。按：火非别处讨来，气即火也。但就呼吸中，有事存意为武，安静无心为文。

《笺》云：始文使可修，终竟武乃陈。此云：首尾武，中间文。随文会意。

始七十，终三旬。

七十、三旬，百日也；加以二百六，则三百六十。周年之火候，亦周天火候也。文武宜，则调匀善。

始七十者，以三旬为七十日之始基也；终三旬者，后之七十日，止效三旬之升降而终之也。是为百日功灵矣。而此后二百有六，亦须吃紧调匀，见一月之功急，而百日周年，具视诸此。

阴火白，黄芽铅。两七聚，辅翼人。

陈显微曰：阴真君诗云：火候遇阴为太白。盖阴黑也，黑中用白，是阴中用阳也。至宝得阴火（元阳获静养），方变作黄芽，产于阴方黑铅故也。又《神室歌》云：后土金鼎，生死长七。盖七者，火之成数也。所贵生界用七，死界亦用七，故曰生死长七（生谓阳动，死谓阴静）。于阴阳两界，用火不差，则两火聚，而自然辅翼其中之真人矣。

火即气，阴火即气之静。凡阳火色红，阴火色白，如日光红，月光白是也。于气火静时，方变黄芽于下部，而成其为铅，故曰：阴火白，黄芽铅。或曰肾在尻上第七椎，心在项下第七椎，两七聚，或即言心肾交合。

赡理脑，定升玄。子处中，得安存。

脑，盖指泥丸、天谷；理，赖也。谓赖藉精海之赡足，而元神入定，乃升于天玄。陈显微云：婴儿在鼎，恋玄而住。天玄在上，则婴儿随升，爱护安存，莫著外境。欲知端的意，北斗面南看。

南看北斗，谓北而又北，玄而又玄。一本赡作瞻，谓心目瞻向脑处，使下部元阳上升天玄。

来去游，不出门。渐成大，性情纯。

神不轻出，积久精纯。

圣门存心，求放心。仙家于成后有阳神之出，是其所异。然亦戒不轻出，几于播弄精魂，而恐或迷其故宅。

却归一，还本原。善爱敬，如君臣。

还归玄牝，爱敬不离。

爱属阳舒，敬属阳敛，与《笺注》喜怒二字，皆养之之法。彼用怒字，只是收敛意，非如临事愤恨之怒。顾喜怒舒敛之法，养于未得时；爱敬舒敛之法，用于既得后。爱如父子，敬如君臣，而情无不贯，故第言君臣以统之。○爱敬实相成，知其至宝而深爱之，而又主一无适，不敢纵肆放逸，则敬以成爱而爱至、爱以生敬而敬深。积久无渝，浑然一天理流行之仁体而已。用以推行于世，即仁天下之事。

至一周，甚辛勤。密防护，莫迷昏。

周年火候，辛勤匪易，密护元神，惺惺不迷。

途路远，复幽玄。若达此，会乾坤。

幽玄之径遐渺，功彻通乎天地。

刀圭露，静魄魂。得长生，居仙村。

丹使魂灵魄圣，神乃地久天长。

乐道者，寻其根。审五行，定铢分。

太极玄关，天人之根也（正中虚无处，得其根苗自长。）。精、神、魂、魄、意，与流行之呼吸，在我之五行而通于天者也；岁月日时，晦朔弦望，在天之五行，而因以准其铢分者也。铢分，即时候之细数也。

谛思之，不须论（伦）。深藏守，莫传文。

审思而返己，默会而深藏，心心相印，但莫以传文为事。

御白鹤，驾龙鳞。游太虚，谒仙君。录天图，号真人。

陈云：丹成后，白鹤龙鳞在我，神通自能变化，非出外来。

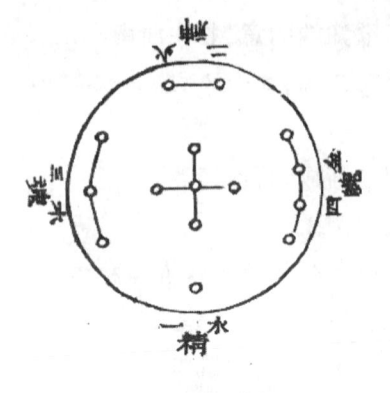

后　序

《参同契》者，敷陈梗概。不能纯一，泛滥而说（税）。纤微未备，阙略仿佛（沸）。今更撰录，补塞遗脱（太）。润色幽深，钩援相逮。旨意等齐，所趣不悖。故复作此，命《三相类》。

钩援，钩梯，即今云梯，所以钩引上城者；逮，及也。

大易情性，各如其度。

性情谓动静，依《易》动静之度。

黄老用究，较而可御。

推究黄帝、老子养身之术，较然明白而可用。

炉火之事，真有所据。

通之炉火，亦复有据。

三道由一，俱出径路。

大易、黄老、炉火，三道也，总由一理，而俱以是为所出之径路。

枝茎华叶，果实垂布。正在根株，不失其素。

太极、阴阳、五行，乃其根株也。

诚心所言，审而不误。

诚贯人己始终，果能精审而为，心意诚矣，夫宁有误。

《古文周易参同契注》跋[①]

是书本为尊生而作，然多譬况之语，耐人寻讨。而旧之为注疏者，往往各自为说，反增一番障碍，故读者莫窥其源，而入于他歧之路不少也。吾师振千先生，以理学名儒，潜究性命，贯通天人，诚见生初浑合之理，即为有生培养之基。而作者之指归，世多迷谬，爰是随文解义，悉以身所具者指明之，然后书中借喻之语，皆得以曲畅旁通，而各极其趣。而先生自著之序，则又可谓约而尽矣。后之览者，其亦可以溯流穷源，自得其用功之所由乎。

乾隆丙寅七月既望，受业王德修躬若氏敬跋

---

① 按：王氏此篇"跋"文，据丛书本、光绪本置于全文之末。

附录：

一、袁仁林传

袁仁林，字振千。为人静重好学，不苟言笑。进士乔塘曰：与先生语，不觉矜躁俱释，非有道不能也。嗜韩文，手自笺注。学使者试，常夺赤帜，与选贡员世泰齐名。二人学问有素，邑之欲教其子弟者，非袁即员。袁善书，凡碑版庆唁之词，必出袁手为荣，求书者常盈门。尤精《参同契》，导引有法，年八十余犹书细字，精神炯炯，近九十卒。员亦昌后焉。

——出清光绪三年纂修《三原县志·人物》卷之十三

二、古文周易参同契注八卷

（陕西巡抚采进本）

国朝袁仁林撰。仁林字振千，三原人。是编以《参同契》旧注，往往各自为说，反增障碍。因为随文解义，凡书中借喻之语，悉以身所自具者指明之，书成於雍正壬子。其曰古文者，盖据杨慎所称石函本云。

——出《钦定四库总目》卷一百四十七

第二十四卷

读《参同契》

清 汪绂 注

点校说明

1.《读〈参同契〉》三卷,清汪绂注。汪绂(1692—1759),初名烜,字灿人,号双池、重生,安徽婺源人。少从母学,为诸生。汪绂一生博学,不仅为徽派朴学大师,且旁及乐律、天文、舆地、兵法、术数、医药、卜筮等。平生勤于著述,所著书共两百余卷,后人集辑有《汪双池先生遗书》二十八种,可概见其学说。

2.汪氏此注,谓《参同契》"其说本养生方技之谈,而附会于大易以立言,非其情矣。"又以"虽得粗遗精乎,亦小道可观矣。"故所注解,顺释《参同契》之关涉易理,又以汪绂通于医,注中亦以医家之说解《参同契》。参以泊然无情、冲淡无为之旨言修养,则得《参同契》"真人潜深渊"之奥。至于龙虎还丹、金液玉液、知时采药之玄,则非汪绂所能知也。

3.本篇以光绪二十二年(1896)《汪双池先生遗书》本整理,无参校本。后附《清史稿》"汪绂",能略知其生平,若欲知其详,可读《双池文集》之传文。

读《参同契》

序

自来注《参同契》者，或主震、庚、兑、丁诸说；或随文解义，以身所具者发明之；或谓首则专明易理御政，以下言易之神化流通，后乃服食之法，而不外乎易之中者。皆各是其是，实则似是而非。盖《参同契》之作，实本于《火记》，书中明曰：《火记》不虚作，演《易》以明之。又曰：《火记》六百篇，所趋等不殊。文字郑重说，世人不熟思。是《火记》者，深明易道，其书必深奥汗漫。伯阳恐其久而差也，故述其纲纪，删其枝叶，驭繁以简，而成是书。今《火记》虽不可见，犹幸是书之存而如见焉。

婺源双池先生，邃于易理，于术数之学亦必究极其奥。及读《参同契》，而知《火记》之精蕴，《易》之余绪，且谓先天卦位犹仿佛见之。其书虽主丹灶，而务固敛其精神，人伦日用未尝弃捐，胜于异端之废伦贼道。又恐人惑于炉火、牝牡之说，堕入恶趣，因为明指丹砂、铅汞、龙虎、姹女，皆指一身之内，求之身外则已惑矣。大声疾呼，以为逞嗜欲、绝人伦者戒。

先生于注《阴符经》，恐其沉隐伏匿，贻害人心，而特为发其隐微；于注是书，则又虑人之迷惑失旨，求之药石，媚于祷祝，坐失养生之宜，而又出其迷途，偕之大道。要皆先生救世之苦心，不可不传于世者也。是为序。

光绪二十有一年乙未冬十月郁平陈璊书

读《参同契》卷之一

婺源汪绂双池 释
同邑 程梦元炡园
后学 同邑 戴 彭景筠 同校字
同邑 余家鼎彝伯
乌程 卢葆辰子纯

《参同契》者,言以《易》及黄老家言,及丹经之说,参合之而无不同符合契也。其说本养生方技之谈,而附会于大易以立言,非其情矣。顾人物之生也,气以成形,理以成性,理气相与为体,其原皆出于天。理则健顺五常之德,气则阴阳五行之秀,是固有同符也。阴阳之变合,大易备焉。故凡医药、克择、青囊、丹灶、杂家小技,无不以《易》为宗。虽得粗遗精乎,亦小道可观矣。粤自汉唐以及于宋初,言《易》者但知有文王后天卦位,而伏羲画卦本原为先天卦位者,则概未之见焉。而此篇所谓乾坤门户、坎离匡廓、震受朔符、巽居望后、兑以上弦就盈、艮以下弦归晦,则以伏羲卦位,犹仿佛见之,是必有所承也。其为说也,虽主于丹灶,而摄生有道,务于固敛其精神,以顺时动息,君子不尽废焉。若夫国家政治之务,人伦日用之行,彼固未尝弃捐,则与异端之废伦贼道者固不同科;而其它小数,驰骛烦支以争福泽,又不如此篇之守约也。是以朱子于此书亦未尝不留意焉。宁于此诚有取乎,抑所见固有在矣。绂因是录其全文,而亦或略为之说,以识所见。谓其言犹是,其读之则唯其人也。

乾坤者,易之门户,众卦之父母。坎离匡廓,运毂正轴。牝牡四卦,以为橐籥。覆①冒阴阳之道,犹工御者,准绳墨,执衔辔,正规距,随轨辙。处中以制外,数在律历纪。

---

① 覆,原本脱此字,今补。

乾坤纯阳纯阴，众卦之合阴阳以成体者，皆禀于乾坤。而坎则阳在阴中，离则阴在阳中，是坎为阳之匡廓，离为阴之匡廓。阳之生者，自离而出，自坎而入，如毂之受轴焉。是坎离者，乾坤之交，而即阴阳之所以行。以交合言之，则为牝牡；以阖辟言之，则为橐籥。处中以制外，使阴阳之行，不失途辙，以成其为乾坤者，又非坎离不为功焉。先天八卦，乾上坤下，而坎离横于东西，当毂轴之位，阴阳之所以循环不穷。是篇盖有见于此，而因为是说也。其全书大旨，皆以坎离为重云。

月节有五六，经纬奉日使。兼并为六十，刚柔有表里。朔旦屯直事，至暮蒙当受。昼夜各一卦，用之依次序。既未至晦爽，终则复更始。日辰为期度，动静有早晚。春夏据内体，从子到辰巳。秋冬当外用，自午讫戌亥。赏罚应春秋，昏明顺寒暑。爻辞有仁义，随时发喜怒。如是应四时，五行得其理。

月有三十日，每日昼夜各一卦，并之则六十卦。其所行卦，则依《周易》次序，故朔当屯蒙，至晦则当既、未济。而春夏以内体为主，以乾体言，则内体子、寅、辰也；秋冬以外体为主，外体午、申、戌也（已亥字只带言）。此盖以布政施治言，故别用文王卦序，其以六十卦配日，与焦京略同。而配卦之法，与焦京六日一卦者不同，其卦气之序亦不同。然皆泥于数之迹，非有见于易之道，附会以言治，非其情也。赏罚应春秋，昏明顺寒暑，则如祖识地德，纠虔天刑，明动晦休之道协焉，然非可以逐日行某卦配矣。

天地设位，而易行乎其中矣。天地者，乾坤之象也；设位者，列阴阳配合之位也。易谓坎离，坎离者，乾坤二用。二用无爻位，周流行六虚。往来既不定，上下亦无常。幽潜沦匿，变化于中。包囊万物，为道纪纲。以无制有，器用者空。故推消息，坎离没亡。

以坎离为乾坤二用者，盖以乾坤六爻，各当震、兑、乾、巽、艮、坤六卦，则坎离无位（十二辟卦亦坎离无位），故以二用当之。坎者，乾之用九，以交于坤体之中；离者，坤之用六，以交于乾体之中。其意以七、八为阴阳之体，乾坤静而各居；以九、六为阴阳之用，乾坤动而交媾。故凡周流六虚，往来上下，皆曰九曰六，则皆坎离之气行，而为乾坤之用，即上文运毂正轴之说也。若乃阴阳之一消一息,则坎离无与焉也。

言不苟造,论不虚生。引验见效,校度神明。推类结字,原理为证。坎戊月精,离己日光。日月为易(或作阳,非是。),刚柔相当。土旺四季,罗络始终,青赤白黑,各居一方。皆禀中宫,戊己之功。

戊己土无定位而分旺四季,故坎离之无位而周行六虚者,配戊己焉。坎,月也,水也;离,日也,火也。而以配土者,土固水火之和合,阴阳之交会也。于文日月为易(勿字即月字之变体),于卦刚柔相当(阳居阴中,阴居阳中。),震青(震青于《易》无文,然震为苍筤竹,是亦可言青也。),乾赤(乾为大赤),巽白(巽为白),坤黑(坤其于地也,为黑。)。既以坎离当二用,则凡九六之升降出入,皆禀于坎离,虽乾坤亦待坎离而成体矣。乾坤交而为坎离,又成乾坤者,如父母生男女,男女又合为夫妇,则又生男女而自为父母也。

易者,象也。悬象著明,莫大乎日月。穷神以知化,阳往则阴来。辐辏而轮转,出入更卷舒。

观日月之行,则可知坎离九六之用矣。下文震、兑、乾、巽、艮、坤皆辐辏轮转出入卷舒之象也。

晦至朔旦,震来受符。当斯之际,天地媾其精,日月相撢持。雄阳播元施,雌阴化黄包(或作色,非。)。混沌相交接,权舆树根基。经营养鄞鄂,凝神以成躯。众夫蹈以出,蠕动莫不由。

天地交而生物,日月合而生明,男女合而生子,阳施阴受,莫比皆然。震者,阴之始交于阳九六之初,合而阳动于下也。

于是仲尼讃鸿蒙,乾坤德洞虚。稽古称元皇,关雎建始初。冠婚气相纽,元年乃芽滋。圣人不虚生,上观显天符。天符有进退,诎伸以应时。

此援引六经之所托始,以证朔旦之始震也。

故易统天心,复卦建始萌。长子继父体,因母立兆基。消息应钟律,升降据斗枢。

不独朔旦始震也,一岁之卦气,则始于复,复下体亦震也。震初一阳,长子继父体,上体,坤也。一阳动于北方坤体之下,因母立兆基也。

坤始交乾而得震，以一岁言之，则十二辟卦；以一月言之，则三日震体成形；以每日二卦言之，则屯之内体是皆自震始。而先天六十四卦之图，亦继坤以复，继乾以始。始复者，以六画言一岁之气；始震者，以三画言下文之纳甲是也。前言始屯，盖以行事所取法言；此言始复，则以阴阳消长言。然亦离遁而不归于一矣。

三日出为爽，震庚受西方。八日兑受丁，上弦平如绳。十五乾体就，盛满甲东方。蟾蜍与兔魄，日月气双明（气或作无，非。）。蟾蜍视卦节，兔者吐生光。七八道亦讫，屈折低下降。十六转受统，巽辛见平明。艮直于丙南，下弦二十三。坤乙三十日，东北丧其明。节尽相禅与，继体复生龙。壬癸配甲乙，乾坤括始终。七八数十五，九六亦相应。四者合三十，阳气索灭藏。

以月之明象卦画之阳，以月之魄象卦画之阴。月三日明始生，其夕见庚方形如仰盂；八日上弦，夕当西南丁位，而其上犹缺；十五而望，则光满；十六又始生魄，望后平明当辛位，其下已缺；二十三日下弦，旦当丙位，其上犹明；晦而光尽，与日俱出东方。故象此而谓之纳甲。北方日月所不行，故无所配，而壬癸并于甲乙，为乾坤之括始终。此实亦先天八卦之序。震一阳、兑二阳、乾三阳，巽一阴、艮二阴、坤三阴。阴阳之生，皆自下而上；月之生明生魄，则皆自西而东。故其所取如此，火珠林亦用纳甲法，而不及此篇之明析。又按，以先天横图言，则乾甲坤乙，太阳太阴之体；艮丙兑丁，太阴太阳之交；坎戊离己，少阳少阴之体；震庚巽辛，少阴少阳之交。坎离最居横图之中，则当戊己无位；乾坤遥处横图终始，是以兼摄癸壬。七八者，阴阳静体之数；九六者，阴阳动用之数。合之则皆十五。坎离用九六，而上下弦在朔望后七日、八日之间，合两十五，则三十日而周也。又按，蟾蜍、兔魄皆月，而此言蟾蜍与兔魄者，玩蟾蜍视卦节，兔者吐生光二语，则蟾蜍以月魄言，兔魄以所吐之明言也。纳甲独取于月者，盖此篇所重在坎离，而大旨尤重坎水也。

象彼仲冬节，竹木皆摧伤。佐阳诘商旅，人君深自藏。象时顺节令，闭口不用谭。天道甚浩广，大元无形容。虚寂不可睹，匡廓已消亡。缪误失事绪，言还自败伤。别序斯四象，以晓后生盲。

此节本在《三相类·自叙》之下,安溪李氏以为宜在此,今姑从之。盖一月之晦朔,犹一岁之冬至,人君安静以养微阳,晦日亦然也。古人用兵忌晦,意盖亦如此。匡廓,坎离也,交密而不可睹,则如已消亡也。若言动不顺时,则自败伤矣。

按:此节若以韵叶及语意考之,则当在此。但末二句则又似通篇结语,而所谓四象者,亦未详所指,意亦以乾坤坎离言也。

八卦布列曜,运移不失中。元精眇难睹(一作规),推度效符证。居则观其象,准拟其形容。立表以为范,占候定吉凶。发号顺时令,勿失爻动时。上察天河文(天河,或者河图,非是。),下察地形流。中稽于人心,参合考三才。动则循卦节,静则因象辞。乾坤用施行,天下然后治。可不慎乎?

又以八卦协之。列曜则列宿之运,亦以中宫天极星为主,北辰无可见,而推步天度,则有符可征。君子之一静一动,以《易》为法,即所以法天也。乾坤用施行,即谓乾坤二用,坎离匡廓,运毂正轴,牝牡四卦,以为橐籥,覆冒阴阳之道也。

御政之首,鼎新革故。管括微密,开舒布宝。要道魁柄,统化纲纽。爻象内动,吉凶外起。五纬错顺,应时感动。四七乖戾,誃离俯仰。文昌统录,诘责台辅。百官有司,各典所部。日合五行精,月受六律纪。五六三十度,度竟复更始。原始要终,存亡之绪。

承上文而言,天人之合斗,为帝车运于中央,临制四方,亦坎离之为乾坤二用。五纬之行,有顺有逆,二十八宿皆有变动,以应人事。斗柄戴匡六星,司天下之中命,其余列星,各有所司。如风伯雨师、棓枪刑理之类。十干主于日,甲乙木、丙丁火、戊己土、庚辛金、壬癸水也;十二辰主于月,子黄钟、丑大吕、寅太簇、卯夹钟、辰姑洗、巳仲吕、午蕤宾、未林钟、申夷则、酉南吕、戌无射、亥应钟也。五其六则三十,六其五亦三十,故日月之行三十日而一合朔。故以月象言,则八卦纳甲是也;以一日并二卦言,则朔旦受屯;以十二辟卦言,则冬至自坤而建始于复。皆度竟复始,原始要终,存亡之绪,而慎终于始,则存乎御政之首也。

或君骄佚,亢满违道;或臣邪佞,行不顺轨。弦望盈缩,乖变凶咎。

执法刺讥，诘过贻主。辰极受正，优游任下。明堂布政，国无害道。

言君臣失道，则日月星辰之变应之。君正而优游任下，则布政皆无害道也。○此上篇主言易道，而意以乾坤之用藏于坎离，一动一静，含其机于深默寂岑之中，而为万事之枢纽。如坎离之无位，而九六周流六虚也。凡月之晦朔弦望，岁之春夏秋冬，斗之临制四方，莫不皆然。其勃几则尤在方动之始，是其于儒者之言为近。然其意则主于养生修炼之学，而首援《易》以附之耳。以之言治，则不免于二三而胶于卦气，非真能知《易》者也。

内以养己，安静虚无。原本隐明，内昭形躯。闭塞其兑，筑固灵株。三光陆沉，温养子珠。视之不见，近而易求。黄中渐通理，润泽达肌肤。初正则终修，干立末可持。一者以掩蔽，世人莫之知。

内以养己，以《易》之道养生也；安静虚无，亦如乾坤之用，坎离互藏于深静寂岑之中，而无位之居，无朕可睹也。收视反听，慎重寡言，使光华不泄于外，不衒聪明，所以专于内，而温养其子珠。是则其运毂正轴之道也。子珠云者，意以坎中之一阳为言，在人则先天肾水，与命火同居，实为生人之本，精神、魂魄、视听、呼吸，皆由是出。第虑其精神逐于外，而魂魄不宁，则肾精摇动，日就耗敝，故能安静寡欲，不逐于外，则所以温养子珠，而由中达外，肌肤且无不润泽矣。一者以掩蔽，一即子珠也。此数语尽养生之道。君子之慎于视听言动，非必固却其聪明，然安静以养其精神，亦调摄之宜，君子所不废也。

上德无为，不以察求；下德为之，其用不休。上闭则称有，下闭则称无。无者以奉上，上有神德居。此两孔穴法，金水（一作气，非。）亦相胥。

至人恬淡无为，非屑屑于检察。其次则必有事于调摄，而后其用不休。所谓为之者，上闭、下闭而已。上闭者，隐明内照，闭塞其兑也；下闭者，筑固灵株也。人固有外事，强制或有似于沉默，而内实驰骛者，故当内外兼养。外固其匡廓，即内以运毂正轴。故上闭则聪明不外耗，有以养其内，而精神内充矣；下闭则安静无欲，而耳目不至于妄驰矣。内安静无欲，则精神强固，有以应耳目言动之用于无穷，是无者以奉上也；

外不为妄驰,则精神有以充足于内,而神亦为之宁谧,是上有神德居也。然灵株之固,非徒事于外制所能固也,故又曰金水亦相胥焉。

知白守黑,神明自来。白者金精,黑者水基。水者道枢,其数名一。

知白守黑,所谓下闭也。金色白,水色黑。金者主于收敛,谢绝荣华,屈折下降,故白而犹有可见;收敛之至,则黑而沈密,阒寂无可见闻矣。金实生水,白实生黑,金之黑,水之基,沈密之至,而真源出焉也(捶金箔者以纸厚絷之,金箔捶成,则其纸色纯黑而有光,俗名乌金纸,是金实生黑也。)。水者道枢,作强之官,技巧出焉。无为而百为所从出,骨肉、血气、九窍、百骸、精神、魂魄皆于是乎生,以应用于无穷。虽曰生于金,而实本于天一,所谓一者以掩蔽,正谓此也。不禽聚则真源不生,不调摄则真源易竭,故曰金水亦相胥。知水之所由生,知其著于有形者,而敛之以守于无形,是知白守黑,而神明自来也。上德、下德、知白守黑,虽用《老子》语,而不必老子之意,犹其所引《易》,亦非圣人之旨,要以成其一家言,旨归则存乎《火记》耳。

阴阳之始,元含黄芽。五金之主,北方河车。故铅外黑,内怀金华。被褐怀玉,外为狂夫。

水生于天一,成于地六。阴阳交媾之始,于沈密阒寂中而实含资始万物之元焉。在人则肾处于至下,两肾之间,命火居焉。坎之一阳,交于坤体之中,主于闭藏,而为生命之本也。黄芽者,黄为土色,则坤元之资生。以是地二生火,天七成之。则阴又即伏于阳中,而离体成心之神明出焉。此所谓坎离匡廓,运毂正轴,牝牡四卦,以为橐籥,覆冒阴阳之道。而要之水,尤为本也。北方水位,河车如河水之源,周流不息也(今人谓小儿胞衣曰紫河车,即以此故也。)。铅为五金之主(闻之银匠云:铅为五金之母,汞为五金之贼。凡镕五金,必得铅而后凝,定不致耗折。若少入汞,则所镕之金必沸溢流散,而不可收云。),铅外黑而錾之,则内有金色之华,如元之含黄芽。铅本金也,其色当白,而土实生金,故内黄,内其所本也。金则生水,故外黑,外其所生也。又天始于一,成于九,太阳居一而含九,包罗始终,而水一金九,故金水相胥,金水一气也。以一合四则五,以一合九则十,故内皆含土,数极于九,则一存矣。故观于铅,而知知白守黑之说(九白也,一黑也。)。不知白,不能守黑,不守黑,无以生生也。○少阴居二含八,而二火八木,故木火亦相胥一气。以二合三则五,以二合八则十,其内亦含土,太阴四六与太阳同,少阳三七与少阴同,其内皆含五、十,故坎离纳戊己。

　　金为水母,母隐子胎;水为金子,子藏母胞。真人至妙,若有若无。仿佛太渊,乍沉乍浮。退而分布,各守境隅。采之类白,造之则朱。炼为表卫,白里贞居。方圆径寸,混而相拘(拘,一作符。)。

　　铅,金也,虽未生水而色黑,则隐然有水之胎矣;黑,水也,水虽未成,而在铅则已藏于母胞矣。故知白而守黑,则不衒聪明,不逐声色,一于收视反听,闭塞其兑,此白也,金之禽聚也。而一于恬澹无为,筑固灵株,则黑之守在是,子珠温而道枢立矣。知白则若有也,而非有,虽与物接,不萦心也;守黑则若无也,而非无,金华内含为道枢也。其若有若无之状,仿佛太渊,乍沉乍浮,其退抑敛损,则耳、目、口、体、精、神、魂、魄,各安其所守,而无驰骛耗亡之失。是皆知白之守,如铅之外黑也。所守在金,而水存焉,故曰采之类白(医家肺脉动见于寸口,曰太渊穴脉,肺为五藏华盖。盖水谷之气皆薰蒸于肺,而后气血周布五脏,行于周身,故肺朝百脉。诊病者惟据太渊一穴,而五脏变病皆可见焉。太渊本肺金脉也,是亦知白之说欤。)。及夫灵株既固,则黄中通理,润泽肌肤而造之则朱矣。肾水之中,命火居焉,是黑之中固有朱也;离为心火而主血脉,是火中固有水也(血亦水也)。此坎离之互藏也。固肾水以养命火,命火安则心火有本,而神明不惑,敛惜神明,使心火不妄动,则命火亦不妄动,而肾水不枯,此坎离匡廓、转毂正轴之道,即上闭、下闭之说也。所闭者火(心之神明,是则火也。),而闭之者命(抑使不妄,即金秋,实继夏而主收敛也。),金肃则水清,故所守又不在水而在金,守黑在知白也。始也守黑于白,而水基立焉;久之则水火交济,而子珠温而气血平。是以神明不散,而朱华于色焉(朱,火色也。)。敛其火以温水,使不失于寒;固其水以制火,使不至于散。而非知白不为功也。故曰:知白守黑,神明自来。如是,则所守不过方寸,而水火混而相拘,是牝牡四卦,覆冒阴阳之道也。

先天地生,巍巍尊高。旁有垣阙,状如蓬壶。环币关闭,四通踟蹰。守御密固,阏绝奸邪。曲阁相通,以戒不虞。可以无思,难以愁劳。神气满室,莫之能留。守之者昌,失之者亡。动静休息,尝(当作常)与人俱。

虽养得其道,而守闭之功不可忘也。

是非历脏法,内观有所思。履行步斗宿,六甲以日辰。阴道厌九一,浊乱弄元胞。食气鸣肠胃,吐正吸外邪。昼夜不寤寐,晦朔未尝休,身体日疲倦,恍惚状若痴。百脉鼎沸驰,不得清澄居。累土立坛宇,朝暮敬祭祀。鬼神见形象,梦寐感慨之。心欢意喜悦,自谓必延期。遽以夭命死,腐露其形骸。举措辄有违,悖逆失枢机。诸术甚众多,千条有万余。前却违黄老,曲折戾九都。明者省厥旨,旷然知所由。勤而行之,夙夜不休。服食三载,轻举远游。入火不焦,入水不濡。能存能亡,长乐无忧。道成德就,潜伏俟时。太乙乃召,移居中洲。功满上升,膺箓受图。

历脏、内观,今修元家坐工数息,行大小周天法也;履行步斗,六甲各以日辰,今符箓家说也;食气吐纳,亦坐工家事。凡此皆或昼夜不寐,每有学之而反至癫痴,或成吐血症者,此即百脉沸驰之谓也。垒土立坛,今道士祈祷之类,是皆违戾于黄老养生之道。此篇所云则非若是也,末段夸大其术之辞。〇此中篇主言养生,则黄老之术,其要在安静虚无,而上闭下闭,则亦上篇坎离之旨。虽非大道,而养生亦不可不知。是非历脏①法以下所言,则尤足以为末俗之痴愚者警也。

《火记》不虚作,演《易》以明之。偃月法鼎炉,白虎为熬枢。汞日为流珠,青龙与之俱。举东以合西,魂魄自相拘。上弦兑数八,下弦艮亦八。两弦合其精,乾坤体乃成。二八应一斤,易道正不倾。

《火记》盖古有是书,言丹灶之术者也。坎为月为水,取类于铅,此不言铅,盖因中篇言铅而可知。或曰偃字即铅字之误也。坎水居西方金位,故又可为金为白虎,亦前篇知白即以守黑、铅黑而含金华之旨也。

---

① 脏,原作"藏",据《契》文改。

离为日为火,取类于汞,离火居东方木位,故又以为木为青龙,此先天卦位也。其在人则肺主魄,魄之粹者为精,精藏于肾为人身之金水,肝藏魂魂之妙者为神,神藏于心为人身之木火,精魄有形,故于法为鼎,而肾水之中有命火则为炉。鼎炉皆金,以受火而为煎炼之枢纽。枢谓阖辟,急缓有其度焉也。神魂无质,易于走失,日光无不照,而贵乎有所载以留之。肾水曰子珠,而汞曰流珠,以易走失言。龙亦变化无方,飞潜不测者也。坎中之阳,乾之用九,而交于坤体之中以成坎,是以魄拘魂,乾龙而坎为虎,九之退而八为少阴也;离中之阴,坤之用六,而丽于乾体之中以成离,是魂依于魄,坤虎而离青龙,六之进而七为少阳也。是举东以合西,牝牡四卦而魂魄自相拘之道也。魄依于魂,则精得所温;魂依于魄,则神不散佚。是犹以炉鼎炼丹,以铅止汞,以月受日光,而动静升降之宜,皆以坎离互藏为之枢纽也。自朔至上弦,八日上弦而就盈,魂充于魄而铅镕金华,乃以外见;自望至下弦,八日下弦而就晦,以魄拘魂而汞不走失,黄芽乃以内含。八日之间,又炉鼎熬枢之节度,欲其平衡而无缓急不和之失也。言兑艮而不言震巽者,朔旦而遂受震,既望而遂受巽,故不必言。又震为龙汞为流珠,青龙与俱,则木火合也,火固附木者也;巽为白,铅法鼎炉,白虎为枢,则金水合也,所云知白而守黑也。以卦位言,自坤震出于离而趋兑,所谓龙从火里出;自乾巽入于坎而趋艮,所谓虎向水中行也。乾坤之用为坎离,坎离成体,乃复为乾坤,八卦备矣。又按,震、巽之合为恒、益,艮、兑之合为损、咸,震、艮之合为小过、颐,巽、兑之合为中孚、大过,是皆成中实中虚之体,故此篇牝牡坎离,诚亦非无谓也。

金入于猛火,色不夺精光。自开辟以来,日月不亏明。金不失其重,日月形如常。金本从月生,朔旦日受符。金还复其母,月晦日相包。隐藏其匡廓,沉沦于洞虚。金复其故性,威光鼎乃熺。

金,铅也,鼎也。金从火炼,其光愈精;月受日光,其魄乃明。坎固资离以为用也。金益显其光而本体不失其重,月受日为明而魄体不失其常,所贵知白守黑,而用之不失其度,则有以温养其子珠。离固依坎为体也。月,水精也,月魄即金也。月望光满,既望则屈,抑下降而魄生焉,故曰金从月生。不处其盈,即知白也。朔旦见日不见月,既朔则旁死魄,而月复受日以生明,故曰朔旦日受符。然朔月无光而月魄之体自全,是为还复其母,得所守之黑也。晦朔之际,匡廓隐藏,然由此而能受日光,则为威光之本,鼎以是乃熺也。使水火不交,日月不合,则无魂魄矣。铅必得火而镕,铅镕乃能止汞,汞必得铅而止。铅汞相凝得体,则能使金发其光(如今之磨镜,及金饰银铜铁器者,皆必以铅所制之汞磨拭之,而后精光乃发。及铜镜之光既莹,则映月复能生水,物理固然。铅汞之镕于火也,要必以金鼎盛之,而后置于火上,不然则不能镕而散失矣。人之精神无形,而魄有体,精神之聚萃,要必以体魄为躯壳,故重言金、言鼎也)。精以神守,神以精生,即运毂正轴之道、上闭下闭之方也。

子午数合三,戊己号称五。三五既和谐,八石正纲纪。呼吸相含育,伫思为夫妇。黄土金之父,流珠水之子。水以土为鬼,土镇水不起。朱雀为火精,执平调胜负。水盛火消灭,俱死归厚土。三性即合会,本性共宗祖。土游于四季,守界定规矩。

坤居子,乾居午,乾奇坤耦,则合数为三;天一生水,地二生火,子水午火,则合数亦三。而坎纳戊,离纳己,则戊己土数五(或云木三火二为一五,水一金四为一五,土为一五,合之为三五,非。)。以三合五则八,故上弦、下弦之间以八为节,然八数不足,故合之成十五,两十五则三十,升降亏盈之度也。其长而盈也、呼也,其退而消也、吸也。此呼彼吸,此吸彼呼,呼吸屈伸,两相含育,伫思之间合为夫妇,所谓牝牡四卦也。坎离戊己,戊己土(只会合冲和之气则为土),土则生金,人之始生,体魄具焉。精魄之灵为魂,魂之妙为神。流珠即神也、火也。魄之英为精,精,子珠也、水也。水亦流动之物,得火则沸,以土为防,土即坎离所纳之戊己也。坎水离火本相胜之物,火炎则水干,水决即火灭,而其用则又相济。水非火则冰,而无以润物;火非水则焚,而物毁矣。惟上下降升,三五之际,调之使火候得其平,则戊己之土存焉。使相含育而不相害,子珠温而流珠不失,神不敝而精充,至于精充之至,妄火不炎。如铅之既镕,汞之既定,二者凝合为一,如泊然无情,归于冲淡无为,则无为之为,无用之用,五脏、四体、九窍、百骸皆适所安,是丹还之候也。

巨胜尚延年,还丹可入口。金性不败朽①,故为万物宝。术士服食之,寿命得长久。金砂入五内,雾散若风雨(雾,一作雰,非。)。薰蒸达四支,颜色悦泽好。发白皆变黑,齿落生旧所。老翁复丁壮,老妪成姹女。改形免世厄,号之曰真人。

金也,砂也,即谓所还之丹也。金性不朽,丹成则亦不朽矣(铅汞皆金类,汞与丹砂同产,丹砂之汁,镕则为汞,汞复以法蒸冶之,则复成珠,今所用银朱、慓朱是也。金铅、丹砂皆生于土,则皆可谓之金丹。《经》因类而喻,故别类而言之也)。此夸言丹还之效。

胡粉投火中,色坏化为铅(化,一作还,作还为是。)。冰雪得阳春,解释成太元(元,或作虚,以韵叶之,非是。)。金以砂为主,禀和于水银。变化由其真,终始自相因。

制铅为胡粉,焚之则还为铅;凝水雨为雪,见日则还为水。此皆以黑成白,白复归黑,亦知白守黑之意也(以酒糟和铅盦而蒸之,则成胡粉,今所谓铅粉也。胡粉以火炼之则复成铅,今银硃以火销之亦复成汞也。铅色本黑,金类之属水者;汞出于丹砂,金类之属火者也)。金即上文之金,以还丹言也。谓之丹者,谓其归以丹砂为主也。篇内之旨,多主铅,而此云金以砂为主者,汞出于丹砂,镕铅所以止汞,汞于铅和合,而后复成丹。筑固灵株、知白守黑,本于以温养子珠。子珠,坎中之一阳,犹命火也。一阳藏于二阴之中,肾水固则命火安,命火存则肾水温而不冷。丹砂其本性自然,不由修合者也。命火温而魂气行,魂气萃而神明出,神明则心主之。汞本出于丹砂者也,汞为流珠,离之二阳炳明于外,丽一阴而为离,一阴黑也,火中有水也。心以血用火,以膏明火,炽而膏消,心劳而精耗。惟守之以静,则精神内充,阳丽于阴而后阳乃不散,故镕铅所以止汞,汞止而不流散,乃可还而成丹。吾生有涯,而知无涯,以有涯随无涯,殆矣。养生家言,要主于安靖此心,以还固其命

---

① 朽,原作"休",据注文改。

而已，故曰金以砂为主。顾知白者此心，守黑者亦此心，神明之来亦还在此心，要以心为主。用铅以止汞，汞止而后还丹，是以禀和于水银也。凡此曰铅曰汞，似非一物。然铅可为白（胡粉也），白反复黑，砂流成汞，汞复成丹，铅固内含金华，故外黑可以止汞。此皆物理之本自然，是以终始相因，要不过吾一身之阴阳循环，精神相守而已，非由外合也。

欲作伏食仙，宜以同类者。植禾当以谷，覆鸡用其卵。以类辅自然，物成易陶冶。鱼目岂为珠，蓬蒿不成槚。类同者相从，事乖不成宝。燕雀不生凤，狐兔①不乳马，水流不炎上，火动不润下。世间多学士，高妙负良材。邂逅不遭遇，耗火亡资财。据按依文说，妄以意为之。端绪无因缘，度量失操持。捣治韶石胆，云母及矾磁。硫黄烧豫章，泥汞相炼治。鼓下五色铜，以之为辅枢。杂性不同类，安肯合体居。千举必万败，欲黠反成痴。侥幸讫不遇，至人独知之。稚年至白首，中道生狐疑。背道生迷路，出正入邪蹊。管窥不广见，难以揆将来。

此言世俗烧炼服食之妄。〇此下篇主言《火记》，要主于心肾之交，精神相守，亦不外坎离匡廓，运毂正轴，牝牡四卦，以为橐籥，而丹经之旨尽矣。其曰铅汞鼎炉，龙虎金丹，则皆其寓言，非真用是五丹八石也。

读《参同契》卷之二

婺源 汪绂双池 释

同邑 程梦元胀园

后学 同邑 戴彭景筠 同校字

同邑 余家鼎彝伯

乌程 卢葆辰子纯

若夫至圣，不过伏羲，始画八卦，效法天地。文王帝之宗，结体演文辞（文，一作爻）。夫子庶圣雄，十翼以辅之。三君天所挺，造兴更御

---

① 兔，原作"兔"，今改。

时。优劣有步骤,功德不相殊。制作有所踵,推度审分铢。

此以下统三篇之意而结言,此又援《易》以发端,谓其说实本于圣人也。推度审分铢,如用屯受震、三五八石之类、八卦纳甲、十二辟卦之说也。

有形易忖量,无兆难虑谋。作事令可法,为世定是书。素无前识资,因师觉悟之。皓若褰帷帐,瞋目登高台。

自言其得于师,其师不知何许人。盖知黄老之学而又窃见先天图者。

《火记》六百篇,所趋等不殊。文字郑重说,世人不熟思。寻度其源流,幽明本共居。

《火记》之书,若是其多,而今盖逸之矣。其所寓言,曰金、曰丹、曰铅、曰汞,盖皆郑重其说,而世人不熟思,则求之于外也。若寻度其源流,则阴阳相牝牡而已。幽阴明阳也,《易·系辞传》曰:仰以观于天文,俯以察于地理,是故知幽明之故。

窃为贤者谭,曷敢轻为书?若遂结舌瘖,绝道获罪诛。写情著竹帛,又恐泄天符。犹豫增叹息,俛仰缀斯愚。陶冶有法度,未可悉陈敷。略述其纲纪,枝叶见扶疏。

自言具作是书之意。○此《参同契》之总结。

推演五行数,较约而不烦(一作繁)。举水以激火,奄然灭光明。日月相薄蚀,常在晦朔间。水盛坎侵阳,火衰离昼昏。阴阳相饮食,交感道自然。名者以定情,字者以性言。金来归性初,乃得称还丹。

此以下复详炉火之说,以明《火记》之旨。篇内多附《易》为说,此乃直以五行之数明之,如下文所云也。《火记》之说,主于以水制火,然举水以激火,则火灭矣,此非所以相济也。如晦朔之际,月合于水,以禀受日光,然行度相逼,则反至薄蚀,此水盛火衰,失其节度之故(此以日蚀言,则与前篇水盛火消灭,俱死归后土之意自有不同)。所贵乎水火相济者,以阴阳交相养本,有交感自然之道,而非举水激火之为也。《火记》曰铅曰汞,此名以定情,铅之情守,汞之情动也。其若曰子珠、曰流珠、曰龙、曰虎、曰金华、曰黄芽,则皆以其本性言之。本性则相拘凝合，而本无彼此之分。铅守其黑，汞还其朱，赤黑其居黑而有赤，则元赤而有黑则紫，是称还丹。坎离、牝牡，此水火相济之道，《火记》寓名之旨也。

以金为隄防，水入乃优游。金计有十五，水数亦如之。临炉定铢两，五分水有余。二者以为真，金重如本初。其三遂不入，火二与之俱。三物相合受，变化状（一作壮，非。）若神。下有太阳气，伏蒸须臾间。先液而后凝，号曰黄舆焉。

此及下节言炉火之节度也。举水激火则火灭而水亦干，故必以金为隄防，而后水入乃优游，此所谓金。谓鼎也，谓白虎为熬枢，即身之体魄也。十有五者，五行又各具三五之数（天、地、人三才，三其五，五其三，皆十有五，月亦三五而盈，三五而缺。），水行于周身，故水数如金之数。即周身之水而五分之，为血脉、为津液、为汗、为涕、为涎沫、为便溺，其浊者约五分之三，其血之镕化凝萃，而为精者约五分之二焉。若体魄则非可有增减也。水之浊者非可炼治，其为精者二分，故火之用称之，不使之有过不及，而致相激灭也。火之为用，凝神以固其精，如所谓隐明内照，塞兑以温养子珠者。盖神明之用过烦，则肾精必竭，此火之过也。然过为桎梏其聪明，则其心反苦；如冥心使如鼾睡，坐卧而不运行，则反以阴胜致伤（如医书久卧伤肺、久坐伤脾之类。），是举火以激火，而奄灭光明也。故喻言水火之节度，而约其数如此。如是则凝神以交于下，而子珠得所温，固精以奉其上，而流珠不散，火水交济于体魄之中，鼎炉时密其防，不使至于相激。水中之阳实为命火，太阳一数之气，伏蒸变化周行，体魄之水皆化精液，久而凝聚于一，号曰黄舆，黄舆即坎离所纳之戊已也。木火之合数成五、成十，金水之合数亦成五、成十，水、火、木、金之气冲融会合则为土，而土又以成五行。人之魂魄相拘、水火相济，亦犹是也。谓之黄舆者，如土之乘载万物也。此不言铅汞而言金水、火水，火即铅汞也。此承推演五行数而言，故直言水火也。

岁月将欲讫，毁性伤寿年。形体为灰土，状若明窗尘。捣治并合之，持入赤色门。固塞其际会，务令致完坚。炎火张于下，昼夜声正勤。

人之寿命有涯，而心知不能不有所营鹜，心知役于营鹜，则火外散而水内枯，毁性伤寿年矣，是以形体之金亦朽而为灰尘。惟是隐明闭兑，筑固灵株，使子珠得所温，魂魄相拘，合而不散，至如先液后凝之黄舆者。以是益加修炼，以冀其益寿驻颜，坚固不朽。因其以炉火喻言，故曰捣治升合之，持入赤色门也（赤色谓丹也）。黄舆虽已凝合，然丹之始基而未成也。一念少驰，一时少息，则魂越而不与魄相拘，神摇而不与精相守，故益宜上闭下闭，固塞其际会，令致完坚，使水中之火益壮，而不致散妄上浮，昼夜不息，则一身体魄皆命火之所薰蒸。阴固于外，阳充其中，黄中通理而赤色由是现矣。

始文使可修，终竟武乃陈。候视加谨慎，审察调寒温。周旋十二节，节尽更须亲。气索命将绝，休死亡魄魂。色转更为紫，赫然成还丹。粉提以一丸，刀圭最为神。

凡用功之始，不可过骤，过骤则必偾，故有举水激火，日月薄蚀之戒，始文使可修也。至于先液后凝，而为黄舆之后，则功力渐近自然矣。故宜外固际会，炎火下张，昼夜勤持，不使暂弛，而后金丹可还，终竟武乃陈也。时为候视，时为调剂，水火要不可使偏胜也。常人虑火胜，始事修持者；虑水胜，知所修持者。又虑水火之有时而偏胜，以是候视调剂，周旋于一岁十二月，一日十二时之间。至于节气交接时，则又更须谨审，使动静阖辟不违其时，升降亏盈不爽其节。则当人气索将绝，魂魄离散之时，而功力之成者，色转更为紫，是则所谓金来归性初，乃得称还丹也（丹，丹砂也，丹砂色微紫。汞本生于丹砂，以铅止汞，升合复成丹，故曰金来归性初，乃称还丹。）。紫谓赤而有黑，水火交济也；赤，其用也，神明之充也；黑，其守也，若有若无，仿佛太渊安静之至也；粉，屑之也；提，合之也；一丸，谓方圆径寸，混而相拘；刀圭，言其小（李时珍曰：丸散云刀圭者，十分方寸匕之一，准如梧子大也。方寸匕者，作匕正方一寸，抄散不落为度也。）；为神，如发白变黑、齿落复生之类。○自推演五行数至此，皆详言炉火之节度，以申《火记》之旨。

吾不敢虚说，仿效圣人文。古记题龙虎，黄帝美金华。淮南炼秋石，王阳加黄芽。贤者能持行，不肖毋与俱。古今道由一，对谈吐所谋。学者加勉力，留念深思惟。至要言甚露，昭昭不我欺。

此又总节上文之语。

三相类

《三相类》即《参同契》。因《参同契》之说犹或略而未详,故又作此以申明之。

乾坤刚柔,配合相包。阳禀阴受,雌雄相须。胥以造化,精气乃舒。坎离冠首,光耀垂敷。元冥难测,不可画图(画,或作尽,非。)。圣人揆度,参序元基。四者混沌,径入虚无。六十卦周,张布为舆。龙马就驾,明君御时。和则随从,路平不邪。邪道险阻,倾危国家。

此即《参同契》首节之说。配合相包,乾坤交而坎离,坎坤包乾,离乾包坤也。禀,施也,予也;胥,相也;造,自无而有;化,自有而无;精,魄也;气,魂也。六十卦为舆,龙马驾,而明君御时,即朔旦受屯以下之说也。

君子居其室,出其言善,则千里之外应之。谓万乘之主,处九重之室。发号出令,顺阴阳节。藏器竢时,勿违卦月。屯以子申,蒙用寅戌。余六十卦,各自有日。聊陈两象,未能究悉。立义设刑,当仁施德。逆之者凶,顺之者吉。

屯以子申,屯内体震,用子、寅、辰;外体坎,用申、戌、子也。蒙用寅戌,蒙内体坎,用寅、辰、午;外体艮,用戌、子、寅也。朔旦用屯,至暮用蒙,春夏据内体,秋冬据外体,立义设刑,当仁施德。盖或自子至巳为仁,自午至亥为义。或阳时为仁,阴支为义。如朔旦受屯初爻,用子则当施德;若秋冬外体四爻,用戌则当设刑也(此以自子至巳为阳,自午至戌为阴而言。);朔日用屯蒙,则二日用需、讼矣。

按历法令,至诚专密。谨候日辰,审察消息。纤芥不正,悔吝为贼。二至改度,乖错委曲。隆冬大暑,盛夏霜雪。二分纵横,不应刻漏。水旱相伐,风雨不节。蝗虫涌沸,群异旁出。天见其殃,山崩地裂。孝子用心,感动皇极。近出己口,远(远,以作遽。)流殊域。或以招祸,或以致福,或兴太平,或造兵革。四者之来,由乎胸臆。动静有常,奉其绳墨。四时顺宜,以气相得。刚柔断矣,不相涉入。五行守界,不妄盈缩。

易行周流,屈伸反覆。

此即前所谓赏罚、昏明、仁义、喜怒,顺乎四时五行之说。为说非不美,然而泥矣。《易》、《范》随时处中,非以卦气安排定也。秦之《月令》,董子之《春秋繁露》、刘向之《洪范五行传》、焦京之《卦气》及《易林》、杨雄之《太元》,其拘滞而不通变,类皆如此,非真知《易》、《范》也。

晦朔之间,合符行中。混沌鸿濛,牝牡相从。滋液润泽,施化流通。天地神明,不可度量。利用安身,隐形而藏。始于东北,箕斗之乡。旋而右转,呕轮吐明。潜潭见象,发散精光。昴毕之上,震为出征。阳气造端,初九潜龙。阳以三立,阴以八通。三日震动,八日兑行。九二见龙,和平有明。三五德就,乾体乃成。九三夕惕,亏折神符。盛而渐革(而,或作衰。),终还其初。巽继其统,固际操持。九四或跃,进退道危。艮主止进,不得踰时。二十三日,典守弦期。九五飞龙,天位加喜。六五坤承,结括终始。韫养众子,世为类母。上九亢龙,战德于野。用九翩翩,为道规矩。阳数已讫,讫则复起。推情合性,转而相与。循环璇玑,升降上下。周流六爻,难可察睹。故无常位,为易宗祖。

此申六卦纳甲之说。晦朔之间,月与日合,乾坤始交。乾之阳交于坤体之中,牝牡相涵,为生明之本。滋液润泽,以坎言也。阳藏阴中,轮廓不见,利用安身,隐形而藏也。汉时冬至朔旦,日月当会于星纪,箕斗丑分也;既朔则月渐迤,西行昴毕酉分也。然每月朔旦,日月之会,各有所躔,不皆在箕斗,此因冬至又一岁阳生之始而言之耳。若合朔于丑,则朔后三日亦未遂至酉。此昴毕云者,谓纳庚云尔。若生明上弦之间,则亦已至酉。下文以震兑连言故也(或曰箕斗之间亦谓坤纳癸也)。晦,坤体也,而此皆配以乾之六爻,主于用九,以坎之一阳言也。此书之旨,虽曰坎离匡廓,而所重在月、在坎。在坎者,非重坎而实重坎中之一阳,在月则受交于日,而禀日之明以为胚胎也。故六卦皆配以乾之六爻,而以坎为用九也。三五,十有五也。此如人之资始于父,以藏母腹,及生而渐长,至三十则已壮,又可为父乾体,乃成壮而受室,则又巽继其统矣。巽继则阳亏,如月之生魄,固济操持,及艮止之义,皆欲人知白守黑意也,知白守黑则神明自来矣。六五三十日也,壮而授室,离也。阴丽阳也,战德于野,则阴与阳并,阴于是用事,而妻又受胎生子矣。此离之用六也。然月之终始,主于明之一盈一亏;六卦之循环,主于一阳之一长一消。故曰:用九翩翩,为道规矩。情谓生明魄之用,性谓体魄受明之本。凡海水之潮汐、蛤蚌之消长,皆视乎月之盈亏,此物理之自然。而人身之调护,及医家针灸之候,亦宜视法焉。盖由来古矣,但以之言《易》,则终属巧合,而非先天画卦及文王系辞之本旨也。

朔旦为复,阳气始通。出入无疾,立表微刚。黄钟建子,兆乃滋彰。播施柔暖,黎烝得常。临炉施条,开路正光。光曜渐长①,日以益长。丑之大吕,结正低昂。仰以成泰,刚柔并隆。阴阳交接,小往大来。辐辏于寅,运而趋时。渐历大壮,侠列卯门。榆荚堕落,还归本根。刑②德相负,昼夜始分。夬阴以退,阳升而前。洗濯羽翮,振索宿尘。乾健盛明,广被四邻。阳终于巳,中而相干。姤始绝③序,履霜最先。井底寒泉,午为蕤宾。宾服于阴,阴为主人。遁去世位,收敛其精。怀德竢时,栖迟昧冥。否塞不通,萌者不生。阴伸阳屈,毁伤性名。观其权量,察仲秋情。任蓄微稚,老枯复荣。荠麦芽蘖,因冒以生。剥烂肢体,消灭其形。化气既竭,亡失至神。道穷则反,归于坤元。恒顺地理,承天布宣。元幽远眇,隔阂相连。应度育种,阴阳之元。寥廓恍惚,莫知其端。先迷失轨,后为主君。无平不陂,道之自然。变易更盛,消息相因。终坤复始,如循连环。帝王承御,千载常存。

此因复卦建始,长子继父,因母立基,消息应律,升降据斗之说而申言。一岁之应十二辟卦,六画之卦亦去坎离,而实主于阳。自复至乾,阳之长;自姤至坤,阳之消也。冬至不尽在朔旦,朔旦为复,亦据《汉志》推历元而言也。黄钟所应之律,建子斗杓,初昏而指正北子位也。临炉施条,谓临卦二阳临阴,坤地为炉也。仰,上行也。辐辏于寅,谓寅月应太簇也(簇有辏意);侠列卯门,谓卯月应夹钟也(卯,篆作,二户相

---

① 长,诸本作"进",此处疑误。
② 刑,原本作"形",据前后文义及诸本改。
③ 绝,疑为"继"字之误。

背,辟户之意也;侠,读作夹,以言夹钟,古夹、侠通用。)。四阳壮,则一阴下,榆荚应之而落。洗濯羽翮,谓应姑洗,夏而鸟兽将希革也;振索宿尘,谓建辰也(辰有振义);中而相干,谓应仲吕(日中则昃,阳盛而阴已干之。仲吕律之穷,自仲吕转生则为变律也。)。姤之下体,巽初即坤之阴。栖迟昧冥,谓未月应林钟也(栖迟有林字之意,昧冥取昧旁未字。)。阴伸,申也;毁伤,夷也。谓夷则也(夷者,伤也;毁伤性名,遁世之意。)。观其权量,谓观卦(仲秋阴阳分,而角斗甬、正权概。);任蓄微稚,谓律应南吕(南字,古读尼心反,故有任意。《白虎通》云:八月之律谓之南吕,南者,任也。言阳气尚有任生荠麦也。此下文言荠麦芽蘖,即用此意。)。仲春榆荚落,仲秋荠麦生,阴阳未尝相无,肃敛之中生意接续也。消灭其形,戌也(火墓于戌,故咸字从戌、从火,或曰灭当作咸)。亡失至神,谓无射也(亡、无通言阳气虽竭,而不失其至神也)。坤道承天,天之阳,坤为成之而复育之耳。隔阂相连,谓亥(汉《律历志》曰:该阂于亥,盖一岁之终,此为隔阂而生物之根荄,则于此该备焉。终始之交,故曰隔阂相连。);应度育种,谓应钟也(应度而育种,则根荄复生之意,坤又含坎之一阳矣。)。乾资始而资坤以生,故言阴阳之元,先迷失轨,后为主君。以坤言,汉儒多以后得主为句,故言后为主君。然以为主言,则益失之矣。帝王承御,千载常存,言人君当法《易》为治之意。○此篇申《参同契》上篇之意。其言六卦纳甲、十二卦应钟律斗枢,倚附《易》文,假借字义,大都巧合。汉儒说《易》及钟律及天文,为说多每似此。然其于阴阳消长之机,则似乎略窥见先天之图者,与京房之《卦气》始中孚,但取卦名附合,而不间阴阳卦画者又不相似也。京《易》亦言十二辟卦,然此尤包孕而简明,至于先天画卦之原,则概未有见矣。

  将欲养性,延命却期。审思后末,当虑其先。人所禀躯,体本一无。元精云布,因气托初。阴阳为度,魂魄所居。

  将欲养性,即亦取法于《易》,以养性而已;审思后末,当虑其先,亦《系辞》所云:原始反终,是故知死生之说者也;体本一无,则老氏有生于无之说。故其言养生也,亦必曰安静虚无。而或乃以周子无极二字附之，则失之矣。元精云布，因气托初，所谓精气为物，精以成体魄，而气为呼吸之魂。《左传》曰：始生魄，阳曰魂。阴阳合体，魂魄相依；阴阳为度，魂魄所居也。

阳神日魂，阴神月魄。魂之与魄，互为室宅。性主处内，立置鄞鄂；情主营外，筑完城郭。城郭完全，人物乃安。爰斯之时，情合乾坤。

精气为物，其来而伸，则魂魄皆谓之神气。动而无形，是为魂精；静而有体，是为魄。然气非有外于精，而精以气行，气即精中之所含坎中之一阳是矣。坎中一阳，乾之用也。乾阳附丽于阴，其体为离，离中含阴，又坤之用也。是故，阳气本于乾而为离、为日、为木、为火，于人为命门之火，而气行于肝，为魂、为青龙，用注于心，为心火、为神明；阴精本于坤而为坎、为月、为金、为水，于人为左右肾，而精浮于肺为魄、为白虎，复还于肾，为肾水、为精液。月必受日光而后有光，精必以阳行而后能生物，人之交感，实心之神明注之，以与肾精偕行，故即著于肾水之中，而为命火也。是故，离为心火，心虚用血，血为精水之本；坎为肾水，肾实夹命，命为火气之原。魂藏于肝，气之行也，而肺实主气；魄藏于肺，精之守也，而肝实主血。精神、魂魄互为室宅者如此。魂之灵曰神，心者君主之官，神明出焉，性也，君主则处内而立置鄞鄂，所以应外也；魄之萃为精，肾者作强之官，技巧出焉，情也，作强则营外而筑完城郭，所以拘内也。此即所谓坎离匡廓，运毂正轴，牝牡四卦，以为橐籥，覆冒阴阳之道也。日以明为体，月以受明为用，故其分属情性如此。此以心之神明为性本，即告子生之谓性，释氏作用是性之说。故其言养生也，必欲三光陆沈，上闭下闭，而后可冀还丹，正与释氏之欲绝六尘，乃悟真性同归，非真知天命之性也。

乾动而直，气布精流；坤静而翕，为道舍庐。刚施而退，柔化以滋。九还七返，八归六居。男白女赤，金火相拘。则水定火，五行之初。

承上文情合乾坤而言。阳主气以倡，气布而精随以流；阴主精而守，精凝而气得所止。此乾始坤承、阳施阴受之常理也（魂行于肝而肝主精血，魄藏于肺而肺主呼吸，亦其理也）。谓之道舍庐者，安静虚无，而百为皆由是出，以阴能含阳者为主也。凡阳之情，一施而退，阴则含阳之所施者,而为之渐化其光焉,所谓乾知大始,坤作成物也。阳主进,进极于九则还而七,动极而静,乾之用九,一施而退也;阴主退,少阴之八退极于六,静终而动,坤之用六,化以日滋也(又九金数也,七火数也,火动则金流,九还则七返矣,金火之相拘也,离一阴而丽乎二阳也;八木数也,六水数也,木得水而滋,八归而与六居焉,木水之相养也,坎一阳之居并乎二阴也。故人之心以肺为覆,而肝则与肾并居焉。)。男白为坎,女赤谓离。坎月而为男,以坎中一阳言,坎阳内居,月魄莹而为生明之本也;离日而为女,以离中一阴言,离阳外布,日闇虚而为魄体所滋也。此虽分言,而大旨亦主于月坎中一阳,即日所拘之明,离中一阴,即月本体之魄而已。坎为水、为黑,而言白、言金者,月黑而能白其体、黑其明。白男,白主其明,而言金所孕为水,水之返即为金,金水一气,精魄一体也。以男白女赤言,故曰金火相拘。火固克金,而金实能拘火,如炉之铸鼎,金得火而镕;如夏之徂秋,火实得金而静也(男女交媾,男精亦白,女血亦赤。女非无精,然含男精而养之,以成胎者,血为主也。血本水而从火色,离火胜而阴丽乎阳也;精亦血而从金色,坎水胜而火抑从金也。然男女之交,皆以神注,以火动阳施而退,则金以凝静承之,是皆金火相拘而已。)。则之也,金之能拘火者,则水以定火也。火一动而静,非肯遽静,金之静者,以渐而定之,则阳还处阴中静之。定则水定火也,犹月之明,以魄之黑者凝定之也。五行之初,天一生水,阳动于阴中也。则水定火,则复于五行之初,火安而不妄动矣。

上善若水,清而无瑕。道之形象,真一难图。变而分布,各自独居。类如鸡子,白黑相符(一作扶)。纵广一寸,以为始初。四肢五脏,筋骨乃俱。弥历十月,脱出其胎。骨弱可卷,肉滑若饴。

上善若水,清而无暇,安静虚无也;变而分布,各自独居,如精神、魂魄之各安其宅也。上文言白、言赤,而此言白黑,重金水而言以水定火,则黑中有赤矣(鸡卵中黄带赤,而黄之外亦有黑膜,其所受之雄者则色尤白,与黄相附,此白黑相扶也。)。此三物相受,号曰黄舆之说,而土在其中矣。弥历十月而脱出其胎,则又炼养之坚久而丹可还也。

阴阳配日月,水火为效征。阳燧以取火,非日不生光。方诸非星月,安能得水浆?二气元且远,感化尚可通(可,一作相。)。何况近存身,切在于心胸。

此以天地间之日月水火证人身之日月水火,下文乃实指而言之。

耳目口三宝,闭塞勿发通。真人潜深渊,浮游守规中。旋曲以视听,开阖皆合同。为己之枢辖,动静不竭穷。离气内营卫,坎乃不用听。兑合不以谭,希言顺鸿濛。三者既关键,缓体处空房。委志归虚无,无念以为常。证难以推移,心专不纵横。寝寐神相抱,觉寤候存亡。颜色浸以润,骨节益坚强。排却众阴邪,然后立正阳。

正以申原本隐明,内照形躯,闭塞其兑,筑固灵株,三光陆沉,温养子珠之旨也。旋曲开阖,皆委婉推移,不欲过为辨别,不逐物以自衒聪明之意。离为目,坎为耳,而二者皆魄之用,凡久视则伤血,而劳于视听,皆足以摇其精。营卫,血气所行之经隧也。纳视听之神于营卫,而不用其聪明,非能绝视听也,旋曲以视听而已。此原本隐明,内照形躯也。兑为口,呼吸由之,魂之用也。凡多言伤肺,兑合不以谭,寡言以顺其自然,非能不言也,开阖皆合同而已。此言闭塞其兑也(此亦以坎水、离火、兑金三者为言,然此以用言,又与三物合受号曰黄舆之意少异。)。三者既关键,上闭也。又当缓体处空房,委志虚无,不妄思念,此则所以筑固灵株,而下闭之事也。耳、目、口之用,则旋曲开阖,与世推移而不滞于物,心之用则安静虚无,而不纵横以生妄念。使寐,则精神、魂魄相抱相拘;寤则觉察其存亡,而不至于劳苦耗失。如此,则黄中渐通理,颜色浸润,骨节益坚,阴邪不能干,而正阳立矣。正阳即坎中之一阳,而坎离既交,神阴自足,又即所谓黄舆也。三光陆沉,以温养子珠,则神魂不外弛而精魄以固;知白守黑,筑固灵株,则魄以益固而神明自来。此亦如日之光常留于月魄而不离,月之魄恒有以生明,而不失魂魄交互为室宅。老子所谓:载荧魄,抱一能无离。意亦如此。

修之不辍休,庶气云雨行。淫淫若春泽,液液象解冰。从头流达足,究竟复上升。往来洞无极,沸沸被谷中。反者道之验,弱者德之柄。耘耔宿污秽,细微得调畅。浊者清之路,昏久则昭明。

由上文所云者,可修之不息,则血气周流于身,神明妙于无极,至无而有,至静而动,至虚而神,皆由其收视、反听、塞兑,而以不用为用,故执之得其柄,而道之征验由斯效焉。其上下皆闭,以守黑者,似浊而昏,而神明实由是出也。老子曰:元之又元,众妙之门。其说亦由是也。然其所谓道德者,如此而已,岂圣人之道德欤?

世人好小术,不审道浅深。弃正从邪径,欲速阏不通。犹盲不任杖,聋者听宫商。没水捕雉兔,登山索鱼龙。植麦欲获黍,运规以求方。竭力劳精神,终年无见功。

小术如历脏、步斗、祭祀诸术也。君子养生自有其道,然亦岂必道其所道,然以他小术视之,则此篇所云,固又为得其道矣。○此篇申《参同契》中篇之意,其言祖黄老,其旨则注于丹经也。

读《参同契》卷之三

婺源汪绂双池 释

同邑 程梦元飐园

后学 同邑 戴 彭景筠 同校字

同邑 余家鼎彝伯

乌程 卢葆辰子纯

欲知伏食法,事约而不繁。太阳流珠,常欲去人。卒得金华,转而相因。化为白液,凝而至坚。金华先唱,有顷之间。解化为水,马齿阑干。阳乃往和,情性自然。迫促时阴,拘畜禁门。

伏食者,制伏而食之,以相克制为用,以水制火,以魄拘魂,以铅止汞,即其道也。太阳谓日火,流珠谓汞,日之光发散流转,心之神灵妙不测,汞易走失,故以类合言之。金华谓铅,铅色外黑,内含金华,命火之存于肾水中者,实心火之本根也。汞得铅则止,相融而凝,然亦必铅先得火而镕,至形如马齿,而后汞往和之,则情性有自然而合者,非举水激火也。不然,则虽铅汞合处,亦无以相凝矣。是以迫促时阴,拘畜禁门,上闭下闭,知白守黑。又以金为隄防也,火不上炎,水不下泄,则子珠得所温,而流珠不走失矣。

慈母育养，孝子报恩。严父施令，教敕子孙。五行错王，相据以生。火性销金，金伐木荣。三五与一，天地至精。可以口诀，难以书传。

此言五行之相生相克。相生为体，相克为用。制之而不使至于过，乃有以善其相生也。子水一，午火二，合之为三，戊己土为五，坎离纳戊己，木火合数五，金水合数五。则水、火、土合之为一，泯其相生相克之形，而合于自然，是天地之至精也。

子当右转，午乃东旋。卯酉界隔，主客二名。龙呼于虎，虎吸龙精。两相饮食，俱相贪便。遂相衔咽，咀嚼相吞。荧惑守西，太白经天，杀气所临，何有不倾？狸犬守鼠，鸟雀畏鹯，各得其功，何敢有声？不得其理，难以妄言。竭殚家产，妻子饥贫。自古及今，好者亿人。讫不谐遇，希有能成。

此极言相制之妙。子右转，水本于金；午东旋，火生于木。此就所养也。魄含精、魂毓神也。龙呼于虎，虎吸龙精，此就所制也。魂妙于神，魄为神役，魄以拘魂，萃而守精，肝藏血，肺主气也。又案，此段似据洛书之右旋相克为说，故其言曰：子当右转，午乃东旋。又曰：荧惑守西，太白经天。是谓洛书之四九居南，二七居西，金火易位，即前篇所云：金火相拘，则水定火也。如是，则子右转而则水定火，金火相拘，三八居东，与金相接，龙呼于虎，虎吸龙精矣。汉人鲜言河图，而多仿洛书，如《大戴礼·明堂篇》，及太乙数、及遁甲奇门、及六壬数，皆用洛书位次，六壬以相克为发用，是皆仿洛书也。

广求名药，与道乖殊。如审遭逢，睹其端绪。以类相况，揆物终始。五行相克，更为父母。母含滋液，父主禀与。凝精流形，金石不朽。审专不泄，得为成道。立竿见影，空谷传响。岂不灵哉，天地至象。若以野葛一寸，巴豆一两，入喉辄僵，不得俛仰。当此之时，周文揲蓍，孔子占象，扁鹊操针，巫咸扣鼓，安能令苏，复起驰走？

五行相克，更为父母，相克乃有以相生也。

河上姹女，灵而最神。得火则飞，不见埃尘。鬼隐龙匿，莫知所存。将欲制之，黄芽为根。

上言相克制之为用，此复言心火之不可无制，而制之必以水也。谓之河上姹女者,离为中女,而心火本于命火,则出自水中,故曰河上也。得火则飞,偶有动作,则神明外驰,如以煤引火焉也(五金在冶,见汞则飞。)。前言太阳,此言姹女,皆主离言耳。离为日、为女。

物无阴阳,违天背元。牝鸡自卵,其雏不全。夫何故乎?配合未连。三五不交,刚柔离分。施化之精,天地自然。火动炎上,水流润下。非有师道,使其然也。资始统正,不可复改。观夫雌雄,交媾之时,刚柔相结,而不可解。得其节荣,非有工巧,以制御之。男生而伏,女偃其躯。禀乎胞胎,受气元初。非徒生时,著而见之。及其死也,亦复效之。此非父母,教令其然。本在交媾,定置始先。

申言阴阳之相拘相制,而后大用出焉。乃天地之自然也。

坎男为月,离女为日。日以耀德,月以智光(智,一作舒,似作舒为是。)。月受日化,体不亏伤。阳失其契,阴侵其明。晦朔薄蚀,掩冒相倾。阳消其形,阴陵灾生。男女相胥,含吐以滋。雌雄错糅,以类相求。金化为水,水性周章;火化为土,水不得行。男动外施,女静内藏。溢度过节,为女所拘。魄以钤魂,不得淫奢。不寒不暑,进退合时。各得其和,俱吐证符。

又详言阴阳五行相制之节度也。日阳外著其明,恒显于用;月阳内涵其光,以渐而舒。故月魄有生明之本,而日为从之以化其光。其交在晦朔之间,以光相授,于日月之体非有亏伤也。若乃日行失其期度,则月侵日之明,而晦朔有薄蚀矣。此阴阳不得其平,举水激火之失也(闭塞之过,聪明反以昏惑,坐功家类然。)。若其如男女之相胥,一含一吐,以彼此相滋,则相拘相制,而非有薄蚀之灾矣。盖阴阳之杂糅也,以类相求。如火克金,而金能生水以制火,则火之克金不过矣;水克火,而火能生土,以防水则水之克火不过矣。水火之际,金为隄防之,土为会合之,此所以相制而有相养者,存天地自然之妙也。男动而施其精于外,女静而藏其精于内。乾交坤而为离,离阳在外;坤索乾而得坎,坎阳在内。牝牡四卦,坎离互藏,阳施易于过节,阴受则抑而拘之。月之既望,则魄复生,魄以钤魂,而使之不得淫奢,是阴阳之节度也。

丹砂木精,得金乃并。金水合处,木火为侣。四者混沌,则为龙虎。

龙阳数奇，虎阴数偶。肝青为父，肺白为母。肾黑为子，离赤为女。脾黄为祖，子五行始。三物一家，都归戊己。刚柔迭俱，更历分布。龙西虎东，建纬卯酉。刑德并会，相见欢喜。刑主伏杀，德主生起。二月榆落，魁临于卯。八月麦生，天罡据酉。子南午北，互为纲纪。一九之数，终而复始。含元虚危，播精于子。

　　此更即人身而指言之。水精，汞也。汞言水精，犹言河上姹女也。丹砂汞之母（汞名水银，亦曰水精，以其易流散，如水耳。），金谓金华，铅也。言三物一家，故复举铅汞之合而言之。魄萃为精，精凝成魄，金水一也；魂妙于神，神丽于魂，木火一也。故言汞而神魂统是矣，言铅而金水统是矣。木火为青龙（震木为雷、为龙，雷龙同气，故启蛰龙兴而雷发声，霜降龙蛰而雷收声。医家以相火行于肝胆为雷龙之火，则青龙可兼木火之气，明矣。），金水为白虎（坎艮皆为虎，虎多出于秋冬，是白虎可兼金水之气。），水为金子，而实为五行之始，犹冢子继父，即为大宗也。金水、木火之合皆土，而五行又皆待土而成，故水、火、土三物一家，都归戊己。修炼家所以言心肾会于黄庭也。以定位言，则火南水北，龙东虎西；以运用言，则龙从火出，虎向水行。故仲春榆落，是虎亦行于东；酉月麦生，龙亦未尝不行于西。冬至，北方水也，而日则南至；夏至，南方火也，而日在北陆。火本两肾之间精，以心驰而动肺金，而为气主，肝木而以血藏，其互相拘钤，而交相为用，皆如此。然其元则始于子水坎中之一阳，丹砂太阳其生自水中也。

　　关关雎鸠，在河之洲。窈窕淑女，君子好逑。雄不独处，雌不孤居。元武龟蛇，蟠虬相扶。以明牝牡，意当相须。假使二女共室，颜色甚姝，苏秦通言，张仪合媒，发辩利舌，奋舒美辞，推心调谐，合为夫妻，弊发腐齿，终不相知。若药物非种，名类不同。分两参差，失其纪纲。虽黄帝临炉，太乙执火，八公捣（一作大）炼，淮南调合，立宇崇坛，玉为阶陛，麟脯凤腊，把籍长跪，祷祝神祇，请哀诸鬼，沐浴斋戒，冀有所望。亦犹和胶补釜，以硇涂疮，去冷加冰，除热用汤，飞龟舞蛇，愈见乖张。

　　龙、虎、朱雀皆一，而元武独两；肝、心、肺、脾皆一，而水脏独两。盖阴阳水火并居，天道之始终，物理之自然，非有强也（术家多以腾蛇为火,又或以配己土,要以肾中自有命火故也。)。此书大旨,要以水中之火,坎中之一阳为重耳。在月则为明、为魄,欲其以魄载荧;在物则为汞、为铅,欲其以铅止汞;在人则为魂、为魄,欲其以魄拘魂,固水以养火;在男女则男一交而退,藉女为涵育温养,以成胚胎,具形体也。炼丹伏食云者,炼此坎中之一阳,水中之真火,使之长存而不散失,则身命自可以安固长久而已。不知此而求之药石,媚于祷祝,皆无益也。○此篇申《参同契》、《火记》篇之意。

　　惟昔圣贤,怀元抱真。伏炼九鼎,化迹隐沦。含精养神,通德三元。津液腠理,筋骨致坚。众邪辟除,正气长存。累积长久,变形而仙。忧悯后生,好道之伦。随傍风采,指画古人(一作文)。著为图籍,开示后昆。露见枝条,隐藏本根。托号诸名,覆谬众文。学者得之,韫椟终身。子继父业,孙绍祖先。传世迷惑,竟无见闻。遂使宦者不仕,农夫失耘,商人弃货,志士家贫。吾甚伤之,定录此文。字约易思,事省不繁。披列其条,核实可观。分两有数,因而相循。故为乱辞,孔窍其门。智者审思,用意参焉。

　　凡书中所云丹砂、铅汞、子珠、流珠、炉鼎、龙虎、姹女,皆即一身之内,而托号诸名,覆谬众文。而或者不知,求之身外,则已惑也。故又作此以明之。乱辞,下文《楚骚》体也。

　　法象莫大乎天地兮,元沟数万里。河鼓临星纪兮,人民皆惊骇。晷影妄前却兮,九年被凶咎。皇上览视之兮,王者退自改。关楗有低昂兮,害气遂奔走。江淮之枯竭兮,水流注于海。

　　元沟,天河也;河鼓,星名(七星,三明四微,在天河之畔。)。此即借以为黄河鼓浪横溢之意。星纪,丑次箕斗之间,天河至此而分岐且大明。以喻当尧之时,洪水横流九载,绩用弗成也。皇上、王者,皆指尧言,谓退而自修德政也。晷影妄前后,民以昏垫而失时,尧使羲和定之。九年被凶咎,水以陻塞而横流,尧使禹治之,时得其序,水顺其性,所谓关楗有低昂,谓治之得其平也。害气除而江淮注海,言水无不治也。因首篇附《易》为说,而言辰极受正,优游任下,明堂布政,国无害道。故此亦援尧事而以治道言之,意以与《易》、《范》相附会也。又此书大旨以人身之肾水为宝,水生于天一,成于地六,阴阳牝牡,互宅为身命之原,而殀寿丧身则莫若色欲为甚。其他苦劳役心,神思其力之所不能及,皆足以摇肾精,是皆如洪水之横流,而不循轨道,久之则火扬而散,水竭而枯耳。是以安静虚无,筑固灵株,温养子珠,知白守黑,是为养生之要。其言缓体处空房,委志归虚无,则言之尤为著明者。顾人道所基,百为之待应,亦非如佛氏之可废绝也。人君不废政治,而如大易之顺时以布治,但使调剂有常,则不妨于内以养己,所谓关楗有低昂也夫。然则养身之道,亦儒者所不可不知,固非如他异端之废伦贼道所同日语也。

天地之雌雄兮,徘徊子与午。寅申阴阳祖兮,出入复终始。循斗而招摇兮,执衡定元纪。升熬于甑山兮,炎火张设下。白虎导倡前兮,苍龙和于后。朱雀翱翔戏兮,飞扬色五彩。遭遇罗网施兮,压之不得举。嗷嗷声甚悲兮,婴儿之慕母。颠倒就汤镬兮,摧折伤毛羽。漏刻未过半兮,鱼鳞狎䚇起。五色象炫耀兮,变化无常主。潏潏鼎沸驰兮,暴涌不休止。接连重叠累兮,犬牙相错拒。形如仲冬冰兮,阑干吐钟乳。崔嵬而杂厕兮,交积相支拄。

乾生于子中,极于午中;坤生于午中,极于子中。谓之徘徊者,极盛则不复前,而欲却也。离始于寅中,终于申中;坎始于申中,终于寅中。此先天卦位。卦气之流行而有定位,所谓牝牡四卦,以为橐籥,覆冒阴阳之道者。招摇,斗杓上星名,所以临指四方,分建而行岁时也。斗执衡,以定元纪(人亦当有所执衡,以调合一身之阴阳水火。)①,随时剂之,使不至偏胜也。甑山,犹言鼎上升水于上以济火,抑火于下以济水。白虎倡前以拘魂,青龙和后而依魄,所以调剂其阴阳。要之,以阴伏阳,不欲使阳之妄散也。人之难操者,惟此心之神明,而欲使此心之神明有所伏著,以不至于妄驰,此自觉有艰难愁苦,而不得舒之意。然心火有所制,则神定而魂宁,魂宁而用出,所谓知白守黑,神明自来也。白虎倡

---

① 按:此段原本夹注与正文似有误,故据上下文义作调整改动,兹录原文如下,以备参考:"斗执衡,(以定元纪,人亦当有所执衡,以调合一身之阴阳水火随)时剂之……"。

前,铅之先镕以止汞者,白虎为熬枢也;青龙和后,汞之后随止于铅者,青龙与之俱也(肺为相传之官,治节出焉,处于心君之上。故金为鼎、为熬枢。而此言倡前,盖金为水之母,养水而清其源,则先事于金。凡嗜欲思虑,皆有所节抑而不使之过,则金之能生水而济火,守魄以拘魂也。肝胆主谋虑、决断,有节则从乎肺金矣)。熬炼之功不辍,则铅汞之相凝而不散,如犬牙、如冬冰、如钟乳,皆铅汞相凝之状也。

阴阳得其配兮,淡薄自相守。青龙处房六兮,春华震东卯。白虎在昴七兮,秋芒兑西酉。朱雀在张二兮,正阳离南午。三者具来朝兮,家属为亲侣。本之但二物兮,末而为三五。三五并与一兮,都集归一所。

初抑火以就下制之,似见其艰;既而阴阳相和,则自然有以相守。凡事之先难后易,固皆然也。言淡薄相守者,安静虚无,黄老之大旨(老子云:五声令人耳聋,无色令人目盲,五味令人口爽,驰骋田猎令人心发狂。则其所守之一,淡薄可知矣)。神明骛于外则嗜欲日浓,神明守于中者嗜欲淡然矣。老子所云不见可欲,使心不乱,即隐明内照,塞兑而筑固灵株之旨也。房六、昴七、张二,汉历所定卯、酉、子、午之正位(历法宿度、宫次,古今历法不同,随时所定)。不言元武北子者,以水为主。又北极紫宸所在,来朝即朝于北极,而北极又中宫土也。本之但二物,水火而已;末为三五,水火之交,则有五土也,三五并一也。都归戊己,坎离交纳和合之至,如铅汞之熬久而色黄,号曰黄舆也。

治之如上科兮,日数亦取甫。先白而后黄兮,赤黑达表里。名曰第一鼎兮,食如大黍米。自然之所为兮,非有邪伪道。

甫,犹言甫足其期,有如期而不过之意。盖暂弛息之,予以优游也。丹家言火候,百日为一转,三转十月而小成,九转三十月而大成。此言亦取甫,言大约亦如其百日之期也。初而守黑,上闭下闭,以温养子珠;继而虎为熬枢,魄能拘魂,虚明生焉;又久而心肾交凝,精神会聚,阴阳冲和,都归戊己。盖静之至而妄念不兴,虽应物而如未尝应,不动于物则如土而已。又久而灵株益固,真阳内充,肾水不竭不溢,命火不妄不衰,则润泽达于肌肤,水火赤黑之合,内外通彻,所谓色转更为紫,赫然称还丹者。曰黑、曰先白而后黄、曰赤黑达表里,皆借言之,非真有是色也。黍米,言其不多;自然之所为,言其不由外得也。

山泽气相蒸兮,兴云而为雨。泥竭遂成尘兮,火灭化为土。若檗染为黄兮,似蓝成绿组。皮革煮成胶兮,曲糵化为酒。同类易施功兮,非种难为巧。惟斯之妙术兮,审谛不诳语。传于亿世后兮,昭然自可考。焕若星经汉兮,晒如水宗海。思之务令熟兮,反覆视上下。千周灿彬彬兮,万遍将可睹。神明或告人兮,心灵忽(一作本,未是。)自悟。探端索其绪兮,必得其门户。天道无适莫兮,常传于贤者。

极言其本于自然,而欲人之熟玩深思也。精、神、魂、魄之合,固本于人身之自然,而功苦在朱雀罗网,压不得举一候,此不由勉强,固无以得自然也。然亦不必如此,圣人于颐之大象,但曰慎言语,节饮食而已。二至之候,则曰斋戒掩身,禁嗜欲,薄滋味,所以定晏。阴而养微阳,此调摄之宜也。今徒欲隐明塞兑,以按抑此心之神明,而不知以义理主之,此心之神明亦何能强制? 否则不得于言,勿求诸心;不得于心,勿求诸气而已。其与佛氏之绝伦弃物者亦相去几何? 读者揽其大焉,而不可不知所择也。○此又《三相类》之总结。

圆三五,寸一分。口四八,两寸唇。长尺二,厚薄均。腹齐正,下(一作坐)垂温。阴在上,阳下奔。首尾武,中间文。始七十,终三旬。二百六,善调匀。阴火白,黄芽根。两七窍,辅翼人。赡理脑,定升元。子处中,得安存。来去游,不出门。渐成大,性情纯。却归一,还本原。善爱敬,如君臣。至一周,甚辛勤。密防护,莫迷昏。途路远,复幽元。若达此,会乾坤。刀圭沾,净魄魂。得长生,居仙村。乐道者,寻其根。审五行,定铢分。谛思之,不须论。深藏守,莫传文。御白鹤,驾龙鳞。游太虚,谒仙君。录天图,号真人。

此言鼎之分寸,及炉火之候也。鼎之圆三五,尺有五寸,盖以应朔望盈亏之候,而三其五行也;而羡者又寸有一分,则积而闰余之数,盖鼎之径五寸,所以应五行径一围三而有羡,是以又寸有一分也。口四寸八分,盖鼎口微弇,故减二分,而其唇二寸,则唇又外泛之度二寸以应阴阳也(要如此方成器具形状,若或云鼎圆尺有五寸一分,而口三尺二寸,去唇二寸,其口三尺,则鼎口反大于鼎圆之半,不成形状矣)。其高尺有二寸，以应十二月，其厚薄必均而后受火之气亦均，其鼎腹必齐正，而后受水之度亦正。前《参同契》言：金计十有五，水数亦如之是也。下垂温，所谓下有太阳气也，偃月法炉鼎，白虎为熬枢。月三五而盈，三五而缺，一岁则十有二会，故鼎之度如此，非真有此鼎。谓人之体魄，其应月之节度若有然也。阴在上，水交于上；阳下奔，火抑于下。三光陆沉，温养子珠也。金为隄防，故水不灭火而得火之温；水人优游，故火不烁金而气得所聚（魂即火气之行也）。其始当武，隐明塞兑，筑固灵株，非有坚忍之力，不能抑之，此朱雀遭罗压不得举时也。火抑于下，则气不散而力愈壮，是以武也；其继当文，用力稍缓，而使之自和也；其卒又当武，固塞际会，务致完坚也。此用力之浅深缓急也。始七十，终三旬，始之由武而渐文者，凡七十日终，复继之以武者又三十日，其百日为一转也；二百六，善调匀者，一岁三百六十日，百日之后，后尚二百六十日，皆当如是以调匀之也。始而阴火白，魄拘魂而虚明生也，金镕而汞止。谓之阴火者，阳裹于阴，中白从金色也。继则黄芽根也，魂与魄凝而归戊己，铅汞交凝而色黄也（汞谓心神，火本命火）。此盖始七十之候，由武而文也。两七窍，下二窍、上七窍，总言之则曰两孔穴。分言之而举其要，则曰隐明塞兑，三光陆沉，上窍之闭；筑固灵株，温养子珠，下窍之闭也。两七窍以致用，而不用其用，使神明不散，精魄内充益，为之固塞际会，务致坚完，则精神赡足于脉理之中，上充髓海，澹定之致，深入元妙，尺二鼎之中，莫非阳气之所流行而周遍也，此则终三旬之候。复继以武捣治升合，入赤色门也。由是子珠之温得以安存，虽游衍于周身体魄之中，而不至散失消亡。于外积渐益盛，神明日来，水火合居，还归于命，则还丹之候也（丹即汞之本，命火之在水中，一阳之在二阴中者也）。既还本原矣，而一念之肆将复失之，是以尤当爱护恭谨，于一周之后，不可以或迷昏也。乾坤交而坎离，坎离复为乾坤，分之则有定位，合之则为浑仑，养生之道备矣。○此又申《参同契》炉火之说。

　　《参同契》者，敷陈梗概。不能纯一，泛滥而说。纤微未备，阙略仿佛。今更撰录，补塞遗脱。润色幽深，钩援相逮。旨意等齐，所趋不悖。故复作此，命《三相类》，则大易之情自此尽矣。

此自言所以复撰《三相类》之故。

大易情性，各如其度。黄老用究，较而可御。炉火之事，真有所据。三道由一，俱出径路。枝茎花叶，果实垂布。正在根株，不失其素。诚心所言，审而不误。

又承上而言书所以命名为《参同契》、《三相类》之意。○此又二书之总结。

序

（序殿于后，古人类然。）

会稽鄙夫，幽谷朽生。挟怀朴素，不乐权榷荣。栖迟僻陋，忽略利名。执守恬淡，希时安宁。晏然闲居，乃撰斯文。歌叙大易，三圣遗言。察其旨趣，一统共伦。务在顺理，宣曜精神。神化流通，四海和平。表以为历，万世可循。序以御政，行之不烦。引内养性，黄老自然。含德之厚，归根返元。近在我心，不离己身。抱一毋舍，可以长存。配以伏食，雄雌设陈。挺除五（五，一作武。）都，八石弃捐。审用（用，一作类。）成物，世俗所珍。罗列三条，枝茎相连。同出异名，皆由一门。非徒累句，谐偶成（成，一作斯。）文。殆有其真，砾硌可观。使予敷伪，却被赘愆。命《参同契》，微览其端。辞寡意大，后嗣宜遵。委时去害，依托邱山。循游寥廓，与鬼为邻。化形而仙，沦寂无声，百世一下，遨游人间。敷陈羽翮，东西南倾。汤遭厄际，水旱隔并。柯叶萎黄，失其荣华。吉人相乘负，安稳可长生。

首十句，自叙歌叙大易；以下十二句，谓首篇明大易之旨以敷治；引内养性以下八句，谓次篇明黄老之旨以养生；配以伏食以下六句，谓第三篇明《火记》之旨以伏食，五都、八石，未详所指；罗列三条以下四句，则言三书一旨，而布治与养生同一道。此所谓《参同契》也。于大易言，表以为历，序以御政，此附会于《易》之言，而非其志。盖使其果行取于治历、御政，则其于黄老、《火记》无所为参同矣。篇首乾坤门户，众卦父母，坎离匡廓，运毂正轴，牝牡四卦，以为橐籥，覆冒阴阳之道。盖此数语，实冒全书。而坎戊离己、纳甲之说，于治历、布政皆无足与至若知白守黑，铅含金华，举东合西，魂魄相拘，兑艮合精，乾坤乃成，子午合三，戊己数五，日魂月魄，互为室宅，龙呼于虎，虎吸龙精，坎男为月，离女为日，是皆不外乎上篇首数句之旨。而于坎离、牝牡三致意焉。情志所在，不可见乎？彼固言三道由一，同出异名，援大易以附丹经，非真以表历、序政言大易也。非徒累句下十句，自述其作《参同契》之意。其《三相类》则不过申《参同》之旨，而补其未详，故不复述也。委时去害以下，则隐语以寓其姓名，而托于避世隐沦，为鬼为仙，虽世有患害，彼自安稳长生也（委①时去害四句，以委字合鬼字，即魏字也；化形而仙四句，以仙字去山，百字去白，合人字，即伯阳字也；敷陈羽翮四句，以陈字去东，翮字去习及鬲则成阳字；汤字去水，合陁际阝字，则亦成阳字。柯叶失荣言可存，安稳长生言半隐也。）丹经多隐语，此作隐字以称之，亦过巧矣。

---

① 委，原本作"季"，误，据前后文义改。

附录：

汪绂传

汪绂，初名烜，字灿人，婺源人。诸生。少禀母教，八岁，四子书、五经悉成诵。家贫，父淹滞江宁，侍母疾累年，十日未尝一饱。母殁，绂走诣父，劝之归。父曰：昔人言家徒四壁，吾壁亦属人。若持吾安归？叱之去。绂乃之江西景德镇，画碗，佣其间。然称母丧，不御酒肉。后飘泊至闽中，为童子师。及授学浦城，从者日进。闻父殁，一恸几殆，即日奔丧，迎榇归。

绂自二十后，务博览，著书十余万言，三十后尽烧之。自是凡有述作，凝神直书。自六经下逮乐律、天文、地舆、阵法、术数无不究畅，而一以宋五子之学为归。著有《易经诠义》十五卷，《尚书诠义》十二卷，《诗经诠义》十五卷，《四书诠义》十五卷，《诗韵析》六卷，《春秋集传》十六卷，《礼记章句》十卷、《或问》四卷，《参读礼志疑》二卷，《乐经律吕通解》五卷，《乐经或问》三卷，《孝经章句》一卷。其《参读礼志疑》多得经意，可与陆陇其书并存。

绂之论学，谓学不可不知要。然所以得要，正须从学得多后，乃能拣择出紧要处。谓易理全在象、数上乘载而来。谓《书》历象、《禹贡》、《洪范》须著力去考，都是经济。谓《诗》只依字句吟咏，意味自出。谓看《周礼》，须得周公之心，乃于宏大处见治体之大，于琐屑处见法度之详。谓《春秋》非理明义精，殆未可学。谓格物之格训至，如《书》言格于上下、格于皇天，皆至到之义。上文致知字为推致，则格物为穷至物理甚明。谓性与天道不可得闻，直是不可得闻，陆、王家因早闻性天，而未尝了悟，又果於自信，遗害后人也。谓周子言一，言无欲，程子言主一，言无适，微有不同。周子所谓一者天也，所谓欲者人也。纯乎天，不参以人，一者即无欲也。程子所谓一者事也，所谓适者心也。一其心于所事，而不强事以成心，无适之谓一也。当时大兴朱筠读其书，称其信乎以人任己,而颉顽古人。其后善化唐鉴亦称其功夫体勘精密,由不欺以至诚明。绂初聘于江,比归娶,江年二十八矣。江尝语诸弟子曰:吾归汝师三十年,未尝见一怒言、一怒色也。乾隆二十四年,卒,年六十八。子思谦,增生,毁卒。同县余元遴传其学。

——出《清史稿》卷二百六十七

第二十五卷

周易参同契正义

清 董德宁 注

点校说明

1.《周易参同契正义》三卷,清董德宁注。董德宁(1730—1798),字静远,号元真子,浙江绍兴人。德宁初以业儒,但心好真玄,至四十二岁时遇师。于是建集阳楼,修真谈玄,迭有所遇。遵师训,注解《阴符经》、《道德经》、《参同契》、《黄庭经》;校订南宗六祖经典,名曰《修真六书》;编纂列真事迹,名曰《仙传宗源》;复约仙传心得,撰《丹道发微》、《性学筌蹄》。集上诸编,题名曰《道贯真源》,自刊于集阳楼。

2.董氏之注《参同契》,其最大的特点就是"详考其文义,深究其易道",而后"研穷其丹学,庶几内外兼融",然后"道可期矣"。因此,欲研究《参同契》者,《正义》一书不可不读。元真云:"三篇之作,总叙大易、内养、炉火三道,是以上篇言易道为多,而次之以内养,其炉火则间及之;中篇则内养为多,而易道次之,炉火则又次之;下篇乃炉火为多,而内养为次,易道更为次也。"亦即谓《参同契》以"大易、内养、炉火"三说贯申全篇,详略而三篇各有不同。中所谓"炉火"者,即神丹之意。德宁诸书大抵都力主内丹,然《正义》一注,于《参同契》外丹之说也无所讳言,真能得《参同》之本旨也。

3.本篇以丁福保校刊《道藏精华录》本为底本,《周易参同契集注》一书所录本系据清乾隆五十三年(1788)集阳楼刊本点校整理,故用之为校本,简称集阳楼本。因集阳楼本错讹不少,故参校时,只酌情取用以校正底本之正误,未能一一出校记。

周易参同契正义

会稽后学元真子董德宁注

《周易参同契正义》序

万卷丹书，《参同》第一。其文古，其辞奥，而义理幽深，包罗广大。以言乎《易》，则变化阴阳，天人合法；以言乎丹，则火候药物，内外兼明。实儒道并行之至文，此诚与经史诸书媲美千古而不朽坏者哉！奈何拘曲之人，少学之辈，不能精究其义，深悉其玄，佥指为修丹之书而遗其儒教之旨，致使大道沉沦，至于晦暗，是深可痛惜者也。间有一、二之士，欲思阐发其道，羽翼其书，无如真师未遇，口诀未逢，不过出自己之臆度，安能探魏公之元机？遂至纷纷沓沓，谬误实多。呜呼，如此之笺注，即或汗牛充栋，有何益于是书？而既无其益，岂不反有损乎？此道之所以常不行也。

仆素慕玄修，乃从事斯道，亦有年矣。而滞于案牍之劳、世事之鞅，未获专志行持，深造堂室，以匡正是书之误，殊有愧焉。今四峰山元真先生，弃利名如敝蹝，视身世如浮泡，曾受至人之要诀，得大道之玄机，不忍使真经湮没，遂为分章细解，逐句精详，尽洗诸家陋习，乃独开生面，使大易、内养、炉火之三者，无不钩深致远，合一穷源，真机透露，灿若日星，是所谓道明而义正者也。其有功于前修，加惠于后学，诚非浅鲜。先生异日功圆冲举，晤诸真于蓬壶琼苑中，魏公必曰：子真能参吾之元，同吾之真，契吾之书者矣。斯时焉，岂不快哉？俊杰之士，凤有灵根，能得睹是书，乃三生之大幸，务须专心致志，勤久精研，庶几学归正道，不惑多歧，而升堂入室，达妙登玄，是所厚望于诸君子者也。敬为序。

乾隆五十四年孟春之望，上虞后学平阳道人徐立纯书于括苍山房

序[①]

余少也弱,及长善病,恨不得养生之诀,游宦四方,恒欲以阴求天下奇士。比年来,与宝将军琳交,得导引术。余年古稀,而犹然耳目聪明,精神凝固,得力于将军者多也。己酉夏余掌教。

敷文

董元真山人以《周易参同契正义》嘱叙于余。夫《参同契》一书,发明先天之学,羽翼圣经,岂术家丹道之说可同日而语哉!然修养真源,未始不于是乎。在特其文辞古奥,义理渊微,非隔尘者所能望见。今山人精心考核,诠注详明,使观者了然心目,庶几后学之津梁,而养生之诀,余于此益将有得焉。山人教我矣,是为序。

时乾隆五十四年重阳节古越晚晴平圣台题于西湖星槎

《周易参同契正义》自序

古人学道之出处,在仕、隐两端。其先隐而后仕者,伊尹、太公也;先仕而后隐者,微子、箕子也。有全仕者,皋夔、周召也;全隐者,巢许、夷齐也。有半仕半隐,可以仕则仕,可以止则止者,孔子也;又有仕、隐无定而行藏莫测者,老子也。此皆古之圣贤,其出处虽不同,而所同者道德。故或仕或隐,与时消息,乃达则兼善天下,而穷则独善其身,圣贤未尝有固必之心,以先定其行止,但听天以顺命焉耳。今夫神仙之学,其殆隐者之事乎!同巢许遁世避人,效夷齐而采芝食蔬,行伦常以崇圣学,修性命以达真源,积精累气,养志存神,及其道成德就而施功于世者,虽未及圣教之广大,然亦随时匡济而泽被斯民,其于治道,岂小补之哉?所以夫子与老子讲礼,并无支吾之言;而孟子距杨墨,未闻非老子之语。此足明其道之同而德之合也。不然,孟子肯缄默而不辟之哉?

[①] 此序底本无,据《周易参同契集注》一书录入。此序疑有错简,姑存疑,俟得善本后再考订之。

故自三代以及秦汉,皆无彼此之别;迨至唐宋,而儒者始以佛、老并称之。于是儒则为儒,道则为道,不能合一而同归,此其何故也?盖斯时佛教大盛于世,而学仙之流,往往以释氏为引证,其间有议及于儒者。又其居止观宇,并出处行踪,皆有类于佛氏,其所不同者,仅不髡其发而有姓氏为稍别耳,故令儒者目之为异学。此皆后人不善奉道之过,岂昔日之本来如是乎哉?而道之不达,道之不行,职此之由焉。然其道授受之由,而出于上古者,是难深悉。第自老子传关尹子以来,代不乏人,指不胜屈,至于汉,有伯阳魏公、庐阳董公、青霞杨公,又有正阳钟离公。而唐有纯阳吕公,吕则授道于辽之刘海蟾,而刘复授于宋之张紫阳,张则传于石杏林,石传薛紫贤,薛传陈泥丸,陈传白紫清,此十余公者,皆能与儒、道合一而同归,故名列青编,身登碧落而称述人口,虽女子小儿亦晓其姓氏出处,是诚神仙中之铮铮者也。又有陶贞白、陈希夷二先生者,儒乃真儒,仙为真仙,而能并行不悖,此又儒、道二教中之矫矫也。至于道书之来,自《道德经》、《关尹子》二书以后,虽代有所作,而究未能畅发其玄妙。迨伯阳魏公乃发明《周易》先天之学,并日月为易之义,以乾、坤、坎、离四卦为阴阳之体用,而作众卦之纲领,其余六十卦皆由此变化而出。以达其吉凶消长之理、岁时气节之效,而阐大易御政为历之治道也;又以阴阳交合之道,日月往来之机,用乾坤为鼎炉,坎离为药物,以众卦作火符,刚柔作运用,而明黄老修炼之丹道也。此诚为儒、道并行之书,实继夫《周易》而作者,故其命名曰《周易参同契》,良有以也。而后世注解此书者,数十余家,除邪伪之说姑置不论外,其有指为内丹之学者,又有指为炉火之术者,乃竟将本源之易道皆不深究,而丹法之真机奥义,亦总未明,且谓其言卦爻易象者,不过借之以发挥丹道耳。噫,此《参同契》之书,所以求明而实反晦焉。殊不思其书,乃大易、内养、炉火之三者俱备。故下篇第六章曰:三道由一,俱出径路;而第七章曰:同出异名,皆由一门。此二章历叙三道之功效,以总结其三篇之大旨,夫子所谓同归而殊途,一致而百虑者,其《参同契》之谓也。

　　今余山陬陋质,朴野无文,然家本业儒,于圣贤之书虽未能入其堂室,而亦稍微涉其门墙。且幼慕修性命之道,乃不获遇其传,荏苒二十余载。至乾隆壬辰岁，仰赖天祐，始得真诠，而朝夕阐法行持又十有余年，虽冲举之羽翮尚犹待也，其修炼之元机业已得之，安可隐默，有负天心。因不揣鄙俚而注解是书，其草本成于甲辰之首夏，迄今五稔而稿凡十易。本拟秘之山中，不欲问世，复蒙真师嘱以流布，于是付之梨枣，颜之曰《正义》，盖有取于董子正其义不谋其利之意。又义者，人之正路也。欲使后来之士俱归于正道，而不入于曲径旁门。此区区之心也。用赘数语，弁诸简首，以质夫有道者正之焉。

乾隆五十三年岁次戊申二月朔旦，会稽后学元真子董德宁静远序于四峰山居之集阳楼

《周易参同契正义》凡例

一、《参同契》者，原为儒、道兼行之书也。儒者用之，可以治国御政；道家行之，可以养性修身。奈诸家之注此书者，俱指为丹道而略其易理，所以儒者置之而不察也。惟朱子知其本源，且谓《易》中先天之学，后世失其传，至邵子始发明之。其邵子乃得于陈希夷，而希夷之源流实本于《参同契》也。故朱子尝与蔡西山反覆辨论《参同》之旨，而且为之《考异》注义。今二贤之书具在儒林，历历可据非诬。

二、《参同契》之书，乃汉人之语，其文辞古奥，加之易理深微，丹道玄妙，故在诸书之中，尤为难晓。后人读此书者，不但不能达其玄理，而于文义亦是难明，以致人人各见而纷纷多歧，此道之不行，其由于不明也。所以注此书者，宜详考其文义，深究其易道，而后研穷其丹学，庶几内外兼融①，功侔造化而道可期矣。

三、朱子谓《参同契》文章极好，其用字皆根据古书，又谓其做得极妙极精致。故此《契》中引用之典故，予乃晚学，何能尽晓。且又限于尺幅，亦不能具载。惟出于《易》者，皆一一标出，兼稍解其义，以明其《契》为继《易》而作也。

四、自来注述丹书者，皆不反切其字音，并不解其字义，此未知何故

---

① 融，集阳楼本作"明"。

也？夫四子六经，固圣人经天纬地之文，是应通达博洽者，方能窥其门户。而先贤之注者，犹恐其未明，乃先详其字之音义而后释其辞之理也。下至于诸子百家之注，无不皆然。今之丹书者，既丹法之玄奥难明，又于字句之音义或有未达，而并不为之解释，岂学道之辈皆是通文义而尽识字音者乎？无怪乎读之者少而学之者寡也。故余注此书，宁得其鄙陋，乃切其字音，解其字义，然后详释其玄理，庶使智愚皆可共由，此亦道之自然欤。

五、注是书者无虑数十家，而余藏书既寡，且又心目慵懒，不耐搜罗，故所见者不过六、七种，而是注出于鄙意为多，此诚孤见寡闻，其中阙略之处，是所不免，然不敢杜撰，亦有所受之也，谅明者知之。

六、前人之言，其有失于义理之当者，本应逐条论辨，以归于其正。但立言著书，原为开发道德，若纷纷指斥谬误，乃聚讼之书非达道者之学也。故向来有差误之处者，而余注中但倍加详明，使读者了然心目，则自不为他说所摇夺耳。

七、天地之转运造化，日月之升沉晦明，乃阴阳之至广大而至高明者也。无论治国修身，皆宜深究。所谓乾坤运施行，天下然后治，又谓学道须洞晓阴阳，深达造化，方能追二气于黄道，会三性于元宫。故是注于天地七政之道颇为详悉，以证夫天人合发之机也。

八、注中引用儒、道之书，皆取其切当者以证其义。不敢妄扯经典，及掺入邪伪之说，以获罪于天而贻讥于大雅也。倘同志者能修德行仁，精研熟究，断有心灵神悟之之妙，以造真玄之大道焉。

九、予自束发时，即慕养生之学，而每读丹经，俨如嚼蜡，因尝言曰：倘予得明此道，当无隐以告学人，而偿其宿愿。今蒙天祐，获其真诠，故注中虽不敢尽泄天秘，然较之于从前诸书，其品节详明，真机透露，则大相迳庭矣。有志于道者，自可循流以达其真源耳。

十、是注者，其分章之处，略同旧本，而更为裁订，以定其章旨。至于分节之体，大与旧说不同，乃仿先儒注经书之法，详其义理，考其文辞，可分则分之，可合则合之，而注中务使其脉络贯串，不敢妄为割裂。且每章之后，又加总结数语，以明其一章之大旨。此乃余之愚鲁，每苦于读书之难，故注是书，不厌其言之频繁也。然又有期望之心，欲其人人知道，个个谈玄，而使志士仁人登峰造极，以跻无为之圣域，此亦予之深愿也夫。

元真子识

按：《参同契》三篇，自来以为魏公所作，彭真一亦尝言之矣。或有谓魏公与徐从事、淳于叔通而三人各述一篇。然总之世远年湮，固不免于舛误，而终难究其本源，未便擅为改易。奈后人以上篇为正文，以中、下两篇俱作为注者；又将四言、五言及散文乃各集成章，以为经、注者，且纷更不一而错乱实多也。殊不思其书中之四言、五言以及散文，有断不可分之处，比比皆然，不能枚举。且上、中、下三篇之书，各有义理，如何可分作经、注？此明眼人自能知之，予亦不暇细述。但三篇之作，总叙大易、内养、炉火三道，是以上篇言易道为多，而次之以内养，其炉火则间及之；中篇则内养为多，而易道次之，炉火则又次之；下篇乃炉火为多，而内养为次，易道更为次也。此三篇之中，其三道之详简有不同也如此。魏公之三篇者，以象三才之体也。予注分上篇十六章，以象二八之权也；中篇十二章，以象岁月之度也；下篇八章，以象八卦之用也；总之为三十六章，以象老阳之数也；合而言之为《参同契》，以象太极函三之至理。此谓《正义》之道云尔。

元真子再识

《周易参同契正义》卷上

上 篇

乾坤者易之门户第一章

乾坤者，易之门户，众卦之父母。坎离匡郭，运毂正轴。

毂，音谷；轴，音逐。

《易》曰：乾坤其易之门耶？又曰：阖户谓之坤，辟户谓之乾，一阖一辟谓之变，往来不穷谓之通。又曰：乾坤其易之蕴耶？故乾坤之变通众卦，包蕴诸爻，犹人物居藏出入于门户中也。又本篇第二章以易谓坎离,以日月为易,盖乾坤为天地,定位乎上下,而日月往来于东西,出入于天地,则乾坤岂非日月之门户哉?故曰:乾坤者,易之门户也。《易》以乾为父,以坤为母,而乾坤化生六子,震得乾初爻曰长男,坎得乾之中爻曰中男,艮得乾之上爻曰少男;巽得坤之初爻曰长女,离得坤之中爻曰中女,兑得坤之上爻曰少女。是乾坤相索相交,以生六子成八卦,而八卦相重相合,乃变化六十四卦,故以乾坤为众卦之父母也。坎离者,《易》以坎为月,以离为日也。匡,正也。又古有匡城,今言匡郭者,即城郭也。此喻日月之轮,徐天池所谓犹俗言腔是也。毂者,乃车轮之中心,以容轴也;轴者,乃车轮之辐股,以凑毂也。盖郭正则城全,轴正则轮转,而日月之形象如匡郭,其日月之运行如毂轴也。又坎离为乾坤之二用,匡郭犹范围,其二用之变化众卦,周流六虚,如匡郭之范围民物、毂轴之转运轮舆,故谓坎离匡郭,运毂正轴也。然乾坤为阴阳之体,坎离为阴阳之用,千变万化,皆由此出,故魏公首言之,以发明易道之纲领焉。而丹道用乾坤为鼎炉,坎离为药物,亦以此四卦为枢纽者,又不可不知也。

牝牡四卦,以为橐籥。覆冒阴阳之道,犹工御者,准绳墨,执衔辔,正规矩,随轨辙。

牝,婢忍切;牡,音亩;覆,敷救切;衔,音咸。

牝,畜母;牡,畜父。此喻阴阳也。陈抱一曰:乾者,纯阳之牡卦;坤者,纯阴之牝卦。坎者,阴中有阳;离者,阳中有阴。乃牝牡相交之卦,故谓之牝牡四卦也。橐籥者,虚器也。橐即鞴囊,籥乃其管,即冶工用以鼓风之物是也。《道德经》云:天地之间,其犹橐籥乎?盖天地覆载乎外,二气往来乎内,犹橐籥也。是以乾坤为橐为体,坎离为籥为用。凡阴阳之消长,爻象之变化,无不在此四卦覆冒之中,以成岁时之节候,以作众卦之纲领也。《易》曰:夫易开物成务,冒天下之道。即此义耳。然是道也,犹工者准绳墨,则规矩正而无差;如御者执其衔辔,则轨辙随而勿失。此言天地日月,经常有定,气数盈亏,亘古如斯,而无少差谬者也。

处中以制外,数在律历纪。月节有五六,经纬奉日使。

处,治也;制,御也;律,律吕也。律吕有十二,乃均布一年之节气也。历者,岁时气节之数也;纪者,记也。

谓坎离处治乎中,乾坤制御乎外,其阴阳上下升降,日月东西之往来,以成晨昏昼夜、寒暑温凉,则律历之数可记,而岁功乃成也,故曰:处中以制外,数在律历纪也。月节有五六者,盖一月有三十日,以五日为一候,而六候为一月之节也。经纬奉日使者,纵曰经,横曰纬,又南北为经,东西为纬。今以年为经者,则以月为纬;以月为经者,则以日为纬也。使,命也,犹如主也。言岁者,总以奉日为主使也。盖有日则有月,有月则有岁矣。

兼并为六十,刚柔有表里。朔旦屯直事,至暮蒙当受。昼夜各一卦,用之依次序。既未至晦爽,终则复更始。

屯,音肫;直,与值同;复,扶候切。

《周易》之卦有六十四,今言六十者,以乾、坤、坎、离四卦为体为用,乃诸卦之纲领,其余六十卦,皆由此四卦之阴阳交合。二用之周流六虚,爻画相兼、体象相并而成六十卦者也,故曰兼并为六十也。夫卦之属阳者为刚,如乾、坎、艮、震之类是也;属阴者为柔,如巽、离、坤、兑之类是也。又有爻画之刚柔,则奇者为刚,偶者为柔也。凡重卦有六爻,以下三爻为内卦,即里也;上三爻为外卦,即表也。故曰刚柔有表里也。朔旦屯直事,至暮蒙当受者,朔,月之初一也;旦,早也。盖上文牝牡四卦,覆冒阴阳之道,以成岁时气节之数。今将此兼并之六十卦,乃分布于一月之中,以成日辰昼夜之度。是以初一日之旦应屯卦直事,初一日之暮当蒙卦受事,此即谓昼夜各一卦也。用之依次序者,谓依《周易》上、下经之次序,而惟除乾、坤、坎、离四卦外,其余诸卦依而用之也。既未至晦爽者,既,既济卦也;未,未济卦也;晦,月之尽也,又暗也;爽,明也。言至三十日之明用既济,三十日之暗用未济也。终则复更始者,自朔日屯蒙起,至晦日既未济终,终则复起,如环之无端也。然丹法以此六十卦为火候,而鼎炉中亦有晦朔弦望并屯蒙既未济之体用,学者当深究之焉。

日辰为期度,动静有早晚。春夏据内体,从子到辰巳。秋冬当外

用,自午讫戌亥。

讫,音吉。

夫一年有十二月,一月有三十日,而一日之期,则以十二辰为度也。日出为早而应动,日入为晚而应静,故曰:日辰为期度,动静有早晚也。天地阴阳之道,阴为内为体,阳为外为用,阴主降,阳主升。如子月冬至阳升,盖自内体而达为外用也;午月夏至阴降,乃自外用而敛于内体也。是以子为阳生,至巳为阳极;而午为阴生,至亥为阴极。其在四时,则春夏为阳为外,秋冬为阴为内。今以日辰比四时,乃子、丑、寅为春,卯、辰、巳为夏,故曰:春夏据内体,从子到辰巳也。而午、未、申为秋,酉、戌、亥为冬,故曰:秋冬当外用,自午讫戌亥也。又上文以一日之内,用两卦直事,其两卦有十二爻,今一日之中有十二辰,犹两卦之十二爻也。

赏罚应春秋,昏明顺寒暑。爻辞有仁义,随时发喜怒。如是应四时,五行得其序。

爻,音肴。

应,当也。阳气当春而发生,生为赏也;阴气当秋而肃杀,杀为罚也。故曰赏罚应春秋也。日出为明而气温,日入为昏而气凉。顺,从也。言以一日昏明之温凉,犹从乎一岁冬夏之寒暑,故曰昏明顺寒暑也。爻辞有仁义者,爻,卦画也;辞,周公所系之辞。夫子所作之传,总谓之爻辞,以断每爻之吉凶也。但爻有刚柔,辞有仁义,而刚为阳为仁,柔为阴为义也。《易》曰:立天之道曰阴与阳,立地之道曰柔与刚,立人之道曰仁与义。此之谓也。随时发喜怒者,随,顺也;时,四时也。春夏主发生,为阳为喜;秋冬主敛藏,为阴为怒。言随顺四时之令而敛发喜怒之阴阳也。如是应四时,五行得其序者,盖上文历叙牝牡四卦之体用,以变化六十四卦,而范围天地阴阳之神机,以成岁月日辰之气数。则自然春温、夏热、秋凉、冬寒,而四时各应其气候也;春木、夏火、季夏土、秋金、冬水,而五行乃得其次序矣。

右第一章

此章言乾、坤、坎、离四卦,覆冒阴阳之道,以成年月日时之节候,而作六十四卦之纲领,为《周易参同契》之枢要也。

天地设位第二章

天地设位,而易行乎其中矣。

设,置也;易者,生生之谓易。盖阴阳相生无穷也。又有变易、交易之义。如阴变阳,阳变阴,阴交阳,阳交阴之类是也。故天地设位乎上下,而阴阳变化行乎其中矣。此二句乃《易·大传》夫子之言也,今魏公引之,以发明易谓坎离,并日月为易之义,下文乃详言之焉。

天地者,乾坤之象也;设位者,列阴阳配合之位也。

《易》曰:乾为天。又曰:坤为地。故以天地为乾坤之象也。天设位乎上,地设位乎下,此乃阴阳之配合也。《易》曰:天尊地卑,乾坤定矣。又曰:广大配天地,变通配四时,阴阳之义配日月。故曰:设位者,列阴阳配合之位也。此一节,乃魏公发明天地设位之句耳。

易谓坎离,坎离者,乾坤二用。二用无爻位,周流行六虚。往来既不定,上下亦无常。

上,上声;下,去声。

坎为月,离为日,而日月为易,故以易谓坎离也。乾坤者,阴阳之体;坎离者,阴阳之用。故以坎离为乾坤二用也。而二用者,《易》所谓用九、用六是也。盖卦爻之奇者为阳为九,而偶者为阴为六。《易本义》曰:阳数九为老,七为少,老变而少不变,故谓阳爻为九也。又曰:阴数六老而八少,故谓阴爻为六也。然九六之二用,初无一定之爻位,乃周行于六虚之间也。六虚者,每卦六爻之虚位也;往来者,如《易》所云:往者屈也,来者伸也。即此之义。言二用往来屈伸于诸卦之中,而未尝有定体也。上者,上外卦也;下者,下内卦也。谓二用升降乎内外之卦,而无常居之所也。《易》曰:为道也屡迁,变动不居,周流六虚,上下无常,刚柔相易。此之谓也。然坎离为日月,而日月为易,日月之运行往来,其象亦如是夫。

幽潜沦匿,变化于中。包囊万物,为道纪纲。以无制有,器用者空。故推消息,坎离没亡。

二用无爻位,周流行六虚,此即谓幽潜沦匿也。然二用之刚柔相易,奇偶相生,而实变化于六位之中矣。物,犹事也。言二用之见于诸卦，乃包举百物之消息，囊括万事之吉凶，以定其进退存亡之机，则岂非为易道之纲纪者哉！《道德经》曰：埏埴以为器，当其无，有器之用。又曰：故有之以为利，无之以为用。盖埏埴为器者，和土为器也；当其无者，中间虚处也。其器中虚，所以善盛物。但人知其盛物之有而为利，岂知其空虚之无而为用耶？今魏公谓以无制有，器用者空，是用此之义。以为二用之无爻位，而乃制造以有卦象者，而坎离而用乃没亡矣。盖其周行乎六虚之间，沦匿乎三极之内耳。此节与上节，乃魏公发明易行乎其中之句也。然丹法亦以乾坤为体、为鼎炉，坎离为用、为药物，其阴阳二用，亦周流于六虚之中，往来于鼎炉之内，而亦无中生有，以结其灵胎者也。

言不苟造，论不虚生。引验见效，校度神明。推类结字，原理为征。

校，音教；度，音铎。

此魏公自述其言辞非苟且而造作，论议非虚伪而妄生，乃引其将来证验，见其已往功效，考校阴阳之神化，计度日月之晦明，推究其等类，连结其字句，是穷原数理之征兆，而作为是说者也。此节乃承上文，以起下文之意。

坎戊月精，离己日光。日月为易，刚柔相当。

按纳甲法，即纳干法也。以十天干纳于八卦之下，则乾纳甲壬、坤纳乙癸、震纳庚、巽纳辛、坎纳戊、离纳己、艮纳丙、兑纳丁也。今以坎纳戊土而为月，而月为阴气之精华；离纳己土而为日，而日为阳气之光明。故曰：坎戊月精，离己日光也。夫日往则月来，月往者日来，而日月之代明，有交易、变易之象。又日月二字相叠，则凑成易字，故谓日月为易也。其易字之义，日为阳刚而居上，月为阴柔而居下。又日昱乎昼，月昱乎夜。此乃阴阳得其体，故谓刚柔相当也。

土旺四季，罗络始终。青赤白黑，各居一方。皆禀中宫，戊己之功。

春、夏、秋、冬四季之末，而土各旺十八日，此谓土之罗络其始终也。青、赤、白、黑之四者，以青属木而居东，赤属火而居南，白属金而居西，黑属水而居北，皆各居其一方，惟黄居乎中而为戊己之土，其分布于四时四方，则为辰、戌、丑、未之土，故谓：皆禀中宫，戊己之功也。此喻坎离九六之用,其周流变化诸卦,以明吉凶消长之理。犹戊己之土,分布四季四隅而成阴阳节候之气也。况戊己乃坎离所纳之甲,则坎离之功用岂不大哉?

右第二章

此章首引夫子经文,发明乾坤列阴阳之体,坎离为乾坤之用,以成其变化之道;此言原理结字而立论,日月相交而成易;终言戊己之土分旺,犹坎离之用周流,而为易道五行之纲维者也。

易者象也第三章

易者,象也。悬象著明,莫大乎日月。穷神以知化,阳往则阴来。**辐辏而轮转**,出入更卷舒。

辐,音福;辏,音凑;卷,上声。

《易·大传》曰:是故易者,象也;象也者,像也。又曰:悬象著明,莫大乎日月。又曰:穷神知化,德之盛也。今魏公引此,以发明日月为易之义。盖言易则谓象,而象即日月,其日月之著明,乃现像之最大者也。于是穷其日月之神,而知其阴阳之化。阳往则阴来,阳伸则阴屈,如辐之辏于毂而轮转无停耳。即首章运毂正轴之义一也。是以日昱乎昼,月昱乎夜,更迭出入,卷收舒放,殆亘古今而不息者。此乃易象之神化也。

易有三百八十四爻,**据爻摘符**,符谓六十四卦。

据,按也;摘,取也;符,合也,谓卦之合体也。夫每卦有六爻,一部全《易》,计三百八十四爻,今据按其爻画,摘取其合体,是符合六十四卦矣。然上节乃言日月迭运以为易,而此以爻画符合众卦为易也。又按:古有三《易》,乃三代之《易》也。夏曰《连山》、商曰《归藏》、周曰《周易》是也。又有天易、圣易、心易之三易。盖阴阳之升降,日月之往来,乃天易也;卦爻刚柔之变化,吉凶消长之数理,乃圣易也;善恶之靡常,动静之无定,乃心易也。然圣易实包乎三易,故夫子曰:易与天地准,故能弥纶天地之道。又曰:《易》之为书也,广大悉备,有天道焉,有人道焉,有地道焉。又曰:引而伸之,触类而长之,天下之能事毕矣。是以学道者,当明天易之运行,圣易之变化,心易之动静,则于修养思过半矣。

晦至朔旦，震来受符。当斯之时，天地构其精，日月相撢持。

构，音姤；撢，音潭。

晦至朔旦者，即所谓晦朔之间也。震来受符者，符，信也，验也。盖坤初索于乾，而乾初交于坤，以成震卦，乃一阳生之信验，犹晦朔相交之象也。构，牵也，结也；撢，犹叠也。言当晦朔亥子之时，而天地牵结其精气，日月叠持其形神也。《易》曰：天地絪缊，万物化醇。男女构精，万物化生。盖絪缊者，元气交密也；醇者，厚而凝形也；男女者，喻阴阳也，所以为化生万物。此言天地之元气交密，则万物醇厚以凝其形者也；而阴阳之元精构结，则万物生生以成其质者也。然精由气化，而气由精生，其初未尝相离。但所谓精者，乃至纯至粹之称，非粗杂庸恶之物也。今魏公用此之意，以日月合璧于晦朔之间、亥子之分，其阴阳两相交合，而后化育流行，亦此之象也。故下文重言天地交接并人物化生之义耳。

雄阳播玄施，雌阴化黄包。混沌相交接，权舆树根基。经营养鄞鄂，凝神以成躯。众夫蹈以出，蠕动莫不由。

施，去声；树，上声；鄞，音银；蠕，音盾。

雄阳播玄施者，天为阳为雄，其色玄，而德主播阳施与也；雌阴化黄包者，地为阴为雌，其色为黄，而德主化育包含也。夫晦朔之间，阳禀阴受，雌雄相须，乃天地之气交接，日月之精叠持，犹太初混沌之未分，故谓混沌相交接也。权舆者，始也；树，植也。言阴阳之肇始，以树植其根基，故谓权舆树根基也。经营养鄞鄂者，纵横而度曰经，回旋曰营，鄞鄂乃地名。鄞在会稽而居东，鄂在荆楚而居西，此喻址基也。言阴阳之经营度旋，以养其址基者也。凝神以成躯者，以经营有往来之义，是乃气之所为，必须神凝其中而后能成其形躯焉。众夫蹈以出，蠕动莫不由者，众夫，众人也；蠕动，蠢虫动貌，喻万物也。言人物之生化，亦皆由阴阳交合以成形质，而人物之性亦禀赋于其中矣。朱子所谓盖天地万物，本吾一体，即此之义也。

于是仲尼讚鸿濛，乾坤德洞虚。稽古当元皇，关雎建始初。冠婚气

相纽,元年乃芽滋。

鸿濛,俱上声。

讚,称呼也;鸿濛,元气也,乃气之太初。言夫子尝讚始初之气化也。洞,空也。《易》先乾坤为阴阳之始,而其为德乃空洞至虚,能包含万物,变化众卦,故曰乾坤德洞虚也。稽,考也。《书》始于二典,而稽古之尧舜,则克明峻德,濬哲文明,岂非至治之首哉?故曰稽古当元皇也。建,立也;关雎,《诗》之首篇。得情性之正,立人伦之始,故曰关雎建始初也。冠者,成人之始;婚者,夫妇之初,乃《礼》之所首重;纽,结会也。言冠婚亦阴阳之气,始行成立而纽结,故曰冠婚气相纽也。芽,萌也;滋,蕃也。《春秋》首书元年春王正月,以表君道始立,而治化由此而萌蕃,故曰元年乃芽滋也。此节魏公引圣人作经之首义,以证上文天地日月之精气,乃先行交感,而后成其化育之道耳。

右第三章

此章言易为象,而象为日月;易有爻,而据爻以符诸卦。当晦朔之间,震卦受符之际,天地构精,日月合璧,乃阳施阴化,则鄞鄂成而易道行矣。于是人物之生,亦莫不由于此道以成其形质者也。故末引圣人作经,亦取其始初之意,以明本章之义耳。

圣人不虚生第四章

圣人不虚生,上观显天符。天符有进退,屈伸以应时。

符,信证也。言圣人上观天道显著之信证,而天信则有盈有虚,有生有杀,如阳长则阴消,阳衰则阴盛,寒暑之往来,日月之出入,此乃天符之进退屈伸,以各应其时候者也。故圣人生于天地之中,仰观俯察,以立人极,为法于天下,岂虚生也哉?《易》曰:观天之神道,而四时不忒。圣人以神道设教,而天下服矣。此之谓也。

故易统天心,复卦建始萌。长子继父体,因母立兆基。消息应钟律,升降据斗枢。

长,音掌。

天心者,北极子位之中也;复者,十一月之卦也。消息者,息为阳生,自子至巳也;消为阴生,自午至亥也。钟律者,律吕也。律为阳,吕为阴,而律吕有十二管,乃按其方位均布于地,以候一年之节气也。斗枢者,北斗也。北斗为帝车,而天之运动,乃依斗之所指也。言易象之变化,总统乎北极天心,而复卦之始萌,建立于十一月之冬至,故夫子赞《易》复卦曰:复,其见天地之心乎?盖天心者,天地生物之心也。天地生物之心,虽无时不见,然必待十月纯坤而阳气收敛之极,至十一月冬至,积阴之下,一阳复生,此万物生意将绝而复续,故曰复也。尧夫邵子曰:冬至之半,天心无改移。一阳初动处,万物未生时。是此义也。但复卦之内卦为震,外卦是坤,其震为长子,长子乃继乾父之体而受事,然实因坤母之躯以立基。盖坤初索于乾,而得一阳爻以成震也。至于阴阳气化之消息,则应于钟律之十二节候;其日月之升降明晦,则据于斗枢所指之运行也。但所谓冬至者,其在年固为十一月,若在月则为晦朔之间,在日则为亥子之分也。然丹法之人身中亦有冬至,如《复命篇》曰:炼丹不用寻冬至,身中自有一阳生。此又不可不知耳。

三日出为爽,震受庚西方。八日兑受丁,上弦平如绳。十五乾体就,盛满甲东方。

爽,疏两切。

爽,明也;受,纳也。盖日与月自晦朔、亥子之间,合璧之后,渐渐相离;至初三之昏,而月始出微明于西方之庚位,其象如震,而应震卦之纳庚,乃一阳生也;月至初八日之昏,现半明于南方丁位,其象如兑,而应兑卦之纳丁,乃二阳生也。此时谓之上弦,其形如弦之平,如绳之直也。月至十五日之昏,吐全明于东方之甲位,其象如乾,而应乾卦之纳甲,乃三阳全也。此时月与日相对,故谓之望,其体盛满而无少亏也。

蟾蜍与兔魄,日月气双明。蟾蜍视卦节,兔者吐精光。七八道已讫,屈折低下降。

蜍,音除;折,音舌。

蟾蜍者,乃金之精,为月之形体也;兔魄者,乃木之气,为月之光华也。盖月本无光,因受日之阳气而相感以生其明,故谓之气双明也。又望之晚也,则日自西将入,而月自东已出;其望之晓也,则月将西入,而日已东出。俗言月半两头红,亦是双明之义也。蟾者,瞻也。谓月之形体,乃瞻视其卦象而为节候也。盖一月有六候,而六候之卦即上文之震、兑、乾,下文之巽、艮、坤,其象有阴阳消长之节,犹月之盈亏之候也。兔者,吐也,谓月之光华乃呕吐其精气而生光明也;七八者,十五也,言月至十五日,其盛已极,其道已穷,势必屈折下降而将渐损其光明矣。

十六转受统,巽辛见平明。艮直于丙南,下弦二十三。坤乙三十日,东北丧其明。

见,音现;直,同值;丧,去声。

统,绪也。月自朔至望,乃阳已极矣。阳极则转阴,而阴受阳之统绪也。故月至十六日之平明,现于西方之辛位,其明乍亏,其象如巽,而应巽卦之纳辛,乃一阴生也;月至二十三日之晨,值于南方之丙位,其明半亏,其象如艮,而应艮卦之纳丙,乃二阴生也,此时谓之下弦;月至三十日之晨,在于东方之乙位,其明尽丧,其象如坤,而应坤卦之纳乙,乃三阴全也,此时谓之晦。东北者,艮寅之方也,乃月造端之地。今晦日于此而尽丧其明,至朔日自此而更苏其魄也。故中篇第三章曰:始于东北,箕斗之乡。旋而右转,呕轮吐萌。是此之义也。

节尽相禅与,继体复生龙。壬癸配甲乙,乾坤括始终。七八数十五,九六亦相应。四者合三十,阳气索灭藏。

禅,去声;复,扶候切。

节者,即上文六卦之节候也;禅者,传也。言六十卦节候已尽,则晦朔依然相承,日月照前合璧,而坤复传于震,故曰节尽相禅与也。体者,乾之体也;龙者,震为龙也。谓震得乾之一阳,是继乾父之体也。震象重阴之下有动物,乃生龙之象,是为阴复生阳,故曰继体复生龙也。八卦各纳一干,惟乾纳甲壬,坤纳乙癸,为纳两干,故谓壬癸配甲乙也。夫十干以甲乙为始,壬癸为终。又朔与十六日,乃阴阳之始;望与三十日,乃阴阳之终。而乾坤总括十干,统包阴阳,故谓乾坤括始终也。七八者,数之十五也;九六者,亦应十五也;四者合之,乃三十日也。当此之时,而月之阳气失明,乃索然灭藏而为晦矣。但以上言六卦纳八干,而坎离戊己,何以独不与者?盖坎纳戊、离纳己,其坎离为乾坤之用,往来六虚,而戊己乃中宫之土,无往不在故也。又所言月出没之方位,并弦望之日期，此不过大概言之，以明六卦之阴阳消长，及纳甲八干之方位相关如此也，可不必执泥。盖考之历法，昼夜有长短，月之出没有早晏，而其方位有不同；月节有大小，合朔有疾徐，而弦望有先后也。此俞全阳亦尝辨之，故学者勿以辞害其志耳。

象彼仲冬节，草木皆摧伤。佐阳诘商旅，人君深自藏。象时顺节令，闭口不用谈。

诘，音乞。

夫一月六候已尽，乃晦朔相禅，而日月至此合璧，则阳气灭藏，故其象如彼仲冬之节，而万物乃闭藏消灭，草木皆摧败伤残。此时当辅佐微阳，须安静以固其发生之本，乃下而诘责其商旅，上而深藏其人君，皆不使行动也。《易·复卦》曰：雷在地中复，先王以至日闭关，商旅不行，后不省方。盖后者，君也。先王以冬至之日，闭道路之关，使君民皆安静以养其微阳也，故此谓象时顺节之令。非惟身静不行动，其口亦宜闭而不谈也。然丹法亦有晦朔弦望之四序，阴阳符火之六候，而一阳初生为冬至，亦宜安静无动，使凝神气聚，以化育其大药也。

天道甚浩广，太玄无形容。虚寂不可睹，匡郭以消亡。谬误失事绪，言还自败伤。别序斯四象，以晓后生盲。

盲，音萌。

匡郭者，日月之形象也；四象者，即上文之七八、九六。盖七为少阳，八为少阴，九为老阳，六为老阴，是谓之四象也。言仲冬之节，草木摧残，万物闭藏，而一阳虽复，生机尚微。其天道甚浩大而极高广，太玄至幽远而无形容，此不可见其端倪也。今晦朔之间，日月撑持，混沌交接，而气象空虚湛寂不可睹，其日月形象消亡以灭藏，是同一理也。倘谬误妄动，则失其事之端绪，若妄言得尤，乃自取其败伤之咎也。是以分别其明晦，而序次其四象，以开晓夫后生之盲瞽耳。

按：上节象彼仲冬句起，至此节晓后生盲止，旧本在下篇会稽鄙夫句之前，陈抱一移至于中篇子当右转句上，而俞全阳谓其皆非也，因移至于此。今考其文义，详其叶韵，是为得理，故从之焉。

右第四章

此章承上章天地日月之交合,而言圣人观天符之屈伸,统天心之消息,以发挥一月生明生魄之六候,及八卦纳甲之方法耳。至于晦朔相交之际,象彼十一月冬至,须安静以养微阳,为固其生发之本,以晓夫后学者也。

八卦布列曜第五章

八卦布列曜,运移不失中。

八卦者,谓八方之卦位也;列曜者,七曜也,乃日、月、水、火、金、木、土之七政是也;中者,天心也。言八方布列之星曜,虽皆周围旋绕运移,而总不失其天心之枢纽也。然天与星曜之运动,无非一气之推移耳,此又不可不知。

谨按:晦庵朱子曰:王蕃《浑天说》一段极精密,而其言曰:天之形状如鸟卵,地居其中,犹壳之裹黄,圆如弹丸,故曰浑天。言其形体浑浑然也。其术以为天半覆于地上,半在于地下,其天居地上者,一百八十二度,地下亦然。北极出地上三十六度,南极入地下亦三十六度,南北极持其两端,其天于日月星宿斜而回转也。象山陆氏曰:《书疏》云,周天三百六十五度四分之一,天体圆如弹丸,北高南下,北极出地上三十六度,南极入地下三十六度,南极去北极直径一百八十二度,其南北二极之中谓之赤道。春分日行赤道,从此渐北;夏至行赤道之北二十四度,从此夏至以后,日渐行南;至秋分还行赤道,与春分同;冬至行赤道之南二十四度,从冬至以后,日又渐行北矣。其日之行处,谓之黄道。又有月行之道,与日相近,交路而过,半在日道之里,半在日道之表,其当交则两道相合,去极远处,两道相去六度。此其日月行道之大略也。朱子又曰:天体至圆,周围三百六十五度四分度之一,绕地左旋,常一日一周而过一度。日丽天而少迟,故曰一日。亦绕地一周,而在天为不及一度。积三百六十五日有奇,而与天会,是一岁日行之数也。月丽天而尤迟,一日常不及天十三度有奇,积二十九日有奇而与日会。一年十二会,通计得三百五十四日有奇,是一岁月行之数也。岁有十二月,月有三十日,三百六十日者,乃一岁之常数也。故日与天会,而多五日有奇为气盈;月与日会,而少五日有奇为朔虚。合气盈朔虚而闰生焉。玉斋胡氏曰：尝论之，日月丽乎天者也，日之行比天只不及一度，月之行比天不及十三度，乃不及日十二度，何哉？盖天秉阳而在上，日为阳之精，月为阴之精也。造化之间，阳大阴小，阳饶阴乏，阳得兼阴，阴不得兼阳，此日行所以常过，月行所以常不及也。使日之运常有余，月之运常不足，不置闰以齐之。其初失润，则春之一月入于夏，子之一月入于丑；至三失闰，则春季皆入于夏；十二失闰，则子年皆入于丑矣。何以成造化之功哉？朱子又曰：天道与日月五星皆是左旋。天道日一周天而常过一度，日亦日一周天，起度端，终度端，故比天道常不及一度。月行不及十三度有奇。今人却云月行速，日行迟，此错说也。但历家以右旋为说，取其易见日月之度耳。草庐吴氏曰：古来历家盖不知七政亦左行，但顺行不可算，只得将其逆退与天度相值处算之，因此后遂谓日月五星逆行也。但天与七政八者皆动，今次其行之疾迟，则天为第一，镇星土为第二，岁星木为第三，荧惑火为第四，太阳日为第五，太白金为第六，辰星水为第七，太阴月为第八。盖天土、木火其行之速则过于日，而金水月其行之迟则不及于日，此其大率也。

以上诸儒之论，固为详悉。然余亦尝闻之至人曰：盖自太极混成，阴阳肇始，而天地之道无非一气而已矣。其气之流行上下四方而不息者，天也；凝聚形质于中而不动者，地也。然形有崖而气无涯，其地有穷处而天无尽处，是以六合皆天也，而地居其中，《素问》所谓大气举之是也。古人比天如鸟卵，地如卵中之黄，最为确切。盖地之中心，其最坚最实者，则载华岳而振河海，人民居之，万物生焉；其地之边处，则渐软而渐虚，人物无矣，三光晦焉；以至于极处，则与天混而为一矣。亦犹卵黄之中心最实，其其近卵青处稍软，而且黄与青相粘，亦混而不分也。但天地至大至广，而人不之察识耳。至于日月星宿，乃二气五行之精华凝聚，以现象于天者也。今天道既以左旋顺行，则日月星曜亦自然随之右转而顺去。其日月之行度，乃日为太阳，月为太阴，造化之道，阳动阴静，阳刚阴柔，则自应日速而月迟。此皆不易之理，故诸儒之辨论是也。今总言之，夫日之行度，子时至于地子方，午时至天午方，乃一日行一周天，而还其原起度之处，故谓之日也；月之行度，朔则纬于地，望则经于天,乃一月行一周天,亦还其原起度之处,故谓之月也。月之行度至健,乃一日行遍周天度数,而又过一度,积至一年则多一周天,而亦而还其原起度之处,故谓之天道一周也。此乃余之管见,未知当否？幸高明者教之。

元精眇难睹,推度效符征。居则观其象,准拟其形容。立表以为范,占候定吉凶。

眇,音藐;度,音铎。

元精者,乃天地之元气,即元阳也,《石函记》所谓元阳即元精是也;眇者,微小也;表者,司天家用之以测景推候也;范者,模也。盖天地元阳之气,往来乎六合之中,流行乎三才之内,无时不然,无物不有。但其气最微眇而难以睹察,故惟推度七曜运移之节度,及考效天符进退之信征,庶可默识其端倪也。是以居内,乃观其卦象变化,而准拟其形著容现之兆机;在外,乃立表以为模范,而占其阴消阳息之气候。则凡事物之吉凶可预定,而动静之休咎可先知矣。《易》曰:君子居则观其象而玩其辞,动则观其变而玩其占。又曰:圣人有以见天下之赜,而拟诸其形容,象其物宜,是故谓之象。乃此之义也。

发号顺节令,勿失爻动时。上察河图文,下序地形流。中稽于人心,参合考三才。

发号者,兼言行而言也;节,时节也;令,法令也。《易》曰:言行,君子之枢机,枢机之发,荣辱之主也。言行,君子之所以动天地也,可不慎乎？所谓治国修身,凡言行之发,当顺其时节而从其法令,故曰发号顺节令也。《易》曰:吉凶悔吝,生乎动者也。又曰:六爻之动,三极之道也。盖爻者,效也;动者,变也。凡卦有六爻,以上下两爻为天,中两爻为人,下两爻为地也。三极者,即天、地、人之至理,而三才各一太极也。是以谓卦爻之动变,关乎三才太极之道,乃吉凶悔吝之所由生,不可有失其机兆之时节,故曰勿失爻动时也。夫出言发行,当合乎三才之道,故上而察其河汉图象之天文,如七政之运行而有度,阴阳之消长而有时也;下而序其地理形势之流放,如山岳之峙立而不移,河海之周流而不竭也；中而①稽其人身动静之心机，如情性之刚柔而有定，志气之变易而无常也。此三者皆参合而考验之，庶乎三才之道备，则言动皆可无咎矣。《易》曰：仰则观象于天，俯则观法于地，观鸟兽之文与天地之宜，近取诸身，远取诸物。此之谓也。

动则依卦变，静则循彖辞。乾坤用施行，天下然后治。

彖，土玩切；治，去声。

依，凭也；卦变者，谓卦象之变化，如柔变为刚，刚化为柔，而周流于每卦六爻之间也；循，拊也；彖者，《易》谓材也，又断也；辞者，文王所系之辞，以断每卦之吉凶，如《易》所谓乾元亨利贞是也。又有彖传，乃夫子释经之辞，如《易》所谓大哉乾元之类是也，而总谓之彖辞也。《易》曰：是故君子居则观其象而玩其辞，动则观其变而玩其占，是故自天佑之，吉无不利。盖君子居静而未卜之时，则观象玩辞，以明其进退存亡之道也；值动而及筮之际，则观变玩占，以达其吉凶消长之机也。夫《易》与天地准，今君子动静不违于天，所以天乃佑之，而有吉无不利也。故魏公用此义云其值动之时，则依凭卦爻之变现，以占其吉凶；而居静之际，则拊循彖、象之辞义，以明其数理也。用者，为乾坤之用，乃坎离是也。盖坎离施行于天地，则四时行焉，而百物生焉；坎离周流于六虚，则刚柔断矣，而变化现矣。夫如是，则凡天地上下之事物，岂有不治之理哉！《易》所谓垂衣裳而天下治，盖取诸乾坤是也。

可不慎乎，御政之首。管括微密，阖舒布宝。要道魁杓，统化纲纽。

阖，音恺；杓，音标。

可不慎乎者，谓上文之动静，下文之御政，皆当谨慎也。《易》曰：言行，君子之所以动天地也，可不慎乎？是此义耳。御政之首者，言为政之先也；管，键也；微密者，隐密也。如《易》所谓②君不密则失臣，臣不密则失身，几事不密则害成是也。阖，开也；布宝者，谓布陈其仁德于宝位也。如《易》所谓天地之大德曰生，圣人之大宝曰位，何以守位？曰仁是也。盖谋事以键括几微为要，而政令以开舒德位为先，故曰：管

---

① 而，集阳楼本作"有"字。
② 谓，底本"为"，据集阳楼本及上下文义改。

括微密,闿舒布宝也。魁杓者,北斗七星也。《史记索隐》曰:《春秋运斗枢》云:斗,第一曰天枢,第二曰璇,第三曰玑,第四曰权,第五曰衡,第六曰开阳,第七曰摇光。其第一至第四为魁,第五至第七为杓,合为而斗,居阴布阳,故称北斗。《汉书·天文志》云:斗为帝车,运乎中央,临制四方。分阴阳,建四时,均五行,移节度,定诸纪,皆系于斗。《鹖冠子》曰:斗运于上,事立于下;斗指一方,四塞俱成。此之谓也。是以言天道之枢要在乎斗柄,而御政之至道在乎天心,故曰要道魁杓也。统化纲纽者,纲,总也;纽,结会也。言统天人之造化,而魁杓为之总结,犹网之有纲,衣之有纽也。

爻象内动,吉凶外起。五纬错顺,应时感动。四七乖戾,誃离仰俯。誃,音侈。

内,为卦爻之内也;外,谓事物之外也。言爻象之动变,则现乎内之蓍卦;而吉凶之兆机,则验乎外之事物。故曰:爻象内动,吉凶外起也。《易》所谓爻象动乎内,吉凶见乎外是也。天象定者为经,动者为纬,故星亦有经纬。今曰五纬者,五星也。乃木、火、土、金、水之精气,上结而成象,为众星之纲领。其运动随天左旋,有疾有徐,并日月谓之七政也。时者,四时也。盖五星之顺从,则应四时和调;而五星之错乱,则应四时失序,是皆天人相应而动也,故曰:五纬错顺,应时感动也。四七乖戾,誃离仰俯者,四七,谓二十八宿,《左传》所谓二十八宿四七是也;誃,别也;仰俯,犹上下也。盖二十八宿为经星,上按周天之度数,下属九州之分野,今乖戾失度,则誃离在于仰俯之间。是乃人事动乎下,而天道变乎上也。总之言修身治国皆当慎密,而勿失其魁纽,以吉凶悔吝生乎动故也。

文昌统录,诘责台辅。百官有司,各典所部。

文昌者,《史记·天官书》云:斗魁戴筐六星曰文昌宫也;统录者,谓文昌乃统录诸司之职。故曰文昌统录也。诘,责也,问也。台辅者,《汉书·天文志》云:魁下六星,两两而比者,曰三台也;抱天枢四星,所以辅佐北极者,曰四辅也。盖台辅上佐帝座,下率百僚,在人为三公宰相,而其责问为最重之任,故曰诘责台辅也。然文昌既统录于其上,而台辅诘责于其下,自应阴阳之燮理,鼎鼐调和,则百官有司,乃典守其部分而各称其职位矣。

日合五行精,月受六律纪。五六三十度,度竟复更始。

合,或作含;复,扶候切。

五行者,即五运也。其在声为五音,五行分属于十天干之日,而五阳五阴也。精者,精华也;六律者,即六气也。其在月为六候。六律均布于十二地支之月,而阴阳各六也。纪,纲纪也;竟,终也。言日合五运之精华,而月受六气之纲纪也。又五日为一候,六候为一月,故合其五六之数为三十日之度,而月乃与日会,其度终则有复始,如环之无端。此亦因魁杓之转运而然也。

原始要终,存亡之绪。或君骄溢,亢满违道;或臣邪佞,行不顺轨。

要,平声;亢,口浪切。

原者,推也;要者,求也。言推原其本始之先,要求其末终之后,而即知其吉凶存亡之端绪矣,故曰:原始要终,存亡之绪也。《易》曰:原始要终,以为质也。又曰:亦要存亡吉凶,则居可知矣。此之谓也。溢,满也;亢,过也。谓君或骄溢而过其节度,亢满以违其治道;臣或邪佞而并非循良,行为不顺其轨辙。如此者,乃始终之可推求,而存亡之可豫知也哉。然丹法以神为君,以气为臣,亦是此之义也。

弦望盈缩,乖变凶咎。执法刺讥,诘过贻主。

咎,音旧。

弦者,月之上下两弦也;望者,月之望日也。盈满缩亏也,乖戾咎愆也。谓月之有弦望,以受日光之多少而为盈亏;其事之有吉凶,由人心之邪慝而生乖变。故曰:弦望盈缩,乖变凶咎也。执法者,乃太微垣之星名,有左右之分,在人为廷尉御史之职,所以举刺凶奸者也;刺讥者,即讽谏也;诘,责也;贻,遗也。谓君不守度而骄溢,臣不守法而邪佞,虽均为失道,而刺讥者诘责其过咎,乃遗于君主之一人,盖居上不骄则为下不倍,故曰:执法刺讥,诘过贻主也。此承上文日月君臣而言之,总以人事有吉凶,犹月体之有盈缩,亦天人合发之理也。

辰极受正,优游任下。明堂布正,国无害道。

辰极者,乃天之中宫,宰制八方,为统御周天之枢要,运化列宿之纲纽也;优游者,和顺自如之貌。言辰极正位于上,而优游任使其下,则万曜齐钦,百司听命矣。夫子所谓为政以德,譬如北辰,居其所而众星共之是也。明堂,其在天者,如《史记》所谓东宫苍龙房心,心为明堂是也;其在地者,孟子所谓王者之堂是也。夫明堂为诸侯朝天子之处,乃王者出政令之所,故居乎明堂,布其政令,则邦国咸安,无害道之忧而天下平矣。然丹法人身中亦有明堂,如《黄庭经》所谓明堂金匮玉房间是也。

右第五章

此章言天之运化,在乎中宫之斗枢;而人之机要,在乎中心之主宰。是以占象推候,仰观俯察,而知其天地之流行,元气之变化,七曜之运移,众星之顺逆,并稽夫人事之宜否,以明其吉凶进退存亡之道也。故修身御政,惟自正其心,自持其柄,乃各正性命,保合太和,则自然国治身修,而祈天永命之道可得矣。

内以养己第六章

内以养己,安静虚无。原本隐明,内照形躯。

内养者,谓修养性命之学也;安静者,言安其身而静其心也;虚无者,乃外之五官不用,而内之七情俱忘,收视听于一身之内,藏神气于百骸之中。《金丹四百字·序》曰:精神魂魄意,相与混融,化为一气,不可见闻,亦无名状,故曰虚无;《黄庭经》曰:扶养性命守虚无,恬淡无为何思虑。皆此义也。故曰:内以养己,安静虚无也。原本者,达本穷原之谓也,《悟真篇》所谓返本还源是药王是也;隐明者,言韬光晦迹也,《道德经》曰:挫其锐,解其纷,和其光,同其尘是也;内照者,谓黜其聪明,而回光返照于内也。《清静经》曰:内观其心,心无其心;外观其形,形无其形;远观其物,物无其物。即此义也。故曰:原本隐明,内照形躯也。然修养至于如此,乃真隐明而真内照,何忧其丹之不结而道之不成也哉?吾侪当勉之。

闭塞其兑,筑固灵株。三光陆沉,温养子珠。视之不见,近而易求。

易,音异。

兑者,兑上缺也,非专指为口,是总言上源之孔窍也;灵株者,言下源水火之根基也。谓修养当闭塞其上关之孔缺,并筑固其下关之根株,则庶乎内外无漏而神芝可得。《黄庭经》云:结珠固精养神根,玉笈金籥常完坚。故曰:闭塞其兑,筑固灵株也。三光者,乃天之日月星也。而丹道人身中亦有三光,如《黄庭经》曰:三明出于生死际,洞房灵象斗日月是也。盖人之有二目①光明,乃得日月之形体,谓之外日月,《黄庭经》所谓:和制魂魄津液平,外应眼目日月精是也;而人之有呼吸往来,乃得外日月之运用,谓之内日月,《黄庭经》所谓:出日入月呼吸存,元气所合列宿分是也。此言人身之内外日月也。至于人身之星者,以天有列星而人有诸窍,其列星之转移在乎斗,而诸窍之开阖在乎心。是以人之心与窍,犹天之斗与星也。《黄庭经》曰:正一含华乃充盈,遥望一心如罗星。此之谓也。今曰三光陆沉者,陆,高平地也。言修炼之道,以自己之三光,内外相合,心息相依,而沉潜于吾身坤土之中也。《黄庭经》曰:三光焕照入子室,能存玄真万事毕是也。温养子珠者,温,和暖也;子者,息也;珠者,蚌胎也。言用温和之气,以韫养其胎息也。《黄庭经》曰:抱玉怀珠和子室,子能守一万事毕。是此义也。然是道也,虽至简至易,但视之而不见,听之而不闻,若不遇真师指点,纵近亦远也。苟能修德行仁,一志不移,求得真要,则近在目前,依法修之,立可成丹,虽夫妇之愚,亦可与知与能,夫何远之有哉?《悟真篇》曰:工夫容易药非遥,说破令人失笑。故谓之:视之不见,近而易求也。

黄中渐通理,润泽达肌肤。初正则终修,干立末可持。一者以掩蔽,世人莫知之。

《易·文言传》曰:君子黄中通理,正位居体。此夫子释坤卦六五爻黄裳元吉之辞也。盖黄为坤土之色,裳为下体之服,中是土之位,正乃坤之体。理者,谓文在中而见于外也。此言君子之有中德,虽居尊位而能谦恭以下人,犹黄裳之有文在中,而却服于外之下体也。故夫子复赞之曰:美在其中而畅于四肢,发于事业,美之至也。是乃圣人释易象

---

① 目,底本作"日",据集阳楼本改。

之义理者也。今魏公用此之义,而曰黄中渐通理,润泽达肌肤者,黄,黄庭也;理,腠理,乃皮肤之间也。此承上文内养之法,谓真积力久,而黄庭中元和之气渐渐通畅于腠理,其润泽自达于肢体肌肤矣。所谓和顺积中而英华发外是也。初正则终修,干立末可持者,谓学道以守正为要,庶不入于曲径旁门,以立志为先,方不致始勤终懈,所谓心正而后身修,本立而道生者是也。然而欲行斯道,必须受一贯心传,明太极之本原,得先天真一,庶可成功。但所谓一者,岂容易知之?如《易》曰:一阴一阳之谓道。而《道德经》曰:道生一,一生二,二生三,三生万物。盖此之一者,即先天一气之谓也。分而为两,化而为三,三才既立,而后变化无穷。故此一气也,其大无外,其小无内,物物皆有,时时为然,乃阴阳之本,水火之根,是理之源,为数之始,即是所谓道也,太极也。是故修养者,惟用先天一气,以结丹头而成真体,所谓得其一,万事毕也。但此一气,非遇至人指点,积功累行,存养之久,不可测识,故曰:一者以掩蔽,世人莫知之也。《黄庭经》曰:玄元上一魂魄炼,一之为物叵卒见。此之谓欤!

上德无为,不以察求;下德为之,其用不休。

《道德经》曰:上德无为而无以为,下德为之而有以为。此乃老子发明道德仁义之先后,及有为无为之功效也。今魏公引此字句,乃发挥神气两者之秘耳。盖内养之法,以神为君,以气为臣,故君为上德而臣为下德也。又德者,本也。上之本在神,下之本在气。是以神宜清静无为,不以一毫察求而有累于心;其气宜转运为之,乃绵绵若存而用之不休也。使神长御气,则气自归根矣。然此上下有无之义,即上文之一者所分而为二者也,故下文复详言之。

上闭则称有,下闭则称无。无者以奉上,上有神德居。此两孔穴法,金气亦相须。

上闭者,即上文之闭塞其兑也;下闭者,即上文之筑固灵株也;有者,水也,《复命篇》所谓离宫有象藏真水是也;无者,火也,《复命篇》所谓坎户无形隐赤龙是也。故曰:上闭则称有,下闭则称无也。奉上者,元气之上升也;神德者,元神之本德也。谓元气用于下德以奉上,而元神居于上德以御下,即上文所谓上德无为,下德为之是也。盖坎离为阴阳之用,水火为上下之源,而阳气主上升,太极则生阴,乃化水而为有;其阴气主下降,太极则生阳,乃化火而为无。是水火互为其根,阴阳相须以用,此即修丹神御气之道也。今曰:无者以奉上,上有神德居。乃是此之义耳。其不言元气并有与下者,殆省文也。此两孔穴法者,谓神气乃上下之两穴法也。《道德经》所谓此两者,同出而异名,亦此义也。金气亦相须者,以金能生水,气能成火,而金化为气,气为融金,是则金之与气,亦如有无之相须而相资也,故金气为丹道之机要耳。

右第六章

此章内养之道,当身心合一于中,神气相须为用,明其一气,达其两源,为修炼之大端也。夫前五章统言易道之秘蕴,发明三才之至理,治国治身,无不该括,而丹法亦寓乎其中。所谓神而明之,存乎其人焉。及至此章,方言养命修性之学,以开其端倪。其后乃逐章条分缕析,以阐大丹之奥妙,而仍不遗易道之玄理,故名曰《周易参同契》者,良有以也。

知白守黑第七章

知白守黑,神明自来。白者金精,黑者水基。

《道德经》曰:知其白,守其黑,为天下式。盖言韬光晦迹,待时而动,则可为天下之法式矣。今曰:知白守黑,神明自来者,乃引此之句以发明金水二者之体用也。言黑白二色,相须为用,犹欲知月之白光,当守月之黑体;如欲知其银之白,当守其铅之黑也。故新月至于生光,炼铅至于银浮,则是谓神明自来也。此喻铅中藏银,而银出铅中之义。《复命篇》曰:但能守黑白自现,黑白本来无二色。《悟真篇》曰:黑中有白为丹母。皆此之义也。但黑白二色,以五行言之,则白乃属金而为银之精也,黑乃属水而为铅之基也,故谓之:白者金精,黑者水基也。下文乃详言之。

水者道枢,其数名一。阴阳之始,玄含黄芽。五金之主,北方河车。

水为天一之源,水乃五金之始,故曰:水者道枢,其数名一也。夫天地五行生成之数,则天一生水,地六成之;地二生火,天七成之;天三生木，地八成之；地四生金，天九成之；天五生土，地十成之。此乃一奇一偶配合，以一、三、五、七、九奇数为阳，二、四、六、八、十偶数为阴也。又有以生数皆为阳，以成数皆为阴者，亦一义也。《易》曰：天一地二、天三地四、天五地六、天七地八、天九地十，天数五，地数五，五位相得而各有合。此乃夫子发明河图之数也。朱子《易学启蒙》曰：相得如兄弟，有合如夫妇。盖相得如兄弟者，以一、三、五、七、九之奇数，二、四、六、八、十之偶数，此阴阳相类，奇偶同体，乃兄弟之义也；有合如夫妇者，以一与六、二与七、三与八、四与九、五与十，此阴阳相配，奇偶相合，乃夫妇之义也。又易道以一九为太阳，二八为少阴，三七为少阳，四六为太阴，此谓之四象，而五十为土，居于中宫，其四象之间而土无往不在也。所以卦象爻策，无不由此生成之数而交错变化以成易道之大业也。故《易》又曰：天数二十有五，地数三十。凡天地之数，五十有五，此所以成变化而行鬼神也。是此之义也。由此观之，其水之为道而数之为一者，岂非天地之初气、五行之枢纽哉？故曰阴阳之始也。夫天一生水，在丹道为铅。今曰玄含黄芽者，谓铅中有银，得火烹炼之，则其色黄而银萌芽矣。又玄黄为天地之正色，今黑铅外裹而黄芽内含，犹天包地之象也。且铅属水，而水生数一，得土生数五，则合为水之成数六，其亦玄黄相含之义也。五金之主者，以铅为五金之母，乃五行之始也；北方河车者，以铅之体黑，其位居北，而北方正气，号曰河车，丹道载水火升降之所用也。凡车皆行于陆而河车则行于水，乃丹法中之玄言喻名。如《传道集》所谓自上自下，或前或后，往来九州，巡历三田，般真火，运琼浆，以至于出神入定，皆此河车之用是也。然又有小河车、大河车、紫河车之三车，名目纷纷不一，而一言以蔽之，无非一气而已矣。学者深思之，则其义自得耳。

故铅外黑，内怀金华。被褐怀玉，外为狂夫。

被，音批；褐，音曷。

上文言黑白之相守、玄黄之相含，乃水中金之义。故此谓铅质虽外体黑陋，而内却怀白金之华也。褐，毛布也，乃贱者所服。《道德经》曰：知我者希则我贵，是以圣人被褐怀玉。今魏公引此，以喻铅中含银，犹被褐之人，怀藏宝玉，若不知其内蕴之珍，而以外貌视之，则为狂荡之贱夫哉。然此虽为铅银之包蕴言之，而学道之人，亦宜盛德容貌若愚，良贾深藏若虚，不可不三省之也。

金为水母，母隐子胎；水者金子，子藏母胞。

金能生其水，水本生于金，故曰金为水母、水者金子，此常道之顺行也；黑中有白，铅里怀银，故谓母隐子胎、子藏母胞，乃丹道之逆也。但此虽为铅银而言之，至于砂中之汞，乃赤里藏青，其义一也。《悟真篇》曰：震龙汞出是离乡，兑虎铅生在坎方。二物总因儿产母，五行全要入中央。此之谓也。然丹法所谓铅、砂、银、汞、土者，此外事也；精、神、魂、魄、意者，此内事也。乃内以喻外，外以比内，二者交互言之，而各明其道焉。故丹书之玄言喻名，不可胜数，苟得其要，则思过半矣。

真人至妙，若有若无。髣髴大渊，乍沉乍浮。进退分布，各守境隅。

髣，音纺；髴，音弗。

真人喻真铅也，即真一之气也。盖气则人也，人则气也，朱子所谓气以成形是也。夫天人之间，消息阴阳，保合性命，而最灵最妙者，莫气若也。是故若有若无者，乃缥缈于乾坤之中也；髣髴大渊者，是黑中有白，水内藏金也；乍沉乍浮者，乃氤氲于上下之间也；进退分布者，进则为阳而自东上升，退则为阴而从西下降也；各守境隅者，谓守于子、午、卯、酉之隅，以合乎二至、二分之四正也。然此乃真铅之用，当于炉鼎中求之，不可索之于高远耳。但所谓炉鼎者，其在炉火外丹之炉鼎，则或可晓其大略，固无用多赘。而修养内丹之炉鼎，最易于摇惑，故学者当求于自身之中，切勿外索他寻，以邪说而乱大道也。戒之，戒之。

采之类白，造之则朱。炼为表卫，白里贞居。

采金于水，炼银于铅，犹制铅化白而成胡粉，故曰采之类白也；采铅为母，炼金为丹，犹造铅变赤而成黄丹，故曰造之则朱也。炼者，烁冶金也；表者，外也。言火炼其铅气而外卫之，故曰炼为表卫也。贞者，正而固也，言养金精于内而正固之，故曰白里贞居也。此乃采取金水为丹母，而用火以炼养之耳。

方圆径寸，混而相拘。先天地生，巍巍尊高。旁有垣阙，状似蓬壶。

方圆径寸者,乃金丹之法象,而合乎三才之道也。《黄庭经》曰:坐在金台城九重,方圆一寸命门中是也。混而相拘者,言黑白之金水,得火烹炼之,乃混沌相拘合,而为径寸之丹也。先天地生者,谓丹胎之凝结,乃先天地之真一气所生,非后天地之有形质所化。《道德经》曰:有物混成,先天地生。是此义也。**巍巍尊高**,巍巍,高大貌。言金丹乃先天地所生,非寻常可比,岂不至尊而至高大者乎?**旁有垣阙**者,垣,墙垣也;阙,门阙也。言金丹居于鼎中,用土封固之,用火以温养之,其鼎之上下四旁而环护启闭,如有墙垣以卫其外,有门阙以达其内之象也。**状似蓬壶**者,蓬壶,乃海上之神①山,仙灵之所居也。今以神丹藏于中宫,犹仙灵居于蓬莱方壶之神山。此乃取譬之巧者也。

　　环匝关闭,四通踟蹰。守御固密,阏绝奸邪。曲阁相连,以戒不虞。

　　匝,作答切;踟蹰,音池除;阏,音遏。

　　环者,圆成无缺也;匝者,周遍也。谓丹居鼎中,封固深藏而周遍无缺也。关闭者,谓炼养之道,当内境不出,外境不入,庶几丹胎无漏泄之虞,故曰环匝关闭也。四通者,谓鼎炉中阴阳之气,而通达于子、午、卯、酉之四正之宫也。踟蹰者,行不进貌,谓阳火阴符之运行,当和缓不迫,文武得宜,至四正之宫,须徘徊沐浴,以防火燥之危、虑水滥之险,使阴阳遂其消息而得和平,故曰四通踟蹰也。守御固密者,谓形气相依,精神内守,勿使须臾有离,即下篇第五章所谓:密防护,莫迷昏是也。阏绝奸邪者,阏,止也。奸邪,谓内外之魔障及火候进退之差殊。皆宜防范阏绝之也。《翠虚篇》曰:昼运灵旗夜火芝,抽添运用切防危。邱长春曰:假使福轻魔障重,挨排功到必周全。皆此之谓也。曲阁相连者,言丹鼎有曲江楼阁之相连,而通达于黄庭以护卫之也。《翠虚篇》曰:曲江之上金乌飞,姮娥已与斗牛欢。《黄庭经》曰:绛宫重楼十二级,宫室之中五气集。又曰:上下黄庭下关元,后有幽阙前命门。皆此之义也。以戒不虞者,《易》曰:君子以除戎器,戒不虞。此夫子释萃卦之象也。朱子注曰:除者,修而聚之之谓。盖萃者,聚也。聚恐生患,故修治戎器

---

① 神,集阳楼本作"仙"。

以备内外之不虞者也。今魏公引之,以明金丹亦萃聚于炉鼎,恐有走失之虞,乃历叙封固防闲之法,以护卫其丹头。犹修戎器以备国之不测者,同一理也。但此节之义,虽为炼养防范之法度,亦承上文垣阙、蓬壶之句,以发明丹鼎之法象耳,读者审之。

可以无思,难以愁劳。神气满室,莫之能留。守之者昌,失之者亡。动静休息,常与人俱。

忧思则气结而精摇,愁劳则神伤而气乏,此殆为平常者言之。今丹胎既已内结,更宜加谨防范。是以入室之一年,万虑俱忘,百事不作,如龙之养珠、鸡之抱卵,以温养其灵胎,故曰:可以无思,难以愁劳。厥有旨哉!谭长真曰:丝头莫向灵台挂,内结神胎管得仙是也。而孟子曰:挫其志,无暴其气。又谓:存其心,养其性,修身以俟之,所以立命也。亦是此之义耳。神气满室,莫之能留者,谓丹居鼎中,若火候无差,真积力久,则谷神不死,太和充溢,自然脱胎神化,有不期然而然者,即中篇第五章所谓弥历十月,脱出其胞是也。孟子谓我善养吾浩然之气,则塞于天地之间者。亦此之理也。守之者昌,失之者亡,谓丹胎虽脱,还须抱元守一,以待其老成。若以出入为能事,轻纵远离,倘遇邪魔,为害非小。《复命篇》曰:升腾须假至三年,携养殷勤眷念。盖谓此耳。孟子述夫子之言曰:操则存,舍则亡,出入无时,莫知其乡。其义一也。动静休息,常与人俱,谓动静作止之时,安闲休息之际,常与形神相依,精气俱守,九年抱一,十载功圆,以成神人仙子也。《易》曰:阴阳不测之谓神。又曰:知变化之道者,其知神之所为乎。又曰:神也者,妙万物而为言者也。是以神仙之名,殆取诸此义者哉。

然余尝考圣贤之教,以仁义礼乐、修齐治平,其垂训万世,均被德泽,乃达士有为之道也;而仙真之学,以伦常为日用,其修养为功夫,怀玄抱真,超神入妙,乃幽人无为之道也。是故圣贤之经典,发明义理为多,而于养生之旨,固未尝显言。然细察之,其玄言奥义,无不包含其中,而见于四子六经以及先儒史集者,殆不可胜数也。今魏公《参同契》之作,虽为丹经之祖,而实乃儒、道并行之书。其发明易道先天之学,并日月为易之义,是从古无人言及者也。且其书中既言天地之理,复言政治之道,不一而足,谓之《周易参同契》者,良以此也。所以儒本乎道,道本于儒,儒外无道,道外非儒,而儒、道同源,其理则一也。又朱子尝注《参同契》,且与蔡西山反覆讲论其义,是为不少。而《易学启蒙》亦称述《参同》先天之学,此亦足明其儒、道合一之源,乃无彼此之别也。故总之以有伦常者,儒也,道也;而无伦常者,异也,邪也。其余不必多议,高明者自知之耳。

右第七章

此章详细修丹之法,以金水二者为药物,乃采取制炼,结胎封固,防危虑险,以至于脱胎抱一,而后修养之能事毕矣。

是非历脏法第八章

是非历脏法,内视有所思。履斗步罡宿,六甲以日辰。阴道厌九一,浊乱弄元胞。食气鸣肠胃,吐正吸外邪。昼夜不卧寐,晦朔未尝休,身体日疲倦,恍惚状若痴。百脉鼎沸驰,不得清澄居。累土立坛宇,朝暮敬祭祀。鬼神见形象,梦寐感慨之。心欢而意悦,自谓必延期。遽以夭命死,腐露其形骸。举措辄有违,悖逆失枢机。诸术甚众多,千条有万余。前却违黄老,曲折戾九都。

罡,音刚;疲,音皮;痴,音鸱;沸,音费;累,音磊;见,音现;象,同像。

旁门三千六百,小法数十余家,故其术不可胜计,皆似是而非者,兹举其大概,以破其惑焉。有如合目内视,遍历五脏以存思;履斗步罡,按日辰而祭甲;厌阴道者,以九浅一深为采取火候,而致丹田元胞之浊乱也;滞食气者,以肠胃鸣响为虎啸龙吟,是乃吐正吸邪之致病也;行闭息,坐顽空,则苦于昼夜之不寐;学按摩,习导引,乃役于晦朔之无休。于是身体日益疲倦,精神恍惚而若痴狂,百脉鼎沸奔驰,形气亏伤而不澄静。更有累土立坛,朝祭暮祀,乃鬼物现形于静夜,或邪气感梦于昏宵。原其始焉,心欢意悦,自谓性命可延期,及其久焉,夭命死亡,难免形骸腐露。此乃举措有违正道,是以悖逆失其枢机。如此诸术甚多,且有千条万绪,总之违却黄帝、老君之玄言,以至身形偏曲而夭折,则受愆于阳世而获戾于九原矣,乃其自取,岂不惜乎!

明者省厥旨,旷然知所由。勤而行之,夙夜不休。服食三载,轻举远游。跨火不焦,入水不濡。能存能亡,长乐无忧。道成德就,潜伏俟时。太乙乃召,移居中洲。功满上升,膺箓受图。

食,音寺;濡,音如;乐,音洛。

正道无二致,金丹惟一门。修养在乎身心,烹炼必须神气。所以高明者,去嗜欲,弃名利名,省悟是非之旨趣;而旷达者,绝常交,结仙友,识知邪正之从由。得其道要,受其真诠,于是勤功则晨昏之不休,专行则夙夜之不懈。采之、取之为服食,凝矣、聚矣待三年,温养一周,抱元九载。既而超其神则轻举烟霞,御其气者远游碧落,法身能蹈火而不焚,灵躯即涉水其弗溺,存亡由我之主,忧乐任吾之情。此乃道成之验,是为德就之休征。姑且潜伏人间,点化凡流以入道;隐踪尘世,积累功行以待时。及太乙主仙之君见召,则海中神洲之屋可居。功满乾坤,德超霄汉,乃自膺天诏之图箓,而上升三清之真境矣。《悟真篇·序》曰:此乃大丈夫功成名遂之时也,岂不快哉!

右第八章

此章言旁门邪径之术,其昧者习之,无益而有害。惟明达之士,知所适从,得其真要,勤行久持,则自然功圆道成,以膺夫天眷者也。详玩正文,固是明白,亦无甚奥旨,故略为衍说,以畅其义,不加细解,以免眩读者之心目焉。

《火记》不虚作第九章

《火记》不虚作,演《易》以明之。

演,音衍。

《火记》者,记丹道之火候,即《契》中运火之诸作是也。言用火炼丹之法,非空虚无稽之语,乃推演《周易》诸卦象而发明之也。盖《易》有六十四卦,而乾、坤、坎、离四卦为易道之体用、众卦之纲领,其余六十卦皆由此体用,乃相交相合而成。及其动变,以至四千零九十六卦,而出其无穷也。今丹法以乾坤为鼎炉,坎离为药物,而所剩六十卦则为火符之用。以每日两卦值事,朝屯暮蒙,依《周易》之次序而用之,则一月计六十卦,周而复始,如环无端。若服食三载,则为二千一百六十卦,而不可胜数矣。故丹法火候之义,乃有取于《易》之卦象者以此夫。然总之丹道之用卦爻,亦是比喻炼养行持之法耳。若既得其鱼兔,则筌蹄可忘,勿执文泥象也。

偃月法鼎炉,白虎为熬枢。汞日为流珠,青龙与之俱。举东以合西,魂魄自相拘。

汞,胡孔切。

偃者,卧也,即仰也。言鼎炉之可容纳水火者,乃偃月之法象也。盖鼎象望月之圆,可容药物;而炉象弦月之缺,可纳火符。故曰偃月法鼎炉也。但鼎炉之用,其寻常则调和水火以化物,而极功乃烹炼铅汞以成丹。然铅即为金,而金位于西,其色白,白虎亦西方之物,故谓鼎炉炼白虎之熬枢也。汞者,水银也。以其流走如水,形色如银,是以谓之水银。此与真铅称为水银者,不同也。而汞性若水之流,汞体若珠之圆,其形闪烁有光,善走不定,则其象如日,故曰汞日为流珠也。然汞性属木,而木位于东,其色青,青龙亦东方之物,故谓流珠乃与青龙之相俱也。又有以流珠为宫,乃藏神聚水之处,即汞日鼎也;以熬枢为府,乃纳气发火之所,即铅月炉也。此亦是一义耳。其谓之铅月者,以铅之体黑而内之银出乃白,犹月之质本黑而光出乃生白之象也。举东以合西者,言举东方青龙之木,以合西方白虎之金也。此乃龙虎相交、金木相并之义。《复命篇》所谓:师指青龙汞,配归白虎铅是也。魂魄自相拘者,魂为阳神,即日魂也;魄为阴神,即月魄也。魂属木而为性,魄属金而为情。言东西龙虎之相合,即魂魄情性之相拘也。中篇第五章曰:魂之与魄,互为室宅。《复命篇》曰:龙虎本来同一体,东邻即便是西家。皆此之义也。然总之谓情合乎性、神御乎气,而呼吸相为含育也。但偃月之义,魏公是兼鼎炉言之,而后人只以偃月为炉,不及乎鼎矣。此乃各明其用,并行而不悖者也。

上弦兑数八,下弦艮亦八。两弦合其精,乾坤体乃成。

上弦兑数八者,即本篇第四章所谓:八日兑受丁,上弦平如绳是也;下弦艮亦八者,亦本篇第四章所谓:艮直于丙南,下弦二十三是也。盖月之上弦,乃阳伸阴屈,阳长阴消,魂进魄退,阴变为阳,《龙虎经》谓之上弦金半斤也;至于望日,则阳盛极而纯乾之体矣;其月之下弦,乃阴伸阳屈，阴长阳消，魄进魂退，阳化为阴，《龙虎经》谓之下弦水半斤也；至于晦日，则阴盛极而为纯坤之体。此阴阳之盈虚，消息之往来，乃更迭为用，以成造化。如两弦合金水之精气，即成乾坤之体，而望晦成阴阳之本体，即是两弦合，故曰：两弦合其精，乾坤体乃成也。然此上弦、下弦，即上文龙虎上升下降之义；两弦合乾坤，即东西魂魄相拘之意。乃兼相发明之旨也。

二八应一斤，易道正不倾。铢有三百八十四，亦应卦爻之数。

铢，音殊。

二八应一斤者，乃上弦金半斤、下弦水半斤也。盖自朔日进至初八日上弦，是一八也；从晦日退至二十三日下弦，亦一八也。故二八应十六而成一斤之数矣。又晦朔弦望之前后，而纵横颠倒取之，皆成二八也。易道正不倾者，盖易谓坎离，日月为易，而日含月之阴气以耀其光，月受日之阳气以生其明，乃阴阳交互为用，魂魄迭运为体，此易道之所以不倾覆者也。一斤有十六两，而二十四铢为一两，十六两计三百八十四铢矣。易卦有六十四，而一卦有六爻，六十四卦计三百八十四爻，故曰：铢有三百八十四，亦应卦爻之数也。然丹道中之言斤两者，无非欲知其权而无轻重之意也；其言尺寸者，总为欲明其度而无长短之义也。皆不必执泥。是以吕公有言曰：水火均平方是药，阴阳差误不成丹。此真深于此道者之言也。

右第九章

此章言丹道逆运火之法，乃推演易象而用之焉。故鼎炉之中熬炼者，是青龙白虎二物；及上下两弦魂魄，以合成乾坤之体。而其大药一斤，亦应夫爻画之数者，总是演《易》之道也。

金入于猛火第十章

金入于猛火，色不夺精光。自开辟以来，日月不亏明。金不失其重，日月形如常。

夫世间万物，久则必坏，若投之火中，即时销毁，惟黄金则万劫不坏，入诸猛火，其色不夺，经百炼而愈精粹光明。盖其物是金，其柔象木，其色象土，镕之得水，击之得火，乃四象为性，五行成质之宝也。自开天辟地以来，凡有形体者，皆不能常存，惟日月虽屡经薄蚀而终不亏其光明，以其为天地之二气，阴阳之精神也。故黄金之性质，永无败朽，亦不损失其厚重；而日月之形象，万古如常，未曾变易其明体者也。是以养生修道，以金丹为名者，盖取于金之质具五行，性坚不毁；丹之色禀太阳，形圆无缺之义也。又尝考日月之道，日为太阳真火之精，月为太阴真水之精，乃天地阴阳之神气凝聚而成其形象者也。故天地毁，则日月坏，天地不毁，日月岂有坏乎？《易》曰：乾坤成列，而易立乎其中矣，乾坤毁，则无以见易。易不可见，则乾坤或几乎息矣。而先儒解此节经义，以为易之所有惟阴阳，卦之二画属乾坤，卦画定，则乾坤成列而易体立也；乾坤毁，则卦画不立而易体息矣。此乃据易象之解，其理固如是也。然余亦有一说焉。所谓乾坤成列者，言乾坤为天地，而天地则列位乎上下也；而易立乎其中者，言易为日月，而日月则建立于天地之中也。盖天地为阴阳之体，日月为阴阳之用，体用相须，阴阳迭运，亘古亘今，经常不变，所以天地长久、日月如常者，以此也。今曰乾坤毁则无以见易，易不可见，则乾坤或几乎息者，此乃圣人反激之辞，而正明其乾坤不毁、日月不坏之义，以重申乾坤成列而易立乎其中之理也。故魏公《契》中以易谓坎离、以日月为易之文，殆有本于夫子之经义耳。盖坎离为水火，而日月为水火之精，其出入于天地而代明，往来于东西而迭运，此正交易、变易之道、日月为易之义也。且夫子复有天地设位而易行乎其中之句，是亦有日月为易之义存焉。余之管见如此，不知博雅者许之否乎？

金本从月生，朔旦受日符。

上文谓金不夺光失重，乃言世间之金也；今曰金本从月生，是言月中之金也。盖月之白光为金，月之黑体为水，而白金之光明乃出于黑水之轮郭，使月无其黑体，则白光何从而生哉？故谓金生本于月也。本篇第七章所谓：知白守黑，神明自来。即此义耳。朔旦受日符者，朔，月之初一也，有苏也。言月体自晦日消尽其明，乃魂灭而魄藏；及至朔旦，受阳之精符合，则魄始苏而魂复生也。

谨按：存中沈氏曰：月本无光，犹一银丸，日耀之乃光耳。光之初生,日在其旁,故光侧而所见才如钩;日渐远则斜照,而光稍满,大抵如一弹丸,以粉涂其半,侧视之则粉处如钩,对视之则正圆也。朱子曰:沈存中此说乃为得之。夫月体常圆,其质本黑,但常受日光为明,原无盈阙,而人看得有盈阙。盖晦日则月与日相叠了,故无光;至初三日,方渐渐离开去,人在下面侧看见,则其光阙;至望日,则月与日正相对,人在中间正看见,则其光方圆。又曰:上弦是月盈及一半,如弓之上弦;下弦是月亏了一半,如弓之下弦也。以上先儒所论,月受日光之正侧及多少之间,而为弦望晦明之理,最为确切,不必更赘。惟日月光耀相感之道,而尚有说焉。夫天地之间,其最灵妙而不可测识者,乃神与气也。故神气无坚不入,无厚弗透,无远弗及,虽金石乃贯而入之,即天地亦透而及之。是以阴神之月魄,受日之阳气而生明;阳神之日魂,含月之阴气而耀其光。是神气相感,水火相射,即天之高不能隔碍其神,即地之厚不能遮蔽其气,故知日月之光耀,乃神气之所为也。不然,何以有如此之神化哉?《易》曰:唯神也,故不疾而速,不行而至。孟子曰:圣而不可知之之谓神。魏公曰:天地神明,不可度量。此皆言神妙之无方也。《易》曰:天地絪缊,万物化醇。孟子曰:其为气也,至大至刚,则塞于天地之间。魏公曰:二气玄且远,感化尚相通。此皆言气化之不测也。然总乃圣贤穷神知化,穷理尽性,远取诸物,近取诸身,以发明天人神气之道而极臻乎性命之学也。故学者当熟究精研,专心致志,庶可得其梗概尔。

金返归其母,月晦日相包。隐藏其匡郭,沉沦于洞虚。金复其故性,威光鼎乃熺。

沦,音伦;熺,音希。

返,还也;母,坤土也;晦,月尽也,又暗也。言月至晦而不明者,是白光之金气还归于坤母之土也。此乃月与日相包含,因而晦暗无光,故曰:金返归其母,月晦日相包也。即本篇第三章所谓日月相撢持是也。匡郭者,日月之形象也。注见首章。沦,没也。言当月晦之时,其匡郭之形象,乃隐藏而不见,犹沦没于空洞虚无之乡,故曰:隐藏其匡郭,沉沦于洞虚也。鼎者,喻月之形体也;熺者,炽也,盛也。谓月自朔旦受日符,以至初三则又生光明,而复其故性之白,是匡郭之中,仍赫然威光炽盛矣,故曰:金复其故性,威光鼎乃熺也。即本篇第四章所谓:节尽相禅与,继体复生龙之义也。然丹道运火之法,其守于坤腹则象晦也,运于乾首则象明也,总乃神气所为,亦是此理而已矣。

右第十章

此章言黄金不坏,日月如常,故能与天地同其长久。至于月中生白之金,以受日光之多少而为明晦者,是乃神气之所为也。其修丹运火之法,亦如是耳。

子午数合三第十一章

子午数合三,戊己号称五。三五既和谐,八石正纲纪。呼吸相含育,伫思为夫妇。

伫,音柱。

子为水,水生数一;午为火,火生数二;戊己为土,土生数五。故曰:子午数合三,戊己号称五也。三五既和谐,谐,合也。言水、火、土之三五相和合也。八石正纲纪者,八石,外物也。以三五相合,则其数成八。喻之为八石者,外以比内也。盖天地以水、火、土三者相合,而后生化无穷。其人之修丹亦要水火升降,而土为之和合以结丹头。则所谓八石者,岂非正天人之纲纪哉?呼吸者,呼,气升也;吸,气降也。夫呼吸有天地之呼吸,有人身之呼吸,有丹法之呼吸。所谓天地之呼吸者,以冬至阳生地气上升则谓之呼,夏至阴生天气下降则谓之吸;又春夏生长为呼,秋冬收藏为吸。尧夫邵子曰:冬至之后为呼,夏至之后为吸,此天地一岁之呼吸也。是此之义耳。其人身之呼吸者,医书曰:出气曰呼,入气曰吸,一呼一吸谓之一息。又曰:人之一息,气行六寸,凡是一日一夜,有一万三千五百息,则气应五十周于身,乃平人也。《难经》曰:呼出心与肺,吸入肾与肝。呼吸之间,脾受谷气也。横渠张子曰:人之有息,盖刚柔相摩,乾坤阖辟之象也。此言人身呼吸之理如此耳。而丹道之呼吸者,《道德经》曰:绵绵若存,用之不勤。白紫清翁曰:当其玄牝之气入乎其根,闭极则失于急,任之则失于荡,欲绵绵续续,勿令间断耳。若存者,顺其自然而存之,神久自宁,息久自定,性入自然,无为妙用,未尝至于勤劳迫切,是谓之不勤也。萧紫虚曰:呼则接天根,吸则接地根;呼则龙吟云起,吸则虎啸风生。呼吸风云,凝成金液。盖丹法之呼吸,出于一气之自然,非寻常可比。乃推原阴阳之消息,效法日月之运行。自东以升,从西以降;自子而上,从午而下。遇卯酉之宫,则沐浴水火;逢子午之位,则交换阴阳。文武火符,周而复始,久久工夫周足,而自然气聚息停,故曰呼吸相含育也。伫,久立也,犹停住之谓也;思,意也,即神也;伫思①者,凝神之义也。言呼吸相含而凝神其中,如夫妇交合之义,则胎息可成而丹头可结矣,故曰伫思为夫妇也。然所谓子午者,即呼吸也;戊己者,即伫思也;和谐者,即含育也;正纲纪者,即为夫妇也。此呼吸二句,乃申明子午四句之义。细味之,其理自得耳。

黄土金之父,流珠水之子。水以土为鬼,土镇水不起。

土之色黄,土能生金,故曰黄土金之父也。流珠者,木汞也。以水能生木,而木为水子,故曰流珠水之子也。夫五行之生克以配六亲,则生我者为父母,我生者为子女;克我者为官鬼,我克者为妻财,比和者为兄弟。今曰水以土为鬼者,以土能克水,而土为水之官鬼也;土镇水不起者,镇,压也,言水被土克,则镇压而不起也。此节言土、金、水、木之相生,并言水土之相克,以起下文三性制化及会合之义也。

朱雀为火精,执平调胜负。水盛火消灭,俱死归厚土。三性既合会,本性共宗祖。

朱雀为火精者,以朱雀乃南方之物,而为离火之精也。执平调胜负者,平,均也。盖上文言水被土镇而不起,今得朱雀之火以执持平均,则土之胜可调而水之负可和也。水盛火消灭者,以火能烹水而沸之,则水气上升乃不受土镇,而水盛矣,然水盛则火反受克而消灭也;俱死归厚土者,言火被水克而水又为土制,是水火俱归于厚土矣;三性既合会者,谓水、火、土各一其体,而水火会于土中,是合成三性也;本性共宗祖者,以水火为金木之子,而金木乃土所生养,是五行之体性皆本于土为宗祖也。中篇第十一章云脾黄为祖,是同此之义耳。此节言修养以水火为

---

① 伫思,集阳楼本作"伫息"。考上下文义,当作"伫思"。

炼丹之本,而药物之封藏,二气之运行,又以土为之主宰,则水、火、土三者乃大丹之枢纽尔。

巨胜尚延年,还丹可入口。金性不败朽,故为万物宝。术士服食之,寿命得长久。

食,音寺。

胡麻,谓之巨胜子也。若修治而食之,尚可延年益寿。今炼九还金液之丹而入于口中,则其长生,岂不宜乎?夫黄金之体性,万劫不朽,百炼不败,故为万物中至宝也。服,降服也;食,饲也。孟子所谓食志食功,《阴符经》云:食其时。皆此之义。今丹法之服食者,乃采铅取汞之意也。故谓有道术之士,采服先天一气,取食黍米还丹,则寿命自然得其长久。亦如黄金不败朽之宝焉。《黄庭经》所谓服食玄气可遂生是也。但入口服食等义,不过喻采取炼养之理,不可执泥为吞啖外物也。

土游于四季,守界定规矩。金砂入五内,雾散若风雨。

土位居中宫而寄旺于辰、戌、丑、未四季之月,故曰土游于四季也;守界者,守于四正之界也。盖土守于子则抑阴进阳,守于午则藏火以生金,守于卯则防木火之太炽,守于酉则制金水之过滥,是定其四序之规矩,使无过与不及之差,故曰守界定规矩也。金,即铅也;砂,即汞也;五内者,吾身鼎炉五行之内也。盖土游于四季,而守于四界,以防走泄而固济其外。然后交会坎离,采取铅汞,入于五内中宫而凝结灵胎。则其精神之清和也,若积阴之云雾初散;其身心之畅快也,似久旱之风雨乍至。《入药镜》所谓:先天气,后天气,得之者,常似醉是也。故曰:金砂入五内,雾散若风雨也。然此即上文之三五和谐及三性合会之义一也。

薰蒸达四肢,颜色悦泽好。发白皆变黑,齿落生旧所。老翁复丁壮,耆妪成姹女。改形免世厄,号之曰真人。

妪,依据切,姹,丑雅切。

此节承上文,言结丹之后,须殷勤温养,十二时中,勿令间断。若火候无差,力久功深,真气积于中宫,薰蒸达于四肢,则自然颜色悦泽而肌肤光润矣。发白者,则更变为黑;齿落者,则旧所重生。老翁复成丁壮之容颜,耆妪还为姹女之少女。此乃改换凡形,炼成灵质,永免尘世死亡之厄,故号之曰真人仙子也。《悟真篇》曰:群阴剥尽丹成熟,跳出樊笼寿万年。此之谓也。

右第十一章

此章言三五为丹道之八石,呼吸为吾身之夫妇,而水火归土谓之三性。其互相制伏以结丹头,则谓之和谐也,含育也,合会也。然细察之,其实三者合一而已矣。世有食胡麻尚可延年,今得其还丹,岂不长生?故复言土①金砂成丹之效验,而顿超无漏作真人也。

胡粉投火中第十二章

胡粉投火中,色坏还为铅。冰雪得温汤,解释成太玄。金以砂为主,禀和于水银。变化由其真,终始自相因。

胡粉,即铅粉,乃烧造黑铅以成也。若投之火中,其色坏而还为铅矣。冰雪,乃寒气凝结雨水以成也。若沃以温汤,则解释而复为太玄之水矣。金以砂为主,禀和于水银者,盖金之为物,乃砂土中所产,而其禀质,实由砂中之水银,得真气历久所化,此乃活水银汞也。而炼金之法,用金砂水银,同入灰池中,以火煅之,则白金浮起而水银沉矣,此乃死水银铅也。故金之生成,皆禀于水银也。《金谷歌》曰:若要水银死,先须死水银。水银若不死,如何死水银。是亦此义也。然胡粉、冰雪、水银三者之变化,总由其本来之真性,所以终始相因而为体用者也。故修丹言铅、砂、银、汞为药物,而又谓宜以同类者,殆有取于此理焉。

欲作服食仙,宜以同类者。植②禾当以黍,覆鸡用其卵。以类辅自然,物成易陶冶。

食,音寺;覆,敷救切;卵,鲁管切;易,音异;冶,音野。

此言欲作服食还丹之仙,宜以吾身同类之物。盖真一之气,乃吾身之同类者也,若得其机要,勤功行持,变化后天之气,以复其先天之气,采取烹炼,温之养之,而丹成乃仙矣。是以修真者,称为炼气之士,殆以此焉。植者,栽也;卵者,凡物之无乳者所生也;陶者,烧土为器也;冶

---

① 土,疑误。

② 植,原作"值",据上下文义及诸本改。

者,铸金成物也。言欲栽其禾稼,当用黍谷为种;欲覆其鸡雏,应以卵子为类。是乃得类相辅之自然,故成其物也,如陶冶之易于融化。此明同类之相感,有如此之效验者也。但所谓同类之义,而昧者不察,径以人与人为同类,遂托黄帝、玄素之事,饰其邪说,妄伪百端,利己损人,误人还自误,竟不能延年而反促其寿者多矣。故历来仙真,极口痛骂,载在丹书,不可胜数,而无知者犹欲效之,殊不思抱朴寡欲,圣训昭然。今者学道,而指女人为鼎器,以秽浊为药物,清夜自思,能不愧乎?况人间尚无渔色之正士,而天上岂有蹈淫之神仙耶?噫,此谁作之俑,至今贻害无穷,诬污前真,迷误后学,乃旁门中之最下者,当深恶而痛绝之可也。

鱼目岂为珠,蓬蒿不成槚。类同者相从,事乖不成宝。是以燕雀不生凤,狐兔不乳马,水流不炎上,火动不润下。

槚,音贾。

鱼目虽如珠之圆白,而其质柔无光彩,岂能混于珠乎?蓬蒿,乃草之邪曲不理者;槚条,乃木之挺直可杖者。而蓬草之柔曲,安能成槚木之刚直耶?故物之同类者,乃想从而易化,事之乖舛者,欲炼宝其难成。是以燕雀不克生其凤,狐兔焉能乳其马?水性下流,使之炎上则不可也;火体燥动,欲其润下则不得也。此乃承上文同类易成之义,以起下章不同类致败之理耳。

右第十二章

此章言胡粉、冰雪、水银三者之能变化,皆由其本来之真性也。所以人之修丹服食,宜乎同类真一之气,犹物之有其种,而后得其类。若以事之乖,安能成其宝也?此燕雀生凤、狐兔乳马、水欲其炎上、火要其润下,是以难能者,以其体性之各异耳。

世间多学士第十三章

世间多学士,高妙负良材。邂逅不遭遇,耗失亡货财。据按依文说,妄以意为之。端绪无因缘,度量失操持。捣治羌石胆,云母及矾磁。硫黄烧豫章,泥汞相炼治。鼓下五石铜,以之为辅枢。

邂逅,音械候;耗,虚到切;羌,音腔;治,平声。

邂逅,不期而会也;豫章,地名,乃产石胆者。言世间好学之士,高妙良材之人,殆为不少,而求其得真诠者或寡矣。总以邂逅不遇正道,徒然耗火而亡货财。但据纸上之文说,惟以私意而妄为,既悟因缘之端绪,亦失操持其度量。于是捣烧羌盐、石胆、云母及磁砂、硫磺、雄黄之八石者,或乃鼓炼泥汞、铅、银并赤铜、黑铁之五金者。如此之类,以为辅道之枢纽,则惟见其必败而已,有何益哉?

杂性不同类,安肯合体居。千举必万败,欲黠反成痴。侥幸讫不遇,圣人独知之。稚年至白首,中道生狐疑。背道守迷路,出正入邪蹊。管窥不广见,难以揆方来。

黠,音辖;痴,音鸱;背,音佩;蹊,音奚;揆,渠委切。

修炼以吾身之同类为至道,今如上文所言五金八石,此乃杂性不与吾同类者,安肯合吾之体而同居哉?是以千举必万败 此犹欲其黠慧而反成痴愚,望其侥幸而终不遇者也。此惟圣人知其谬,而昧者总难明。故自稚齿之年,以至皓首之岁,而卒不一悟也。且更有学道之人,乃至中途生疑而却背大道者,或有出正入邪而反守迷路者。此等之流,乃以管窥天,所见不广,致困于迷途。此难揆度有方来之吉兆焉。如《易》困卦所谓:困于酒食,朱绂方来。乃正与此相反也。

右第十三章

此章承上章同类之有成,乃言不同类之无成者,有如此也。故虽有高材多闻之士,若不遇真诠而误用五金八石,则千举万败,是欲黠成痴也。其更有中路生疑、出正入邪之辈,总以不明大道之源,何能有方来之休征耶?

若夫至圣第十四章

若夫至圣,不过伏羲,始画八卦,效法天地。文王帝之宗,结体演爻辞。夫子庶圣雄,十翼以辅之。三君天所挺,迭兴更御时。优劣有步骤,功德不相殊。

羲,音希;挺,徒鼎切。

至圣,圣之极也;伏羲,亦作包牺,乃五帝之君也。《易》曰:古者包牺氏之王天下也,仰则观象于天,俯则观法于地,观鸟兽之文与天地之宜,近取诸身,远取诸物,于是始作八卦,以通神明之德,以类万物之情。

故魏公谓伏羲始画八卦,效法天地者,以此也。文王,乃三王之君也。而文王之至德,为万世帝王之师宗。以伏羲先天之卦体,而结为后天之卦用,推演六爻之刚柔,两象之变化,而作彖辞以断每卦之吉凶,以明全《易》之数理者也,故曰:文王帝之宗,结体演爻辞也。《中庸》曰:故大德者必受命。今夫子虽有大德,而无其尊位,是谓庶圣之雄盛也。十翼者,乃上象传、下象传、大象传、小象传、文言传、系辞上传、系辞下传、说卦传、序卦传、杂卦传,是谓之十翼,乃夫子所作,以辅赞《周易》,而明吉凶消长之义理者也,故曰:夫子庶圣雄,十翼以辅之也。然此三圣人者,乃天地之所挺生,故迭更兴起,御治其时,以明易道。其步骤岂有优劣之分,而功德亦无高下之殊耳。此言圣人作《易》,开物成务之精意,而弥纶天、地、人之大道也。按:《易》乃四圣人所作,而伏羲画卦象,文王演彖辞,周公作爻辞,夫子赞十翼。今魏公但言三圣而不及周公者,谅以文王该之耳。抑别有所据,亦未可知也,姑阙之以俟明者。

  制作有所踵,推度审分铢。有形易忖量,无兆难虑谋。作事令可法,为世定此书。素无前识资,因师觉悟之。皓若褰帷帐,瞋目登高台。

  踵,音塚;度,音铎;瞋,音真。

  按此书之此字,别本作诗字,而俞全阳谓其与下篇定录此文之句义同,因作此字,今从之。

  踵,足跟,又继也;褰,揭衣也;瞋,怒目。凡怒者张目大也。魏公言我《参同契》之书,本无所本,乃继踵三圣人之《易》而制作之,以发明易道、丹道之神妙。故推度其阴阳之消息以无差,审悉其修炼之分铢而不失。夫物之有形象者,则易于忖量;事之无机兆者,则难以虑谋。然此乃魏公谦退之意,所以隐微而言之,有似于赞三圣人之作《易》也。使果为称述三圣之《易》,则不应有审分铢之字句,其为自述作《参同》之旨明矣。故又谓人之聪明,谁不如我?好学之士,世固不乏,而我①素无天纵之质,前识之资,自是②因师之省觉。然后悟彻其真机,犹褰揭其帷帐,乃浩然明白;如登高台以张目,是无远弗见焉。此乃垂教后学,

---

① 而我,集阳楼本作"倘"。
② 自是,集阳楼本作"必须"。

务寻真师以开蒙昧,庶可入《参同》之堂室耳。

《火记》六百篇,所趣等不殊。文字郑重说,世人不熟思。寻度其源流,幽明本共居。

度,音铎。

《火记》六百篇者,谓修丹运火之法,一日两卦值事,自屯蒙起至既未终,而一月计六十卦,若温养十月,则为六百卦矣。所趣等不殊者,殊,异也。言一月之中用六十卦,则卦卦相同,而十月之内用六百篇,篇篇如是,其旨趣相等,而无殊异者也。但火候之文字,尝言之郑重,奈世人只知其肤浅,并不熟思其精微之义。苟能寻其阴阳之根本,度其水火之源流,则知丹法之喻言幽暗,与易道之说理明显者虽若殊途,而实同归以共居,乃其一义也。

窃为贤者谈,曷敢轻为书。若遂结舌瘖,绝道获罪诛。写情著竹帛,又恐泄天符。犹豫增叹息,俛仰缀思虑。陶冶有法度,未可悉陈敷。略述其纲纪,枝条见扶疏。

瘖,音因;泄,音洩;俛,同俯;缀,音拙;见,音现。○按:缀字疑即諁字之误,盖缀、諁同音,而諁字之义乃多言不止,正合思多不止以成书也。姑识之,以质夫高明者。

犹豫,兽名,其性多疑也;竹帛,作字之所需也;扶疏,枝叶盛也。魏公言我作此书者,原为贤良好道之士,故亹亹言论以晓之,而何敢轻率为书,以误后学焉。若遂结舌如瘖哑之不言,则道自我绝而获罪于天矣;倘尽情写之竹帛,则又泄天符而恐得其谴也。于是犹豫不定,益增叹息以立论,俯仰上下,諁多思虑以成书,庶几如陶冶之烧镕为器,而有法度之可准则也。但不敢悉陈其细微,略为叙述其纪纲,则犹木之有枝条,蕃盛发现者,即知其由于本根之所出也。孟子曰:君子引而不发,跃如也。中道而立,能者从之。《易》曰:神而明之,存乎其人。其斯之谓欤?

右第十四章

此章言圣人衍《易》以弥纶三才之大道;魏公踵《易》而作《契》,以阐发修养之至理。使有法度可观,而火候有准。但不尽泄其微隐,略为叙述其大纲。盖闭天道与泄天符者，均有罪焉，故不得已而言之，以续夫大易之宏基，而寿其修真之一脉也。

以金为隄防第十五章

以金为隄防，水入乃优游。金计有十五，水数亦如之。

以金为隄防，水入乃优游者，谓修丹当先采炼真金，为鼎器之隄岸防范，而后取真水入于其中，则优游自如，庶无渗漏走泄之虞也。所谓未炼还丹先养铅是也。金计有十五，水数亦如之者，计，算也；十五，月之半也。言金计算用一半，而水亦用一半，使二者均平，无失轻重之差失，所谓上弦金半斤，下弦水半斤是也。又本篇第十一章云黄土金之父，又云水以土为鬼。今言十五者，乃土生成之数，盖有取于土之生金制水，以裁成二者之变化也。

临炉定铢两，五分水有余。二者以为真，金重如本初。其三遂不入，火二与之俱。三物相含受，变化状若神。

临炉定铢两者，谓临炉炼丹之法，当先审定其药物铢两之数也。五分水有余者，五分，乃土之数也；余，谓饶足也。盖天地生成之数，以五居中而十为终。五是土之生数，十乃土之成数，故水用土生数五分之全，而得土成数十分之半，则水有余饶而不乏矣。此乃水土同乡之义也。二者以为真者，言金水二物，须各得其土，以为至真之药也；金重如本初者，言金重亦如水之五分，是土生金本初之数，此乃金土相生之理也。其三遂不入，火二与之俱者，三，木之生数也；遂，因也；二，火之生数也。谓木虽因循不入，而火岂肯其舍诸，故与之以相俱也。盖木火通明，子母之道如此也。三物相含受，变化状若神者，以金水合处为一物，木火为侣为一物，戊己之土自为一物，谓之三物也。苟得其烹炼之法度，使用三物含受会合而变化丹头，有不可名状之神妙也。《悟真篇》曰：东三南二同成五，北一西方四共之。戊己自居生数五，三家相见结婴儿。乃此之义也。

谨按：修丹之药物在乎五行，而五行之中，惟用水、火、土三性，而三性实只铅砂二物而已。盖铅属坎水，砂属离火，而铅中有兑金，砂中有震汞，乃二体而具四象也。又坎纳戊土，离纳己土，其铅砂乃土中所产，是二物互含真土以成三性，此即五行全也。《悟真篇》曰：四象五行全藉土。又曰：只缘彼此怀真土。皆此之义也。是故铅砂之名色，无论内外丹道，皆以此为至真之药物。然合而言之，其实一气而已矣，非有他也。是以魏公《契》中本篇第十一章叙五行之制化，而曰：三性既合会，本性共宗主。其中篇第十一章言五色之生化而曰：三物一家，都归戊己。而此章定五行之铢两，以金、水、火，则明言之；其木与土，则以数称之。而曰：三物相含受，变化状若神。故此三章之旨，俱言五行，皆称三物，而其道则归一，乃大同小异也。总以三五为丹道之枢要，而一气乃修炼之根源耳。夫子曰：天下之达道五，所以行者三。又曰：所以行之者一也。盖彼谓修身之义理，而此言养生之玄妙，其揆一也。

下有太阳气，伏蒸须臾间。先液而后凝，号曰黄舆焉。岁月将欲讫，毁性伤寿年。形体为灰土，状若明窗尘。

舆，音于；讫，音吉。

下有太阳气者，谓鼎器之下，有太阳真火存焉。盖天之阳气伏藏于九地之下，而后能生发万物。今炉鼎之火，亦犹是理也。伏蒸须臾间，先液而后凝者，以药物入于鼎器之中，用火蒸炼，则须臾之间，药物解化为液，而后方渐渐凝结也。但药物既经火符伏蒸，则其色变为黄，而形如车舆环转之象，故谓号曰黄舆焉。岁月将欲讫者，岁月，犹时候也。言烹炼之功程时候将次讫毕也。毁性伤寿年者，谓烹炼之时候将讫，则药物向来之性质已化，而前日之面目已变，岂非毁性伤寿年乎？然药物煅炼之后，则其体质如灰土之形状，其轻微若明窗之飞尘，故曰：形体为灰土，状若明窗尘也。但所谓药物者，乃铅、砂、土之三物，然三物即阴阳，而阴阳是一气也。此乃初时采取铅砂，以烹炼成药之火候，其与下文温养之火候不同，明者当自知焉。

捣治并合之，持入赤色门。固塞其际会，务令致完坚。

治，平声；合，音阁。

捣治并合之者，盖前之烹铅炼砂，其形状已明如明窗之尘土，则其药物已成矣。于是捣造修治，乃并合而为一也。赤色门者，谓鼎器也。以其容火，故称赤色；有上下釜，是以谓门也。言将此并合之药，持入于鼎器之中，故曰持入赤色门也。固塞其际会者，固，封固也；塞，窒塞也；际会者，鼎器上下之间也。言药物既已修合入鼎中，当固塞其鼎之上下孔窍以及界限之间也。务令致完坚者，致，推极也。言封固鼎器，务须推极其完密，不使有丝毫走泄之虞也。此节谓药物炼就，当封固温养，下文更详言之。

炎火张于下，昼夜声正勤。始文使可修，终竟武乃陈。候视加谨慎，审察调寒温。周旋十二节，节尽更须亲。

炎火张于下者，谓药物收藏封固于鼎器之中，当用阳火阴符烹炼其上下也。昼夜声正勤者，声，气也，谓火气也。谭子《化书》曰：声由气也，气动则声发是也。言昼夜运用火符之气，勿使懈怠有差也。《翠虚篇》曰：昼运灵旗夜火芝，抽添运用切防危是也。是此义也。夫炼丹火候之法，当先用文升之火以发生，而后用武降之火以结实，阴阳迭运，刚柔互施，故曰：始文使可修，终竟武乃陈也。然又有逐辰文武火符之秘，如丑、辰、申、亥之辰，其火用文也；寅、巳、未、戌之辰，其火用武也。《复命篇》云：阴文阳武依加减。即此之义也。候视加谨慎者，谓运火之际，当时时检点，刻刻留心，《翠虚篇》所谓：若无同志相规觉，时恐炉中火候非是也。审察调寒温者，以火太刚则失于燥，若太柔则失于冷，故须审调其寒温得中，而疾徐有度也。周旋十二节者，谓阳火自子而进，至巳而极；其阴符从午以退，至亥以终。是十二节皆周遍也。节尽更须亲者，谓火符之运用，至亥而终，则子复起，如环无端。又温养之法，须一日之内，十二时中，勿令间断，周而复始也。本篇第四章所谓：节尽相禅与，继体复生龙。亦是此理也。然此节之义，乃温养之火候，最宜谨慎为要。故《悟真篇》曰：纵识朱砂与黑铅，不知火候也如闲。大都全藉修持力，毫发差殊不作丹。此之谓也。

气索命将绝，体死亡魄魂。色转更为紫，赫然成还丹。粉提以一丸，刀圭最为神。

气索命将绝者，谓炼丹温养已毕，则火候已终，其火气乃索然矣，故喻之谓命将绝也；体死亡魄魂者，谓铅砂之体已死，则其魂魄凝结为一而无所分别也。转者，火候之九转也；紫者，乃水火合成之色也。谓炼丹至于九转功完,则其色变为紫赤,故曰色转更为紫也。赫然者,明盛貌。谓还丹之形色明盛,以其成于九转之功也,故曰赫然成还丹也。粉提以一丸,刀圭最为神者,粉乃细而微也,丸乃圆而小也。刀圭二字,出于医书,凡用药少许者谓之一刀圭,以刀头圭角为些小而已矣。故言提用些小之丹药,以点化其凡质,则有不可思议之神妙也。《悟真篇》曰:信道金丹一粒,蛇吞立变龙形。鸡餐亦乃化鸾鹏,飞入真阳清境。是此之义也。

右第十五章

此章首言金水二者,为丹药之基,临炉定五行铢两之数;次言初时下手,烹炼药物之火候;继言修合入鼎,用温养之法度;终言药就丹成,而证功化之神妙也。但此章虽言外丹之事,以发挥炉火之作用。然而内丹之事,其道亦如是耳。盖魏公作此书,以大易、内养、炉火之三者,皆备言之焉。观其下篇第六、七两章之辞义,则自可知矣。故学者当勤心苦志,熟究精研,则修养自然有益而大道庶几可冀。并知夫《参同》之书,不专为道家之学,而儒者之学亦兼明之焉。所谓天壤间有数之文字者,此等之书是也。

推演五行数第十六章

推演五行数,较约而不繁。

五行者,水、火、木、金、土也;数者,一、二、三、四、五,乃五行之生数也;六、七、八、九、十,乃五行之成数也;推演者,谓究其数之源流也。盖河图之数,以一、六居北,二、七居南,三、八居东,四、九居西,五、十居中。若推而演之,则一、二、三、四之生数者,乃中宫土成数之十,以散于四方也;而六、七、八、九之成数者,乃中宫生数之五,以合于四方也。若四方各取其一,入合于中宫之一,则为土生数五也;其四方之生数俱归于中宫,则为土成数十也。《易》谓大衍之数五十者,亦以河图中宫,天五乘地十而得之。是以五行无土不生成,而万物非土无根本也。至于五行生克制化之理,亦出于自然。思斋翁氏曰:造化之运,生而不克,则生者无从而裁制;克而不生,则克者有时而间断。此盖言生克之妙皆不可缺也。故谓推演五行之数,并非勉强计较,实乃简约而不繁。苟能向学,则人人可以与知与能者也。

举水以激火,奄然灭光明。日月相薄蚀,常在晦朔间。水盛坎侵阳,火衰离昼昏。阴阳相饮食,交感道自然。

奄,于检切;薄,音博;蚀,音石。

夫推演五行生克之理,若举扬其水以荡激其火,则火乃奄忽而灭藏其光明矣。薄,侵迫也;蚀,亏败也。盖月掩日则日蚀,日望月则月蚀。今曰:日月相薄蚀,常在晦朔间者,是言日蚀而略其月蚀也。其日蚀之由,以坎月之水盛而侵败其阳光,致离日之火衰,当昼而昏暗也。然此日月薄蚀,阴阳叠持,犹相为饮食之义,释①是水火荡激,而二气交感,乃天地自然之道,不可假强为者也。

谨按:日月薄蚀之理,邵子曰:日月相食,数之交也。日望月则月蚀,月掩日则日蚀,犹水火之相克也。朱子曰:历家谓日光望时,遥夺月光,故月蚀;日月交会,日为月掩,则日蚀。然圣人不言月蚀日,而以有蚀为文者,阙于所不见也。又曰:合朔之时,日月之东西虽同在一度,而月道之南北或差远于日则不蚀;或南北虽亦相近,而日在内,月在外,则不蚀。又曰:日所以蚀于朔者,月常在下,日常在上,既是相会,被月下面遮了日,故日蚀。望时月蚀,固是阴敢与阳敌,然历家又谓之暗虚。盖火日外影,其中实暗,到望时,恰当著其暗处,故月蚀。潜室陈氏曰:日月交会,日为月掩则日蚀;日月相望,月与日亢则月蚀。自是行度分道,到此交加去处,应当如是。历家推算,专以此定疏密。本不足为变,但天文才遇此际,亦为阴阳厄会,于人事上必有灾咎。故圣人畏之,侧身修行,庶几可弭灾咎也。

以上诸儒论日月薄蚀之理最为确切。盖日为君象,而月为臣道,当合朔之昼,日月同行于天,日居上而月居下。若月不少避,而与日正对,则日被月遮掩其明,故日蚀也。此乃臣蔽君聪,下掩上德。是以圣人畏之而有戒焉。至于望时之夜,月在天上,日在地下,倘月亢于日而与日正对,则月被遥夺其光,故月蚀也。此乃臣敢敌君,而君多其职。但月

---

① 释,集阳楼本作"总"。

蚀固亦为不美，然总为阳胜其阴。是以圣人重日蚀而略于月蚀也。今魏公《契》中谓日蚀有阴阳相交之道，以喻作丹水火互用之机，神气浑合之理，故亦重在于日蚀。此所以丹道与天道、圣道无一而不合者也。《阴符经》曰：观天之道，执天之行，尽矣。诚哉是言也。

> 名者以定情，字者缘性言。金来归性初，乃得称还丹。

夫人之有名字，身之有情性，其理一也。故名者，以人之情而定也；字者，缘人之性而言也。以情性为身内之用，而名字为身外之称也。其在五行之中，以情属金而性属木，则金木为情性之名字也。故谓修养之道，以金来归并其木而性去统摄其情，复太初之本，还先天之源，乃称之为还丹者也。《悟真篇》曰：木性爱金顺义，金情恋木慈仁。相吞相啗却相亲，始觉男儿有孕是也。然上文以水火相激，阴阳相交而日月薄蚀也；此以金木相制，情性相须而还丹成就也。总乃推演五行生克之数，有如此之功效耳。

> 吾不敢虚说，仿效圣人文。古记题龙虎，黄帝美金华。淮南炼秋石，玉阳加黄芽。贤者能持行，不肖毋与俱。古今道由一，对谈吐所谋。学者加勉力，留念深思惟。至要言甚露，昭昭不我欺。

仿，音纺。

魏公自言其作此书也，并非空虚无稽之说，乃仿效于圣人之文，如古记有品题《龙虎》之号，而黄帝①有赞美《金华》之文；淮南王修丹而名之曰秋石，玉阳子炼药而称之谓黄芽。此皆古人因象托喻，得意而寓言者也。然惟贤者知其道尊德贵，能执守而行持之；其不肖者必然佻薄无行，岂大道可承当耶？苟妄泄轻传，则授受者均有谴焉，可不戒之？夫道一而已矣，古今共由，安有二哉？今对谈立论而吐其谋谟，在学道者，务加勉力，留念虑而精详，深思惟以熟究，则至要之言，显然甚露，而昭昭自明，方知我言之不欺者也。吁，魏公垂教后学之仁慈，诚谓深切之至，有志于道者，可不勉力而行之乎？

按：俞全阳曰：学道勿谓夙有仙骨，方可希求，要之但办肯心，无不

---

① 黄帝，底本作"皇帝"，据集阳楼本及上下文与文义改。

可者。圣贤何人哉？予何人哉？有为者亦若是。但恐学而不遇，遇而不得，或得真诀，复不能守，朝为而夕欲其成，坐修而立望其效。如是，则广成、老子为之师，列子、庄子为之友，亦未如之何也已矣。盖修炼之道，至简至易，如得其传，虽愚夫愚妇亦能知能行；倘无其师授，或立志未不坚，即才人智士，总难会难明。故无论智愚之人，但求其真诠，受其至道，又能专心致志，勤久修持，则何患其丹之不结而道之不成？现前即可通神入圣，岂待于他生后世哉？孟子曰：人皆可以为尧舜。《悟真篇》曰：人人本有长生药。皆此之义也。而或谓学道须要大器宿根及仙丰道骨等说，此考之儒书道典，皆无所据，乃庸俗之见，无稽之言也，切勿可信，勉旃勉旃。

右第十六章

此章言推演五行生克之数，如水克火而日蚀，金并木而丹成，乃至真至要之道，即《契》中诸论，亦并非无稽虚言，自古圣贤行之有效矣。但是道也，惟贤者而后乐此，不肖者何可当也。夫道由一而无二，倘有志于学者，熟究精思，则要言自露，昭然无欺，所谓求则得之者是也。

《周易参同契正义》卷中

会稽后学元真子董德宁注

中　篇

乾刚坤柔第一章

乾刚坤柔，配合相包。阳禀阴受，雌雄相须。须以造化，精气乃舒。

乾刚坤柔者，乃《易·杂卦传》之辞也。盖乾为纯阳至健，其性情则刚焉；坤为纯阴至顺，其性情则柔焉。故《易》又以乾之德谓刚健中正，而坤之德谓柔顺利贞是也。配合相包者，以乾合在乎上，坤配在乎下，天包地之外，地居天之中，《易》曰：天尊地卑，乾坤定矣。是此义也。又《易》曰：乾，阳物也；坤，阴物也。阴阳合德，而刚柔有体。此所以谓乾刚坤柔，配合相包者也。阳之为德，主于禀与；阴之为德，主于容受。故曰阳禀阴受也。雄，禽父；雌，禽母。喻阴阳也。须，资也。言阴阳二者，常相资以为体用，故曰雄雌相须也。上篇第三章所谓：雄阳播玄施，雌阴化黄包。同一义也。须以造化，精气乃舒者，谓刚柔之相配，雄雌之相须，是造化自然之道，而阴阳之精气，乃伸舒以遂其生化者也。然内养之道，以自身之乾坤为鼎炉，而阴阳卷舒，精气交合以结成还丹者，亦如是之理焉。

坎离冠首，光耀垂敷。玄冥难测，不可画图。圣人揆度，参序元基。

冠，去声；冥，音明；度，音铎。

《易》以坎为月，以离为日，又以乾为首，坤为腹。今曰坎离冠首者，冠，为众之首也。谓日月运行乎天，乃冠于乾首之象。又先天之体，乾南坤北；而后天之用，坎北离南。是乃坎离得位，而加于众卦之上，亦是冠首之义耳。光耀垂敷者，敷，布也。谓日月行于天，而其光耀垂布于地也。玄冥者，北方水神也。《礼·月令》所谓其神玄冥是也。又《黄庭经》曰：肾神玄冥字育婴。是肾亦为水脏也。今谓日月至晦朔之间，乃入于北方玄冥之乡，则天地构精于此时，日月撑持于此处，而真一之精气乃肇基于斯焉。然此时也，天地有数而不行，日月隐藏而难测，是安可画图其形象哉？故曰：玄冥难测，不可画图也。然惟圣人者，能揆其阴阳消息之机，乃度其日月明晦之理，则庶几元气之根基自可参序而知矣，故曰：圣人揆度，参序元基也。上篇第五章所谓：元精眇难睹，推度效符征。即此之谓也。然丹道之坎离日月，其体用亦复如是。当求之于自身之中，使外日月返照于其内，而内日月运行于其中，内外交相为用，身心冥合不分，若火候无差，功深力久，自然神凝气聚，而修丹之能事毕矣。

四者混沌，径入虚无。六十卦周，张布为舆。龙马就驾，明君御时。

四者，谓上文之乾、坤、坎、离也；混沌者，阴阳未分，即太极也。盖乾坤为阴阳之体，坎离为阴阳之用，今乃体用合一而阴阳浑然也。径，直也；虚无者，即无极也。言体用四者，直入于无极而太极之乡，以陶冶阴阳，孕育元气，故曰：四者混沌，径入虚无。此乃言先天之道者也，先儒所谓冲漠无朕，太极静而生阴是也。卦有六十四，今除乾、坤、坎、离四卦，乃寂然不动，复归于无极，以养其真一而育其元阳。迨夫乾坤开辟,坎离成象,而其余六十卦则感而遂通,屯蒙既未,周而复始,张布如舆,运转如毂,故曰:六十卦周,张布为舆。此乃言后天之道者也,先儒所谓化育流行,太极动而生阳是也。龙马者,《周礼·夏官》:马八尺以上为龙。盖龙马负图出河,而伏羲则之以画卦。今六十卦之张布,如舆轮之转运,犹龙马负图而就驾,圣君画卦而御时,以定天下之业,以断天下之疑,故曰:龙马就驾,明君御时也。

此节乃总结上文之四卦,以明易道全体之变化者也。然内养之道,以身心冥合,神气归根,杳杳冥冥,是吾身之乾坤混沌,则谓之先天,乃孕育其真一之气也;及至一阳初动,暖气冲融,恍恍惚惚,应吾身之坎离运用,则谓之后天,当采取其元阳之药也。是以丹道以无为谓之体,以有为谓之用,以神为马,以气为车,体用合一,神气相须,而还丹可成矣。此所以丹道与天道初无二致者也。

谨按:邵康节《皇极经世书》,以天地始终之数,十二万九千六百年谓之一元也。而其子伯温氏曰:一元统十二会三百六十运四千三百二十世,一世三十年,则十二万九千六百年是为一元之数,在大化之中,犹一年也。西山蔡氏曰:一元之数,即一岁之数也。一元有十二会三百六十运四千三百二十世,犹一岁之十二月三百六十日四千三百二十辰也。前六会为息,后六会为消,即一岁自子至巳为息,自午至亥为消。开物于寅,犹岁之惊蛰也;闭物于戌,犹岁之立冬也。一元有十二万九千六百年,一会有十二万九千六百月,一运有十二万九千六百日,一世有十二万九千六百辰,皆自然之数,非有所牵合也。此乃先儒论天地混沌开辟以至于闭阖,其始终数如此也。今魏公所谓混沌者,岂真乾、坤、坎、离之鸿濛哉?不过借此以喻残腊之晦。是乃岁月之终,天道至此一周,日月到此合璧,犹太极混沌之时也;及至于岁首之朔,则万象更新,天地开泰,犹乾坤开辟之时也。即伯温氏所谓一元之数①,在大化之中,犹一年是也。此乃魏公发明易道之变化,并喻丹道之法象者也。然由此推之,则一元之终为大混沌,而一岁之终为小混沌。更簇而小之,则一

---

① 数,集阳楼本作"义"。

月晦朔之间、一日亥子之分,俱太极鸿濛之候也。至若反而求之于吾身,则一息呼吸之间,及至于无息之妙,皆混沌之道也。所以邵子先天图以坤复之间为无极,又以动静之间为天、地、人之至妙等说,是有取于此义焉。故先儒谓邵子先天之学出于陈希夷,而希夷之源实本于《参同契》,诚哉是言也。

和则随从,路平不邪。邪道险阻,倾危国家。

《中庸》曰:发而皆中节谓之和。《易》曰:各正性命,保合太和。又曰:圣人感人心而天下和平。故此谓天地和而万物随生,人心和而百体从令。其能致中和者,如行平正之路,坦然可由,自无偏邪之虞;若行道之邪者,触处荆棘,必有险阻之患。所以治国齐家,凡言动不正则有倾危之患矣。其修身养生者,可不正其心而和其气乎?此乃承上文以起下章之意也。

右第一章

此章以乾、坤、坎、离四卦为阴阳化育之体,以其余六十卦为阴阳流行之用。苟得其和平,则万化既安,百骸俱理也。若失其中正,则国家倾危而修道险阻矣,可不慎乎?

君子居其室第二章

君子居其室,出其言善,则千里之外应之。谓万乘之主,处九重之室。发号出令,顺阴阳节。藏器待时,勿违卦月。

《易》曰:君子居其室,出其言善,则千里之外应之,况其迩者乎;居其室,出其言不善,则千里之外违之,况其迩者乎。言出乎身,加乎民;行发乎迩,见乎远。此夫子释中孚卦九二爻之义也。盖谓君子之言行,以诚孚信实为主,其感通于人者,有如此之应违,而不可不谨其言行之发焉。今魏公引之,以人君之为万乘至尊之主,而安处于九重深邃之室,其诚信极难感通,上下最易否隔,故凡政教号令之举发,当顺从天地阴阳之时节也。如《礼·月令》谓孟春之月,天子命相布德和令;而孟秋之月,天子乃命将帅选士厉兵之类是也。又上篇第五章曰:发号顺节令,勿失爻动时。即此之义耳。器者,修身治国之具也;时者,天人合发之候也。《易》曰:君子藏器于身,待时而动,何不利之有?故谓之藏器待时也。卦月者,乃一岁十二月之卦,即阴阳之时节也。如冬至十一月地雷复卦,乃一阳生也;十二月地泽临卦,乃二阳生也;正月地天泰卦,乃三阳生也;二月雷天大壮卦,乃四阳生也;三月泽天夬卦,乃五阳生也;四月纯乾卦,乃六阳全也。阳太极则生阴,濂溪周子所谓动而生阳,动极而静,是此义也。故夏至五月天风姤卦,乃一阴生也;六月天山遁卦,乃二阴生也;七月天地否卦,乃三阴生也;八月风地观卦,乃四阴生也;九月山地剥卦,乃五阴生也;十月纯坤卦,乃六阴全也。阴太极则生阳,周子所谓静而生阴,静极复动是也。故又自复起而坤终,周而复始,如循环无端,程子所谓动静无端,阴阳无始,即此理也。但此十二月之卦,其在《周易》之中,而圣人俱有垂教之辞,当遵而守之;其阴阳消长时节之机,应效而行之。故曰勿违卦月也。此乃魏公释夫子之辞义,以发明治国修身之道,下文更详言之。

屯以子申,蒙用寅戌。余六十卦,各自有日。聊陈两象,未能究悉。
屯,音肫。

按:此乃纳子法,即纳支法也。以十二地支纳于八卦之下,则乾纳子午,坤纳丑未,震纳与乾同,巽纳与坤同,坎纳寅申,离纳卯酉,艮纳辰戌,兑纳巳亥也。但每卦各纳两支,惟震巽与乾坤同,何也?盖后天之卦位,乾坤退置而不用,震巽代事而致用,故震巽所纳之支乃同于乾坤也。邵子所谓置乾于西北,退坤于西南,长子用事而长女代母,坎离得位而兑艮为偶。是此义也。今以屯蒙二卦,分值于月朔之旦暮,其纳干支之法,则屯之内卦乃震也,外卦乃坎也。震之纳干是庚,震之纳爻在内卦是子,则屯卦之初九爻乃庚子也;坎之纳干是戊,坎之纳支在外卦是申,则屯卦之六四爻乃戊申也。故谓之屯以子申也。而蒙之内卦乃坎也,外卦乃艮也。坎之纳干是戊,坎之纳支在内卦是寅,则蒙卦之初六爻乃戊寅也;艮之纳干是丙,艮之纳支在外卦是戌,则蒙卦之六四爻乃丙戌也。故谓之蒙用寅戌也。余六十卦者,盖除乾、坤、坎、离四卦为体为用外,而其余恰是六十卦也;各自有日者,谓其余诸卦,当效屯蒙纳干支之法式,依《周易》上、下两篇之次序而分布于各日之下,以周遍一月之造化也;聊陈两象,未能悉就者,谓屯蒙两卦爻象,既已敷陈其法度，而余卦自可依此推之，故不一一究悉之也。《易》所谓引而伸之，触类而长之是也。然上节乃言卦月，而此节是言卦日；又上篇第四章乃言纳甲法，而此章是言纳子法也。盖爻画之刚柔进退，则卦象变化生而吉凶现矣；其干支之阴阳交合，则六十甲子全而造化周焉。故干支纳于八卦之下，以作重卦诸爻之用，而合其阴阳生克之理，以定其吉凶消长之机。后世卜筮之书、装课之法，其本于斯乎？但惜其仅用地支以推生克，并不用天干以断其吉凶，所以卜之不灵，叩之不应，职此之由焉。兹论易道之余，而并及之以告夫后来者。

立义设刑，当仁施德。逆之者凶，顺之者吉。

夫五行之流行于三才者，其见象于天为五星，分位于地为五方，禀赋于人为五常。故谓木神则仁，金神者义，火神者礼，水神则智，土神则信；而以春属木为仁，秋属金为义，夏属火为礼，冬属水为智，季夏属土为信。此乃五行五常以合于四时者也。今曰立义设刑者，立，建也；义，宜也。言建立其义，当设刑罚以分别其宜，象秋令之敛肃也。当仁施德者，当，承也；仁者，人也。言承当其仁，应施德惠以爱育其人，象春令之生发也。但此刑德设施之道，若顺其节度，则四时调和而庶务理焉；如违其规令，则气序乖舛而百事差焉。故谓逆之者凶，顺之者吉也。管子曰：刑德者，四时之合也。刑德合于时则生福，诡则生祸。此之谓也。此节乃言政教之发，当合于时令之气序，而丹道之春秋刑德亦寓乎其中矣。

按历法令，至诚专密。谨候日辰，审察消息。纤芥不正，悔吝为贼。

纤，音先；吝，音蔺。

按历法令，至诚专密者，谓推按其法度，经历其政令，须极诚无妄，而专心慎密也。谨候日辰，审察消息者，盖一日有十二辰，而一辰有八刻。息为阳生，自子至巳；消为阴生，自午至亥也。谓岁时气节之数，则以日辰为主；而阴阳二气之运，则以消息为机。故当谨候而审察之也。纤芥不正，悔吝为贼者，纤芥，细微也；悔，懊；吝，羞；贼，害也。言有纤芥不循其法度，不正其时日，则政令有悔吝之生，而气序有贼害之咎焉。此节乃承上文，以起下文之意。

二至改度，乖错委曲。隆冬大暑，盛夏霜雪。二分纵横，不应漏刻。风雨不节，水旱相伐。蝗虫涌沸，群异旁出。天见其怪，山崩地裂。

　　沸，音费；见，音现。

　　二至者，冬、夏二至也。谓二至若改易其冬夏，更变其常度，则四时乖错而气序委曲矣，故曰：二至改度，乖错委曲也。夫二至互易而乖错，则隆冬之寒月，却为流金烁石而大暑矣；盛夏之暑月，反成霜雪冻冽而严寒矣。故曰：隆冬大暑，盛夏霜雪也。二分者，春秋二分也；纵横者，南北曰纵，东西曰横。二至乃子午月，是谓之纵；二分乃卯酉月，是谓之横。言二分与二至乃纵横颠倒相易也，故曰二分纵横也。不应漏刻者，谓二分之昼夜漏刻均平，而二至之昼夜漏刻长短。今纵横更易其时令，则二分、二至之漏刻皆不应其常度矣。风雨不节，水旱相伐者，谓分、至相易，是春秋与冬夏颠倒。以致气候错乱，故风雨、水旱不依其节而互相克乏以违其和也。蝗虫涌沸，群异旁出者，蝗，食苗虫也；沸，泉上溢也。言分、至纵横改度，则害苗之蝗如泉流之涌沸，而水旱之灾乃群见而旁出也。所以四正变易则夏严寒而冬酷暑，风雨不节，旱涝相继，渐至山岳自崩，无故地裂也，是天地之怪异毕见也，故曰：天见其怪，山崩地裂也。然此缘历法有错，而失于置闰，以致时令乖舛，故其变异有如此者也。但此节之辞句乃本于《礼记》之《月令》，若遽然读之，似属魏公之奇文，岂知其实出于《礼》经之义耶？故朱子谓《参同契》文章极好，其用字皆根据古书。信哉言乎！又丹法亦有二至、二分，倘改度纵横而错误，则其变亦有如是之象焉，学者当知之。

　　孝子用心，感动皇极。近出己口，远流殊域。或以招祸，或以致福，或兴太平，或造兵革。四者之来，由乎胸臆。

　　臆，音益。

　　孝子者，即君子也。《孝经》曰：君子之事亲孝。又曰：昔者明王事父孝，故事天明；事母孝，故事地察；长幼顺，故上下治。天地明察，神明彰矣。今魏公以君子为孝子，殆本于此义也。皇，大也；极，中也。皇极者，谓君建中道而民归之也。盖上文以历法乖错而分、至改易，乃致天地之气乱灾生。故此言在上之君子，当用心图治，感动大中之道以归其民心,格通神明之德以回其天变,考正历数,敬授人时,而使善言近出于己口,则声教远流于殊域焉。所以君子言行之发,或招其祸患,或致其福祥,或太平由此而兴,或兵革自此而造,则此四者之来,皆由君子胸臆中所自出也。《易》曰:言行,君子之枢机。枢机之发,荣辱之主也。言行,君子之所以动天地也,可不慎乎?此之谓也。然丹道亦在乎此心以运用其药物,而归于皇极之中,以结成还丹者,此不可不知也。

　　动静有常,奉其绳墨。四时顺宜,与气相得。

　　《易》曰:夫乾其静也专,其动也直,是以大生焉;夫坤其静也翕,其动也辟,是以广生焉。又曰:动静有常。盖动乃阳之常,静乃阴之常;动为发生之用,静为敛藏之本也。绳墨,乃木工所用以弹画者。此喻章程法度也。言君子效法天地,其言行动静之间,俱合乎经常法度,则自然四时顺宜而应节,和气相得而致福矣。

　　刚柔断矣,不相涉入。五行守界,不妄盈缩。易行周流,屈伸反覆。

　　断,音端,去声。

　　《易》曰:动静有常,刚柔断矣。盖阳动阴静乃天地之常也,刚阳柔阴乃卦爻之断也。今曰刚柔断矣,不相涉入者,断,判也。言春夏为阳刚,应动而生长;秋冬为阴柔,应静而敛藏。如寒热温凉,各应其候,则四时之阴阳之气已判,是不涉入于乖错也。五行守界者,为春属木,夏属火,季夏属土,秋属金,冬属水,此五行之气候,乃各守其界限而不致有侵逾也。不妄盈缩者,盈,满;缩,短也。言四时五行之气节,勿使有过与不及也。易行周流者,屈伸反覆者,易,谓坎离也,即日月也。而坎离往来屈伸于六虚之中,日月周流反覆于乾坤之内,乃阴阳和调,自无差忒之变异也。此乃总结上文君子之用心,其感动之效如此。又引起下章之意焉。然丹法运用之道,其造化亦如是夫。

　　右第二章

　　此章以君子言行之发,感乎人心之应违,动乎天时之顺逆。至于易道有差,历法致错,而凶咎有不可胜数者,惟在上之君子,用心图治,以上回天变,下抚民情,则庶几四时顺而易道行矣。此治国平天下之道固宜如是焉,而修身炼丹之法亦不可不以此为准则耳。

晦朔之间第三章

晦朔之间，合符行中。混沌鸿濛，牝牡相从。滋液润泽，施化流通。

鸿濛，俱上声；牝，婢忍切；牡，音亩。

晦朔之间者，乃晦朔相接之时、亥子之间也；合符行中者，谓日月合符于此际，阴阳行持于其中也；混沌者，阴阳未分也；鸿濛者，元气之始也；牝牡，喻阴阳也。言当晦朔之际，而日月合璧，其二气相纽，犹天地未判之初，阴阳浑然相合也，故曰：混沌鸿濛，牝牡相从也。滋液者，乃阳气之施化也；润泽者，是阴气之流通也。言日月之合符，阴阳之相从，而其功效有如此，故曰：滋液润泽，施化流通也。《易》所谓：大哉乾元，万物资始。又曰：至哉坤元，万物资生。是此义也。然此节言阴阳交合，日月撙持，以成其变化，而易道、丹道皆如是之理也。

天地神明，不可度量。利用安身，隐形而藏。

度，音铎。

神者，阴阳之灵也；明者，日月之光也。言天地之间，惟神明最为精妙，难以测度其端倪，故曰：天地神明，不可度量也。《易》曰：阴阳不测之谓神。又曰：日往则月来，月往者日来。日月相推而明生焉。是此义也。《易》又曰：往者屈也，来者伸也，屈伸相感而利生焉。又曰：精义入神以致用也，利用安身以崇德也。今曰利用安身，隐形而藏者，盖有取于此义，以为日月神明之德，将利其用而伸，乃先隐其形①而屈。所以晦朔之间，合符之际，是日月藏其象以入其神，而崇其德以致其用者也。

始于东北，箕斗之乡。旋而右转，呕轮吐萌。潜潭见象，发散精光。

呕，音殴；见，音现。

东北者，艮寅之方，乃月造端之地也；箕斗者，东北之二宿名也。谓月之形象自晦日于东北之方，而尽丧其明，至于朔日，亦于此方更苏其魄也，故曰：始于东北，箕斗之乡也。轮者，月之匡郭；萌者，月之光芽也。谓新月从左旋而转右之西方，始呕出其轮象，而吐生其光芽也，故

---

① 隐其形，集阳楼本作"安其身"。

曰：旋而右转，呕轮吐萌也。潜，伏也；潭，深也；见，谓形也。言月自晦朔合符之时，乃伏深其体于地，以含育其形象也。及至右转吐萌之际，是发散其用于天，以舒化其精光也，故谓之：潜潭见象，发散精光。此乃重申上文之义也。然丹道运火之法，亦自东北艮寅之方而出，从西南坤申之方而入，至于戌乾之方而止，但当求之于自己，不可远索而他寻焉。

谨按：月之出没方位，稍与日不同。试以四正之月言之，如在子月，其初三、四之新月及二十七、八之残月，而出没在东南、西南二方，乃前后逐渐转移，至于望时，则出没在东北、西北二方，而长夜月之方位始定也；如在午月，其新、残月之出没在于东北、西北二方，亦前后逐渐转移，至于望时，则出没在于东南、西南二方，而短夜月之方位始定；如在卯、酉月，其新、残弦望月之出没虽亦有转移，而总不离于东西、二方也。盖子月之太阳出没在于东南、西南，而午月之太阳出没在于东北、西北，故新、残之太阴亦从太阳之方位以造端。若不如是，则晦朔之间，其日月不能撑持合符矣，惟卯、酉之月，其日月出没同在东、西两方，故月之转移亦不甚相远也。此月之行有异于日之行，而前人未尝言及之。今察其一年之出没，则其象是如此耳。今日始于东北者，是言短夜之月也。盖朔初之晓，其月随日，从东北同行而无光，乃左旋右转，渐渐与日相离，至初三之晚，始吐其光于西也。而上篇第四章东北丧其明者，以晦终之晚，其月不可见，及晓在于东北，而光被日夺，乃尽丧其明矣。故此二者，虽皆言东北，同为短夜之月，而其理却有别，不可不知焉。

昴毕之上，震出为征。阳气造端，初九潜龙。阳以三立，阴以八通。

潜，音前。

昴毕之上，震出为征者，昴毕乃庚酉方之二宿名也；震，一阳之卦也。征，验也。谓初三日之新月现微明于庚酉方之上，其象为一阳震卦之征验也。阳气造端，初九潜龙者，谓月感受日之阳气，乃造端而始生其明也。其在《易》之乾卦，则犹初九爻辞之潜龙也。夫子曰：潜龙勿用，阳在下也。又曰：龙德而隐者也是也。阳以三立，阴以八通者，盖天地生成之数，其阳之生数自一而始，至三而盛；其阴之成数，自六而始，至八而盛。是以阳立于三而阴通于八者也。

故三日震动，八日兑行。九二见龙，和平有明。

见，音现。

故三日震动者，乃重申上文阳以三立并震出为征之义也；八日兑行者，亦重明阴以八通之理，而复言初八日上弦之月，其象为二阳之兑卦也。九二见龙者，言其在《易》之乾卦，则犹九二爻辞之见龙也。夫子曰：见龙在田，德施普也。又曰：龙德而中正者也是也。和平有明者，谓月至上弦，其形体明暗相半，而阴阳乃得其和平也。又九二爻之见龙在田，为文明之象，而天下已被其化，故此亦兼释九二爻辞之义也。

三五德就，乾体乃成。九三夕惕，亏折神符。盛衰渐革，终还其初。

惕，音剔；折，音舌。

三五德就，乾体乃成者，三五，乃十五日之望也。言月至于望而阳明之德已就，其象为三阳之乾体也。九三夕惕者，言其在《易》之乾卦，则犹九三爻辞之夕惕也。夫子曰：终日乾乾，反覆道也。又曰：故乾乾因其时而惕，虽危无咎矣是也。亏折神符者，谓物太刚必折，月过盈应亏，是阳明之神符将退焉；盛衰渐革者，谓月盛极当衰，将渐变革其乾体矣；终还其初者，言月盈已极，其势必阙而终还其如初之晦也。然此阴阳消息，亦自然之道，魏公深知盈不可久之义而谆谆言之，以晓夫修身、修丹者之要道也。

巽继其统，固济操持。九四或跃，进退道危。

巽继其统者，谓月至十六日，其明乍亏，其象为一阴之巽卦，而阴继夫阳之统绪也；固济操持者，谓此时阳退阴进，息化为消，当固济阳德而操持阴统也；九四或跃者，谓其在《易》之乾卦，则犹九四爻辞之或跃也。夫子曰：或跃在渊，进无咎也。又曰：或跃在渊，乾道乃革是也。进退道危者，以九为阳而四为阴，乃阳爻居于阴位，故进退未定，或跃渊而迟疑，则其道危，能随其时，亦无咎也。此乃释九四爻辞之义也。

艮主进止，不得逾时。二十三日，典守弦期。九五飞龙，天位加喜。

逾，音于。

艮主进止，不得逾时者，进，犹行也；逾，过也。谓月至二十三日之下弦，则其明半亏，其象为二阴之艮卦也。然艮为止之义，而行止各有其时,不可过时而违其道也。《易》曰:艮,止也。时止则止,时行则行,动静不失其时,其道光明。是此之义耳。二十三日,典守弦期者,典,主也。言二十三日乃主守下弦月之期也。九五飞龙者,谓其在《易》之乾卦,则犹九五爻辞之飞龙也。夫子曰:飞龙在天,大人造也。又曰:飞龙在天,乃位乎天德是也。天位加喜者,言圣人在九五之天位,岂不加喜哉?此亦释九五爻之义也。

六五坤承,结括终始。蕴养众子,世为类母。上九亢龙,战德于野。

蕴,委窘切。

六五坤承者,六五,乃三十日也。谓月至三十日,则其明尽丧,其象为三阴之坤承受也。结括终始者,言月自朔而渐生明,由望而渐至晦。又一月六候之卦,从震以始,至坤乃终,而晦朔相接,阴阳相交,岂非结括终始哉?蕴养众子,世为类母者,蕴,包藏也;众子者,众卦也,又喻众物也。言坤之为德,能包蕴众卦,藏养众物,而为世之万类母也。上九亢龙者,谓其在《易》之乾卦,则上九爻辞之亢龙也。夫子曰:亢龙有悔,盈不可久也。又曰:亢龙有悔,与时皆极是也。战德于野者,盖月至晦日①,谓之纯坤,以乾卦言之,则谓之上九。是乃阴阳两不相下,而其势必相争,故借坤卦上六爻辞龙战于野之义以释之也。

用九翩翩,为道规矩。阳数已讫,讫则复起。推情合性,转而相与。

翩,音篇;讫,音吉;复,扶候切。

凡卦爻以九为阳奇之用,以六为阴偶之用。今曰用九者,是承乾卦言之也;翩翩者,往来之貌也。谓乾卦之用九而往来乎六虚之位,其刚而能柔,此为易道之规矩法度,故曰:用九翩翩,为道规矩也。夫子曰:用九,天德不可为首也。又曰:乾元用九,乃见天则是也。阳数者,一、三、五、七、九之数也;已讫者,阳数自一而起,至九而讫尽也。然九为老阳,老变而少不变,所以九尽又复起为一,而如环之无端,故曰:阳数已讫,讫则复起也。情性者,盖寂然不动,未发之中,则谓之性,而性即情之静也;感而遂通,已发之和,则谓之情,而情即性之动也。是情性相为

---

① 日,集阳楼本作"中"。

体用,则五常生于身焉,万物备于我焉,而人之情性得其正,所以异于物之偏者也。今爻位刚柔之推合,阴阳之转与,以成易卦之体象。犹人之情性动静,而为身心之体用,同一理也,故曰:推情合性,转而相与也。又丹法之运火亦复如是,其神御乎气,性合乎情者,乃以神为性,而以气为情也。故凡丹经之喻名,亦可类推之矣。

循据璇玑,升降上下。周流六爻,难可察睹。故无常位,为易宗祖。

璇玑,音旋鸡。

循,因也;据,依也。璇玑者,《书集传》曰:美珠谓之璇;玑,机也。以璇饰玑,所以象天体之转运也。今谓乾用九之变迁,因依璇玑之法度而乃转运无穷也。故升降乎上下之卦体,则变动不居;周流乎六爻之虚位,则刚柔相易。所以难可察睹其端倪,乃无一定之常位,而为易象变化之宗祖者也。然坤用六之变迁,而其道亦如是耳。

右第三章

此章言自晦朔与日合符之始,而成一月之造化。乃以三阴三阳之六卦,分布于六候之中,以明其盈亏进退之道。而又以乾卦六爻之辞配之,及用九为道之变迁,以达其吉凶悔吝之机,则天道、治道,修身、修丹,其理备焉。吁,《参同契》之书其可弗读乎哉!

朔旦为复第四章

朔旦为复,阳气始通。出入无疾,立表微刚。黄钟建子,兆乃滋彰。播施柔暖,黎蒸得常。

复,音服;施,去声。

夫一年有十二月,以十二卦分布之,自十一月复卦起,至次年十月坤卦止,以成一年阴阳消息之造化也。若以十二卦簇于一月之中,则两日半得一卦,自朔日起,至晦日终,而十二卦周矣。故以朔日①为复卦,而一阳初生,其气始通也。出入无疾者,乃《易》复卦之象辞也。今魏公引之,谓此时阴阳进退皆微,而其气之出入自应无疾速也。表者,测景推候之物也。言立表之景候,其阳气乃微刚也。黄钟者,十一月之律

---

① 日,集阳楼本作"旦"。

管,乃建子之月,用以气候也。兆乃滋彰者,言阳气之兆端,乃始滋益而彰著也。柔暖,谓微阳也;黎蒸,谓民也。言播施其微阳之气,而民将得其融和之常候也。

临炉施条,开路正光。光耀渐进,日以益长。丑之大吕,结正低昂。

临者,十二月之卦也;炉,火炉,喻阳气也;条,长也。言自复至临,而阳气施长,阳道正开,光耀渐次而进,日景渐益以长,其月为建丑之节,在律为大吕之管也。然丑为一岁之终结,而终则又当复起,故十二月者,正在低昂之间也。

仰以成泰,刚柔并隆。阴阳交接,小往大来。辐辏于寅,运而趋时。

辐辏,音福凑。

仰者,谓自十二月之临卦,仰上加一阳爻以成泰,而为正月之卦也。然泰卦之体乃内乾外坤,刚柔相半,而并为隆盛也。阴阳交接,小往大来者,小,谓阴也;大,谓阳也。言泰为阴阳相交之卦,而又为阴退阳长之象也。《易》曰:泰,小往大来,吉亨,则天地交而万物通也是也。辐者,轮毂中之轴也;辏者,凑也。又借正月太簇之律名,言阳气之至寅月,如辐之辏于毂而运动疾趋其时也。

渐历大壮,侠列卯门。榆荚堕落,还归本根。刑德相负,昼夜始分。

侠,音夹;荚,音劫。

渐历大壮者,言自复、临、泰而渐历于大壮,乃二月之卦也。侠,并也。又借为二月夹钟之律名。卯门者,乃二月也。言大壮之卦、夹钟之律,而并列于建卯之二月也。榆荚者,榆木之荚也。谓万物当春发生,惟榆荚至此堕落而复归于本根。盖春阳为德,秋阴为刑,今二月春半,阳中有阴,此刑德相为乘负,而生中有杀故也。然二月为春分,乃昼夜始行平分之候,《礼记·月令》谓仲春之月日夜分是也。

夬阴以退,阳升而前。洗濯羽翮,振索宿尘。

夬,音怪;洗,音选;索,音色。

夬者,三月之卦也。其卦乃五阳一阴,谓阴将退尽,阳乃升举而前矣。洗,涤也。又姑洗,三月之律名。濯,浣也;振,整也;索,搜也。谓阳气之升发,犹禽鸟之涤浣其羽翮,整搜其宿尘,而将为冲霄之举也。

然此二句,亦是兼释姑洗之义耳。

乾健盛明,广被四邻。阳终于巳,中而相干。

乾者,四月之卦也;四邻者,即四方也。谓乾体之性刚健,而乾阳之德盛明,则凡四方之民物莫不广被其化也。《易》曰:大哉乾乎,刚健中正,纯粹精也。又曰:大哉乾元,万物资始,乃统天,云行雨施,品物流形。即此之义也。阳终于巳者,谓阳气始生于子月,而其终极在巳月也。中者,为阳气极乎中也;干者,犯也。《易》曰:日中则昃,月盈则食。盖中则未有不昃,盛则未有不衰也。今巳月为阳极,乾卦为纯阳,是阳乃盛极乎中,而阴将来干犯矣。又中字,借四月仲吕之律名,《礼记·月令》所谓律中中吕是也。

姤始纪序,履霜最先。井底寒泉,午为蕤宾。宾服于阴,阴为主人。

姤,音构;蕤,音谁。

姤者,五月之卦也;纪者,记也。言姤始记一阴生之气序也。先者,先兆也。谓姤虽一阴初生之卦,然其势必至于纯阴而已。则是姤者,岂非履霜之先兆乎?《易》曰:履霜坚冰,阴始凝也。驯致其道,至坚冰也。即此之义耳。五月之姤象,乃五阳在上而一阴在下,故其地上热而井底之泉寒也。蕤宾者,五月之律也;宾服者,谓阳也;主人者,谓阴也。盖当蕤宾之五月,一阴甚微而隐于下,五阳犹盛而动于上。然盛者,则将退而终为宾客;其微者,则已起而始为主人也。此亦兼释蕤宾之义耳。

遁世去位,收敛其精。怀德俟时,栖迟昧冥。

遁者,六月之卦也。六月律谓之林钟,遁为二阴浸长,阳当退避,犹君子之遁世去位也。《易》曰:物不可以久居其所,故受之以遁,遁者,退也是也。精者,精华也。言时物将收敛其精华,以就其核实也。德者,阳德也;栖迟,止息也;昧冥,幽暗也。言怀藏其阳明之德,以俟其时而复用,今乃止息于幽暗之地也。《易》曰:物不可以终遁。是此义耳。然此乃发明遁之时义者也。

否塞不通,萌者不生。阴伸阳屈,没阳姓名。

否,普弥切;没阳,一本作毁伤。

否者，七月之卦也。七月律谓之夷则，否为闭塞不通之象。《易》曰：大往小来，则是天地不交而万物不通也是也。萌者，草芽也。言时至于否，则草木之萌芽不生也。阴伸阳屈者，谓否虽阴阳各半之卦，然阴为进气而伸，其阳为退气而屈，《易》所谓往者屈也，来者伸也是也。没阳姓名者，盖谓阴气方盛，则阳德之性情收敛，犹人之姓名将为埋没也。《易》曰：小人道长，君子道消也。又曰：天地不交，否，君子以俭德避难。是此之义也。

观其权量，察仲秋情。任畜微稚，老枯复荣。荠麦芽蘖，因冒以生。

观，音贯；荠，在礼切；蘖，音孽。

观者，八月之卦也。八月律为南吕。权者，称锤也；量者，斗斛也。《礼·月令》谓仲秋之月，则日夜分，同度量，平权衡。盖八月为阴阳均平，当顺从其时令，以较定其权衡度量也。故此谓观其权量，则察知其仲秋之情也。任，堪也；畜，养也。言仲秋乃阴阳和平，堪养其微稚之物，而老枯者亦复得其荣茂也。荠，甘菜也。《淮南子》所谓：荠，水菜，冬水而生，夏土而死是也。蘖者，根旁复生芽。言仲秋之令，而微稚之麦始芽，其枯老之荠复蘖，俱因于此时冒地以生也。盖八月为阴阳相半之候，是杀中有生而刑中有德故也。

剥烂肢体，消灭其形。化气既竭，亡失至神。

剥者，九月之卦也。九月律谓无射。《易》曰：剥，烂也。又谓剥床以足、剥床以肤。盖剥为阴盛阳衰，乃小人壮而君子病也。今曰：剥烂肢体，消灭其形者，以剥为季秋之卦，万物至此皆剥烂而落也。然肢体剥烂，则是其形质消灭矣。《晋·乐志》曰：九月之辰谓之戌。戌者，灭也，谓时万物皆衰灭也。是此之义耳。化气既竭者，言此时天地生化之气而将为竭绝也；亡失至神者，谓剥乃五阴方盛而一阳将尽之象，是欲亡失其至极之元神也。

道穷则反，归乎坤元。恒顺地理，承天布宣。

道穷则反者，谓十二卦分擘于十二月，则自复至乾而阳尽，从乾化姤而阴反通焉；自姤至坤而阴穷尽，从坤变复而阳反通焉。故其为道也屡迁，而反穷通无已也。《易》曰：反复其道。又曰：易穷则变，变则通，通则久是也。归乎坤元者,谓阴道之穷尽则归于坤元,乃十月之卦,而十月律谓之应钟也。恒顺地理,承天布宣者,盖坤为地,而地之理则柔顺以恒久也,而坤之德乃承天以布宣也。《易》所谓:至哉坤元,万物资生,乃顺承天是也。然丹道运火之法,其进阳火亦自复子而始,至乾巳以极;其退阴符,亦从姤午而起,至坤亥以终。周而复始,如环无端。上篇第十五章所谓:周旋十二节,节尽更须亲是也。但十二卦其在岁固为十二月之节,若簇于一月之中,则两日半为一节,即章首所谓朔旦为复是也。其簇于一日之中,则十二辰是矣。更簇而小之,则为一时一刻,及至呼吸之一息,亦有十二节之用。斯丹道之玄妙,学者当反求诸己而深究之焉。

玄幽远渺,隔阂相连。应度育种,阴阳之元。寥廓恍惚,莫知其端。

阂,同碍;廓,音扩。

玄幽远渺,隔阂相连者,谓天道至玄幽而无穷,地道至远渺而无尽,则其上下之形体虽若有隔碍,而其神气之转运,乃相连接而无间焉。如阳气升,则为春夏而生长;其阴气降,则为秋冬而敛藏。何曾有玄远之隔碍哉?应度育种者,言天地虽玄远,而二气之往来乃各应夫期度,以化育其种类也;阴阳之元者,言阳气为乾元之始,而阴其为坤元之生也。寥廓恍惚,莫知其端者,寥廓,谓天空也;恍惚,犹混濛也。言天地之高广乃空大而难察也,阴阳之往来其混濛而难见也,是以莫能知其端倪,而天地之所以为大也。然此节与下节,乃总结上文,以申十二月运化之精义耳。

先迷失轨,后为主君。无平不陂,道之自然。变易更盛,消息相因。终坤始复,如循连环。帝王承御,千载常存。

陂,音秘。

《易》曰:君子攸行,先迷失道,后顺得常。盖君子之所行,先难而后获,故先迷失而后顺得也。今曰:先迷失轨,后为主君者,是引《易》之义,以发明阴阳迭为宾主也。轨者,辙迹也。谓如十月纯阴之坤,而阳气几绝,是迷其道矣;至十一月之复,一阳初生,则后来者为之君也。

如四月纯阳之乾,而阴气几尽,是失其轨矣;至五月之姤,一阴始生,则后①进者为之主也。其爻画刚柔之进退,亦同此之义耳。无平不陂,道之自然者,陂,倾侧也。言阴阳往来之用乃互相倚伏,无有常平而不倾侧、常往而不复杂来者,此乃天地自然之道,非人之所能损益也。《易》曰:无平不陂,无往不复。此之谓也。变易更盛者,言阴阳之变易乃更迭盛衰也;消息相因者,息为阳生,消为阴生,言阴消阳息,常相因为用也。终坤始复,如循连环者,谓一年十二月之卦,自复而始,至坤以终,其周流而不止,如循连环而无穷也;帝王承御,千载常存者,谓帝王果能于此道,而承天之运化,以治御其万方,则千载如斯而国可以常存矣。

右第四章

此章以十二月辟卦为阴阳消长之验证。盖天地虽至大至广,而其气运之往来、盈虚之迭更,以发育于时物之间者,有不知其然而然之妙也。故帝王能用乎此道,以垂千载之大业。而养生当明乎此理,以作火符之运行。正谓修身治国,其义一也。

将欲养性第五章

将欲养性,延命却期。审思后末,当虑其先。

性命者,有天赋之性,有气质之性;有分定之命,有形体之命。学道者,当养其天赋之性而安其分定之命,宜克其气质之性而养其形体之命。是以性命为吾身之至宝,乃修道之枢纽也。今以丹道言之,性即神也,命即气也,有先天后天之别,而学者当炼养后天以复其先天,则还丹可成,其长生可得矣。《灵源大道歌》曰:神是性兮气是命,神不外驰气自定。此之谓也。又曰:元和内运即成真,呼吸外施终未了。此亦先后天之道也。故谓将欲养性延命,而欲却其死期者,是审思其长生于后,则当谋虑夫修炼为先也。然此性命二字发端,以起下文之义者也。

人所禀躯,体本一无。元精云布,因气托初。阴阳为度,魂魄所居。

夫修丹之道,与生身之源初无二理,故谓人所禀赋之躯,其在父母未生之前,而形体本无一物,及至生身之时,由先天元精,如云之流布,

---

① 后,集阳楼本作"复"。

因二气氤氲,以托其始初,则阴阳合一以为度,魂魄互藏其所居,然后形质具而性命全矣。修丹之理,亦复如是。但有质生质者,人也物也;无质生质者,丹也仙也。吕真人曰:穷取生身受气初,莫怪天机都泄尽。《悟真篇》曰:劝君穷取生身处,返本还源是药王。皆此之义也。然切勿误认以陷溺于邪秽耳。

阳神日魂,阴神月魄。魂之与魄,互为室宅。

天为阳,地为阴,日为阳之精,月为阴之精。魂者,阳之神也;魄者,阴之神也。《淮南子》所谓天气为魂,地气为魄是也。故以日为阳神之魂,而月为阴神之魄也。然魂魄者,即阴阳之体用也。盖魂无魄,乃无以运化;若魄无魂,则无其灵明。所以魂魄互藏其宅室,而阴阳交相为体用,乃坎离之象,以成其造化者也。故丹道以日魂属木而在东主上升,其月魄属金而在西主下降。升极则降,降极则升,而魂魄循环无穷,乃交结其神气以凝聚其丹头也。《黄庭经》曰:魂欲上天魄入泉,还魂返魄道自然。此之谓也。又《古歌》云:日魂月魄若个识,识者便是真仙子。此言吾身无形之日月,非谓天上有形之魂魄,所以识之者稀也。

性主处内,立置鄞鄂;情主营外,筑固城郭。城郭完全,人物乃安。

鄞,音银。

性者,情之静也,在五行属木;鄞鄂,地名,乃喻址基也。言性主清静而处乎内,以立置其址基也。情者,性之动也,在五行属金;城郭者,内曰城外曰郭,所以护卫民物,即藩垣也。言情主经营而运乎外,以筑固其藩垣也。夫如是,则城郭完全,可无外患之虑矣;而人安物息,亦无内变之忧也。然总之谓神气相依,以凝结其丹胎耳。《还源篇》曰:以神归气内,丹道自然成。又曰:神气归根处,身心复命时。《复命篇》曰:灰心行水火,定息觅真铅。皆此之义也。

爰斯之时,情合乾坤。乾动而直,气布精流;坤静而翕,为道舍庐。

爰斯之时者,此承上文而言之也。情合乾坤者,情,情性,谓人之情性而合乎乾坤之德也。乾动而直者,谓乾阳之情性主乎动,则直遂而不屈挠也。《易》曰:夫乾其静也专,其动也直,是以大生焉是也。气布精流者,谓乾之德主于播施,故其气则如云之布,其精则如雨之流也。

《易》曰：云行雨施，品物流行是也。坤静而翕者，谓坤阴之情性主乎静，则翕聚而不涣散也。《易》曰：夫坤其静也翕，其动也辟，是以广生焉是也。为道舍庐者，市屋曰舍，野屋曰庐。谓坤之德主于容受，故其道如舍庐而可以居藏人物也。《易》曰：坤厚载物，德合无疆是也。然丹道之用乾者，则健行不息也，故气布周行，乃化为精水而流①润于丹田矣；其用坤者，则厚载含宏也，故神凝气聚，其道为舍庐而蕴养其灵胎矣。但丹法之所谓精者，乃至纯至清之物，非情欲所感于下之精也，不可误认，以获罪戾耳。

刚施而退，柔化以滋。九还七返，八归六居。

刚者，乾也，阳也。言乾阳之气播施于地，而后返退于天也。柔者，坤也，阴也。言坤阴之精变化于天，而后还滋于地也。九者，金之成数，如还其源则为生数之四也；七者，火之成数，如返其本则为生数之二也；八者，木之成数，若归其源则为生数之三也；六者，水之成数，若居其本则为生数之一也。是故一、二、三、四者，乃水、火、木、金初生之本体也；而六、七、八、九者，乃水、火、木、金已成之行用也。然此亦是阴阳变化，刚柔迭运，进极而退，剥极而复之道。所以还返归居之名者，即是后天先天之义，乃丹道中之最要，学者当深究之焉。

男白女赤，金火相拘。则水定火，五行之初。

男者，坎男也；女者，离女也。坎则为月其色白，离则为日其色赤，故谓之男白女赤也。然白者金也，赤者火也，金得火而成器，火炼金而成物，故谓之金火相拘也。则，准则也。谓金是水之母，水乃金之子，而准则其水，能制定其火。又水为五行之始，乃三品大药之首，故曰：则水定火，五行之初也。此言金、水、火三物相须为用，以作炼丹之要药也。然丹药之三物，其言金、水、火者，以金水得火，则温和而相生矣；而言水、火、土者，以水火得土，则调和而相济矣。此乃自然之道，不易之理也。而或以金、水、土为三物者，乃误也。盖金水无火，则金寒水冷，岂能成造化而结丹胎哉？

---

① 流，集阳楼本作"通"。

上善若水，清而无瑕。道无形象，真一难图。变而分布，各自独居。类如鸡子，黑白相符。

《道德经》曰：上善若水，水善利万物而不争，处众人之所恶，故几于道矣。盖上善者，至善也。而至善之德，如水一般。以水能利泽万物而性就下不争，其体柔弱澄洁。凡物之秽浊者，处置之于水，即为清白，此其善于利物处恶，故近于道之体用焉。今谓上善若水，清而无暇者，是用此之义。言水之精而至美者，其用则利物处恶，其体乃清澈无暇也。此重申上文水之为德耳。道之形象，真一难图者，以水之为物，乃天一之源，五行之始，为道之体象，是真一气所化，而生于玄冥之中，难以测度其端倪，安能图其形哉？本篇第一章所谓：玄冥难测，不可画图。同一义也。变而分布，各自独居者，谓真一之气，其分而为阴阳，变而为水火，则轻清者上升，其重浊者下降，而各自分布独居，乃道之变化而分之也。《道德经》曰：此两者同出而异名。《复命篇》曰：一物分为二，能知二者名。皆此义也。类如鸡子，黑白相符者，鸡子，喻天地之体象，即《浑天说》所谓天形如鸟卵，地居其中，犹壳之裹黄是也。然丹胎之法象，其亦如是。盖阴阳二气，分布独居，未参合一。今修丹者，乃以真火烹炼金水，即是元神擒制精气，如鸡子之混沌，使黑白二气，两相符合为一，乃道之比类而合之也。《道德经》曰：有物混成，先天地生。《龙虎经》曰：神室有所象，鸡子为形容。俱此之义也。

纵广一寸，以为始初。四肢五脏，筋骨乃俱。弥历十月，脱出其胞。骨弱可卷，肉滑若铅。

广，去声；卷，上声。

直者谓之纵，横者谓之广。言金丹之法象，而类如鸡子，横直一寸，乃其始初之形容也。上篇第七章所谓：方圆径寸，混而相拘，先天地生，巍巍尊高是也。然丹胎既已凝结，当入室温养，如龙之藏珠，如鸡之覆卵，念兹在兹，精勤专壹，则法身之肢脏筋骨，自然逐一而俱成也。及至十月温养已足，若火候无失，工夫纯粹，则如期以脱其胞矣。《悟真篇》曰：不假吹嘘并著力，自然丹熟脱灵胎。《还源篇》曰：温温行火候，十月产婴儿。皆此义也。然灵胎之筋骨，则柔弱可卷，而其肌肉则软滑若铅。铅者，铅粉。此喻软滑之状，并能变化还原也。盖灵胎之婴儿，乃先天所生，无质生质，故聚则成形，散则成气，而骨柔可卷，肉润若铅，有如此之神妙也。《悟真篇》曰：婴儿是一含真气，十月胎圆入圣基。此之谓也。然所言体脏筋骨者，不过谓胞胎应有此象也，是乃譬喻耳，不必执泥。

右第五章

此章以养性延命为修炼之枢要，而所谓魂魄之互为室宅，情性之营作根基，精气之流布，男女之相拘，以及夫乾坤动静，刚柔施化，水火分位，黑白符合等义，总无非性命之体用也。盖性是神之本，命是气之源，但能穷其生身受气之先，而用还返合一之道，以复如婴儿之结胎脱胞，则丹道自成而神仙可冀矣。

阳燧以取火第六章

阳燧以取火，非日不生光。方诸非星月，安能得水浆？二气玄且远，感化尚相通。何况近存身，切在于心胸。阴阳配日月，水火为效征。

阳燧，火珠也，又谓之火方诸，其对日可取火，犹今之火镜也；方诸，鉴名也，又谓之阴燧，其向月可得水，犹今之水镜也。《周礼·秋官》：司烜氏掌木以燧，取明火于日，以鉴取明水于月是也。今谓阳燧之取火、方诸之得水，其由于日月之精光，而后水火生焉。但日月之光华，如此且玄且远也，而其气之感化尚然相通，无所隔碍，何况内养之法，近存于身心，切在于胸臆，以自己阴阳之气配为日月，而作水火之运用，其为效验岂不至近？夫何难之有哉？然此乃远取诸物，近取诸身，以勉人学道者也。但用阳燧、方诸以取其水火，须定而光聚则有，若动而光散则无矣。故修丹者，以神定气和则生药，神动气乱则无功也。此节乃承上章，以起下文之意。

耳目口三宝，闭塞勿发通。真人潜深渊，浮游守规中。

《道德经》云：我有三宝，持而宝之，一曰慈，二曰俭，三曰不敢为天下先。此乃明治国之道也。今以耳、目、口为三宝者，是乃阐修身之法也。盖耳目能视听，而口司出纳，则此三者，岂非吾身之宝乎？《阴符经》所谓九窍之邪，在乎三要是也。闭塞勿发通者，谓作丹之时，叠足端坐，身心冥合，使耳、目、口之用皆闭塞而勿通乎外，俱返收于其内也。真人潜深渊者，真人喻真铅，又丹头亦喻为真人也①。潜，藏也；渊，止水也。言真铅之潜藏，乃在于深水之中，即《入药镜》所谓水乡铅，只一味是也。浮者，泛水而上也；游者，顺流而下也；规，所以为圆②之器；规中者，丹田、神室、黄庭、土釜之类，皆其喻名也。谓真铅浮游乎上下左右，而固守乎规中之丹头也③。然总无非神御其气，以运行于丹田之间耳。此乃出于自然之道，非④旁门家所为闭息运气及存想强持等类之法也。

旋曲以视听，开阖皆合同。为己之枢辖，动静不竭穷。

辖，音叶。

旋，周旋也；曲，委曲也。言耳目之视听，周旋委曲于其内也。开阖者，言真气之出入也。开则气升，阖则气降，皆与耳目合一而同为之用也。枢者，户枢也；辖者，车轴头铁也。谓耳目与息乃吾身修丹之枢辖也。动静，即开阖之意。谓枢辖动静之运用，而周流无穷竭者也。

离气内营卫，坎乃不用聪。兑合不以谈，希言顺鸿濛。

内同纳，希同稀。

《易》以离为目，以坎为耳，以兑为口。今曰离气者，谓目光也；营卫者，喻容体也；鸿濛者，元气之始，即混沌也。盖谓作丹之时，离目之光不使照于其外，而惟纳于容体之中也。坎耳则闭塞其聪听，兑口则缄默其言谈，而使三者皆返于身内，俨如混沌未判之初，以顺其自然之化育也。然此时乃身心冥合，神气归根，为吾身之先天，而大药孕育于其中矣；少焉，天开地辟，机动籁鸣，而用后天功夫，乃进火运行，交会采取，入于黄庭之中，以凝结其丹胎也。《悟真篇》曰：恍惚里相逢，杳冥中有变。一霎火焰飞，真人自出现。《还源篇》曰：神气归根处，身心复

---

① "真人喻真铅，又丹头亦喻为真人也。"此一句，集阳楼本作"真人即真铅，以铅为气，而气为人也。"
② 圆，底本作"员"，据集阳楼本改。
③ "而固守乎规中之丹头也"，集阳楼本作"而固守乎径寸之规中之也"。
④ 非，底本作"菲"，据集阳楼本改。

命时。《翠虚篇》曰：精神冥合气归时，骨肉融合都不知。皆此之时义也。

三者既关键，缓体处空房。委志归虚无，无念以为常。

键，音件。

关键者，户钥也，乃所以固止其门。言坎、离、兑三者之用，皆既关键而固止之也。缓体者，谓无劳尔形，无摇尔精，而身安容舒也；处空房者，谓入室修炼于静处也。而其室中不可著他物，惟设一几、一榻、一灯、一香而已。坐处不可太明，太明则伤魂，亦不可太暗，暗则伤魄。故《翠虚篇》曰：室宜向木对朝阳，兑有明窗对夕光。盖向木以受东方生气，有窗可避白昼之太明，有灯可去昏夜之太暗也。委志者，谓委置其心志而不他用也；归虚无者，谓无视无听，心静身安，而归乎无何有之乡也；无念以为常者，谓不使有杂念，而惟凝神聚气，以养其丹胎为常规也。此节与下两节，乃入室温养之法度证验耳。

证难以推移，心专不纵横。寝寐神相抱，觉悟候存亡。颜容浸以润，骨节益坚强。排却众阴邪，然后立正阳。

证难以推移者，谓入室修炼，而于静定之中，似梦非梦之际，或有魔境之来，则千奇百怪，种种虚妄之证，难以认真，切勿推移其志，而随逐其境也；心专不纵横者，谓一心惟守精气，不使纵横放逸也。《古歌》云：不可著他境物去，一心专守虎龙蟠是也。寝寐神相抱者，谓一日百刻之内，切忌昏迷，虽在寝寐之间，亦要神气相抱，不可须臾离也。觉悟候存亡者，谓一日十二时中，须念兹在兹，惟察其火候之进退存亡，而勿使有差失也。《悟真篇》曰：大都全藉修持力，毫发差殊不作丹。《翠虚篇》曰：昼运灵旗夜火芝，抽添运用且防危。皆此义也。所以依此而修之，其真积力久，则颜容浸渐润泽而肌肤若冰雪也，其筋骨日益坚强而金筋玉骨也。《翠虚篇》曰：关节自开通畅也，形容光泽似婴儿是也。然其身中之阴邪，乃炼真气以排却之，而丹胎之正阳则运火符以树立之。《悟真篇》曰：群阴剥尽丹成熟。萧紫虚曰：炼就阳神消众阴。俱此之义也。

修之不辍休，庶气云雨行。淫淫若春泽，液液象解冰。从头流达足,究竟复上升。往来洞无极,怫怫被容中。

复,扶候切;怫,音佛。

修之不辍休者,辍,止也。谓入室温养之工夫,其一日十二时中,勿使间断而休止也。庶气云雨行者,谓修之不辍,则庶几其气如云之行,而其液如雨之施也。淫淫若春泽,液液象解冰者,淫淫,水溢貌;液液,津盛也。谓金液之流行于三田,而淫淫若春水之遍泽,液液象东风之解冰也。从头流达足,究竟复上升者,谓金液自上自下,复降复升,而周流无尽也。往来洞无极,怫怫被容中者,洞,疾流也;怫怫,郁气也;容中,容体中也。谓金液之往来,乃疾流无穷极,而怫怫郁郁之真气以遍被于容体之中也。此温养之功夫纯粹,而其征效有如此者也。

反者道之验,弱者德之柄。芸锄宿污秽,细微得调畅。浊者清之路,昏久则昭明。

反者,反复也。《易》曰:反复其道。《道德经》曰:反者道之动。盖阴阳之迭为消息,动静之互为根基,故谓反复之道,乃自然之证验,不假强为者也。弱者,柔弱也。《易》曰:谦,德之柄也。《道德经》曰:弱者道之用。盖强弱常相倚伏,刚柔交相屈伸。然柔胜刚,弱胜强,故谓柔弱谦退者,乃道德之柄,而应执持以用之也。是以修丹者,用柔弱有为之工夫,以化其后天刚强之气质,而复反其先天无为之性命也。故以凝神聚气而烹炼其宿昔之滓秽,犹农人之耘锄其田,以去其草莱稂莠,然后身中巨细隐微之处,皆得调和而通畅矣。所以修炼之功,温养之法,使污浊者得其清澄之路,而昏久者获其昭明之道也。此节乃总结上文之义耳。

世人好小术,不审道浅深。弃正入邪径,欲速阏不通。犹盲不任杖,聋者听宫商。没水捕雉兔,登山索鱼龙。植麦欲穫黍,运规以求方。竭力劳精神,终年无见功。欲知服食法,事约而不繁。

好,去声;阏,音遏;索,音色;穫,音获;食,音寺。

孟子曰:夫道若大路然,岂难知哉?今修身炼丹之道,亦是易知易从,无论智愚之人,皆可学之。但世人不审其是非,而好小术之卑近,弗详其深浅,而昧大道之精微,弃正路而入于旁门邪径,欲速效而反为阏止不通,此犹盲者不任其几杖,而聋者欲听其宫商,没水以擒捕雉兔,登山而搜索鱼龙。植麦欲穫其黍,运规以求其方。如此之类,乃其自迷,虽竭尽其心力,劳伤其精神,终年卒岁,竟无成功。岂知采取服食之丹法者,其乃简约不繁之事耶?虽愚夫愚妇,亦能知能行,但人病不求耳,故道其不明矣。此节乃重申上文,以起下章之意。

右第六章

此章言阳燧、方诸之取水火,虽天地悬隔,而其气尚相通。何况修炼之道,乃近在乎身心,但须关键其三宝,而运用水火以作丹,然后入室温养,培护其灵胎,则自然容体润泽,阴尽阳纯,以超脱成真也。第世人不明此正道,而入于邪径旁门,宜乎其卒无成功。彼乌知服食还丹乃简约不繁之法,人人能行,个个可学。孟子曰:旷安宅而弗居,舍正路而不由。哀哉,此之谓也。

太阳流珠第七章

太阳流珠,常欲去人。卒得金华,转而相因。化为白液,凝而至坚。

卒,音猝。

流珠者,木汞也。其性如水之流,其形如珠之圆,有太阳之象,乃真气所化也。然流珠乃外物,而人身中之灵汞,亦流走如珠,难擒易失。如《灵源大道歌》曰:此物何曾有定位,随时变化因心意。又曰:纵横流转润一身,到头不出于神水。故此谓流珠灵汞,乃流转无定,是其常欲去人者也。金华,即真铅也。谓流珠乃得其金华,则铅汞转相因依,融化而为白液,然后凝结成坚,而方不流走也。此以外之铅制汞,而明内之魄铃魂耳。《悟真篇》曰:金鼎欲留朱里汞,玉池先下水中银。又曰:但将地魄擒朱汞,自有天魂制水金。皆此之义也。

金华先唱,有顷之间。解化为水,马齿琅玕。阳乃往和,情性自然。

琅玕,音郎干;和,去声。

金华先唱,有顷之间者,金华,即黄芽,乃真铅也。谓修丹先用真铅之气,往来乎鼎器之中,而周流于顷刻之间也。解化为水,马齿琅玕者,马无下牙而上有齿,琅玕乃美石似玉而生于山下。盖谓药物之用,其初时无非一气,得真火烹炼,则真铅融化为水,而自下达上,自上还下,谓之白雪,即玉液也。故喻为马齿琅玕,有上下交互之象也。下篇第三章曰:形如仲冬冰兮,琅玕吐钟乳。是此义也。阳乃往和,情性自然者,谓金华炼之于先,而玉液烹之于后,此乃阴阳往来倡和、为情性相须自然之道也。本篇第三章曰:推情合性,转而相与。同一义也。

迫促时阴,拘蓄禁门。慈母育养,孝子报恩。严父施令,教敕子孙。

迫促时阴者,迫,逼也;促,近也;时,时候也;阴,阴阳也。谓作丹之法,逼近阴极阳生之时候,便宜进火采取,而莫延迟也。《复命篇》所谓四节正时须急采是也。拘蓄禁门者,拘,拘执,谓采取也;蓄,蓄聚,谓封藏也;禁门,犹禁中,喻中宫也。言及时采取其药物,而封藏于中宫之黄庭。《悟真篇》所谓送归土釜牢封固是也。慈母育养者,慈母,坤母也。言坤母土釜之中,而藏养其金胎也。孝子报恩者,孝子,卦之六子也。言六子运送阴阳,往来转旋于坤母之室,犹慈乌之反哺,是孝子之报恩也。严父施令,教敕子孙者,严父,乾父也;子孙,众卦也。谓乾父播施运化之令,而教敕众卦之火符,以温养其金丹也。《复命篇》曰:一夫一妇资天地,三女三男合始终。此之谓也。

五行错王,相据以生。火性销金,金伐木荣。

王,音旺。

错,犹迭也;王,衰旺也;据,依也;生,生克也。谓五行衰旺生克之道,如木旺于春而水衰,火旺于夏而木衰,土旺于季夏而火衰,金旺于秋而土衰,水旺于冬而金衰,周流不竭,此五行之错迭衰旺也;如金则生水而克木,水则生木而克火,木则生火而克土,火则生土而克金,土则生金而克水,循环无穷,此五行之相依生克也。《家语》所谓:五行更生,始终相生。即此之义。然火性虽销金,而金得其火,则反成物以为贵;金体伐木,而木得其金,则反成器以为荣也。故修养之道,以铅制汞而成药,用火炼金而结丹者,盖有取于生克制化之理如此也。

三五与一,天地至精。可以口诀,难以书传。

三者,水一、火二也;五者,土五也。上篇第十一章所谓:子午数合三,戊己号称五是也。一者,一气也。上篇所谓:一者以掩蔽,世人莫知之是也。故合而言之,以为三五一也。又《悟真篇》以木三、火二合为五,水一、金四合为五,土自为五,乃是三个五,并婴儿之一气,亦谓之三五一也。然总皆外象之喻言。而内丹之三五者,是一气所分之用,其一气者,是三五所合之体,乃抽添火候之节目,为呼吸太和之度数也。故谓天地间至精之秘蕴,当求至人口授真诠,而难以毫楮传其玄妙焉。《悟真篇》曰:三五一都三个字,古今明者实然稀。此之义也。

　　子当右转,午乃东旋。卯酉界隔,主客二名。

　　凡修真炼丹之道,乃效法于天地之理,故和合丹头之法,其运用火符,自子左旋,从午右转,以象天道尚左,此丹法之顺也,《悟真篇》所谓谁识浮沉定主宾是也;今谓子当右转,午乃东旋者,是为入室温养之法,以象地道尚右,此丹法之逆也,《悟真篇》所谓饶他为主我为宾是也。《易》曰:数往者顺,知来者逆,是故易逆数也。今修丹之道亦然。故顺逆相须,阴阳交互,而后造化无穷也。《悟真篇》曰:丹头和合类相同,温养两般作用。是此之理也。卯酉界隔,主客二名者,谓子在北而居下,午在南而居上,卯在东而居左,酉在西而居右,其先进用事者为主,后进用事者为客。今子当右转,则以酉为主而卯为客也;午乃东旋,则以卯为主而酉为客也。是以卯酉为南北之界隔,而迭为主客之二名也。俞全阳曰:东西之与卯酉,非天地生成之方位,亦非人身现在之左右,然又不可舍吾身而索之他也。故学者须熟究精研,方可知其梗概耳。

　　龙呼于虎,虎吸龙精。两相饮食,俱相贪并。遂相衔咽,咀嚼相吞。

　　并,一本作便;衔,音咸;咀,再吕切。

　　呼则为龙,而呼乃根于吸,是龙呼于虎之气也;吸则为虎,而吸乃根于呼,是虎吸其龙之精也。故其两者,乃互为根柢,迭用刚柔,则有相为饮食贪并之义也;而其阴阳相交,吞吐相接,则有彼此衔咽咀嚼之象也。《道德经》所谓两者同出而异名,亦是此义。而《复命篇》曰:龙虎本来同一体,东邻即便是西家。乃此之谓也。但所谓呼吸者,乃二气自然之往来,非寻常口鼻之呼吸,然亦勿舍吾身而他求,学者深究之,其理自得耳。

　　荧惑守西,太白经天,杀气所临,何有不倾?狸犬守鼠,鸟雀畏鹯,各得其功,何敢有声?

鹯,音专。

荧惑,火星也;太白,金星也。荧惑守西者,是火星西行而守其宿于金乡也;太白经天者,是金星昼见经天而过于午也。盖谓修丹以火炼其铅,则金精上腾以过午位,是为金之杀气所临,而砂中之木汞岂有不倾伏哉?即上文所谓火性销金,金伐木荣之义也。然此制化之道,正如狸犬之守执其鼠,鸟雀之畏服于鹯,此各得其性情功效,而自然不敢有其声息,乃物理之造化如是焉。但炼丹无非神御气而成药,以气合精而结丹,三者纯粹合一,而道成矣。其丹书之千言万论,皆喻于此也。故苟得其要者,乃一言而可尽;若不知其要,则流散无穷矣。

右第七章

此章言相和金汞而作为药物,及时采取以封固禁门,而父母育养其金胎,子孙报恩于神室,其五行之迭旺相生,一气之分合三五,子午转旋于东西,龙虎吞吐于上下,以及星曜鸟兽之制伏,总无非喻火炼金而成丹,神御气而成道,乃阴阳之互用,制化之自然者也。

不得其理第八章

不得其理,难以妄言。竭殚家产,妻子饥贫。自古及今,好者亿人。讫不谐遇,希有能成。广求名药,与道乖殊。

殚,音单;好,去声;希与稀同。

夫炼丹当求其真诠,修养须明乎至道,若不知其理之正者,难免妄言以误之也。以致倾竭其家资,殚尽其产业,使妻子之饥寒,身家之贫困,此谁之咎欤?乃自取之焉。所以从古至今,其好道之人虽万亿之多,而终讫不遇正者,则比比皆然矣。宜其学之者众,而成之者稀也。即或有广求名类之药,以作烧炼之资,然推究其源流,总与大道乖殊,此有何益哉?

如审遭逢,睹其端绪。以类相况,揆物终始。五行相克,更为父母。母含滋液,父主禀与。凝精流形,金石不朽。审专不泄,得为正道。

上文言不得其理,以致自误而误人也。今谓如或审悉遭逢,而得睹大道之端绪,以推原其同类之相况,揆度其事物之始终,则头头是道,而邪正判然矣。具如五行交互生克之道,水克火,而火乃生土以制水也;

火克金，而金乃生水以制火也；木克土，而土乃生金以制木也；金克木，而木乃生火以制金也；土克水，而水乃生木以制土也。此其互相克伐，以成裁制之功，而迭为父母，以作生育之本也。故其母象地，而主含容气液；其父象天，而生主禀与精神。所以纯粹凝精于天，而品物流形于地，日月得之以常明，金石因此而不朽。其修丹之理，亦如是焉。但审悉其天地施化之道，深究其五行生克之机，专心以勿忘，守身而不泄，则其丹自可得，而道自可成矣。

立竿见影，呼谷传响。岂不灵哉，天地至象。若以野葛一寸，巴豆一两，入喉辄僵，不得俛仰。当此之时，虽周文揲蓍，孔子占象，扁鹊操针，巫咸扣鼓，安能令苏，复起驰走？

见，音现；僵，音姜；揲，音设；蓍，音施；扁，音辨；复，扶候切。

夫天地之施化，五行之生克，金丹之长生，皆出于道之自然也。此犹立竿而影现于下，呼谷而相传于中，则其感应之验，岂不为灵妙哉？然亦是天地造化之至象，而不神之所以神也。即若野葛、巴豆之毒物，而取一寸、一两以啖之，乃即时僵仆而毙，不能俛仰而动也。当此之时，虽周文大圣而揲蓍设卦，孔子至圣而占象断爻，扁鹊之良医操针以救其生，巫咸之神医扣鼓以攻其毒，亦安能得其更苏而复起以生活也？此明毒药之入口，虽圣哲不能挽其死，而神丹之聚腹，纵愚昧亦当延其生，乃物理之应然，夫何疑之有哉？

右第八章

此章承上章而言之，苟得其法者，自然成功，不得其理者，终为乖错。盖天地之施化，五行之生克，日月凝其精以常明，金石流其形而不朽，智士效其道以修炼还丹，则斯三者之造化，如影响形声之相逐，乃不期然而然也。故知毒药入口，能使速死，而神丹在腹，宜其长生，更有何迟疑哉？

河上姹女第九章

河上姹女，灵而最神。得火则飞，不见埃尘。鬼隐龙匿，莫知所存。将欲制之，黄芽为根。

姹，丑雅切；埃，音哀。

姹女者,乃砂中之汞也。以汞属木而出于离,而离中为中女居于午,其午之分野乃三河,故曰河上姹女也。汞之体善于流走,汞之性善于变化,故曰灵而最神也。张紫阳翁曰:铅本火体而金情,汞本水体而木性。故此木得火则焰飞,水遇火则煮竭,而不见其尘埃之迹,如鬼之隐伏,如龙之匿藏,莫知其存向之处所也。若欲制而伏之,当用铅中之银,谓之黄芽,以擒其姹女灵汞,使不飞走,乃为制御之根本,是金克木之道也。《金谷歌》曰:若要水银死,先须死水银是也。又本篇第七章所谓:太阳流珠,常欲去人。卒得金华,转而相因。是同一义也。其注亦宜参看之。

物无阴阳,违天背元。牝鸡自卵,其雏不全。夫何故乎?配合未连。三五不交,刚柔离分。

背,音佩。

《易》曰:一阴一阳之谓道。故凡天下之物,从无孤阴独阳而能长养生成者,以其违于天地之道,而背其化育之元也。如牝鸡无雄而自生之卵,则必不能成其全雏也。此其何故哉?盖其阴阳之配合,未能连属,而水、火、土之三五又不交会,是刚柔之气离分,不能合一以成造化也。三五者,水一、火二合之为三,土自居五,谓之三五也。

施化之精,天地自然。犹火动而炎上,水流而润下。非有师导,使其然也。资始统政,不可复改。

施,去声;复,扶候切。

夫阳施阴化之精气,乃天地自然之至道,不假强为者也。此犹水火之炎润于上下,并非有师传导引而使其如是焉,乃资始于本来之真性,故统政于已然之征验,而不可复有所改易也。此言天地之阴阳造化如此耳。

观夫雌雄,交媾之时,刚柔相结,而不可解。得其节符,非有工巧,以制御之。

夫,音扶。

凡物之阴阳即谓之雌雄,常观其交媾之时,而阳刚阴柔之形气,其两相缔结而不解者,是得其雌雄之节候符信也,并无工巧之法以制御其然,乃阴阳之道自然而然欤。此言万物之阴阳造化如此耳。

若男生而伏,女偃其躯。禀乎胞胎,受气元初。非徒生时,著而见之。及其死也,亦复效之。此非父母,教令其然。本在交媾,定制始先。

见,音现。

夫人之生也,负阴而抱阳,得天地冲和之气,为万物之灵。若其男女躯体之生时,男则伏覆,女则偃仰,此乃禀乎生身之胞胎,及受气之元始,而业已如是者也。然不特于生时之著现为然,及至有溺水而死者,其男女之伏偃亦效生时无异,此岂父母教令其然,乃本于先天交媾之时,而定制于始初之先也。此言男女之阴阳造化如此耳。

右第九章

此章言铅汞为修丹之根本,乃阴阳之枢机。三五合一则有造化,刚柔离分则无成功。盖天地施化精气之道,而人之与物莫不皆由于此焉。若雌雄之交结,男女之伏偃,总禀乎受气之初,故其末后亦如是耳。此发明自然之道,以证炼丹之理,乃清静无为之学。若认为邪秽之行,则惑之甚矣,戒之戒之。

坎男为月第十章

坎男为月,离女为日。日以施德,月以舒光。月受日化,体不亏伤。

施,去声。

《易·说卦传》以坎谓之中男,又以坎为月,以离谓之中女,又以离为日,故曰:坎男为月,离女为日也。日为阳精而主于播施明德,月为阴精而主于舒化光华,故曰:日以施德,月以舒光也。夫月体纯黑,本无光明,因受日之阳气,乃感化以生明,而其日之形体亦不为之亏损,故曰:月受日化,体不亏伤也。《悟真篇》所谓大小无伤两国全,亦是此义也。

阳失其契,阴侵其明。晦朔薄蚀,掩冒相倾。阳消其形,阴凌灾生。

薄,音博;蚀,音石。

夫日为阳精而含月之阴气以耀其光,月为阴精而受日之阳气以生其明,此是其常也。倘阳精失其阴气之契合,而阴精侵其阳气之光明,乃晦朔之间,则日为之薄蚀矣。薄,侵迫也;蚀,亏败也。此乃日因月之掩冒,其相倾覆如此耳,先儒所谓月掩日则日蚀是也。然日阳之精薄蚀，以消灭其形象者，由月阴之气凌犯，而致晦暗之灾生也。上篇第十六章所谓：日月相薄蚀，常在晦朔间。水盛坎侵阳，火衰离昼昏。即此义耳。但日蚀在治道，此固为不美，以其阴侵于阳也；若在丹道，其有阴阳互用、水火相交之机，此即身心冥合，神气归根之道。故魏公之意亦两及之，以谕学者治国修身之理焉。

男女相须，含吐以滋。雌雄错杂，以类相求。

男女相须者，谓坎男离女之日月，而阴阳相须以为体用也；含吐以滋者，谓日含其阴气，月则吐其阳光，乃交互以滋益之也。雌雄错杂者，雌雄，即阴阳也。以日为阳而内含雌乌，月为阴而内有雄兔。又坎则内阳而外阴，离则内阴而外阳，乃阴阳错杂以含藏也。以类相求者，谓坎男离女之施化，日月雌雄之互藏，乃以其等类而交相求索焉。然学道者，亦当求自身男女阴阳之类，以为修养之根本也。

金化为水，水性周章；火化为土，水不得行。

先天一气，谓之真金，而金能生水，其水之体性乃周章以流溢也。然则气又为火，而火能生土，故水得其土则不泛滥妄行矣。此言水、火、土三者之功用，总无非一气为之变化耳。然日月阴阳之精神，亦是一气分为二而含三焉。盖日为木火之精，而中有己土；月为金水之精，而中有戊土也。

故男动外施，女静内藏。溢度过节，为女所拘。

男女喻阴阳也，故阳主乎动，而施行其外也；阴主乎静，而伏藏其内也。倘阳气之外用满溢，而将过其常度之节候，则阴气自内出而乘之，是犹男为女所拘止也。如四月之乾，乃阳盛过节，至五月之姤，为阴生所拘，即此义也。此节乃承上文雌雄之相须，及水、火、土之相制，而重明坎离之施化、日月之薄蚀，其阴阳互用之理如此耳。

魄以钤魂，不得淫奢。不寒不暑，进退合时。各得其和，俱吐证符。

钤，音钳。

魄为阴，乃金气也；魂为阳，乃木精也。淫，过也；奢，泰也。言以金气钤制木精，不使其过泰也。夫然后水火之寒热如度，阴阳之进退合时，则自然各得其融和，俱吐其符证，而造化乃生生焉。此亦申上文之阴阳制化,及日月交互之义。然修丹之理擒制铅汞,而其道亦如是耳。《悟真篇》曰:调和铅汞要成丹,大小无伤两国全。是此理也。

右第十章

此章言坎离之施化、日月之薄蚀,男女含吐以相滋,魂魄拘钤以为用。总无非水、火、土三者之互制,使阴阳得其和平,而后易道生生无穷焉。至于修身炼丹之道,其造化亦如是夫。

丹砂木精第十一章

丹砂木精,得金乃并。金水合处,木火为侣。

丹砂,朱砂也。在五行之中属火,而火乃木之精也。其黑铅属水,而水乃金之气也。故水火交则生物,而金木并乃成器。今曰:丹砂木精,得金乃并,而不言黑铅与水者,乃省文也。元阳子所谓:欲识丹砂是木精,移来西位与金并是也。又《复命篇》曰:龙虎一交相眷恋,坎离才媾便成胎。亦此义也。然金能生其水,而水中亦藏金;木能生其火,而火内自含木。故谓之:金水合处,木火为侣也。其在丹道之中,则铅内藏银,砂里含汞是也;若在人身之中,则精中有气,而血中有液是也。学者当引而伸之,触类而长之,则丹法之能事毕矣。

四者混沌,列为龙虎。龙阳数奇,虎阴数偶。

奇,音鸡。

四者,谓水、火、木、金,即四象也;混沌者,阴阳二气未分也。盖水位居北而其象为玄武,火位居南而其象为朱雀,木位居东而其象为青龙,金位居西而其象为白虎。是此四象者,乃相为混沌,而金水合处,木火为侣,则序列为龙虎之二物矣,故曰:四者混沌,列为龙虎也。但四象何以独举龙虎者?盖南北为经,东西为纬,经则为体而不动,纬则为用而运行,所以第言语龙虎而不及朱雀、玄武也。张紫阳翁所谓四象不离二体,又古语:龙从火里出,虎向水中生。皆此义也。龙阳数奇,虎阴数偶者,以龙为阳而属木,木之生数三,乃奇而不双也;虎为阴而属金,金之生数四,乃偶而不只也。

肝青为父,肺白为母。肾黑为子,心赤为女。脾黄为祖,子午行始。

三物一家,都历①戊己。

天地有五行,人身有五脏,如肝属木而色青,肺属金而色白,肾属水而色黑,心属火而色赤,脾属土而色黄,此五行之配于人身者然也。若五行以造化言之,则木属阳而为火之父,金属阴而为水之母,水属阳而为金之子,火属阴而为木之女。土亦属阳,而金木皆生养于土,故以土为水火之祖,五行之宗也。天地生成之数起于一,五行循环之生始于水,则天一生水,而水为金子,故以子为五行之始。然金水合为一,木火侣为一,而土自为一,则成三物而共一家,是四象都归于戊己之土也。《悟真篇》所谓四象五行全藉土是也。上篇第十一章曰:三性既合会,本性共宗祖。同一义也。按《翠虚吟》曰:肝心脾肺肾肠胆,只是空屋旧藩篱。盖谓金丹之道乃无中生有之神化,非有形生质之作为,故以脏腑为空屋旧藩篱也。今魏公以五脏言者,不过比喻五行而在于人身者如此,欲学者洞晓其阴阳,非执泥以为用也。

刚柔迭兴,更列分布。龙西虎东,建纬卯酉。刑德并会,相见欢喜。

刚柔迭兴者,言阳刚阴柔,迭相兴起,如阳极阴生,阴极阳生,刚化为柔,柔变为刚,而循环无端也。《易》曰:刚柔想推而生变也。又曰:分阴分阳,迭用柔刚。是此义也。更列分部者,言刚柔二气之变化,其更列于南北而为经,分部于东西而为纬也。龙西虎东,建纬卯酉者,龙属木居东,虎属金居西,此其常也。然龙虎者,总是一气所化,而分之为二名,故《复命篇》曰:龙虎本来同一体,东邻即便是西家也。盖天地之气,建纬于东西,而左旋右转,其东方青龙之气,自天左旋而至西酉,则龙乃化为虎也;而西方白虎之气,从地右转而至东卯,则虎乃变为龙矣。此龙虎建纬之所由来也。刑德并会,相见欢喜者,谓东方青龙之气主生长为德,而西方白虎之气主肃杀为刑。今则龙西虎东,各更其位,是刑德交会,阴阳互见,乃得其和平而无偏胜,岂不可欢喜哉?然修丹之玄机,正由此道以造端,及至于成功而后已焉。此又不可不知耳。

刑主杀伏,德主生起。二月榆落,魁临于卯。八月麦生,天罡据酉。

---

① 历,疑为"归"字之误,董注云:"则成三物而共一家,是四象都归于戊己之土也。"可证董乃作"归"字。

罡,音刚。

仲舒董子曰:天道之大者在阴阳。阳为德,阴为刑,刑主杀而德主生,故此谓刑主杀伏,德主生起也。万物至春而发生,惟榆荚至此而堕落,以二月建卯而月将为河魁,河魁属戌而戌中有辛,辛乃杀气,故二月榆落,以魁临于卯也;万物至秋而肃杀,惟荠麦至此而芽生,以八月建酉而月将为天罡,天罡属辰,而辰中有乙,乙乃生气,故八月麦生,以天罡据酉也。此乃重申上文刚柔迭兴,刑德并会之义耳。

子南午北,互为纲纪。一九之数,终而复始。含元虚危,播精于子。

复,扶候切。

子者,乃地之中也;午者,乃天之中也。南为火方而居上,北为水方而居下。而天地运行之道,地则阴变为阳,其气上升于天,自子而南也;天则阳化为阴,其气下降于地,自午而北也。而其往来迭运无穷,上下变迁无极,乃阴阳之交互,为天地之纲纪者也,故曰:子南午北,互为纲纪也。《阴符经》曰:人发杀机,天地反覆。盖杀即生也。以阴阳之气化,每于绝处逢生,故反言之曰杀。谓人能发动其生机,亦如天地之气化,上下反覆,子午互交,乃宇宙在手,万化生身,而自然百骸俱理矣。此即魏公子午互为之义也。夫洛书之数,戴九履一,左三右七,二四为肩,六八为足,而五居中也。今曰:一九之数,终而复始者,亦是此意。以一居于北,九居于南,而一为阳生之始,九为阳成之终,则自南自北,复始复终,上下互用,左右流行,而如环无端也。本篇第三章所谓阳数已讫,讫则复起,同一理也。然此乃重明子午二句之义耳。含元虚危,播精于子者,虚危,乃子方二宿名也;播者,种也。谓天地之元气,常含育于虚危之方,而日月之真精乃播种于亥子之间也。此亦是总申上四句之义耳。然其与丹道之造化,无不一一象之,学者当究心焉。

右第十一章

此章以四象并合而为龙虎,三物都归而成一家。刚柔迭更,刑德并见,子午为上下之纲纪,一九为南北之始终。而其含元播精之本,总无非一气为之变化耳。《金丹四百字》曰:混沌包虚空,虚空括三界。及寻其根源,一粒如黍大。诚哉是言也。

关关雎鸠第十二章

关关雎鸠，在河之洲。窈窕淑女，君子好逑。雄不独处，雌不孤居。玄武龟蛇，蟠虬相扶。以明牝牡，竟当相须。假使二女共室，颜色甚姝，令苏秦通言，张仪结媒，发辨利舌，奋舒美辞，推心调谐，合为夫妻，弊发腐齿，终不相知。

雎，音疽；窈，音杳；窕，徒了切；逑，音求；姝，音枢。

此引《诗》君子配淑女之义，以明阴阳得类之谓道也。如物之雌雄牝牡，而不孤居独处。象之玄武龟蛇，而乃蟠虬相扶，此其阴阳相须之理，是人与物，莫不皆然也。《易》所谓一阴一阳之谓道是也。假使二女共室而颜美，且令苏、张通言而结媒，奋发其辨辞，调谐为夫妇，纵至于齿腐发弊之年，而终不相知以成化育，如《易》所谓：二女同居，其志不同行。即此义也。俞全阳曰：或泥雄不独处，雌不孤居之说，谓修丹不用妇人则为寡阳，遂妄引此章，以证其邪僻之谬论，而反笑正道之迂阔，多见其不知量也。旨哉斯言欤！

若药物非类，名种不同。分刻参差，失其纲纪。虽黄帝临炉，太乙执火，八公捣炼，淮南调合，立宇崇坛，玉为阶陛，麟脯凤腊，把籍长跪，祷祝神祇，请哀诸鬼，沐浴斋戒，冀有所妄。亦犹和胶补釜，以硇涂疮，去冷加冰，除热用汤，飞龟舞蛇，愈见乖张。

差，音雌；合，音閤；脯，音府；腊，音息；硇，音铙；见，音现。

此言修丹之道，若药物不同其种类，而分刻差失其纲纪，虽黄帝、太乙之神圣而临执其炉火，八公、淮南之仙真而炼合其药材，且立置坛宇，以金玉为崇阶，陈设祀肴，乃麟凤之脯腊，通诚以把籍，长跪以致虔，祷祝于上下神祇，请哀于往来诸鬼，更斋戒沐浴，冀欲有所望。此犹釜漏用粘胶以补之，而疮溃取硇砂以涂之，欲去冷而反加冰，要除热而更用汤，总使龟飞蛇舞，乃愈见其乖张，此非徒无益，而且有害于身家者也，可不慎乎？

右第十二章

此章以阴阳相须之谓道，而孤阴独阳不成化育也。故虽苏、张之言辨，不能使二女之相知，即仙真与神圣，总难成非种之药物。纷纷作为，终究何益？所以《悟真篇》曰：阴阳得类方交感，二八相当自合亲。又曰：报言学道诸君子，不识阴阳莫乱为。至哉言乎！

《周易参同契正义》卷下

会稽后学元真子董德宁注

下　篇

惟昔圣贤第一章

惟昔圣贤，怀玄抱真。服炼九鼎，化迹隐沦。含精养神，通德三元。津液腠理，筋骨致坚。众邪辟除，正气常存。累积长久，变形而仙。

津液，一本作精溢；腠，音凑；致，音智；累，音垒。

夫神仙之道，须仁人君子，力久功深，方可成就。故昔之圣贤者，怀其玄妙之道，抱其真一之精，降服先天之元气，烹炼九转之火符，变化其旧染形迹，隐沦其日新玄机，含养精神于二气之内，通达道德于三元之中，然后精液盈于腠理，筋骨壮而致坚，运火以辟除众阴之邪，炼神以存养正阳之气，积功累行长久，变形化质而登真，则名列青编而身归碧落矣。腠理，皮肤之间也。

忧悯后生，好道之伦。随傍风采，指画古文。著为图籍，开示后昆。露见枝条，隐藏本根。托号诸名，覆谬众文。学者得之，韫椟终身。子继父业，孙踵祖先。传世迷惑，竟无见闻。遂使宦者不仕，农夫失耘，商人弃货，志士家贫。

好傍，俱去声；露见之见，音现；覆，敷救切；椟，音读；踵，音塚；宦，音患。

圣贤既自得其道，而复忧夫①后生好道之辈，无门径之可入，因而随傍其风采，指画其古文，作为经书，著成图籍，以开示于后学，可循流而溯源。但其立言发论，往往露其枝条，而乃隐其根本，托号为诸般之名色，覆谬其众多之文辞。奈学者不察其旨趣，竟韫椟终身以守之，而

---

① "而复忧夫"，集阳楼本作"而后悯夫"。

子孙继踵其先业,世代迷惑无见闻,以致宦者落职,农夫废田,商人遗弃其货,志士家道乃贫,此甚可伤焉,岂不惜哉？

吾甚伤之,定录此文。字约易思,事省不繁。披列其条,核实可观。分两有数,因而相循。故为乱辞,孔窍其门。智者审思,用意参焉。

易,音异。

魏公见学道之流,不得真诠,终世迷误,于是定录《参同契》之文,其字简约而易思,其事省少而不繁,使枝条既为披列,则核实自可观瞻。且其分两权度而有数,因缘符合以相循,故又于下篇卒章,乃总撮为乱辞,以开其修丹之孔窍,而启其入道之门户也。倘智者有心于向学,宜用意审思而参详焉。

谨按：词乐之卒章皆曰乱,如《论语》所谓关雎之乱,《离骚》所谓乱曰是也。盖乱者,理也。所以发理统章之意,而总撮其要也。今魏公谓乱辞者,殆有取于此义耳。故下文之语意,其铺叙丹功,皆有层次,不似前二篇之参差互见焉。至于《鼎器歌》之一章,其脉络分明,工夫次第而尤为精密,乃《周易参同契》之神髓,学者宜熟究精思,则自有得耳。

右第一章

此章以古之圣贤,既自修炼飞升,而忧悯后生好道之辈,因著为图籍以开童蒙。岂意学者不究根源,终世迷误,以致废时失业,而魏公甚为伤惜,乃撰录《参同》一书,文简事易,品节详明,而复于下篇,总撮为乱辞,以为入道之门径,则其垂教后人者深矣。

法象莫大乎天地第二章

法象莫大乎天地兮,玄沟数万里。河鼓临星纪兮,人民皆惊骇。

万物之以气成形者,皆法象也。其气清成形而最大者,莫过乎天；其气浊成质而至大者,莫过乎地。《易》曰：是故法象莫大乎天地是也。玄者,天之色也；沟者,渎也；玄沟,谓天河也。盖天河起于尾箕二宿之间,至柳星二宿之分,而界乎天中,不知其长之数万里也。然玄沟者,在天则谓之天河,在地即谓之黄河,总是一气相通,故喻之为玄沟也。若以丹道言之,则鼎炉阴阳相界之间是也。河鼓者,天河边之星也。《汉书·天文志》谓河鼓有三星,在牵牛之北,主军鼓及斧钺是也。星纪者,十二辰次各有名,其丑位乃星纪也。为河鼓之兵象杀气,而越次临于星纪之丑位,是应国家有军鼓之兴,其人民安得不惊骇哉?此喻炼丹之金火,起绪于丑艮之方,而鼎炉中之精气乃得自然运动而兴起矣。

晷影妄前却兮,九年被凶咎。皇上览视之兮,王者退自改。

晷,音轨。

晷影,日景也;妄,罔也;前却,犹升沉也。盖天地之阴阳调和,则雨旸时若也。倘使日景罔其升沉之晴旸,而常为阴晦之淫雨,则必有九年之水患矣。今炼丹之火候,若罔知进退之度,则其九转之火功亏缺,而阴多阳少,乃有水滥之咎,犹尧之有九年洪水之灾也。《金丹四百字·序》曰:水铢多则滥是也。皇上,君也;王者,臣也。丹道以神为君,以气为臣,今火候差错,有水滥之愆,须元神巡视其过失,则元气自然退而改正。犹舜之命禹治水,禹则疏通九河,改父鲧之过,而其功乃成焉。又铅汞亦谓之君臣,以铅制汞,亦是君御其臣之道也。

关键有低昂兮,周天遂奔走。江淮之枯竭兮,水流注于海。

键,音件。

关键者,户钥也,所以固止其门户。中篇第一章所谓:乾刚坤柔,配合相包。此即天地之关键也。假使其低昂不固,则有泄气之害,天地岂能长久哉?今修丹之鼎炉,其门户关键之处,若低昂不齐,封固不密,则害于其气,而有奔走之患矣。江者,其源出于西之岷山;淮者,其浚绕于南之扬州。而其水俱入于海也。然水乃气之所化,是以运转无穷尔。今鼎炉之关键不固,则其气走泄而水乃枯涸,犹江淮之水注于海,若无气以运化,则其源流亦应竭矣。《金丹四百字·序》曰:火数盛则燥是也。《复命篇》曰:铁锁金关牢固守,河车运动结丹砂。亦此义也。

天地之雌雄兮,徘徊子与午。寅申阴阳祖兮,出入复终始。循斗而招摇兮,执衡定元纪。

徘徊,音裴回;复,扶候切;元,当作七,乃字体相类之误也。

雌雄,喻阴阳,谓天地之阴阳二气也;徘徊,不进之貌;子者,乃地之中,为阳生之始,阴极之终也;午者,乃天之中,为阴生之首,阳极之尾也。言二气运行至子午,则其势必徘徊不进,以交易其阴阳之气也。今人谓子午二时之分刻,乃长于他时者,即此之义,故曰:天地之雌雄兮,徘徊子与午也。寅者,乃天地之东,阳气自此畅发以出也;申者,乃天地之西,阴气自此收敛以入也。言二气之出入,其寅申为宗祖之方,而迭运往来,终则复始,如环之无端,故曰:寅申阴阳祖兮,出入复终始也。然阴阳为天地之气,而日月为阴阳之精,今所言阴阳之出入者,是日月之运行其中矣。北斗七星,其第一至四为魁,亦曰璿玑,其五至七为杓,亦曰玉衡。招摇者,斗杓端之星也。一说北斗之第八星曰玄戈,第九星曰招摇,皆画于旗,树之以前驱也。《文选》所谓建玄戈,树招摇是也。七纪者,二十八宿也。《左传》曰:二十八宿四七,故曰七纪是也。言雌雄之徘徊,阴阳之出入,乃循依斗之招摇,执持杓之玉衡,而指运乎周天,以定二十八宿之躔度,则其卷舒转旋,庶悟差忒也,故曰:循斗而招摇兮,执衡定元纪也。然丹道以天地为鼎炉,而子、午、寅、申者,亦鼎炉中之方位,其运火之法,亦徘徊于子午,而出入于寅申也。又天以斗为机,而人以心为机,今炼丹以心而运用火符,犹天以斗而转动气化,故天道与丹道初无二理,学者宜深察之焉。

右第二章

此章言天地造化之道,以喻鼎炉法度之象也。盖修丹以鼎炉为体,而药物为用,其火候为法,三者俱备,则道可冀矣,故于此发明之。

升熬于甑山第三章

升熬于甑山兮,炎火张设下。白虎唱导前兮,苍液和于后。朱雀翱翔戏兮,飞扬色五彩。

甑,子孕切;和,去声。

熬者,即上篇第九章所谓熬枢,今喻鼎器也;甑山者,谓炉灶也。言升鼎器于炉灶之上,而其下以炎火张设之也。白虎者,金精也,即铅也;苍液者,木液也,即汞也。言用真铅唱之于前,而以灵汞和之于后也。朱雀者,火精也;五彩者,鼎中备五行之气也。言火符之进退翱翔,其飞扬之色而现五彩者也。

遭遇罗网施兮,压之不得举。嗷嗷声甚悲兮,婴儿之慕母。颠倒就汤镬兮,摧折伤毛羽。

嗷,音敖。

白虎、苍液二者,封固于鼎器之中,犹如罗网之罩压,而不得放逸奋举也。其被朱雀之火烹炼,则内之声气嗷嗷,如婴儿思慕其母而悲啼也。然二物在鼎炉中熬炼,则自然改换其形状,此犹鸟兽之就汤镬而摧折其毛羽之象也。

漏刻未过半兮,鱼鳞狎鬣起。五色象炫耀兮,变化无常主。潏潏鼎沸驰兮,暴涌不休止。接连重叠累兮,犬牙相错距。形如仲冬冰兮,阑玕吐钟乳。崔嵬而杂厕兮,交积相支柱。

鬣,音猎;炫,音眩;潏,音聿;沸,音费;累,音垒;距,曰许切;阑玕,音烂干;崔嵬,音催危;厕,音次。

鬣者,豕马之领毛也。谓白虎、苍液被朱雀烹熬,而漏刻未过一半之顷,则其形象如鱼龙之鳞甲、豕马之毛鬣,而狎玩以兴起也。炫耀者,火光明也。谓鼎中备五行之气,故其光明炫耀以变化五彩,而无一定常主之色也。潏潏,水流貌。言铅汞在鼎中煎炼,其势如水之涌沸而奔驰无休止也。距者,鸡距也。谓其形象接连叠累,如犬牙、鸡距之相交错也。阑玕者,美石次玉也;钟乳者,乃药名,产于铜坑中,其状如鹅翎管,而色白下垂也。谓药物凝结于鼎中,其形如仲冬之冰柱而上下交错,有阑玕、钟乳之象也。崔嵬,石戴土山也;厕者,杂也。言其结聚之状,如山之土石棱层相杂,而交积支柱于鼎中也。然此节虽言外象,而内象亦是此理。盖丹法以外比内,以内比外,而交相为喻者也。

阴阳得其配兮,淡泊而相守。青龙处房六兮,春华震东卯。白虎在昴七兮,秋芒兑西酉。朱雀在张二兮,正阳离南午。三者俱来朝兮,家属为亲侣。

淡同澹,华与花同;朝,音潮。

中篇第一章曰:阳禀阴受,雄雌相须。此即阴阳得其匹配也。《道德经》曰:见素抱朴,少私寡欲。此即澹泊而相守也。盖谓修炼之功夫,当阴阳相配,澹泊自持,须慎守而勿失其道也。周天二十八宿,分布于四方,其东方之角、亢、氐、房、心、尾、箕七宿谓之青龙,其北方之斗、女、虚、危、室、壁七宿谓之玄武,其西方之奎、娄、昴、毕、觜、参、房七宿谓之白虎，其南方之井、鬼、柳、星、张、翼、轸七宿谓之朱雀也。故此青龙者，是东方之物，而房乃东方之宿，六指房之度数，其在时为春，在物为花，在卦为震，在方为东，在辰为卯，故曰：青龙处房六兮，春华震东卯也。白虎者，是西方之物，而昴乃西方之宿，七指昴之度数，其在时为秋，在物为芒，在卦为兑，在方为西，在辰为酉，故曰：虎在昴七兮，秋芒兑西酉也。朱雀者，是南方之物，而张乃南方之宿，二指张之度数，其在时为夏，居于正阳，在卦为离，在方为南，在辰为午，故曰：朱雀在张二兮，正阳离南午也。三者，谓青龙①、白虎、朱雀；来朝者，谓朝于北极之宫，在丹道为鼎炉之中也。言青龙、白虎、朱雀之三物，俱来朝会于鼎器之中，犹家属亲侣而共居一宅之内，故曰：三者俱来朝兮，家属为亲侣也。所谓六七者，乃木火之成数；二者，乃火之生数。不过有取于一水二火之义，不必执泥也。

本之但二物兮，末而为三五。三五并为一兮，都集归二所。治之如上科兮，日数亦取甫。先白而后黄兮，赤黑达表里。名曰第一鼎兮，食如大黍米。

治，平声。

夫一气之初，乃化而为水火，始生形也；再化而为金木，则成质矣。关尹子曰：升者为火，降者为水，欲升而不能升者为木，欲降而不能降者为金。木之为物，钻之得火，绞之得水；金之为物，击之得火，镕之得水。金木者，水火之交也。今魏公有取于此义，以为丹道之龙虎乃属于金木，而其本来之初，实只水火二物而已，故曰本之但二物也。三五者，水一火二则为三，土则为五也；又金水合处而为一，木火为侣而为一，而土自为一，统合之则为三也。而三者具，即是五行行全，故曰末而为三五也。一者，一气也；二所者，乾坤鼎器也。言此三五者，须烹炼调合，复并为一气，而都归于乾坤鼎器之中，乃用治火符。如上文所言之科条，而依次法以炼养之。其用工夫之日数，则有取于甫字之十月也。但金木即铅汞也，而铅汞之色其本来青白，得火煅之，则变而为黄，故谓先白而后

---

① 青龙，底本作"清龙"，据上下文义及集阳楼本改。

乃黄也。赤者,火之色也;黑者,水之色也。言烹炼以水火之气,而通达于鼎炉之表里也。然如此之修治,乃炼丹第一鼎之法度,而其迹甚微眇,故谓如食之黍米大也。此节与前节,乃重申上文之义尔。

右第三章

此章言修丹鼎炉中之造化,其药物逐时而变形状,是龙、虎、朱雀之三五者,乃并合为一,而都归于鼎炉二所之中。此五行俱入中央,以结成大药,故谓修炼第一鼎之法度也。

自然之所为第四章

自然之所为兮,非有邪伪道。山泽气相蒸兮,兴云而为雨。泥竭遂成尘兮,火灭化为土。若檗染为黄兮,似蓝成绿组。皮革煮成胶兮,曲糵化为酒。同类易施功兮,非种难为巧。

檗,音伯;组,音祖;糵,音孽;易,音异。

此言修炼之道乃出于自然之所为,非矫揉邪伪之可比。故其征验之神化,若山泽之气上蒸,即兴云而为雨也;如泥竭之成灰尘,由火灭而化土也;若染黄之用檗皮,成绿组之用蓝靛;而皮革煮之以成胶,曲糵化之以为酒。皆同类之物,故易于施功也。倘然非种之类,则难于为巧矣。《悟真篇》曰:药逢气类方成象,道在希夷合自然。此之谓也。

惟斯之妙术兮,审谛不诳语。传于亿世后兮,昭然自可考。焕若星经汉兮,昺如水宗海。思之务令熟兮,反覆视上下。千周灿彬彬兮,万遍将可睹。神明或告人兮,心灵乍自悟。探端索其绪兮,必得其门户。天道无适莫兮,常传与贤者。

谛,音帝;昺,同昞;适,音的。

惟斯金丹之妙道,《参同》之玄言,乃天地同其化,日和合其神,是最为审详谛悉,而并无虚诳之言语者也。故虽传于万世之后,亦昭明而可考据,焕然若日星之经天汉,昞然如流水之宗沧溟。但熟究深思,而反覆视其上下之义,千周万遍,则自可睹其灿彬之文;或精诚感格,而神明相告矣;或力久功深,而心灵自悟也。夫然后大道之端绪可索,其还丹之门户可得耳。然天道无亲,常与善人,故传斯道者,须无适无莫之心,惟求贤人君子而方可授其道也。不然,传非其人,则授受者均有谴焉,可不慎乎?

　　右第四章

　　此章言大道出于自然,不假强为,故其效验如此其神尔。但是道也,虽经千万世,而道常不变。学者当熟究精思,真积力久,则自心灵神悟而得其头绪矣。不可计岁月之短长,以致始勤而终怠,所谓一息尚存,此志不容少懈,方为学道之人也。然授受之际,非人勿示,常与善人可也。又以上三章,其气本一贯,今分而为三者,乃欲清其层次,以按其节奏耳,读者审之。

圆三五第五章

　　圆三五,寸一分。口四八,两寸唇。长二尺,厚薄均。

　　圆者,全也;三者,水一、火二,合之以成三也;五者,土自为五数也。上篇第十一章所谓:子午数合三,戊己号称五是也。言鼎器之中,乃圆全水、火、土之药物也。又三才五行皆周全于其中,故曰圆三五也。《汉志》曰:寸者,刌也。有法度可刌也。今丹书之言尺寸,亦当作法度解之。一者,一气也。此言三五者,其度乃一气之所分也,故曰寸一分也。鼎器乃贮藏药物而容纳火符,是以有其口也。则四象具其内,而八卦列其外,故曰口四八也。两者,两仪也。谓鼎既有口,必有其唇,而上下两唇者,其度以象两仪也,故曰两寸唇也。长者,常也;二者,二气也。言鼎器中之常度,乃二气之往来也,故曰长尺二也。气之轻清而浮者,为阳为薄;气之重浊而沉者,为阴为厚。言鼎中之二气,其阴阳浮沉相均平也,故曰厚薄均也。

　　自此以至终章,谓之《鼎器歌》焉。

　　腹齐三,坐垂温①。**阴在上,阳下奔。首尾武,中间文。**

　　腹者,身腹也;三者,上、中、下也。谓安立鼎器之法,使鼎口齐鼎心,而鼎心齐鼎腹,则上、中、下三者通身均齐,而不偏不倚也。若在内养之道,所谓以眼对鼻,以鼻对脐是也。坐者,安其位也;垂者,示其象也。谓安炉立鼎之坐位,其垂象当温和平正,故曰:腹齐三,坐垂温也。

---

①　坐垂温,原本作"温坐垂",据注文,当为"坐垂温"之误,故改。

《书·洪范》云：水曰润下，火曰炎上。此言其性之常也。今丹道之鼎器中，以水在于其上，而火奔于其下，乃阴阳之颠倒。是水火之既济，故谓之：阴在上，阳下奔也。萧紫虚曰：阴居于上，阳气先升阴气随。是此之义耳。子午者，阴阳之首尾也；卯酉者，阴阳之中间也。盖子为阳生之首阴极之尾，午为阴生之首阳极之尾，乃二气之交易，是以为武也；而卯酉为阴阳相均，寒暄各半，乃二气之平和，是以为文也。故谓之：首尾武，中间文也。然此乃丹道、天道皆如是之理，不必远索他求耳。

始七十，终三旬。二百六，善调匀。

匀，音云。

三旬，三十日也。三十、七十，与二百六十合之，则成三百六十日也，以应一年周天之数。彭真一所谓魏公欲谐偶成文，故分而言之是也。盖入室温养之候，始于百日而立基，终至一年而圆足，但其间当时检点，刻刻留心，倘稍有差殊，则丹为之不全矣。故温养之一年，须善为调和，而匀齐毋失也。

阴火白，黄芽铅。两七聚，辅翼人。

阴火者，金火也，而金之色白，故谓之阴火白也；黄芽者，以铅中藏银，用火烹炼之，则其色黄，而银乃芽，故谓之黄芽铅也。两，即二也，二为火之生数，七为火之成数，两七者，为阴火、阳火也。人者，喻中宫之丹胎，以三才之位，则人居乎中也。言阳火、阴火，一升一降而相聚环绕，以辅翼其中宫之丹胎，故曰：两七聚，辅翼人也。

赡理脑，定升玄。子处中，得安存。

赡，足也；赡理者，修治完足也；脑者，鼎器之顶也；玄者，玄牝也。谓修炼之功，使鼎脑足治固密，乃安定鼎器，以升降玄牝，自无走泄之虞也。子者，丹胎也。谓丹胎处于中宫，得玄牝之气以温养之，则自然安静而存居也。

来去游，不出门。渐成大，情性纯。

来去者，谓玄牝之气也；游者，周游乎上下四方也；门者，玄牝之门，即鼎器之唇口也。谓玄牝之气，来去游于鼎器之中，而不出乎玄牝之门。《灵源大道歌》所谓元和内运即成真是也。夫如是，其丹之法象乃逐渐成大,而胎之情性则日益纯粹也。

却归一,还本原。善敬爱,如君臣。

大道无非一气而已矣,自一气而化为三才五行也。今修炼之法,却以三五复归于一,是乃返本还原之道。其保护扶持,须拳拳勿失,如臣之敬君而君之爱臣者也。

至一周,甚辛勤。密防护,莫迷昏。

一周,即一年也。谓入室温养之一年,其一日十二时中,无有间断,可谓辛勤矣。且最要慎密防护,不可使火候有差,而百刻之中切忌昏迷,以乱其神明也。《翠虚篇》曰:昼运灵旗夜火芝,抽添运用且防危。若无同志相规觉,时恐炉中火候非。此之谓也。

途路远,复幽玄。若达此,会乾坤。

本篇第二章曰玄沟数万里,岂非途路远乎?且修炼还丹,初非一年半载之功便可成就,故其程期无定,惟观其勤怠何如尔?况大道复幽远而玄妙,未易窥其门户,而不可一蹴就也。若能达乎此道者,会乾坤为鼎炉,合坎离为药物,乃烹之炼之,则自然成功,《阴符经》所谓宇宙在于手,万化生乎身是也。

刀圭霑,净魄魂。得长生,居仙村。

刀圭者,刀头圭角,谓些小之药物也。言霑服此些小之灵药,乃自然魄静魂安,性定命固,则长生之道已得,而仙村福地任其所居也。

乐道者,寻其根。审五行,定铢分。

乐,音效;铢,音殊。

乐者,喜好也。言好道之士,当寻大道之根源,以知其造化之理;审察五行之变化,以明其生克之机;定铢两以推分刻,则达其火候之法。此三者乃修丹之枢要也。

谛思之,不须论。深藏守,莫传文。

谛者,审也。谓审思其道之真诠,不须多生议论,但藏守于心胸而莫妄传于言文也。盖大道至简至易,虽愚昧者行之,亦立跻圣地,况明达者乎?然君子得之,固所宜焉;倘小人行之得效,是乃不善者蒙福矣,岂天道哉?所以魏公谆谆告戒之。而后世丹书均体此意,其玄言喻语,乃不使佻薄之人窥其堂室。务须有志之士，勤苦究心，匪朝伊夕，则自然获遇真师，点破丹道，或心灵自悟，得其端倪，是乃天授之，而道终不负人也。《道德经》所谓天道无亲，常与善人是也。

御白鹤兮驾龙鳞，游太虚兮谒仙君，受天图兮号真人。

一本无三兮字。

道成德就，功满上升，则御鹤驾龙，游于太虚之真境，谒乎太上之仙君，乃受天诏图箓，而位号真人矣。陈抱一曰：丹成之后，白鹤龙鳞，在我之神通自能变化，非出于外来也。世有不知修炼，以积功累行可致神仙，而妄想成真，昼夜翘思，以待天诏。至有为妖魅所迷者，岂不自误哉？此诚至言也，学者宜省之。

右第五章

此章谓之《鼎器歌》，乃备言修炼之次第，而总括三篇中之神髓也。然首言鼎器之法度，以及安炉立鼎之规模也；次言火符运用于鼎中，及行持功程之造化也；中言赡理脑鼎，升降玄牝，以返本还原，其丹逐渐成大也；复言炼养须防护谨密，而丹成可长生也；终言好道者，当寻究根源，深藏真要，莫轻传妄泄也；又言道高德厚，应天诏上升，而位号真人也。夫如是，则修炼之能事毕矣。

参同契章第六

《参同契》者，敷陈梗概。不能纯一，泛滥而说。纤微未备，阔略髣髴。今更撰录，补塞遗脱。润色幽深，钩援相逮。旨意等齐，所趣不悖。故复作此，命《三相类》，则大易之情性尽矣。

纤，音先；阔，苦括切；髣髴，音纺弗；复，扶候切。

参者，三也；同者，通也；契者，合也。谓大易、黄老、炉火而三者通合乎道也。然此三者，以三圣人之《周易》为主，故谓之《周易参同契》也。但魏公作此书者，敷陈大道之梗概，而又恐太泄玄机，是以未能纯一详尽，惟泛滥而叙说，其细微之旨，固未尝悉备也。而《契》中阔略髣髴之言，复忧后学者之难明，因更撰录上章之辞歌，以补塞其遗脱之处，润色其幽深之文，使三篇中之精义乃钩援而相逮及，则其旨意自然等齐，庶几学人之所趣向而不致于乖悖也。故复作此，命《三相类》者，则其大易之情性可尽，而《参同契》之义可明矣。下文更言三之相类，并《易》之情性焉。

按：三相类之三字，而诸本有作五字者，俞全阳云：《三相类》者，谓大易、黄老、炉火三者之阴阳造化，互相似也。自彭真一画五位相得之图，而竟作五行之相类说了，沿袭至今，无有辨之者。然详其本篇下文有曰：三道由一，俱出径路。又谓：罗列三条，枝茎相连，同出异名，皆由一门等语，则其为三相类而非五相类，居然可见矣。又三相类之字，亦是《参同契》之义，盖三即参，相即同，类即契也。此俞氏之论，深得其当，故录之以告同志云。

大易情性，各如其度。黄老用究，较而可御。炉火之事，真有所据。三道由一，俱出径路。

《易》曰：一阴一阳之谓道。又曰：刚柔相推而生变化。此乃大易之情性而化育流行于三才者，俱各如其法度而不逾也，故曰：大易情性，各如其度也。黄帝曰：观天之道，执天之行。而老子谓：含德之厚，谷神不死。此黄老之学，宜用究根源，而相较以御治其身心也，故曰：黄老用究，较而可御也。烹炼铅汞，修合金砂，是为炉火外丹，以点化其凡质，此非无稽之言，乃真有据之事也，故曰：炉火之事，真有所据也。大易、黄老、炉火之三者，虽各出径路以成造化，而其本源皆由于道之一门，故曰：三道由一，俱出径路也。

谨按：炉火外丹乃自古有之，至淮南王刘安，始盛传其事，今魏公亦并及之而不废。盖金汞炼成丹药，小可点化五金而成黄白以助道，大可济益内丹而补火候之亏缺，此诚为玄妙之物也。奈何世人不明正道，不遇真诠，惟记纸上浮言，或听盲师妄语，于是烧炼凡汞凡砂，及五金八石之类，经年累月，耗火亡财，以致竭尽家产，妻子饥寒，或服食其药，以冀延年，而反致丧身失命。如此之类，载在简册，不可胜数。吕真人《窑头坯歌》云：不知还丹本无质，反饵金石何太愚？又《古歌》云：无质生质是还丹，凡砂凡汞不劳弄。此皆至言也。故无论内外之丹，总以无质生质者为真，有质生质者为伪，其余不必细辨。而世之好外丹者，既可以成金银以致富，又可以化凡体而成仙，所以贪者奔趣若狂。殊不知外丹之化黄白者，乃为助道乐施之资，非为济贪夫以存是道也。而其可以点内丹者，以内炼之士，至入室温养之一年，其中稍有失于调和，则火候有所亏缺，故用外丹以补助之耳。倘无此之物，但九年抱一纯粹，亦可补足其功，而不专藉于乎此也。今人之服食外丹者，其身中本无分寸炼养之功，而其柔脆之脏腑岂堪胜任伏火之金汞哉？况又方非正方，药非真药，宜乎千举万败，促命天年，何其自误，岂不惜乎？故学者当求至道，不可贪妄为之。然亦不宜因噎以废食，而遗弃其道也。但积功累行，而专事内养，庶可冀望，所谓内丹成而外丹就也，至哉言乎！而予注《悟真篇正义》，乃专言内丹之道，与《参同契》互相发明，学者宜参详之，则自然深造其妙矣。

枝茎华叶，果实垂布。正在根株，不失其素。诚心所言，审而不误。
茎，音恒；华与花同。

茎者，草木干也。谓大易、黄老、炉火之三者虽俱出其径路，而却同由于道之一门，所以历久如常也。此犹草木之有枝茎、花叶、果实，而垂布于其外者，以其正本在于根株之发生，故能不失其平素之蕃茂也。然此所言三道之旨，乃本乎至理，出于诚心，是最审悉而不误者也。此重为申明以告诫之耳。又道者，乃万物之本体，犹草木之根株，发而为枝茎，畅而为花叶，结而为果实也。故枝茎者，其阴阳交错，以象大易也；花叶者，其归根复命，以象黄老也；果实者，可用可食，以象炉火也。而此三者之来，俱出于根株之道体耳，其义亦通。

右第六章

此章以《参同契》三篇之书，泛滥阔略，因更撰录补遗，以润色钩援，使旨趣不悖；而复言大易、黄老、炉火之《三相类》，乃殊途而同归；再引草木之根本生发，以证三道之造端，并诚后学此言非谬，可审而行之不误也。

会稽鄙夫第七章

会稽鄙夫，幽谷朽生。挟怀朴素，不乐权荣。栖迟僻陋，忽略利名。执守恬淡，希时安宁。晏然闲居，乃撰斯文。
会，音贵；挟，音协；乐，音效；淡，同憺；希，同睎。

魏公生于东汉,名伯阳,号云牙子①**,乃会稽上虞人也。本高门之子,世袭簪裾,惟公不仕,隐居守素,乐道修真,不知师授谁氏,而得大丹之妙。及道成德就,乃复约《周易》,撰《参同契》三篇,以传行于世也。故谓会稽之鄙夫,幽谷之朽生,而挟怀朴素之质,不乐权荣之华,惟栖迟于僻陋,忽略于利名,执守我性中之恬淡,希望其时世之安平,宴然闲居而无为,乃撰斯《参同》以成文也。然魏公道隆德盛,而犹以鄙朽自称,至人之谦晦如此夫。**

　　歌叙大易,三圣遗言。察其旨趣,一统共论。务在顺理,宣耀精神。神化流通,四海和平。表以为历,万世可循。序以御政,行之不繁。

　　《契》中歌叙大易之道,乃准三圣人之遗言也。故考察其辞义之旨趣,一统其爻象以共论,务在顺从于数理,更为宣耀其精神,使神化流通于天下,而四海乃得其和平也。《易》曰:观天之神道,而四时不忒。圣人以神道设教,而天下服矣。此之谓也。且果能乎此道,乃表以为历法,则万世可循,依而弗变也。序以御政治,则行之乃简易而不繁也。此节言《契》中之叙易道,其效验有如此耳。

　　引内养性,黄老自然。含德之厚,归根返元。近在我心,不离己身。抱一毋舍,可以长存。

　　毋,音无;舍,音捨。

　　《契》中引内养性之学,乃出于黄老自然之道也。故含养道德之高厚者,乃归居其气于根,而返还其神于元,则百骸俱理,以证无为矣。《道德经》曰:含德之厚,比于赤子。毒虫不螫,猛兽不据,攫鸟不搏。又曰:归根曰静,静曰复命,复命曰常。此之谓也。然内养之道,乃近在于我之心性,而不离于己之身体,但将精、气、神三者抱合而为一,执守而毋舍,则可以长生而永存矣。此节言《契》中之引内养,其效验有如此耳。

　　配以服食,雄雌设陈。挺除武都,八石弃捐。审用成物,世俗所珍。

　　食,音寺;挺,徒鼎切。

---

① 云牙子,底本作"云霞子",据集阳楼本改。

周易参同契正义　第二十五卷

1565

《契》中配以服食之法，乃炉火之事，真有所据也。服食者，谓采取炼养也。故得其阴阳交结之玄，雄雌相须之妙，设陈其鼎炉，采配以服炼，则武都之三黄应挺除，而山矿之八石当弃捐也。惟审悉其功用，乃烹炼以成物，是世俗之所珍贵者也。此节言《契》中之配炉火，其效验有如此耳。武都，地名，乃产雄黄者。

罗列三条，枝茎相连。同出异名，皆由一门。

罗列三条者，谓上文大易、内养、服食，而三条之罗列也；枝茎相连者，谓此三条之同出乎道，犹枝茎、花叶、果实乃相连于根株之本也。故此三者，虽各异其名，而其实皆由于一门也。此节乃总结上文之三道耳。

非徒累句，谐偶斯文。殆有其真，砾硌可观。使予敷伪，却被赘愆。命《参同契》，微览其端。辞寡意大，后嗣宜遵。

累，音垒；砾，音力；硌，音落。

《参同契》之书，三、四、五言以成章，而间及于散文，其措辞典雅，琢句精工，韵中用韵，机内藏机，洵为天壤间之至文也。然文以载德，言以传真诠，故谓非徒累叠其句，而谐偶其文，殆有真玄之道存乎其中耳。是以外虽砾硌如石，而内却美可观者也。且使予敷伪之言欺世，则却被其赘愆而自取之焉。今命谓《参同契》，但细察其端绪，则辞虽寡而意甚大，后有嗣继吾道者，宜遵守而勿失之也。此节乃魏公于终篇而丁宁以告后学，可谓至深切矣。

委时去害，依托丘山，循游寥廓，与鬼为邻。化形而仙，沦寂无声，百世一下，遨游人间。敷陈羽翮，东西南倾，汤遭阨际，水旱隔并。柯叶萎黄，失其华荣。吉人相乘负，安稳可长生。

一下，或作而下；汤遭，或作尧汤；阨，或作厄；吉人相乘负，作各相乘负；安稳可长生，作安稳长生。姑备录之，以俟订正焉。

俞全阳曰：此乃魏伯阳三字隐语也。委与鬼相乘负，魏字也；百之一下为白，白与人相乘负，伯字也；汤遭旱而无水为易，阨之厄际为阝字，阝与易相乘负，阳字也。魏公用意可谓密矣。此俞氏之言也。今予味此十六句之文，其中所藏者，似不止此三字，且本文之字亦有差谬。

然其大意，总谓成道作书之旨也。而终未能得其确切，故不敢强解以误于人，俟他日功圆道备，庶几茅塞稍开，而再为补解可也。

右第七章

此章与前章，或谓是《契》中本文，或谓乃魏公自序，而总难以核实，是可不必深求也。但此章魏公自述其修养之素，并作《契》之由，而历叙大易、黄老、炉火三者之功效，虽乃各异其名，而实同出于道之一门，以重申上章之义耳。又复言此书谐偶成文，非为观美，欲学者细览其端而同证大道。末更作隐语玄言，以括其姓名及成道作书之旨也。

辞隐而道大第八章

《参同契》者，辞隐而道大，言微而旨深。列五帝以建业，配三皇而立政。若君臣差殊，上下无准；序以为政，不致太平；服食其法，未能长生；学以养性，又不延年。至于剖析阴阳，合其铢两，日月弦望，八卦成象，男女施化，刚柔动静，米盐分判，以易为证，用意健矣。故为立注，以传后贤。推晓大象，必得长生，强己益身。为此道者，重加意焉。

食，音寺；析，音昔；施，去声。

盖谓《参同契》之书也，辞虽隐微而其道广大，言固微眇而其旨渊深，故道并列于五帝以建大业，德配合于三皇而立政治，诚可谓道之尊而德之贵者也。倘若君臣差殊其理，而上下无准其规，则施于为政，不能致其太平；而配以服食，未能得其长生；乃学之以养性，总亦不延年。所谓与道乖殊，违天背元之故也。至于《契》中剖析其阴阳之机，配合其铢两之数，日月弦望之盈亏，八卦成象之变现，坎男离女而施化其精气，阳刚阴柔则动静以有常，此犹如米盐之青白攸分，而总以《周易》为之考证也。其措辞用意，是谓雄健矣。故立论建言，以为法度也。用以传于后贤，而推晓其大象，则庶几长生之道可得，而强己益身，何足多哉？其欲为吾此道者，当重加意而深究之焉。

按：俞全阳曰：善乎施栖真之说曰：古人上士，始也博览丹书，次以遍参道友。以道对言，所参无异论；以人念道，所师无狂徒。后之学者，岂可谓口诀不在纸上，而竟不留念哉？若曰：我自有师传密旨，其言药物火候，乃古今丹书之所无，而《参同契》之所不言，则亦妄人也已矣。

旨哉斯言。盖修养之书，自《参同契》作，学人始知大道之源；及《悟真篇》出，志士方明内养之秘。嗣后石真人之《还源篇》、薛真人之《复命篇》、泥丸翁之《翠虚篇》、玉蟾翁之《紫清集》、萧紫虚之《大成集》，乃相继以出，而修炼之书无以加矣。其余丹书，虽亦有可观之处，而总不及此数书之纯粹精也。是故，学道之人，先须修德行仁，以祈天祐，坚心苦志，以尽人事，然后诚求师友，精究丹经，再加勤久修持，则自然大道可期，而神仙可成也。魏公曰：学者加勉力，留念深思惟。至要言甚露，昭昭不我欺。吾侪当三复思之。

右第八章

此章或谓《契》之讚序，或谓注之后序，然皆不可考也，但仍其旧而已矣。以《参同契》之书，为言微而旨深，配列三皇五帝，以治国、治身者也。若不能循其法度，而差殊无准，则政治、内养、服食之三者俱废矣。至于书中阴阳施化之机，易象流行之道，总以《周易》为印证，而传之于后贤，以洞晓夫修身养性之理，故学者宜究心焉。